해커스
회계사
允(윤) 원가관리회계
연습

문제분석+자료정리+모범답안

해커스 경영아카데미

이 책의 저자

엄윤

학력
홍익대학교 경영대학원 세무학 석사
서울벤처대학원대학교 경영학 박사수료

경력
현 | 해커스 경영아카데미 교수
전 | 나무회계사무소 대표
세무회계사무소 윤 대표
안세회계법인
하나금융경영연구소
웅지세무대학 조교수
한국사이버대학 겸임교수
목원대학교 겸임교수
아이파경영아카데미 회계학 교수
한성학원 회계학 교수
삼일인포마인 칼럼니스트
조세일보 칼럼니스트

자격증
한국공인회계사, 세무사

저서
해커스 允원가관리회계
해커스 객관식 允원가관리회계
해커스 允원가관리회계 1차 기출문제집
해커스 세무사 允원가관리회계 2차 핵심문제집
해커스 세무사 允원가관리회계연습
해커스 회계사 允원가관리회계연습
중소기업회계기준

머리말

본서는 원가·관리회계의 이론정리와 관련 연습문제를 체계적으로 정리함으로써 회계사 2차 대비 수험생으로 하여금 주관식 시험에 대한 실전능력을 향상시킬 수 있도록 쓰인 연습서이다.

본서를 집필하는 과정에서 지난 수년간 출제유형 및 출제범위를 살펴보면 문제의 대형화와 원가·관리회계의 전반적인 흐름을 묻는 문제들이 다수 출제되고 있어, 기존의 주제별 문제풀이 접근방법으로는 최근 출제경향에 효율적으로 대처하기 어렵게 되었다. 저자는 이러한 점을 해소하기 위하여 원가·관리회계의 기본 지식을 바탕으로 한 전체적인 흐름을 파악하면서 응용력을 키우는 관점에서 본서를 저술하였다.

본서의 기본적인 목적은 원가·관리회계의 기본적인 지식을 갖춘 수험생들이 핵심이론을 정리함과 동시에 효율적으로 시험을 대비할 수 있도록 실전문제풀이 능력을 향상시키는 데에 있다. 또한, 최근 출제되고 있는 전략적 원가관리 분야를 대비하기 위해서 관련 문제를 수록하여 최신 이론을 문제를 통하여 체계적으로 이해할 수 있도록 하였다.

본서의 특징은 다음과 같다.

첫째, 문제분석

문제가 대형화됨에 따라 문제 해석의 중요성이 점차 증가하고 있다. 문제의 전체적인 구조를 파악하고 제시된 문장에 대한 해설을 자세하게 제시하였다.

둘째, 자료정리

정확한 답안을 작성하기 위하여 문제에서 제공된 자료를 잘 정리하는 것이 매우 중요하다. 문제에 대한 전체적인 분석을 한 후, 계산과정과 답안을 정확하게 작성하기 위하여 자료를 정리하는 과정을 상세하게 제시하였다.

셋째, 모범답안

2차 시험은 주관식 형태이므로 채점자에게 논리적이고 명확한 답안을 보여주어야 한다. 문제분석과 자료정리를 바탕으로 모범답안을 작성하는 과정을 순차적으로 제시하였다.

넷째, 약술형 필수 200제

주관식 약술형 문제뿐만 아니라 대형화된 문제를 정확히 이해하기 위해서는 이론을 확실히 학습해야 한다. 원가관리회계 핵심 내용을 체계적으로 정리하고, 약술형 문제를 확실히 대비할 수 있도록 '약술형 필수 200제'를 수록하였다.

원가·관리회계를 강의하면서 수험생들에게 기본적인 논리와 본질에 대한 이해에 중점을 두고 성실한 학습을 통한 실력배양을 당부하였다. 원가·관리회계는 단순 문제풀이보다 기본논리의 이해가 중요하기 때문에 논리를 통한 응용력을 향상시킬 수 있다면 좋은 결과를 얻을 것이라 확신한다.

출간하기까지 여러 가지 어려운 여건에서도 원고의 교정과 책의 완성에 노력해주신 해커스 경영아카데미 여러분의 노고에 감사의 뜻을 전한다. 그리고 필자에게 한결같이 믿고 아낌없는 성원을 보내주는 가족과 지인들에게도 이 자리를 빌려 감사의 마음을 전하고 싶다.

엄윤

목차

제3장 / 활동기준원가계산

제4장 / 종합원가계산

목차 해커스 회계사 允원가관리회계연습

제5장 / 결합원가계산

제6장 / 정상원가계산과 표준원가계산

제7장 / 전부/변동/초변동원가계산

제8장 / 원가함수추정

제9장 / CVP분석

제10장 / 관련원가분석

제11장 / 대체가격결정

제12장 / 자본예산

제13장 / 종합예산

제14장 / 책임회계제도

목차

제15장 / 불확실성하의 의사결정

제16장 / 전략적 원가관리

회계사 2차 시험 출제경향 분석

회계사 2차 시험 원가관리회계 파트의 최신(2023년~2014년) 출제경향을 분석하여 기출문제 배점을 기준으로 출제 비율을 정리하였습니다. 출제경향을 통해 빈출 포인트를 파악하여 전략적으로 학습할 수 있습니다.

구분	2014	2015	2016	2017	2018
제조원가의 흐름					
개별원가계산	20				
활동기준원가계산					10
종합원가계산	12	27			20
결합원가계산	10	13	10	18	
정상원가계산				12	
표준원가계산	8	15	28		10
변동 및 초변동원가계산	15			12	
원가함수추정		15			26
손익분기점분석	5	15	15	7	
관련원가분석	15	5	10		24
대체가격결정	5	5	23	8	
자본예산					
종합예산	10				
책임회계제도		5	9	13	
불확실성하 의사결정			5	10	10
전략적 원가관리				20	
합계	**100**	**100**	**100**	**100**	**100**

2019	2020	2021	2022	2023	합계	
					점수	비율
					0	0%
			26		46	4.6%
			7		17	1.7%
15	15			8	97	9.7%
13	15				79	7.9%
					12	1.2%
10		14		25	110	11.0%
15		12		7	61	6.1%
					41	4.1%
	23	18	20	20	123	12.3%
30	17	42	19	10	172	17.2%
	5		10		56	5.6%
			8	10	18	1.8%
10				13	33	3.3%
	5	14			46	4.6%
7			10		42	4.2%
	20			7	47	4.7%
100	100	100	100	100	1,000	100%

해커스 회계사 允원가관리회계연습

회계사 · 세무사 · 경영지도사 단번에 합격!

해커스 경영아카데미 cpa.Hackers.com

제1장

제조원가의 흐름

핵심 이론 요약

01 재무회계와 관리회계의 차이

구분	재무회계	관리회계
목적	외부정보이용자에게 정보 제공	내부정보이용자에게 정보 제공
정보유형	과거정보	미래정보
준거기준	일반적으로 인정된 회계원칙	없음
보고서	재무제표(일반목적보고서)	특수목적보고서
정보특성	신뢰성	목적적합성

02 제조원가의 구분

(1) 추적가능성에 의한 구분

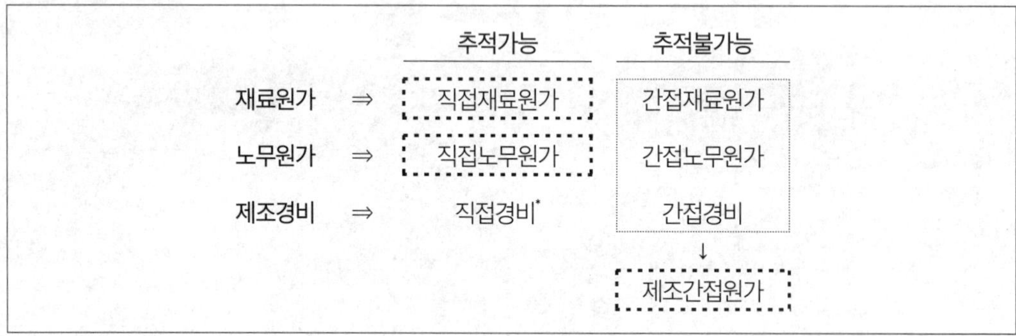

* 일반적으로 제조경비는 모두 간접원가로 간주하지만 별도로 언급이 되면 직접원가로 고려해야 한다.

(2) 제조원가의 3분류법과 2분류법

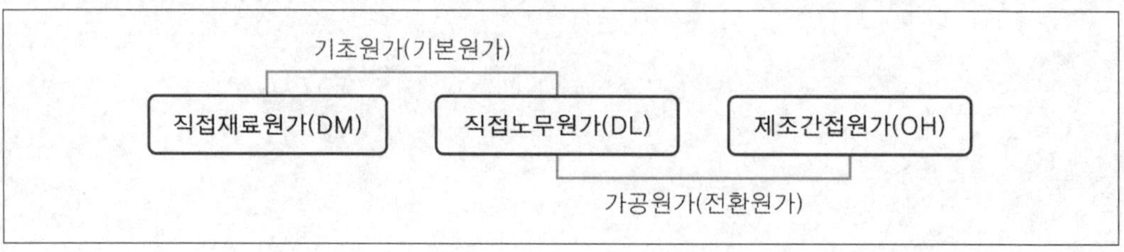

03 제조원가의 흐름

(1) 재료원가 사용분

재료원가[*1] = 기초원재료 + 당기매입액 - 기말원재료

[*1] 간접재료원가는 제조간접원가로 처리한다.

(2) 노무원가 및 제조간접원가 발생분

노무원가[*2](제조간접원가) = 현금지급액 + ┌미지급액 증가분 / └선급액 감소분 - ┌선급액 증가분 + 소득세 공제분 / └미지급액 감소분

[*2] 간접노무원가는 제조간접원가로 처리한다.

(3) 당기총제조원가

당기총제조원가 = 직접재료원가 + 직접노무원가 + 제조간접원가

재공품

기초재공품	×××		
직접재료원가	×××	⋮	⋮
직접노무원가	×××	⋮	⋮
제조간접원가	×××		
	↓		
	당기총제조원가		

(4) 당기제품제조원가

당기제품제조원가 = 기초재공품 + 당기총제조원가 - 기말재공품

재공품

기초재공품	×××	완성품	×××
직접재료원가	×××		
직접노무원가	×××	⋮	↓
제조간접원가	×××		
	↓		
	당기총제조원가		당기제품제조원가

(5) 매출원가

매출원가 = 기초제품 + 당기제품제조원가 - 기말제품

제품			
기초	xxx	매출원가	xxx
당기제품제조원가	xxx	기말	xxx
	xxx		xxx

(6) 매출원가율 및 매출총이익률

	손익계산서
매출액	xxx
매출원가	(xxx)
매출총이익	xxx
판매관리비	(xxx)
영업이익	xxx

- $\text{매출원가율} = \dfrac{\text{매출원가}}{\text{매출액}}$
- $\text{매출총이익률} = \dfrac{\text{매출총이익}}{\text{매출액}}$
- 매출원가율 + 매출총이익률 = 100%

(7) 제조원가의 흐름(T-계정)

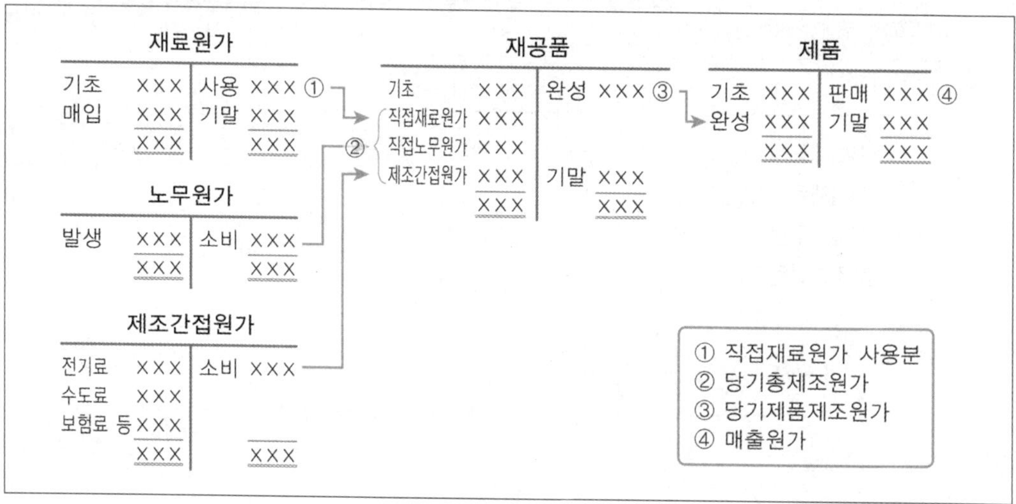

문제 01 제조원가의 흐름추적, 배부차이 및 원가계산방법별 이익차이

(주)한국은 교통정보제공용 드론을 생산·판매하는 회사로 20×1년 초에 영업을 개시하였다.

회사는 내부관리목적으로 변동원가계산 및 초변동원가계산을 적용하고 외부공표용 재무제표 작성을 위해 전부원가계산을 사용한다. 20×1년에 발생한 원가와 재고자산 관련 자료는 다음과 같다.

(1) 원가자료

단위당 변동원가

직접재료원가	₩10
직접노무원가	6
제조간접원가	4
판매관리비	3

총고정원가

제조간접원가	₩40,000
판매관리비	20,000

(2) 재고자산자료

	기초	기말
원재료	0kg	2,000kg
재공품	0개	0개
제품	0개	?개

(3) 20×1년의 제품생산량은 5,000개이며, 제품 1개를 생산하는 데 원재료 2kg이 사용된다.

(4) 20×1년의 제품 매출액은 ₩258,000이며, 판매가격과 원재료 구입가격은 연중 일정하다.

(5) 기말 현재 창고에 보관 중인 제품의 원가는 ₩19,600이다.

요구사항

[물음 1] 당기 원재료 구입액을 구하시오.

[물음 2] 기말제품 재고수량을 구하시오.

[물음 3] 제품의 단위당 판매가격을 구하시오.

[물음 4] 외부공표용 재무재표에 표시될 영업이익을 구하시오.

[물음 5] 변동원가계산을 적용하는 경우 영업이익을 구하시오.

[물음 6] 초변동원가계산을 적용하는 경우 영업이익을 구하시오.

※ 위 물음과 별도로 회사는 정상원가계산을 적용하고 다음과 같은 제조간접원가 예산식을 도출하였다.

$$y = ₩48,000 + ₩4x$$

단, x는 생산량, y는 제조간접원가예산

회사의 정상조업도는 6,000단위이며 배부차이는 매출원가에서 전액 반영한다.

[물음 7] 변동제조간접원가 예정배부율과 고정제조간접원가 예정배부율을 각각 구하시오.

[물음 8] 실제발생한 제조간접원가는 제시된 "(1) 원가자료"를 이용하여 외부공표용 재무제표에 표시될 영업이익을 구하시오.

해답

문제분석

■ "(1) 직접재료원가 ₩10" 및 "(3) 제품 1개를 생산하는 데 원재료 2kg이 사용"

→ 단위당 직접재료원가는 ₩10이고 2kg이 사용되므로, kg당 단가는 ₩5이다.

■ "(1) 총고정원가, 제조간접원가 ₩40,000" 및 "(3) 제품생산량은 5,000개"

→ 고정제조간접원가를 생산량으로 나누어 단위당 고정제조간접원가를 계산할 수 있다.

$$\frac{₩40,000}{5,000개} = ₩8/개$$

∴ 단위당 제조원가: ₩10 + ₩6 + ₩4 + ₩8 = ₩28

■ "(2) 기말원재료 2,000kg", "(3) 제품생산량은 5,000개" 및 "(3) 제품 1개를 생산하는 데 원재료 2kg이 사용"

→ 당기 원재료 구입량: 당기사용량 + 기말원재료 − 기초원재료 = 10,000kg* + 2,000kg − 0kg = 12,000kg

* 5,000개 × 2kg = 10,000kg

■ "(5) 기말 현재 창고에 보관 중인 제품의 원가는 ₩19,600"

→ 제품원가를 단위당 제조원가로 나누어 기말제품수량을 계산할 수 있다.

$$\frac{₩19,600}{₩28} = 700개$$

∴ 판매량: 5,000개 − 700개 = 4,300개

■ "(4) 매출액은 ₩258,000"

→ 매출액을 판매량으로 나누어 단위당 판매가격을 계산할 수 있다.

$$\frac{₩258,000}{4,300개} = ₩60/개$$

■ "단, x는 생산량" 및 "정상조업도는 6,000단위"

→ 제조간접원가의 배부기준은 생산량이며 예정조업도는 6,000단위이다.

■ [물음 8] ""(1) 원가자료"를 이용"

→ "(1) 원가자료"에서 단위당 변동제조간접원가는 ₩4이고, 총고정제조간접원가는 ₩40,000이다.

자료정리

(1) 당기 원재료 구입량

원재료(kg)

기초	-	사용*	10,000
구입	12,000	기말	2,000
	12,000		12,000

* 5,000개 × 2kg = 10,000kg

∴ 당기 원재료 구입량 = 12,000kg

(2) 예정배부율

- 변동제조간접원가: ₩4
- 고정제조간접원가: $\frac{₩48,000}{6,000개}$ = ₩8

(3) 배부차이

- 변동제조간접원가

예정배부금액	5,000개 × ₩4 =	₩20,000
실제발생금액	5,000개 × ₩4 =	20,000
배부차이금액		-

- 고정제조간접원가

예정배부금액	5,000개 × ₩8 =	₩40,000
실제발생금액		40,000
배부차이금액		-

모범답안

[물음 1] 당기 원재료 구입액

12,000kg × ₩5 = ₩60,000

[물음 2] 기말제품 재고수량

$\frac{₩19,600}{₩28}$ = 700개

[물음 3] 제품의 단위당 판매가격

$\frac{₩258,000}{4,300개}$ = ₩60/개

[물음 4] 외부공표용 재무재표에 표시될 영업이익

손익계산서

매출액		₩258,000
매출원가	4,300개 × ₩28 =	(120,400)
매출총이익		₩137,600
변동판매관리비	4,300개 × ₩3 =	(12,900)
고정판매관리비		(20,000)
영업이익		₩104,700

[물음 5] 변동원가계산을 적용하는 경우 영업이익

변동원가계산 영업이익을 x라 하면 다음과 같다.

변동원가계산 영업이익		x
(+) 기말재고 × 고정제조간접원가	700개 × ₩8 =	₩5,600
(-) 기초재고 × 고정제조간접원가		-
(=) 전부원가계산 영업이익		₩104,700

∴ x = ₩99,100

[물음 6] 초변동원가계산을 적용하는 경우 영업이익

초변동원가계산 영업이익을 x라 하면 다음과 같다.

초변동원가계산 영업이익		x
(+) 기말재고 × 변동가공원가	700개 × (₩6 + ₩4) =	₩7,000
(-) 기초재고 × 변동가공원가		-
(=) 변동원가계산 영업이익		₩99,100

∴ x = ₩92,100

[물음 7] 변동제조간접원가 예정배부율과 고정제조간접원가 예정배부율

(1) 변동제조간접원가 예정배부율

₩4

(2) 고정제조간접원가 예정배부율

$\frac{₩48,000}{6,000개}$ = ₩8

[물음 8] 외부공표용 재무제표에 표시될 영업이익

손익계산서

매출액		₩258,000
정상매출원가	4,300개 × ₩28 =	(120,400)
배부차이		-*
매출총이익		₩137,600
변동판매관리비	4,300개 × ₩3 =	(12,900)
고정판매관리비		(20,000)
영업이익		₩104,700

* 배부차이는 없다.

문제 02 제조원가흐름과 정상개별원가 원가요소비례배분법

(주)한국은 고객의 주문에 의해서 맞춤형 자전거를 생산하는 회사로서 직접노무원가를 배부기준으로 간접원가를 배부하는 정상개별원가계산을 채택하고 있다. 연초에 직접노무원가와 제조간접원가는 각각 ₩365,600, ₩457,000으로 예측하였다. 또한, 회사는 배부차이를 매출원가에서 조정한다.

《자료 1》 기초재고

- 원재료: ₩31,000
- 재공품: ₩22,000
- 제품: ₩185,000

《자료 2》 기중 거래 및 생산 등과 관련된 활동

(1) 원재료 구입액은 ₩400,000이다.

(2) 사용된 원재료는 ₩419,000이며, 이 중 ₩350,000이 생산과 직접 관련되어 투입되었다.

(3) 종업원 급여와 관련된 비용항목은 다음과 같다.

직접노무원가	₩340,000
간접노무원가	152,000
판매수수료	85,000
계	₩577,000

(4) 임대료는 ₩55,000인데, 이 중 ₩35,000이 공장가동과 관련하여 발생한 비용이며, 잔여금액은 판매활동과 관련하여 발생한 비용이다.

(5) 당기발생한 감가상각비는 ₩203,000인데, 이 중 ₩183,000은 공장가동과 관련한 비용항목이며, 나머지 금액은 제품 판매와 관련하여 발생한 비용이다.

(6) 당해 연도 완성된 제품원가는 ₩1,124,000이다.

(7) 당해 연도 매출액은 ₩1,604,200이다. 회사는 원가에 30%의 이익을 가산하여 제품가격을 결정한다.

요구사항

[물음 1] 제조간접원가 예정배부율을 계산하시오.

[물음 2] 기말원재료, 기말재공품, 기말제품금액을 구하시오.

[물음 3] 제조간접원가의 배부차이를 구하시오.

[물음 4] 당기 영업이익을 구하시오.

[물음 5] 위 물음과 별도로 기말재공품, 기말제품 및 매출원가에 포함되어 있는 당기발생 직접노무원가는 다음과 같다.

재공품	₩6,800
제품	27,200
매출원가	306,000
	₩340,000

회사가 제조간접원가 배부차이를 기말재고 및 매출원가에 포함된 제조간접원가 예정배부금액에 비례해서 배분하는 방법을 적용할 경우 당기 영업이익을 구하시오.

해답

문제분석

- "직접노무원가를 배부기준으로 간접원가를 배부하는 정상개별원가계산" 및 "연초에 직접노무원가와 제조간접원가는 각각 ₩365,600, ₩457,000으로 예측"
  → 제조간접원가예산과 직접노무원가예산을 이용하여 예정배부율을 계산한다.
- "《자료 1》 원재료 ₩31,000", "《자료 2》 (1) 원재료 구입액은 ₩400,000" 및 "《자료 2》 (2) 사용된 원재료는 ₩419,000이며, 이 중 ₩350,000이 생산과 직접 관련되어 투입"
  → 원재료계정을 이용하여 기말원재료를 계산할 수 있다. 또한, 생산과 직접 관련없는 원재료 사용액은 간접재료원가이며, 다음과 같이 계산할 수 있다.
  ₩419,000 - ₩350,000 = ₩69,000
- 《자료 2》 "(7) 매출액은 ₩1,604,200" 및 "(7) 원가에 30%의 이익을 가산하여 제품가격을 결정"
  → 매출원가를 x라 하면 다음과 같은 등식이 성립된다.
  $x \times (1 + 30\%)$ = ₩1,604,200
  $\therefore x$ = ₩1,234,000
- [물음 5] "당기발생 직접노무원가" 및 "제조간접원가 예정배부금액에 비례해서 배분"
  → 제조간접원가 예정배부금액은 직접노무원가의 125%이므로 재공품, 제품 및 매출원가에 포함된 직접노무원가금액(또는, 제조간접원가 예정배부금액)을 기준으로 안분하면 된다.

자료정리

(1) 예정배부율

$\frac{₩457,000}{₩365,600}$ = 직접노무원가의 125%

(2) 원재료계정

원재료

기초	₩31,000	사용	₩419,000
구입	400,000	기말[*1]	12,000
	₩431,000		₩431,000

[*1] 기말원재료: 기초 + 구입 - 사용 = ₩31,000 + ₩400,000 - ₩419,000 = ₩12,000

(3) 재공품계정

재공품

기초	₩22,000	완성[*3]	₩1,124,000
직접재료원가	350,000		
직접노무원가	340,000		
제조간접원가배부[*2]	425,000	기말	₩13,000
	₩1,137,000		₩1,137,000

[*2] 제조간접원가 예정배부금액: ₩340,000 × 125% = ₩425,000

[*3] 당기제품제조원가

(4) 제품계정

제품

기초	₩185,000	판매[*4]	₩1,234,000
대체	1,124,000	기말	75,000
	₩1,309,000		₩1,309,000

[*4] 매출원가: 매출액 ÷ (1 + 30%) = ₩1,604,200 ÷ (1 + 30%) = ₩1,234,000

(5) 제조간접원가 및 판매관리비 실제발생금액

	제조간접원가	판매관리비
간접재료원가	₩69,000	-
간접노무원가	152,000	-
판매수수료	-	₩85,000
임대료	35,000	20,000
감가상각비	183,000	20,000
	₩439,000	₩125,000

(6) 제조간접원가 배부차이 조정(원가요소기준 비례배분법)[물음 5]

	직접노무원가	제조간접원가 예정배부금액		비율	배부차이
재공품	₩6,800	₩6,800 × 125% =	₩8,500	2%	₩280
제품	27,200	27,200 × 125% =	34,000	8%	1,120
매출원가	306,000	306,000 × 125% =	382,500	90%	12,600
	₩340,000		₩425,000	100%	₩14,000

모범답안

[물음 1] 제조간접원가 예정배부율

$\frac{₩457,000}{₩365,600}$ = 직접노무원가의 125%

[물음 2] 기말원재료, 기말재공품, 기말제품금액

- 기말원재료: ₩12,000
- 기말재공품: ₩13,000
- 기말제품: ₩75,000

[물음 3] 제조간접원가 배부차이

예정배부금액	₩340,000 × 125% =	₩425,000
실제발생금액		439,000
배부차이금액		₩14,000 (과소배부)

[물음 4] 당기 영업이익

손익계산서

매출		₩1,604,200
정상매출원가	₩1,234,000	
배부차이*	14,000	(1,248,000)
매출총이익		₩356,200
판매수수료	85,000	
임대료	20,000	
감가상각비	20,000	(125,000)
영업이익		₩231,200

* 매출원가조정법이므로 과소배부된 배부차이 ₩14,000을 모두 매출원가에 가산한다.

[물음 5] 비례해서 배분하는 방법을 적용할 경우 당기 영업이익

(1) 배부차이 조정

	제조간접원가 예정배부금액	비율	배부차이
재공품	₩8,500	2%	₩280
제품	34,000	8%	1,120
매출원가	382,500	90%	12,600
	₩425,000	100%	₩14,000

(2) 당기 영업이익

손익계산서		
매출		₩1,604,200
매출원가	₩1,234,000	
배부차이	12,600	(1,246,600)
매출총이익		₩357,600
판매수수료	85,000	
임대료	20,000	
감가상각비	20,000	(125,000)
영업이익		₩232,600

문제 03 현금주의와 발생주의 및 제조원가흐름 종합

세무사 04

(주)한국은 생산부와 영업부로 구분되며 생산부는 단일 공정에서 원재료를 투입하여 가공작업을 거쳐 제품을 생산한 후 영업부는 생산된 제품을 판매하고 있다.

《자료 1》 7월 1일 재무상태표

재무상태표

차변		금액	대변	금액
현금		₩12,300,000	미지급전기수수료	₩240,000
선급급료		240,000	자본금	55,770,000
소모품		360,000	이익잉여금	5,690,000
원재료		1,400,000		
재공품		1,100,000		
제품	100kg × ₩8,000 =	800,000		
기계장치		40,000,000		
비품		5,500,000		
		₩61,700,000		₩61,700,000

《자료 2》 7월 1일부터 7월 31일까지의 원가계산기간 동안의 거래내용

① 원재료 ₩5,800,000을 현금으로 구입하였다.
② 급료 ₩7,160,000을 현금으로 지급하였다.
③ 전기수수료 ₩1,080,000을 현금으로 지급하였다.
④ 생산부에서 사용하는 기계장치의 감가상각비는 월 ₩400,000, 영업부에서 사용하는 비품의 감가상각비는 월 ₩100,000이다.
⑤ 7월 발생분 급료의 80%는 생산부에서, 20%는 영업부에서 부담한다.
⑥ 7월 발생분 전기수수료의 90%는 생산부에서, 10%는 영업부에서 부담한다.
⑦ 소모품은 전액 영업부에서 사용하며, 7월 중에 소모품 ₩1,500,000을 현금으로 구입하였다.
⑧ 7월 중 제품 1,000kg을 kg당 ₩20,000에 현금매출하였다.
⑨ 7월 31일 계정잔액은 다음과 같다.

• 원재료	₩480,000	• 선급급료	₩100,000
• 소모품	₩120,000	• 미지급전기수수료	₩360,000

《자료 3》 원가계산자료

① 생산부에서는 선입선출법의 원가흐름을 가정하여 종합원가계산을 실시하고 있다.
② 기초재공품의 수량은 500kg이며, 재료원가 진척도(완성도)는 60%, 가공원가 진척도(완성도)는 40%이다.
③ 7월 중 생산부에 신규로 투입된 수량은 1,000kg이며, 작업과정 중에 공손품, 감손품은 발생하지 않았다.
④ 기말재공품의 수량은 400kg이며, 재료원가 진척도(완성도)는 40%, 가공원가 진척도(완성도)는 80%이다.
⑤ 영업부에서도 선입선출법의 원가흐름을 가정하여 재고자산을 판매·관리하고 있다.

요구사항

[물음 1] 당월(7월 1일 ~ 7월 31일) 제조원가명세서를 작성하는 경우

(1) 재료원가금액을 구하시오.

(2) 당기제품제조원가를 구하시오.

[물음 2] 기말재공품 평가액을 구하시오.

[물음 3] 당월(7월 1일 ~ 7월 31일) 손익계산서를 작성하는 경우

(1) 매출원가를 구하시오.

(2) 당기순이익을 구하시오.

해답

문제분석

- "생산부와 영업부로 구분" 및 "생산부는 단일 공정에서 원재료를 투입하여 가공작업을 거쳐 제품을 생산"
  → 제조공정은 생산부 1개이며 종합원가계산을 적용한다. 또한, 종합원가계산을 적용하는 경우 재료원가와 가공원가의 투입행태에 대한 정보인 "《자료 3》 원가계산자료"가 필요하다.

- 《자료 3》 "② 재료원가 진척도(완성도)는 60%, 가공원가 진척도(완성도)는 40%" 및 "④ 재료원가 진척도(완성도)는 40%, 가공원가 진척도(완성도)는 80%"
  → 재료원가와 가공원가의 원가투입행태를 별도로 제시하지 않고 완성도로 표현하고 있다.

- "《자료 1》 7월 1일 원재료 ₩1,400,000", "《자료 2》 ① 원재료 ₩5,800,000을 현금으로 구입" 및 "《자료 2》 ⑨ 7월 31일 원재료 ₩480,000"
  → **당월 원재료 사용액**: 월초원재료 + 당월구입액 − 월말원재료
  = ₩1,400,000 + ₩5,800,000 − ₩480,000 = ₩6,720,000

- "《자료 1》 7월 1일 선급급료 ₩240,000", "《자료 2》 ② 급료 ₩7,160,000을 현금으로 지급", "《자료 2》 ⑤ 7월 발생분 급료의 80%는 생산부에서, 20%는 영업부에서 부담" 및 "《자료 2》 ⑨ 7월 31일 선급급료 ₩100,000"
  → 현금지급액과 선급급료 증감액을 이용하여 발생액으로 전환한 후 생산부와 영업부로 구분한다.
  급료 발생금액: 현금지급액 + 선급액 감소 = ₩7,160,000 + ₩140,000 = ₩7,300,000
  - 생산부: ₩7,300,000 × 80% = ₩5,840,000
  - 영업부: ₩7,300,000 × 20% = ₩1,460,000

- "《자료 1》 7월 1일 미지급전기수수료 ₩240,000", "《자료 2》 ③ 전기수수료 ₩1,080,000을 현금으로 지급", "《자료 2》 ⑥ 7월 발생분 전기수수료의 90%는 생산부에서, 10%는 영업부에서 부담" 및 "《자료 2》 ⑨ 7월 31일 미지급전기수수료 ₩360,000"
  → 현금지급액과 미지급전기수수료 증감액을 이용하여 발생액으로 전환한 후 생산부와 영업부로 구분한다.
  전기수수료 발생금액: 현금지급액 + 미지급액 증가 = ₩1,080,000 + ₩120,000 = ₩1,200,000
  - 생산부: ₩1,200,000 × 90% = ₩1,080,000
  - 영업부: ₩1,200,000 × 10% = ₩120,000

- "《자료 1》 7월 1일 소모품 ₩360,000", "《자료 2》 ⑦ 소모품은 전액 영업부에서 사용하며, 7월 중에 소모품 ₩1,500,000을 현금으로 구입" 및 "《자료 2》 ⑨ 7월 31일 소모품 ₩120,000"
  → 현금지급액과 소모품 증감액을 이용하여 발생액으로 전환한 후 생산부와 영업부로 구분한다.
  소모품 발생금액: 현금지급액 + 소모품 감소 = ₩1,500,000 + ₩240,000 = ₩1,740,000
  - 생산부: ₩0
  - 영업부: ₩1,740,000

- 《자료 1》 "7월 1일 재공품 ₩1,100,000"
  → 《자료 3》 기초재공품 500kg의 원가는 ₩1,100,000이다.

- "《자료 1》 7월 1일 제품 ₩800,000" 및 "《자료 3》 ⑤ 영업부에서도 선입선출법의 원가흐름을 가정하여 재고자산을 판매·관리"
  → 월초제품과 당기제품제조원가를 이용하여 선입선출법에 의한 매출원가를 계산한다.

자료정리

(1) 7월 재료원가

원재료

월초	₩1,400,000	사용	₩6,720,000
구입	5,800,000	월말	480,000
	₩7,200,000		₩7,200,000

∴ 7월 재료원가 = ₩6,720,000

(2) 7월 가공원가와 판관비

	가공원가	판관비
급료	₩5,840,000	₩1,460,000
전기수수료	1,080,000	120,000
감가상각비	400,000	100,000
소모품	0	1,740,000
	₩7,320,000	₩3,420,000

(3) 물량흐름도

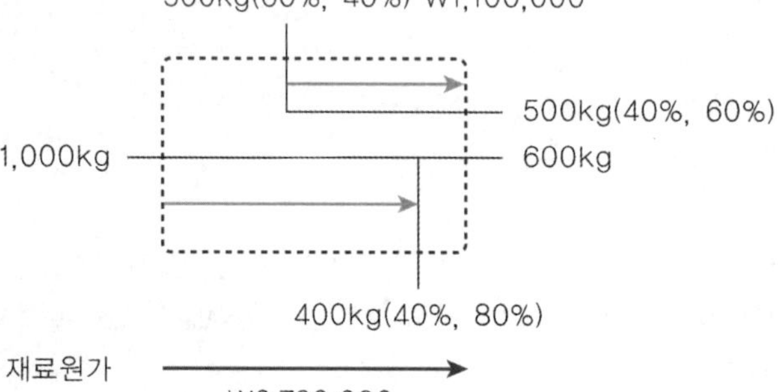

(4) 제품현황

제품

월초	100kg	판매	1,000kg
생산	1,100	월말	200
	1,200kg		1,200kg

모범답안

[물음 1] 7월 제조원가명세서를 작성하는 경우 재료원가 및 당기제품제조원가

(1) 재료원가(당월 원재료 사용액)

월초원재료 + 당월구입액 - 월말원재료 = ₩1,400,000 + ₩5,800,000 - ₩480,000 = ₩6,720,000

(2) 당기제품제조원가

① 물량흐름 파악(선입선출법) / ② 완성품환산량

재공품				재료원가	가공원가
월초	500 (0.6, 0.4)	완성	500 (0.4, 0.6)	200	300
			600	600	600
착수	1,000	월말	400 (0.4, 0.8)	160	320
	1,500		1,500	960	1,220

③ 당월발생원가

	재료원가	가공원가
③ 당월발생원가	₩6,720,000	₩7,320,000
④ 환산량 단위당 원가(= ③ ÷ ②)	₩7,000	₩6,000

∴ 완성품(당기제품제조원가): ₩1,100,000 + 800 × ₩7,000 + 900 × ₩6,000 = ₩12,100,000

[물음 2] 기말재공품 평가액

160 × ₩7,000 + 320 × ₩6,000 = ₩3,040,000

[물음 3] 7월 손익계산서를 작성하는 경우 매출원가 및 당기순이익

(1) 매출원가

제품					
월초	(100kg × ₩8,000)	₩800,000	판매	(1,000kg)	₩10,700,000
생산	(1,100kg)	12,100,000	월말*	(200kg)	2,200,000
		₩12,900,000			₩12,900,000

* 200kg × (₩12,100,000 ÷ 1,100kg) = ₩2,200,000

∴ 매출원가 = ₩10,700,000

(2) 당기순이익

매출액	1,000kg × ₩20,000 =	₩20,000,000
매출원가		(10,700,000)
매출총이익		₩9,300,000
판관비		(3,420,000)
당기순이익		₩5,880,000

해커스 회계사 允원가관리회계연습

회계사 · 세무사 · 경영지도사 단번에 합격!

해커스 경영아카데미 cpa.Hackers.com

제2장

개별원가계산

핵심 이론 요약

01 개별원가계산에서의 제조원가 구분

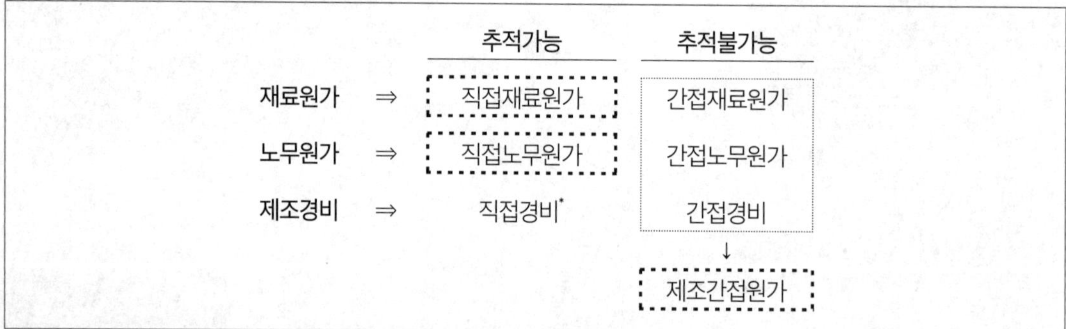

* 일반적으로 제조경비는 모두 간접원가로 간주하지만 별도로 언급이 되면 직접원가로 처리해야 한다.

02 개별원가계산 절차

1단계	직접원가: 해당 제품에 직접 부과
2단계	간접원가: 적정한 기준(배부기준)으로 배부

03 제조간접원가 배부

(1) 배부율

$$\text{제조간접원가 배부율} = \frac{\text{제조간접원가}}{\text{배부기준}}$$

(2) 복수부문 제조간접원가 배부

부문별로 제조간접원가 배부율을 결정한다. → 배부율은 부문별로 존재한다.

$$\text{부문별 제조간접원가 배부율} = \frac{\text{부문별 제조간접원가}}{\text{부문별 배부기준}}$$

(3) 보조부문 제조간접원가 배부

① 보조부문 상호 간 용역수수관계

직접배부법	보조부문 상호 간 용역수수관계를 무시하고 제조부문에만 배부
단계배부법	보조부문 우선순위를 정하여 단계적으로 배부
상호배부법	보조부문 상호 간 용역수수관계를 모두 고려 후 배부(연립방정식)

② 원가행태별 분류 여부

단일배부율법	원가행태별로 구분하지 않고 실제사용량 비율로 배부
이중배부율법	• 고정원가: 최대사용량을 기준으로 배부 • 변동원가: 실제(예상)사용량을 기준으로 배부

③ 자가소비용역: 보조부문에서의 용역을 해당 보조부문이 직접 소비하는 것으로 자가부문소비량을 고려하지 않고 다른 부문에만 배부함

04 정상개별원가계산

(1) 실제성에 의한 원가계산분류

	실제원가계산	정상원가계산[*1]	표준원가계산
실제원가	직접재료원가	직접재료원가	-
	직접노무원가	직접노무원가	-
	변동제조간접원가	-	-
	고정제조간접원가	-	-
예상원가	-	-	직접재료원가
	-	-	직접노무원가
	-	변동제조간접원가	변동제조간접원가
	-	고정제조간접원가	고정제조간접원가

[*1] 주요내용
- 제조직접원가: 개별작업에 직접 부과한다.
- 제조간접원가: 사전에 설정한 예정배부율을 이용하여 배부한다.

(2) 실제원가계산의 문제점

① 원가계산의 지연: 실제원가를 모두 집계하기 전까지는 계산할 수 없음

② 제품단가의 변동: 실제원가를 실제산출량으로 나누면 단가가 달라질 수 있음

(3) 정상원가계산의 효익

① 적시성: 제조과정이 완료됨과 동시에 원가계산이 가능함

② 안정성: 기간별 제품원가 변동성 문제가 해결됨

(4) 정상개별원가계산의 절차

[1단계] 제조간접원가 예정배부율 설정	$\text{제조간접원가 예정배부율} = \dfrac{\text{예산제조간접원가}}{\text{예정조업도}}$ ↓ • $\text{변동제조간접원가 예정배부율} = \dfrac{\text{예산변동제조간접원가}}{\text{예정조업도}}$ • $\text{고정제조간접원가 예정배부율} = \dfrac{\text{예산고정제조간접원가}}{\text{예정조업도}}$
[2단계] 예정배부	예정배부 = 예정배부율 × 실제조업도[*2] [*2] 개별작업이 소비한 실제조업도
[3단계] 배부차이 결정	① 예정배부 < 실제발생: 과소배부(부족배부) ② 예정배부 > 실제발생: 과대배부(초과배부)
[4단계] 배부차이 조정	① 배분법: 원가요소기준법, 총원가기준법 ② 무배분법: 매출원가조정법, 기타손익법

(5) 배부차이와 원가차이 비교

구분	정상원가계산	표준원가계산
대상원가	제조간접원가	총제조원가
조업도	노무시간 등	산출량
배부금액	예정배부 ⇓ 실제조업도 × 예정배부율 ⇓ 실제노무시간 등 × 예정배부율	표준배부 ⇓ 실제산출량에 허용된 표준수량 × SP ⇓ [실제산출량 × 단위당 표준수량(SQ)] × SP

(6) 제조간접원가 배부차이 상세분석

① 변동제조간접원가

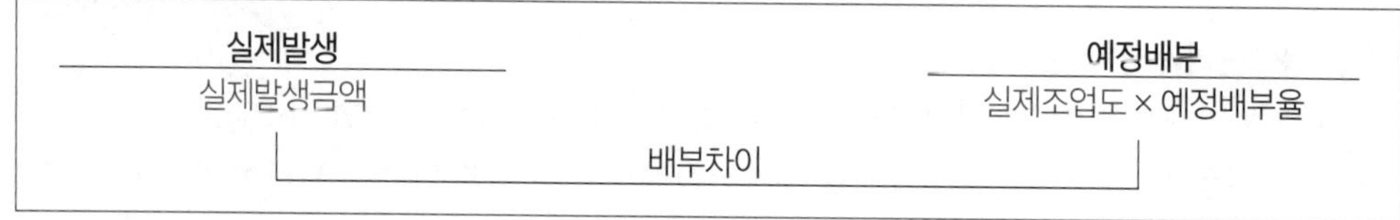

② 고정제조간접원가

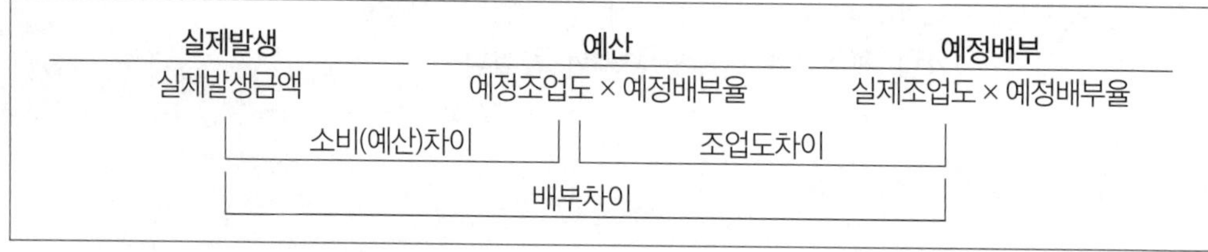

05 개별원가계산과 공손

(1) 정상공손원가

정상공손원가와 관련된 작업에 가산한다.

① 특정 작업: 해당 작업원가에 가산함

② 여러 작업: 제조간접원가로 처리하여 각 작업에 배부함

(2) 비정상공손원가

당기비용처리한다.

문제 01 세 개의 보조부문원가 배분 및 폐쇄 의사결정

다음 자료는 (주)한국의 각 부문에서 발생하는 제조간접원가와 보조부문의 용역제공에 관한 것이다.

《자료 1》

		보조부문			제조부문		
		S1	S2	S3	P1	P2	P3
용역제공 비율	S1	-	0.4	0.1	0.1	0.3	0.1
	S2	-	-	0.5	0.1	0.3	0.1
	S3	-	0.25	-	-	0.25	0.5
배분 전 원가		₩5,000	₩10,000	₩8,500	₩13,300	₩9,900	₩13,300

《자료 2》

S2의 원가 중 ₩2,000은 전액 설비에 대한 감가상각비이며, 그 나머지와 다른 보조부문인 S1, S3의 원가는 모두 용역제공량에 비례하는 변동원가이다. 현재 보조부문 S2에서 제공하는 용역은 총 1,000단위이다.

다음의 물음은 서로 독립적이다.

요구사항

[물음 1] 단계배부법을 적용하여 보조부문의 원가를 제조부문에 배부할 경우 제조부문 P3에 집계되는 제조간접원가를 계산하시오. (단, 보조부문 간 우선순위는 S1, S2, S3의 순으로 한다)

[물음 2] 회사는 보조부문 S2에서 제공하는 용역을 외부로부터 구입하고자 한다. 다음의 물음에 답하시오.

(1) 외부로부터 구입해야 할 S2의 용역의 양을 계산하시오.

(2) 외부구입에 대한 회사가 지급할 수 있는 단위당 최대금액을 계산하시오.

해답

문제분석

■ "《자료 2》 S2의 원가 중 ₩2,000은 전액 설비에 대한 감가상각비" 및 "[물음 2] 보조부문 S2에서 제공하는 용역을 외부로부터 구입"
→ 외부로부터 구입하는 경우 감가상각비는 회피불능원가이다.

■ 《자료 2》 "현재 보조부문 S2에서 제공하는 용역은 총 1,000단위"
→ 외부로부터 구입하는 경우 일부 용역량을 절감할 수 있다.

자료정리

(1) 용역제공량(S1, S2, S3의 순서 단계배부법)

		보조부문			제조부문			합계
		S1	S2	S3	P1	P2	P3	
용역제공 비율	S1	-	40%	10%	10%	30%	10%	100%
	S2	-	-	50%	10%	30%	10%	100%
	S3	-	-	-	-	33.3%*	66.7%	100%

* $\frac{0.25}{0.25 + 0.5} = 33.3\%$

(2) 외부로부터 구입하는 경우 용역량 절감
S2가 특정 보조부문에 용역을 제공하고 다시 해당 보조부문으로부터 용역을 제공받는 관계를 찾아본다.

결과적으로 125단위만큼 절감할 수 있다.

(3) 외부로부터 구입하는 경우 원가 절감
S2에서 지출되었던 변동원가를 찾아본다.

구분	관계	절감액
S1	S1 → S2	S1 변동원가 × 40%
	S1 → S3 → S2	S1 변동원가 × 10% × 25%
S2		S2 변동원가
S3	S3 → S2	S3 변동원가 × 25%

모범답안

[물음 1] 단계배부법 적용 시 제조부문 P3에 집계되는 제조간접원가

		보조부문			제조부문		
		S1	S2	S3	P1	P2	P3
용역제공 비율	S1	-	40%	10%	10%	30%	10%
	S2	-	-	50%	10%	30%	10%
	S3	-	-	-	-	33.3%	66.7%
배분 전 원가		₩5,000	₩10,000	₩8,500	₩13,300	₩9,900	₩13,300
	S1	(5,000)	2,000	500	500	1,500	500
	S2	-	(12,000)	6,000	1,200	3,600	1,200
	S3	-	-	(15,000)	-	5,000	10,000
배분 후 원가		-	-	-	₩15,000	₩20,000	₩25,000

∴ 제조부문 P3에 집계되는 제조간접원가 = ₩25,000

[물음 2] 외부로부터 구입해야 할 S2 용역의 양과 단위당 최대금액

(1) 외부로부터 구입해야 할 S2 용역의 양

1,000단위 - 1,000단위 × 0.5 × 0.25 = 875단위

(2) 단위당 최대금액

보조부문 S2 폐지 시 원가 감소액은 다음과 같다.

S1 → S2	₩5,000 × 0.4 =	₩2,000
S1 → S3 → S2	₩5,000 × 0.1 × 0.25 =	125
S2	₩10,000 - ₩2,000 =	8,000
S3 → S2	₩8,500 × 0.25 =	2,125
		₩12,250

∴ 외부구입에 대한 단위당 최대금액: ₩12,250 ÷ 875단위 = ₩14

문제 02 보조부문원가와 공장 전체 배부 및 부문별 배부 비교

(주)한국은 세 개의 보조부문과 두 개의 제조부문으로 구성되어 있으며 당해 연도에 영업을 개시하였다. 1월 중 작업번호 #101, #102, #103의 세 가지 작업을 착수하여 월말 현재 #101, #102를 완성하였으며 #103은 작업 진행 중에 있다. 또한 회사는 제조간접원가에 대해서 예정배부율을 적용하여 원가계산을 진행하고 있으며, 제조간접원가 배부차이를 매출원가에서 일괄조정하고 있다.

《자료 1》 작업별 원가 관련 자료

	#101	#102	#103	합계
수량	10단위	20단위	20단위	50단위
직접재료원가	₩30,000	₩28,000	₩25,000	₩83,000
직접노무원가	12,000	7,000	18,000	37,000
기계시간				
X부문	800	500	700	2,000
Y부문	-	-	-	-
노동시간				
X부문	350	180	270	800
Y부문	400	200	400	1,000

《자료 2》 각 부문별 제조간접원가 예산

제조부문		
X부문	(12,000기계시간)*	₩160,000
Y부문	(8,000노동시간)*	240,000
보조부문		
A부문		90,000
B부문		60,000
C부문		50,000
		₩600,000

* 괄호 안은 각 부문별 예정조업도이다.

《자료 3》 각 부문별 실제 용역제공관계

	보조부문			제조부문	
	A부문	B부문	C부문	X부문	Y부문
A부문	1,000	2,000	2,000	2,000	3,000
B부문	100	-	200	200	400
C부문	-	300	500	4,000	5,000

요구사항

[물음 1] 단계배부법을 적용하여 보조부문의 원가를 배분할 경우 각 부문별 제조간접원가 예정배부율을 구하시오. (단, 배부순서는 A부문, B부문, C부문 순으로 한다)

[물음 2] 부문별 제조간접원가 예정배부율을 사용할 경우 작업번호 #102의 단위당 원가를 구하시오.

[물음 3] 회사가 기계시간을 기준으로 공장 전체 배부율을 사용할 경우 작업번호 #102의 단위당 원가를 구하시오.

[물음 4] 회사는 기계시간을 기준으로 공장 전체 배부율을 사용하고 있다. 다만, 기말 현재 매출원가 및 재고자산은 다음과 같다고 가정한다. 제조간접원가 배부차이 조정방법을 제조간접원가 예정배부액기준으로 각 재고자산과 매출원가에 비례하여 조정하는 방법으로 변경할 경우 당기 손익에 미치는 영향을 구하시오. (단, 제조간접원가 실제발생액과 예산은 동일하다)

	매출원가	재고자산		합계
		제품	재공품	
직접재료원가	?	₩15,000	₩19,000	₩753,000
직접노무원가	?	6,000	15,000	563,000
기계시간				
X부문	?	500	650	11,500
Y부문	-	-	-	-
노동시간				
X부문	?	150	180	8,000
Y부문	?	80	100	1,000

해답

문제분석

- "제조간접원가에 대해서 예정배부율을 적용", "《자료 2》 X부문 (12,000기계시간), Y부문 (8,000노동시간)" 및 "[물음 3] 기계시간을 기준으로 공장 전체 배부율"
  → • **부문별 배부를 적용하는 경우**: 보조부문원가를 제조부문에 배부한 후 부문별 원가를 부문별 예정조업도로 나누어 예정배부율을 계산한다.
  • **공장 전체 배부를 적용하는 경우**: 총제조간접원가예산을 12,000기계시간으로 나누어 예정배부율을 계산한다.
- [물음 4] "제조간접원가 예정배부액기준으로 각 재고자산과 매출원가에 비례하여 조정"
  → "당기예정배부액 = 기계시간당 예정배부율 × 실제기계시간"이므로, 배부차이를 매출원가, 제품 및 재공품에 소비된 기계시간에 따라 안분하여 조정한다.

자료정리

(1) 보조부문 용역제공관계(단계배부법)

부문별 자가소비(*1)를 제거하고 단계배부법(*2)을 적용하여 정리하면 다음과 같다.

	보조부문			제조부문	
	A부문	B부문	C부문	X부문	Y부문
A부문	*1	2,000	2,000	2,000	3,000
B부문	*2	-	200	200	400
C부문	-	*2	*1	4,000	5,000

(2) 보조부문 배부(단계배부법)

	보조부문			제조부문	
	A부문	B부문	C부문	X부문	Y부문
배분 전 원가	₩90,000	₩60,000	₩50,000	₩160,000	₩240,000
A부문	(90,000)	20,000	20,000	20,000	30,000
B부문	-	(80,000)	20,000	20,000	40,000
C부문	-	-	(90,000)	40,000	50,000
배분 후 원가				₩240,000	₩360,000

모범답안

[물음 1] 단계배부법을 적용할 경우 각 부문별 제조간접원가 예정배부율

- X부문 예정배부율: ₩240,000 ÷ 12,000기계시간 = ₩20
- Y부문 예정배부율: ₩360,000 ÷ 8,000노동시간 = ₩45

[물음 2] 부문별 제조간접원가 예정배부율 사용 시 작업번호 #102의 단위당 원가

직접재료원가		₩28,000
직접노무원가		7,000
제조간접원가		
X부문	₩20 × 500기계시간 =	10,000
Y부문	₩45 × 200노동시간 =	9,000
합계		₩54,000
수량		÷ 20단위
단위당 원가		₩2,700

[물음 3] 기계시간을 기준으로 공장 전체 배부율 사용 시 작업번호 #102의 단위당 원가

(1) 공장 전체 배부율

총제조간접원가 ÷ 기계시간 = ₩600,000 ÷ 12,000기계시간 = ₩50

(2) #102 단위당 원가

직접재료원가		₩28,000
직접노무원가		7,000
제조간접원가	₩50 × 500기계시간 =	25,000
합계		₩60,000
수량		÷ 20단위
단위당 원가		₩3,000

[물음 4] 당기손익에 미치는 영향

(1) 배부차이

예정배부금액	₩50 × 11,500기계시간 =	₩575,000
실제발생금액		600,000
배부차이금액		₩25,000 (과소배부)

(2) 배부차이 조정방법별 당기손익에 미치는 영향

① 매출원가조정법: ₩25,000을 전액 매출원가에 가산한다.

② 비례배분법(원가요소기준법)

	기계시간	비율	배부차이금액
매출원가	10,350*	90.0%	₩22,500
제품	500	4.4%	1,100
재공품	650	5.6%	1,400
	11,500	100.0%	₩25,000

* 매출원가에 소비된 기계시간: 11,500시간 - 500시간 - 650시간 = 10,350시간

비례배분법을 적용할 경우 매출원가에 가산되는 금액은 ₩22,500이다.

∴ 매출원가조정법에 비하여 당기손익은 ₩2,500만큼 증가한다.

문제 03 예정배부율 추정 및 정상원가계산

(주)한국은 의료장비제조회사로서 고객의 주문에 따라 생산되는 개별원가계산제도를 적용하고 있다. 제조간접원가는 직접노무원가를 기준으로 예정배부하며, 당기에 실제발생한 제조간접원가는 ₩247,500이다. 재료구입은 모두 외상으로 이루어지며, 그 이외 지출은 모두 발생 즉시 현금지급한다. 회사는 제조간접원가 배부차이를 매출원가에 조정하고 있으며, 다음 자료를 이용하여 물음에 답하시오.

《자료 1》 당기 배부차이 조정 전 재무상태표 기초 및 기말 계정잔액

	기초	기말
원재료	₩205,000	₩?
재공품	68,550	?
제품	31,000	65,000
매입채무	16,000	24,000
매출원가	-	769,650

《자료 2》 재공품에 대한 세부내역

	기초		기말
	A	B	C
직접재료원가	₩14,200	₩6,500	₩21,900
직접노무원가	8,400	9,000	12,000

《자료 3》 기타 자료

- 당기매입채무 지급액은 ₩342,000이다.
- 당기직접노무원가 발생액은 ₩140,000이다.
- 당기투입된 간접재료원가는 ₩14,000이다.
- 당기제품제조원가 중 직접재료원가는 ₩403,800이다.

요구사항

[물음 1] 당기 원재료 구입액을 구하시오.

[물음 2] 당기투입된 직접재료원가를 구하시오.

[물음 3] 기말원재료 재고액을 계산하시오.

[물음 4] 기초재공품에 배부된 제조간접원가를 계산하시오.

[물음 5] 제조간접원가 예정배부율을 계산하시오.

[물음 6] 제조간접원가 배부차이를 계산하시오.

[물음 7] 기말재공품에 배부된 제조간접원가를 계산하시오.

[물음 8] 당기제품제조원가를 계산하시오.

[물음 9] 제조간접원가 배부차이 조정 후 매출원가를 계산하시오.

[물음 10] 제조간접원가 예정배부율을 적용하는 이유에 대해서 간략하게 서술하시오.

해답

문제분석

- **"제조간접원가는 직접노무원가를 기준으로 예정배부하며, 당기에 실제발생한 제조간접원가는 ₩247,500"**
  → 직접노무원가를 기준으로 한 예정배부율을 이용하여 제조간접원가를 예정배부하고 실제원가와 비교하여 배부차이를 계산한다.
- **"《자료 1》 기초재공품 ₩68,550" 및 "《자료 2》 기초재공품 직접재료원가, 직접노무원가"**
  → 기초재공품원가와 기초재공품에 포함된 직접재료원가, 직접노무원가를 이용하여 제조간접원가 배부액과 예정배부율을 계산할 수 있다.
- **"재료구입은 모두 외상으로 이루어지며", "《자료 1》 매입채무 ₩16,000, ₩24,000" 및 "《자료 3》 당기매입채무 지급액은 ₩342,000"**
  → 재료는 모두 외상으로 구입하므로 당기재료 구입액과 당기매입채무 발생액은 같다.
- **《자료 3》 "당기제품제조원가 중 직접재료원가는 ₩403,800"**
  → 기초 및 기말재공품에 포함된 직접재료원가와 당기제품제조원가의 직접재료원가를 이용하여 당기투입된 직접재료원가를 계산할 수 있다.

자료정리

(1) 제조간접원가 예정배부율

- 기초재공품에 배부된 제조간접원가

  기초재공품 총원가에서 직접재료원가와 직접노무원가를 차감하면 다음과 같다.

  ₩68,550 - ₩20,700 - ₩17,400 = ₩30,450

- 제조간접원가 예정배부율

  기초재공품의 직접노무원가와 제조간접원가를 이용해서 예정배부율을 구할 수 있다.

  ₩30,450 ÷ ₩17,400 = 직접노무원가의 175%

(2) 재료구입액

매입채무계정과 매입채무 지급액을 이용하여 재료구입액을 추정할 수 있다.

매입채무

지급	₩342,000	기초	₩16,000
기말	24,000	매입	?
	₩366,000		₩366,000

∴ 재료구입액: 현금지급액 + 기말매입채무 - 기초매입채무 = ₩342,000 + ₩24,000 - ₩16,000 = ₩350,000

(3) 당기투입된 직접재료원가

재공품계정에서 직접재료원가만을 살펴보면 다음과 같다.

재공품(직접재료원가)

기초	₩20,700	당기제품제조원가	₩403,800
당기투입	?	기말	21,900
	₩425,700		₩425,700

∴ 당기투입된 직접재료원가: 당기제품제조원가의 직접재료원가 + 기말재공품 직접재료원가 - 기초재공품 직접재료원가 = ₩403,800 + ₩21,900 - ₩20,700 = ₩405,000

모범답안

[물음 1] 당기 원재료 구입액

재료구입은 모두 외상으로 구입하므로, "원재료 구입액 = 당기발생 매입채무"이다.
당기발생 매입채무: ₩342,000 + ₩24,000 - ₩16,000 = ₩350,000
∴ 당기 원재료 구입액 = ₩350,000

[물음 2] 당기투입된 직접재료원가

₩403,800 + ₩21,900 - ₩20,700 = ₩405,000

[물음 3] 기말원재료 재고액

원재료

기초	₩205,000	직접재료원가	₩405,000
		간접재료원가	14,000
구입	350,000	기말	?
	₩555,000		₩555,000

∴ 기말원재료 재고액 = ₩136,000

[물음 4] 기초재공품에 배부된 제조간접원가

₩68,550 - ₩20,700 - ₩17,400 = ₩30,450

[물음 5] 제조간접원가 예정배부율

₩30,450 ÷ ₩17,400 = 직접노무원가의 175%

[물음 6] 제조간접원가 배부차이

예정배부금액	₩140,000 × 175% =	₩245,000
실제발생금액		247,500
배부차이금액		₩2,500(과소배부)

[물음 7] 기말재공품에 배부된 제조간접원가

₩12,000 × 175% = ₩21,000

[물음 8] 당기제품제조원가

(1) 기말재공품

₩21,900 + ₩12,000 + ₩12,000 × 175% = ₩54,900

(2) 당기제품제조원가

재공품

기초	₩68,550	당기제품제조원가	₩?
직접재료원가	405,000		
직접노무원가	140,000		
제조간접원가	245,000	기말	54,900
	₩858,550		₩858,550

∴ 당기제품제조원가: ₩68,550 + (₩405,000 + ₩140,000 + ₩245,000) - ₩54,900 = ₩803,650

[물음 9] 제조간접원가 배부차이 조정 후 매출원가

배부차이를 모두 매출원가에 가산하므로 배부차이 조정 후 매출원가는 다음과 같다.
₩769,650 + ₩2,500 = ₩772,150

[물음 10] 제조간접원가 예정배부율을 적용하는 이유

실제원가계산 시 발생할 수 있는 원가계산지연을 방지하여 보다 적시에 원가정보를 활용하기 위함과 계절적 또는 수요의 변동으로 인한 단위당 고정원가의 변동성을 완화하기 위한 것이다.

문제 04 이중배분율법과 단계배분법

(주)한국은 20×1년 영업을 개시하였으며 정상개별원가계산제도를 이용하여 원가계산을 하고 있다. 회사는 당기 중 작업번호 #110, #120, #130, #140을 착수하여 #110, #120, #130을 완성하였으며 #110, #120은 당기에 각각 ₩8,500,000, ₩6,500,000에 판매하였다.

회사는 두 개의 보조부문과 두 개의 제조부문으로 구성되어 있으며 보조부문의 원가를 제조부문에 배부하기 위하여 변동원가와 고정원가로 구분한 이중배분율법과 단계배분법을 사용한다. (단, 전력부문부터 배분한다)

《자료 1》

부문별 예산원가자료는 다음과 같다.

	보조부문		제조부문	
	전력부	관리부	압연부	성형부
변동원가	₩800,000	₩700,000	₩1,800,000	₩2,200,000
고정원가	400,000	500,000	1,000,000	1,800,000
합계	₩1,200,000	₩1,200,000	₩2,800,000	₩4,000,000

《자료 2》

회사는 전력부의 원가를 각 부문의 전력사용량을 기준으로 배분하며 관리부의 원가는 각 부문의 면적을 기준으로 배분한다. (단, 변동원가는 실제전력사용량과 실제점유면적을 기준으로 배분하고 고정원가는 최대전력사용량과 최대사용가능면적을 기준으로 배분한다)

(1) 각 부문의 실제전력사용량과 실제점유면적에 관한 자료는 다음과 같다.

	보조부문		제조부문	
	전력부	관리부	압연부	성형부
전력부(kwh)	-	10	40	50
관리부(m^2)	100	-	400	400

(2) 각 부문의 최대전력사용량과 최대사용가능면적에 관한 자료는 다음과 같다.

	보조부문		제조부문	
	전력부	관리부	압연부	성형부
전력부(kwh)	-	15	40	45
관리부(m^2)	300	-	750	450

《자료 3》

당기 중 #110, #120, #130, #140과 관련하여 발생한 원가 및 관련 자료는 다음과 같다.

	#110	#120	#130	#140
재료원가	₩1,500,000	₩1,200,000	₩1,300,000	₩1,000,000
노무원가	2,450,000	1,350,000	1,200,000	800,000
기계시간				
압연부	750시간	450시간	400시간	400시간
성형부	100시간	100시간	400시간	400시간
노동시간				
압연부	150시간	150시간	100시간	100시간
성형부	450시간	445시간	200시간	200시간

요구사항

[물음 1] 보조부문원가를 제조부문에 배부하시오.

[물음 2] 압연부는 기계시간을 기준으로, 성형부는 직접노동시간을 기준으로 제조간접원가를 배부하는 경우 부문별 제조간접원가 예정배부율을 계산하시오. (압연부의 예정조업도는 2,010기계시간이며, 성형부의 예정조업도는 1,400직접노동시간이다)

[물음 3] 작업별 제조원가를 계산하시오.

[물음 4] 당기에 발생한 실제제조간접원가는 ₩8,900,000이며 배부차이를 매출원가에서 조정한다. 당해 연도 손익계산서를 작성하시오.

해답

문제분석

- "변동원가와 고정원가로 구분한 이중배분율법" 및 "《자료 2》 변동원가는 실제전력사용량과 실제점유면적을 기준으로 배분하고 고정원가는 최대전력사용량과 최대사용가능면적을 기준으로 배분"
  → 보조부문을 변동원가와 고정원가로 구분한 후 변동원가는 실제사용량을 기준으로 배분하고 고정원가는 최대사용량을 기준으로 배분한다.
- [물음 2] "압연부는 기계시간을 기준으로, 성형부는 직접노동시간을 기준" 및 "압연부의 예정조업도는 2,010기계시간이며, 성형부의 예정조업도는 1,400직접노동시간"
  → 보조부문원가 배분 후 제조부문별 제조간접원가 예산을 예정조업도로 나누어 부문별 예정배부율을 계산한다.

자료정리

(1) 물량흐름(재공품과 제품)

재공품				제품			
기초	-	완성	#110	기초	-	판매	#110 (₩8,500,000)
			#120				#120 (₩6,500,000)
			#130 ↘				
착수	#110	기말	#140	대체	#110	기말	#130
	#120				#120		
	#130				#130		
	#140						

(2) 보조부문원가 배분(이중배분율법)

		보조부문		제조부문	
		전력부	관리부	압연부	성형부
변동원가	전력부(kwh)	-	10	40	50
	관리부(m^2)	100	-	400	400
고정원가	전력부(kwh)	-	15	40	45
	관리부(m^2)	300	-	750	450

(3) 보조부문원가 배분(단계배분법)

용역제공관계를 단계배분법을 적용하여 정리하면 다음과 같다.

		보조부문		제조부문	
		전력부	관리부	압연부	성형부
변동원가	전력부(kwh)	-	10	40	50
	관리부(m^2)	-	-	400	400
고정원가	전력부(kwh)	-	15	40	45
	관리부(m^2)	-	-	750	450

(4) 작업별 실제조업도

		#110	#120	#130	#140
재료원가		₩1,500,000	₩1,200,000	₩1,300,000	₩1,000,000
노무원가		2,450,000	1,350,000	1,200,000	800,000
기계시간	압연부	750시간	450시간	400시간	400시간
	성형부	100시간	100시간	400시간	400시간
노동시간	압연부	150시간	150시간	100시간	100시간
	성형부	450시간	445시간	200시간	200시간

모범답안

[물음 1] 보조부문원가를 제조부문에 배부

	보조부문		제조부문	
	전력부	관리부	압연부	성형부
변동원가	₩800,000	₩700,000	₩1,800,000	₩2,200,000
	(800,000)	80,000 [*1]	320,000	400,000
	-	(780,000)	390,000 [*2]	390,000
고정원가	400,000	500,000	1,000,000	1,800,000
	(400,000)	60,000 [*3]	160,000	180,000
	-	(560,000)	350,000 [*4]	210,000
합계	-	-	₩4,020,000	₩5,180,000

[*1] ₩800,000 × 10/(10 + 40 + 50) = ₩80,000

[*2] ₩780,000 × 400/(400 + 400) = ₩390,000

[*3] ₩400,000 × 15/(15 + 40 + 45) = ₩60,000

[*4] ₩560,000 × 750/(750 + 450) = ₩350,000

[물음 2] 부문별 제조간접원가 예정배부율

- 압연부 예정배부율: ₩4,020,000 ÷ 2,010기계시간 = ₩2,000/시간
- 성형부 예정배부율: ₩5,180,000 ÷ 1,400직접노동시간 = ₩3,700/시간

[물음 3] 작업별 제조원가

	#110	#120	#130	#140
재료원가	₩1,500,000	₩1,200,000	₩1,300,000	₩1,000,000
노무원가	2,450,000	1,350,000	1,200,000	800,000
제조간접원가				
압연부	1,500,000 [*1]	900,000	800,000	800,000
성형부	1,665,000 [*2]	1,646,500	740,000	740,000
합계	₩7,115,000	₩5,096,500	₩4,040,000	₩3,340,000

[*1] ₩2,000 × 750기계시간 = W1,500,000

[*2] ₩3,700 × 450직접노동시간 = ₩1,665,000

[물음 4] 당해 연도 손익계산서

(1) 배부차이

예정배부금액	₩2,000 × 2,000시간[*1] + ₩3,700 × 1,295시간[*2] =	₩8,791,500
실제발생금액		8,900,000
배부차이금액		₩108,500 (과소배부)

[*1] 750시간 + 450시간 + 400시간 + 400시간 = 2,000시간

[*2] 450시간 + 445시간 + 200시간 + 200시간 = 1,295시간

(2) 손익계산서

손익계산서

I. 매출액		₩15,000,000
II. 매출원가		(12,320,000)
기초제품	-	
당기제품제조원가	₩16,251,500[*3]	
계	₩16,251,500	
기말제품	(4,040,000)[*4]	
배부차이	108,500	
III. 매출총이익		₩2,680,000

[*3] #110 + #120 + #130

[*4] #130

문제 05 부문개별원가와 부문공통원가 배분

(주)한국은 제조간접원가를 부문별로 별도 집계하여 산출된 부문별 배부율을 개별작업에 배부하는 부문별 배부방식을 채택하고 있다. 다음의 자료를 이용하여 물음에 답하시오.

《자료 1》

개별작업과 부문별 원료 및 부자재 소비내역은 다음과 같다.

구분	작업			제조부문		보조부문		
	A	B	C	1공장	2공장	수선부	동력부	생산관리부
원료 X	1,000kg	800kg	600kg	-	-	-	-	-
원료 Y	1,000kg	600kg	500kg	-	-	100kg	-	-
부자재	-	-	-	₩400,000	₩600,000	₩700,000	₩200,000	-

• 원료 X와 Y의 kg당 금액은 각각 ₩2,000/kg, ₩1,000/kg이다.

《자료 2》

부문별 제조경비 발생내역은 다음과 같다. 노무원가는 부문개별원가이며 교육훈련비와 감가상각비는 부문공통원가이다.

구분	제조부문		보조부문			합계
	1공장	2공장	수선부	동력부	생산관리부	
노무원가	₩280,000	₩300,000	₩20,000	₩80,000	₩120,000	₩800,000
교육훈련비	?	?	?	?	?	₩600,000
감가상각비	?	?	?	?	?	₩400,000

《자료 3》

부문공통원가 배부기준으로 교육훈련비는 인원수, 감가상각비는 점유면적을 각각 적용한다.

구분	제조부문		보조부문			합계
	1공장	2공장	수선부	동력부	생산관리부	
인원수	20명	15명	5명	5명	5명	50명
점유면적	500평	200평	150평	100평	50평	1,000평

《자료 4》

보조부문원가 배부는 단계배부법을 적용하며, 생산관리부, 동력부, 수선부의 순으로 한다.

구분	제1공장	제2공장	수선부	동력부
생산관리부	40%	40%	10%	10%
동력부	50%	40%	10%	-
수선부	60%	40%	-	-

《자료 5》

제조부문에서는 제품 A, B, C가 작업이 진행되었으며, 공장별 작업시간과 제품별 작업시간은 다음과 같이 집계되었다.

구분	A	B	C	합계
1공장	800시간	500시간	700시간	2,000시간
2공장	400시간	300시간	300시간	1,000시간
합계	1,200시간	800시간	1,000시간	3,000시간

요구사항

[물음 1] 제조간접원가를 각 부문별로 집계하여 부문별 원가를 각각 계산하시오.

[물음 2] 보조부문원가를 단계배부법을 이용하여 제조부문으로 배부한 후 제조부문별 원가를 각각 구하시오.

[물음 3] 제조부문별 배부율을 구한 후 제품별 제조원가를 구하시오.

해답

문제분석

- "《자료 1》 원료 Y 100kg", "《자료 1》 부자재 ₩400,000, ₩600,000, ₩700,000, ₩200,000" 및 "《자료 2》 노무원가 ₩280,000, ₩300,000, ₩20,000, ₩80,000, ₩120,000"
  → 부문개별원가로서 부문별 직접 부과하고 나머지 부문공통원가를 각 부문에 배분한다.
- 《자료 5》 "1공장 2,000시간, 2공장 1,000시간"
  → 제조부문별 제조간접원가를 부문별 시간으로 나누어 배부율을 계산한다.

자료정리

(1) 부문공통원가 배부비율

교육훈련비 ₩600,000과 감가상각비 ₩400,000을 다음 비율에 따라 배분한다.

	제조부문		보조부문			합계
	1공장	2공장	수선부	동력부	생산관리부	
교육훈련비(인원수)	40%	30%	10%	10%	10%	100%
감가상각비(점유면적)	50%	20%	15%	10%	5%	100%

(2) 보조부문원가 배분(단계배분법)

용역제공관계를 단계배분법을 적용하여 정리하면 다음과 같다.

	보조부문			제조부문	
	생산관리부	동력부	수선부	1공장	2공장
생산관리부	-	10%	10%	40%	40%
동력부	-	-	10%	50%	40%
수선부	-	-	-	60%	40%

모범답안

[물음 1] 부문별 원가

	보조부문			제조부문	
	생산관리부	동력부	수선부	1공장	2공장
원료 Y	-	-	₩100,000 [*1]	-	-
부자재	-	₩200,000	700,000	₩400,000	₩600,000
노무원가	₩120,000	80,000	20,000	280,000	300,000
교육훈련비	60,000 [*2]	60,000	60,000	240,000	180,000
감가상각비	20,000 [*3]	40,000	60,000	200,000	80,000
	₩200,000	₩380,000	₩940,000	₩1,120,000	₩1,160,000

[*1] ₩1,000 × 100kg = ₩100,000

[*2] ₩600,000 × 10% = ₩60,000

[*3] ₩400,000 × 5% = ₩20,000

[물음 2] 단계배부법 적용 시 제조부문별 원가

	보조부문			제조부문	
	생산관리부	동력부	수선부	1공장	2공장
배분 전 원가	₩200,000	₩380,000	₩940,000	₩1,120,000	₩1,160,000
배분					
생산관리	(200,000)	20,000 [*1]	20,000	80,000	80,000
동력		(400,000)	40,000 [*2]	200,000	160,000
수선			(1,000,000)	600,000 [*3]	400,000
	-	-	-	₩2,000,000	₩1,800,000

[*1] ₩200,000 × 10% = ₩20,000

[*2] ₩400,000 × 10% = ₩40,000

[*3] ₩1,000,000 × 60% = ₩600,000

[물음 3] 제조부문별 배부율 및 제품별 제조원가

(1) 제조부문별 배부율

- 1공장 배부율: ₩2,000,000 ÷ 2,000시간 = ₩1,000/시간
- 2공장 배부율: ₩1,800,000 ÷ 1,000시간 = ₩1,800/시간

(2) 제품별 제조원가

	A	B	C	합계
원료				
X	₩2,000,000 [*1]	₩1,600,000	₩1,200,000	₩4,800,000
Y	1,000,000	600,000	500,000	2,100,000
제조간접원가				
1공장	800,000 [*2]	500,000	700,000	₩2,000,000
2공장	720,000 [*3]	540,000	540,000	1,800,000
	₩4,520,000	₩3,240,000	₩2,940,000	₩10,700,000

[*1] ₩2,000 × 1,000kg = ₩2,000,000

[*2] ₩1,000 × 800시간 = ₩800,000

[*3] ₩1,800 × 400시간 = ₩720,000

문제 06 실제제조간접원가 집계와 배부차이

(주)한국은 개별원가계산제도를 채택하고 있으며, 직접노동시간을 기준으로 제조간접원가 예정배부율을 설정하며 기준조업도는 15,000직접노동시간이다. 당년도 3월에 작업 #102, #103을 착수하였으며, 월말 현재 작업 #103이 미완성품으로 남아 있다. 다음 자료를 이용하여 물음에 답하시오.

《자료 1》 월초 및 월말재고자산

	월초	월말
재료	₩13,000	₩17,000
소모품(간접재료원가)	5,000	7,500
재공품(작업 #101)	12,500	?
제품	15,000	?

《자료 2》 당월구입액

재료	₩57,000
소모품	12,000
합계	₩69,000

《자료 3》 당월 중 직접재료 투입액 및 제품별 직접노동시간

	직접재료원가	직접노동시간
작업 #101	₩15,000	250시간
작업 #102	27,500	700
작업 #103	7,500	50
합계	₩50,000	1,000시간

《자료 4》 당월 중 노무원가 발생금액

직접노무원가	₩62,500
간접노무원가	1,700
감독자급여	1,650
합계	₩65,850

《자료 5》 기타

	공장	영업부
건물관리비	₩800	₩380
감가상각비	500	200
합계	₩1,300	₩580

《자료 6》 회사의 제조간접원가예산

제조간접원가예산: ₩150,000 + ₩3 × 직접노동시간

요구사항

[물음 1] 작업 #101의 총제조원가를 구하시오.

[물음 2] 당월 제조간접원가의 배부차이를 구하시오.

해답

문제분석

- "직접노동시간을 기준으로 제조간접원가 예정배부율을 설정하며 기준조업도는 15,000직접노동시간" 및 "《자료 6》 제조간접원가예산: ₩150,000 + ₩3 × 직접노동시간"
  → 제조간접원가예산과 기준조업도를 이용하여 예정배부율을 계산한다.
- "《자료 1》 월초 및 월말재고자산", "《자료 2》 당월구입액" 및 "《자료 3》 당월 중 직접재료 투입액"
  → 월초 및 월말재고자산과 당월구입액을 이용하여 재료사용액을 계산할 수 있다. 또한, 재료사용액과 직접재료원가 당월투입액의 차이는 간접재료원가이다.
- 《자료 3》 "제품별 직접노동시간" 및 "1,000시간"
  → 제품별 노동시간이 실제조업도이므로 제조간접원가 예정배부율을 곱하여 예정배부액을 계산할 수 있다.
- "《자료 3》 직접노동시간" 및 "《자료 4》 당월 중 노무원가 발생금액"
  → 당월 직접노무원가 발생금액을 총직접노무시간으로 나누어 임률을 계산할 수 있다.

자료정리

(1) 예정배부율

$$\frac{\text{제조간접원가예산}}{\text{예정조업도}} = \frac{₩150{,}000 + ₩3 \times 15{,}000\text{직접노동시간}}{15{,}000\text{시간}} = ₩13$$

(2) 재공품현황

재공품

월초	#101	완성	#101
착수	#102		#102
	#103	월말	#103

(3) 재료현황

재료

월초	₩13,000	사용	₩50,000	(직접재료원가)
			3,000	(간접재료원가)
구입	57,000	월말	17,000	
	₩70,000		₩70,000	

(4) 직접노무원가 임률

₩62,500 ÷ 1,000시간 = ₩62.5

(5) 실제제조간접원가

- 간접재료원가: 재료원가 투입액 - 직접재료원가 = (₩13,000 + ₩57,000 - ₩17,000) - ₩50,000 = ₩3,000
- 소모품: ₩5,000 + ₩12,000 - ₩7,500 = ₩9,500
- 간접노무원가: ₩1,700
- 감독자급여: ₩1,650
- 건물관리비 및 감가상각비: ₩800 + ₩500 = ₩1,300

∴ 실제제조간접원가: ₩3,000 + ₩9,500 + ₩1,700 + ₩1,650 + ₩1,300 = ₩17,150

모범답안

[물음 1] 작업 #101의 총제조원가

작업 #101은 전월에서 이월된 작업이므로 월초재공품원가를 가산한다.

월초원가		₩12,500
직접재료원가		15,000
직접노무원가	250시간 × ₩62.5 =	15,625
제조간접원가	250시간 × ₩13 =	3,250
총제조원가		₩46,375

[물음 2] 당월 제조간접원가 배부차이

실제발생금액		₩17,150
예정배부금액	1,000시간 × ₩13 =	13,000
배부차이금액		₩4,150 (과소배부)

문제 07 연간 합산 제조간접원가 배부차이

(주)한국은 제조간접원가를 직접노동시간을 기준으로 하여 예정배부하고 있다. (주)한국이 기초에 설정한 연간 직접노동시간은 400,000시간이며 연간 제조원가예산은 아래와 같다.

연간 제조원가예산

직접재료원가		₩9,800,000
직접노무원가		4,000,000
제조간접원가		
소모품비	₩190,000	
간접노무원가	700,000	
감독자급여	250,000	
감가상각비	950,000	
수도광열비	200,000	
보험료	70,000	
재산세	40,000	2,400,000
합계		₩16,200,000

지난 11개월간의 실제총직접노동시간은 367,000시간, 제조간접원가 실제발생금액은 ₩2,260,000이었다.

《자료 1》 12월 1일 현재의 재고자산

- 원재료: ₩32,000
- 재공품: ₩1,200,000
- 제품: ₩2,785,000

(1) 재공품

작업번호	수량	총원가
#104	50,000단위	₩700,000
105	40,000	500,000
합계		₩1,200,000

(2) 제품

작업번호	수량	단위당 원가	총원가
#104	5,000단위	₩22	₩110,000
106	115,000	17	1,955,000
107	10,000	14	140,000
108	5,000	16	80,000
109	100,000	5	500,000
합계			₩2,785,000

《자료 2》 12월 중에 발생한 거래내역

(1) 12월 중의 매입액

- 직접재료: ₩695,000
- 소모품: ₩30,000

(2) 12월 중에 출고된 재료

작업번호	직접재료	소모품	합계
#104	₩210,000	-	₩210,000
105	6,000	-	6,000
106	92,000	-	92,000
108	181,000	-	181,000
110	163,000	-	163,000
소모품	-	₩20,000	20,000
합계	₩652,000	₩20,000	₩672,000

(3) 12월 중에 발생한 노무원가

작업번호	시간	원가
#104	6,000시간	₩62,000
105	2,500	26,000
106	500	5,000
108	18,000	182,000
110	5,000	52,000
간접노무원가	8,000	60,000
감독자급여	-	24,000
판매원급여	-	120,000
합계		₩531,000

(4) 12월 중에 기타제조간접원가 발생액

감가상각비	₩62,500
수도광열비	15,000
보험료	6,000
재산세	3,500
합계	₩87,000

(5) 12월 중에 완성된 제품

작업번호	수량
#104	48,000단위
105	39,000
108	29,500
110	49,000

(6) 12월 중에 고객에게 인도된 제품

작업번호	수량
#104	16,000단위
105	20,000
106	32,000
107	5,000
108	10,000
109	26,000
110	22,000

요구사항

[물음 1] 제조간접원가 배부차이를 계산하시오.

[물음 2] 작업 #104의 12월 말 제품재고액을 구하시오. (단 회사는 선입선출법을 사용하며 작업 #104에 2,000단위의 정상공손이 발생하였다)

해답

문제분석

- "연간 직접노동시간은 400,000시간" 및 "제조간접원가 ₩2,400,000"
  → 연간 직접노동시간과 제조간접원가를 이용하여 예정배부율을 계산할 수 있다.
- "11개월간의 실제총직접노동시간은 367,000시간, 제조간접원가 실제발생금액은 ₩2,260,000"
  → 12월분 예정배부액과 실제발생액을 가산하여 1년을 기준으로 총배부차이를 계산한다.
- [물음 2] "작업 #104에 2,000단위의 정상공손이 발생"
  → 2,000단위의 정상공손원가는 합격품원가에 가산하므로 총제조원가를 완성품수량으로 나누어 단위당 원가를 계산한다.

자료정리

(1) 제조간접원가 예정배부율

$$\frac{₩2,400,000}{400,000시간} = ₩6$$

(2) 연간 예정배부액

예정배부율 × (11개월간 직접노동시간 + 12월분 직접노동시간)
= ₩6 × [367,000시간 + (6,000시간 + 2,500시간 + 500시간 + 18,000시간 + 5,000시간)]
= ₩2,394,000

(3) 연간 실제제조간접원가

	12월분
소모품비	₩20,000
간접노무원가	60,000
감독자급여	24,000
감가상각비	62,500
수도광열비	15,000
보험료	6,000
재산세	3,500
	₩191,000

∴ 연간 실제제조간접원가: ₩2,260,000 + ₩191,000 = ₩2,451,000

(4) 12월 재공품과 제품현황(단위)

재공품

월초	#104	50,000	완성	#104	48,000
	#105	40,000		#105	39,000
				#108	29,500
착수	#106	?		#110	49,000
	#108	?			
	#110	?	월말	#106	?

제품

월초	#104	5,000	판매	#104	16,000
	#106	115,000		#105	20,000
	#107	10,000		#106	32,000
	#108	5,000		#107	5,000
	#109	100,000		#108	10,000
				#109	26,000
대체	#104	48,000		#110	22,000
	#105	39,000			
	#108	29,500	월말	#104	37,000
	#110	49,000		#105	19,000
				#106	83,000
				#107	5,000
				#108	24,500
				#109	74,000
				#110	27,000

(5) 12월 제품수불부

작업	월초	생산	판매	월말
#104	5,000	48,000	16,000	37,000
105	-	39,000	20,000	19,000
106	115,000	-	32,000	83,000
107	10,000	-	5,000	5,000
108	5,000	29,500	10,000	24,500
109	100,000	-	26,000	74,000
110	-	49,000	22,000	27,000
	235,000	165,500	131,000	269,500

(6) 12월 작업 제조원가

	#104	#105	#106	#108	#110
월초	₩700,000	₩500,000	-	-	-
직접재료원가	210,000	6,000	₩92,000	₩181,000	₩163,000
직접노무원가	62,000	26,000	5,000	182,000	52,000
제조간접원가	36,000*	15,000	3,000	108,000	30,000
	₩1,008,000	₩547,000	₩100,000	₩471,000	₩245,000

* 제조간접원가 예정배부액: ₩6 × 6,000시간 = ₩36,000

모범답안

[물음 1] 제조간접원가 배부차이

실제발생금액		₩2,451,000
예정배부금액	₩6 × 399,000시간 =	2,394,000
배부차이금액		₩57,000 (과소배부)

[물음 2] 작업 #104의 12월 말 제품재고액

(1) 월말제품(#104) 재고수량의 계산

월초제품	5,000단위
당월완성	48,000단위
판매가능수량	53,000단위
판매량	(16,000)단위
월말제품	37,000단위

(2) 월말제품(#104)재고액

선입선출법을 사용하므로 월말재고수량에 12월 단위당 제조원가를 곱하여 계산한다.

37,000단위 × ₩21* = ₩777,000

* 12월 단위당 제조원가: ₩1,008,000 ÷ 48,000단위 = ₩21

문제 08 제조간접원가 회귀식과 정상개별원가계산

(주)한국은 정상원가계산을 채택하고 있다. (주)한국은 제조간접원가 연간 예산을 추정하는 데 있어 직접노동시간과 제조간접원가 간에 어떠한 상관관계가 있을 것이라 생각하여 제조간접원가를 파악하는 데 단순회귀분석 모형을 사용하기로 하였다.

《자료 1》 직접노동시간과 제조간접원가에 대한 회귀식

Y = ₩216,000 + ₩3.25X

- Y: 제조간접원가 연간 예산
- X: 연간 직접노동시간

《자료 2》 3월의 제조활동에 관한 자료

• 월초재고자산(3월 1일)		
직접재료 및 소모품	₩10,500	
재공품(#100)	54,000	
제품(#99)	112,500	
• 3월 중 직접재료 및 소모품 매입액		
직접재료	₩135,000	
소모품	15,000	
• 당월 사용된 직접재료 및 소모품		
#100	₩45,000	
#101	37,500	
#102	25,500	
소모품	12,000	₩120,000
• 당월 중 실제직접노동시간		
#100	3,500시간	
#101	3,000시간	
#102	2,000시간	8,500시간
• 당월 중 실제발생노무원가		
직접노무원가	₩51,000	
간접노무원가	15,000	
감독자급여	6,000	₩72,000
• 기타 제조간접원가		
건물 감가상각비	₩6,500	
전력비	4,000	
수선유지비	3,000	
기타	1,000	₩14,500

《자료 3》 기타 자료
(1) 당년도 1년간의 직접노동시간은 120,000시간으로 추정
(2) 3월 중 두 개의 작업(#101, #102)이 착수되었고, 작업 #100, #101이 완성되었으며, #100은 당월에 판매
(3) 회사는 제조간접원가 배부차이를 매출원가에서 조정

요구사항

[물음 1] 회귀식 Y = ₩216,000 + ₩3.25X에서 ₩216,000과 ₩3.25의 의미를 설명하시오.

[물음 2] 올해 직접노동시간이 120,000시간으로 예상된다고 할 때 제조간접원가예산을 추정하시오.

[물음 3] 당년도 제조간접원가 예정배부율을 구하시오.

[물음 4] 당월 말 재공품원가를 구하시오.

[물음 5] 당월 매출원가를 구하시오.

해답

문제분석

■ "《자료 1》 Y = ₩216,000 + ₩3.25X" 및 "《자료 3》 (1) 당년도 1년간의 직접노동시간은 120,000시간"
→ 제조간접원가예산과 직접노동시간을 이용하여 제조간접원가 예정배부율을 계산할 수 있다.

■ 《자료 2》 "직접재료 및 소모품 ₩10,500"
→ 직접재료만 별도로 구분되어 있지 않아 간접재료원가를 계산할 수 없다.

■ 《자료 2》 "당월 중 실제직접노동시간" 및 "직접노무원가 ₩51,000"
→ 직접노무원가 임률을 계산할 수 있다.

■ "《자료 3》 (3) 제조간접원가 배부차이를 매출원가에서 조정" 및 "[물음 5] 당월 매출원가"
→ 당월 판매한 작업 #100에 배부차이를 가감한다.

자료정리

(1) 제조간접원가 예정배부율

(₩216,000 + ₩3.25 × 120,000시간) ÷ 120,000시간 = ₩5.05/시간

(2) 재공품과 제품현황

재공품				제품			
월초	#100	완성	#100	월초	#99	판매	#100
착수	#101		#101	대체	#100	월말	#99
	#102	월말	#102		#101		#101

(3) 직접노무원가 임률

₩51,000 ÷ 8,500시간 = ₩6/시간

(4) 당월 작업 제조원가

		#100	#101	#102
월초원가		₩54,000	-	-
직접재료원가		45,000	37,500	25,500
직접노무원가	3,500시간 × ₩6 =	21,000	18,000	12,000
제조간접원가	3,500시간 × ₩5.05 =	17,675	15,150	10,100
총원가		₩137,675	₩70,650	₩47,600

(5) 제조간접원가 실제발생액

소모품	₩12,000
간접노무원가	15,000
감독자급여	6,000
건물 감가상각비	6,500
전력비	4,000
수선유지비	3,000
기타	1,000
합계	₩47,500

모범답안

[물음 1] 회귀식의 의미

- ₩216,000은 고정제조간접원가 추정치이다.
- ₩3.25는 직접노동시간당 변동제조간접원가 추정치이다.

[물음 2] 제조간접원가예산

₩216,000 + ₩3.25 × 120,000시간 = ₩606,000

[물음 3] 제조간접원가 예정배부율

(₩216,000 + ₩3.25 × 120,000시간) ÷ 120,000시간 = ₩5.05/시간

[물음 4] 당월 말 재공품원가

월말재공품원가는 미완성 작업인 #102의 원가이다.

직접재료원가		₩25,500
직접노무원가	2,000시간 × ₩6 =	12,000
제조간접원가	2,000시간 × ₩5.05 =	10,100
총원가		₩47,600

[물음 5] 당월 매출원가

당월 매출원가는 당월 판매한 작업인 #100의 원가이다. 단, 배부차이를 전액 매출원가에서 조정하므로 배부차이금액을 #100의 원가에 가감한다.

(1) 배부차이

실제발생금액		₩47,500
예정배부금액	₩5.05 × 8,500시간 =	42,925
배부차이금액		₩4,575 (과소배부)

(2) 매출원가(#100)

월초원가		₩54,000
직접재료원가		45,000
직접노무원가	3,500시간 × ₩6 =	21,000
제조간접원가	3,500시간 × ₩5.05 =	17,675
소계		₩137,675
배부차이		4,575
총원가		₩142,250

문제 09 보조부문과 이중배분율법

세무사 01

(주)한국은 조립과 포장의 두 생산부문과 동력과 수선의 두 보조부문으로 구성되어 있다. 내년도 각 부문의 예상비용과 운영자료는 다음과 같고 이는 생산부문의 제조간접원가 예정배부율을 산정하기 위해 마련된 것이다.

《자료 1》

	동력부문		수선부문		조립부문	포장부문
직접노무원가	-		-		₩30,000	₩40,000
수선 관련 노무원가	-		₩5,000	(변동원가)	-	-
직접재료원가	-		-		50,000	80,000
수선 관련 재료원가	-		7,536	(변동원가)	-	-
동력 관련 재료원가	₩3,630	(변동원가)	-		-	-
기타제조간접원가	7,500	(고정원가)	6,000	(고정원가)	104,000	155,000
합계	₩11,130		₩18,536		₩184,000	₩275,000
직접노동시간					6,000시간	10,000시간
전력공급량						
현재 전력공급량	300kwh		800kwh		3,800kwh	6,400kwh
장기 전력공급량	300kwh		1,000kwh		6,000kwh	8,000kwh
점유면적	800m²		1,500m²		8,000m²	12,000m²

(주)한국은 제품의 원가를 산정하기 위해 비용을 변동원가와 고정원가로 구분하여 단계법(동력부문, 수선부문 순서)을 사용하여 보조부문의 비용을 생산부문에 배부하고 있다.

《자료 2》

보조부문비용의 배부기준은 다음과 같다.

	비용행태	배부기준
동력부문	변동원가	현재 전력공급량
	고정원가	장기 전력공급량
수선부문	변동원가	직접노동시간
	고정원가	점유면적(m²)

요구사항

[물음 1] 단계법을 사용하여 보조부문의 비용을 생산부문에 배부하시오.

[물음 2] 각 생산부문(조립, 포장)의 제조간접원가 예정배부율을 산정하시오. 제조간접원가 예정배부율 산정 시 각 부문의 배부기준으로는 직접노동시간을 사용하시오. (소수점 셋째 자리에서 반올림하여 둘째 자리까지 계산하시오)

[물음 3] 내년도 포장부문에서의 제품의 생산량이 20,000단위일 경우, 포장부문에서 생산되는 제품 한 단위의 원가를 산정하시오. 단, 제조간접원가는 예정원가를 사용하시오. (조립부문과 포장부문에서는 각기 다른 제품을 생산하고 있다고 가정하고 소수점 셋째 자리에서 반올림하여 둘째 자리까지 계산하시오)

해답

문제분석

■ 《자료 1》 "직접노무원가 ₩30,000, ₩40,000" 및 "직접재료원가 ₩50,000, ₩80,000"
→ 제조간접원가와 무관한 생산부문의 직접재료원가와 직접노무원가는 별도로 정리한다.

■ 《자료 1》 "변동원가, 고정원가"
→ 이중배분율법을 적용하기 위해 보조부문원가를 변동원가와 고정원가로 구분하여 집계한다.

■ "《자료 1》 6,000시간, 10,000시간", "《자료 1》 800kwh, 3,800kwh, 6,400kwh", "《자료 1》 1,000kwh, 6,000kwh, 8,000kwh", "《자료 1》 8,000m^2, 12,000m^2" 및 "《자료 2》 현재 전력공급량, 장기 전력공급량, 직접노동시간, 점유면적(m^2)"
→ 보조부문 배부기준을 이중배분율법과 단계(배부)법을 이용하여 정리한다.

■ [물음 2] "제조간접원가 예정배부율 산정 시 각 부문의 배부기준으로는 직접노동시간을 사용"
→ 생산부문의 직접노동시간은 각각 6,000시간, 10,000시간이다.

자료정리

(1) 부문별 간접원가

	동력부문	수선부문	조립부문	포장부문
변동원가	₩3,630	₩12,536	₩104,000	₩155,000
고정원가	7,500	6,000		
계	₩11,130	₩18,536	₩104,000	₩155,000

(2) 보조부문 제공용역량(단계법)

	동력부문	수선부문	조립부문	포장부문
동력부문				
변동원가	-	800kwh	3,800kwh	6,400kwh
고정원가	-	1,000kwh	6,000kwh	8,000kwh
수선부문				
변동원가	-	-	6,000시간	10,000시간
고정원가	-	-	8,000m^2	12,000m^2

모범답안

[물음 1] 단계법을 사용하여 보조부문의 비용을 생산부문에 배부

	동력부문	수선부문	조립부문	포장부문
변동원가	₩3,630	₩12,536		
동력부문	(3,630)	264 [*1]	₩1,254	₩2,112
수선부문	-	(12,800)	4,800 [*2]	8,000
고정원가	7,500	6,000		
동력부문	(7,500)	500 [*3]	3,000	4,000
수선부문	-	(6,500)	2,600 [*4]	3,900
			₩11,654	₩18,012

[*1] $₩3,630 \times \frac{800kwh}{800kwh + 3,800kwh + 6,400kwh} = ₩264$

[*2] $(₩12,536 + ₩264) \times \frac{6,000시간}{6,000시간 + 10,000시간} = ₩4,800$

[*3] $₩7,500 \times \frac{1,000kwh}{1,000kwh + 6,000kwh + 8,000kwh} = ₩500$

[*4] $(₩6,000 + ₩500) \times \frac{8,000m^2}{8,000m^2 + 12,000m^2} = ₩2,600$

[물음 2] 각 생산부문의 제조간접원가 예정배부율

(1) 조립부문 예정배부율

$\frac{₩104,000 + ₩11,654}{6,000시간} = ₩19.28/직접노동시간$

(2) 포장부문 예정배부율

$\frac{₩155,000 + ₩18,012}{10,000시간} = ₩17.30/직접노동시간$

[물음 3] 포장부문에서 생산되는 제품 한 단위의 원가

직접재료원가		₩80,000
직접노무원가		40,000
제조간접원가	₩155,000 + ₩18,012 =	173,012
합계		₩293,012
생산량		÷ 20,000단위
단위당 원가		₩14.65

문제 10 보조부문원가 배분 및 폐지 의사결정, 제약이론

회계사 18

(주)매봉은 두 개의 보조부문(전력부, 창고부)과 두 개의 제조부문(조립부, 도색부)을 가진 공장을 건설하여 여러 제품들을 생산해서 판매할 계획을 세우고 있다. 연간 보조부문에서 제조부문으로 제공하는 용역의 양과 보조부문원가에 대한 정보는 아래와 같다. 공장건설단계에서는 보조부문의 고정원가를 유발시키는 자산(설비, 시설 등)의 규모를 자유로이 선택할 수 있으며, 고정원가도 제공용역의 규모에 비례하여 조정할 수 있다.

사용부문 / 제공부문	보조부문		제조부문	
	전력부	창고부	조립부	도색부
전력부	-	30kwh	40kwh	30kwh
창고부	$40m^2$	-	$100m^2$	$60m^2$

구분	전력부	창고부
변동원가	6,800원	40,000원
고정원가(감가상각비)	11,200원	11,000원
합계	18,000원	51,000원

요구사항

[물음 1] (주)매봉은 공장건설 계획단계에서 제품수익성 예측과 분석을 위해 보조부문의 원가를 제조부문에 배부하고자 한다.

(1) 상호배부법을 사용하여 보조부문의 원가를 배부할 경우, 조립부와 도색부에 배부될 금액은 얼마인가?

(2) (주)매봉이 아직 공장건설 계획단계에 있을 때, 전력부를 통해 자체 조달하고자 했던 전력을 외부에서 공급해 주겠다는 제안을 받았다. (주)매봉이 전력 1kwh당 지불할 용의가 있는 최대금액은 얼마인가? 외부구입 필요물량과 원가계산을 통해 그 산출내역을 보이시오.

[물음 2] (주)매봉은 전력조달을 외부구매에 의존하지 않고 자체 조달하는 방식으로 공장을 건설하여 위의 계획대로 운영하고 있다고 하자.

(1) (주)매봉은 외부전력 단가의 하락과 전력부 운영여건 변화로 인해 전력 외부구입을 고려하게 되었다. 전력 외부구입 시에는 기존 전력설비의 외부임대를 통해 연간 4,000원의 수익을 얻을 수 있다. 이때 (주)매봉이 전력을 외부에서 구입할 경우 전력 1kwh당 지불할 용의가 있는 최대금액은 얼마인가? 외부구입 필요물량과 원가계산을 통해 그 산출내역을 보이시오.

(2) 위 (1)에서 계산한 1kwh당 최대지불단가를 상호배부법의 계산내역을 이용하여 계산해 보이시오.

[물음 3] (주)매봉의 제조부문의 작업은 조립부를 먼저 거친 뒤 도색부의 작업을 거쳐 제품이 완성된다. **[물음 3]**에서는 (주)매봉은 제품 M 한 가지만 제조하고 있으며, 제품수요에 특별한 제약이 없는 것으로 가정한다. 제품 판매가격은 100원이다. 또한 보조부문의 원가는 없는 것으로 가정한다. (주)매봉은 각 제조부문의 작업이 종료된 후에 품질검사를 실시하고 있으며, 발견된 불량품은 추가적인 비용과 처분가치 없이 폐기된다. 아래 표에 나타난 바와 같이, 두 제조부문의 연간 생산가능시간은 각각 6,000시간이며, 두 제조부문에서 투입하는 재료원가는 제품 단위당 각각 50원과 20원이다. 두 제조부문의 원가는 재료원가를 제외하고는 모두 고정원가로서, 각각 연간 총 720,000원과 1,080,000원이다.

구분	조립부	도색부
연간 생산가능시간	6,000시간	6,000시간
제품 단위당 재료원가	50원	20원
연간 고정원가	720,000원	1,080,000원

(1) 조립부와 도색부의 시간당 생산능력(Capacity)이 각각 20단위와 15단위일 때, 조립부의 작업과정에서 발생하는 불량품이 연간 1,000단위라고 하자(도색부에서는 추가적인 불량이 발생하지 않는 것으로 가정함). (주)매봉이 조립부의 불량을 완전히 차단하기 위해 연간 지출할 용의가 있는 최대금액은 얼마인가?

(2) 위와 같이 조립부와 도색부의 시간당 생산능력(Capacity)이 각각 20단위와 15단위일 때, 도색부의 작업과정에서 발생하는 불량품이 연간 600단위라고 하자(조립부에서는 불량이 발생하지 않는 것으로 가정함). (주)매봉이 도색부의 불량을 완전히 차단하기 위해 연간 지출할 용의가 있는 최대금액은 얼마인가?

(3) 이제 조립부와 도색부의 시간당 생산능력(Capacity)이 각각 20단위와 24단위일 때, 조립부의 작업과정에서 발생하는 불량품이 연간 1,000단위라고 하자(도색부에서는 추가적인 불량이 발생하지 않는 것으로 가정함). (주)매봉이 조립부의 불량을 완전히 차단하기 위해 연간 지출할 용의가 있는 최대금액은 얼마인가?

(4) 위와 같이 조립부와 도색부의 시간당 생산능력(Capacity)이 각각 20단위와 24단위일 때, 도색부의 작업과정에서 발생하는 불량품이 연간 600단위라고 하자(조립부에서는 불량이 발생하지 않는 것으로 가정함). (주)매봉이 도색부의 불량을 완전히 차단하기 위해 연간 지출할 용의가 있는 최대금액은 얼마인가?

(5) 위와 같이 조립부와 도색부의 시간당 생산능력(Capacity)이 각각 20단위와 24단위라고 하자. 최근 (주)양재는 (주)매봉에게 6,000단위의 조립작업을 해주겠다는 제안을 했다. (주)매봉에서 조립작업에 필요한 재료를 제공하면 (주)양재가 이를 단위당 20원에 조립작업을 해주겠다는 것이다. (주)매봉이 (주)양재의 제안을 받아들일 것인지 계산근거와 함께 답하시오. 본 의사결정 시에 제조공정의 불량품 발생가능성은 고려하지 않는다.

(6) 현재 (주)매봉은 각 제조부문의 작업이 종료된 후에 품질검사를 실시하고 있는데, 도색작업 검사에 비하여 위의 (1)의 경우가 유리하다고 판단한다면 조립부 작업 종료 후 실시하고 있는 품질검사의 연간 원가는 얼마 이하인 것으로 추정할 수 있는가?

해답

문제분석

- "공장건설단계에서는 보조부문의 고정원가를 유발시키는 자산(설비, 시설 등)의 규모를 자유로이 선택할 수 있으며, 고정원가도 제공용역의 규모에 비례하여 조정할 수 있다."
  → 공장건설단계 고정원가는 회피가능원가이지만, 공장건설 후 고정원가는 회피불가능원가이다. 또한, 규모를 자유로이 선택할 수 있어 규모에 따라 변동가능하다.
- [물음 1] "(2) (주)매봉이 아직 공장건설 계획단계에 있을 때"
  → 공장건설 계획단계에서의 고정원가는 회피가능원가이다.
- [물음 2] "(주)매봉은 전력조달을 외부구매에 의존하지 않고 자체 조달하는 방식으로 공장을 건설"
  → 공장을 건설한 후의 상황으로 고정원가는 회피불가능원가이다.
- [물음 3] "각 제조부문의 작업이 종료된 후에 품질검사를 실시하고 있으며," 및 "두 제조부문에서 투입하는 재료원가는 제품 단위당 각각 50원과 20원이다."
  → 공손에는 재료원가가 포함되어 있다.
- [물음 3] "(1) 조립부와 도색부의 시간당 생산능력(Capacity)이 각각 20단위와 15단위"
  → 조립부와 도색부의 최대생산량은 다음과 같다.
  - **조립부**: 6,000시간 × 20단위 = 120,000단위
  - **도색부**: 6,000시간 × 15단위 = 90,000단위
- [물음 3] "(1) 조립부의 작업과정에서 발생하는 불량품이 연간 1,000단위"
  → 도색부(제약공정) 90,000단위를 생산하기 위하여 조립부에서 91,000단위를 생산한 후 불량 1,000단위를 제외한 90,000단위를 도색부에 대체한다.

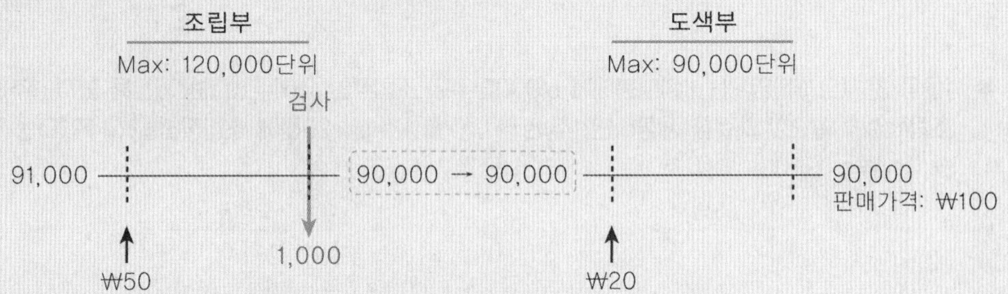

- [물음 3] "(2) 도색부의 작업과정에서 발생하는 불량품이 연간 600단위"
  → 도색부(제약공정) 90,000단위를 생산하기 위하여 조립부는 90,000단위 생산 후 90,000단위를 도색부에 대체한다. 도색부는 불량품 600단위를 제외한 89,400단위를 판매한다.

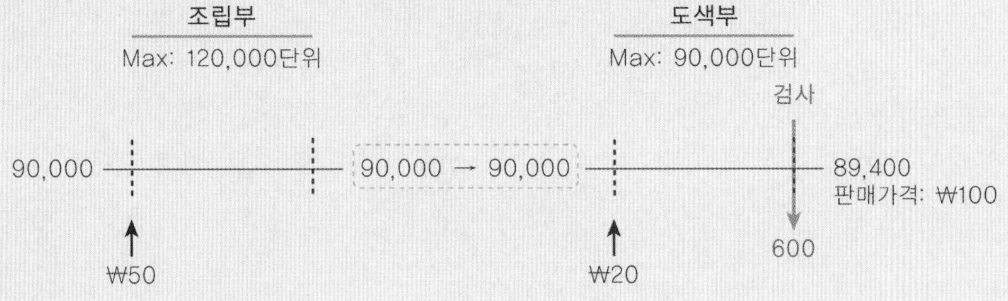

■ [물음 3] "(3) 이제 조립부와 도색부의 시간당 생산능력(Capacity)이 각각 20단위와 24단위일 때, 조립부의 작업과정에서 발생하는 불량품이 연간 1,000단위"

→ 조립부와 도색부의 최대생산량은 다음과 같다.

- **조립부**: 6,000시간 × 20단위 = 120,000단위
- **도색부**: 6,000시간 × 24단위 = 144,000단위

조립부(제약공정) 생산량 120,000단위 중 불량품 1,000단위를 제외한 119,000단위를 도색부에 대체한다.

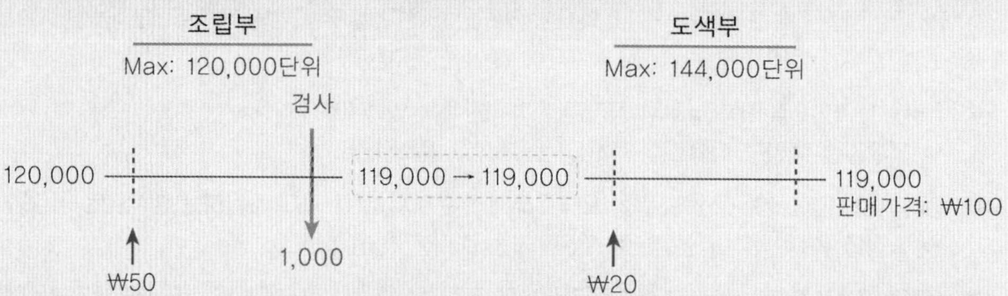

■ [물음 3] "(4) 위와 같이 조립부와 도색부의 시간당 생산능력(Capacity)이 각각 20단위와 24단위일 때, 도색부의 작업과정에서 발생하는 불량품이 연간 600단위"

→ 조립부(제약공정)는 최대생산능력인 120,000단위를 생산한 후 도색부에 120,000단위를 대체한다. 도색부는 불량품 600단위를 제외한 119,400단위를 판매한다.

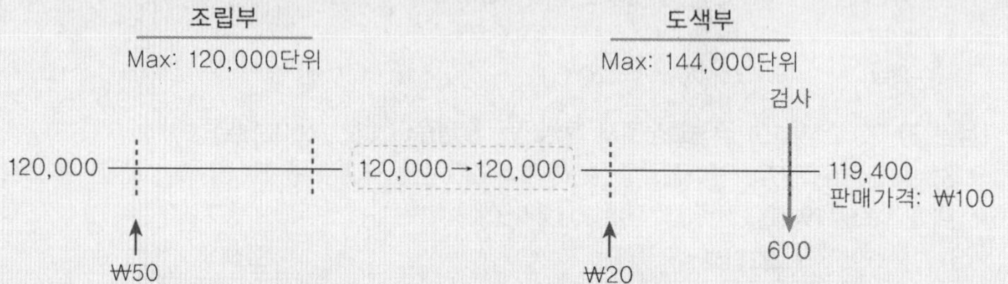

■ [물음 3] "(5) (주)양재는 (주)매봉에게 6,000단위의 조립작업을 해주겠다는 제안을 했다. (주)매봉에서 조립작업에 필요한 재료를 제공하면 (주)양재가 이를 단위당 20원에 조립작업을 해주겠다는 것이다."

→ 도색부는 6,000단위를 추가로 생산하여 판매할 수 있다.

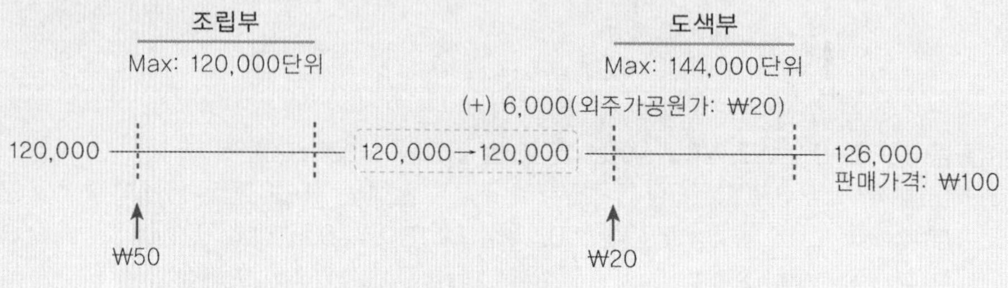

■ [물음 3] "(6) 현재 (주)매봉은 각 제조부문의 작업이 종료된 후에 품질검사를 실시하고 있는데, 위의 (1)의 경우로 판단하면"

→ 품질검사 실시 전 조립부는 도색부 최대생산능력인 90,000단위를 생산한 후 전량을 도색부에 대체한다. 이 중 불량품 1,000단위는 도색부 종료시점에 확인되어 도색부 판매량은 89,000단위이다. 만약 조립부가 공정 종료시점에 검사를 한다면, 조립부는 91,000단위를 생산한 후 불량품 1,000단위를 제외한 양품 90,000단위를 도색부에 대체할 수 있다.

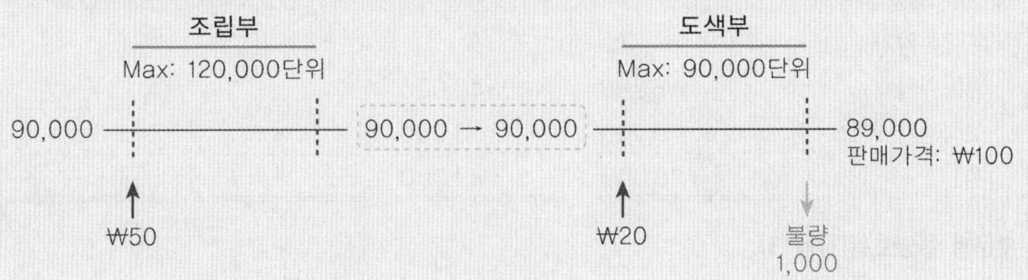

자료정리

(1) 보조부문 용역제공현황

	보조부문		제조부문	
	전력부	창고부	조립부	도색부
전력부 제공	-	0.3	0.4	0.3
창고부 제공	0.2	-	0.5	0.3
배분 전 원가				
변동원가	₩6,800	₩40,000	-	-
고정원가	11,200	11,000	-	-
계	₩18,000	₩51,000	-	-

(2) 부문별 물량흐름[물음 3]

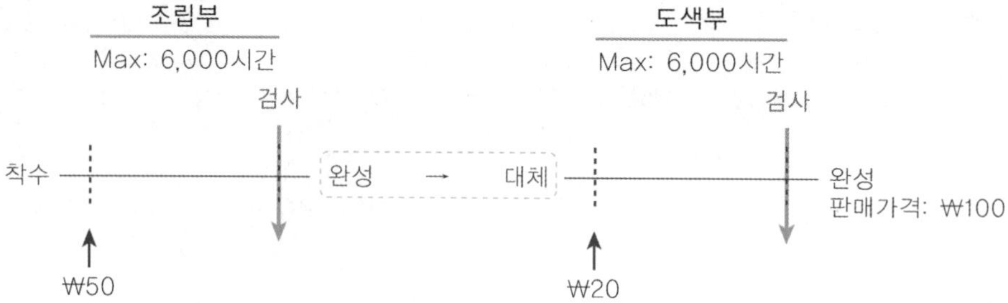

(3) 조립부 불량 차단 전후 물량흐름[물음 3] (1)

① 불량 차단 전

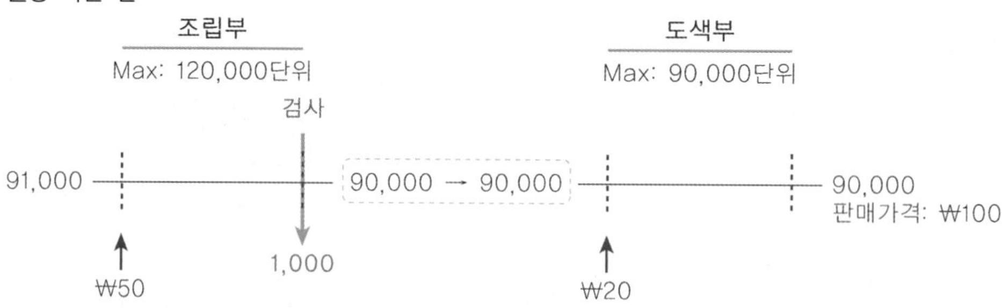

② 불량 차단 후

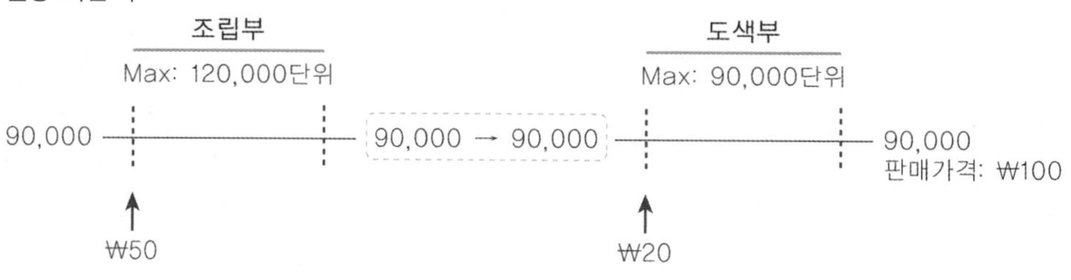

(4) 도색부 불량 차단 전후 물량흐름[물음 3] (2)

① 불량 차단 전

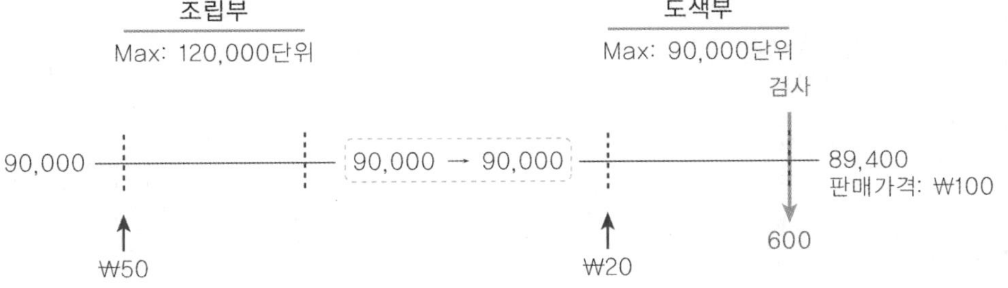

② 불량 차단 후

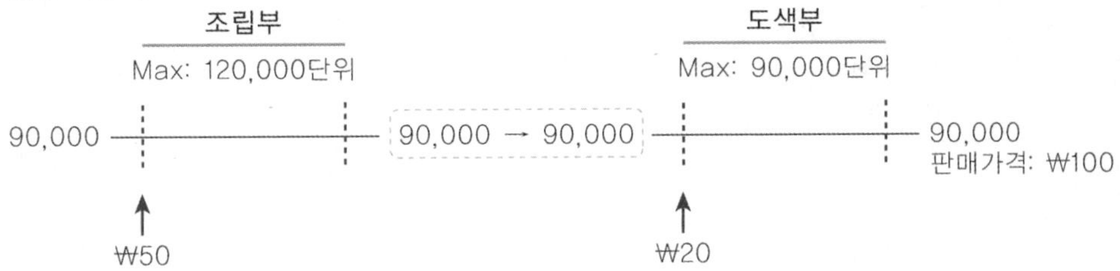

(5) 조립부 불량 차단 전후 물량흐름[물음 3] (3)

① 불량 차단 전

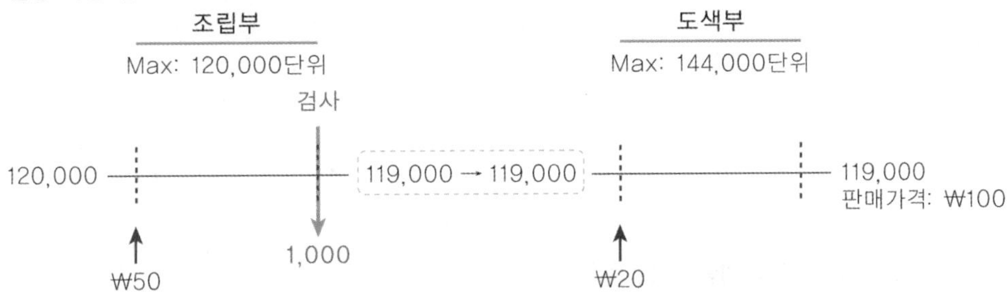

② 불량 차단 후

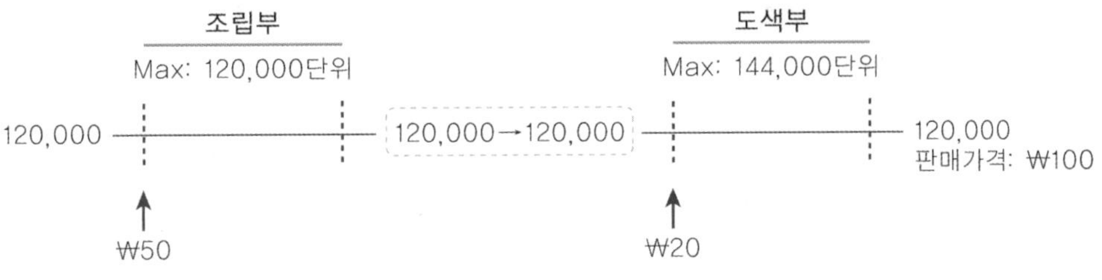

(6) 도색부 불량 차단 전후 물량흐름[물음 3] (4)

① 불량 차단 전

② 불량 차단 후

(7) 조립작업 외주작업 시 물량흐름[물음 3] (5)

(8) 품질검사 실시 전후 물량흐름[물음 3] (6)

① 품질검사 실시 전

② 품질검사 실시 후

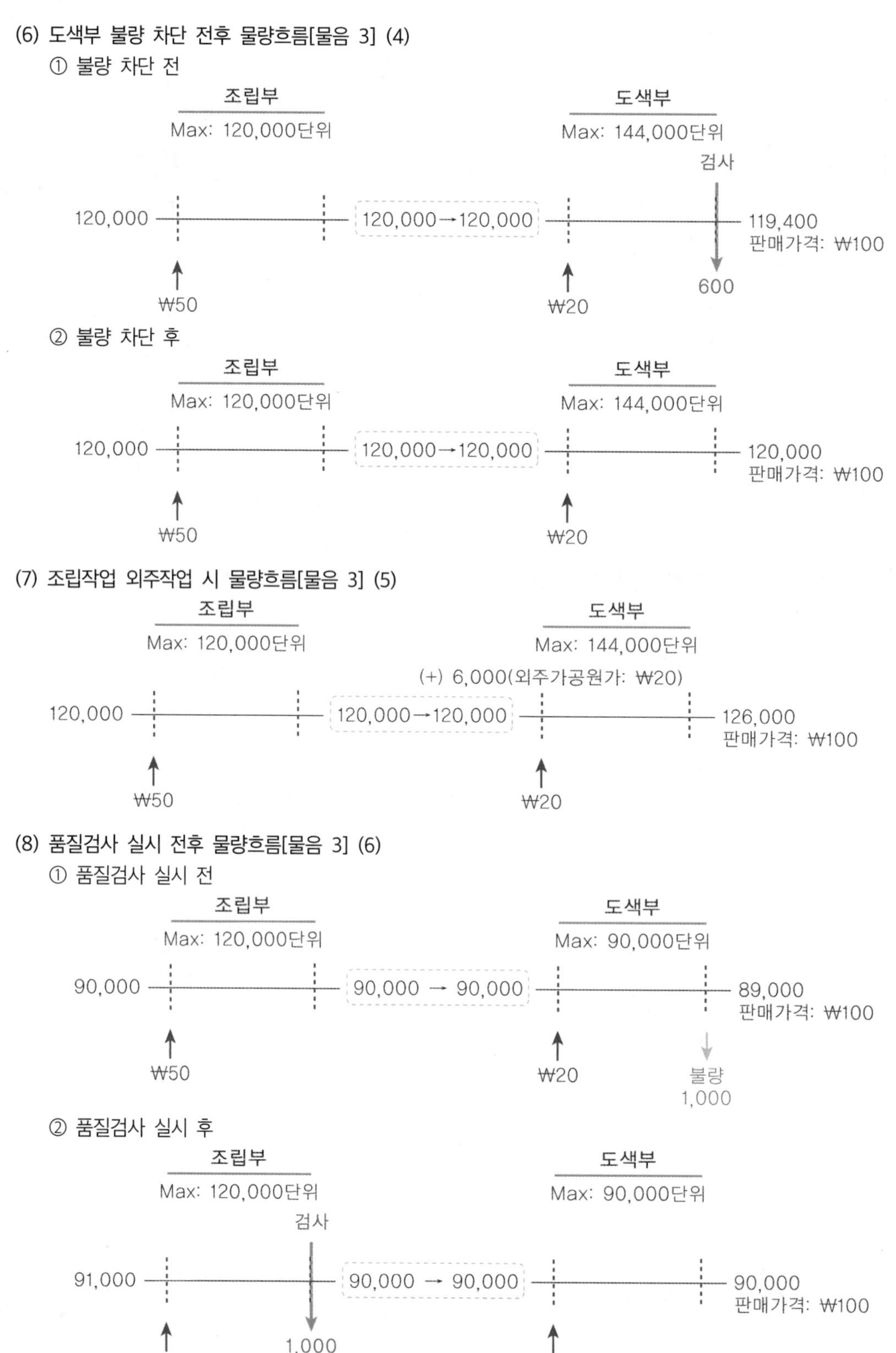

모범답안

[물음 1]

(1) 상호배부법을 사용하는 경우 조립부와 도색부에 배부될 금액

전력부와 창고부를 각각 A, B라 하면 다음과 같다.

① 배분할 원가

A = ₩18,000 + 0.2B

B = ₩51,000 + 0.3A

∴ A = ₩30,000, B = ₩60,000

② 보조부문원가 배분

	보조부문		제조부문	
	A	B	조립부	도색부
A	-	0.3	0.4	0.3
B	0.2	-	0.5	0.3
배분 전 원가	₩18,000	₩51,000		
	(30,000)	9,000	₩12,000	₩9,000
	12,000	(60,000)	30,000	18,000
배분 후 원가	-	-	₩42,000	₩27,000

∴ 조립부에 배부될 원가 = ₩42,000, 도색부에 배부될 원가 = ₩27,000

(2) 전력 1kwh당 지불할 용의가 있는 최대금액

	보조부문		제조부문	
	전력부	창고부	조립부	도색부
전력부 제공	-	0.3	0.4	0.3
창고부 제공	0.2	-	0.5	0.3
배분 전 원가				
변동원가	₩6,800	₩40,000	-	-
고정원가	11,200	11,000	-	-
계	₩18,000	₩51,000	-	-

① 외부구입용역량: 현재 필요량 - 상호용역수수량 = 100kwh - 100kwh × 0.3 × 0.2 = 94kwh

② 원가절감액

전력부	변동원가		₩6,800
	고정원가		11,200
창고부	변동원가	₩40,000 × 0.2 =	8,000
	고정원가	₩11,000 × 0.2 =	2,200
			₩28,200

③ 최대지불금액: $\frac{₩28,200}{94kwh}$ = ₩300

[물음 2]

(1) 전력 1kwh당 지불할 용의가 있는 최대금액

① 외부구입용역량: 현재 필요량 - 상호용역수수량 = 100kwh - 100kwh × 0.3 × 0.2 = 94kwh

② 원가절감액

전력부 변동원가		₩6,800
창고부 변동원가	₩40,000 × 0.2 =	8,000
		₩14,800

③ 최대지불금액(P)

증분수익		
임대수익		₩4,000
증분비용		
전력부 변동원가 감소		6,800
창고부 변동원가 감소	₩40,000 × 0.2 =	8,000
구입비용 증가		(94P)
증분이익		₩18,800 - 94P ≥ 0

∴ P = ₩200

(2) 최대지불단가를 상호배부법의 계산내역을 이용하여 계산

① 전력부와 창고부를 각각 A, B라 하면 다음과 같다.

	보조부문		제조부문	
	A	B	조립부	도색부
A	-	0.3	0.4	0.3
B	0.2	-	0.5	0.3
배분 전 원가	₩10,800*	₩40,000		
	-	-	-	-
	-	-	-	-
배분 후 원가	₩10,800	₩40,000	-	-

* 변동원가 + 기회원가(임대수익) = ₩6,800 + ₩4,000 = ₩10,800

② 배분할 원가

A = ₩10,800 + 0.2B

B = ₩40,000 + 0.3A

∴ A = ₩20,000, B = ₩46,000

③ 최대지불단가: $\frac{₩20,000}{100kwh}$ = ₩200

[물음 3]

(1) 조립부의 불량을 완전히 차단하기 위해 연간 지출할 용의가 있는 최대금액(P)

증분수익		-
증분비용		
조립부 재료원가 감소	1,000단위 × ₩50 =	₩50,000
불량차단비용 증가		(P)
증분이익		₩50,000 - P ≥ 0

∴ P = ₩50,000

(2) 도색부의 불량을 완전히 차단하기 위해 연간 지출할 용의가 있는 최대금액(P)

증분수익		
도색부 매출 증가	600단위 × ₩100 =	₩60,000
증분비용		
불량차단비용 증가		(P)
증분이익		₩60,000 - P ≥ 0

∴ P = ₩60,000

(3) 조립부의 불량을 완전히 차단하기 위해 연간 지출할 용의가 있는 최대금액(P)

증분수익		
도색부 매출 증가	1,000단위 × ₩100 =	₩100,000
증분비용		
도색부 재료원가 증가	1,000단위 × ₩20 =	(20,000)
불량차단비용 증가		(P)
증분이익		₩80,000 - P ≥ 0

∴ P = ₩80,000

(4) 도색부의 불량을 완전히 차단하기 위해 연간 지출할 용의가 있는 최대금액(P)

증분수익		
도색부 매출 증가	600단위 × ₩100 =	₩60,000
증분비용		
불량차단비용 증가		(P)
증분이익		₩60,000 - P ≥ 0

∴ P = ₩60,000

(5) (주)양재의 제안 수락 여부 결정

증분수익		
도색부 매출 증가	6,000단위 × ₩100 =	₩600,000
증분비용		
조립부 재료원가 증가	6,000단위 × ₩50 =	(300,000)
도색부 재료원가 증가	6,000단위 × ₩20 =	(120,000)
외주가공비 증가	6,000단위 × ₩20 =	(120,000)
증분이익		₩60,000

∴ 제안에 수락한다.

(6) 품질검사의 연간 원가(P)

증분수익		
도색부 매출 증가	1,000단위 × ₩100 =	₩100,000
증분비용		
조립부 재료원가 증가	1,000단위 × ₩50 =	(50,000)
품질검사원가 증가		(P)
증분이익		₩50,000 - P ≥ 0

∴ P ≤ ₩50,000

해커스 회계사 允원가관리회계연습

제3장

활동기준원가계산

핵심 이론 요약

01 제품수명주기와 추적가능성

제품수명주기		추적가능	추적불가능
제조 이전	⇒	직접원가	간접원가
제조원가	⇒	직접제조원가	간접제조원가*
제조 이후	⇒	직접판관비 등	간접판관비 등
			↓
			배부대상 원가

* 제조원가만을 고려하면 개별원가계산의 제조간접원가 배부와 유사하다.

02 활동기준원가계산 절차

1단계	직접원가: 해당 제품에 직접 부과
2단계	간접원가: 적정한 기준(원가동인)으로 배부

03 제조간접원가 배부

(1) 활동별 배부율

$$\text{활동별 배부율} = \frac{\text{활동별 원가}}{\text{활동별 원가동인}}$$

(2) 활동별 원가배부

활동별 원가배부 = 활동별 배부율 × 제품별 원가동인 소비량

04 활동기준원가계산 도입배경

정확한 수익성분석 필요	제품별 정확한 원가계산 필요성
제조간접원가 비중 증가	공정이 복잡해짐에 따라 제조간접원가의 정확한 배부 필요성
생산체제의 변화	소품종 대량생산 → 다품종 소량생산
원가개념의 확대	제품수명주기의 각 단계별 정확한 원가계산 필요성
정보수집기술 발달	방대한 자료를 컴퓨터를 활용하여 수집 및 분석할 수 있어 원가측정비용 절감가능

05 활동의 종류(원가계층)

단위수준활동		제품 단위별 수행 예 조립활동, 절삭활동, 전수검사활동 등
비단위수준활동	묶음수준활동	처리된 묶음별 수행 예 구매주문활동, 재료수령활동 등
	제품수준활동	제품 종류별 수행 예 설계활동, 제품개량활동 등
	설비수준활동	현재 조업도를 유지하기 위하여 수행 예 조경활동, 건물관리활동 등

06 활동기준원가계산의 장·단점

장점	단점
정확한 원가계산	명확한 활동기준 부재
신축적 원가계산	원가측정비용 증가
비부가가치활동원가 제거	설비수준활동의 자의적 배분
비재무적 수치 활용	원가동인수 절감에 따른 생산과잉

07 활동기준원가계산의 효익이 큰 기업의 유형

(1) 제조간접원가의 비중이 큰 기업

(2) 제품별로 제조공정에 필요한 활동이 차이가 큰 기업

(3) 복잡한 생산공정을 통해 여러 제품을 생산하는 기업

(4) 제조공정이 기존의 생산방식에서 급격히 변하거나 제품의 종류가 다양한 기업

08 전통적 원가계산과 활동기준원가계산의 비교

구분	전통적 원가계산	활동기준원가계산
제조간접원가 집계	공장 전체 또는 부문별	각 활동별
원가배부기준	조업도기준	활동별 다양한 기준
배부기준 사례	노동시간, 기계시간 등	거래건수, 기간 및 직접동인
원가배부 정확성	상대적으로 낮음	상대적으로 높음
원가측정비용	상대적으로 낮음	상대적으로 높음

09 활동기준원가계산의 경제성

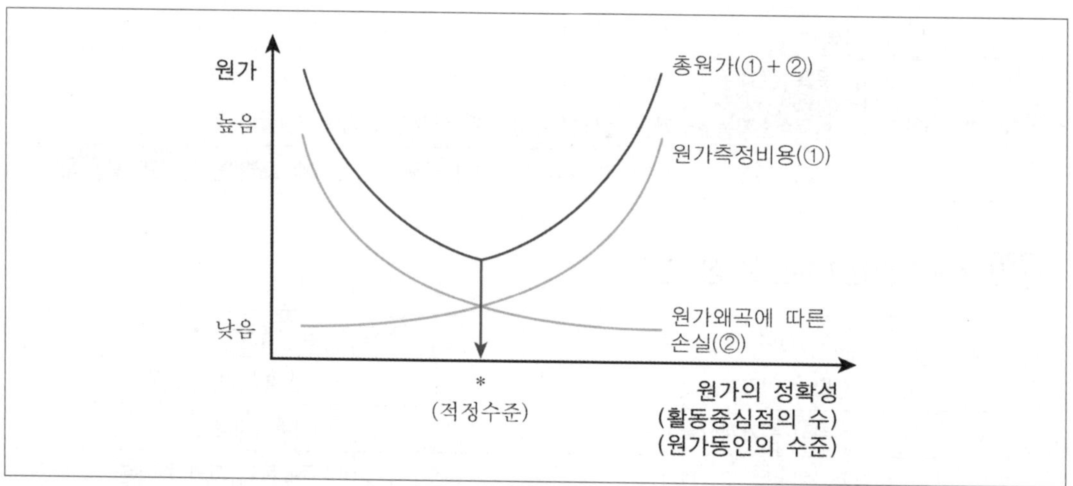

10 정상활동기준원가계산

[1단계] 예정배부율 설정	$\text{활동중심점별 예정배부율} = \frac{\text{활동중심점별 예산}}{\text{활동중심점별 예정원가동인수}}$
[2단계] 예정배부	예정배부 = 예정배부율 × 실제원가동인수* * 개별작업이 소비한 실제조업도
[3단계] 배부차이 결정	① 예정배부 < 실제발생: 과소배부(부족배부) ② 예정배부 > 실제발생: 과대배부(초과배부)
[4단계] 배부차이 조정	① 배분법: 원가요소기준법, 총원가기준법 ② 무배분법: 매출원가조정법, 기타손익법

문제 01 전통적 방법과 활동기준방법 및 입찰가격결정

(주)한국은 다양한 가구를 생산하고 있으며 입찰을 통해서 제품을 납품하고 있다. 회사는 총원가에 30%의 이익을 가산하여 입찰가격을 결정하고 있다. 회사는 활동기준원가시스템을 적용하고 있으며 총 6개의 활동중심점을 설정하고 있다.

다음 자료를 이용하여 물음에 답하시오.

《자료 1》 입찰에 참여할 제품 관련 자료

구분	A(20,000단위)	B(10,000단위)
직접노동시간	42시간	21시간
직접재료원가	₩40,000	₩35,000
직접노무원가	₩84,000	₩42,000
설계시간	10시간	25시간
가동횟수	2회	4회
기계시간	24시간	20시간

《자료 2》 활동 관련 자료

활동	활동원가	원가동인	원가동인예산	배부율
재료처리	₩200,000	재료원가	₩1,000,000	재료원가의 20%
엔지니어링	100,000	설계시간	5,000시간	₩20/시간
생산준비	70,000	가동횟수	1,000회	70/회
기계유지	300,000	기계시간	100,000시간	3/시간
공장관리	200,000	기계시간	100,000시간	2/시간
기타	150,000	기계시간	100,000시간	1.5/시간
합계	₩1,020,000			

요구사항

[물음 1] 두 가지 제품 A, B에 배부될 단위당 제조간접원가를 계산하시오.

[물음 2] 개별 주문품 A, B의 입찰가격을 계산하시오. (단, 소수점 이하 반올림하시오)

[물음 3] (주)한국은 제품 B(10,000단위)를 대체할 제품 C(10,000단위)를 고려하고 있다. 제품 C로 대체할 경우 직접재료원가는 10% 감소, 직접노무원가는 15% 감소하며 기타 원가동인의 변동내용은 다음과 같다. 이때 원가절감가능액을 구하시오.

- 설계시간: 5시간 감소
- 가동횟수: 3회 증가
- 기계시간: 10시간 감소

[물음 4] (주)한국이 직접노동시간에 기초한 단일 제조간접원가 예정배부율을 사용하며, 예상직접노동시간이 4,000시간이라고 가정할 경우 다음의 물음에 답하시오.

(1) 직접노동시간당 제조간접원가 예정배부율을 계산하시오.

(2) 개별 주문품의 단위당 제조간접원가를 계산하시오.

(3) 개별 주문품 A, B의 입찰가격을 계산하시오. (단, 소수점 이하 반올림하시오)

[물음 5] 위의 두 가지 방법에 의하여 계산된 제조간접원가금액에 차이가 발생한다면 그 이유를 간략하게 설명하시오.

해답

문제분석

■ 《자료 2》 "재료처리, 재료원가의 20%"

→ 재료처리활동 배부율은 재료원가의 20%이므로, 재료원가가 달라지면 재료처리활동원가도 달라진다.

■ [물음 3] "원가절감가능액"

→ 제품 B와 제품 C의 총원가를 계산한 후 총액을 기준으로 차이를 계산하거나 절감액을 직접 계산할 수 있다. 자료가 많거나 복잡한 경우 총액을 기준으로 계산하면 실수를 줄일 수 있다.

■ [물음 4] "직접노동시간에 기초한 단일 제조간접원가 예정배부율" 및 "예상직접노동시간이 4,000시간"

→ 전체 활동원가예산을 예상직접노동시간으로 나누어 단일 제조간접원가 예정배부율을 계산한다.

자료정리

(1) 제품 C로 대체할 경우 원가절감액

• 총액기준

	B(10,000단위)		C(10,000단위)	
직접재료원가		₩35,000	₩35,000 × 90% =	₩31,500
직접노무원가		42,000	₩42,000 × 85% =	35,700
재료처리	₩35,000 × 20% =	7,000	₩31,500 × 20% =	6,300
엔지니어링	₩20/시간 × 25시간 =	500	₩20/시간 × 20시간 =	400
생산준비	₩70/회 × 4회 =	280	₩70/회 × 7회 =	490
기계유지	₩3/시간 × 20시간 =	60	₩3/시간 × 10시간 =	30
공장관리	₩2/시간 × 20시간 =	40	₩2/시간 × 10시간 =	20
기타	₩1.5/시간 × 20시간 =	30	₩1.5/시간 × 10시간 =	15
합계		₩84,910		₩74,455

∴ ₩10,455(= ₩84,910 - ₩74,455)만큼 절감가능하다.

• 증분기준

직접재료원가	₩35,000 × 10% =	₩3,500
직접노무원가	₩42,000 × 15% =	6,300
재료처리*	₩3,500 × 20% =	700
엔지니어링	₩20/시간 × 5시간 =	100
생산준비	₩70/회 × 3회 =	(210)(3회 증가)
기계유지	₩3/시간 × 10시간 =	30
공장관리	₩2/시간 × 10시간 =	20
기타	₩1.5/시간 × 10시간 =	15
합계		₩10,455

* 직접재료 절감액 × 20%

∴ ₩10,455만큼 절감가능하다.

(2) 단일 제조간접원가 예정배부율

$$\frac{₩1,020,000}{4,000시간} = ₩255/시간$$

모범답안

[물음 1] 두 가지 제품 A, B에 배부될 단위당 제조간접원가

	A(20,000단위)		B(10,000단위)	
재료처리	₩40,000 × 20% =	₩8,000	₩35,000 × 20% =	₩7,000
엔지니어링	₩20/시간 × 10시간 =	200	₩20/시간 × 25시간 =	500
생산준비	₩70/회 × 2회 =	140	₩70/회 × 4회 =	280
기계유지	₩3/시간 × 24시간 =	72	₩3/시간 × 20시간 =	60
공장관리	₩2/시간 × 24시간 =	48	₩2/시간 × 20시간 =	40
기타	₩1.5/시간 × 24시간 =	36	₩1.5/시간 × 20시간 =	30
합계		₩8,496		₩7,910
수량		÷ 20,000단위		÷ 10,000단위
단위당 제조간접원가		₩0.4248/단위		₩0.791/단위

[물음 2] 개별 주문품 A, B의 입찰가격

	A(20,000단위)	B(10,000단위)
직접재료원가	₩40,000	₩35,000
직접노무원가	84,000	42,000
제조간접원가	8,496	7,910
소계	₩132,496	₩84,910
이익가산액*	+ 39,749	+ 25,473
입찰가격	₩172,245	₩110,383

* 총원가의 30%

[물음 3] 원가절감가능액(총액기준)

	B(10,000단위)		C(10,000단위)	
직접재료원가		₩35,000	₩35,000 × 90% =	₩31,500
직접노무원가		42,000	₩42,000 × 85% =	35,700
재료처리	₩35,000 × 20% =	7,000	₩31,500 × 20% =	6,300
엔지니어링	₩20/시간 × 25시간 =	500	₩20/시간 × 20시간 =	400
생산준비	₩70/회 × 4회 =	280	₩70/회 × 7회 =	490
기계유지	₩3/시간 × 20시간 =	60	₩3/시간 × 10시간 =	30
공장관리	₩2/시간 × 20시간 =	40	₩2/시간 × 10시간 =	20
기타	₩1.5/시간 × 20시간 =	30	₩1.5/시간 × 10시간 =	15
합계		₩84,910		₩74,455

∴ ₩10,455(= ₩84,910 - ₩74,455)만큼 절감가능하다.

[물음 4]

(1) 제조간접원가 예정배부율

₩1,020,000 ÷ 4,000시간 = ₩255/시간

(2) 단위당 제조간접원가

	A(20,000단위)		B(10,000단위)	
제조간접원가	₩255 × 42시간 =	₩10,710	₩255 × 21시간 =	₩5,355
수량		÷ 20,000단위		÷ 10,000단위
단위당 제조간접원가		₩0.5355/단위		₩0.5355/단위

(3) 입찰가격

	A(20,000단위)	B(10,000단위)
직접재료원가	₩40,000	₩35,000
직접노무원가	84,000	42,000
제조간접원가	10,710	5,355
소계	₩134,710	₩82,355
이익가산액	+ 40,413	+ 24,707
입찰가격	₩175,123	₩107,062

[물음 5] 제조간접원가금액 차이 발생 이유

조업도기준 단일 예정배부율에 대한 문제점에 근거한다. 주문품 간 노동시간의 사용량은 제조간접활동의 원가동인 사용량을 정확하게 반영하지 못하고 있다.

문제 02 전통적 방법과 활동기준방법 및 단일배분율법과 이중배분율법

(주)한국은 표준형과 고급형 두 가지 모델의 가방을 생산하고 있다.

《자료 1》

20×1년의 제품별 생산량 및 원가자료는 다음과 같다. 단, 생산량은 전량 판매된다.

	표준형	고급형
직접재료원가	₩2,200,000	₩2,000,000
직접노무원가	3,000,000	1,100,000
생산량	8,000개	4,000개

회사는 과거에는 전통적 원가계산방식에 따라 직접노무원가를 기준으로 각 제품에 70%씩 제조간접원가를 배부하였으나, 현재는 활동기준원가계산방식을 도입하여 원가계산을 하고 있다.

《자료 2》

각 활동중심점과 활동중심점별 배부율은 다음과 같다.

활동	원가동인	활동별 배부율
작업준비활동	작업준비시간당	₩1,600
품질검사활동	검사시간당	600
제품가동활동	제품 단위당	50

(1) 표준형은 1뱃치(묶음)가 400개이고, 고급형은 1뱃치가 200개이다. 표준형은 뱃치당 20시간의 작업준비시간이 소요되며, 고급형은 뱃치당 15시간의 작업준비시간이 소요된다.

(2) 품질검사시간은 표준형은 단위당 6분이고, 고급형은 단위당 15분이다.

요구사항

[물음 1] 활동기준원가계산 도입의 효익이 큰 기업의 예를 3가지 서술하시오.

[물음 2] 전통적 원가계산방식에 따라 제조간접원가를 제품별로 계산하시오.

[물음 3] 활동기준원가계산방식에 따라 제조간접원가를 제품별로 계산하시오.

[물음 4] 활동기준원가계산을 사용하는 경우 전통적 원가계산을 사용하는 경우보다 표준형의 원가가 더 낮은 이유를 설명하시오.

※ 위 물음과 별도로 다음 **[물음 5]** ~ **[물음 7]**에 답하시오.

(주)대한은 두 개의 보조부문(생산관리, 전력)과 두 개의 제조부문(절삭, 가공)으로 구성되어 있다. 자체 생산한 전력을 절삭과 가공 두 개의 제조부문에 제공한다.

> 《자료 3》
> 전력부문의 설비는 제조부문의 최대사용량에 의해서 결정되며, 각 제조부문의 최대사용량은 절삭과 가공 각각 1,000kwh, 2,000kwh이다. 각 제조부문의 최대사용량을 정상사용량으로 할 경우 월별 예산은 고정원가와 변동원가 각각 ₩3,000,000, ₩6,000,000이다. 당월 한 달간 실제전력사용량은 절삭과 가공 각각 700kwh, 1,800kwh이며, 실제전력부문의 발생원가는 고정원가와 변동원가 각각 ₩3,000,000, ₩5,000,000이다.

[물음 5] 실제발생한 전력부문의 원가를 실제전력사용량에 근거하여 배부할 경우 각 제조부문에 배부된 전력부문원가를 계산하시오.

[물음 6] **[물음 5]**에 의한 배부방법의 문제점을 세 가지 이상 서술하고, 그 해결방안에 대해서 간략하게 논하시오.

[물음 7] 회사는 전력부문의 원가를 월별 예산을 기초로 고정원가와 변동원가로 구분하여 예정배부율을 설정하기로 하였다. 또한, 고정원가는 최대사용량을 기준으로, 변동원가는 실제사용량을 기준으로 예정배부한다. 각 제조부문에 배부된 전력부문의 원가를 구하시오.

해답

문제분석

- 《자료 2》 "(1) 표준형은 뱃치당 20시간의 작업준비시간이 소요되며, 고급형은 뱃치당 15시간의 작업준비시간이 소요"
  → 작업준비활동의 경우 작업준비시간은 뱃치당 소요되므로 제품별 뱃치수를 먼저 계산해야 한다. 또한, 각 제품별 뱃치수에 뱃치당 제품별 작업준비시간을 곱하여 총작업준비시간을 계산한다.
- 《자료 2》 "검사시간당 ₩600" 및 "(2) 품질검사시간은 표준형은 단위당 6분이고, 고급형은 단위당 15분"
  → 품질검사활동은 각 제품별 필요시간이 "분"으로 제시되어 있으나 원가동인은 "시간"이므로, 시간으로 환산한 후 활동별 배부율을 곱하여 계산한다.
- 《자료 3》 "각 제조부문의 최대사용량을 정상사용량으로 할 경우", "[물음 7] 고정원가와 변동원가로 구분하여 예정배부율을 설정" 및 "[물음 7] 고정원가는 최대사용량을 기준으로, 변동원가는 실제사용량을 기준으로 예정배부"
  → 고정원가와 변동원가예산은 최대사용량을 기준으로 예정배부율을 설정하고, 최대사용량과 실제사용량을 기준으로 예정배부한다.

자료정리

(1) 제품별 뱃치수

	표준형	고급형
작업준비활동	8,000개 ÷ 400개 = 20뱃치	4,000개 ÷ 200개 = 20뱃치

(2) 단일배부율

$$\frac{\text{실제고정원가} + \text{실제변동원가}}{\text{실제전력사용량}} = \frac{₩3,000,000 + ₩5,000,000}{700kwh + 1,800kwh} = ₩3,200$$

(3) 이중배부율

- 고정원가: $\frac{₩3,000,000}{1,000kwh + 2,000kwh} = ₩1,000$
- 변동원가: $\frac{₩6,000,000}{1,000kwh + 2,000kwh} = ₩2,000$

모범답안

[물음 1] 활동기준원가계산 도입의 효익이 큰 기업의 예

① 다품종 소량생산체제와 같이 제품이 매우 다양한 기업
② 원가요소 중 제조간접원가의 비중이 큰 기업
③ 제품별로 제조과정의 복잡성이 매우 상이한 기업

[물음 2] 전통적 원가계산방식에 따른 제품별 제조간접원가

직접노무원가에 70%를 곱하여 계산한다.

- 표준형: ₩3,000,000 × 70% = ₩2,100,000
- 고급형: ₩1,100,000 × 70% = ₩770,000

[물음 3] 활동기준원가계산에 따른 제품별 제조간접원가

	표준형		고급형	
작업준비활동	20뱃치 × 20시간 × ₩1,600 =	₩640,000	20뱃치 × 15시간 × ₩1,600 =	₩480,000
품질검사활동	(8,000개 × 6분)/60분 × ₩600 =	480,000	(4,000개 × 15분)/60분 × ₩600 =	600,000
제품가동활동	8,000개 × ₩50 =	400,000	4,000개 × ₩50 =	200,000
		₩1,520,000		₩1,280,000

[물음 4] 활동기준원가계산과 전통적 원가계산 원가차이

활동기준원가계산방법에서는 뱃치당 묶음수가 크고 단위당 품질검사시간이 상대적으로 짧아 작업준비활동원가와 품질검사활동원가가 적게 배부되기 때문에 전통적 원가계산방법보다 제조간접원가 배부액이 작아져 표준형의 원가가 더 낮다.

[물음 5] 각 제조부문에 배부된 전력부문원가

(1) 배부율

$$\frac{₩3,000,000 + ₩5,000,000}{700kwh + 1,800kwh} = ₩3,200$$

(2) 부문별 배부액

① 절삭: ₩3,200 × 700kwh = ₩2,240,000
② 가공: ₩3,200 × 1,800kwh = ₩5,760,000

[물음 6] 실제원가계산 배부방법의 문제점과 해결방안

① 고정원가와 변동원가가 구분되지 않는다.
→ 고정원가는 최대사용량을 기준으로 배부하고, 변동원가는 실제사용량을 기준으로 배부하여야 한다.
② 실제발생원가를 실제사용량에 따라 배부함으로써 원가계산이 지연된다.
→ 연초에 예정배부율을 설정한다.
③ 월별계산으로 인하여 조업도의 변동에 따라 원가배부액이 달라질 수 있다.
→ 예정배부율을 이용하여 예정배부하고, 배부차이를 안분한다.

[물음 7] 각 제조부문에 배부된 전력부문의 원가

(1) 배부율

① 고정원가: $\frac{₩3,000,000}{1,000kwh + 2,000kwh}$ = ₩1,000

② 변동원가: $\frac{₩6,000,000}{1,000kwh + 2,000kwh}$ = ₩2,000

(2) 부문별 배부액

① 절삭: ₩1,000 × 1,000kwh + ₩2,000 × 700kwh = ₩2,400,000
② 가공: ₩1,000 × 2,000kwh + ₩2,000 × 1,800kwh = ₩5,600,000

문제 03 활동기준원가계산과 단일제약자원하의 의사결정

(주)한국은 세 가지 제품 A, B, C를 생산하고 있다. 다음의 자료를 이용하여 물음에 답하시오.

《자료 1》

활동분야별 20×1년 변동제조간접원가 예산자료는 다음과 같다.

활동	예산원가	원가동인	원가동인당 배부율
기계가동 및 유지	₩48,000	기계시간	₩4
조립	58,200	직접노무원가	0.2
재료처리	74,000	원재료무게	0.4
품질검사	35,050	검사횟수	10
생산준비	54,750	생산준비횟수	150
합계	₩270,000		

《자료 2》

각 제품의 판매가격과 생산 및 원가자료(단위당)는 다음과 같다.

구분	A	B	C
직접재료원가	₩8	₩21	₩33
직접노무원가	₩14	₩12	₩18
기계시간	0.4시간	0.75시간	0.6시간
원재료무게	4kg	10kg	15kg
검사횟수	0.25회	0.11회	0.15회
생산준비횟수	0.01회	0.03회	0.01회
판매가격	₩40	₩60	₩75
최대수요량(연간)	12,000단위	12,000단위	6,000단위

요구사항

[물음 1] 활동기준원가계산에 의한 각 제품의 단위당 원가를 구하시오.

[물음 2] 현재 회사의 생산능력이 연간 12,000기계시간으로 제한되어 있으며 당분간 확장할 수 없다고 한다. 이익을 극대화하기 위한 최적생산계획을 수립하시오. (단, 판매관리비와 고정제조간접원가는 존재하지 않는다고 가정한다)

[물음 3] 정규생산능력 이외에 연간 4,500기계시간의 초과작업이 가능하다고 한다. 초과작업에 대해서는 직접노무원가의 50%와 변동제조간접원가의 20%가 추가될 것이다. 이익을 극대화하기 위한 최적생산계획을 수립하시오. (단, 직접노무원가 증가로 인한 조립활동 원가동인 변화는 추가로 고려하지 않는다)

해답

문제분석

■ **《자료 1》 "변동제조간접원가 예산자료"**
→ 제시된 자료는 모두 변동제조간접원가이다.

■ **《자료 2》 "각 제품의 판매가격과 생산 및 원가자료(단위당)"**
→ 제조간접원가의 경우 각 활동별 원가동인 배부율에 제품별 원가동인 소비량을 곱하여 계산한다. 특히, 제시된 원가동인 소비량이 단위당 소비량인지 총소비량인지 주의해야 한다.

■ **[물음 2] "회사의 생산능력이 연간 12,000기계시간으로 제한"**
→ 기계시간이 제한되어 있으므로 단위당 공헌이익을 계산한 후 각 제품별 기계시간당 공헌이익을 계산하여 생산우선순위를 결정한다.

■ **[물음 3] "정규생산능력 이외에 연간 4,500기계시간의 초과작업이 가능" 및 "초과작업에 대해서는 직접노무원가의 50%와 변동제조간접원가의 20%가 추가"**
→ 초과작업에 대한 제품별 변동원가와 공헌이익을 계산한 후, 초과작업이 유리한 제품을 최대한 생산한 다음에 정규작업으로 나머지 제품을 우선순위에 따라 생산한다.

자료정리

(1) 생산우선순위 결정(기계시간 제약)

	A	B	C	
단위당 판매가격	₩40	₩60	₩75	
단위당 변동원가	(32)	(48)	(66)	
단위당 공헌이익	₩8	₩12	₩9	
단위당 기계시간	÷ 0.4시간	÷ 0.75시간	÷ 0.6시간	≤ 12,000시간
기계시간당 공헌이익	₩20	₩16	₩15	
생산우선순위	1순위	2순위	3순위	

(2) 최적생산량 결정

이용가능한 기계시간이 12,000시간이므로, 연간 12,000시간 이내에서 기계시간당 공헌이익이 큰 A, B, C의 순으로 생산한다.

	생산량	×	단위당 소요시간	=	소요시간	소요시간누계
A	12,000단위		0.4시간		4,800시간	4,800시간
B	9,600단위		0.75시간		7,200시간	12,000시간

∴ 연간 A 12,000단위, B 9,600단위를 생산한다.

(3) 초과작업에 대한 제품별 공헌이익

	A		B		C	
	정규	초과	정규	초과	정규	초과
단위당 판매가격	₩40	₩40	₩60	₩60	₩75	₩75
단위당 변동원가	(32)	(41)*	(48)	(57)	(66)	(78)
단위당 공헌이익	₩8	₩(1)	₩12	₩3	₩9	₩(3)

* 초과작업 변동원가: 직접재료원가 + 직접노무원가 × 150% + 변동제조간접원가 × 120%
= ₩8 + ₩14 × 150% + ₩10 × 120% = ₩41

(4) 초과작업을 고려한 최적생산계획

제품 A, C는 초과작업을 하지 않고, 제품 B는 초과작업이 유리하므로 초과작업으로 제품 B를 최대한 생산한 후 정규작업으로 나머지 제품을 우선순위에 따라 생산한다.

	생산량	×	단위당 소요시간	=	소요시간	소요시간누계
초과작업 B	6,000단위		0.75시간		4,500시간	4,500초과시간
정규작업 A	12,000단위		0.4시간		4,800시간	4,800정규시간
정규작업 B	6,000단위		0.75시간		4,500시간	9,300정규시간
정규작업 C	4,500단위		0.6시간		2,700시간	12,000정규시간

∴ 초과작업으로 연간 B 6,000단위를 생산하고, 정규작업으로 연간 A 12,000단위, B 6,000단위, C 4,500단위를 생산하는 것이 최적이다.

모범답안

[물음 1] 활동기준원가계산에 의한 각 제품의 단위당 원가

	A		B		C	
직접재료원가		₩8		₩21		₩33
직접노무원가		14		12		18
제조간접원가						
기계가동 및 유지	₩1.6		₩3		₩2.4	
조립	2.8		2.4		3.6	
재료처리	1.6		4		6	
품질검사	2.5		1.1		1.5	
생산준비	1.5	10	4.5	15	1.5	15
단위당 원가		₩32		₩48		₩66

[물음 2] 이익을 극대화하기 위한 최적생산계획

(1) 생산우선순위 결정

	A	B	C	
단위당 판매가격	₩40	₩60	₩75	
단위당 변동원가	(32)	(48)	(66)	
단위당 공헌이익	₩8	₩12	₩9	
단위당 기계시간	÷ 0.4시간	÷ 0.75시간	÷ 0.6시간	≤ 12,000시간
기계시간당 공헌이익	₩20	₩16	₩15	
생산우선순위	1순위	2순위	3순위	

(2) 최적생산계획

	생산량	×	단위당 소요시간	=	소요시간	소요시간누계
A	12,000단위		0.4시간		4,800시간	4,800시간
B	9,600단위		0.75시간		7,200시간	12,000시간

∴ 연간 A 12,000단위, B 9,600단위를 생산한다.

[물음 3] 초과작업이 가능한 경우 이익을 극대화하기 위한 최적생산계획

(1) 초과작업에 대한 제품별 공헌이익

	A		B		C	
	정규	초과	정규	초과	정규	초과
단위당 판매가격	₩40	₩40	₩60	₩60	₩75	₩75
단위당 변동원가	(32)	(41)	(48)	(57)	(66)	(78)
단위당 공헌이익	₩8	₩(1)	₩12	₩3	₩9	₩(3)

(2) 최적생산계획

	생산량	× 단위당 소요시간	= 소요시간	소요시간누계
초과작업 B	6,000단위	0.75시간	4,500시간	4,500초과시간
정규작업 A	12,000단위	0.4시간	4,800시간	4,800정규시간
정규작업 B	6,000단위	0.75시간	4,500시간	9,300정규시간
정규작업 C	4,500단위	0.6시간	2,700시간	12,000정규시간

∴ 연간 A 12,000단위, B 12,000단위, C 4,500단위를 생산한다.

문제 04 전통적 원가계산과 활동기준원가계산 수익성분석(I)

다음을 읽고 물음에 답하시오.

(1) (주)한국은 구두와 운동화를 생산하여 판매하고 있다. 회사의 마케팅 담당 김 부장은 최근 구두의 시장점유율이 꾸준히 높아지고 있지만, 운동화의 시장점유율은 반대로 계속 낮아지고 있다는 사실을 발견하였다. 김 부장은 그 원인을 분석한 결과 구두의 판매가격은 경쟁사보다 낮으나 운동화의 판매가격은 경쟁사에 비하여 오히려 높은 것을 파악하고 이상하다는 생각이 들었다. 동종 업계의 모든 회사가 동일한 제조기술과 생산효율 그리고 가격정책을 가지고 있기 때문에 판매가격의 차이가 발생하는 이유를 도무지 이해할 수 없었기 때문이다.

(2) 김 부장은 판매가격을 변경해야 하는지를 알아보기 위하여 회계 담당자인 이 부장에게 원가분석을 요구하였다. 이 부장이 파악한 분석자료는 다음과 같다. 회사의 제조부문은 절단부문과 조립부문으로 이루어졌으며, 구두는 작은 뱃치(Batch)규모(각 뱃치당 1,000켤레)로 생산되고, 운동화는 큰 뱃치규모(각 뱃치당 3,000켤레)로 생산된다.

(3) 회사는 현재 직접노동시간을 배부기준으로 하는 공장 전체 제조간접원가 배부율을 사용하고 있다. 연간 예산자료는 다음과 같다.

- 총제조간접원가: ₩1,200,000
- 총직접노동시간: 40,000시간
- 총기계시간: 50,000시간
- 총작업준비시간: 500시간

(4) 각 제품별 예산자료는 다음과 같다.

구분	구두의 각 뱃치(1,000켤레)			운동화의 각 뱃치(3,000켤레)		
	절단부문	조립부문	합계	절단부문	조립부문	합계
직접노동시간	80시간	100시간	180시간	150시간	200시간	350시간
기계시간	200	120	320	150	120	270
작업준비시간	3	1	4	1	1	2
기본원가	₩7,500	₩6,000	₩13,500	₩9,000	₩7,200	₩16,200

(5) 두 개의 보조부문(수선유지부문과 작업준비부문)과 두 개의 제조부문(절단부문과 조립부문)의 예산자료는 다음과 같다.

구분	수선유지부문	작업준비부문	절단부문	조립부문	합계
제조간접원가	₩160,000	₩400,000	₩440,000	₩200,000	₩1,200,000
직접노동시간	-	-	15,000시간	25,000시간	40,000시간
기계시간	-	-	40,000	10,000	50,000
작업준비시간	-	-	320	180	500

(6) 또한, 활동별 원가 및 원가동인에 관한 예산자료는 다음과 같다.

활동분야	예산원가	활동유형	원가동인
수선유지	₩160,000	제품수준	기계시간
작업준비	400,000	뱃치수준	작업준비시간
절단부문 감독	280,000	뱃치수준	작업준비시간
절단부문 감가상각	160,000	설비수준	기계시간
조립부문 감독	160,000	단위수준	직접노동시간
조립부문 감가상각	40,000	설비수준	기계시간
합계	₩1,200,000		

요구사항

[물음 1] 직접노동시간을 배부기준으로 하는 공장 전체 제조간접원가 배부율을 이용하여 구두와 운동화의 켤레당 예산원가를 구하시오.

[물음 2] 절단부문에서는 기계시간을, 조립부문에서는 직접노동시간을 배부기준으로 하는 부문별 제조간접원가 배부율을 이용하여 구두와 운동화의 켤레당 예산원가를 구하시오. (단, 보조부문원가의 배분은 직접배분법을 사용하되, 수선유지부문은 기계시간, 작업준비부문은 작업준비시간을 기준으로 배분하시오)

[물음 3] 활동기준원가계산을 이용하여 구두와 운동화의 켤레당 예산원가를 구하시오.

[물음 4] 부문별 제조간접원가 배부율을 사용할 경우가 공장 전체 제조간접원가 배부율을 사용할 경우보다 구두의 켤레당 원가가 더 높은 이유를 설명하시오.

[물음 5] 활동기준원가계산을 사용할 경우가 공장 전체 제조간접원가 배부율을 사용할 경우보다 운동화의 켤레당 원가가 더 낮은 이유를 설명하시오.

해답

문제분석

■ "(1) 구두의 시장점유율이 꾸준히 높아지고 있지만, 운동화의 시장점유율은 반대로 계속 낮아지고 있다" 및 "(1) 구두의 판매가격은 경쟁사보다 낮으나 운동화의 판매가격은 경쟁사에 비하여 오히려 높은 것을 파악"

→ 현재 구두의 원가와 가격이 과소평가되어 판매량이 증가하고, 운동화의 원가와 가격이 과대평가되어 판매량이 감소하고 있다.

■ "(2) 구두는 작은 뱃치(Batch)규모(각 뱃치당 1,000켤레)로 생산되고, 운동화는 큰 뱃치규모(각 뱃치당 3,000켤레)로 생산"

→ 구두의 뱃치규모가 운동화에 비하여 상대적으로 작아 활동기준원가계산을 적용할 경우 더 많은 원가동인을 소비한다.

■ "(3) 직접노동시간을 배부기준으로 하는 공장 전체 제조간접원가 배부율" 및 "(3) 연간 예산자료"

→ 총제조간접원가와 총직접노동시간을 이용하여 제조간접원가 예정배부율을 계산할 수 있다.

■ "(4) 기본원가 ₩13,500, ₩16,200"

→ 제품별 기본원가(직접재료원가, 직접노무원가)는 별도로 정리한다.

■ "[물음 2] 절단부문에서는 기계시간을, 조립부문에서는 직접노동시간을 배부기준으로 하는 부문별 제조간접원가 배부율" 및 "(5) 기계시간 40,000시간, 직접노동시간 25,000시간"

→ 제조부문별 제조간접원가를 기계시간과 직접노동시간으로 나누어 부문별 예정배부율을 계산할 수 있다.

■ "[물음 2] 직접배분법", "[물음 2] 수선유지부문은 기계시간, 작업준비부문은 작업준비시간을 기준으로 배분" 및 "(5) 기계시간 40,000시간, 10,000시간, 작업준비시간 320시간, 180시간"

→ 수선유지부문원가를 절단부문과 조립부문에 기계시간 40,000시간, 10,000시간을 기준으로 배분하고, 작업준비부문원가를 절단부문과 조립부문에 작업준비시간 320시간, 180시간을 기준으로 배분한다.

■ "(6) 활동분야, 원가동인"

→ 활동별 원가동인수 계산에 있어 수선유지와 작업준비는 총원가동인수이며, 절단부문과 조립부문은 해당 부문 원가동인수이다.

활동분야	원가동인	원가동인수
수선유지	기계시간	50,000기계시간
작업준비	작업준비시간	500작업준비시간
절단부문 감독	작업준비시간	320작업준비시간
절단부문 감가상각	기계시간	40,000기계시간
조립부문 감독	직접노동시간	25,000직접노동시간
조립부문 감가상각	기계시간	10,000기계시간

자료정리

(1) 전통적 원가계산하의 제조간접원가 예정배부율

제조간접원가예산 ÷ 직접노동시간예산 = ₩1,200,000 ÷ 40,000시간 = ₩30/직접노동시간

(2) 활동기준원가계산하의 제조간접원가 예정배부율

① 공통 활동: 예산원가동인은 공장 전체 원가동인을 기준으로 계산한다.
- 수선유지활동: ₩160,000 ÷ 50,000(전체 기계시간) = ₩3.2/기계시간
- 작업준비활동: ₩400,000 ÷ 500(전체 작업준비시간) = ₩800/작업준비시간

② 절단부문활동: 예산원가동인은 절단부문 원가동인을 기준으로 계산한다.
- 감독활동: ₩280,000 ÷ 320(절단부문 작업준비시간) = ₩875/작업준비시간
- 감가상각활동: ₩160,000 ÷ 40,000(절단부문 기계시간) = ₩4/기계시간

③ 조립부문활동: 예산원가동인은 조립부문 원가동인을 기준으로 계산한다.
- 감독활동: ₩160,000 ÷ 25,000(조립부문 직접노동시간) = ₩64/직접노동시간
- 감가상각활동: ₩40,000 ÷ 10,000(조립부문 기계시간) = ₩4/기계시간

모범답안

[물음 1] 공장 전체 제조간접원가 배부율을 이용할 경우 켤레당 예산원가

	구두		운동화	
기본원가		₩13,500		₩16,200
제조간접원가*	₩30 × 180시간 =	5,400	₩30 × 350시간 =	10,500
총원가		₩18,900		₩26,700
생산량		÷ 1,000켤레		÷ 3,000켤레
단위당 원가		₩18.9		₩8.9

* 제조간접원가 예정배부율에 각 제품별 전체 직접노동시간을 곱하여 계산한다.

[물음 2] 부문별 제조간접원가 배부율을 이용할 경우 켤레당 예산원가

(1) 부문별 제조간접원가 배부율

① 보조부문원가의 배분

	보조부문		제조부문		합계
	수선유지부문	작업준비부문	절단부문	조립부문	
배분 전 원가	₩160,000	₩400,000	₩440,000	₩200,000	₩1,200,000
수선유지부문*1	(160,000)		128,000	32,000	-
작업준비부문*2		(400,000)	256,000	144,000	-
배분 후 원가	-	-	₩824,000	₩376,000	₩1,200,000

*1 기계시간을 기준으로 배분(40,000시간 : 10,000시간)

*2 작업준비시간을 기준으로 배분(320시간 : 180시간)

② 부문별 제조간접원가 배부율

- 절단부문: $\frac{₩824,000}{40,000시간}$ = 절단부문 기계시간당 ₩20.6
- 조립부문: $\frac{₩376,000}{25,000시간}$ = 조립부문 직접노동시간당 ₩15.04

(2) 켤레당 예산원가

	구두		운동화	
기본원가		₩13,500		₩16,200
제조간접원가*				
절단부문	₩20.6 × 200시간 =	4,120	₩20.6 × 150시간 =	3,090
조립부문	₩15.04 × 100시간 =	1,504	₩15.04 × 200시간 =	3,008
총원가		₩19,124		₩22,298
생산량		÷ 1,000켤레		÷ 3,000켤레
단위당 원가		₩19.124		₩7.433

* 절단부문 예정배부율에는 절단부문에서의 기계시간을 곱하고, 조립부문 예정배부율에는 조립부문의 직접노동시간을 곱하여 계산한다.

[물음 3] 활동기준원가계산을 이용할 경우 켤레당 예산원가

	구두		운동화	
기본원가		₩13,500		₩16,200
제조간접원가*				
수선유지	320시간 × ₩3.2 =	1,024	270시간 × ₩3.2 =	864
작업준비	4시간 × ₩800 =	3,200	2시간 × ₩800 =	1,600
절단부문 감독	3시간 × ₩875 =	2,625	1시간 × ₩875 =	875
절단부문 감가상각	200시간 × ₩4 =	800	150시간 × ₩4 =	600
조립부문 감독	100시간 × ₩6.4 =	640	200시간 × ₩6.4 =	1,280
조립부문 감가상각	120시간 × ₩4 =	480	120시간 × ₩4 =	480
총원가		₩22,269		₩21,899
생산량		÷ 1,000켤레		÷ 3,000켤레
단위당 원가		₩22.269		₩7.300

* 절단부문활동의 경우 절단부문의 원가동인을 곱하고, 조립부문활동의 경우 조립부문의 원가동인을 곱하여 계산한다.

[물음 4] 제조간접원가 배부방식의 비교

(1) 공장 전체 배부방식

전체 직접노동시간이 구두 180시간, 운동화 350시간이므로 운동화에 더 많은 제조간접원가가 배부된다.

(2) 부문별 배부방식

원가동인 소비량은 절단부문에서는 구두가 높고 조립부문에서는 운동화가 높지만, 절단부문에서의 제조간접원가 비중이 크기 때문에 결과적으로 구두에 배부되는 제조간접원가가 더 많다. 따라서 부문별 배부방식을 적용하면 구두의 켤레당 원가는 더 높아진다.

	부문별 원가	원가동인	
		구두	운동화
절단부문	₩824,000	200기계시간	150기계시간
조립부문	376,000	100직접노동시간	200직접노동시간

[물음 5] 활동기준원가계산과 공장 전체 배부방식의 비교

(1) 공장 전체 배부방식

전체 직접노동시간이 구두 180시간, 운동화 350시간이므로 운동화에 더 많은 제조간접원가가 배부된다.

(2) 활동기준원가계산

구두 제작을 위해 소비되는 원가동인 소비량이 운동화 제작을 위해 소비되는 원가동인 소비량에 비하여 조립부문의 감독활동을 제외한 나머지 모든 활동에서 더 크다. 또한, 구두의 뱃치당 켤레수가 운동화의 뱃치당 켤레수가 보다 작기 때문에 상대적으로 배분되는 원가는 커진다. 따라서 활동기준원가계산을 사용할 경우 운동화의 켤레당 원가가 더 낮아진다.

	부문별 원가	원가동인		
		구두		운동화
수선유지	₩160,000	320기계시간	>	270기계시간
작업준비	400,000	4작업준비시간	>	2작업준비시간
절단부문 감독	280,000	3작업준비시간	>	1작업준비시간
절단부문 감가상각	160,000	200기계시간	>	150기계시간
조립부문 감독	160,000	100직접노동시간	<	200직접노동시간
조립부문 감가상각	40,000	120기계시간	=	120기계시간

문제 05 전통적 원가계산과 활동기준원가계산 수익성분석(II) 세무사 02

(주)한국은 최근에 지금까지 대량 생산·판매하여 왔던 표준형 티셔츠에 보다 가볍고 고품질의 고급형 티셔츠를 추가하기로 결정하였다. 이 고급형 티셔츠의 생산에는 보다 비싼 재료가 사용되며, 완성하는 데 더 많은 시간이 소요된다. 표준형 티셔츠는 한 장당 30분만에 재단·재봉질을 마칠 수 있지만, 고급형은 45분이 걸린다. 표준형 티셔츠는 1,000장씩, 고급형 티셔츠는 100장씩 1뱃치로 생산되며 각 뱃치에 대한 품질검사에는 10시간이 소요된다. (주)한국은 현재 제조간접원가의 배부기준으로 직접노무원가를 사용하고 있다.

	표준형 티셔츠	고급형 티셔츠
단위당 가격	₩20,000	₩60,000
차감:		
단위당 직접재료원가	(4,000)	(20,000)
단위당 직접노무원가	(4,000)	(6,000)
단위당 제조간접원가	(6,000)	(9,000)
단위당 매출총이익	₩6,000	₩25,000
단위당 판매관리비	(1,000)	(2,000)
단위당 이익	₩5,000	₩23,000
연간 생산·판매량	90,000장	6,000장

(주)한국의 재무담당이사(CFO)인 홍길동 씨는 활동기준원가계산을 적용하게 되면 표준형 티셔츠 및 고급형 티셔츠 원가 및 수익성을 보다 정확하게 파악할 수 있을 것이라고 믿고 있다. 이를 위해 홍길동 씨는 20×1년도에 제조간접원가 ₩594,000,000에 대한 활동별 원가집합과 원가동인에 관한 자료를 다음과 같이 수집하였다.

《20×1년 중 실제 사용된 원가동인량》

활동	활동원가	원가동인	표준형 티셔츠	고급형 티셔츠
노무감독	₩39,600,000	직접노무시간	45,000시간	4,500시간
구매주문	195,000,000	주문횟수	450회	200회
품질검사	359,400,000	품질검사횟수	?	?
계	₩594,000,000			

요구사항

[물음 1] 활동기준원가계산에 입각해서 표준형 티셔츠 및 고급형 티셔츠 각각의 단위당 제조간접원가를 계산하시오.

[물음 2] 활동기준원가계산에 입각해서 표준형 티셔츠 및 고급형 티셔츠 각각의 단위당 이익을 계산하고 수익성을 비교·평가하시오.

[물음 3] 전통적 원가계산제도와 활동기준원가계산의 차이점을 설명하시오.

[물음 4] 어떠한 기업환경 및 제조환경의 변화가 전통적 원가계산제도의 몰락과 활동기준원가계산의 대두를 야기하고 있는지에 대해 언급하라.

[물음 5] 활동기준원가계산이 전통적 원가계산에 비해 어떤 경영상의 개선된 점을 가져다 줄 수 있는지 간단히 논하시오.

해답

문제분석

■ "표준형 티셔츠는 1,000장씩, 고급형 티셔츠는 100장씩 1뱃치" 및 "90,000장, 6,000장"
→ 제품별 연간 생산·판매량을 뱃치크기로 나누어 뱃치수(품질검사횟수)를 계산할 수 있다.

■ "단위당 제조간접원가 ₩6,000, ₩9,000", "90,000장, 6,000장" 및 "《20×1년 중 실제 사용된 원가동인량》 제조간접원가 ₩594,000,000"
→ 단위당 제조간접원가에 수량을 곱하여 기존 방식에 의한 총제조간접원가가 ₩594,000,000임을 알 수 있다.
₩6,000 × 90,000장 + ₩9,000 × 6,000장 = ₩594,000,000

자료정리

(1) 제품별 뱃치수(품질검사횟수)
- 표준형: 90,000장 ÷ 1,000장 = 90회
- 고급형: 6,000장 ÷ 100장 = 60회

(2) 활동별 배부율
- 노무감독: ₩39,600,000 ÷ (45,000시간 + 4,500시간) = ₩800/직접노무시간
- 구매주문: ₩195,000,000 ÷ (450회 + 200회) = ₩300,000/주문횟수
- 품질검사: ₩359,400,000 ÷ (90회 + 60회) = ₩2,396,000/품질검사횟수

모범답안

[물음 1] 활동기준원가계산하의 제품별 단위당 제조간접원가

	표준형 티셔츠	고급형 티셔츠
노무감독	₩36,000,000[*1]	₩3,600,000
구매주문	135,000,000[*2]	60,000,000
품질검사	215,640,000[*3]	143,760,000
계	₩386,640,000	₩207,360,000
수량	÷ 90,000장	÷ 6,000장
단위당 제조간접원가	₩4,296	₩34,560

[*1] ₩800 × 45,000시간 = ₩36,000,000

[*2] ₩300,000 × 450회 = ₩135,000,000

[*3] ₩2,396,000 × 90회 = ₩215,640,000

[물음 2] 활동기준원가계산하의 제품별 단위당 이익 및 수익성

	표준형 티셔츠	고급형 티셔츠
단위당 가격	₩20,000	₩60,000
차감:		
단위당 직접재료원가	(4,000)	(20,000)
단위당 직접노무원가	(4,000)	(6,000)
단위당 제조간접원가	(4,296)	(34,560)
단위당 매출총이익	₩7,704	₩(560)
단위당 판매관리비	(1,000)	(2,000)
단위당 이익	₩6,704	₩(2,560)

∴ 표준형 티셔츠가 고급형 티셔츠보다 수익성이 높다.

[물음 3] 전통적 원가계산제도와 활동기준원가계산의 차이점

구분	전통적 원가계산	활동기준원가계산
제조간접원가 집계	공장 전체 또는 부문	활동중심점
배부기준(원가동인)	조업도 관련 배부기준	다양한 원가동인
원가계산 정확도	낮음	높음
원가측정비용	낮음	높음
원가대상	제품 또는 부문	제품, 공급자, 고객 등 다양

[물음 4] 활동기준원가계산의 대두배경

① 정확한 원가계산과 수익성분석이 필요하다.
② 소품종 대량생산에서 다품종 소량생산으로의 변화는 다양한 원가동인을 요구한다.
③ 정보기술의 발달은 상대적으로 적은 비용으로 방대한 자료의 수집 및 분석을 가능하게 한다.
④ 연구·개발부터 최종소비자에게 전달되는 모든 과정의 원가를 집계할 필요가 있다.

[물음 5] 활동기준원가계산의 장점

① 다양한 원가동인을 사용하여 상대적으로 정확한 원가계산이 가능하다.
② 제품구성이 변하더라도 신축적인 원가계산이 가능하다.
③ 활동분석을 통하여 비부가가치활동의 제거 또는 축소 등 원가통제가 가능하다.
④ 비재무적인 원가동인을 사용하여 이해하기 쉽고 성과평가에 용이하다.

문제 06 활동기준원가계산과 CVP분석

세무사 07

(주)한국은 자동차부품을 생산하는 중소제조업체이다. 회사의 제조원가 구성내역을 살펴보면 직접재료원가, 직접노무원가 및 제조간접원가로 구성되어 있다. 제조간접원가의 배부기준으로는 직접노동시간을 사용하여 왔으며, 20×1년도의 제조간접원가 예산액은 ₩30,000이고, 연간 직접노동시간은 총 400시간으로 예상된다.

회사는 원가계산시스템의 정교화를 통하여 활동기준원가계산시스템을 적용하려고 계획하고 있으며 제조간접원가집합을 다음과 같은 다섯 가지 활동으로 구분하였다.

활동구분	원가동인	원가동인당 배부율
기계 관련 활동	기계시간	₩5
가동준비활동	생산준비횟수	3
검사활동	검사시간	8
조립활동	조립시간	6
재료처리활동	부속품수	12

연간 생산되는 자동차부품은 두 종류(A, B)로서 생산 및 판매자료는 다음과 같다.

구분	자동차부품 A	자동차부품 B
판매단가	₩500	₩400
연간 자동차부품 생산수량	200개	400개
연간 직접재료원가	₩40,250	₩60,000
연간 직접노무원가	₩10,290	₩11,460
연간 직접노동시간	220시간	180시간
연간 기계시간	760시간	600시간
연간 생산준비횟수	1,980회	2,500회
연간 검사시간	150시간	350시간
연간 조립시간	400시간	500시간
연간 부속품수	10개	20개

요구사항

[물음 1] 기존의 제조간접원가 배부방법을 사용할 경우 자동차부품 A와 B의 단위당 원가는 얼마인가?

[물음 2] 제조간접원가 ₩30,000 중 10%가 변동제조간접원가이고 나머지 90%가 고정제조간접원가라고 할 때, (주)한국의 손익분기점 매출수량은 얼마인가? (자동차부품 A와 B의 매출비율은 1 : 2로 유지되는 것으로 가정)

[물음 3] 활동기준원가계산시스템을 채택할 경우 자동차부품 A와 B의 단위당 원가는 얼마인가?

해답

문제분석

- "제조간접원가의 배부기준으로는 직접노동시간을 사용" 및 "제조간접원가 예산액은 ₩30,000이고, 연간 직접노동시간은 총 400시간으로 예상"
  → 제조간접원가 예산액과 연간 직접노동시간을 이용하여 제조간접원가 예정배부율을 계산할 수 있다.
- [물음 2] "제조간접원가 ₩30,000 중 10%가 변동제조간접원가이고 나머지 90%가 고정제조간접원가"
  → 직접노동시간당 변동제조간접원가 예정배부율과 고정제조간접원가를 계산할 수 있다.

자료정리

(1) 제조간접원가 예정배부율

$$\frac{₩30{,}000}{400시간} = ₩75$$

(2) 변동제조간접원가 예정배부율과 고정제조간접원가

- 변동제조간접원가 예정배부율: $\frac{₩3{,}000}{400시간} = ₩7.5$
- 고정제조간접원가: ₩30,000 × 90% = ₩27,000

(3) 활동기준원가계산 제품별 제조간접원가

	자동차부품 A		자동차부품 B	
기계 관련	₩5 × 760시간 =	₩3,800	₩5 × 600시간 =	₩3,000
가동준비	₩3 × 1,980회 =	5,940	₩3 × 2,500회 =	7,500
검사	₩8 × 150시간 =	1,200	₩8 × 350시간 =	2,800
조립	₩6 × 400시간 =	2,400	₩6 × 500시간 =	3,000
재료처리	₩12 × 10개 =	120	₩12 × 20개 =	240
		₩13,460		₩16,540

모범답안

[물음 1] 기존 제조간접원가 배부방법하의 제품별 단위당 원가

	자동차부품 A	자동차부품 B
직접재료원가	₩40,250	₩60,000
직접노무원가	10,290	11,460
제조간접원가	16,500*	13,500
합계	₩67,040	₩84,960
생산량	÷ 200	÷ 400
단위당 원가	₩335.2	₩212.4

* ₩75 × 220시간 = ₩16,500

[물음 2] 제품별 손익분기점 매출수량

(1) 제품별 단위당 변동제조원가

	자동차부품 A	자동차부품 B
직접재료원가	₩40,250	₩60,000
직접노무원가	10,290	11,460
제조간접원가	1,650*	1,350
합계	₩52,190	₩72,810
생산량	÷ 200	÷ 400
단위당 변동제조원가	₩260.95	₩182.025

* ₩7.5 × 220시간 = ₩1,650

(2) 제품별 단위당 공헌이익

	자동차부품 A	자동차부품 B
단위당 판매단가	₩500	₩400
단위당 변동제조원가	(260.95)	(182.025)
단위당 공헌이익	₩239.05	₩217.975

(3) 묶음당 공헌이익

₩239.05 × 1 + ₩217.975 × 2 = ₩675

(4) 손익분기점 묶음수(Q)

₩675 · Q - ₩27,000 = ₩0

∴ Q = 40묶음

(5) 제품별 손익분기점 매출수량

① 자동차부품 A: 40 × 1 = 40개

② 자동차부품 B: 40 × 2 = 80개

[물음 3] 활동기준원가계산시스템하의 제품별 단위당 원가

	자동차부품 A	자동차부품 B
직접재료원가	₩40,250	₩60,000
직접노무원가	10,290	11,460
제조간접원가	13,460	16,540
합계	₩64,000	₩88,000
생산량	÷ 200	÷ 400
단위당 원가	₩320	₩220

문제 07 활동기준원가시스템 변경 의사결정

세무사 09 수정

(주)한국은 현재 직접노무시간을 기준으로 제조간접원가를 배부하고 있으며 최근 새로운 원가계산시스템으로의 변경을 고려 중이다. 또한, (주)한국은 가정용과 사무용의 두 가지 제품을 생산·판매하고 있다.

(주)한국의 20×1년 한 해 동안의 판매가격, 원가 그리고 생산·운영자료는 다음과 같이 예상된다. 또한, (주)한국은 고정제조간접원가를 제품원가에 포함하는 전부원가계산제도를 채택하고 있다.

	가정용	사무용
단위당 판매가격	₩1,000	₩800
단위당 직접재료원가	₩300	₩100
단위당 직접노무시간	2시간	1시간
직접노무시간당 임률	₩100	₩100
기초재고수량	0개	0개
기말재고수량	1,000개	0개
생산수량	10,000개	4,000개
품질검사횟수	20회	30회
작업준비횟수	15회	25회

연간 총제조간접원가	
변동원가	₩150,000
품질검사비	250,000
작업준비비	200,000

분석에 따르면, 제조간접원가는 변동원가와 고정원가로 나뉘는데 변동원가는 직접노무시간에 비례하여 발생하고, 고정원가는 품질검사와 작업준비에 소요되는 원가로 밝혀졌다. 품질검사비는 제품별 품질검사횟수에 비례하여 발생하며, 작업준비비는 제품별 작업준비횟수에 비례하여 발생하는 것으로 분석되었다.

기존 시스템은 모든 제조간접원가를 직접노무시간을 기준으로 제품에 배부하여 제품원가를 계산한다. 새로운 시스템은 제조간접원가 중에서 변동원가는 직접노무시간으로 품질검사비는 품질검사횟수로 그리고 작업준비비는 작업준비횟수로 제품에 배부하는 시스템이다.

요구사항

[물음 1] 기존 시스템을 적용하여 가정용과 사무용의 단위당 원가를 계산하시오.

[물음 2] 새로운 시스템을 적용하여 가정용과 사무용의 단위당 원가를 계산하시오.

[물음 3] 다음의 물음에 답하시오. 단, (주)한국의 법인세율은 30%이며, 위 표에서 제시한 자료 이외의 수익과 비용은 없다.

(1) 기존 시스템을 사용하여 가정용과 사무용의 단위당 영업이익을 계산한 후에 (주)한국의 20×1년 세후영업이익을 계산하시오.

(2) 새로운 시스템을 사용하여 가정용과 사무용의 단위당 영업이익을 계산한 후에 (주)한국의 20×1년 세후영업이익을 계산하시오.

[물음 4] 위 **[물음 3]**과 관련하여 (주)한국은 20×1년에 기존 시스템과 새로운 시스템 중 어떤 계산시스템을 채택하는 것이 법인세를 얼마나 감소시킬 수 있는지 계산근거를 제시하시오.

[물음 5] 20×1년에는 (주)한국은 새로운 시스템을 채택했다고 가정하자. 20×2년의 생산량 및 제조원가와 관련한 내역은 20×1년과 동일할 것으로 예상된다. 그러나 20×2년의 판매량은 20×1년과 달리 가정용은 11,000개, 그리고 사무용은 3,500개가 될 것으로 예상된다. (주)한국이 20×2년에는 기존 시스템과 새로운 시스템 중 어떤 원가계산시스템을 채택하는 것이 법인세를 얼마나 감소시킬 수 있는지 계산근거를 제시하시오.

[물음 6] 20×1년에는 (주)한국은 기존 시스템을 채택했다고 가정하자. 내부관리목적으로 변동원가계산과 초변동원가계산을 적용한다. 변동원가계산 및 초변동원가계산의 세전영업이익을 각각 계산하시오.

해답

문제분석

■ "현재 직접노무시간을 기준으로 제조간접원가를 배부"

→ 총제조간접원가를 총생산량에 소요되는 직접노무시간으로 나누어 배부율을 계산한다.

	가정용	사무용
단위당 판매가격	₩1,000	₩800
단위당 직접재료원가	₩300	₩100
단위당 직접노무시간	2시간	1시간
직접노무시간당 임률	₩100	₩100
기초재고수량	0개	0개
기말재고수량	1,000개	0개
생산수량	10,000개	4,000개
품질검사횟수	20회	30회
작업준비횟수	15회	25회

연간 총제조간접원가

변동원가	₩150,000
품질검사비	250,000
작업준비비	200,000

제조간접원가 배부율: $\frac{₩150,000 + ₩250,000 + ₩200,000}{10,000개 \times 2시간 + 4,000개 \times 1시간}$ = ₩25/직접노무시간

■ "변동원가는 직접노무시간에 비례하여 발생", "품질검사비는 제품별 품질검사횟수에 비례하여 발생" 및 "작업준비비는 제품별 작업준비횟수에 비례하여 발생"

→ • 변동원가 배부율: $\frac{₩150,000}{10,000개 \times 2시간 + 4,000개 \times 1시간}$ = ₩6.25/직접노무시간

• 품질검사비 배부율: $\frac{₩250,000}{20회 + 30회}$ = ₩5,000/품질검사횟수

• 작업준비비 배부율: $\frac{₩200,000}{15회 + 25회}$ = ₩5,000/작업준비횟수

■ [물음 5] "20×1년에는 (주)한국은 새로운 시스템을 채택했다고 가정"

→ 20×1년 기말재고는 20×2년 기초재고로 새로운 시스템하의 가정용 단위당 제조원가는 ₩530이다.

■ [물음 5] "20×2년에는 기존 시스템과 새로운 시스템 중 어떤 원가계산시스템을 채택하는 것이 법인세를 얼마나 감소시킬 수 있는지"

→ • 기존 시스템 총법인세: 가정용 기초재고분의 단위당 제조원가는 새로운 시스템을 적용한 ₩530이고, 당기생산분의 단위당 제조원가는 기존 시스템을 적용한 ₩550이다.

• 새로운 시스템 총법인세: 가정용 기초재고분과 당기생산분의 단위당 제조원가는 모두 새로운 시스템을 적용한 ₩530이다.

■ [물음 6] "20×1년에는 (주)한국은 기존 시스템을 채택했다고 가정" 및 "변동원가계산과 초변동원가계산"

→ 원가계산방법별 이익차이를 계산하기 위하여 기존 시스템의 직접노무시간당 제조간접원가 배부율을 변동제조간접원가 배부율과 고정제조간접원가 배부율로 구분한다.

자료정리

(1) 제품별 생산 및 판매량

• 20×1년

가정용				사무용			
기초	-	판매	9,000개	기초	-	판매	4,000개
생산	10,000개	기말	1,000개	생산	4,000개	기말	-
	10,000개		10,000개		4,000개		4,000개

기초제품재고는 없으며, 기말제품재고는 가정용 1,000개이다.

• 20×2년

가정용				사무용			
기초	1,000개	판매	11,000개	기초	-	판매	3,500개
생산	10,000개	기말	-	생산	4,000개	기말	500개
	11,000개		11,000개		4,000개		4,000개

기초제품재고는 가정용 1,000개이고, 기말제품재고는 사무용 500개이다.

(2) 기존 시스템 제조간접원가 배부율

• 고정제조간접원가 배부율: $\frac{₩250,000 + ₩200,000}{10,000개 \times 2시간 + 4,000개 \times 1시간}$ = ₩18.75/직접노무시간

• 변동제조간접원가 배부율: ₩25 - ₩18.75 = ₩6.25/직접노무시간

모범답안

[물음 1] 기존 시스템을 적용한 제품별 단위당 원가

	가정용		사무용	
단위당 직접재료원가		₩300		₩100
단위당 직접노무원가	₩100 × 2시간 =	200	₩100 × 1시간 =	100
단위당 제조간접원가	₩25 × 2시간 =	50	₩25 × 1시간 =	25
		₩550		₩225

[물음 2] 새로운 시스템을 적용한 제품별 단위당 원가

(1) 단위당 제조간접원가

	가정용		사무용	
변동원가	₩6.25 × 2시간 × 10,000개 =	₩125,000	₩6.25 × 1시간 × 4,000개 =	₩25,000
품질검사비	₩5,000 × 20회 =	100,000	₩5,000 × 30회 =	150,000
작업준비비	₩5,000 × 15회 =	75,000	₩5,000 × 25회 =	125,000
소계		₩300,000		₩300,000
수량		÷ 10,000개		÷ 4,000개
		₩30		₩75

(2) 단위당 제조원가

	가정용	사무용
단위당 직접재료원가	₩300	₩100
단위당 직접노무원가	200	100
단위당 제조간접원가	30	75
단위당 제조원가	₩530	₩275

[물음 3]

(1) 기존 시스템하의 제품별 단위당 영업이익과 20×1년 세후영업이익

① 제품별 단위당 영업이익

	가정용	사무용
단위당 판매가격	₩1,000	₩800
단위당 제조원가	(550)	(225)
단위당 영업이익	₩450	₩575

② 20×1년 세후영업이익

세전영업이익	9,000개 × ₩450 + 4,000개 × ₩575 =	₩6,350,000
법인세	₩6,350,000 × 30% =	(1,905,000)
세후영업이익		₩4,445,000

(2) 새로운 시스템하의 제품별 단위당 영업이익과 20×1년 세후영업이익

① 제품별 단위당 영업이익

	가정용	사무용
단위당 판매가격	₩1,000	₩800
단위당 제조원가	(530)	(275)
단위당 영업이익	₩470	₩525

② 20×1년 세후영업이익

세전영업이익	9,000개 × ₩470 + 4,000개 × ₩525 =	₩6,330,000
법인세	₩6,330,000 × 30% =	(1,899,000)
세후영업이익		₩4,431,000

[물음 4] 20×1년 법인세 절감액

(1) 새로운 시스템을 선택하는 경우 법인세 감소분

₩1,905,000 - ₩1,899,000 = ₩6,000 감소

(2) 가정용 기말재고금액 증감으로 인한 법인세 차이 발생 이유

가정용	[1,000개 × (₩550 - ₩530)] × 30% =	₩6,000
사무용		-
		₩6,000

∴ 법인세 차이는 가정용 기말재고금액에 대한 법인세 차이이다.

[물음 5] 20×2년 법인세 절감액

(1) 20×2년 제품별 재고현황

가정용				사무용			
기초	1,000개	판매	11,000개	기초	-	판매	3,500개
생산	10,000개	기말	-	생산	4,000개	기말	500개
	11,000개		11,000개		4,000개		4,000개

(2) 20×2년 법인세 감소분

① 기존 시스템 총법인세

	가정용		사무용	
매출	11,000개 × ₩1,000 =	₩11,000,000	3,500개 × ₩800 =	₩2,800,000
매출원가	1,000개 × ₩530 =	(530,000)	3,500개 × ₩225 =	(787,500)
	10,000개 × ₩550 =	(5,500,000)		-
매출총이익		₩4,970,000		₩2,012,500
법인세	₩4,970,000 × 30% =	(1,491,000)	₩2,012,500 × 30% =	(603,750)
세후이익		₩3,479,000		₩1,408,750

∴ 총법인세: ₩1,491,000 + ₩603,750 = ₩2,094,750

② 새로운 시스템 총법인세

	가정용		사무용	
매출	11,000개 × ₩1,000 =	₩11,000,000	3,500개 × ₩800 =	₩2,800,000
매출원가	11,000개 × ₩530 =	(5,830,000)	3,500개 × ₩275 =	(962,500)
매출총이익		₩5,170,000		₩1,837,500
법인세	₩5,170,000 × 30% =	(1,551,000)	₩1,837,500 × 30% =	(551,250)
세후이익		₩3,619,000		₩1,286,250

∴ 총법인세: ₩1,551,000 + ₩551,250 = ₩2,102,250

(3) 기존 시스템을 선택하는 경우 법인세 감소분

₩2,102,250 - ₩2,094,750 = ₩7,500 감소

(4) 사무용 기말재고금액 증감으로 인한 법인세 차이 발생 이유

가정용		-
사무용	[500개 × (₩275 - ₩225)] × 30% =	₩7,500
		₩7,500

∴ 법인세 차이는 사무용 기말재고금액에 대한 법인세 차이이다.

[물음 6] 기존 시스템하의 변동원가계산 및 초변동원가계산 세전영업이익

(1) 변동원가계산 세전영업이익(x)

	변동원가 영업이익		x
(+)	기말재고 × 고정제조간접원가	1,000개 × 2시간 × ₩18.75 =	₩37,500
(-)	기초재고 × 고정제조간접원가		-
(=)	전부원가 영업이익		₩6,350,000

∴ x = ₩6,312,500

(2) 초변동원가계산 세전영업이익(x)

	초변동원가 영업이익		x
(+)	기말재고 × 변동가공원가	1,000개 × (₩200 + 2시간 × ₩6.25) =	₩212,500
(-)	기초재고 × 변동가공원가		-
(=)	변동원가 영업이익		₩6,312,500

∴ x = ₩6,100,000

문제 08 활동기준원가계산과 특별주문수락 의사결정

회계사 02

다음을 읽고 물음에 답하시오.

(주)한국의 수원공장은 표준형과 고급형 두 가지 모델의 정수기를 제조·판매하고 있다. 고급형 정수기는 3년 전에 새로 도입되어 해를 거듭함에 따라 판매량이 증가하고 있는 실정이며, 20×1년의 제품별 손익계산서 및 생산·판매량은 다음과 같다.

《20×1년 회계연도 제품별 손익계산서》

	표준형	고급형	합계
매출액	₩3,000,000	₩3,000,000	₩6,000,000
매출원가	(1,950,000)	(1,900,000)	(3,850,000)
매출총이익	₩1,050,000	₩1,100,000	₩2,150,000
판매비와 관리비	(625,000)	(625,000)	(1,250,000)
영업이익	₩425,000	₩475,000	₩900,000
생산 · 판매량	3,000단위	2,000단위	5,000단위

(1) (주)한국의 20×1년 회계연도 매출원가 ₩3,850,000에는 제조간접원가 ₩1,800,000이 포함되어 있다. (주)한국의 현행 원가제도하에서 제조간접원가는 직접노무시간을 배부기준으로, 판매비와 관리비는 매출액을 배부기준으로 각 제품에 배부된다. 각 모델의 20×1년도 회계연도의 생산과 관련하여 각 모델이 실제로 사용한 직접노무시간이 각각 18,000시간이었다. 직접노무임률은 시간당 ₩25이며, 단위당 직접재료원가는 표준형의 경우 ₩200, 고급형의 경우 ₩275이 발생하였다.

(2) 표준형 정수기에 대한 고객의 평균주문수량은 50단위이며, 고급형은 20단위이다. 각 고객주문마다 한 번의 뱃치생산이 필요하며, 각 뱃치생산마다 표준형은 3시간의 작업준비시간, 고급형은 5시간의 작업준비시간이 소요된다.

(3) 고급형 정수기의 성공적인 도입으로 고급형 정수기의 시장점유율이 상승했음에도 불구하고, 지난 3년 동안에 걸쳐 (주)한국의 수익성이 하락하고 있는 것으로 나타났다. 이와 같은 수익성의 지속적인 감소에 대한 원인을 파악하기 위해, 20×2년 1월 초 (주)한국의 재무담당이사 정회계 씨는 20×1년 회계연도의 실제원가 및 운영자료를 이용하여 활동기준원가계산을 통해 제품별 수익성분석을 하고자 한다. 이를 위해 그는 20×1회계연도 제조간접원가 ₩1,800,000에 대한 활동분석을 수행함으로써, 다음과 같은 활동별 원가집합과 원가동인을 파악할 수 있었다.

활동	활동원가	원가동인
품질검사	₩480,000	생산량
작업준비	680,000	작업준비시간
고객주문처리	640,000	고객주문처리횟수
	₩1,800,000	

(4) 또한, 20×1년에 발생한 총판매비와 관리비를 면밀히 분석한 결과 총판매비와 관리비에는 표준형 정수기 매출액의 5%에 해당하는 판매수수료와 고급형 매출액의 10%에 해당하는 판매수수료가 포함되어 있음을 알 수 있었다. 20×1년 중에 표준형 정수기와 관련하여 발생한 광고 및 판매촉진비는 ₩120,000, 고급형의 경우에는 ₩200,000으로 추정되었다. 그리고 나머지 판매비와 관리비 ₩480,000은 각 제품에 대한 고객주문횟수에 비례하여 발생하는 것으로 나타났다.

요구사항

[물음 1] (주)한국의 재무담당이사 정회계 씨가 적용하고자 한 활동기준원가계산을 이용하여 20×1회계연도의 각 모델별 단위당 제조원가 및 영업이익을 계산하시오.

[물음 2] (주)한국의 현행 원가제도하에서 각 모델의 단위당 제조원가 및 영업이익이 왜곡될 수 있는 주된 이유를 설명하시오.

[물음 3] (주)한국의 재무담당이사 정회계 씨가 적용하고자 한 활동기준원가계산제도를 이용하여 어느 모델의 정수기가 보다 수익성이 높은지 영업이익률에 입각하여 평가하시오.

[물음 4] [물음 3]의 수익성분석에 입각하여 (주)한국의 수익성 증대를 위해 당신은 생산과 관련된 어떠한 권고사항을 제시하겠는가?

[물음 5] [물음 3]의 수익성분석에 입각하여 (주)한국의 수익성 증대를 위해 당신은 판매와 관련된 어떠한 권고사항을 제시하겠는가?

[물음 6] 20×2년 초 (주)한국의 경영진은 지난 수년간의 연구를 통해 개발된 최신형 정수기의 도입을 고려 중이다. (주)한국의 재무담당이사 정회계 씨는 도입을 고려 중인 신제품의 연간 예상판매량인 1,000단위를 생산하는 데 소요될 것으로 예상되는 원가정보를 다음과 같이 수집했다.

- 직접재료원가: ₩360,000
- 직접노무원가: ₩300,000
- 변동제조간접원가: ₩240,000
- 고정제조간접원가 및 고정판매관리비: ₩1,000,000

(주)한국이 신제품을 도입하여 생산하게 되는 경우, 신제품의 2개월분 판매량에 해당하는 직접재료, 재공품 및 제품 각각에 대한 재고수준을 유지해야 할 것으로 예상된다. 여기서 재공품은 완제품이 되기 위해 투입되어야 할 총변동제조원가 중 평균 50%가 투입된 재고자산으로 가정한다. 위에 주어진 원가정보 중 변동원가에 포함되어 있지 않은 연간 재고유지비용은 재고자산 가액의 10%로 추정된다. 그리고 마케팅 담당자의 추정에 의하면 이 신제품의 도입으로 인해 기존 정수기 매출액은 ₩6,000,000만큼 감소할 것으로 예상되며, 기존 정수기들의 평균공헌이익률은 30%이다. (주)한국이 20×2년 초에 최신형 정수기를 도입하여 당사의 20×2 회계연도 이익을 증가시키고자 한다면, 외부시장에서 판매될 수 있는 최소한의 판매가격을 계산하시오. (단, 재고유지비용을 계산하기 위한 재공품 및 제품의 재고가액은 변동제조원가만 고려한다)

해답

문제분석

- "(1) 제조간접원가 ₩1,800,000이 포함", "(1) 제조간접원가는 직접노무시간을 배부기준" 및 "(1) 각 모델이 실제로 사용한 직접노무시간이 각각 18,000시간"
  → 제조간접원가와 직접노무시간을 이용하여 제조간접원가 배부율을 계산할 수 있다.
- "(1) 판매비와 관리비는 매출액을 배부기준으로 각 제품에 배부" 및 "《20×1년 회계연도 제품별 손익계산서》 매출액, 판매비와 관리비"
  → 손익계산서상 제품별 매출액과 판매비와 관리비는 동일하다.
- "(1) 직접노무임률은 시간당 ₩250이며, 단위당 직접재료원가는 표준형의 경우 ₩200, 고급형의 경우 ₩275이 발생"
  → 직접노무시간과 생산·판매량을 이용하여 제품별 직접재료원가, 직접노무원가 및 제조간접원가를 각각 계산할 수 있다.
- "(2) 표준형 정수기에 대한 고객의 평균주문수량은 50단위이며, 고급형은 20단위" 및 "(2) 각 고객주문마다 한 번의 뱃치생산이 필요"
  → 뱃치의 크기는 제품별 평균주문수량이다.
- "(2) 각 뱃치생산마다 표준형은 3시간의 작업준비시간, 고급형은 5시간의 작업준비시간"
  → 총작업준비시간은 제품별 뱃치수에 표준형은 3시간, 고급형은 5시간을 곱하여 계산한다.
- "(4) 총판매비와 관리비" 및 "(4) 판매수수료, 광고 및 판매촉진비, 나머지 판매비와 관리비"
  → 총판매비와 관리비는 세 가지로 구분된다.
- [물음 6] "신제품의 2개월분 판매량에 해당하는 직접재료, 재공품 및 제품 각각에 대한 재고수준"
  → 제시된 원가에 2개월/12개월을 곱하여 재고자산금액을 계산할 수 있다.
- [물음 6] "재공품은 완제품이 되기 위해 투입되어야 할 총변동제조원가 중 평균 50%가 투입"
  → 총변동제조원가의 50%에 2개월/12개월을 곱하여 재공품원가를 계산할 수 있다.
- [물음 6] "변동원가에 포함되어 있지 않은 연간 재고유지비용은 재고자산 가액의 10%로 추정"
  → 계산된 재고자산금액에 10%를 곱한 연간 재고유지비용을 변동원가에 가산한다.
- [물음 6] "기존 정수기 매출액은 ₩6,000,000만큼 감소" 및 "평균공헌이익률은 30%"
  → 공헌이익은 매출액에 평균공헌이익률을 곱하여 계산한다.

자료정리

(1) 현 상황의 매출원가

- 직접노무원가 임률: ₩25/시간
- 제조간접원가 배부율: ₩1,800,000 ÷ (18,000시간 + 18,000시간) = ₩50/시간
- 제품별 제조원가

	표준형		고급형	
직접재료원가	3,000단위 × ₩200 =	₩600,000	2,000단위 × ₩275 =	₩550,000
직접노무원가	18,000시간 × ₩25 =	450,000	18,000시간 × ₩25 =	450,000
제조간접원가	18,000시간 × ₩50 =	900,000	18,000시간 × ₩50 =	900,000
합계		₩1,950,000		₩1,900,000

(2) 원가동인수

- 작업준비횟수

	표준형	고급형
생산 · 판매량	3,000단위	2,000단위
평균주문수량	÷ 50단위	÷ 20단위
주문횟수	60회	100회

- 품질검사활동(생산량)

	표준형	고급형
생산량	3,000단위	2,000단위

- 작업준비활동(작업준비시간)

	표준형	고급형
주문(생산)횟수	60회	100회
뱃치당 작업준비시간	× 3시간	× 5시간
총작업준비시간	180시간	500시간

- 고객주문처리활동(주문처리횟수)

	표준형	고급형
주문(생산)횟수	60회	100회

- 기타 판매관리활동(주문처리횟수)

	표준형	고급형
주문(생산)횟수	60회	100회

(3) 활동별 배부율

- 품질검사활동(생산량): ₩480,000 ÷ (3,000단위 + 2,000단위) = ₩96/단위
- 작업준비활동(작업준비시간): ₩680,000 ÷ (180시간 + 500시간) = ₩1,000/시간
- 고객주문처리활동(주문처리횟수): ₩640,000 ÷ (60회 + 100회) = ₩4,000/회
- 기타 판매관리활동(주문처리횟수): ₩480,000 ÷ (60회 + 100회) = ₩3,000/회

(4) 신제품 도입 시 재고자산금액

재공품과 제품은 변동제조원가만을 고려한다.

원재료	₩360,000 × 2/12 =	₩60,000
재공품	₩900,000 × 50% × 2/12 =	75,000
제품	₩900,000 × 2/12 =	150,000
합계		₩285,000

모범답안

[물음 1] 모델별 단위당 제조원가 및 영업이익

(1) 모델별 단위당 제조원가

	표준형		고급형	
직접재료원가	3,000단위 × ₩200 =	₩600,000	2,000단위 × ₩275 =	₩550,000
직접노무원가	18,000시간 × ₩25 =	450,000	18,000시간 × ₩25 =	450,000
제조간접원가				
품질검사	₩96 × 3,000단위 =	288,000	₩96 × 2,000단위 =	192,000
작업준비	₩1,000 × 180시간 =	180,000	₩1,000 × 500시간 =	500,000
고객주문처리	₩4,000 × 60회 =	240,000	₩4,000 × 100회 =	400,000
총제조원가		₩1,758,000		₩2,092,000
생산량		÷ 3,000단위		÷ 2,000단위
단위당 제조원가		₩586		₩1,046

(2) 모델별 영업이익

	표준형	고급형
매출액	₩3,000,000	₩3,000,000
매출원가	(1,758,000)	(2,092,000)
매출총이익	₩1,242,000	₩908,000
판매비와 관리비*1	(450,000)	(800,000)
영업이익	₩792,000	₩108,000

*1 판매비와 관리비

	표준형		고급형	
판매수수료	₩3,000,000 × 5% =	₩150,000	₩3,000,000 × 10% =	₩300,000
광고 및 판매촉진비		120,000		200,000
기타	₩3,000*2 × 60회 =	180,000	₩3,000*2 × 100회 =	300,000
합계		₩450,000		₩800,000

*2 ₩480,000/160회 = ₩3,000

[물음 2] 현행 원가제도하에서 단위당 제조원가 및 영업이익이 왜곡되는 주된 이유

제조간접원가의 발생과 인과관계가 있는 원가동인이 각 활동별로 상이함에도 불구하고 전통적 원가계산제도하에서는 직접노무시간이라는 단위수준의 단일배부기준으로 배부하고 있기 때문이다. 또한 현행 제도에서 매출액만을 기준으로 판매관리비를 배부하므로 판매관리비의 다양한 발생요인을 반영하지 못한다.

[물음 3] 활동기준원가시스템을 이용한 모델별 수익성평가

	표준형	고급형
영업이익	₩792,000	₩108,000
매출액	÷ 3,000,000	÷ 3,000,000
영업이익률	26.4%	3.6%

∴ 활동기준원가시스템에 따라 모델별 수익성을 파악해 보면, 표준형 정수기의 수익성이 보다 높은 것으로 파악된다.

[물음 4] 생산관점에서의 수익성 증대방안

활동기준원가시스템을 적용하는 경우 주 원가동인은 뱃치이므로, 고급형의 수익을 증가시키기 위해서 고급형의 뱃치당 제품수를 늘리고 작업준비시간을 단축한다.

[물음 5] 판매관점에서의 수익성 증대방안

수익성이 높은 표준형의 판매촉진을 위해 표준형의 판매수수료 비중을 증가시키고 마케팅전략을 모색한다. 또한, 고급형의 단위당 판매가격 인상을 고려한다.

[물음 6] 신제품 도입 의사결정

(1) 단위당 변동원가

① 변동제조원가: ₩360,000 + ₩300,000 + ₩240,000 = ₩900,000

② 단위당 변동원가: ₩900,000 ÷ 1,000단위 = ₩900

(2) 재고자산 유지비용

총재고자산가액 × 10% = ₩285,000 × 10% = ₩28,500

(3) 기회비용(기존판매 감소분)

₩6,000,000 × 30% = ₩1,800,000

(4) 최소판매가격(P)

증분수익		
매출 증가		1,000P
증분비용		
변동원가 증가	1,000단위 × ₩900 =	₩(900,000)
고정제조원가 및 판관비		(1,000,000)
재고유지비용	₩285,000 × 0.1 =	(28,500)
기회비용		(1,800,000)
증분이익		1,000P - ₩3,728,500 > 0

∴ 신제품 도입으로 이익을 얻기 위해서는 P > ₩3,728.5이어야 한다.

문제 09 고객수익성분석

회계사 12

백호회사는 컴퓨터 관련 컨설팅서비스를 전화상담을 통해서만 제공하는 회사이다. 회사의 고객은 A, B, C 세 곳이다. 회사는 전화상담 시 상담시간 분당 ₩80을 고객에게 부과한다.

회사의 비용 중에서 가장 큰 비중을 차지하는 것은 장비임차료, 전화상담사 수수료 및 상담처리원가 세 가지이다.

장비임차료는 상담시간 분당 ₩50을 지불한다. 전화상담사 수수료는 전화상담 건수에 따라 건당 ₩40을 지불한다. 이런 이유로 전화상담사는 상담을 짧은 시간이 소요되는 여러 건의 상담으로 나누는 경향이 있다. 따라서 실제 상담건수는 짧은 시간의 상담으로 나누기 전의 정상적인 상담건수보다 많이 발생한다.

회사는 상담이 정상적으로 이루어지는 경우를 가정하여 상담 건당 상담처리(Call handling)원가를 ₩50으로 예상하지만, 전화상담사가 상담을 짧은 시간이 소요되는 여러 건의 상담으로 나누는 경우 실제 상담처리원가는 상담 건당 ₩20이 발생한다.

한편 정상적인 상담이 이루어질 경우의 총상담시간과 총실제상담시간은 동일한 것으로 가정한다.

그러나 회사는 전화상담사의 상담 나누기 행태를 인지하지 못하고 있다. 회사는 매월 전화상담사의 예상에 기초한 상담건수, 상담시간을 사용하여 고객별 예상 영업이익을 구하고 이를 실제결과와 비교하여 영업성과를 평가하고 있다. 전화상담사는 본인들이 수령하는 수수료의 월초 예상금액과 월말 실제금액과의 급격한 차이를 숨기기 위해서 월초 예산편성 시 정상적인 상담건수 예측치가 아닌 짧은 시간으로 나누어진 실제 상담건수를 예상치로 회사에 제공하고 있다.

회사에는 장비임차료, 전화상담사 수수료, 상담처리원가 이외에 다음의 비용이 발생한다.

비용	원가동인	단위당 원가
고객DB관리원가	DB관리시간	₩20/분
대금청구원가	청구횟수	₩400/회

따라서 회사의 비용은 장비임차료, 전화상담사 수수료, 상담처리원가, 고객DB관리원가, 대금청구원가 모두 다섯 가지 항목으로 구성된다.

다음은 20×2년도 6월 고객별 예상 및 실제 거래내역이다.

내역	고객 A	고객 B	고객 C
예상(실제) 상담시간	2,880분	7,200분	4,320분
정상적인 상담건수	200회	1,200회	200회
예상(실제) 상담건수	400회	2,000회	600회
예상(실제) DB관리시간	100분	150분	120분
예상(실제) 대금청구횟수	1회	4회	2회

요구사항

[물음 1] 20×2년도 6월 고객별 예상 영업이익을 구하시오.

[물음 2] 다음 물음에 답하시오.

(1) 20×2년도 6월 고객별 실제 영업이익을 구하시오.

(2) 회사는 고객별 영업이익 성과를 어떻게 평가하겠는가?

[물음 3] 다음 물음에 답하시오.

(1) 전화상담사가 원래의 상담을 여러 개의 짧은 시간의 상담으로 나누지 않았을 경우 20×2년도 6월의 고객별 예상 영업이익을 구하시오.

(2) 이러한 상담사의 행동이 회사의 영업이익에 미친 영향을 구체적인 금액으로 계산하고, 이에 대해 간단히 설명하시오.

해답

문제분석

■ "상담시간 분당 ₩80을 고객에게 부과"

➔ 고객별 수익은 예상(실제) 상담시간(분)에 분당 ₩80을 곱하여 계산한다.

■ "가장 큰 비중을 차지하는 것은 장비임차료, 전화상담사 수수료 및 상담처리원가" 및 "회사의 비용은 장비임차료, 전화상담사 수수료, 상담처리원가, 고객DB관리원가, 대금청구원가 모두 다섯 가지 항목"

➔ 회사 전체 비용항목은 다섯 가지로 각 항목별 배부율은 다음과 같다.

- **장비임차료**: "장비임차료는 상담시간 분당 ₩50" → 상담시간 분당 ₩50
- **전화상담사 수수료**: "전화상담사 수수료는 전화상담 건수에 따라 건당 ₩40" → 전화상담 건당 ₩40
- **상담처리원가**
  - "상담 건당 상담처리(Call handling)원가를 ₩50으로 예상" → 상담 건당 ₩50(예상원가)
  - "실제 상담처리원가는 상담 건당 ₩20이 발생" → 상담 건당 ₩20(실제원가)
- **고객DB관리원가**: "DB관리시간 ₩20/분" → DB관리시간 분당 ₩20
- **대금청구원가**: "청구횟수 ₩400/회" → 청구횟수 회당 ₩400

특히, 상담처리원가 중 예상원가 ₩50은 "[물음 1] 예상 영업이익" 계산에 사용하고, 실제원가 ₩20은 "[물음 2] 실제 영업이익" 계산에 사용한다. 이는 예상 영업이익과 실제 영업이익의 차이이다.

■ "예상에 기초한 상담건수, 상담시간을 사용하여 고객별 예상 영업이익" 및 "실제결과"

➔ 예상 영업이익과 실제결과의 차이는 상담처리원가 건당 예상원가 ₩50과 건당 실제원가 ₩20의 차이인 건당 ₩30이다.

내역	고객 A	고객 B	고객 C
예상(실제) 상담시간	2,880분	7,200분	4,320분
정상적인 상담건수	200회	1,200회	200회
예상(실제) 상담건수	400회	2,000회	600회
예상(실제) DB관리시간	100분	150분	120분
예상(실제) 대금청구횟수	1회	4회	2회

■ "실제 상담건수를 예상치로 회사에 제공"

➔ 실제 상담건수와 예상 상담건수는 동일하다.

■ [물음 3] "(1) 여러 개의 짧은 시간의 상담으로 나누지 않았을 경우 20×2년도 6월의 고객별 예상 영업이익"

➔ 정상적인 상담건수를 이용하여 예상 영업이익을 계산한다.

내역	고객 A	고객 B	고객 C
예상(실제) 상담시간	2,880분	7,200분	4,320분
정상적인 상담건수	200회	1,200회	200회
예상(실제) 상담건수	400회	2,000회	600회
예상(실제) DB관리시간	100분	150분	120분
예상(실제) 대금청구횟수	1회	4회	2회

■ [물음 3] "(2) 이러한 상담사의 행동이 회사의 영업이익에 미친 영향"

→ 상담처리원가 건당 실제원가 ₩20을 적용한 정상 상담건수기준과 실제 상담건수기준 영업이익을 비교한다. 또한, 정상 상담건수기준 예산과 실제원가를 비교하기 위하여 상담처리원가 건당 예상원가 ₩50을 적용한 정상 상담건수기준의 예상 영업이익과 실제 상담건수기준 실제 영업이익을 비교한다.

자료정리

(1) 각 원가항목별 배부율

- 장비임차료: 상담시간 분당 ₩50
- 전화상담사 수수료: 상담 건당 ₩40
- 상담처리원가: 상담 건당 ₩50(예상원가), 상담 건당 ₩20(실제원가)
- 고객DB관리원가: DB관리시간 분당 ₩20
- 대금청구원가: 청구횟수 회당 ₩400

(2) 고객별 원가동인수

- 실제 상담건수기준

		고객 A	고객 B	고객 C
장비임차료	상담시간	2,880분	7,200분	4,320분
상담사 수수료	상담건수	400회	2,000회	600회
상담처리원가	상담건수	400회	2,000회	600회
고객DB관리원가	DB관리시간	100분	150분	120분
대금청구원가	청구횟수	1회	4회	2회

- 정상 상담건수기준

		고객 A	고객 B	고객 C
장비임차료	상담시간	2,880분	7,200분	4,320분
상담사 수수료	상담건수	200회	1,200회	200회
상담처리원가	상담건수	200회	1,200회	200회
고객DB관리원가	DB관리시간	100분	150분	120분
대금청구원가	청구횟수	1회	4회	2회

모범답안

[물음 1] 6월 고객별 예상 영업이익

		고객 A	고객 B	고객 C
매출	₩80 × 2,880분 =	₩230,400	₩576,000	₩345,600
영업비용				
장비임차료	₩50 × 2,880분 =	144,000	360,000	216,000
상담사 수수료	₩40 × 400회 =	16,000	80,000	24,000
상담처리원가	₩50 × 400회 =	20,000	100,000	30,000
고객DB관리원가	₩20 × 100분 =	2,000	3,000	2,400
대금청구원가	₩400 × 1회 =	400	1,600	800
영업이익		₩48,000	₩31,400	₩72,400

[물음 2]

(1) 6월 고객별 실제 영업이익

		고객 A	고객 B	고객 C
매출	₩80 × 2,880분 =	₩230,400	₩576,000	₩345,600
영업비용				
장비임차료	₩50 × 2,880분 =	144,000	360,000	216,000
상담사 수수료	₩40 × 400회 =	16,000	80,000	24,000
상담처리원가*	₩20 × 400회 =	8,000	40,000	12,000
고객DB관리원가	₩20 × 100분 =	2,000	3,000	2,400
대금청구원가	₩400 × 1회 =	400	1,600	800
영업이익		₩60,000	₩91,400	₩90,400

* 실제 상담처리원가는 상담 건당 ₩20이므로 ₩30(= ₩50 - ₩20)만큼 감소한다.

(2) 고객별 영업이익 성과평가

실제 상담처리 건당 원가 감소로 인하여 고객별 영업이익은 증가한다. 또한, 고객 B의 경우 상담건수가 상대적으로 높아 상담처리원가 감소폭도 가장 높다.

[물음 3]

(1) 6월의 고객별 예상 영업이익

		고객 A	고객 B	고객 C
매출	₩80 × 2,880분 =	₩230,400	₩576,000	₩345,600
영업비용				
장비임차료	₩50 × 2,880분 =	144,000	360,000	216,000
상담사 수수료	₩40 × 200회 =	8,000	48,000	8,000
상담처리원가	₩50 × 200회 =	10,000	60,000	10,000
고객DB관리원가	₩20 × 100분 =	2,000	3,000	2,400
대금청구원가	₩400 × 1회 =	400	1,600	800
영업이익		₩66,000	₩103,400	₩108,400

(2) 상담사의 행동이 회사의 영업이익에 미친 영향

① 정상 상담건수기준 실제 영업이익

		고객 A	고객 B	고객 C
매출	₩80 × 2,880분 =	₩230,400	₩576,000	₩345,600
영업비용				
장비임차료	₩50 × 2,880분 =	144,000	360,000	216,000
상담사 수수료	₩40 × 200회 =	8,000	48,000	8,000
상담처리원가	₩20 × 200회 =	4,000	24,000	4,000
고객DB관리원가	₩20 × 100분 =	2,000	3,000	2,400
대금청구원가	₩400 × 1회 =	400	1,600	800
영업이익		₩72,000	₩139,400	₩114,400

② 실제 상담건수기준 실제 영업이익

		고객 A	고객 B	고객 C
매출	₩80 × 2,880분 =	₩230,400	₩576,000	₩345,600
영업비용				
장비임차료	₩50 × 2,880분 =	144,000	360,000	216,000
상담사 수수료	₩40 × 400회 =	16,000	80,000	24,000
상담처리원가	₩20 × 400회 =	8,000	40,000	12,000
고객DB관리원가	₩20 × 100분 =	2,000	3,000	2,400
대금청구원가	₩400 × 1회 =	400	1,600	800
영업이익		₩60,000	₩91,400	₩90,400

③ 정상 상담건수기준과 실제 상담건수기준 실제 영업이익 차이

	고객 A	고객 B	고객 C	합계
정상 상담건수(실제)	₩72,000	₩139,400	₩114,400	₩325,800
실제 상담건수(실제)	60,000	91,400	90,400	241,800
	₩(12,000)	₩(48,000)	₩(24,000)	₩(84,000)

㉠ 상담건수 과대평가로 인한 추가 지출
- 상담사 수수료: (3,000회 - 1,600회) × ₩40 = ₩56,000
- 상담처리원가: (3,000회 - 1,600회) × ₩20 = ₩28,000

㉡ 회사 전체 영업이익: ₩56,000 + ₩28,000 = ₩84,000 감소

④ 정상 상담건수기준 예상 영업이익과 실제 상담건수기준 실제 영업이익 차이

	고객 A	고객 B	고객 C	합계
정상 상담건수(예상)	₩66,000	₩103,400	₩108,400	₩277,800
실제 상담건수(실제)	60,000	91,400	90,400	241,800
	₩(6,000)	₩(12,000)	₩(18,000)	₩(36,000)

㉠ 상담건수 과대평가로 인한 추가 지출
- 상담사 수수료: (3,000회 - 1,600회) × ₩40 = ₩56,000
- 상담처리원가: 3,000회 × ₩20 - 1,600회 × ₩50 = ₩(20,000)

㉡ 회사 전체 영업이익: ₩56,000 + ₩(20,000) = ₩36,000 감소

문제 10 활동기준원가계산과 제품라인 추가 의사결정

회계사 18

스타카페는 음료, 샌드위치를 판매하고 있다(제조와 동시에 판매하므로 재고는 없음). 스타카페는 5월 중 음료, 샌드위치에 대하여 전통적 원가방식 및 ABC원가방식을 이용하여 손익분석을 실시한다.

전통적 원가방식에서 제조판매활동원가는 재료원가에 비례배분하며, 관리활동원가(고정원가)는 직접노동시간에 비례배분한다. 5월 중 스타카페자료는 다음과 같다.

《자료 1》

구분	음료	샌드위치
판매가격	1,000원	2,000원
5월 중 판매개수	5,000개	1,000개
단위당 재료원가	300원	500원
주문횟수	3,000회	1,000회
직접노동시간	150시간	50시간
전산작업횟수	200회	300회
회의횟수	5회	5회

《자료 2》

(단위: 원)

구분	활동	원가동인	발생원가
제조판매활동원가	주문접수활동	주문횟수	200,000
	판매기록활동	주문횟수	400,000
	재료처리활동	직접노동시간	400,000
	제조판매활동원가 계		1,000,000
관리활동원가(고정원가)	전산활동	전산작업횟수	500,000
	회의활동	회의보고횟수	500,000
	관리활동원가(고정원가) 계		1,000,000

요구사항

[물음 1] 5월 스타카페의 영업이익을 전통적 원가방식과 ABC원가방식으로 구분하여 산정하시오.

[물음 2] 스타카페는 경쟁 카페의 등장으로 경쟁이 심화됨에 따라 6월 이후에는 음료의 판매가격을 900원으로, 샌드위치의 판매가격을 1,800원으로 각각 조정하는 것을 계획하고 있다. 스타카페는 6월 제품별 판매가격의 조정에도 불구하고 제품별 단위당 이익은 5월과 동일하게 유지되는 것을 목표로 한다. 6월 제품별 단위당 목표 이익 달성을 위해 필요한 제품별 단위당 목표원가를 전통적 원가방식과 ABC원가방식으로 구분하여 산정하시오(스타카페의 6월 총영업이익 규모는 고려하지 않음).

[물음 3] 스타카페는 7월을 맞이하여 아이스크림 판매를 추가로 검토하고 있다. 아이스크림 판매와 관련된 활동의 종류는 음료, 샌드위치와 동일하며, 구체적인 내역은 《자료 3》과 같다. 음료, 샌드위치 관련 자료는 5월과 동일하다. 아이스크림을 추가로 판매해도 관리활동원가(고정원가)는 변화가 없으며, 제조판매활동의 원가동인 단위당 원가도 동일하다.

《자료 3》

구분	아이스크림
판매가격	1,100원
7월 중 판매개수	2,000개
단위당 재료원가	500원
주문횟수	3,000회
직접노동시간	200시간
전산작업횟수	300회
회의횟수	30회

(1) ABC원가방식을 적용하여 아래 <표>와 같이 나타내시오.

(단위: 원)

구분	음료	샌드위치	아이스크림
매출액			
재료원가			
제조판매활동원가			
관리활동원가(고정원가)			
영업이익			

(2) 카페 지배인은 영업이익에 의해 성과평가를 받는다. 위 (1)의 제품별 영업이익 분석 결과를 참고하여 카페 지배인은 아이스크림 제품의 유지 또는 중단에 대해 어떤 결정을 내려야 하는지 설명하시오.

해답

문제분석

- "전통적 원가방식에서 제조판매활동원가는 재료원가에 비례배분하며, 관리활동원가(고정원가)는 직접노동시간에 비례배분" 및 "《자료 1》 단위당 재료원가, 직접노동시간"
  → 제시된 자료에서 재료원가는 단위당 재료원가이지만, 노동시간은 "직접노동시간"으로 총노동시간으로 해석할 수 있다.

	음료	샌드위치	합계
재료원가	5,000개 × ₩300 = ₩1,500,000 (75%)	1,000개 × ₩500 = ₩500,000 (25%)	₩2,000,000 (100%)
직접노동시간	150시간 (75%)	50시간 (25%)	200시간 (100%)

- [물음 2] "제품별 단위당 이익은 5월과 동일하게 유지"
  → 현재 두 방식에 의한 제품별 단위당 이익은 다음과 같다.

	음료	샌드위치
전통적 원가방식	₩2,000,000 ÷ 5,000개 = ₩400	₩1,000,000 ÷ 1,000개 = ₩1,000
ABC원가방식	₩2,300,000 ÷ 5,000개 = ₩460	₩700,000 ÷ 1,000개 = ₩700

- [물음 3] "관리활동원가(고정원가)는 변화가 없으며, 제조판매활동의 단위당 원가도 동일"
  → 관리활동원가(고정원가)는 총액을 기준으로 배분비율을 다시 계산하고, 제조판매활동은 기존 단위당 원가를 유지한다.
- [물음 3] "(2) 아이스크림 제품의 유지 또는 중단에 대해 어떤 결정"
  → 아이스크림 제품의 유지와 관련된 항목은 매출액, 재료원가 및 제조판매활동원가이다.

자료정리

(1) 제조판매활동원가와 관리활동원가(고정원가) 배분

• 전통적 원가방식

	음료		샌드위치	
제조판매활동원가	₩1,000,000 × 75% =	₩750,000	₩1,000,000 × 25% =	₩250,000
관리활동원가	₩1,000,000 × 75% =	750,000	₩1,000,000 × 25% =	250,000
		₩1,500,000		₩500,000

• ABC원가방식

	음료	샌드위치
제조판매활동원가		
주문접수활동	$₩200,000 \times \frac{3,000회}{3,000회+1,000회}$ = ₩150,000	$₩200,000 \times \frac{1,000회}{3,000회+1,000회}$ = ₩50,000
판매기록활동	$₩400,000 \times \frac{3,000회}{3,000회+1,000회}$ = 300,000	$₩400,000 \times \frac{1,000회}{3,000회+1,000회}$ = 100,000
재료처리활동	$₩400,000 \times \frac{150시간}{150시간+50시간}$ = 300,000	$₩400,000 \times \frac{50시간}{150시간+50시간}$ = 100,000
소계	₩750,000	₩250,000
관리활동원가		
전산활동	$₩500,000 \times \frac{200회}{200회+300회}$ = ₩200,000	$₩500,000 \times \frac{300회}{200회+300회}$ = ₩300,000
회의활동	$₩500,000 \times \frac{5회}{5회+5회}$ = 250,000	$₩500,000 \times \frac{5회}{5회+5회}$ = 250,000
소계	₩450,000	₩550,000

(2) 아이스크림 추가 시 ABC원가방식에 의한 제조판매활동원가 원가동인당 원가 및 관리활동원가(고정원가) 배분비율[물음 3]

① 제조판매활동원가 원가동인당 원가

• 주문접수활동: ₩200,000 ÷ (3,000회 + 1,000회) = ₩50/회
• 판매기록활동: ₩400,000 ÷ (3,000회 + 1,000회) = ₩100/회
• 재료처리활동: ₩400,000 ÷ (150시간 + 50시간) = ₩2,000/시간

② 관리활동원가 배분비율

	음료	샌드위치	아이스크림
전산활동	$\frac{200회}{200회+300회+300회}$ = 25%	$\frac{300회}{200회+300회+300회}$ = 37.5%	$\frac{300회}{200회+300회+300회}$ = 37.5%
회의활동	$\frac{5회}{5회+5회+30회}$ = 12.5%	$\frac{5회}{5회+5회+30회}$ = 12.5%	$\frac{30회}{5회+5회+30회}$ = 75%

(3) 아이스크림 추가 시 ABC원가방식에 의한 제조판매활동원가와 관리활동원가(고정원가) 배분금액[물음 3]

	음료		샌드위치		아이스크림	
제조판매활동원가						
주문접수활동	₩50 × 3,000회 =	₩150,000	₩50 × 1,000회 =	₩50,000	₩50 × 3,000회 =	₩150,000
판매기록활동	₩100 × 3,000회 =	300,000	₩100 × 1,000회 =	100,000	₩100 × 3,000회 =	300,000
재료처리활동	₩2,000 × 150시간 =	300,000	₩2,000 × 50시간 =	100,000	₩2,000 × 200시간 =	400,000
관리활동원가						
전산활동	₩500,000 × 25% =	125,000	₩500,000 × 37.5% =	187,500	₩500,000 × 37.5% =	187,500
회의활동	₩500,000 × 12.5% =	62,500	₩500,000 × 12.5% =	62,500	₩500,000 × 75% =	375,000
		₩937,500		₩500,000		₩1,412,500

모범답안

[물음 1] 5월 스타카페의 영업이익

(1) 전통적 원가방식 영업이익

	음료		샌드위치	
매출액	5,000개 × ₩1,000 =	₩5,000,000	1,000개 × ₩2,000 =	₩2,000,000
재료원가	5,000개 × ₩300 =	(1,500,000)	1,000개 × ₩500 =	(500,000)
제조판매활동원가		(750,000)		(250,000)
관리활동원가		(750,000)		(250,000)
영업이익		₩2,000,000		₩1,000,000

(2) ABC원가방식 영업이익

	음료		샌드위치	
매출액	5,000개 × ₩1,000 =	₩5,000,000	1,000개 × ₩2,000 =	₩2,000,000
재료원가	5,000개 × ₩300 =	(1,500,000)	1,000개 × ₩500 =	(500,000)
제조판매활동원가				
주문접수활동		(150,000)		(50,000)
판매기록활동		(300,000)		(100,000)
재료처리활동		(300,000)		(100,000)
관리활동원가				
전산활동		(200,000)		(300,000)
회의활동		(250,000)		(250,000)
영업이익		₩2,300,000		₩700,000

[물음 2] 6월 제품별 단위당 목표원가

(1) 현재 단위당 이익

	음료		샌드위치	
전통적 원가방식	₩2,000,000 ÷ 5,000개 =	₩400	₩1,000,000 ÷ 1,000개 =	₩1,000
ABC원가방식	₩2,300,000 ÷ 5,000개 =	₩460	₩700,000 ÷ 1,000개 =	₩700

(2) 전통적 원가방식 단위당 목표원가

	음료	샌드위치
목표가격	₩900	₩1,800
목표이익	(400)	(1,000)
목표원가	₩500	₩800

(3) ABC원가방식 단위당 목표원가

	음료	샌드위치
목표가격	₩900	₩1,800
목표이익	(460)	(700)
목표원가	₩440	₩1,100

[물음 3]

	음료	샌드위치	아이스크림
매출액	₩5,000,000	₩2,000,000	₩2,200,000[*1]
재료원가	(1,500,000)	(500,000)	(1,000,000)[*2]
제조판매활동원가			
주문접수활동	(150,000)	(50,000)	(150,000)
판매기록활동	(300,000)	(100,000)	(300,000)
재료처리활동	(300,000)	(100,000)	(400,000)
관리활동원가			
전산활동	(125,000)	(187,500)	(187,500)
회의활동	(62,500)	(62,500)	(375,000)
	₩2,562,500	₩1,000,000	₩(212,500)

[*1] 2,000개 × ₩1,100 = ₩2,200,000

[*2] 2,000개 × ₩500 = ₩1,000,000

(1) 제품별 영업이익

구분	음료	샌드위치	아이스크림
매출액	₩5,000,000	₩2,000,000	₩2,200,000
재료원가	(1,500,000)	(500,000)	(1,000,000)
제조판매활동원가	(750,000)	(250,000)	(850,000)
관리활동원가(고정원가)	(187,500)	(250,000)	(562,500)
영업이익	₩2,562,500	₩1,000,000	₩(212,500)

(2) 아이스크림 제품의 유지 또는 중단 의사결정

증분수익	
매출 증가	₩2,200,000
증분비용	
재료원가 증가	(1,000,000)
제조판매활동원가 증가	(850,000)
증분이익	₩350,000

∴ 아이스크림 제품을 유지한다.

문제 11 전통적 원가계산과 활동기준원가계산 비교 및 특별주문수락 의사결정

회계사 11

(주)OK금융은 펀드상품을 개발하고 판매하며 펀드 판매에 대한 수수료가 주요 수입원이다. (주)OK금융은 실버펀드, 골드펀드 두 종류의 펀드상품을 판매하다가 3년 전부터 백금펀드를 신규 개발하여 판매하고 있다. 신규 상품인 백금펀드는 판매 개시 이후 꾸준한 판매 증가세를 보이는 등 성공적인 판매실적을 기록하고 있다. 그러나 (주)OK금융은 지난 3년 동안 수익이 감소하고 있어 이에 대한 원인을 파악 중이다.

회사 경영진은 수익 감소의 원인을 분석하기 위해 활동기준원가계산을 도입하여 펀드 판매수수료의 적정성을 검토하고 있다. 활동분석 결과, (주)OK금융의 활동은 다음의 5가지이다. 먼저 펀드 상품개발부서와 관련해서는 ① 주식부 노동활동, ② 채권부 노동활동, ③ 파생상품부 노동활동이 있다. 다음 지원부서와 관련해서는 ④ 회의보고활동이 있다. 마지막으로 상품개발부서와 지원부서 각각의 ⑤ 작업준비활동이 있다.

활동별 원가동인은 다음과 같다.

① 주식부, ② 채권부, ③ 파생상품부 3개 부서 노동활동의 원가동인은 직접노동시간이다. ④ 회의보고활동의 원가동인은 회의보고횟수이다. ⑤ 작업준비활동의 원가동인은 작업준비횟수이다.

원가분석을 위한 다음 자료를 이용하여 물음에 답하시오.

※ 소수점 셋째 자리에서 반올림하여 소수점 둘째 자리까지 표기하시오.

《자료 1》 부서별 간접원가

구분	상품개발부서			지원부서		
	주식부	채권부	파생상품부	전산부	기획부	검사부
간접원가	₩40,000	₩50,000	₩20,000	₩50,000	₩100,000	₩100,000

《자료 2》 부서별 간접원가의 원가활동별 배분비율

부서 활동	상품개발부서			지원부서		
	주식부	채권부	파생상품부	전산부	기획부	검사부
상품개발부 노동활동	25%	50%	50%			
부서별 작업준비활동	75%	50%	50%	40%	70%	60%
지원부서 회의보고활동				60%	30%	40%

《자료 3》 펀드상품별 직접노동시간

(단위: 시간)

부서 / 펀드	상품개발부서			지원부서		
	주식부	채권부	파생상품부	전산부	기획부	검사부
실버펀드	5,000	2,000	2,000	2,000	2,000	2,000
골드펀드	2,500	1,500	1,500	2,000	2,000	2,000
백금펀드	2,500	1,500	1,500	2,000	1,000	1,000
계	10,000	5,000	5,000	6,000	5,000	5,000

《자료 4》 펀드상품별 작업준비 및 회의보고횟수

구분 / 펀드	작업준비횟수	회의보고횟수
실버펀드	30회	25회
골드펀드	10회	15회
백금펀드	60회	60회
계	100회	100회

《자료 5》 펀드상품별 계좌당 전산투자원가, 펀드수수료, 판매계좌수

구분 / 펀드	계좌당 전산투자원가			계좌당 펀드수수료	판매계좌수
	주식부	채권부	파생상품부		
실버펀드	₩20	₩10	₩10	₩100	5,000개
골드펀드	₩15	₩10	₩10	₩122	2,000개
백금펀드	₩20	₩10	₩10	₩150	2,000개

《자료 6》

직접노동시간당 임률은 ₩10이다. 펀드원가는 전산투자원가, 직접노무원가, 간접원가로 구성되어 있다.

요구사항

[물음 1] 새로 도입한 활동기준원가계산을 이용하여 펀드상품별 계좌당 원가를 계산하시오.

[물음 2] 기존 원가계산에서는 전체 간접원가를 직접노동시간 기준의 단일배부율에 따라 펀드상품별로 배분하였다.

(1) 기존 원가계산하에서 백금펀드의 계좌당 원가를 계산하시오.

(2) 기존 원가계산과 새로 도입한 활동기준원가계산을 각각 적용한 백금펀드의 계좌당 수익성 (영업이익률 = $\frac{\text{계좌당 영업이익}}{\text{계좌당 펀드수수료}}$)을 비교하시오.

[물음 3] 새로 도입한 활동기준원가계산과 기존 원가계산의 수익성 결과에 차이가 있다면 그러한 차이가 발생하는 이유를 간략히 기술하시오. (4줄 이내로 기술할 것)

[물음 4] 골드펀드Ⅱ 계좌 1,000개에 대한 판매 요청이 신규로 발생하였다. 골드펀드Ⅱ를 신규로 개발하여 판매하면 ₩10,000의 비용이 추가로 발생한다. 그리고 골드펀드Ⅱ에 대한 판매 요청을 수락할 경우 1,000개 모두를 판매하여야 하며, 이 경우 기존 골드펀드 판매량은 300계좌 감소한다.
활동기준원가계산에 의한 골드펀드와 골드펀드Ⅱ의 계좌당 변동원가는 ₩102으로 동일하다고 가정할 때, 활동기준원가계산하에서 골드펀드Ⅱ 추가 판매에 대해 계좌당 최소한 받아야 할 수수료는 얼마인가?

해답

문제분석

■ "펀드 판매에 대한 수수료가 주요 수입원"

➜ 펀드에 대한 수익은 "《자료 5》 펀드수수료"이다.

	계좌당 전산투자원가			계좌당 펀드수수료	판매계좌수
	주식부	채권부	파생상품부		
실버펀드	₩20	₩10	₩10	₩100	5,000개
골드펀드	₩15	₩10	₩10	₩122	2,000개
백금펀드	₩20	₩10	₩10	₩150	2,000개

■ "실버펀드, 골드펀드" 및 "백금펀드"

➜ 상품의 종류는 실버펀드, 골드펀드 및 백금펀드 3가지이다.

■ "상품개발부서와 관련해서는 ① 주식부 노동활동, ② 채권부 노동활동, ③ 파생상품부 노동활동" 및 "상품개발부서와 지원부서 각각의 ⑤ 작업준비활동"

➜ ① 상품개발부서별 간접원가는 각 상품개발부서별 노동활동과 작업준비활동에 배부한다.

- 주식부 간접원가 → 주식(상품개발)부 노동활동, 작업준비활동
- 채권부 간접원가 → 채권(상품개발)부 노동활동, 작업준비활동
- 파생상품부 간접원가 → 파생상품(개발)부 노동활동, 작업준비활동

② 자원동인비율은 "《자료 2》 부서별 간접원가의 원가활동별 배분비율"을 이용한다.

	상품개발부서			지원부서		
	주식부	채권부	파생상품부	전산부	기획부	검사부
상품개발부 노동활동	25%	50%	50%			
부서별 작업준비활동	75%	50%	50%	40%	70%	60%
지원부서 회의보고활동				60%	30%	40%

■ "지원부서와 관련해서는 ④ 회의보고활동" 및 "상품개발부서와 지원부서 각각의 ⑤ 작업준비활동"

➜ ① 지원부서별 간접원가는 각 지원부서별 회의보고활동과 작업준비활동에 배부한다.

- 전산부 간접원가 → 전산부 회의보고활동, 작업준비활동
- 기획부 간접원가 → 기획부 회의보고활동, 작업준비활동
- 검사부 간접원가 → 검사부 회의보고활동, 작업준비활동

② 자원동인비율은 "《자료 2》 부서별 간접원가의 원가활동별 배분비율"을 이용한다.

	상품개발부서			지원부서		
	주식부	채권부	파생상품부	전산부	기획부	검사부
상품개발부 노동활동	25%	50%	50%			
부서별 작업준비활동	75%	50%	50%	40%	70%	60%
지원부서 회의보고활동				60%	30%	40%

■ "① 주식부, ② 채권부, ③ 파생상품부 3개 부서 노동활동의 원가동인은 직접노동시간"

→ 부서별 노동활동은 "《자료 3》 편드상품별 직접노동시간"을 이용하여 배부율을 계산한 후 펀드상품별로 배부한다.

	상품개발부서			지원부서		
	주식부	채권부	파생상품부	전산부	기획부	검사부
실버펀드	5,000	2,000	2,000	2,000	2,000	2,000
골드펀드	2,500	1,500	1,500	2,000	2,000	2,000
백금펀드	2,500	1,500	1,500	2,000	1,000	1,000
계	10,000	5,000	5,000	6,000	5,000	5,000

■ "④ 회의보고활동의 원가동인은 회의보고횟수"

→ 회의보고활동은 "《자료 4》 펀드상품별 작업준비 및 회의보고횟수"를 이용하여 배부율을 계산한 후 펀드상품별로 배부한다.

	작업준비횟수	회의보고횟수
실버펀드	30회	25회
골드펀드	10회	15회
백금펀드	60회	60회
계	100회	100회

■ "⑤ 작업준비활동의 원가동인은 작업준비횟수"

→ 작업준비활동은 "《자료 4》 펀드상품별 작업준비 및 회의보고횟수"를 이용하여 배부율을 계산한 후 펀드상품별로 배부한다.

	작업준비횟수	회의보고횟수
실버펀드	30회	25회
골드펀드	10회	15회
백금펀드	60회	60회
계	100회	100회

■ 《자료 5》 "펀드상품별 계좌당 전산투자원가"

→ 전산투자원가는 각 펀드상품별 계좌당 전산투자원가에 판매계좌수를 곱하여 계산한다.

	계좌당 전산투자원가			계좌당 펀드수수료	판매계좌수
	주식부	채권부	파생상품부		
실버펀드	₩20	₩10	₩10	₩100	5,000개
골드펀드	₩15	₩10	₩10	₩122	2,000개
백금펀드	₩20	₩10	₩10	₩150	2,000개

■ 《자료 6》 "직접노동시간당 임률은 ₩10"

→ 직접노무원가는 "《자료 3》 편드상품별 직접노동시간"에 임률 ₩10을 곱하여 계산한다.

	상품개발부서			지원부서		
	주식부	채권부	파생상품부	전산부	기획부	검사부
실버펀드	5,000	2,000	2,000	2,000	2,000	2,000
골드펀드	2,500	1,500	1,500	2,000	2,000	2,000
백금펀드	2,500	1,500	1,500	2,000	1,000	1,000
계	10,000	5,000	5,000	6,000	5,000	5,000

■ 《자료 6》 "펀드원가는 전산투자원가, 직접노무원가, 간접원가로 구성"

→ 각 펀드상품별 원가는 직접 집계할 수 있는 전산투자원가, 직접노무원가 및 활동기준원가계산에 따라서 배부하는 간접원가로 구성되어 있다.

■ [물음 2] "전체 간접원가를 직접노동시간 기준의 단일배부율"

→ 전체 간접원가를 "《자료 3》 펀드상품별 직접노동시간"의 총노동시간으로 나누어 직접노동시간당 배부율을 계산한다.

	상품개발부서			지원부서		
	주식부	채권부	파생상품부	전산부	기획부	검사부
실버펀드	5,000	2,000	2,000	2,000	2,000	2,000
골드펀드	2,500	1,500	1,500	2,000	2,000	2,000
백금펀드	2,500	1,500	1,500	2,000	1,000	1,000
계	10,000	5,000	5,000	6,000	5,000	5,000

자료정리

(1) 펀드상품별 전산투자원가

- 실버펀드: (₩20 + ₩10 + ₩10) × 5,000개 = ₩200,000
- 골드펀드: (₩15 + ₩10 + ₩10) × 2,000개 = ₩70,000
- 백금펀드: (₩20 + ₩10 + ₩10) × 2,000개 = ₩80,000

(2) 펀드상품별 직접노무원가

- 실버펀드: (5,000 + 2,000 + 2,000 + 2,000 + 2,000 + 2,000)시간 × ₩10 = ₩150,000
- 골드펀드: (2,500 + 1,500 + 1,500 + 2,000 + 2,000 + 2,000)시간 × ₩10 = ₩115,000
- 백금펀드: (2,500 + 1,500 + 1,500 + 2,000 + 1,000 + 1,000)시간 × ₩10 = ₩95,000

(3) 펀드상품별 간접원가

- 활동별 배부율

	상품개발부 노동활동			회의보고	작업준비
	주식부	채권부	파생상품부		
주식부	₩10,000(25%)				₩30,000(75%)
채권부		₩25,000(50%)			₩25,000(50%)
파생상품부			₩10,000(50%)		₩10,000(50%)
전산부				₩30,000(60%)	₩20,000(40%)
기획부				₩30,000(30%)	₩70,000(70%)
검사부				₩40,000(40%)	₩60,000(60%)
계	₩10,000	₩25,000	₩10,000	₩100,000	₩215,000
원가동인수	÷ 10,000시간	÷ 5,000시간	÷ 5,000시간	÷ 100회	÷ 100회
배부율	₩1/시간	₩5/시간	₩2/시간	₩1,000/회	₩2,150/회

- 펀드상품별 간접원가

		실버펀드	골드펀드	백금펀드
주식부	₩1 × 5,000시간 =	₩5,000	₩2,500	₩2,500
채권부	₩5 × 2,000시간 =	10,000	7,500	7,500
파생상품부	₩2 × 2,000시간 =	4,000	3,000	3,000
회의보고	₩1,000 × 25회 =	25,000	15,000	60,000
작업준비	₩2,150 × 30회 =	64,500	21,500	129,000
		₩108,500	₩49,500	₩202,000

모범답안

[물음 1] 활동기준원가계산하의 펀드상품별 계좌당 원가

	실버펀드	골드펀드	백금펀드
직접원가			
전산투자원가	₩200,000	₩70,000	₩80,000
노무원가	150,000	115,000	95,000
간접원가	108,500	49,500	202,000
계	₩458,500	₩234,500	₩377,000
계좌수	÷ 5,000개	÷ 2,000개	÷ 2,000개
계좌당 원가	₩91.7/개	₩117.25/개	₩188.5/개

[물음 2]

(1) 기존 원가계산하에서 백금펀드의 계좌당 원가

① 간접원가 배부율

$$\frac{₩40,000 + ₩50,000 + ₩20,000 + ₩50,000 + ₩100,000 + ₩100,000}{10,000\text{시간} + 5,000\text{시간} + 5,000\text{시간} + 6,000\text{시간} + 5,000\text{시간} + 5,000\text{시간}} = \frac{₩360,000}{36,000\text{시간}}$$

= ₩10/직접노동시간

② 백금펀드의 계좌당 원가

직접원가		
전산투자원가		₩80,000
노무원가		95,000
간접원가	₩10 × (2,500 + 1,500 + 1,500 + 2,000 + 1,000 + 1,000)시간 =	95,000
계		₩270,000
계좌수		÷ 2,000개
계좌당 원가		₩135/개

(2) 백금펀드의 계좌당 수익성 비교

① 기존 원가계산 영업이익률: $\frac{₩150 - ₩135}{₩150}$ = 10%

② 활동기준원가계산 영업이익률: $\frac{₩150 - ₩188.5}{₩150}$ = (25.7)%

∴ 기존 원가계산방식의 수익성이 더 높다.

[물음 3] 활동기준원가계산과 기존 원가계산의 수익성 차이의 이유

백금펀드의 경우 지원부서의 직접노동시간보다 상품개발부서의 직접노동시간이 상대적으로 높으며, 비단위수준 활동인 작업준비횟수, 회의보고횟수는 다른 펀드에 비하여 상당히 높다. 따라서 활동기준원가계산을 적용하는 경우 기존 원가계산보다 계좌당 원가가 높다.

[물음 4] 계좌당 최소한 받아야 할 수수료

계좌당 최소한 받아야 할 수수료를 P라고 하면 다음과 같다.

증분수익		
매출 증가		1,000개 × P
증분비용		
계좌당 변동원가 증가	1,000개 × ₩102 =	₩(102,000)
추가비용		(10,000)
기존판매 감소	300개 × (₩122 - ₩102) =	(6,000)
		1,000P - ₩118,000 ≥ 0

∴ P = ₩118

해커스 회계사 允원가관리회계연습

제4장

종합원가계산

핵심 이론 요약

01 원가계산방법별 제조원가의 구분

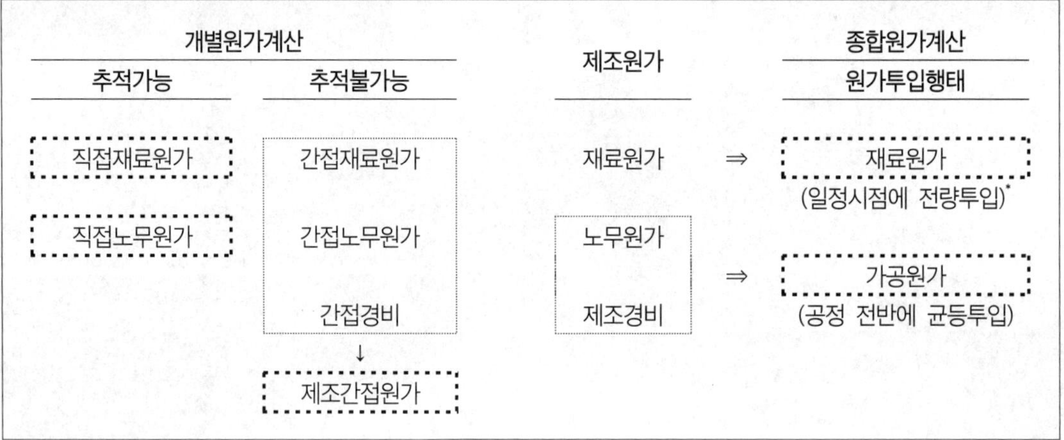

* 일정시점에 전량투입되는 것이 일반적이나 일정구간에 균등투입되는 경우도 있다. 이때는 진행률에 따라 완성품환산량을 계산한다.

02 종합원가계산 절차

1단계	제조원가를 원가투입행태에 따라 구분
2단계	각 원가항목별 원가를 적절하게 배분

03 완성품환산량

(1) (원가요소별) 완성품환산량 단위당 원가

$$\text{완성품환산량 단위당 원가} = \frac{\text{해당 원가}}{\text{완성품환산량}}$$

(2) (원가요소별) 원가배부

원가배부액 = 완성품환산량 단위당 원가 × 완성품과 재공품의 완성품환산량

04 연속공정의 종합원가계산

전공정에서 대체된 원가를 전공정원가라 하며, 완성품환산량 계산 시 후속공정 초기에 투입되는 재료원가처럼 처리한다.

재공품(1공정)

차변		대변	
기초	×××	중간제품원가	×××
재료원가	×××		
가공원가	×××	기말	×××
	×××		×××

재공품(2공정)

차변		대변	
기초	×××	완성품원가	×××
전공정원가	×××		
재료원가	×××		
가공원가	×××	기말	×××
	×××		×××

05 원가흐름의 가정

(1) 원가흐름의 가정에 따른 완성품환산량 비교

☑ 단, 재료원가는 공정 초기에 투입되고 가공원가는 균등발생을 가정함

① 재료원가

	선입선출법	≤	평균법		차이
완성품					
기초재공품	-		물량 × 100%	⇒	기초재공품 물량
당기착수완성	물량 × 100%		물량 × 100%		
기말재공품	물량 × 100%		물량 × 100%		

⇒ 평균법의 재료원가 환산량이 "기초재공품 물량"만큼 더 크다.

② 가공원가

	선입선출법	≤	평균법		차이
완성품					
기초재공품	물량 × 당기진행률		물량 × 100%	⇒	기초재공품 물량 × 기초진행률
당기착수완성	물량 × 100%		물량 × 100%		
기말재공품	물량 × 당기진행률		물량 × 당기진행률		

⇒ 평균법의 가공원가 환산량이 "기초재공품 물량 × 기초진행률"만큼 더 크다.

(2) 장 · 단점

구분	선입선출법	평균법
장점	전기능률과 당기능률이 구분되어 원가통제에 유용	계산과정이 간편
단점	계산과정이 복잡	전기와 당기원가의 평균화로 원가계산 정확성 저하

06 공손

(1) 종류

① 정상공손: 합격품을 얻기 위하여 불가피하게 발생하는 것으로, 정상공손의 원가는 향후 합격품에 물량기준으로 배분함

☑ 단, 공손이 공정 전반에 걸쳐 평균적으로 발생하는 경우 완성도를 반영한 물량기준으로 배분함

② 비정상공손: 작업자 부주의 등으로 발생하는 것으로, 비정상공손의 원가는 당기손실처리함

(2) 수량 결정(분리법 적용)

① 검사시점 통과기준

> 정상공손 허용수량 = 당기 합격품 × 정상공손 허용률

② 검사시점 도달기준

> 정상공손 허용수량 = 당기 검사물량[*1] × 정상공손 허용률

[*1] 합격품 + 공손

(3) 기초재공품의 전기 검사시점 통과 여부

① 전기에 검사시점을 통과하지 않은 경우(당기에 검사시점 통과): 선입선출법을 적용하는 경우 모든 공손은 당기착수물량에서 발생한 것으로 가정함 → 수정된 선입선출법

② 전기에 검사시점을 통과한 경우: 평균법을 적용하는 경우 전기에 배부받은 기초재공품의 정상공손원가는 당기 정상공손원가와 합하여 총합격품에 배부함

(4) 검사시점이 복수인 경우

정상공손원가는 1차, 2차 순차적으로 배분하므로, 1차 검사시점을 통과한 합격물량에 2차 총공손수량을 가산한다. 즉, 2차 총공손수량은 1차 검사를 합격한 물량으로, 1차 정상공손원가 배부대상에 포함한다.

(5) 재작업

① 표준규격에 미달하여 재작업하여 정상품으로 만드는 과정을 말하며, 재작업물량은 결과적으로 완성품물량, 재공품물량 또는 공손물량[*2]으로 전환됨

[*2] 재작업 이후 공손에 대한 검사를 하는 경우

② 재작업원가를 인식법으로 처리하는 경우 재작업원가를 별도로 집계하여 다음과 같이 처리함

- 정상재작업원가: 재작업시점을 통과한 물량에 물량기준으로 배분
- 비정상재작업원가: 당기비용으로 처리

07 감손

(1) 감손율과 수율

- $감손율 = \frac{감손량}{투입량}$
- $수율 = \frac{산출량}{투입량} = \frac{투입량 - 감손량}{투입량} = 1 - 감손율$

(2) 감손원가계산(비분리법 적용)

모든 물량을 감손 전 물량으로 재계산해야 한다.

감손 후 물량 = 감손 전 물량 × (1 - 감손율 × 완성도)

문제 01 2회 검사 및 폐기손실

(주)한국은 두 종류의 재료를 사용하여 단일 제품을 생산하고 있다. 재료 A는 공정 초기에 투입되며, 재료 B는 공정의 70% 완성시점에 투입된다. 가공원가는 공정 전반에 걸쳐 균등하게 발생한다. 또한 회사는 전체 공정과정상 2회의 검사를 실시하는데, 첫 번째는 재료 B를 투입하기 바로 직전에 실시하며, 두 번째는 최종완료시점에 실시한다.

《자료 1》

당월의 생산활동에 관한 자료는 다음과 같다.

(1) 물량자료

월초재공품수량(완성도 25%)	400단위
당월착수량	7,600
당월 완성품수량	6,800
1차 시점의 공손품수량(완성도 70%)	100
2차 시점의 공손품수량(완성도 100%)	200
월말재공품수량(완성도 50%)	700

(2) 원가자료

월초재공품원가	재료 A	₩1,000
	재료 B	-
	가공원가	300
당월투입원가	재료 A	20,600
	재료 B	4,550
	가공원가	20,700

《자료 2》

당월 중에 1차, 2차 검사시점에서 발생한 공손은 모두 정상공손이며, 공정과정 중 40% 시점에 생산직 작업자의 부주의로 200단위가 폐기처분되었다. 회사는 정상공손의 원가는 합격품의 원가에 가산하며 폐기처분된 200단위에 대해서는 당기손실처리한다. 또한, 기말재고자산 가액 결정을 위한 원가흐름의 가정은 평균법을 적용한다.

다음의 물음은 각각 독립적이다.

요구사항

[물음 1] 원가요소별 완성품환산량 단위당 원가를 구하시오.

※ 원가요소별 완성품환산량 단위당 원가를 다음의 값으로 가정할 경우, [물음 2] ~ [물음 5]에 답하시오.

- 재료원가 A: ₩3
- 재료원가 B: ₩1
- 가공원가: ₩3

[물음 2] 폐기된 200단위의 원가를 구하시오.

[물음 3] 합격물량에 가산하기 전 검사시점별 정상공손원가를 구하시오.

[물음 4] 기말재공품원가를 구하시오.

[물음 5] 완성품원가를 구하시오.

해답

문제분석

■ "첫 번째는 재료 B를 투입하기 바로 직전에 실시"

→ 첫 번째 검사는 재료 B 투입 직전에 실시하므로 첫 번째 검사시점은 70% 시점이며 이때의 공손에는 재료 B가 투입되지 않는다.

■ 《자료 2》 "폐기처분된 200단위에 대해서는 당기손실처리"

→ 40% 시점의 폐기물량도 완성품환산량에 반영해야 하며, 폐기물원가를 계산한 후 비정상공손처럼 당기손실처리한다.

■ "《자료 2》 1차, 2차 검사시점에서 발생한 공손은 모두 정상공손" 및 "[물음 5] 완성품원가"

→ 합격품은 모두 완성품이므로 모든 공손원가를 완성품원가에 가산한다.

자료정리

(1) 물량흐름

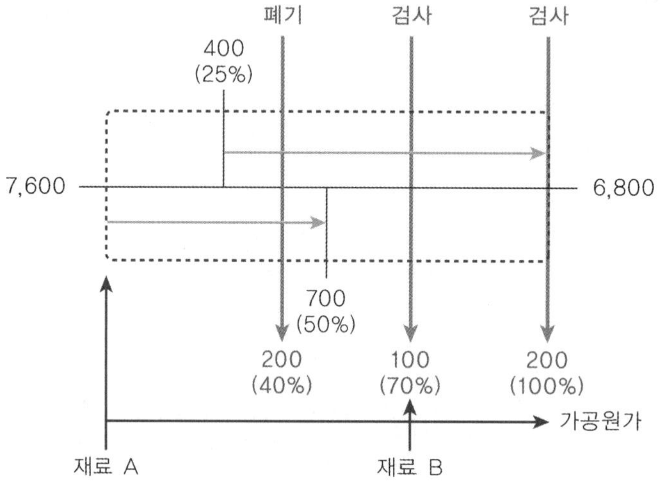

(2) 완성품환산량 및 환산량 단위당 원가

		재료 A	재료 B	가공원가
완성품	6,800	6,800	6,800	6,800
공손 1차 검사(정상)	100(70%)	100	-	70
2차 검사(정상)	200(100%)	200	200	200
폐기	200(40%)	200	-	80
기말재공품	700(50%)	700	-	350
소계		8,000	7,000	7,500
기초 및 당기발생원가		₩21,600	₩4,550	₩21,000
환산량 단위당 원가		₩2.7	₩0.65	₩2.8

모범답안

[물음 1] 원가요소별 완성품환산량 단위당 원가

- 재료 A: ₩21,600 ÷ 8,000 = ₩2.7
- 재료 B: ₩4,550 ÷ 7,000 = ₩0.65
- 가공원가: ₩21,000 ÷ 7,500 = ₩2.8

[물음 2] 폐기된 200단위의 원가

200 × ₩3 + 200 × 40% × ₩3 = ₩840

[물음 3] 합격물량에 가산하기 전 검사시점별 정상공손원가

- 70% 시점: 100 × ₩3 + 70 × ₩3 = ₩510
- 100% 시점: 200 × ₩3 + 200 × ₩1 + 200 × ₩3 = ₩1,400

[물음 4] 기말재공품원가

700 × ₩3 + 350 × ₩3 = ₩3,150

[물음 5] 완성품원가

(1) 정상공손원가 가산 전 완성품원가
6,800 × (₩3 + ₩1 + ₩3) = ₩47,600

(2) 정상공손원가를 가산한 완성품원가
₩47,600 + ₩510 + ₩1,400 = ₩49,510

문제 02 기말재공품 완성도 오류수정

(주)한국은 절단, 조립, 가공공정을 통해 제품을 생산하며 종합원가계산을 적용하고 있다. 재료는 공정 초에 모두 투입하고 가공원가는 공정 전반에 걸쳐 균등하게 발생한다. 당기 중 절단공정 재공품계정에서 발췌한 내용은 다음과 같다. 회사는 재공품 평가방법으로 선입선출법을 적용하며 공손과 감손은 발생하지 않는다.

		재료원가	가공원가	합계
기초재공품	15,000kg(완성도 1/3)	₩19,750	₩1,500	₩21,250
당기착수량	140,000kg	112,000	219,000	331,000
완성품	?			?
기말재공품	12,000kg(완성도 2/3)			?

요구사항

[물음 1] 완성품환산량을 구하시오.

[물음 2] 완성품환산량 단위당 원가를 구하시오.

[물음 3] 기말재공품원가와 완성품원가를 구하시오.

[물음 4] 기말재공품의 가공원가 완성도가 실제로는 1/3이었다고 한다. 또한, 회사는 평균법을 적용하여 재고자산을 평가하는 것이 보다 적절하다고 판단하였다. 완성품이 당기 중에 모두 판매되었다면 선입선출법을 적용하여 기말재공품의 가공원가 완성도를 과다하게 추정함으로써 당기 이익은 얼마만큼 과대(혹은 과소)계상되었는가? 단, 완성품환산량 단위당 원가는 소수점 셋째 자리에서 반올림하여 계산하시오.

해답

문제분석

■ "공손과 감손은 발생하지 않는다."
→ 제시된 물량을 이용하여 완성품수량을 추정할 수 있다.

■ [물음 4] "기말재공품의 가공원가 완성도가 실제로는 1/3이었다고 한다."
→ 가공원가 완성품환산량과 환산량 단위당 원가를 재계산한 후 완성품원가와 기말재공품원가를 다시 계산한다.

■ [물음 4] "완성품이 당기 중에 모두 판매되었다면" 및 "당기이익은 얼마만큼 과대(혹은 과소)계상"
→ 완성품원가는 모두 매출원가이므로 완성품원가를 비교한다.

자료정리

(1) 물량흐름도

• 선입선출법 + 기말재공품 완성도(2/3)

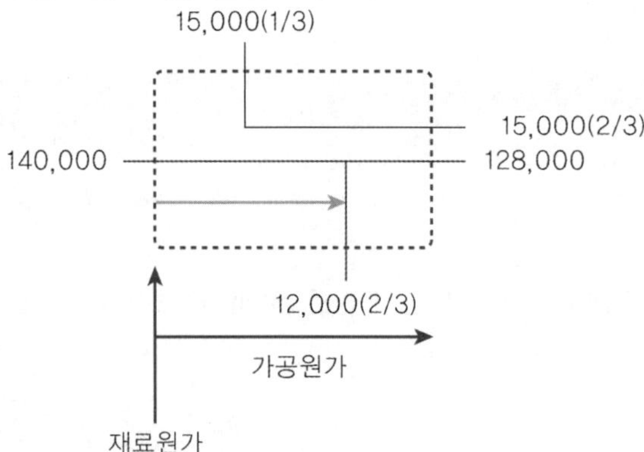

• 평균법 + 기말재공품 완성도(1/3)

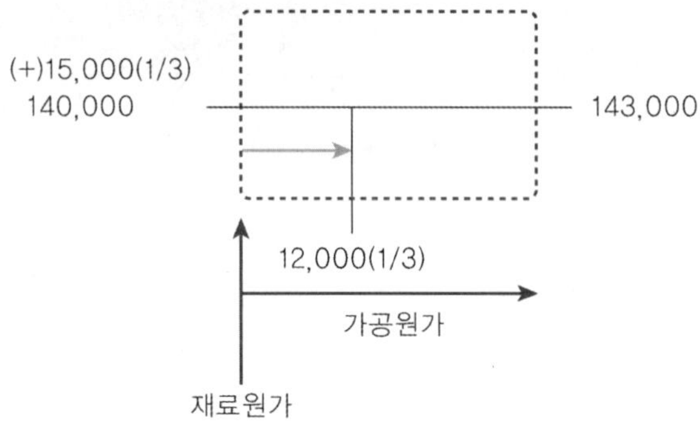

(2) 완성품환산량

• 선입선출법 + 기말재공품 완성도(2/3)

			재료원가	가공원가
완성품	기초	15,000(2/3)	-	10,000
	당기	128,000	128,000	128,000
기말재공품		12,000(2/3)	12,000	8,000
			140,000	146,000

• 평균법 + 기말재공품 완성도(1/3)

		재료원가	가공원가
완성품	143,000	143,000	143,000
기말재공품	12,000(1/3)	12,000	4,000
		155,000	147,000

모범답안

[물음 1] 완성품환산량

(1) 재료원가

128,000 + 12,000 = 140,000

(2) 가공원가

10,000 + 128,000 + 8,000 = 146,000

[물음 2] 완성품환산량 단위당 원가

(1) 재료원가

₩112,000 ÷ 140,000 = ₩0.8

(2) 가공원가

₩219,000 ÷ 146,000 = ₩1.5

[물음 3] 기말재공품원가와 완성품원가

(1) 기말재공품원가

12,000 × ₩0.8 + 8,000 × ₩1.5 = ₩21,600

(2) 완성품원가

₩21,250 + 128,000 × ₩0.8 + 138,000 × ₩1.5 = ₩330,650

[물음 4] 당기순이익 증감액

(1) 완성품환산량 단위당 원가 재계산

		재료원가	가공원가
완성품	143,000	143,000	143,000
기말재공품	12,000(1/3)	12,000	4,000
완성품환산량		155,000	147,000
기초 및 당기발생원가		₩131,750	₩220,500
환산량 단위당 원가		₩0.85	₩1.5

(2) 완성품원가

143,000 × ₩0.85 + 143,000 × ₩1.5 = ₩336,050

(3) 선입선출법을 적용한 경우 완성품원가 과소계상액

선입선출법 완성품원가 - 평균법 완성품원가 = ₩330,650 - ₩336,050 = ₩(5,400)

(4) 선입선출법을 적용한 경우 당기순이익 과대계상액

₩5,400

문제 03 평균적으로 발생하는 공손

(주)한국은 올해 초 영업을 개시하고 단일의 제조공정을 통하여 하나의 제품을 생산하고 있다. 재료는 공정 초기에 전량 투입되고 가공원가는 공정 전반에 걸쳐 균등하게 발생한다. 또한, 정상공손은 완성품의 10%이며 공손은 공정 전반에 걸쳐 균등발생한다.

관련 자료는 다음과 같다.

(1) 물량흐름과 완성도

	수량	완성도
기초재공품	0단위	-
당기착수	1,000	-
당기완성	600	100%
정상공손	?	?
비정상공손	?	?
기말재공품	300	80

(2) 당기발생원가

재료원가	₩100,000
가공원가	133,500
합계	₩233,500

요구사항

[물음] 완성품원가와 기말재공품원가를 구하시오. (단, 정상공손원가는 합격품물량의 가공원가 완성품환산량을 기준으로 배분한다)

해답

문제분석

■ "정상공손은 완성품의 10%"

→ 완성품은 600단위이므로 정상공손수량은 60단위(= 600단위 × 10%)이다.

■ "공손은 공정 전반에 걸쳐 균등발생"

→ 공손이 공정 전반에 걸쳐 균등발생하므로 공손의 가공원가 완성도는 50%로 한다. 또한, 공손이 공정 전반에 걸쳐 균등발생한다면 완성도가 증가할수록 더 많은 공손원가를 부담하는 것이 타당하므로, 정상공손원가는 가공원가의 완성도에 따라 배분한다.

자료정리

(1) 공손수량 결정

- 정상공손수량: 완성품 × 10% = 600단위 × 10% = 60단위
- 비정상공손수량: 100단위 - 60단위 = 40단위

(2) 물량흐름도

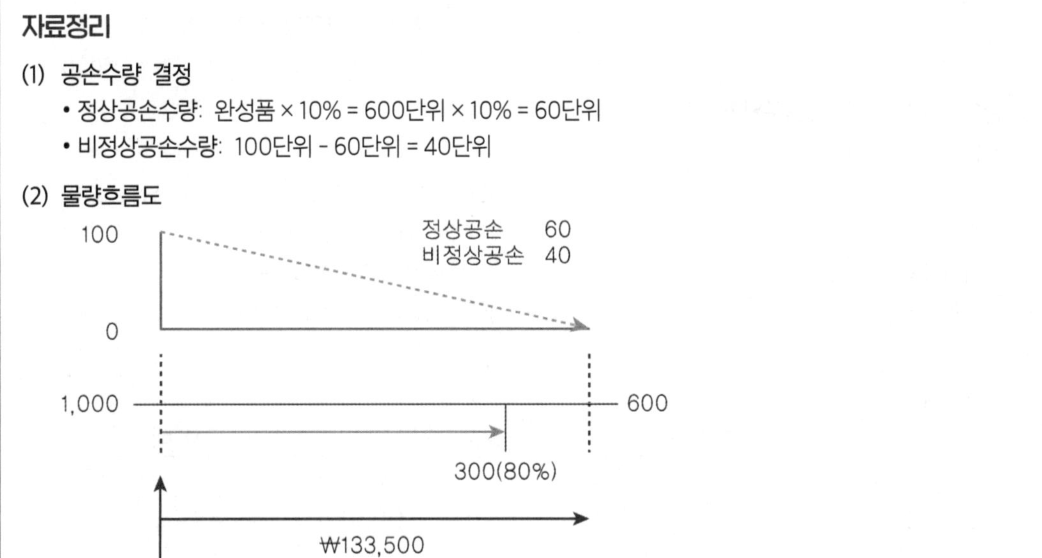

모범답안

[물음] 완성품원가와 기말재공품원가

① 물량흐름 파악 / ② 완성품환산량

재공품				재료원가	가공원가
기초	-	완성	600	600	600
		정상공손	60(0.5)	60	30
		비정상공손	40(0.5)	40	20
착수	1,000	기말	300(0.8)	300	240
	1,000		1,000	1,000	890

③ 원가

	재료원가	가공원가
③ 원가	₩100,000	₩133,500
④ 환산량 단위당 원가(= ③ ÷ ②)	₩100	₩150

⑤ 완성품원가와 기말재공품원가

- 1차 배분

완성품	600 × ₩100 + 600 × ₩150 =	₩150,000
정상공손	60 × ₩100 + 30 × ₩150 =	10,500
비정상공손	40 × ₩100 + 20 × ₩150 =	7,000
기말재공품	300 × ₩100 + 240 × ₩150 =	66,000
		₩233,500

- 2차 배분

	1차 배분	정상공손원가	2차 배분
완성품	₩150,000	₩7,500[*1]	₩157,500
정상공손	10,500	(10,500)	-
비정상공손	7,000		7,000
기말재공품	66,000	3,000[*2]	69,000
	₩233,500	-	₩233,500

[*1] 완성품에 배분된 정상공손원가: $₩10,500 \times \frac{600}{600 + 300 \times 80\%} = ₩7,500$

[*2] 기말재공품에 배분된 정상공손원가: $₩10,500 \times \frac{300 \times 80\%}{600 + 300 \times 80\%} = ₩3,000$

∴ 완성품원가 = ₩157,500, 기말재공품원가 = ₩69,000

문제 04 공정의 일정시점에서 발생하는 감손

(주)한국은 단일 제품을 대량으로 생산하고 있다. 재료는 공정 초기에 모두 투입되고 가공원가는 공정 전반에 걸쳐 균등하게 발생한다. 2월의 원가계산에 대한 자료는 다음과 같다.

(1) 월초재공품(400ℓ)
- 완성도 25%
- 재료원가 ₩100,000
- 가공원가 ₩57,000

(2) 당월착수(1,600ℓ)
- 재료원가 ₩320,000
- 가공원가 ₩368,000

(3) 2월의 제품생산량은 1,000ℓ이고 월말재공품의 생산량은 800ℓ(완성도 75%)이다. 감손은 공정의 50% 시점에서 발생하며 모두 정상적으로 가정한다.

요구사항

[물음 1] 선입선출법을 적용하여 완성품원가와 월말재공품원가를 계산하시오. (단, 감손원가는 당월발생원가에서 배부한다)

[물음 2] 위 물음과 별도로 감손시점을 통과한 물량의 10%를 정상감손이라고 하자. 가중평균법을 적용하여 완성품원가와 월말재공품원가를 계산하시오.

해답

문제분석

■ "감손은 공정의 50% 시점에서 발생하며 모두 정상적으로 가정한다."

→ 감손이 50% 시점에서 발생하므로 감손의 가공원가 환산량은 50%이다. 또한, 감손원가는 감손시점을 통과한 물량에서 물량기준으로 배분한다. 이는 정상공손 회계처리와 동일하다.

■ [물음 1] "감손원가는 당월발생원가에서 배부한다"

→ 월초재공품물량에서 발생하는 감손은 월초재공품원가에서 배부해야 한다. 그러나 본 문제에서 감손원가는 당월발생원가에서 배부하는 것으로 한다.

자료정리

(1) 물량흐름도(선입선출법)

(2) 물량흐름도(평균법)

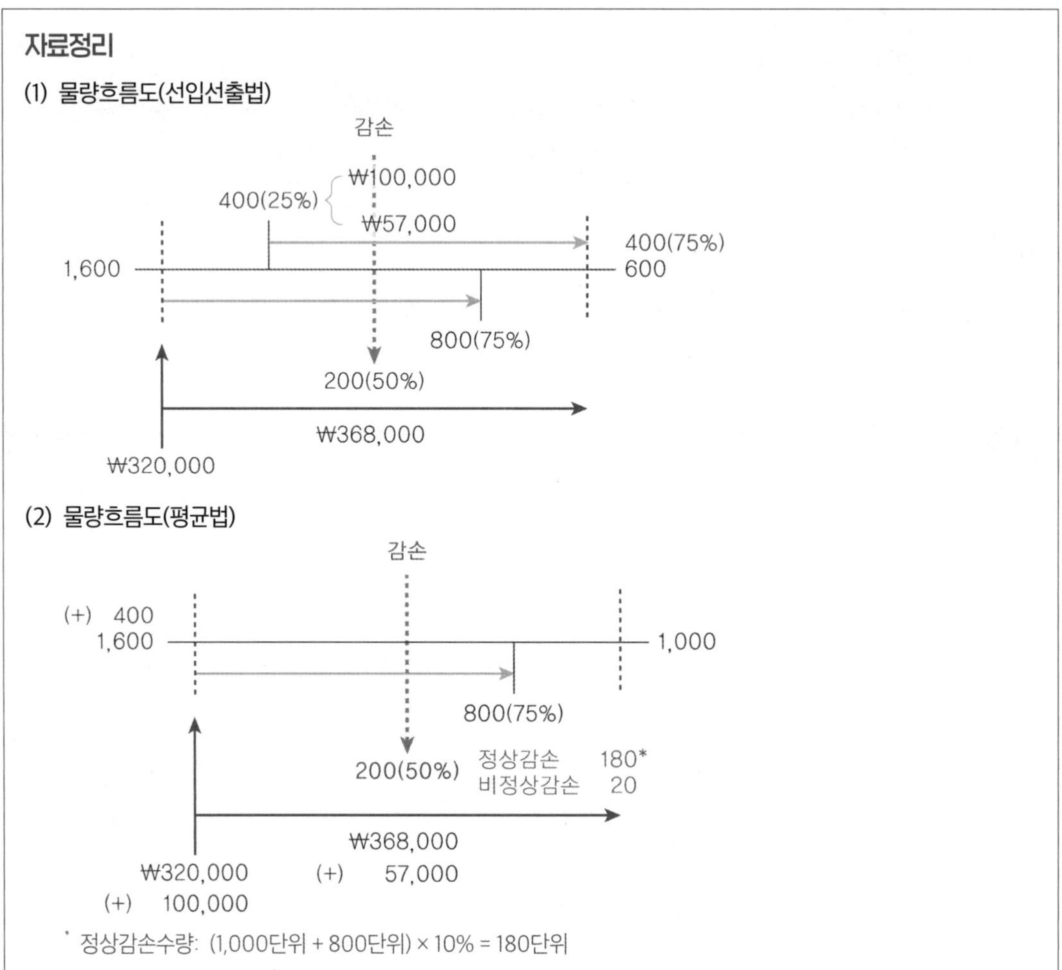

* 정상감손수량: (1,000단위 + 800단위) × 10% = 180단위

모범답안

[물음 1] 선입선출법하의 완성품원가와 월말재공품원가

① 물량흐름 파악

재공품

월초	400(0.25)	완성	400(0.75)
			600
		감손	200(0.5)
착수	1,600	월말	800(0.75)
	2,000		2,000

② 완성품환산량

재료원가	가공원가
-	300
600	600
200	100
800	600
1,600	1,600

③ 당월발생원가

재료원가	가공원가
₩320,000	₩368,000

④ 환산량 단위당 원가(= ③ ÷ ②)

재료원가	가공원가
₩200	₩230

⑤ 원가배분

• 1차 배분

완성품	₩157,000 + 600 × ₩200 + 900 × ₩230 =	₩484,000
감손	200 × ₩200 + 100 × ₩230 =	63,000
월말재공품	800 × ₩200 + 600 × ₩230 =	298,000
		₩845,000

• 2차 배분

	배분 전 원가	감손원가 배분	배분 후 원가
완성품	₩484,000	₩35,000*1	₩519,000
정상감손	63,000	(63,000)	-
월말재공품	298,000	28,000*2	326,000
	₩845,000	-	₩845,000

*1 완성품에 배분된 감손원가: $₩63,000 \times \frac{1,000}{1,000 + 800} = ₩35,000$

*2 월말재공품에 배분된 감손원가: $₩63,000 \times \frac{800}{1,000 + 800} = ₩28,000$

∴ 완성품원가 = ₩519,000, 월말재공품원가 = ₩326,000

[물음 2] 가중평균법하의 완성품원가와 월말재공품원가

① 물량흐름 파악 / ② 완성품환산량

재공품				재료원가	가공원가
월초	400(0.25)	완성	1,000	1,000	1,000
		정상감손	180(0.5)	180	90
		비정상감손	20(0.5)	20	10
착수	1,600	월말	800(0.75)	800	600
	2,000		2,000	2,000	1,700

③ 월초 및 당월발생원가

	재료원가	가공원가
③ 월초 및 당월발생원가	₩420,000	₩425,000
④ 환산량 단위당 원가(= ③ ÷ ②)	₩210	₩250

⑤ 원가배분

- 1차 배분

완성품	1,000 × ₩210 + 1,000 × ₩250 =	₩460,000
정상감손	180 × ₩210 + 90 × ₩250 =	60,300
비정상감손	20 × ₩210 + 10 × ₩250 =	6,700
월말재공품	800 × ₩210 + 600 × ₩250 =	318,000
		₩845,000

- 2차 배분

	배분 전 원가	감손원가 배분	배분 후 원가
완성품	₩460,000	₩33,500[*1]	₩493,500
정상감손	60,300	(60,300)	-
비정상감손	6,700	-	6,700
월말재공품	318,000	26,800[*2]	344,800
	₩845,000	-	₩845,000

[*1] 완성품에 배분된 감손원가: $₩60,300 \times \frac{1,000}{1,000 + 800} = ₩33,500$

[*2] 월말재공품에 배분된 감손원가: $₩60,300 \times \frac{800}{1,000 + 800} = ₩26,800$

∴ 완성품원가 = ₩493,500, 월말재공품원가 = ₩344,800

문제 05 누증적 감손 분리법과 비분리법

(주)한국은 올해 초 영업을 개시하고 단일의 제조공정을 통하여 하나의 제품을 생산하고 있다. 제조과정의 전 공정에 걸쳐 공정의 완성도에 비례하여 40%의 감손이 발생한다. 재료는 공정 초기에 전량 투입되고 가공원가는 공정 전반에 걸쳐 균등하게 발생한다. 또한, 감손은 모두 정상적인 것으로 간주한다.

관련 자료는 다음과 같다.

(1) 물량흐름과 완성도

	수량	완성도
기초재공품	0단위	-
당기착수	1,000	-
당기완성	360	100%
기말재공품	320	50

(2) 당기발생원가

재료원가	₩500,000
가공원가	660,000
합계	₩1,160,000

요구사항

[물음 1] 감손에 대하여 비분리법을 적용하여 완성품원가와 기말재공품원가를 구하시오.

[물음 2] 감손에 대하여 분리법을 적용하여 완성품원가와 기말재공품원가를 구하시오.

해답

문제분석

■ "제조과정의 전 공정에 걸쳐 공정의 완성도에 비례하여 40%의 감손" 및 "(1) 당기완성 360단위 100%, 기말재공품 320단위 50%"

→ 감손율과 완성도를 이용하여 감손 전 수량을 추정할 수 있다.

- 완성품 감손 전 수량: $\dfrac{360단위}{1 - 40\% \times 100\%} = 600단위$

- 기말재공품 감손 전 수량: $\dfrac{320단위}{1 - 40\% \times 50\%} = 400단위$

■ [물음 1] "감손에 대하여 비분리법을 적용"

→ 감손 전 수량으로 환산한 수량을 기준으로 원가계산을 진행한다.

■ "[물음 2] 감손에 대하여 분리법을 적용" 및 "감손은 모두 정상적인 것으로 간주"

→ 완성품과 재공품에 관련한 감손원가를 별도로 집계한 후 각각의 감손원가를 완성품과 기말재공품에 가산한다.

자료정리

(1) 비분리법 물량흐름

감손 전 수량으로 환산한다.

재공품

기초	-	완성[*1]	600
착수	1,000	기말[*2]	400
	1,000		1,000

[*1] 360단위 ÷ (1 - 0.4 × 100%) = 600단위

[*2] 320단위 ÷ (1 - 0.4 × 50%) = 400단위

(2) 분리법 물량흐름

완성품과 재공품에 대한 산출량과 감손량에 대한 원가를 각각 계산한 후 감손량에 대한 원가는 해당 산출량에 가산한다.

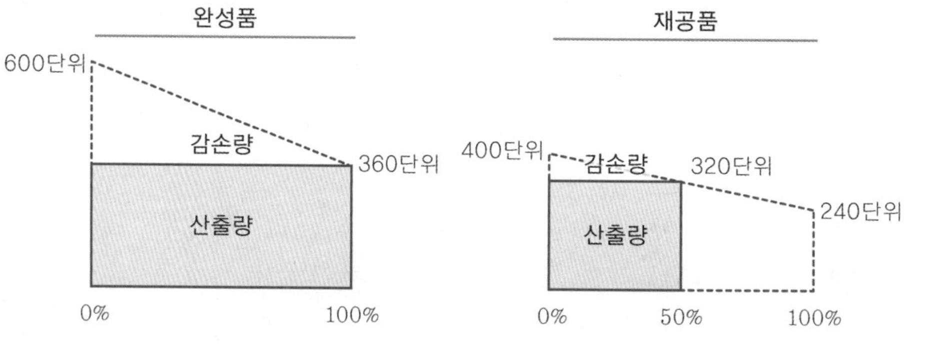

모범답안

[물음 1] 비분리법 적용 시 완성품원가와 기말재공품원가

① 물량흐름 파악

재공품			
기초	-	완성	600
착수	1,000	기말	400(0.5)
	1,000		1,000

② 완성품환산량

재료원가	가공원가
600	600
400	200
1,000	800

③ 원가

₩500,000	₩660,000

④ 환산량 단위당 원가(= ③ ÷ ②)

₩500	₩825

⑤ 완성품원가와 기말재공품원가

완성품	600 × ₩500 + 600 × ₩825 =	₩795,000
기말재공품	400 × ₩500 + 200 × ₩825 =	365,000
		₩1,160,000

[물음 2] 분리법 적용 시 완성품원가와 기말재공품원가

① 물량흐름 파악

재공품			
기초	-	완성	360
		완성-감손[*1]	240
		기말	320(0.5)
착수	1,000	기말-감손[*2]	80(0.5)
	1,000		1,000

② 완성품환산량

재료원가	가공원가
360	360
240	120[*3]
320	160
80	20[*4]
1,000	660

③ 원가

₩500,000	₩660,000

④ 환산량 단위당 원가(= ③ ÷ ②)

₩500	₩1,000

[*1] 완성품 관련 감손: 600단위 × 40% = 240단위

[*2] 기말재공품 관련 감손: 400단위 × 50% × 40% = 80단위

[*3] 완성품 관련 감손의 가공원가 환산량: 평균수량 × 완성도 = $\frac{240\text{단위} + 0\text{단위}}{2}$ × 100% = 120단위

[*4] 기말재공품 관련 감손의 가공원가 환산량: 평균수량 × 완성도 = $\frac{80\text{단위} + 0\text{단위}}{2}$ × 50% = 20단위

⑤ 원가배분

완성품	360 × ₩500 + 360 × ₩1,000 =	₩540,000
완성품 관련 감손	240 × ₩500 + 120 × ₩1,000 =	240,000
기말재공품	320 × ₩500 + 160 × ₩1,000 =	320,000
기말재공품 관련 감손	80 × ₩500 + 20 × ₩1,000 =	60,000
		₩1,160,000

∴ 완성품원가와 기말재공품원가는 다음과 같다.

- 완성품: ₩540,000 + ₩240,000 = ₩780,000
- 기말재공품: ₩320,000 + ₩60,000 = ₩380,000

별해

감손 완성품환산량을 관련 산출량에 가산한다.

① 물량흐름 파악

재공품

기초	-	완성	600
착수	1,000	기말	400(0.5)
	1,000		1,000

② 완성품환산량

재료원가	가공원가
600	480
400	180
1,000	660

③ 원가

₩500,000	₩660,000

④ 환산량 단위당 원가(= ③ ÷ ②)

₩500	₩1,000

⑤ 완성품원가와 기말재공품원가

완성품	600 × ₩500 + 480 × ₩1,000 =	₩780,000
기말재공품	400 × ₩500 + 180 × ₩1,000 =	380,000
		₩1,160,000

문제 06 완성품환산량을 이용한 자료추정

세무사 06

다음은 (주)한국의 7월과 8월에 대한 자료이다.

재료 X는 공정 초기에 투입되고, 재료 Y는 공정의 50% 시점에서 투입되며, 가공원가는 공정 전반에 걸쳐서 발생된다. 당사는 선입선출법에 의하여 원가계산을 하고 있다.

(1) 7월의 단위당 원가는 다음과 같다.
재료 X: ₩140, 재료 Y: ₩90, 가공원가: ₩260

(2) 8월의 단위당 원가는 다음과 같다.
재료 X: ₩150, 재료 Y: ₩95, 가공원가: ₩280

(3) 7월 초 재공품원가는 ₩650,000이다.

(4) 7월과 8월의 생산 관련 자료는 다음과 같다.

구분	7월	8월
당월착수	4,500개	5,000개
당월완성	5,000개	6,000개

(5) 7월 말 재공품 2,000개의 완성도는 다음과 같다.
1,000개: 90%, 500개: 40%, 500개: 20%

요구사항

[물음 1] 7월의 가공원가 완성품환산량은 5,200개이다. 월초재공품의 완성도는 얼마인가?

[물음 2] 7월의 완성품원가와 월말재공품원가는 얼마인가?

[물음 3] 8월의 가공원가 완성품환산량은 5,600개이다. 월말재공품의 완성도는 얼마인가?

[물음 4] 8월의 완성품원가와 월말재공품원가는 얼마인가?

해답

문제분석

- **"(5) 7월 말 재공품 2,000개" 및 "(5) 1,000개: 90%, 500개: 40%, 500개: 20%"**
  → 7월 말 재공품은 8월 초 재공품이다.
- **"(4) 7월 당월착수 4,500개, 당월완성 5,000개" 및 "(5) 7월 말 재공품 2,000개"**
  → 공손과 감손에 대한 언급이 없으므로 7월 물량흐름을 파악할 수 있다. 즉, 당월착수, 당월완성 및 월말 재공품수량을 이용하여 월초재공품수량을 추정할 수 있다.
- **"(4) 8월 당월착수 5,000개, 당월완성 6,000개" 및 "(5) 7월 말 재공품 2,000개"**
  → 7월 말 재공품은 8월 초 재공품이므로 8월 물량흐름을 파악할 수 있다. 즉, 당월착수, 당월완성 및 월초재공품(7월 말 재공품)수량을 이용하여 월말재공품수량을 추정할 수 있다.
- **"[물음 1] 월초재공품의 완성도" 및 "[물음 3] 월말재공품의 완성도"**
  → 7월의 월초재공품 완성도와 8월의 월말재공품 완성도는 가공원가의 완성품환산량을 이용하여 계산할 수 있다.

자료정리

(1) 물량흐름도

• 7월

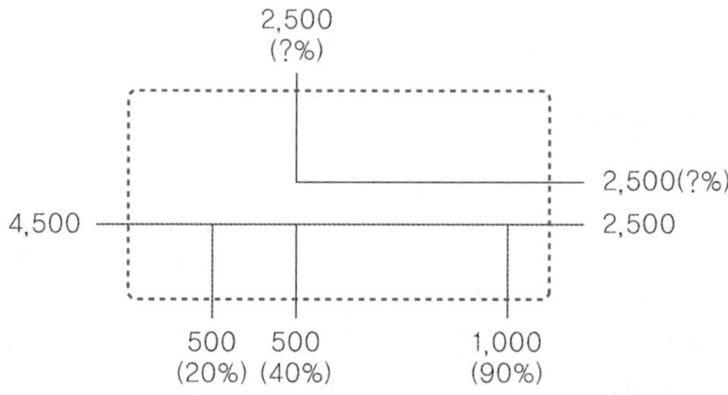

• 8월

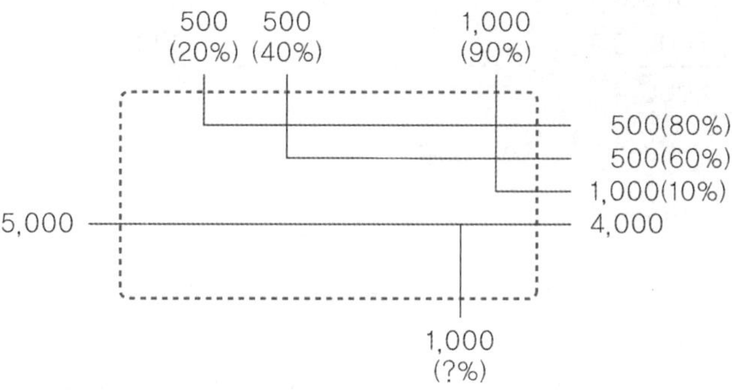

(2) 7월 초 재공품 완성도

7월 초 재공품의 가공원가 완성품환산량을 x라 하면 다음과 같다.

x + 2,500 + 500 × 20% + 500 × 40% + 1,000 × 90% = 5,200개

x는 1,500개, 당월 완성도는 60%(= 1,500개 ÷ 2,500개)이므로 월초재공품의 완성도는 40%이다.

(3) 8월 말 재공품 완성도

8월 말 재공품의 가공원가 완성품환산량을 x라 하면 다음과 같다.

500 × 80% + 500 × 60% + 1,000 × 10% + 4,000 + x = 5,600개

x는 800개이므로 월말재공품의 완성도는 80%(= 800개 ÷ 1,000개)이다.

모범답안

[물음 1] 7월 초 재공품의 완성도

40%

[물음 2] 7월 완성품원가와 월말재공품원가

① 물량흐름 파악(선입선출법) / ② 완성품환산량

재공품				재료 X	재료 Y	가공원가
월초	2,500(0.4)	완성	2,500(0.6)	-	2,500	1,500
			2,500	2,500	2,500	2,500
착수	4,500	월말	500(0.2)	500	-	100
			500(0.4)	500	-	200
			1,000(0.9)	1,000	1,000	900
	7,000		7,000	4,500	6,000	5,200

③ 당월발생원가

재료 X	재료 Y	가공원가
?	?	?

④ 환산량 단위당 원가(= ③ ÷ ②)

재료 X	재료 Y	가공원가
₩140	₩90	₩260

⑤ 완성품원가와 월말재공품원가

완성품	₩650,000 + 2,500 × ₩140 + 5,000 × ₩90 + 4,000 × ₩260 =	₩2,490,000
월말재공품	2,000 × ₩140 + 1,000 × ₩90 + 1,200 × ₩260 =	682,000
		₩3,172,000

[물음 3] 8월 말 재공품의 완성도

80%

[물음 4] 8월 완성품원가와 월말재공품원가

① 물량흐름 파악(선입선출법)

재공품

월초	500(0.2)	완성	500(0.8)
	500(0.4)		500(0.6)
	1,000(0.9)		1,000(0.1)
			4,000
착수	5,000	월말	1,000(0.8)
	7,000		7,000

② 완성품환산량

재료 X	재료 Y	가공원가
-	500	400
-	500	300
-	-	100
4,000	4,000	4,000
1,000	1,000	800
5,000	6,000	5,600

③ 당월발생원가

재료 X	재료 Y	가공원가
?	?	?

④ 환산량 단위당 원가(= ③ ÷ ②)

재료 X	재료 Y	가공원가
₩150	₩95	₩280

⑤ 완성품원가와 월말재공품원가

완성품	₩682,000 + 4,000 × ₩150 + 5,000 × ₩95 + 4,800 × ₩280 =	₩3,101,000
월말재공품	1,000 × ₩150 + 1,000 × ₩95 + 800 × ₩280 =	469,000
		₩3,570,000

문제 07 검사시점의 변경과 공손품 회계처리

세무사 11

다음을 읽고 물음에 답하시오.

(주)한국은 단일 공정을 통해 제품 A를 대량생산하고 있다. 직접재료는 X재료와 Y재료로 구성되며, X재료는 공정 초기에 모두 투입되고 Y재료는 공정의 60% 시점에서 모두 투입된다. 가공원가는 공정 전체를 통해 평균적으로 발생한다. 공정의 80% 시점에서 품질검사가 이루어지며, 정상공손 허용수준은 합격품수량의 10%이다. 공손품의 순실현가치는 없다. (주)한국은 가중평균법에 의한 종합원가계산을 적용하여 제품원가를 계산하고 있다. 당기의 생산 및 원가자료는 다음과 같다. 비정상공손원가는 기간비용으로 처리하고 정상공손원가는 물량단위를 기준으로 합격품에 배부한다. 단, 괄호 안의 수치는 가공원가 완성도를 의미한다.

	물량단위	X재료원가	Y재료원가	가공원가
기초재공품	1,000(30%)	₩82,000	-	₩50,000
당기투입	8,000	746,000	₩846,000	1,310,000
당기완성품	5,000			
기말재공품	3,000(90%)			

요구사항

[물음 1] 정상공손원가를 합격품에 배부한 후의 완성품원가와 기말재공품원가를 구하시오.

[물음 2] 공정의 50% 시점에서 품질검사를 실시하여도 공정의 80% 시점에서 품질검사를 한 경우와 동일한 수량의 공손품을 발견할 수 있다고 한다. 품질검사시점을 50%로 변경할 경우에 최대 원가절감액을 구하시오. 단, 가공원가는 모두 변동원가로 간주한다.

[물음 3] [물음 1]에서 정상공손원가를 배부한 후의 완성품원가는 ₩2,000,000이고, 비정상공손원가는 ₩100,000으로 산출되었으며, 다음과 같이 회계처리하였다고 가정한다.

(차) 제품	2,000,000	(대) 재공품	2,100,000
비정상공손원가(기간비용)	100,000		

만일, 공손품의 순실현가치가 다음과 같이 추정되었을 경우, 상기의 자료를 이용하여 올바른 회계처리를 하시오. 다른 조건은 문제에 주어진 것과 동일하다.

항목	단위당 금액		물량단위	순실현가치
	판매가격	판매비		
정상공손	₩250	₩75	800	₩140,000
비정상공손	250	50	200	40,000

해답

문제분석

- "공정의 80% 시점에서 품질검사" 및 "정상공손 허용수준은 합격품수량의 10%"
  → 물량흐름을 통하여 총공손수량과 정상공손수량을 계산할 수 있다.
- "비정상공손원가는 기간비용으로 처리하고 정상공손원가는 물량단위를 기준으로 합격품에 배부"
  → 공손원가에 대한 이론적인 처리방법으로, 정상공손원가는 합격품에 물량을 기준으로 배부한다.
- [물음 2] "품질검사시점을 50%로 변경" 및 "가공원가는 모두 변동원가"
  → 검사시점을 변경할 경우 공정의 60% 시점에 투입되는 Y재료원가와 변동원가인 가공원가를 줄일 수 있다. 단, 가공원가의 경우 감소된 완성품환산량만큼 줄일 수 있다.
- [물음 3] "순실현가치 ₩140,000, ₩40,000"
  → 공손원가에서 공손품의 순실현가치를 차감한 순정상공손원가를 합격품에 배분하므로 공손품의 처분가치만큼 합격품에 배분되는 정상공손원가가 감소한다. 또한, 공손품의 처분가치는 공손품으로 인식한다.

자료정리

(1) 물량흐름도

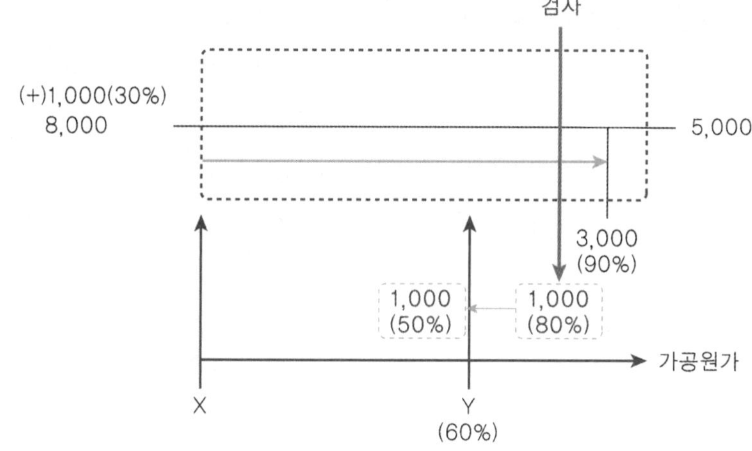

(2) 총공손수량(Q)

기초재공품물량 + 당기착수량 = 완성물량 + 총공손물량 + 기말재공품물량

1,000단위 + 8,000단위 = 5,000단위 + Q + 3,000단위

∴ Q = 1,000단위

(3) 정상공손수량

합격품 × 10% = (완성품 + 기말재공품) × 10% = (5,000단위 + 3,000단위) × 10% = 800단위

(4) 물량흐름 및 완성품환산량

생산흐름	물량단위	완성품환산량		
		X재료	Y재료	가공원가
기초재공품	1,000			
당기착수량	8,000			
	9,000			
당기완성품대체량	5,000	5,000	5,000	5,000
정상공손(8,000 × 10%)	800(80%)	800	800	640
비정상공손(1,000 - 800)	200(80%)	200	200	160
기말재공품	3,000(90%)	3,000	3,000	2,700
	9,000	9,000	9,000	8,500

(5) 총원가요약 및 환산량 단위당 원가

	X재료	Y재료	가공원가	합계
기초재공품	₩82,000	-	₩50,000	₩132,000
당기제조원가	746,000	₩846,000	1,310,000	2,902,000
계	₩828,000	₩846,000	₩1,360,000	₩3,034,000
완성품환산량	÷ 9,000	÷ 9,000	÷ 8,500	
환산량 단위당 원가	₩92	₩94	₩160	

(6) 완성품에서 차감되는 정상공손 순실현가치

$$\text{정상공손 순실현가치} \times \frac{\text{완성품수량}}{\text{총합격수량}} = ₩140{,}000 \times \frac{5{,}000}{5{,}000 + 3{,}000} = ₩87{,}500$$

모범답안

[물음 1] 완성품원가와 기말재공품원가

(1) 1차 배분

완성품	5,000 × ₩92 + 5,000 × ₩94 + 5,000 × ₩160 =	₩1,730,000
정상공손	800 × ₩92 + 800 × ₩94 + 640 × ₩160 =	251,200
비정상공손	200 × ₩92 + 200 × ₩94 + 160 × ₩160 =	62,800
기말재공품	3,000 × ₩92 + 3,000 × ₩94 + 2,700 × ₩160 =	990,000
		₩3,034,000

(2) 2차 배분

	배분 전 원가	정상공손 배분	배분 후 원가
완성품	₩1,730,000	₩157,000*	₩1,887,000
정상공손	251,200	(251,200)	-
비정상공손	62,800	-	62,800
기말재공품	990,000	94,200	1,084,200
	₩3,034,000	-	₩3,034,000

* 완성품에 배분된 정상공손원가: $₩251,200 \times \frac{5,000}{5,000 + 3,000} = ₩157,000$

[물음 2] 검사시점이 50%일 경우 최대 원가절감액

60%에 투입되는 Y재료 절감액	(800단위 + 200단위) × ₩94 =	₩94,000
가공원가 절감액	(800단위 × 30% + 200단위 × 30%) × ₩160 =	48,000
최대 원가절감액		₩142,000

[물음 3] 공손품계정 설정 시 회계처리

(1) 공손품원가

₩140,000 + ₩40,000 = ₩180,000

(2) 완성품원가

배부된 정상공손원가에서 공손품의 순실현가치만큼 차감한다.

$$₩2,000,000 - ₩140,000 \times \frac{5,000}{5,000 + 3,000} = ₩1,912,500$$

(3) 비정상공손원가

₩100,000 - ₩40,000 = ₩60,000

(4) 회계처리

(차)	제품	1,912,500	(대) 재공품	2,152,500
	공손품	180,000		
	비정상공손	60,000		

문제 08 기초재공품이 검사시점을 통과한 경우 연속공정 종합원가계산 및 회계처리

세무사 96

(주)한국은 가구제조업체로서 가구제조공정은 조립부문과 도색부문으로 구성되어 있다. 도색부문에서의 재료원가는 완성시점(100%)에서 투입되며, 가공원가는 평균적으로 발생된다. 또한 도색부문은 가공공정의 70% 시점에서 검사를 실시하며, 검사를 통과한 수량의 5%까지를 정상공손으로 허용하고 있다. 도색부문의 기초재공품은 12,000단위(완성률 90%), 전공정대체수량은 36,000단위, 완성품수량은 34,000단위, 기말재공품수량은 10,000단위(완성률 75%)이다. 정상공손원가는 완성품에만 배부한다.

도색부문의 원가 관련 자료는 다음과 같다.

구분	전공정원가	재료원가	가공원가
기초재공품	₩915,000	₩0	₩834,560
당기발생원가	2,273,400	864,960	2,293,410

요구사항

[물음 1] 선입선출법에 의하여 도색부문에 대한 다음 물음에 답하시오.

(1) 정상공손수량과 비정상공손수량

(2) 원가요소별 완성품환산량

(3) 원가요소별 완성품환산량 단위당 원가

(4) 비정상공손원가

(5) 완성품원가

(6) 기말재공품원가

[물음 2] 재공품과 관련된 분개를 하시오.

[물음 3] 위 물음과 별도로 회사의 원가담당자는 기초재공품원가에 정상공손원가 ₩8,765이 누락되어 있음을 확인하였으며, 원가흐름의 가정은 평균법을 적용하고자 한다.
평균법하의 원가요소별 완성품환산량 단위당 원가는 다음과 같고 정상공손원가를 합격품에 물량을 기준으로 배부할 경우 평균법하의 완성품원가를 구하시오.

전공정원가	재료원가	가공원가
₩66.425	₩25.44	₩70.6

해답

문제분석

- "조립부문과 도색부문" 및 "도색부문에서의 재료원가는 완성시점(100%)에서 투입"
  → 후속공정의 원가계산으로 전공정원가를 정리하고, 후속공정의 재료원가는 완성품에만 투입된다.
- "70% 시점에서 검사" 및 "기초재공품은 12,000단위(완성률 90%)"
  → 기초재공품 완성도는 90%로, 전기에 검사시점을 모두 통과한 물량이다. 따라서 기초재공품원가에 정상공손원가가 포함되어 있어야 하지만 본 문제에는 정상공손원가에 대한 자료가 없다. 기초재공품은 전기에 검사를 통과한 물량이므로, 당기 정상공손원가는 기초재공품물량을 제외한 당기에 검사를 통과한 합격품에 배분한다.
- "정상공손원가는 완성품에만 배부"
  → 이론적으로 기말재공품은 검사시점을 통과한 물량으로 당기 공손원가 배분대상에 포함된다. 그러나 문제에서 정상공손원가는 완성품에만 배부하라고 제시되어 있다.
- [물음 3] "평균법하의 완성품원가"
  → 평균법을 적용하는 경우 기초재공품에 포함된 정상공손원가는 당기 정상공손원가에 가산하여 기초재공품물량을 포함한 합격품에 물량을 기준으로 배부한다.

자료정리

(1) 물량흐름도

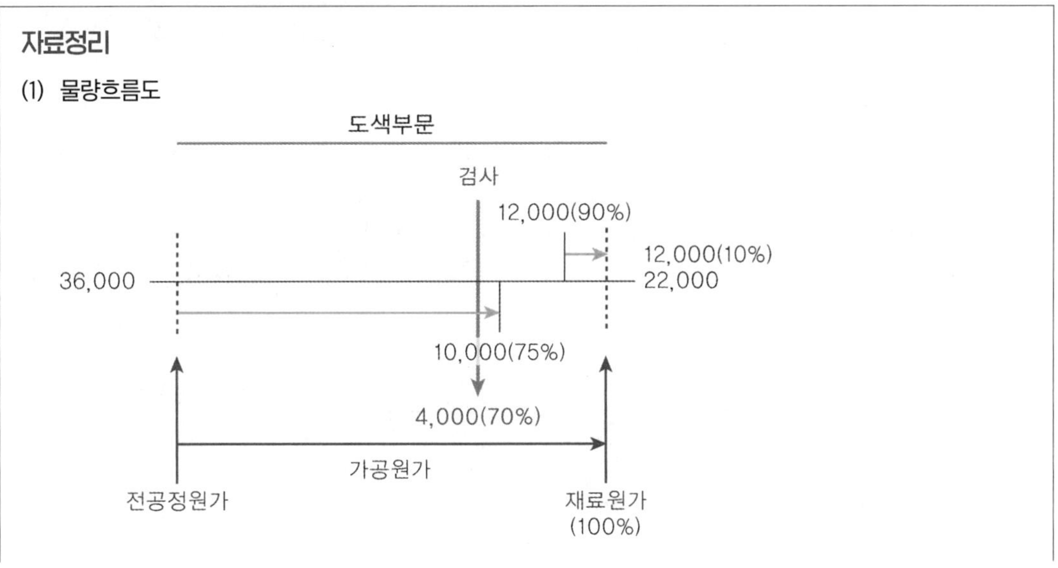

(2) 총공손수량(Q)

기초재공품수량 + 당기착수량 = 당기완성수량 + 총공손수량 + 기말재공품수량

12,000단위 + 36,000단위 = 34,000단위 + Q + 10,000단위

∴ Q = 4,000단위

(3) 정상공손수량

합격품 × 5% = (당기 검사를 통과한 완성품 + 기말재공품) × 5%

= (22,000단위 + 10,000단위) × 5% = 1,600단위

(4) 종합원가계산절차(선입선출법)

① 물량흐름 파악 / ② 완성품환산량

재공품					전공정원가	재료원가	가공원가
기초	12,000(0.9)	완성	기초	12,000(0.1)	-	12,000	1,200
			당기	22,000	22,000	22,000	22,000
		정상공손		1,600(0.7)	1,600	-	1,120
		비정상공손		2,400(0.7)	2,400	-	1,680
착수	36,000	기말		10,000(0.75)	10,000	-	7,500
	48,000			48,000	36,000	34,000	33,500

③ 당기발생원가

₩2,273,400	₩864,960	₩2,293,410

④ 환산량 단위당 원가(= ③ ÷ ②)

₩63.15	₩25.44	₩68.46

⑤ 원가배분

• 1차 배분

완성품	₩1,749,560 + 22,000 × ₩63.15 + 34,000 × ₩25.44 + 23,200 × ₩68.46 =	₩5,592,092
정상공손	1,600 × ₩63.15 + 1,120 × ₩68.46 =	177,715.2
비정상공손	2,400 × ₩63.15 + 1,680 × ₩68.46 =	266,572.8
기말재공품	10,000 × ₩63.15 + 7,500 × ₩68.46 =	1,144,950
		₩7,181,330

• 2차 배분

	배분 전 원가	공손원가 배분	배분 후 원가
완성품	₩5,592,092	₩177,715.2[*1]	₩5,769,807.2
정상공손	177,715.2	(177,715.2)	-
비정상공손	266,572.8		266,572.8
기말재공품	1,144,950		1,144,950
	₩7,181,330	-	₩7,181,330

[*1] 정상공손원가는 완성품에만 배부한다.

(5) 종합원가계산절차(평균법)

① 물량흐름 파악 / ② 완성품환산량

재공품				전공정원가	재료원가	가공원가
기초	12,000(0.9)	완성	34,000	34,000	34,000	34,000
		정상공손	1,600(0.7)	1,600	-	1,120
		비정상공손	2,400(0.7)	2,400	-	1,680
착수	36,000	기말	10,000(0.75)	10,000	-	7,500
	48,000		48,000	48,000	34,000	44,300

③ 원가

전공정원가	재료원가	가공원가
?	?	?

④ 환산량 단위당 원가(= ③ ÷ ②)

전공정원가	재료원가	가공원가
₩66.425	₩25.44	₩70.6

⑤ 원가배분

• 1차 배분

완성품	34,000 × ₩66.425 + 34,000 × ₩25.44 + 34,000 × ₩70.6 =	₩5,523,810
정상공손	1,600 × ₩66.425 + 1,120 × ₩70.6 =	185,352
비정상공손	2,400 × ₩66.425 + 1,680 × ₩70.6 =	278,028
기말재공품	10,000 × ₩66.425 + 7,500 × ₩70.6 =	1,193,750
		₩7,180,940

• 2차 배분

	배분 전 원가	기초재공품 공손원가	공손원가 배분	배분 후 원가
완성품	₩5,523,810	-	₩150,000[*3]	₩5,673,810
정상공손	185,352	₩8,765[*2]	(194,117)	-
비정상공손	278,028	-	-	278,028
기말재공품	1,193,750	-	44,117	1,237,867
	₩7,180,940	₩8,765	-	₩7,189,705

[*2] 기초재공품 정상공손원가를 가산한다.

[*3] 완성품에 배분된 정상공손원가: $₩194,117 \times \frac{34,000}{34,000 + 10,000} = ₩150,000$

모범답안

[물음 1]

(1) 정상공손수량과 비정상공손수량
- 정상공손: 1,600단위
- 비정상공손: 2,400단위

(2) 원가요소별 완성품환산량
- 전공정원가: 36,000단위
- 재료원가: 34,000단위
- 가공원가: 33,500단위

(3) 원가요소별 완성품환산량 단위당 원가
- 전공정원가: ₩63.15
- 재료원가: ₩25.44
- 가공원가: ₩68.46

(4) 비정상공손원가
₩266,572.8

(5) 완성품원가
₩5,769,807.2

(6) 기말재공품원가
₩1,144,950

[물음 2] 재공품과 관련된 분개

(1) 전공정대체

(차) 재공품(도색)	2,273,400	(대) 재공품(조립)	2,273,400

(2) 도색부문 원가투입

(차) 재공품(도색)	3,158,370	(대) 재료원가	864,960
		가공원가	2,293,410

(3) 제품완성

(차) 제품	5,769,807.2	(대) 재공품(도색)	6,036,380
비정상공손	266,572.8		

[물음 3] 평균법하의 완성품원가

₩5,523,810 + ₩150,000 = ₩5,673,810

문제 09 검사 추가 의사결정

(주)한국은 자동화된 설비로 공정 시작시점에서 재료 A가 투입되고, 공정의 종료시점에 재료 B가 투입된 최종제품을 검사하여 공손품을 선별하고 있다.

원가담당자의 조사에 의하면 공손품이 대부분 공정 초기에 발생하므로, 공정 초기에 검사시점을 추가할 필요가 있는 것으로 분석되었다.

《자료 1》 20×1년 1월에 발생한 원가자료

	재료 A	재료 B	노무원가	제조간접원가	계
월초재공품	₩9,500	-	₩4,860	₩6,000	₩20,360
당월발생원가	100,000	₩38,100	63,000	88,200	289,300
	₩109,500	₩38,100	₩67,860	₩94,200	₩309,660

《자료 2》 20×1년 1월 물량자료

- 월초재공품: 240개
- 당월착수: 2,500개
- 완성수량: 2,480개
- 공손품: 60개
- 월말재공품: 200개

《자료 3》 기타 자료

(1) 재고자산의 평가는 선입선출법에 의한다.

(2) 월초 및 월말재공품 가공원가 완성도는 50%로 간주한다.

(3) 공손품은 모두 정상적이며 처분가치는 없다. 또한, 원가담당자의 분석에 따르면 검사를 추가하면 이 중 투입량 2,500개의 2%인 50개는 공정의 20% 시점에서 발생하는 것으로 판명되었다.

(4) 노무원가는 자동화설비를 관리하는 직원에 대한 급여로서 매월 고정급을 지급한다. 나머지 제조원가는 수량에 비례하여 발생하는 변동원가이다.

(5) 가공원가는 공정의 진행에 따라 균등하게 발생한다.

다음의 물음은 각각 독립적이다.

요구사항

[물음 1] 당월 정상공손원가 배분 후 완성품원가를 구하시오.

[물음 2] 공정의 20% 시점에 검사를 추가할 경우 다음을 구하시오. (단, 추가 검사를 위한 인력충원으로 인하여 ₩1,480의 노무원가가 추가 발생한다)

(1) 검사 추가에 따라서 절감할 수 있는 제조원가를 구하시오. (단, ₩1,480의 추가 노무원가는 고려하지 마시오)

(2) 정상공손원가 배분 전 완성품원가 및 정상공손원가를 구하시오. (단, (1)에서 계산한 절감가능한 원가를 차감하고 추가 노무원가를 가산하여 완성품환산량을 재계산하시오)

(3) 당월 원가계산의 결과가 다음과 같다고 가정하고 정상공손원가 배분 후 완성품원가를 구하시오.

- 완성품: ₩290,000
- 월말재공품: ₩7,000
- 공손(20%): ₩2,450
- 공손(100%): ₩300

해답

문제분석

■ "재료 B가 투입된 최종제품을 검사하여 공손품을 선별"
→ 검사는 공정 종료시점에 실시하고, 재료 B는 공손품에도 배부된다.

■ 《자료 3》 "(3) 50개는 공정의 20% 시점에서 발생"
→ 검사를 추가하는 경우 50개는 20% 시점에서 발생하고, 10개는 공정 종료시점에 발생한다.

■ 《자료 3》 "(4) 노무원가는 자동화설비를 관리하는 직원에 대한 급여로서 매월 고정급을 지급"
→ 가공원가 완성품환산량이 감소해도 노무원가는 감소하지 않는다.

■ [물음 2] "추가 검사를 위한 인력충원으로 인하여 ₩1,480의 노무원가가 추가 발생"
→ 노무원가는 고정원가이므로 기존 노무원가에 ₩1,480을 가산한 후 새로운 완성품환산량으로 나누어 노무원가 완성품환산량 단위당 원가를 재계산한다. 또한, 완성품환산량이 변하더라도 변동제조원가의 환산량 단위당 원가는 달라지지 않는다.

■ [물음 2] "(1) 검사 추가에 따라서 절감할 수 있는 제조원가"
→ 직접노무원가는 고정원가이므로 절감할 수 없다. 따라서 절감할 수 있는 원가는 감소한 완성품환산량 만큼의 제조간접원가와 재료 B이다.
즉, 제조간접원가는 50개에 대한 80%만큼 절감할 수 있고, 재료 B는 50개 물량만큼 절감할 수 있다.

■ [물음 2] "(3) 정상공손원가 배분 후 완성품원가"
→ 월말재공품은 20%의 검사시점을 통과한 물량이므로 20% 시점의 정상공손원가의 배부대상에 월말재공품과 100% 시점의 정상공손물량을 포함해야 한다.

자료정리

(1) 물량흐름도

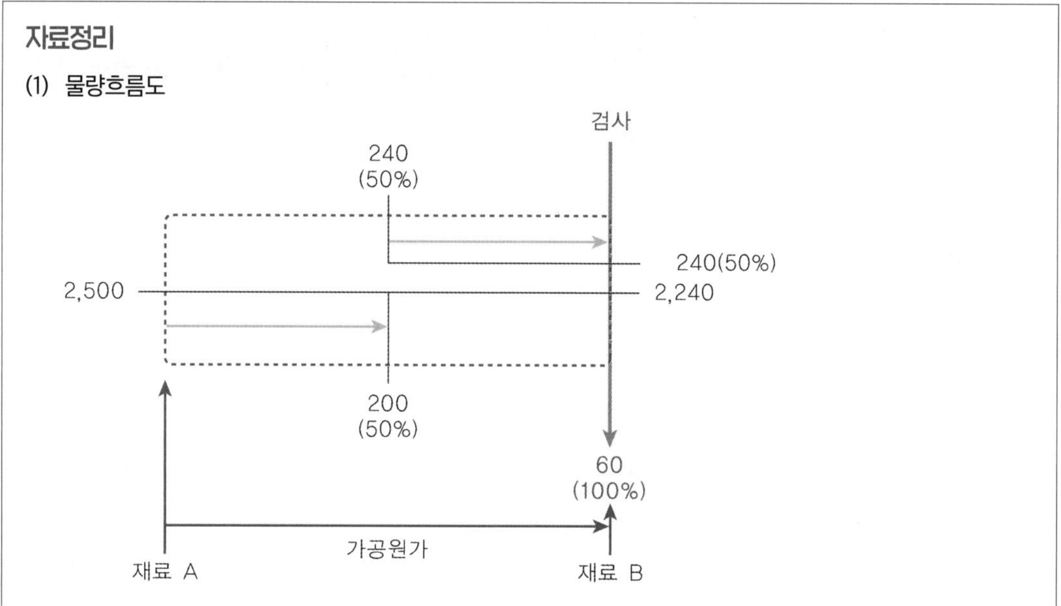

(2) 물량흐름도(검사 추가)

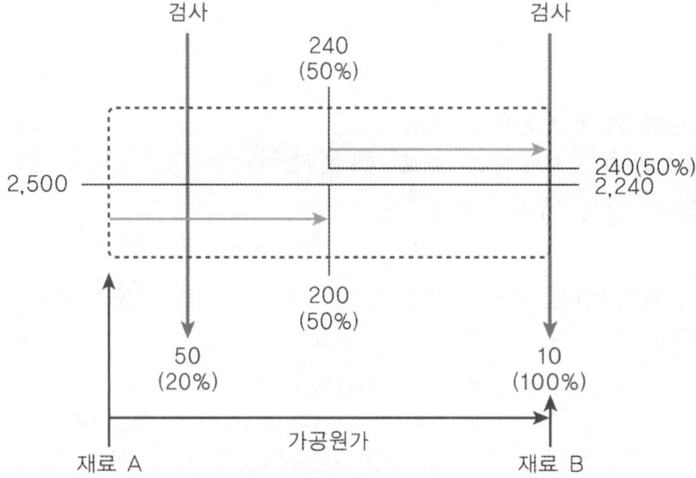

(3) 완성품환산량 및 환산량 단위당 원가

가공원가 중 노무원가는 고정원가이므로, 노무원가와 제조간접원가를 별도로 구분한다.

			재료 A	재료 B	노무원가	제조간접원가
완성품	월초	240(50%)	-	240	120	120
	당월	2,240	2,240	2,240	2,240	2,240
공손		60(100%)	60	60	60	60
월말재공품		200(50%)	200	-	100	100
소계			2,500	2,540	2,520	2,520
당월발생원가			₩100,000	₩38,100	₩63,000	₩88,200
환산량 단위당 원가			₩40	₩15	₩25	₩35

(4) 완성품환산량 및 환산량 단위당 원가(검사 추가)

변동제조원가의 환산량 단위당 원가는 달라지지 않지만, 고정원가인 노무원가 환산량 단위당 원가는 재계산한다.

			재료 A	재료 B	노무원가	제조간접원가
완성품	월초	240(50%)	-	240	120	120
	당월	2,240	2,240	2,240	2,240	2,240
공손	1차	50(20%)	50	-	10	10
	2차	10(100%)	10	10	10	10
월말재공품		200(50%)	200	-	100	100
소계			2,500	2,490	2,480	2,480
당월발생원가			₩100,000	₩37,350*1	₩64,480*2	₩86,800*3
환산량 단위당 원가			₩40	₩15	₩26	₩35

*1 ₩38,100 - 50 × ₩15 = ₩37,350

*2 새로운 노무원가: ₩63,000 + ₩1,480 = ₩64,480

*3 ₩88,200 - 50 × 0.8 × ₩35 = ₩86,800

모범답안

[물음 1] 당월 정상공손원가 배분 후 완성품원가

(1) 완성품환산량 및 환산량 단위당 원가

			재료 A	재료 B	노무원가	제조간접원가
완성품	월초	240(50%)	-	240	120	120
	당월	2,240	2,240	2,240	2,240	2,240
공손		60(100%)	60	60	60	60
월말재공품		200(50%)	200	-	100	100
소계			2,500	2,540	2,520	2,520
당월발생원가			₩100,000	₩38,100	₩63,000	₩88,200
환산량 단위당 원가			₩40	₩15	₩25	₩35

(2) 정상공손원가 배분 후 완성품원가

① 정상공손원가 배분 전 완성품원가

₩20,360 + 2,240 × ₩40 + 2,480 × ₩15 + 2,360 × (₩25 + ₩35) = ₩288,760

② 정상공손원가: 60 × (₩40 + ₩15 + ₩25 + ₩35) = ₩6,900

∴ 정상공손원가 배분 후 완성품원가: ₩288,760 + ₩6,900 = ₩295,660

[물음 2]

(1) 검사 추가에 따라 절감할 수 있는 제조원가

제조간접원가 + 재료 B 원가 = ₩35 × (50개 × 80%) + ₩15 × 50개 = ₩2,150

(2) 정상공손원가 배분 전 완성품원가 및 정상공손원가

① 완성품환산량 및 환산량 단위당 원가(검사 추가)

			재료 A	재료 B	노무원가	제조간접원가
완성품	월초	240(50%)	-	240	120	120
	당월	2,240	2,240	2,240	2,240	2,240
공손	1차	50(20%)	50	-	10	10
	2차	10(100%)	10	10	10	10
월말재공품		200(50%)	200	-	100	100
소계			2,500	2,490	2,480	2,480
당월발생원가			₩100,000	₩37,350	₩64,480	₩86,800
환산량 단위당 원가			₩40	₩15	₩26	₩35

② 완성품 및 정상공손원가

완성품	₩20,360 + 2,240 × ₩40 + 2,480 × ₩15 + 2,360 × (₩26 + ₩35) =	₩291,120
정상공손(20%)	50 × ₩40 + 50 × 20% × (₩26 + ₩35) =	2,610
정상공손(100%)	10 × ₩40 + 10 × ₩15 + 10 × (₩26 + ₩35) =	1,160
월말재공품	200 × ₩40 + 200 × 50% × (₩26 + ₩35) =	14,100
합계		₩308,990

∴ 정상공손원가 배분 전 완성품원가 = ₩291,120, 정상공손원가: ₩2,610 + ₩1,160 = ₩3,770

(3) 정상공손원가 배분 후 완성품원가

	1차 배분	20% 공손	100% 공손	배분 후 원가
완성품	₩290,000	₩2,240 [*1]	₩310 [*2]	₩292,550
정상공손(20%)	2,450	(2,450)	-	-
정상공손(100%)	300	10	(310)	-
월말재공품	7,000	200	-	7,200
합계	₩299,750	-	-	₩299,750

[*1] 20% 정상공손원가 배분: $₩2,450 \times \frac{2,240}{2,240 + 10 + 200} = ₩2,240$

[*2] 100% 정상공손원가 배분: 100% 시점을 통과한 물량은 완성품이므로 모두 완성품에 가산한다.

∴ 정상공손원가 배분 후 완성품원가 = ₩292,550

문제 10 원가흐름가정과 완성도 추정오류

(주)한국은 추출공정과 조립공정을 순차적으로 거쳐 제품을 생산하고 있으며, 종합원가계산제도를 채택하고 있다. 조립공정에서 직접재료는 공정이 80% 진행된 시점에서 전량 투입되며, 가공원가는 공정이 진행됨에 따라 균등하게 투입된다. 20×1년 11월 실제원가계산제도하에서 이 회사 조립공정의 원가계산을 위한 기초자료는 다음과 같이 조사되었다.

《자료 1》 물량자료
- 월초재공품: 15,000단위(완성도 60%)
- 전공정대체: 35,000단위
- 월말재공품: 10,000단위(완성도 ?%)
- 공손품: 0단위

《자료 2》 원가자료

	전공정대체원가	직접재료원가	가공원가
월초재공품	₩25,000	?	₩66,000
당월투입	₩175,000	₩200,000	₩330,000

다음의 물음은 각각 독립적이다.

요구사항

[물음 1] 이 회사의 회계부서가 20×1년 11월 조립공정 월말재공품의 가공원가 완성도를 40%로 추정했다고 할 때, 평균법을 적용하여 조립공정의 완성품과 월말재공품의 원가를 계산하시오.

[물음 2] 회사는 감사부서에서는 조립공정에 대한 현장실사 결과, 정확한 원가계산을 위해서는 평균법보다 선입선출법을 적용하는 것이 바람직하며, **[물음 1]**의 회계부서가 제시한 월말재공품의 가공원가 완성도 또한 잘못 추정된 것으로 판단하였다. 이에 원가계산을 새롭게 실시한 결과 선입선출법에 의한 가공원가 완성품환산량 단위당 원가는 ₩10으로 판명되었다. 이를 토대로 조립공정의 완성품과 월말재공품의 원가를 계산하시오.

해답

문제분석

- "조립공정에서 직접재료는 공정이 80% 진행된 시점에서 전량 투입"
  → 후속공정이므로 월초재공품과 당월투입물량에 대한 전공정대체원가를 확인한다.
- [물음 2] "선입선출법에 의한 가공원가 완성품환산량 단위당 원가는 ₩10으로 판명"
  → 당월발생한 가공원가와 가공원가 완성품환산량 단위당 원가를 이용하여 완성품환산량을 계산한 후 월말재공품의 완성도를 추정할 수 있다.

자료정리

(1) 물량흐름도(평균법)

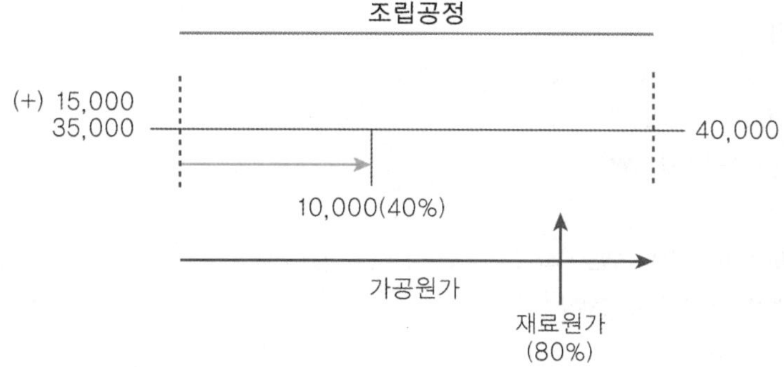

(2) 완성품환산량 단위당 원가(평균법)

		전공정대체원가	직접재료원가	가공원가
완성품	40,000	40,000	40,000	40,000
월말재공품	10,000(40%)	10,000	-	4,000
소계		50,000	40,000	44,000
월초 및 당월발생원가		₩200,000	₩200,000	₩396,000
환산량 단위당 원가		₩4	₩5	₩9

(3) 완성품환산량 단위당 원가(선입선출법)

가공원가의 완성품환산량 단위당 원가가 ₩10으로 판명되었으므로 재공품의 가공원가 완성품환산량은 2,000이다. 따라서 월말재공품의 완성도는 20%이다.

			전공정대체원가	직접재료원가	가공원가
완성품	월초	15,000(40%)	-	15,000	6,000
	당월	25,000	25,000	25,000	25,000
월말재공품		10,000(20%)	10,000	-	2,000
소계			35,000	40,000	33,000
당월발생원가			₩175,000	₩200,000	₩330,000
환산량 단위당 원가			₩5	₩5	₩10

(4) 물량흐름도(선입선출법)

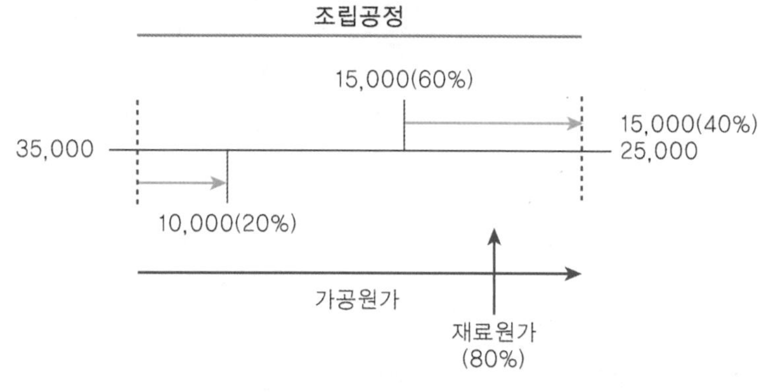

모범답안

[물음 1] 평균법을 적용한 조립공정의 완성품과 월말재공품의 원가

(1) 완성품환산량 단위당 원가

① 전공정대체원가: ₩200,000 ÷ 50,000 = ₩4

② 직접재료원가: ₩200,000 ÷ 40,000 = ₩5

③ 가공원가: ₩396,000 ÷ 44,000 = ₩9

(2) 완성품 및 월말재공품원가

① 완성품: 40,000 × ₩4 + 40,000 × ₩5 + 40,000 × ₩9 = ₩720,000

② 월말재공품: 10,000 × ₩4 + 4,000 × ₩9 = ₩76,000

[물음 2] 선입선출법을 적용한 조립공정의 완성품과 월말재공품의 원가

(1) 완성품환산량 단위당 원가

① 전공정대체원가: ₩175,000 ÷ 35,000 = ₩5

② 직접재료원가: ₩200,000 ÷ 40,000 = ₩5

③ 가공원가: ₩330,000 ÷ 33,000 = ₩10

(2) 완성품 및 월말재공품원가

① 완성품: ₩91,000 + 25,000 × ₩5 + 40,000 × ₩5 + 31,000 × ₩10 = ₩726,000

② 월말재공품: 10,000 × ₩5 + 2,000 × ₩10 = ₩70,000

문제 11 기초재공품이 전기에 검사시점을 통과한 경우 공손과 회계처리

(주)한국은 종합원가계산시스템을 사용하고 있으며 당기의 제조활동자료는 다음과 같다. 재료는 공정의 초기에 모두 투입되며 가공원가는 공정의 진행에 따라 균등하게 발생한다.

	기초재공품	당기착수	당기완성품	공손품	기말재공품
수량	1,000개(40%)	10,000개	7,500개	1,000개	2,500개(30%)
재료원가	₩20,000	₩200,000			
가공원가	19,250	217,350			
정상공손원가	8,000				

단, 괄호 안은 진행률을 의미한다.

회사는 공정의 20% 시점에서 검사를 실시하며 검사에 합격한 수량의 4%를 정상공손으로 간주한다.

요구사항

[물음 1] 정상공손수량과 비정상공손수량을 계산하시오.

[물음 2] 선입선출법을 적용할 경우 완성품 및 기말재공품원가를 구하시오.

[물음 3] 평균법을 적용하며 공손품의 처분가치가 단위당 ₩20이고 부대비용이 ₩4인 경우 다음에 답하시오.

(1) 완성품, 기말재공품 및 공손품의 원가

(2) 위 사항에 대한 회계처리

해답

문제분석

■ "기초재공품 (40%)" 및 "20% 시점에서 검사를 실시"
→ 기초재공품은 전기에 검사를 통과한 합격품으로 전기에 배부받은 정상공손원가(₩8,000)를 확인한다.

■ "검사에 합격한 수량의 4%를 정상공손으로 간주"
→ 기초재공품의 진행률이 40%이므로 이미 전기에 검사를 받은 물량이고, 기말재공품의 진행률이 30%이므로 당기 검사를 통과한 물량이다. 따라서 당기 합격물량은 당기착수량에서 공손품을 차감한 물량이다.

■ [물음 2] "선입선출법을 적용"
→ 선입선출법이므로 기초재공품원가를 완성품원가에 가산해야 한다. 당기 총합격물량은 9,000개이며, 이 중 6,500개는 완성품이고 2,500개는 기말재공품이다. 기초재공품은 전기에 합격한 물량이므로 당기 공손원가 배분대상에서 제외됨에 주의한다.

■ [물음 3] "평균법을 적용하며 공손품의 처분가치가 단위당 ₩20이고 부대비용이 ₩4"
→ 평균법의 경우 기초재공품을 당기착수한 것으로 가정하므로 기초재공품물량은 당기착수물량에 가산하고 기초재공품의 원가는 원가요소별로 당기발생원가에 가산한다. 주의할 점은 기초재공품의 정상공손원가는 1차 배분 후 당기정상공손원가에 가산하여 합격물량에 배분한다. 이때 총합격물량은 기초재공품의 물량을 합산한 물량이다.

■ [물음 3] "(2) 위 사항에 대한 회계처리"
→ 재공품계정에서 대체된 것은 완성품, 공손품 및 비정상공손손실이다. 특히, 공손의 순실현가치는 공손품계정으로 대체된 후 판매 시 현금유입액과 상계처리된다. 또한, 공손이 추가가공되는 경우 공손에 대한 추가가공원가는 공손품계정으로 처리한다.

자료정리

(1) 물량흐름

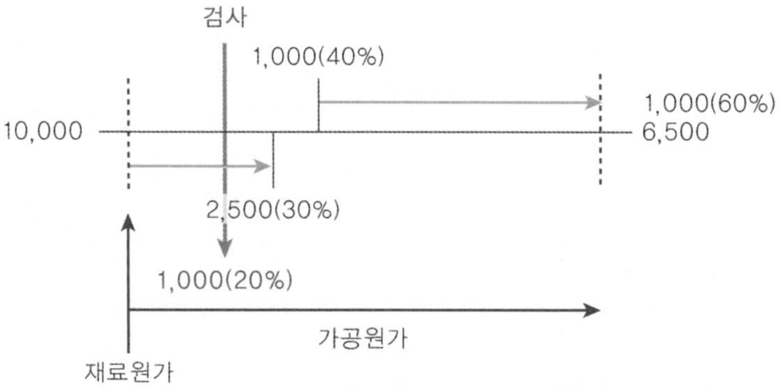

(2) 완성품환산량 및 환산량 단위당 원가

• 선입선출법

			재료원가	가공원가
완성품	기초	1,000(60%)	-	600
	당기	6,500	6,500	6,500
공손	정상	360(20%)	360	72
	비정상	640(20%)	640	128
기말재공품		2,500(30%)	2,500	750
소계			10,000	8,050
당기발생원가			₩200,000	₩217,350
환산량 단위당 원가			₩20	₩27

• 평균법

			재료원가	가공원가
완성품		7,500	7,500	7,500
공손	정상	360(20%)	360	72
	비정상	640(20%)	640	128
기말재공품		2,500(30%)	2,500	750
소계			11,000	8,450
기초 및 당기발생원가			₩220,000	₩236,600
환산량 단위당 원가			₩20	₩28

모범답안

[물음 1] 정상공손수량과 비정상공손수량

(1) 합격품수량
검사받은 물량 - 공손물량 = 10,000단위 - 1,000단위 = 9,000단위

(2) 정상공손수량
9,000단위 × 4% = 360단위

(3) 비정상공손수량
1,000단위 - 360단위 = 640단위

[물음 2] 선입선출법을 적용할 경우 완성품 및 기말재공품원가

(1) 완성품환산량 및 환산량 단위당 원가

			재료원가	가공원가
완성품	기초	1,000(60%)	-	600
	당기	6,500	6,500	6,500
공손	정상	360(20%)	360	72
	비정상	640(20%)	640	128
기말재공품		2,500(30%)	2,500	750
소계			10,000	8,050
당기발생원가			₩200,000	₩217,350
환산량 단위당 원가			₩20	₩27

(2) 원가배분

① 1차 배분

완성품	₩47,250 + 6,500 × ₩20 + 7,100 × ₩27 =	₩368,950
정상공손	360 × ₩20 + 72 × ₩27 =	9,144
비정상공손	640 × ₩20 + 128 × ₩27 =	16,256
기말재공품	2,500 × ₩20 + 750 × ₩27 =	70,250
합계		₩464,600

② 2차 배분

	배분 전 원가	공손원가 배분	배분 후 원가
완성품	₩368,950	₩6,604	₩375,554
정상공손	9,144	(9,144)	-
비정상공손	16,256	-	16,256
기말재공품	70,250	2,540	72,790
합계	₩464,600	-	₩464,600

* 정상공손원가 배분: $₩9,144 \times \frac{6,500}{6,500 + 2,500} = ₩6,604$

[물음 3]

(1) 평균법하의 완성품, 기말재공품 및 공손품의 원가

① 완성품환산량 및 환산량 단위당 원가

		재료원가	가공원가
완성품	7,500	7,500	7,500
공손 ┌ 정상	360(20%)	360	72
공손 └ 비정상	640(20%)	640	128
기말재공품	2,500(30%)	2,500	750
소계		11,000	8,450
기초 및 당기발생원가		₩220,000	₩236,600
환산량 단위당 원가		₩20	₩28

② 원가배분

• 1차 배분

완성품	7,500 × ₩20 + 7,500 × ₩28 =	₩360,000
정상공손	360 × ₩20 + 72 × ₩28 =	9,216
비정상공손	640 × ₩20 + 128 × ₩28 =	16,384
기말재공품	2,500 × ₩20 + 750 × ₩28 =	71,000
합계		₩456,600[*1]

[*1] 기초재공품의 정상공손원가가 제외된 금액으로, 기초재공품 정상공손원가는 당기 정상공손원가와 합하여 기초재공품물량을 포함한 합격품에 배분한다.

• 2차 배분

기초재공품의 공손원가를 당기발생한 공손원가에 가산하고 기초재공품의 물량을 당기 합격품에 가산한다.

	배분 전 원가	공손품	공손원가 배분	배분 후 원가
완성품	₩360,000	-	₩8,592[*3]	₩368,592
정상공손	9,216 + 8,000	₩(5,760)[*2]	(11,456)	-
비정상공손	16,384	(10,240)	-	6,144
공손품	-	16,000	-	16,000
기말재공품	71,000	-	2,864	73,864
합계	₩464,600	-	-	₩464,600

[*2] 정상공손 순실현가치: 360 × (₩20 - ₩4) = ₩5,760

[*3] 정상공손원가 배분: (₩9,216 - ₩5,760 + ₩8,000) × $\frac{7,500}{7,500 + 2,500}$ = ₩8,592

(2) 회계처리

(차) 제품	368,592	(대) 재공품	390,736
비정상공손손실	6,144		
공손품	16,000		

문제 12 작업공정별원가계산, 매출차이분석 및 복수제품 CVP분석

회계사 15 수정

(주)한국은 일반용, 고급용, 특수용 세 가지 종류의 드론을 생산·판매하고 있다. 일반용은 제1공정에서 완성되며, 고급용은 제1공정을 거친 후 제2공정에서 완성된다. 특수용은 제1공정 및 제2공정을 거친 후 제3공정에서 완성된다. 각 제품의 생산을 위해 제1공정 시작시점에 제품별로 상이한 직접재료 A, B, C가 전량 투입되며, 각 공정별 가공작업의 단위당 원가는 제품별로 차이가 없다. 또한, 회사는 생산된 제품을 모두 판매한다.

(1) 연초 예산자료

제품별 생산·판매량, 단위당 판매가격 및 단위당 변동원가는 다음과 같다.

구분	일반용	고급용	특수용
생산·판매량(단위)	400	400	200
판매가격	₩500	₩600	₩500
직접재료 A	₩200	-	-
직접재료 B	-	₩300	-
직접재료 C	-	-	₩200
노무원가	₩50	₩100	₩120
제조간접원가	₩50	₩50	₩80

(2) 실제 성과자료

• 당해 연도 제품별 실제 단위당 판매가격은 다음과 같다.

구분	일반용	고급용	특수용
단위당 판매가격	₩600	₩550	₩600

• 당해 연도 제품별 생산·판매량 및 총직접재료는 다음과 같다.

구분	일반용	고급용	특수용
생산·판매량(단위)	400	300	200
직접재료 A	₩100,000	-	-
직접재료 B	-	₩90,000	-
직접재료 C	-	-	₩30,000

• 당해 연도 전환원가(Conversion costs: 가공원가)자료는 다음과 같다.

구분	제1공정	제2공정	제3공정
노무원가	₩45,000	₩50,000	₩20,000
변동제조간접원가	45,000	25,000	20,000
고정제조간접원가	90,000	50,000	60,000

요구사항

[물음 1] 연초 예산자료에 근거한 제품별 손익분기점 판매수량을 구하시오. (단, 고정제조간접원가 예산과 실제발생액은 동일하며 고정제조간접원가는 개별제품별로 배부하지 않고 총원가를 기준으로 매출배합을 이용하여 계산한다)

[물음 2] 예산자료와 실제자료를 이용하여 매출가격차이, 매출배합차이 및 매출수량차이를 계산하시오.

[물음 3] 실제자료를 이용하여 공정별 완성품 단위당 전환원가를 각각 계산하시오.

[물음 4] 실제자료를 이용하여 제품별 완성품원가와 완성품 단위당 원가를 각각 계산하시오.

[물음 5] 공정별 실제발생한 전환원가는 주어진 자료와 동일하나 제3공정에서 착수된 특수용 운동복 200단위 중 100단위는 완성되었고 100단위(전환원가 완성도: 25%)가 기말재공품으로 남아 있는 경우를 가정하자. 실제자료를 이용하여 특수용 운동복의 기말재공품 재고액을 계산하시오.

해답

문제분석

- **"일반용은 제1공정에서 완성", "고급용은 제1공정을 거친 후 제2공정에서 완성" 및 "특수용은 제1공정 및 제2공정을 거친 후 제3공정에서 완성"**
  → 제1공정 가공원가는 일반용, 고급용 및 특수용에 배부하고, 제2공정의 가공원가는 고급용과 특수용에 배부하고, 제3공정의 가공원가는 특수용에 배부한다.

- **"가공작업의 단위당 원가는 제품별로 차이가 없다."**
  → 공정별 가공원가를 제품별 수량(완성품환산량)을 기준으로 배부한다.

- **"(1) 생산 · 판매량, 단위당 판매가격 및 단위당 변동원가"**
  → 예산 생산 · 판매량(BQ)을 통하여 매출배합을 알 수 있고, 예산 단위당 판매가격(BP) 및 예산 단위당 변동원가(SV)를 이용하여 제품별 단위당 예산공헌이익을 계산할 수 있으며, 매출차이를 분석할 수 있다.

- **"(2) 제품별 실제 단위당 판매가격" 및 "(2) 제품별 생산·판매량"**
  → 실제 단위당 판매가격(AP), 실제 생산·판매량(AQ)을 이용하여 매출차이를 분석할 수 있다.

- **"(2) 총직접재료" 및 "(2) 전환원가(Conversion costs: 가공원가)"**
  → 실제 총직접재료와 실제 전환원가를 이용하여 제품별 실제원가를 계산할 수 있다.

- **[물음 5] "공정별 실제발생한 전환원가는 주어진 자료와 동일" 및 "100단위(전환원가 완성도: 25%)가 기말재공품"**
  → 제3공정의 가공원가는 ₩100,000이고, 가공원가 완성품환산량은 125단위(= 100단위 + 100단위 × 25%)이다.

자료정리

(1) 물량흐름도[물음 3], [물음 4]

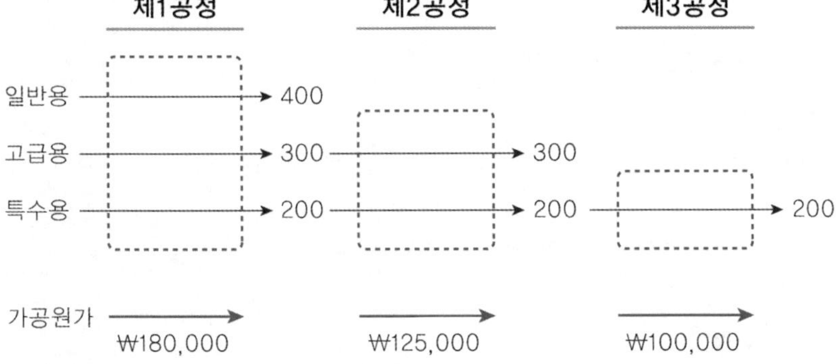

(2) 물량흐름도[물음 5]

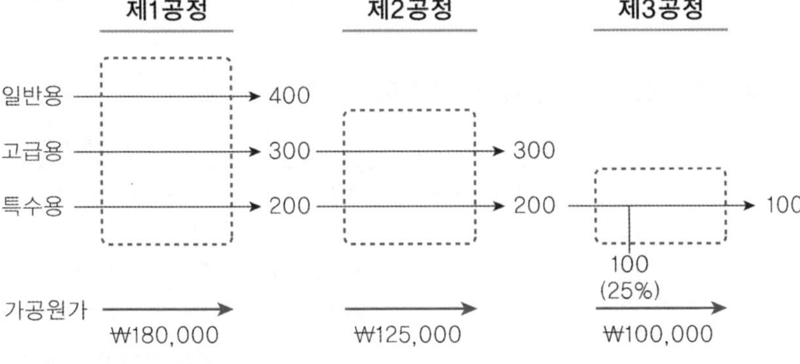

(3) 제품별 예산 가격과 원가구조

	일반용	고급용	특수용
수량배합	4	4	2
단위당 판매가격	₩500	₩600	₩500
단위당 변동원가	(300)	(450)	(400)
단위당 공헌이익	₩200	₩150	₩100

(4) 예산과 실제자료

	AQ	AP - SV	BP - SV	BQ
일반용	400단위	₩600 - ₩300 = ₩300	₩500 - ₩300 = ₩200	400단위
고급용	300	₩550 - ₩450 = ₩100	₩600 - ₩450 = ₩150	400
특수용	200	₩600 - ₩400 = ₩200	₩500 - ₩400 = ₩100	200
	900단위			1,000단위

모범답안

[물음 1] 연초 예산자료에 근거한 제품별 손익분기점 판매수량

(1) 묶음당 공헌이익

₩200 × 4 + ₩150 × 4 + ₩100 × 2 = ₩1,600

(2) 손익분기점 묶음수(Q)

₩1,600 × Q - ₩200,000* = ₩0

∴ Q = 125

* 고정제조간접원가예산은 실제발생액과 동일하여 ₩200,000이다.

(3) 제품별 손익분기점 판매수량

① 일반용: 125 × 4 = 500단위

② 고급용: 125 × 4 = 500단위

③ 특수용: 125 × 2 = 250단위

[물음 2] 매출가격차이, 매출배합차이 및 매출수량차이

	AQ × (AP - SV)		AQ × (BP - SV)		BQ × (BP - SV)	
일반용	400 × ₩300 =	₩120,000	400 × ₩200 =	₩80,000	400 × ₩200 =	₩80,000
고급용	300 × ₩100 =	₩30,000	300 × ₩150 =	₩45,000	400 × ₩150 =	₩60,000
특수용	200 × ₩200 =	₩40,000	200 × ₩100 =	₩20,000	200 × ₩100 =	₩20,000
		₩190,000		₩145,000		₩160,000

매출가격차이 ₩45,000 F　　매출조업도차이 ₩15,000 U

	AQ × (BP - SV)		Total AQ × BM × (BP - SV)		BQ × (BP - SV)	
일반용	400 × ₩200 =	₩80,000	900 × 0.4 × ₩200 =	₩72,000	400 × ₩200 =	₩80,000
고급용	300 × ₩150 =	₩45,000	900 × 0.4 × ₩150 =	₩54,000	400 × ₩150 =	₩60,000
특수용	200 × ₩100 =	₩20,000	900 × 0.2 × ₩100 =	₩18,000	200 × ₩100 =	₩20,000
		₩145,000		₩144,000		₩160,000

매출배합차이 ₩1,000 F　　매출수량차이 ₩16,000 U

∴ 매출가격차이 = ₩45,000 유리, 매출배합차이 = ₩1,000 유리, 매출수량차이 = ₩16,000 불리

[물음 3] 실제자료를 이용한 공정별 완성품 단위당 전환원가

(1) 제1공정

$$\frac{₩180,000}{900단위} = ₩200$$

(2) 제2공정

$$\frac{₩125,000}{500단위} = ₩250$$

(3) 제3공정

$$\frac{₩100,000}{200단위} = ₩500$$

[물음 4] 실제자료를 이용한 제품별 완성품원가와 완성품 단위당 원가

	일반용	고급용	특수용
직접재료원가			
A, B, C	₩100,000	₩90,000	₩30,000
전환원가			
제1공정	80,000	60,000	40,000[*1]
제2공정	-	75,000	50,000[*2]
제3공정	-	-	100,000[*3]
완성품원가	₩180,000	₩225,000	₩220,000
생산량	÷ 400	÷ 300	÷ 200
단위당 원가	₩450	₩750	₩1,100

[*1] ₩200 × 200단위 = ₩40,000

[*2] ₩250 × 200 = ₩50,000

[*3] ₩500 × 200 = ₩100,000

[물음 5] 실제자료를 이용한 특수용 운동복의 기말재공품 재고액

(1) 제3공정 완성품환산량 단위당 전환원가

$$\frac{₩100,000}{100 + 100 \times 25\%} = ₩800$$

(2) 기말재공품 재고액

직접재료원가		
C	(₩30,000 ÷ 200단위) × 100단위 =	₩15,000
전환원가		
제1공정	₩200 × 100단위 =	20,000
제2공정	₩250 × 100단위 =	25,000
제3공정	₩800 × 100단위 × 25% =	20,000
기말재공품 재고액		₩80,000

문제 13 기초재공품이 검사시점을 통과한 경우 가중평균법과 복수 검사시점

회계사 04 수정

(주)한국은 두 단계의 연속적인 제조공정(성형공정과 마무리공정)을 이용하여 자동차부품을 생산·판매하고 있다. 현재 이 회사는 가중평균법에 의한 종합원가계산제도를 이용하여 원가계산을 실시하고 있다.

(주)한국은 마무리공정에서 두 가지 원재료(A와 B)를 투입하고 있으며, 원재료 A는 공정의 40% 단계에서 전량 투입하고, 원재료 B는 공정의 70% 단계에서 전량 투입하고 있다. 또한 품질검사는 두 번 실시하는데 공정의 50%와 80% 단계에서 이루어진다.

가공원가는 전 공정을 통해서 평균적으로 균등하게 발생하며 정상공손은 첫 번째 품질검사를 통과한 정상품의 5%이고, 두 번째 품질검사를 통과한 정상품의 2%가 발생한다. 공손품의 처분가치는 없다고 가정한다. 20×1년 5월 중 두 번째 공정(마무리공정)의 작업량과 원가자료는 다음과 같다.

(1) 물량자료	
기초재공품수량	
완성도: 90%	100,000단위
당월착수량	900,000
당월완성량	800,000
기말재공품수량	
완성도: 60%	60,000
완성도: 95%	40,000
공손품수량	
1차 검사	70,000
2차 검사	30,000
(2) 원가자료	
당기제조원가	
직접재료원가	
재료 A	₩108,000,000
재료 B	138,600,000
가공원가	88,465,000
당기전공정대체원가	204,500,000
기초재공품원가	
직접재료원가	
재료 A	₩12,000,000
재료 B	18,000,000
가공원가	9,500,000
전공정대체원가	20,500,000

요구사항

[물음 1] 각 품질검사단계에서 정상공손수량과 비정상공손수량을 계산하시오.

[물음 2] 원가요소별 완성품환산량을 계산하시오.

[물음 3] 원가요소별 완성품환산량 단위당 원가를 계산하시오.

[물음 4] 회사는 정상공손원가를 모두 완성품원가에 가산한다. 정상공손원가를 반영한 완성품원가를 계산하시오.

[물음 5] 위 물음과 별도로 기초재공품에 포함된 공손원가는 다음과 같다.

- 50% 검사시점: ₩2,103,750
- 80% 검사시점: ₩770,800

회사는 각 검사시점별 정상공손원가를 검사를 통과한 합격품에 물량을 기준으로 배분한다. 정상공손원가를 반영한 완성품원가를 계산하시오.

해답

문제분석

- "두 단계의 연속적인 제조공정(성형공정과 마무리공정)을 이용" 및 "마무리공정"
  → 후속공정의 원가계산으로 전공정원가를 확인한다.

- "가중평균법"
  → 기초재공품물량과 원가를 당기착수물량과 원가에 가산한다.

- "품질검사는 두 번 실시하는데 공정의 50%와 80% 단계에서 이루어진다." 및 "(1) 기초재공품 완성도: 90%"
  → 기초재공품을 당기착수한 것으로 가정하더라도 기초재공품물량은 당기에 검사를 통과한 물량이 아니므로 정상공손수량 계산 시 당기 합격품물량에서 제외한다.

- "정상공손은 첫 번째 품질검사를 통과한 정상품의 5%이고, 두 번째 품질검사를 통과한 정상품의 2%" 및 "(1) 1차 검사 70,000단위, 2차 검사 30,000단위"
  → 검사시점별 정상공손수량을 계산할 수 있다.

- "(2) 기초재공품원가"
  → 기초재공품 완성도는 90%로 전기에 검사시점을 모두 통과한 물량이다. 따라서 기초재공품원가에 정상공손원가가 포함되어 있어야 하지만 본 문제에는 기초재공품에 포함된 정상공손원가에 대한 자료가 없다.

- [물음 4] "회사는 정상공손원가를 모두 완성품원가에 가산한다."
  → 이론적으로 정상공손원가는 검사시점을 통과한 합격품에 물량을 기준으로 배부해야 하나, 이처럼 문제에 따라서 달리 요구할 수 있다.

- [물음 5] "기초재공품에 포함된 공손원가"
  → 기초재공품에 포함된 정상공손원가는 검사시점별 정상공손원가에 가산한 후 합격품에 배분한다.

자료정리

(1) 물량흐름도

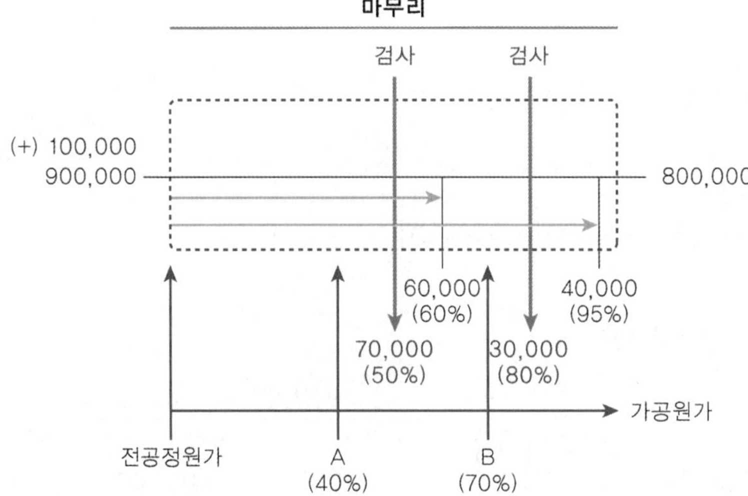

(2) 1차 검사시점 정상공손수량

- 합격품수량: 당기착수량 - 1차 검사 공손물량 = 900,000단위 - 70,000단위 = 830,000단위
- 정상공손수량: 합격품 × 5% = 830,000단위 × 5% = 41,500단위

(3) 2차 검사시점 정상공손수량

- 합격품수량: 당기착수량 - 1차 검사 공손물량 - 재공품(60%) - 2차 검사 공손물량
  = 900,000단위 - 70,000단위 - 60,000단위 - 30,000단위 = 740,000단위
- 정상공손수량: 합격품 × 2% = 740,000단위 × 2% = 14,800단위

모범답안

[물음 1] 정상공손수량과 비정상공손수량

(1) 1차 시점
① 정상공손: 41,500단위
② 비정상공손: 70,000단위 - 41,500단위 = 28,500단위

(2) 2차 시점
① 정상공손: 14,800단위
② 비정상공손: 30,000단위 - 14,800단위 = 15,200단위

[물음 2] 원가요소별 완성품환산량

		완성품환산량			
		전공정대체원가	재료 A	재료 B	가공원가
완성품*	800,000(100%)	800,000	800,000	800,000	800,000
1차 정상공손	41,500(50%)	41,500	41,500	-	20,750
비정상공손	28,500(50%)	28,500	28,500	-	14,250
2차 정상공손	14,800(80%)	14,800	14,800	14,800	11,840
비정상공손	15,200(80%)	15,200	15,200	15,200	12,160
기말재공품	60,000(60%)	60,000	60,000	-	36,000
기말재공품	40,000(95%)	40,000	40,000	40,000	38,000
		1,000,000	1,000,000	870,000	933,000

* 완성품에는 기초재공품물량 100,000단위가 포함되어 있다.

[물음 3] 원가요소별 완성품환산량 단위당 원가

평균법이므로 기초재공품원가와 당기제조원가를 합한 후 완성품환산량으로 나누어 계산한다.

	전공정대체원가	재료 A	재료 B	가공원가
기초재공품원가	₩20,500,000	₩12,000,000	₩18,000,000	₩9,500,000
당기제조원가	204,500,000	108,000,000	138,600,000	88,465,000
합계	₩225,000,000	₩120,000,000	₩156,600,000	₩97,965,000
완성품환산량	÷ 1,000,000	÷ 1,000,000	÷ 870,000	÷ 933,000
환산량 단위당 원가	₩225	₩120	₩180	₩105

[물음 4] 정상공손원가를 반영한 완성품원가(I)

(1) 정상공손원가 반영 전 완성품원가

800,000 × ₩225 + 800,000 × ₩120 + 800,000 × ₩180 + 800,000 × ₩105 = ₩504,000,000

(2) 50% 검사시점 정상공손원가

41,500 × ₩225 + 41,500 × ₩120 + 41,500 × 0.5 × ₩105 = ₩16,496,250

(3) 80% 검사시점 정상공손원가

14,800 × ₩225 + 14,800 × ₩120 + 14,800 × ₩180 + 14,800 × 0.8 × ₩105 = ₩9,013,200

(4) 정상공손원가를 반영한 완성품원가

₩504,000,000 + ₩16,496,250 + ₩9,013,200 = ₩529,509,450

[물음 5] 정상공손원가를 반영한 완성품원가(II)

	배분 전 원가	공손원가 배분		배분 후 원가
		50%	80%	
완성품	₩504,000,000	₩16,000,000[*3]	₩9,600,000[*4]	₩529,600,000
1차 정상(50%)	16,496,250 + 2,103,750[*1]	(18,600,000)		-
비정상(50%)	11,328,750			11,328,750
2차 정상(80%)	9,013,200 + 770,800[*2]	296,000	(10,080,000)	-
비정상(80%)	9,256,800	304,000		9,560,800
재공품(60%)	24,480,000	1,200,000		25,680,000
재공품(95%)	24,990,000	800,000	480,000	26,270,000
	₩602,439,550	-	-	₩602,439,550

[*1] 기초재공품 50% 정상공손원가

[*2] 기초재공품 80% 정상공손원가

[*3] 완성품에 배분된 50% 정상공손원가: $₩18,600,000 \times \frac{800,000}{800,000 + 14,800 + 15,200 + 60,000 + 40,000}$

$= ₩16,000,000$

[*4] 완성품에 배분된 80% 정상공손원가: $₩10,080,000 \times \frac{800,000}{800,000 + 40,000} = ₩9,600,000$

∴ 정상공손원가를 반영한 완성품원가 = ₩529,600,000

문제 14 공정 전반에 걸쳐 평균적으로 발생하는 공손원가처리 회계사 91 수정

(주)한국은 단일 제품을 수개의 공정을 통해서 대량생산하는 회사로서 종합원가계산을 적용하고 있다. 다음은 최종 공정의 생산 및 원가자료이다.

	수량	완성도
기초재공품	10,000개	0.3
당기착수량	80,000	
완성수량	70,000	
기말재공품	10,000	0.8
정상공손	7,000	
비정상공손	3,000	

재료는 공정의 마지막 정상품에 투입되며 공손은 특정 검사시점이 아닌 전 공정을 통하여 평균적으로 발생하고 있다. 공손품의 잔존가치는 개당 ₩1이다. 기초재공품과 당기원가자료는 다음과 같다.

	기초재공품원가	당기투입원가
전공정원가	₩95,000	₩760,000
재료원가	-	700,000
가공원가	526,000	1,300,000

요구사항

[물음 1] 평균법에 의할 경우 완성품, 기말재공품원가를 구하고 공손품손실을 구하시오. 단, 소수점 둘째 자리에서 반올림할 것.

[물음 2] 선입선출법에 의할 경우 완성품, 기말재공품원가를 구하고 공손품손실을 구하시오. 단, 소수점 둘째 자리에서 반올림할 것.

[물음 3] 정상공손과 비정상공손의 원가처리방법에 대해서 간략하게 서술하시오.

해답

문제분석

■ "재료는 공정의 마지막 정상품에 투입"

→ 공손품에는 재료가 투입되지 않는다.

■ "공손은 특정 검사시점이 아닌 전 공정을 통하여 평균적으로 발생"

→ 공손이 전 공정을 통해서 평균적으로 발생하므로 진행률은 50%로 볼 수 있으며 완성품분만 아니라 기말재공품에도 정상공손원가를 배부한다. 단, 공손이 평균적으로 발생하므로 기말재공품의 물량은 가공원가의 완성품환산량을 적용한다.

자료정리

(1) 제조원가보고서(평균법)

① 물량흐름 파악 / ② 완성품환산량

재공품				전공정원가	재료원가	가공원가
기초	10,000(0.3)	완성	70,000	70,000	70,000	70,000
		정상공손	7,000(0.5)	7,000	-	3,500
		비정상공손	3,000(0.5)	3,000	-	1,500
착수	80,000	기말	10,000(0.8)	10,000	-	8,000
	90,000		90,000	90,000	70,000	83,000
③ 원가				₩855,000	₩700,000	₩1,826,000
④ 환산량 단위당 원가(= ③ ÷ ②)				₩9.5	₩10	₩22

⑤ 원가배분

• 1차 배분

완성품	70,000 × ₩9.5 + 70,000 × ₩10 + 70,000 × ₩22 =	₩2,905,000
정상공손	7,000 × ₩9.5 + 3,500 × ₩22 =	143,500
비정상공손	3,000 × ₩9.5 + 1,500 × ₩22 =	61,500
기말재공품	10,000 × ₩9.5 + 8,000 × ₩22 =	271,000
		₩3,381,000

• 2차 배분

	배분 전 원가	공손품	정상공손 배분	배분 후 원가
완성품	₩2,905,000		₩122,500*2	₩3,027,500
정상공손	143,500	₩(7,000)*1	(136,500)*3	-
비정상공손	61,500	(3,000)		58,500
기말재공품	271,000		14,000	285,000
공손품	-	10,000		10,000
합계	₩3,381,000	-	-	₩3,381,000

*1 7,000개 × ₩1(공손품의 잔존가치) = ₩7,000

*2 $₩136,500 \times \frac{70,000}{70,000 + 10,000 \times 0.8} = ₩122,500$

*3 기초재공품에 전기에 배부받은 정상공손금액이 있다면 합산해야 한다.

(2) 제조원가보고서(선입선출법)

① 물량흐름 파악 / ② 완성품환산량

재공품				전공정원가	재료원가	가공원가
기초	10,000(0.3)	완성	10,000(0.7)	-	10,000	7,000
			60,000	60,000	60,000	60,000
		정상공손	7,000(0.5)	7,000	-	3,500
		비정상공손	3,000(0.5)	3,000	-	1,500
착수	80,000	기말	10,000(0.8)	10,000	-	8,000
	90,000		90,000	80,000	70,000	80,000

③ 당기발생원가

전공정원가	재료원가	가공원가
₩760,000	₩700,000	₩1,300,000

④ 환산량 단위당 원가(= ③ ÷ ②)

전공정원가	재료원가	가공원가
₩9.5	₩10	₩16.25

⑤ 원가배분

• 1차 배분

완성품	₩621,000 + 60,000 × ₩9.5 + 70,000 × ₩10 + 67,000 × ₩16.25 =	₩2,979,750
정상공손	7,000 × ₩9.5 + 3,500 × ₩16.25 =	123,375
비정상공손	3,000 × ₩9.5 + 1,500 × ₩16.25 =	52,875
기말재공품	10,000 × ₩9.5 + 8,000 × ₩16.25 =	225,000
		₩3,381,000

• 2차 배분

	배분 전 원가	공손품	정상공손 배분	배분 후 원가
완성품	₩2,979,750		₩103,962[*5]	₩3,083,712
정상공손	123,375	₩(7,000)[*4]	(116,375)	-
비정상공손	52,875	(3,000)		49,875
기말재공품	225,000		12,413	237,413
공손품	-	10,000		10,000
합계	₩3,381,000	-	-	₩3,381,000

*4 7,000개 × ₩1(공손품의 잔존가치) = ₩7,000

*5 $₩116,375 \times \frac{7,000 + 60,000}{(7,000 + 60,000) + 10,000 \times 0.8} = ₩103,962$

모범답안

[물음 1] 평균법에 의할 경우 완성품, 기말재공품원가 및 공손품손실

(1) 완성품
₩2,905,000 + ₩122,500 = ₩3,027,500

(2) 기말재공품원가
₩271,000 + ₩14,000 = ₩285,000

(3) 공손품손실
₩61,500 - ₩3,000 = ₩58,500

[물음 2] 선입선출법에 의할 경우 완성품, 기말재공품원가 및 공손품손실

(1) 완성품
₩2,979,750 + ₩103,962 = ₩3,083,712

(2) 기말재공품원가
₩225,000 + ₩12,413 = ₩237,413

(3) 공손품손실
₩52,875 - ₩3,000 = ₩49,875

[물음 3] 정상공손과 비정상공손의 원가처리방법

정상공손원가는 공정이 효율적으로 진행되더라도 발생하는 것으로, 양품을 얻기 위해서 소비되는 자원으로 보아 검사시점을 통과한 합격품에 배분해야 한다. 반면에 비정상공손원가는 비효율적인 생산과정에서 발생하는 것으로, 원가에 반영할 수 없고 당기손실처리한다.

문제 15 기초재공품이 검사시점을 통과한 경우 원가흐름의 가정 비교 회계사 95

다음은 (주)한국의 원가계산자료이다.

기초재공품	1,000(완성도 70%)
당기착수	5,400
당기완성	5,000
기말재공품	600(완성도 90%)

	전공정원가	A재료원가	B재료원가	가공원가	정상공손원가
기초재공품원가	₩8,300	₩3,640	-	₩8,580	₩450
당기투입원가	62,100	16,200	₩37,500	86,460	-

정상공손은 검사시점을 통과한 정상품의 10%이며, A재료와 B재료는 각각 공정시점과 공정종점에서 투입된다.

요구사항

[물음 1] 재공품 평가방법은 선입선출법이고 검사시점은 50%를 가정하시오.

(1) 정상공손수량을 구하시오.

(2) 완성품환산량을 구하시오.

(3) 완성품환산량 단위당 원가를 구하시오.

(4) 다음을 계산하시오.
① 정상공손원가
② 비정상공손원가
③ 완성품원가(공손원가 배분 후)
④ 기말재공품원가(공손원가 배분 후)

[물음 2] 재공품 평가방법은 평균법이고 검사시점은 50%이며 완성품환산량 단위당 원가가 다음과 같을 경우 물음에 답하시오.

전공정원가	A재료원가	B재료원가	가공원가
₩11.0	₩3.1	₩7.5	₩16.0

(1) 정상공손수량을 구하시오.

(2) 당기 정상공손원가를 구하시오.

(3) 정상공손원가 배분 후 완성품원가를 구하시오. 단, 원 미만은 반올림할 것.

[물음 3] 재공품 평가방법은 선입선출법이고 검사시점이 95%일 경우 다음의 물음에 답하시오. 단, **[물음 1]**의 완성품환산량 단위당 원가를 가정하고 원 미만은 반올림할 것.

(1) 정상공손원가를 구하시오.

(2) 완성품에 배부될 정상공손원가를 구하시오.

[물음 4] 정상공손원가를 물량기준으로 배분하는 것이 금액기준으로 배분하는 것보다 더 합리적인 이유는 무엇인가?

[물음 5] 공손원가의 배분 시 공손의 회계처리에 대한 가정을 설명하시오.

해답

문제분석

■ "기초재공품 (완성도 70%)", "정상공손원가 ₩450" 및 "[물음 1] 검사시점은 50%"

→ 기초재공품은 전기에 검사를 통과한 물량으로, 기초재공품원가에는 전기에 배부받은 정상공손원가가 포함되어 있다.

■ "기말재공품 (완성도 90%)" 및 "[물음 1] 검사시점은 50%"

→ 기말재공품은 당기에 검사를 통과한 합격품이므로 정상공손원가 배분대상에 포함한다.

■ "정상공손은 검사시점을 통과한 정상품의 10%"

→ 기초재공품은 전기에 검사를 통과한 물량으로, 정상공손수량을 결정하기 위한 당기 합격물량에 기초재공품물량은 제외한다.

■ [물음 2] "평균법"

→ 평균법의 경우 기초재공품의 정상공손원가는 당기 정상공손원가와 합하여 기초재공품을 포함한 검사시점을 통과한 합격품에 물량기준으로 배분한다.

자료정리

(1) 물량흐름도(선입선출법)

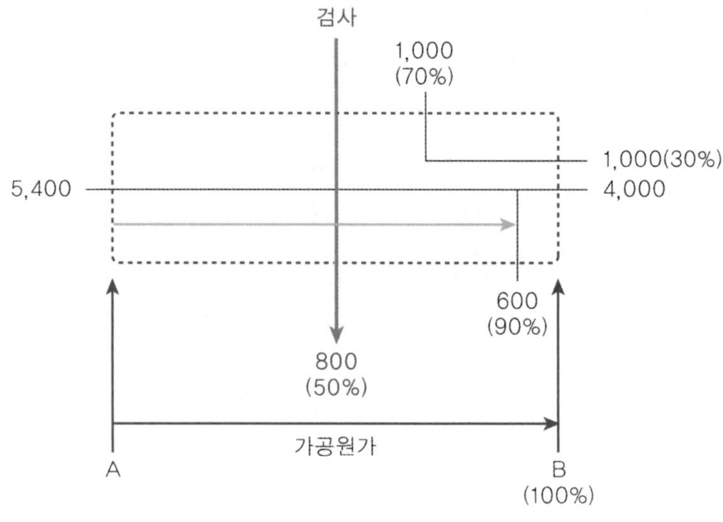

(2) 물량흐름도(평균법)

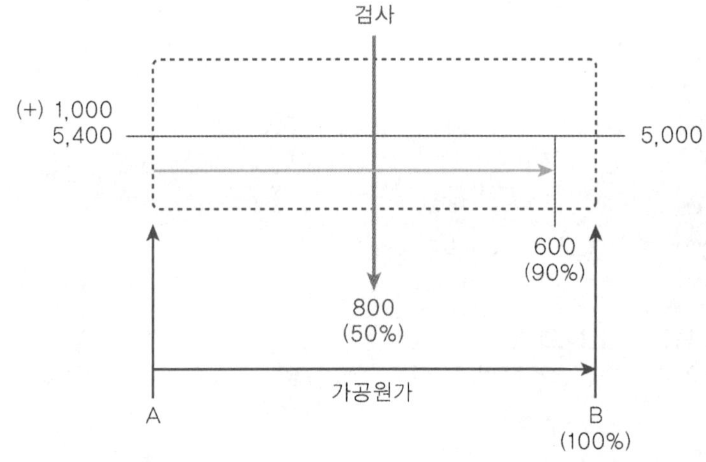

(3) 총공손수량(Q)

기초재공품수량 + 당기착수량 = 완성수량 + 총공손수량 + 기말재공품수량

1,000개 + 5,400개 = 5,000개 + Q + 600개

∴ Q = 800개

(4) 정상공손수량

- 합격품: 당기착수량 - 총공손수량 = 5,400개 - 800개 = 4,600개
- 정상공손수량: 합격품 × 10% = 4,600개 × 10% = 460개

(5) 원가요소별 완성품환산량 및 환산량 단위당 원가(선입선출법)

		전공정원가	A재료원가	B재료원가	가공원가
완성품 ┌ 기초	1,000(0.3)	-	-	1,000	300
└ 당기	4,000	4,000	4,000	4,000	4,000
정상공손	460(0.5)	460	460	-	230
비정상공손	340(0.5)	340	340	-	170
기말재공품	600(0.9)	600	600	-	540
완성품환산량		5,400	5,400	5,000	5,240
당기발생원가		₩62,100	₩16,200	₩37,500	₩86,460
환산량 단위당 원가		₩11.5	₩3	₩7.5	₩16.5

모범답안

[물음 1]

(1) 정상공손수량

460개

(2) 완성품환산량

전공정원가	A재료원가	B재료원가	가공원가
5,400	5,400	5,000	5,240

(3) 완성품환산량 단위당 원가

전공정원가	A재료원가	B재료원가	가공원가
₩11.5	₩3	₩7.5	₩16.5

(4) 원가계산

• 1차 배분

완성품	₩20,970 + 4,000 × ₩11.5 + 4,000 × ₩3 + 5,000 × ₩7.5 + 4,300 × ₩16.5 =	₩187,420
정상공손	460 × ₩11.5 + 460 × ₩3 + 230 × ₩16.5 =	10,465
비정상공손	340 × ₩11.5 + 340 × ₩3 + 170 × ₩16.5 =	7,735
기말재공품	600 × ₩11.5 + 600 × ₩3 + 540 × ₩16.5 =	17,610
		₩223,230

• 2차 배분

	배분 전 원가	정상공손원가 배분	배분 후 원가
완성품	₩187,420	₩9,100[*1]	₩196,520
정상공손	10,465	(10,465)	-
비정상공손	7,735		7,735
기말재공품	17,610	1,365[*2]	18,975
합계	₩223,230	-	₩223,230

[*1] $₩10,465 \times \frac{4,000}{4,000 + 600} = ₩9,100$

[*2] $₩10,465 \times \frac{600}{4,000 + 600} = ₩1,365$

① 정상공손원가: ₩10,465

② 비정상공손원가: ₩7,735

③ 완성품원가(공손원가 배분 후): ₩196,520

④ 기말재공품원가(공손원가 배분 후): ₩18,975

[물음 2]

1. 평균법하의 원가요소별 완성품환산량

		전공정원가	A재료원가	B재료원가	가공원가
완성품	5,000	5,000	5,000	5,000	5,000
정상공손	460(0.5)	460	460	-	230
비정상공손	340(0.5)	340	340	-	170
기말재공품	600(0.9)	600	600	-	540
		6,400	6,400	5,000	5,940

2. 1차 배분

완성품	5,000 × ₩11.0[*1] + 5,000 × ₩3.1[*1] + 5,000 × ₩7.5[*1] + 5,000 × ₩16.0[*1] =	₩188,000
정상공손	460 × ₩11.0 + 460 × ₩3.1 + 230 × ₩16.0 =	10,166
비정상공손	340 × ₩11.0 + 340 × ₩3.1 + 170 × ₩16.0 =	7,514
기말재공품	600 × ₩11.0 + 600 × ₩3.1 + 540 × ₩16.0 =	17,100
		₩222,780

[*1] 물음에 제시된 완성품환산량 단위당 원가

3. 2차 배분

	배분 전 원가	정상공손원가 배분	배분 후 원가
완성품	₩188,000	₩9,479[*2]	₩197,479
정상공손	10,166 + 450	(10,616)	-
비정상공손	7,514		7,514
기말재공품	17,100	1,137[*3]	18,237
합계	₩223,230	-	₩223,230

[*2] $₩10,616 \times \frac{5,000}{5,000 + 600} = ₩9,479$

[*3] $₩10,616 \times \frac{600}{5,000 + 600} = ₩1,137$

4. 정상공손원가 배분 후 완성품원가

(1) 정상공손수량

460개

(2) 당기 정상공손원가

₩10,166

(3) 정상공손원가 배분 후 완성품원가

₩197,479

[물음 3]

(1) 정상공손원가

① 정상공손수량: 합격품 × 10% = 5,000개 × 10% = 500개

② 정상공손원가: 500 × ₩11.5 + 500 × ₩3 + 500 × 95% × ₩16.5 = ₩15,088

(2) 완성품에 배부될 정상공손원가

기말재공품은 검사시점을 통과하지 않아 정상공손원가 전액 ₩15,088을 완성품에 가산한다.

[물음 4] 물량기준에 대한 근거

정상공손원가는 합격품을 생산하기 위한 불가피한 손실이므로 합격품에 배분해야 한다. 공손은 검사시점 이후 진행되지 않기 때문에, 검사시점을 통과한 물량은 모두 정상공손을 배부받을 자격이 있어 물량을 기준으로 배분하는 것이 합리적이다. 즉, 금액기준으로 배분하면 동일한 합격물량에 공손원가 배분금액이 달라질 수 있다.

[물음 5] 공손에 대한 가정

공손은 정상공손과 비정상공손으로 구분할 수 있다. 정상공손은 정상품을 생산하기 위해서 발생할 수 있는 불가피한 손실로 보아 정상품원가에 가산하며, 비정상공손원가는 원가성이 없는 것으로 보아 당기손실처리한다. 또한, 기초재공품이 전기에 검사를 받지 않고 당기에 검사시점을 통과하는 상황에서 선입선출법을 적용하는 경우 당기공손은 당기착수물량에서 발생하는 것으로 가정한다. 이를 수정된 선입선출법이라 한다.

문제 16 재작업품과 공손

회계사 15

(주)탐라는 등산화를 생산 · 판매하는 회사이다. 등산화 생산 시 직접재료 A와 B가 투입된다. 직접재료 A는 공정 시작시점에, 직접재료 B는 공정 종료시점에 전량 투입되며, 전환원가는 공정 전반에 걸쳐 균등하게 발생한다. 회사는 1개월 주기로 가중평균법에 의한 종합원가계산을 실시하고 있다.

(1) 20×1년 5월 등산화의 생산 및 원가자료는 다음과 같다.

	물량단위	직접재료 A	직접재료 B	전환원가
기초재공품	1,000(30%)*	₩8,000	₩4,000	₩6,000
당기투입	10,500	₩107,000	₩66,000	₩50,750
재작업	500			
공손품	500			
기말재공품	1,000(80%)*			

* 전환원가 완성도를 나타냄

(2) 회사는 제품의 품질관리를 위해 전환원가 완성도 60% 시점에서 재작업 여부를 검사하며, 불합격된 재공품은 전환원가 완성도 20% 시점으로 되돌려 보내져 재작업을 받게 된다. 회사는 재작업검사를 받은 물량의 4%를 정상재작업으로 간주하고 있다. 재작업된 물량은 추가적인 재작업 여부를 검사하지 않으며 공손이 발생하지 않는다.

(3) 공손검사는 전환원가 완성도 70% 시점에서 실시하고, 정상공손수량은 검사시점을 통과한 합격품의 3%로 설정한다.

(4) 정상재작업원가와 정상공손원가는 해당 검사시점을 통과한 물량단위에 비례하여 안분한다.

요구사항

[물음 1] 20×1년 5월 정상재작업수량과 비정상재작업수량을 각각 구하시오.

구분	수량
정상재작업	
비정상재작업	

[물음 2] 20×1년 5월 정상공손수량과 비정상공손수량을 각각 구하시오.

구분	수량
정상공손	
비정상공손	

[물음 3] 20×1년 5월 말 정상재작업원가를 아래 <작성 예시>와 같이 배부하시오.

<작성 예시>

계정과목	배부 전 금액	정상재작업원가 배부액	배부 후 금액

[물음 4] 20×1년 5월 말 정상공손원가를 아래 <작성 예시>와 같이 배부하시오.

<작성 예시>

계정과목	배부 전 금액	정상공손원가 배부액	배부 후 금액

[물음 5] 20×1년 5월 말 재공품계정에서 제품계정으로 대체하는 분개를 하시오.

해답

문제분석

■ "직접재료 A는 공정 시작시점에, 직접재료 B는 공정 종료시점에 전량 투입되며, 전환원가는 공정 전반에 걸쳐 균등하게 발생" 및 "(2) 회사는 제품의 품질관리를 위해 전환원가 완성도 60% 시점에서 재작업 여부를 검사하며, 불합격된 재공품은 전환원가 완성도 20% 시점으로 되돌려 보내져 재작업"

→ 본 문제의 재작업은 다음과 같은 두 가지 특징이 있다.

- 재작업 구간은 20% ~ 60%이므로 직접재료 A와 B는 재작업과 무관하다. 따라서 재작업원가는 재작업수량에 대한 가공원가 완성품환산량만 고려하여 계산한다.
- 재작업의 결과는 재작업 이후 물량에 다 반영되므로, 재작업의 물량은 물량흐름도에서 별도로 고려하지 않는다.

즉, 재작업품은 20%에서 60%까지 가공되므로 재료원가는 고려하지 않고 전환원가만 투입되며, 정상재작업원가는 검사를 통과한 물량에 가산하고 비정상재작업원가는 손실처리한다.

■ "(2) 회사는 제품의 품질관리를 위해 전환원가 완성도 60% 시점에서 재작업 여부를 검사" 및 "(2) 재작업 검사를 받은 물량의 4%를 정상재작업으로 간주"

→ 재작업 여부 검사시점이 60%이므로, 60% 이후 물량의 4%를 정상재작업으로 처리한다.
정상재작업수량: (10,000단위 + 500단위 + 1,000단위) × 4% = 460단위

■ "(3) 공손검사는 전환원가 완성도 70% 시점에서 실시하고, 정상공손수량은 검사시점을 통과한 합격품의 3%로 설정"

→ **정상공손수량**: (10,000단위 + 1,000단위) × 3% = 330단위

■ "(4) 정상재작업원가와 정상공손원가는 해당 검사시점을 통과한 물량단위에 비례하여 안분"

→ 정상재작업원가는 재작업 검사시점인 60%를 통과한 물량에 물량기준으로 배부한다.

자료정리

(1) 물량흐름도(평균법)

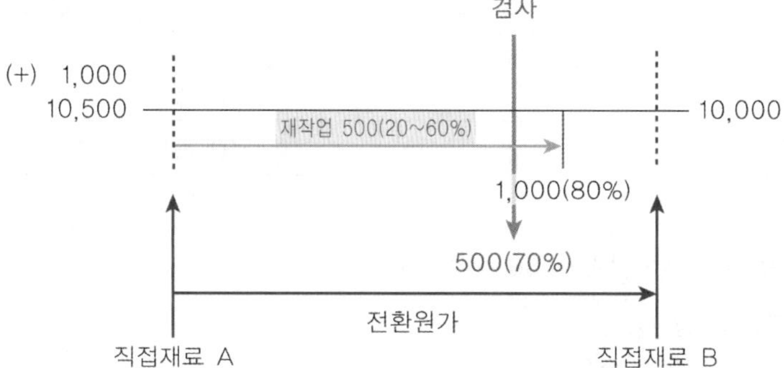

(2) 정상재작업수량과 비정상재작업수량

- 정상재작업수량: (10,000단위 + 500단위 + 1,000단위) × 4% = 460단위
- 비정상재작업수량: 500단위 - 460단위 = 40단위

(3) 정상공손수량과 비정상공손수량

- 정상공손수량: (10,000단위 + 1,000단위) × 3% = 330단위
- 비정상공손수량: 500단위 - 330단위 = 170단위

(4) 제조원가보고서(평균법)

① 물량흐름 파악 / ② 완성품환산량

재공품				직접재료 A	직접재료 B	전환원가
기초	1,000(0.3)	완성	10,000	10,000	10,000	10,000
		정상재작업	460 (0.2~0.6)*	-	-	184
		비정상재작업	40 (0.2~0.6)*	-	-	16
		정상공손	330(0.7)	330	-	231
		비정상공손	170(0.7)	170	-	119
착수	10,500	기말	1,000(0.8)	1,000	-	800
	11,500		11,500	11,500	10,000	11,350

③ 원가

	직접재료 A	직접재료 B	전환원가
③ 원가	₩115,000	₩70,000	₩56,750
④ 환산량 단위당 원가(= ③ ÷ ②)	₩10	₩7	₩5

⑤ 원가배분

완성품	10,000 × ₩10 + 10,000 × ₩7 + 10,000 × ₩5 =	₩220,000
정상재작업	184 × ₩5 =	920
비정상재작업	16 × ₩5 =	80
정상공손	330 × ₩10 + 231 × ₩5 =	4,455
비정상공손	170 × ₩10 + 119 × ₩5 =	2,295
기말재공품	1,000 × ₩10 + 800 × ₩5 =	14,000
		₩241,750

* 재작업물량 500단위는 재작업 이후 물량에 다 반영되므로, 물량흐름파악에서 재작업물량은 제외한다.

모범답안

[물음 1] 정상재작업수량과 비정상재작업수량

구분	수량
정상재작업	460단위
비정상재작업	40단위

(1) 재작업 검사받은 수량

완성품 + 월말재공품 + 공손품 = 10,000단위 + 1,000단위 + 500단위 = 11,500단위

(2) 정상재작업수량과 비정상재작업수량

① 정상재작업수량: 11,500단위 × 4% = 460단위

② 비정상재작업수량: 500단위 - 460단위 = 40단위

[물음 2] 정상공손수량과 비정상공손수량

구분	수량
정상공손	330단위
비정상공손	170단위

(1) 검사 통과 수량

완성품 + 월말재공품 = 10,000단위 + 1,000단위 = 11,000단위

(2) 정상공손수량과 비정상공손수량

① 정상공손수량: 11,000단위 × 3% = 330단위

② 비정상재작업수량: 500단위 - 330단위 = 170단위

[물음 3] 정상재작업원가 배부

계정과목	배부 전 금액	정상재작업원가 배부액*	배부 후 금액
완성품	₩220,000	₩800	₩220,800
정상재작업	920	(920)	-
비정상재작업	80	-	80
정상공손	4,455	26.4	4,481.4
비정상공손	2,295	13.6	2,308.6
기말재공품	14,000	80	14,080
계	₩241,750	-	₩241,750

* 정상재작업원가 배부액

① 완성품: ₩920 × $\frac{10,000}{11,500}$ = ₩800

② 정상공손: ₩920 × $\frac{330}{11,500}$ = ₩26.4

③ 비정상공손: ₩920 × $\frac{170}{11,500}$ = ₩13.6

④ 기말재공품: ₩920 × $\frac{1,000}{11,500}$ = ₩80

[물음 4] 정상공손원가 배부

계정과목	배부 전 금액	정상공손원가 배부액*	배부 후 금액
완성품	₩220,800	₩4,074	₩224,874
정상재작업	-	-	-
비정상재작업	80	-	80
정상공손	4,481.4	(4,481.4)	-
비정상공손	2,308.6	-	2,308.6
기말재공품	14,080	407.4	14,487.4
계	₩241,750	-	₩241,750

* 정상공손원가 배부액

① 완성품: ₩4,481.4 × $\frac{10,000}{11,000}$ = ₩4,074

② 기말재공품: ₩4,481.4 × $\frac{1,000}{11,000}$ = ₩407.4

[물음 5] 재공품계정에서 제품계정으로 대체하는 분개

(차) 제품	224,874	(대) 재공품	227,262.6
비정상재작업손실	80		
비정상공손손실	2,308.6		

문제 17 혼합원가계산

회계사 15

(주)한라는 트래킹용, 산악용, 선수용 세 가지 종류의 운동복을 생산·판매하고 있다. 트래킹용 운동복은 제1공정에서 완성되며, 산악용 운동복은 제1공정을 거친 후 제2공정에서 완성된다. 선수용 운동복은 제1공정 및 제2공정을 거친 후 제3공정에서 완성된다. 각 제품의 생산을 위해 제1공정 시작시점에 제품별로 상이한 직접재료 A1, A2, A3가 전량 투입되며, 각 공정별 가공작업은 제품별로 차이가 없다. 선수용 운동복의 경우 제3공정 종료시점에 직접재료 B가 전량 투입된다.

(1) 20×1년 5월 제품별 생산량과 직접재료원가는 다음과 같다. 월초 및 월말재고는 없으며 공손 및 감손은 발생하지 않는다.

구분	트래킹용	산악용	선수용
생산량(단위)	400	200	100
직접재료 A1	₩100,000	-	-
직접재료 A2	-	₩64,000	-
직접재료 A3	-	-	₩60,000
직접재료 B	-	-	10,000

(2) 20×1년 5월 공정별 전환원가(Conversion costs: 가공원가)자료는 다음과 같다.

구분	제1공정	제2공정	제3공정
전환원가	₩140,000	₩45,000	₩14,400

요구사항

[물음 1] 공정별 완성품 단위당 전환원가를 각각 계산하시오.

[물음 2] 제품별 완성품원가와 완성품 단위당 원가를 각각 계산하시오.

[물음 3] 위에 주어진 자료와 별도로, 제3공정에 월말재고가 존재한다고 가정하고 다음 물음에 답하시오. 20×1년 5월 중 제3공정에서 착수된 선수용 운동복 100단위 중 20단위(전환원가 완성도: 80%)가 월말재공품으로 남아 있다. 이 경우 월말재공품 재고액을 계산하시오.

[물음 4] 어떠한 제조환경에서 혼합원가계산(Hybrid costing)을 적용할 수 있는지 설명하시오.

해답

문제분석

- **"트래킹용 운동복은 제1공정에서 완성되며, 산악용 운동복은 제1공정을 거친 후 제2공정에서 완성된다. 선수용 운동복은 제1공정 및 제2공정을 거친 후 제3공정에서 완성"**
  → 공정은 제1공정, 제2공정 및 제3공정이며 트래킹용은 제1공정, 산악용은 제1공정과 제2공정, 선수용은 제1공정, 제2공정 및 제3공정을 거쳐 완성된다.
- **"각 공정별 가공작업은 제품별로 차이가 없다."**
  → 가공작업은 제품별로 차이가 없어 수량(완성품환산량)을 기준으로 배분한다.
- **"선수용 운동복의 경우 제3공정 종료시점에 직접재료 B가 전량 투입"**
  → 선수용 운동복 재공품에는 직접재료 B가 투입되지 않는다.
- **[물음 3] "제3공정에 월말재고가 존재"**
  → 제3공정에 재공품이 있는 경우에는 완성품환산량과 환산량 단위당 원가를 재계산한다.

자료정리

(1) 물량흐름도[물음 1], [물음 2]

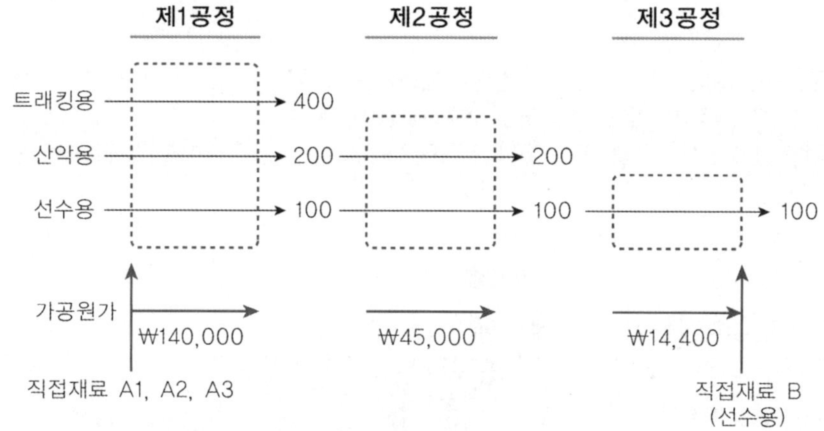

(2) 물량흐름도[물음 3]

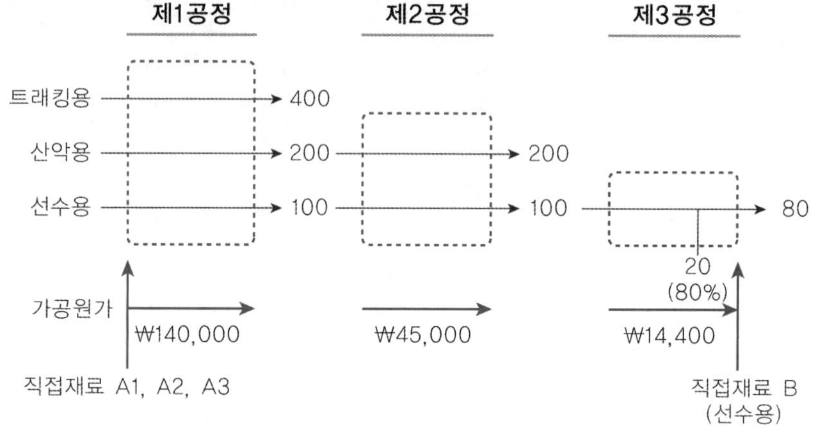

(3) 전환원가의 완성품환산량

- 제1공정: 트래킹용 + 산악용 + 선수용 = 400 + 200 + 100 = 700
- 제2공정: 산악용 + 선수용 = 200 + 100 = 300
- 제3공정: 선수용 = 100

(4) 완성품환산량 단위당 전환원가

- 제1공정: $\frac{₩140,000}{700} = ₩200$
- 제2공정: $\frac{₩45,000}{300} = ₩150$
- 제3공정: $\frac{₩14,400}{100} = ₩144$

모범답안

[물음 1] 공정별 완성품 단위당 전환원가

- 제1공정: ₩200
- 제2공정: ₩150
- 제3공정: ₩144

[물음 2] 제품별 완성품원가와 완성품 단위당 원가

	트래킹용	산악용	선수용
직접재료원가			
A1, A2, A3	₩100,000	₩64,000	₩60,000
B	-	-	10,000
전환원가			
제1공정	80,000	40,000	20,000 [*1]
제2공정	-	30,000	15,000 [*2]
제3공정	-	-	14,400 [*3]
완성품원가	₩180,000	₩134,000	₩119,400
생산량	÷ 400	÷ 200	÷ 100
단위당 원가	₩450	₩670	₩1,194

[*1] ₩200 × 100단위 = ₩20,000

[*2] ₩150 × 100단위 = ₩15,000

[*3] ₩144 × 100단위 = ₩14,400

[물음 3] 월말재공품 재고액

(1) 제3공정 완성품환산량 단위당 전환원가

$$\frac{₩14,400}{80 + 20 \times 80\%} = ₩150$$

(2) 월말재공품 재고액

직접재료원가		
A3	(₩60,000 ÷ 100단위) × 20단위 =	₩12,000
B		-
전환원가		
제1공정	₩200 × 20단위 =	4,000
제2공정	₩150 × 20단위 =	3,000
제3공정	₩150 × 20단위 × 80% =	2,400
월말재공품 재고액		₩21,400

[물음 4] 혼합원가계산(Hybrid costing) 제조환경

재료원가는 제품별 직접 추적이 가능하고, 전환원가는 제품별 동일하게 투입되는 생산환경에 적용할 수 있다.

문제 18 당기발생원가 추정

회계사 13

한국회사는 제1공정을 거쳐 제2공정에서 단일의 완제품을 생산하고 있다. 한국회사의 제2공정에서는 공정 초에 직접재료를 전량 투입하며, 가공원가는 제2공정 전반에 걸쳐 균등하게 발생한다.

한국회사의 제2공정은 월초재공품 3,000단위(가공원가 완성도: 30%)로 20×3년 6월에 시작했다. 제2공정에서의 6월 중 생산착수량은 17,000단위이고, 6월 말 재공품은 4,000단위(가공원가 완성도: 50%)이고, 6월 중 완성품수량은 14,000단위이다.

20×3년 6월 한국회사 제2공정의 월초재공품원가와 가중평균법에 의하여 계산한 원가요소별 완성품환산량 단위당 원가자료는 다음과 같다.

구분	전공정원가	직접재료원가	가공원가
월초재공품원가	₩40,000	₩48,000	₩20,700
완성품환산량 단위당 원가	19	17.7	23

한국회사의 제2공정에서는 공손품 검사를 공정의 40% 시점에서 실시하며, 당월에 검사를 통과한 합격품의 10%를 정상공손으로 간주한다. 6월 중 제2공정에서 발견된 공손품은 추가가공 없이 처분하며, 판매부대비용은 발생하지 않을 것으로 예상되고 예상판매가격은 단위당 ₩4이다. 한국회사는 정상공손의 원가를 당월완성품과 월말재공품에 배부하는 회계처리를 적용한다.

위에 주어진 자료를 이용하여 다음 각 물음에 답하시오.

요구사항

[물음 1] 선입선출법을 이용하여 6월 한국회사 제2공정의 원가요소별 완성품환산량을 계산하시오.

[물음 2] 선입선출법을 이용하여 6월 한국회사 제2공정의 원가요소별 완성품환산량 단위당 원가를 계산하시오.

[물음 3] 다음 물음에 답하시오.

(1) 선입선출법을 이용하여 6월 한국회사 제2공정에서의 당월완성품원가와 월말재공품원가를 계산하시오.

(2) (1)과 관련된 월말 분개를 하시오.

[물음 4] 한국회사의 6월 제2공정에서 발생한 원가요소별로 원가가 전월인 5월과 비교하여 어떻게 변화하였는지 설명하시오.

[물음 5] 공손이 있는 경우의 원가계산에 있어 일반적으로 검사시점에서 발견된 공손에 대해 어떠한 가정을 하는지에 대해 3줄 이내로 간단히 기술하시오.

해답

문제분석

■ **"제2공정에서는 공정 초에 직접재료를 전량 투입"**

→ 전공정원가 완성품환산량은 공정 초에 투입되는 재료원가처럼 처리하므로 공정 초에 투입되는 직접재료와 완성품환산량이 동일하다.

■ **"월초재공품원가와 가중평균법에 의하여 계산한 원가요소별 완성품환산량 단위당 원가자료"**

→ 당월발생원가를 추정할 수 있다.

■ **"판매부대비용은 발생하지 않을 것으로 예상되고 예상판매가격은 단위당 ₩4"**

→ 공손품의 순실현가치는 단위당 ₩4이다.

■ **[물음 4] "6월 제2공정에서 발생한 원가요소별로 원가가 전월인 5월과 비교"**

→ 월초재공품원가를 수량으로 나눈 전월 완성품환산량 단위당 원가와 6월 선입선출법에 의한 완성품환산량 단위당 원가를 비교한다.

자료정리

(1) 물량흐름도(평균법)

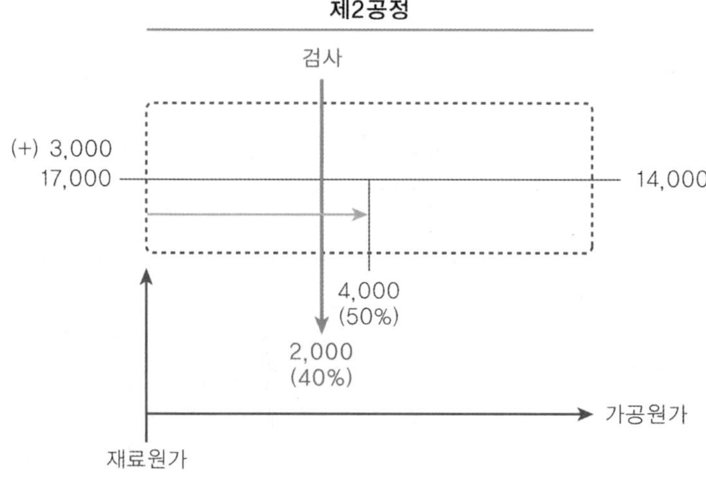

(2) 정상공손수량과 비정상공손수량

- 합격품수량: 검사받은 물량 - 공손물량 = (3,000단위 + 17,000단위) - 2,000단위 = 18,000단위
- 정상공손수량: 18,000단위 × 10% = 1,800단위
- 비정상공손수량: 2,000단위 - 1,800단위 = 200단위

(3) 완성품환산량 및 환산량 단위당 원가(평균법)

완성품환산량과 환산량 단위당 원가를 이용하여 당월발생원가를 계산할 수 있다.

			전공정원가	재료원가	가공원가
완성품		14,000	14,000	14,000	14,000
공손	정상	1,800(40%)	1,800	1,800	720
	비정상	200(40%)	200	200	80
월말재공품		4,000(50%)	4,000	4,000	2,000
소계			20,000	20,000	16,800
월초재공품원가			₩40,000	₩48,000	₩20,700
당월발생원가			340,000[*1]	306,000[*2]	365,700[*3]
소계			₩380,000	₩354,000	₩386,400
환산량 단위당 원가			₩19	₩17.7	₩23

[*1] 당월발생 전공정원가(x): $\frac{₩40,000 + x}{20,000} = ₩19$

∴ x = ₩340,000

[*2] 당월발생 재료원가(x): $\frac{₩48,000 + x}{20,000} = ₩17.7$

∴ x = ₩306,000

[*3] 당월발생 가공원가(x): $\frac{₩20,700 + x}{16,800} = ₩23$

∴ x = ₩365,700

(4) 물량흐름도(선입선출법)

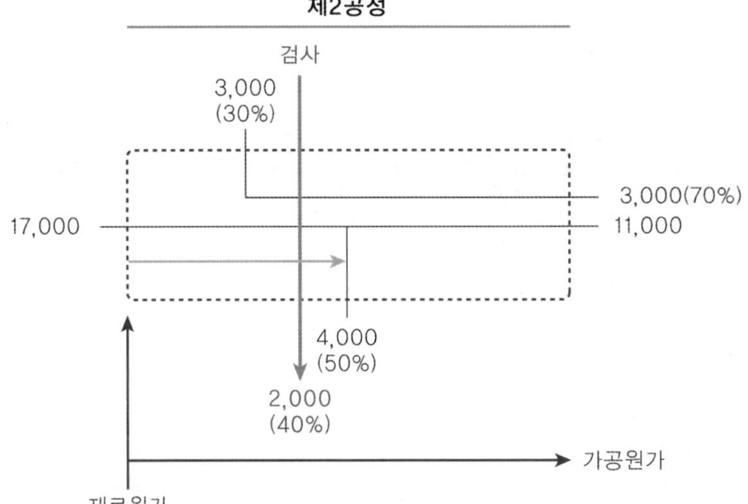

(5) 완성품환산량 및 환산량 단위당 원가(선입선출법)

			전공정원가	재료원가	가공원가
완성품	월초	3,000(70%)	-	-	2,100
	당월	11,000	11,000	11,000	11,000
공손	정상	1,800(40%)	1,800	1,800	720
	비정상	200(40%)	200	200	80
월말재공품		4,000(50%)	4,000	4,000	2,000
소계			17,000	17,000	15,900
당월발생원가			₩340,000	₩306,000	₩365,700
환산량 단위당 원가			₩20	₩18	₩23

모범답안

[물음 1] 선입선출법을 이용한 6월 한국회사 제2공정의 원가요소별 완성품환산량

- 전공정원가: 17,000
- 재료원가: 17,000
- 가공원가: 15,900

[물음 2] 선입선출법을 이용한 6월 한국회사 제2공정의 원가요소별 완성품환산량 단위당 원가

(1) 당월발생원가

① 전공정원가(x): $\dfrac{₩40,000 + x}{20,000}$ = ₩19

∴ x = ₩340,000

② 재료원가(x): $\dfrac{₩48,000 + x}{20,000}$ = ₩17.7

∴ x = ₩306,000

③ 가공원가(x): $\dfrac{₩20,700 + x}{16,800}$ = ₩23

∴ x = ₩365,700

(2) 완성품환산량 단위당 원가

① 전공정원가: ₩340,000 ÷ 17,000 = ₩20

② 재료원가: ₩306,000 ÷ 17,000 = ₩18

③ 가공원가: ₩365,700 ÷ 15.900 = ₩23

[물음 3]

(1) 선입선출법하의 당월완성품원가와 월말재공품원가

① 1차 배분

완성품	₩108,700 + 11,000 × ₩20 + 11,000 × ₩18 + 13,100 × ₩23 =	₩828,000
정상공손	1,800 × ₩20 + 1,800 × ₩18 + 720 × ₩23 =	84,960
비정상공손	200 × ₩20 + 200 × ₩18 + 80 × ₩23 =	9,440
월말재공품	4,000 × ₩20 + 4,000 × ₩18 + 2,000 × ₩23 =	198,000
		₩1,120,400

② 2차 배분

	배분 전 원가	공손품	순공손원가	공손원가 배분	배분 후 원가
완성품	₩828,000			₩60,480[*2]	₩888,480
정상공손	84,960	₩(7,200)[*1]	₩77,760	(77,760)	-
비정상공손	9,440	(800)	8,640		8,640
월말재공품	198,000			17,280	215,280
공손품	-	8,000			8,000
	₩1,120,400	-	₩86,400	-	₩1,120,400

[*1] 공손품원가(공손품의 순실현가치): 1,800 × ₩4 = ₩7,200

[*2] $₩77,760 \times \frac{14,000}{14,000 + 4,000} = ₩60,480$

(2) 월말 분개

(차) 완성품	888,480	(대) 재공품	905,120
공손품	8,000		
비정상공손손실	8,640		

[물음 4] 5월과 비교한 6월 제2공정에서 발생한 원가요소별 원가의 변화

		5월	6월	변화
전공정원가	₩40,000 ÷ 3,000 =	₩13	₩20	증가
재료원가	₩48,000 ÷ 3,000 =	₩16	₩18	증가
가공원가	₩20,700 ÷ (3,000 × 30%) =	₩23	₩23	불변

[물음 5] 공손에 대한 일반적인 가정

기초재공품이 당기에 검사시점을 통과했더라도 당기공손의 원가는 당기발생원가로부터 배분되며, 이를 수정된 선입선출법이라 한다. 또한, 기초재공품이 전기에 이미 검사시점을 통과한 경우 원가흐름의 가정으로 평균법을 적용하더라도 정상공손수량은 선입선출법에 의하여 계산된 정상공손수량과 동일하다.

문제 19 원가요소별 당기발생원가 추정

회계사 14

(주)한국은 단일 공정에서 제품 A를 생산·판매하고 있다. 완제품의 판매가격은 단위당 ₩1,000이다. 회사는 실제원가에 의한 종합원가계산을 적용하고 있다. 제품 생산을 위해 직접재료 M1은 공정의 시작시점에 전량 투입되며, 직접재료 M2는 공정의 70% 시점에서 전량 투입된다. 전환원가(가공원가: Conversion costs)는 공정 전반에 걸쳐 균등하게 발생한다.

당기 중 생산 및 원가자료는 다음과 같다.

구분	물량단위	직접재료원가		전환원가
		M1	M2	
기초재공품	100(50%)	₩12,000	₩0	₩35,000
당기착수 및 투입	900	?	?	?
기말재공품	200(90%)	?	?	?

단, 괄호 안의 숫자는 전환원가 완성도를 의미하고, 공손품은 발생하지 않는다.

회사의 재공품 평가방법은 선입선출법이며, 원가요소별로 완성품환산량 단위당 원가는 다음과 같이 계산되었다.

구분	직접재료원가		전환원가
	M1	M2	
완성품환산량 단위당 원가	₩150	₩100	₩700

기초 및 기말제품재고는 없으며, 주어진 자료 이외의 수익과 비용은 고려하지 않는다.

요구사항

[물음 1] 당기에 투입된 직접재료 M1의 원가, 직접재료 M2의 원가와 전환원가는 각각 얼마인가?

[물음 2] 당기에 생산된 제품이 모두 판매되었다면 이익(또는 손실)은 얼마인가?

[물음 3] 주어진 자료에 다음 사항이 추가되었다고 가정한다.

> 공정의 종료시점에 품질검사를 실시하였으며, 당기에 착수하여 완성한 물량 중 50단위가 공손품으로 판명되었다. 공손품은 모두 비정상적으로 발생한 것으로 처분가치가 없다.

(1) 품질검사에 합격한 완성품을 모두 판매하였다면 이익(또는 손실)은 얼마인가?

(2) 비정상공손원가가 합격품원가에 포함될 경우에 발생될 수 있는 문제점을 설명하시오. (3줄 이내로 답할 것)

해답

문제분석

- "완제품의 판매가격은 단위당 ₩1,000" 및 "주어진 자료 이외의 수익과 비용은 고려하지 않는다."
  → 판매가격이 주어진 경우 이익을 요구할 것으로 추정할 수 있으며, 본 문제에 제시된 제조원가 이외의 추가수익과 비용은 없다.
- "선입선출법" 및 "원가요소별로 완성품환산량 단위당 원가"
  → 완성품환산량 단위당 원가에 원가요소별 완성품환산량을 곱하여 당기발생원가를 추정할 수 있다.
- [물음 2] "당기에 생산된 제품이 모두 판매"
  → 당기 생산된 제품이 모두 판매되었으므로 당기제품제조원가는 매출원가이다.
- [물음 3] "당기에 착수하여 완성한 물량 중 50단위가 공손품으로 판명"
  → 공손원가는 당기발생원가에서 배분한다. 따라서 기초재공품원가는 모두 완성품원가에 가산한다.
- [물음 3] "공손품은 모두 비정상적으로 발생"
  → 공손원가 처리방법에 대해서는 자료에 제시되는 것이 일반적이다. 또한, 정상공손원가는 합격품원가에 가산하고 비정상공손원가는 당기비용처리하는 것이 일반적인 방법이다. 본 문제에는 비정상공손원가 처리방법에 대해 별도로 제시되어 있지 않아 당기비용으로 처리한다.

자료정리

(1) 물량흐름도[물음 1], [물음 2]

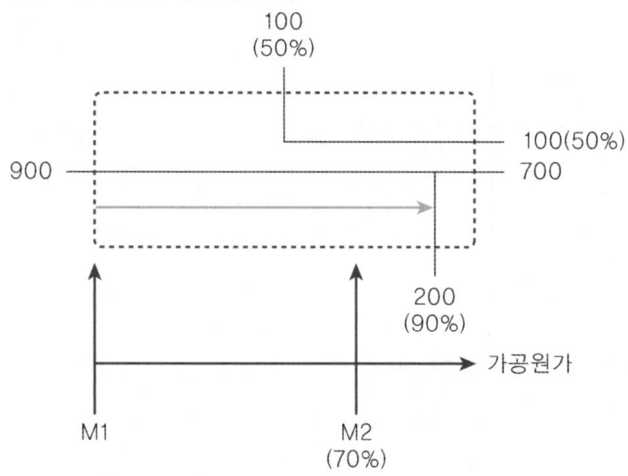

(2) 제조원가보고서[물음 1], [물음 2]

① 물량흐름 파악(선입선출법) ② 완성품환산량

재공품					M1	M2	전환원가
기초	100(0.5)	완성	기초	100(0.5)	-	100	50
			당기	700	700	700	700
착수	900	기말		200(0.9)	200	200	180
	1,000			1,000	900	1,000	930

③ 환산량 단위당 원가

M1	M2	전환원가
₩150	₩100	₩700

④ 당기발생원가(= ② × ③)

M1	M2	전환원가
₩135,000	₩100,000	₩651,000

⑤ 원가배분

완성품	₩47,000 + 700 × ₩150 + 800 × ₩100 + 750 × ₩700 =	₩757,000
기말재공품	200 × ₩150 + 200 × ₩100 + 180 × ₩700 =	176,000
		₩933,000

(3) 물량흐름도[물음 3]

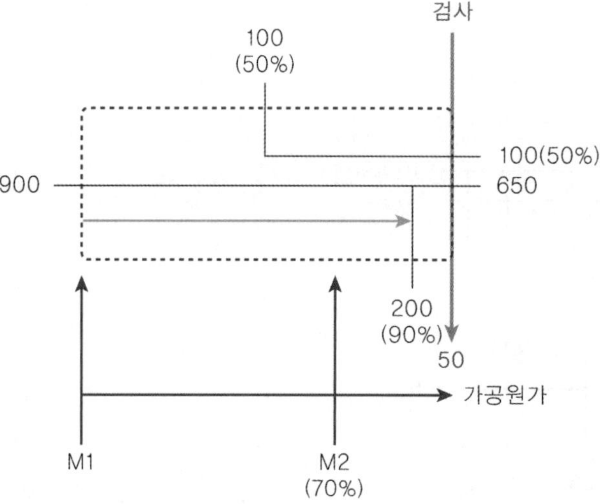

(4) 제조원가보고서[물음 3]

① 물량흐름 파악(선입선출법) ② 완성품환산량

재공품					M1	M2	전환원가
기초	100(0.5)	완성	기초	100(0.5)	-	100	50
			당기	650	650	650	650
		공손		50	50	50	50
착수	900	기말		200(0.9)	200	200	180
	1,000			1,000	900	1,000	930

③ 환산량 단위당 원가

M1	M2	전환원가
₩150	₩100	₩700

④ 당기발생원가(= ② × ③)

M1	M2	전환원가
₩135,000	₩100,000	₩651,000

⑤ 원가배분

완성품	₩47,000 + 650 × ₩150 + 750 × ₩100 + 700 × ₩700 =	₩709,500
공손*	50 × ₩150 + 50 × ₩100 + 50 × ₩700 =	47,500
기말재공품	200 × ₩150 + 200 × ₩100 + 180 × ₩700 =	176,000
		₩933,000

* 비정상공손이므로 완성품원가에 배분되지 않는다.

모범답안

[물음 1] 당기에 투입된 직접재료 M1의 원가, 직접재료 M2의 원가와 전환원가

- M1: 900단위 × ₩150 = ₩135,000
- M2: 1,000단위 × ₩100 = ₩100,000
- 전환원가: 930단위 × ₩700 = ₩651,000

[물음 2] 당기손익

매출	800단위 × ₩1,000 =	₩800,000
매출원가*		(757,000)
이익		₩43,000

* 기초 및 기말제품재고가 없으므로 완성품원가는 매출원가이다.

[물음 3]

(1) 당기손익

매출	750단위 × ₩1,000 =	₩750,000
매출원가		(709,500)
비정상공손*		(47,500)
이익		₩(7,000)

* 공손품은 모두 비정상적으로 발생한 것으로 간주하므로 당기비용처리한다.

(2) 비정상공손원가가 합격품원가에 포함될 경우 문제점

비정상공손원가가 합격품원가에 포함될 경우 검사를 통과한 제품과 재공품원가는 과대평가되며, 이로 인하여 매출총이익은 과소평가된다.

문제 20 부산물과 연속공정 종합원가계산

(주)한국은 A, B 두 공정을 통해 주방용 세제 X를 생산한다. 재료는 A공정 초기에 투입되는데, 총완성물량 중 15%는 부산물로 남고 나머지만 B공정으로 대체된다. 부산물은 더 이상 가공되지 않고 즉시 kg당 ₩2에 판매되는데, 이때 지출되는 판매 및 운반비용은 kg당 ₩0.5이다. (주)한국은 A공정 부산물의 순실현가치를 A공정의 재료원가에서 차감하여 A공정의 제조원가를 계산하고 있다. B공정으로 대체되는 A공정의 생산물은 B공정 투입 직전에 정제수와 혼합되어 B공정에서 추가가공된다. 이때 A공정의 생산물과 정제수의 혼합비율은 3 : 1이다. 제조과정에서 공손이나 감손은 발생하지 않는다.

《자료 1》 당해 연도 1월 재공품에 관한 자료

	월초재공품		월말재공품
	수량	금액	수량
A공정	없음	-	없음
B공정	1,200kg	₩23,500	2,000kg

《자료 2》 당해 연도 1월 투입원가

	재료원가	가공원가
A공정	₩261,750	₩102,000
B공정	-	86,100

《자료 3》

(1) 1월 중 A공정 초에 투입된 원재료: 30,000kg

(2) B공정의 월초 및 월말재공품에 대한 가공원가 완성도: 각각 30%, 80%

(3) B공정 초에 투입되는 정제수의 원가는 ₩0으로 처리하며, B공정의 월초재공품 재고액 ₩48,500 중 ₩30,200은 전공정원가이고, ₩18,300은 가공원가이다.

요구사항

[물음 1] 회사는 선입선출법을 적용하여 완성품과 월말재공품원가를 계산한다. 당월 A공정 완성품과 월말재공품원가를 계산하시오.

[물음 2] 회사는 평균법을 적용하여 완성품과 월말재공품원가를 계산한다. 당월 B공정 완성품과 월말재공품원가를 계산하시오.

해답

문제분석

■ "총완성물량 중 15%는 부산물로 남고 나머지만 B공정으로 대체", "《자료 1》 A공정 재공품 없음" 및 "《자료 3》 (1) A공정 초에 투입된 원재료: 30,000kg"

→ 재공품이 없으므로 투입된 원재료 모두 완성되어 이 중 부산물은 4,500kg(= 30,000kg × 15%)이다. 또한, 부산물을 제외한 완성품은 25,500kg(= 30,000kg - 4,500kg)이다.

■ "A공정 부산물의 순실현가치를 A공정의 원재료원가에서 차감하여 A공정의 제조원가를 계산"

→ 부산물의 순실현가치를 A공정의 원재료에서 차감한다.

부산물의 순실현가치: 4,500kg × (₩2 - ₩0.5) = ₩6,750

■ "B공정 투입 직전에 정제수와 혼합" 및 "생산물과 정제수의 혼합비율은 3 : 1"

→ 정제수와 혼합된 B공정 투입물량은 34,000kg(= 25,500kg + 25,500kg × $\frac{1}{3}$)이다.

■ 《자료 3》 "(3) 정제수의 원가는 ₩0으로 처리"

→ A공정의 생산물 25,500kg은 추가원가 없이 정제수와 혼합된 34,000kg으로 B공정에 투입된다.

자료정리

(1) 물량흐름도

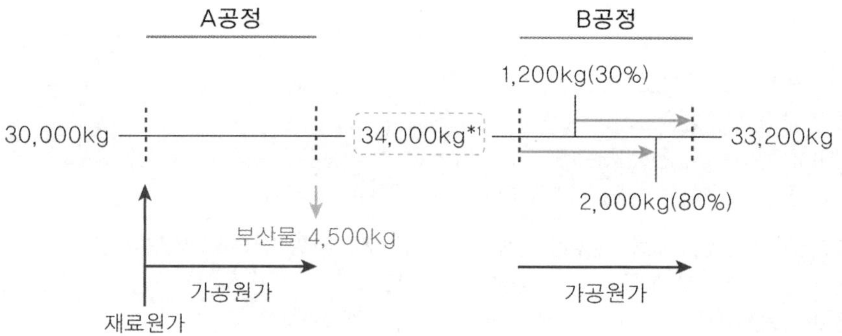

*1 25,500kg + 25,500kg/3 = 34,000kg

(2) 공정별 제조원가보고서

1) A공정(선입선출법)

부산물의 순실현가치를 원재료에서 차감한 후 원가계산이 진행되므로 완성품환산량에서 부산물은 제외한다.

① 물량흐름 파악 / ② 완성품환산량

재공품				재료원가	가공원가
월초	-	완성	25,500kg	25,500	25,500
		부산물[*2]	4,500	-	-
착수	30,000kg	월말	-	-	-
	30,000kg		30,000kg	25,500	25,500

*2 30,000kg × 15% = 4,500kg

③ 당월투입원가

부산물의 순실현가치를 재료원가에서 차감한다.

- 재료원가: ₩261,750 - 4,500 × (₩2 - ₩0.5) = ₩255,000
- 가공원가: ₩102,000

④ 완성품환산량 단위당 원가

- 재료원가: ₩255,000 ÷ 25,500 = ₩10
- 가공원가: ₩102,000 ÷ 25,500 = ₩4

⑤ 완성품 및 월말재공품원가

- 완성품: 25,500 × ₩10 + 25,500 × ₩4 = ₩357,000
- 월말재공품: -

2) B공정(선입선출법)

A공정과 정제수가 3 : 1의 비율로 혼합되므로 A공정의 25,500kg은 정제수 8,500kg(= 25,500kg × 1/3)과 혼합되어 B공정의 착수량은 34,000kg이 된다.

① 물량흐름 파악 / ② 완성품환산량

재공품					② 전공정원가	가공원가
월초	1,200kg	완성	1,200kg	(0.7)	-	840
			32,000		32,000	32,000
착수	34,000	월말	2,000	(0.8)	2,000	1,600
	35,200kg		35,200kg		34,000	34,440

③ 당월투입원가
- 전공정원가: ₩357,000
- 가공원가: ₩86,100

④ 완성품환산량 단위당 원가
- 전공정원가: ₩357,000 ÷ 34,000 = ₩10.5
- 가공원가: ₩86,100 ÷ 34,440 = ₩2.5

⑤ 완성품 및 월말재공품원가
- 완성품: ₩48,500 + 32,000 × ₩10.5 + 32,840 × ₩2.5 = ₩466,600
- 월말재공품: 2,000 × ₩10.5 + 1,600 × ₩2.5 = ₩25,000

3) B공정(평균법)

① 물량흐름 파악 / ② 완성품환산량

재공품					② 전공정원가	가공원가
월초	1,200kg	완성	33,200kg		33,200	33,200
착수	34,000	월말	2,000	(0.8)	2,000	1,600
	35,200kg		35,200kg		35,200	34,800

③ 원가
- 전공정원가: ₩357,000 + ₩30,200 = ₩387,200
- 가공원가: ₩86,100 + ₩18,300 = ₩104,400

④ 완성품환산량 단위당 원가
- 전공정원가: ₩387,200 ÷ 35,200 = ₩11
- 가공원가: ₩104,400 ÷ 34,800 = ₩3

⑤ 완성품 및 월말재공품원가
- 완성품: 33,200 × ₩11 + 33,200 × ₩3 = ₩464,800
- 월말재공품: 2,000 × ₩11 + 1,600 × ₩3 = ₩26,800

모범답안

[물음 1] 선입선출법을 적용한 A공정 완성품과 월말재공품원가

- 완성품: 25,500 × ₩10 + 25,500 × ₩4 = ₩357,000
- 월말재공품: -

[물음 2] 평균법을 적용한 B공정 완성품과 월말재공품원가

- 완성품: 33,200 × ₩11 + 33,200 × ₩3 = ₩464,800
- 월말재공품: 2,000 × ₩11 + 1,600 × ₩3 = ₩26,800

문제 21 종합원가계산과 검사시점변경

회계사 18

(주)대한은 단일 제품을 생산하는 제조기업으로 선입선출법(FIFO)에 의한 종합원가계산제도를 사용한다.

제품의 직접재료는 구리와 알루미늄이다. 구리는 공정 초에 전량 투입되며, 알루미늄은 공정 60% 시점에 전량 투입된다. 가공원가는 공정 전체에 걸쳐 균등하게 발생한다. 알루미늄을 투입하기 직전에 품질검사를 실시하는데, 품질검사를 통과한 물량에 한하여 알루미늄이 투입된다. 정상공손은 당월에 품질검사를 통과한 합격품의 2%이다.

(주)대한의 3월 초 재공품의 가공원가 완성도는 80%(완성품환산량 480개)이며, 기초재공품의 총원가는 17,000원이다. 3월 말 재공품은 900개이며, 가공원가 완성도는 50%이다. 3월 중 완성된 제품은 3,600개이고, 3월 중 제조에 착수한 물량은 4,000개이다. 3월 중 발생한 가공원가는 총 72,600원이며, 투입된 구리와 알루미늄의 원가는 각각 30,000원과 12,600원이다.

요구사항

[물음 1] 3월 정상공손과 비정상공손의 원가를 구하시오.

[물음 2] 3월 기말재공품과 기말제품의 원가를 구하시오.

[물음 3] 불량품은 알루미늄을 투입하기 전에 모두 발생한다. (주)대한이 3월의 품질검사를 기존의 공정 60% 시점 대신에 공정 100% 시점에서 실시한다면, 이로 인해 발생하는 손실은 얼마인가? (불량품은 추가적인 비용과 수익 없이 즉시 처분된다)

해답

문제분석

- "알루미늄은 공정 60% 시점에 전량 투입" 및 "알루미늄을 투입하기 직전에 품질검사를 실시"
  → 검사시점은 60%이다.
- "3월 초 재공품의 가공원가 완성도는 80%(완성품환산량 480개)"
  → 완성도와 가공원가 완성품환산량을 이용하여 기초재공품수량을 역산할 수 있다.
  $\frac{480개}{80\%} = 600개$
- [물음 3] "불량품은 알루미늄을 투입하기 전에 모두 발생한다. (주)대한이 3월의 품질검사를 기존의 공정 60% 시점 대신에 공정 100% 시점에서 실시한다면,"
  → 기초자료에서 알루미늄 투입시점은 60%이지만, 물음의 "불량품은 알루미늄을 투입하기 전에 모두 발생한다"는 단서조항으로 인하여 검사시점을 변경하더라도 알루미늄은 추가로 투입되지 않는다고 해석된다. 따라서 증가하는 원가는 공손물량의 40%(= 100% - 60%)에 해당하는 가공원가이다.
  만약 기초자료의 알루미늄 투입시점 60%를 반영한다면, 증가하는 원가에 알루미늄의 원가도 포함해야 한다.

자료정리

(1) 물량흐름도

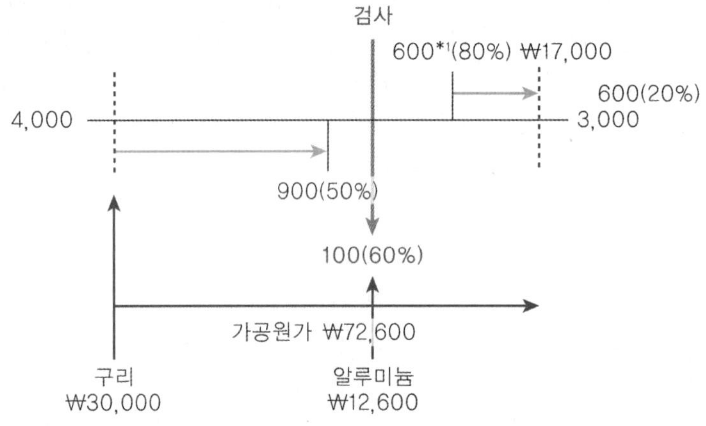

*1 기초재공품수량: 480 ÷ 80% = 600

(2) 정상공손수량과 비정상공손수량

기초재공품은 전기에 검사시점을 통과한 물량으로 합격품수량에 기초재공품수량은 제외한다.

- 정상공손수량: 합격품 × 2% = 3,000 × 2% = 60
- 비정상공손수량: 100 - 60 = 40

(3) 제조원가보고서

① 물량흐름 파악(선입선출법) / ② 완성품환산량

재공품				구리	알루미늄(60%)	가공원가
기초	600(0.8)	완성	600(0.2)	-	-	120
			3,000	3,000	3,000	3,000
		정상	60(0.6)	60	-	36
		비정상	40(0.6)	40	-	24
착수	4,000	기말	900(0.5)	900	-	450
	4,600		4,600	4,000	3,000	3,630
			③ 당기발생원가			
				₩30,000	₩12,600	₩72,600
			④ 환산량 단위당 원가			
				₩7.5	₩4.2	₩20

⑤ 원가배분

• 1차 배분

완성품	₩17,000 + 3,000 × ₩7.5 + 3,000 × ₩4.2 + 3,120 × ₩20 =	₩114,500
정상공손	60 × ₩7.5 + 36 × ₩20 =	1,170
비정상공손	40 × ₩7.5 + 24 × ₩20 =	780
기말재공품	900 × ₩7.5 + 450 × ₩20 =	15,750
		₩132,200

• 2차 배분

	배분 전 원가	정상공손원가 배분	배분 후 원가
완성품	₩114,500	₩1,170[*2]	₩115,670
정상공손	1,170	(1,170)	-
비정상공손	780	-	780
기말재공품	15,750	-	15,750
	₩132,200	-	₩132,200

[*2] 기말재공품은 검사시점을 통과하지 않은 물량이므로 정상공손원가는 모두 완성품원가에 가산한다.

모범답안

[물음 1] 정상공손과 비정상공손의 원가

- 정상공손원가: 60 × ₩7.5 + 36 × ₩20 = ₩1,170
- 비정상공손원가: 40 × ₩7.5 + 24 × ₩20 = ₩780

[물음 2] 기말재공품과 기말제품의 원가

- 기말재공품원가: 900 × ₩7.5 + 450 × ₩20 = ₩15,750
- 기말제품원가: ₩17,000 + 3,000 × ₩7.5 + 3,000 × ₩4.2 + 3,120 × ₩20 + ₩1,170 = ₩115,670

[물음 3] 품질검사시점을 변경하는 경우 손실

	60% 시점		100% 시점		원가차이
구리	100 × ₩7.5 =	₩750	100 × ₩7.5 =	₩750	-
알루미늄(60%)		-		-	-
가공원가	100 × 60% × ₩20 =	1,200	100 × 100% × ₩20 =	2,000	₩800
		₩1,950		₩2,750	₩800

∴ 품질검사시점을 변경하는 경우 발생하는 손실 = ₩800

[비교]

만약 기초자료의 알루미늄 투입시점 60%를 고려한다면, 검사시점이 100%인 경우 공손물량에 알루미늄원가가 배부된다.

	60% 시점		100% 시점		원가차이
구리	100 × ₩7.5 =	₩750	100 × ₩7.5 =	₩750	-
알루미늄(60%)		-	100 × ₩4.2 =	420	₩420
가공원가	100 × 60% × ₩20 =	1,200	100 × 100% × ₩20 =	2,000	800
		₩1,950		₩3,170	₩1,220

∴ 품질검사시점을 변경하는 경우 발생하는 손실 = ₩1,220

문제 22 공손의 재료원가 재사용 및 감손 종합원가계산

회계사 19

반지제조기업인 (주)한국쥬얼리는 종합원가계산제도를 채택하고 있으며, 선입선출법(FIFO)을 이용하여 제조원가를 계산한다. 반지를 생산할 때 투입되는 직접재료는 금이며, 공정 초에 전량 투입된다. 가공원가(전환원가)는 공정 전반에 걸쳐 균등하게 발생한다. 공손은 추가비용 없이 전량 원재료(금)로 재사용된다. 다음 물음에 답하시오.

요구사항

[물음 1] (주)한국쥬얼리는 품질검사를 완성도 60% 시점에서 실시하며, 검사를 통과한 합격품의 10%를 정상공손으로 설정한다. 공손에 대한 회계처리는 공손인식법으로 한다. 다음은 20×9년 1월 (주)한국쥬얼리의 생산에 관한 자료이다(괄호 안은 전환원가 완성도를 의미함).

구분	물량(완성도)
기초재공품	200개(80%)
당기투입량	380개
기말재공품	80개(30%)

구분	원가
기초재공품 직접재료원가	₩15,200,000
기초재공품 가공원가	32,490,000
당기투입 직접재료원가	25,194,000
당기투입 가공원가	87,000,000

(1) 당기에 투입한 가공원가의 완성품환산량이 당기에 투입한 직접재료원가의 완성품환산량(공손에 대한 직접재료원가의 완성품환산량은 0)보다 8개 더 많다. 당기에 착수하여 완성한 제품의 수량과 공손의 수량을 구하시오.

<답안작성양식>

구분	수량
당기착수 완성품	
공손	

(2) 당기완성품원가와 기말재공품원가를 구하시오.

<답안작성양식>

구분	원가
완성품원가	
기말재공품원가	

(3) (주)한국쥬얼리에서 정상공손은 검사를 통과한 합격품의 5%로 설정하고, 다른 상황은 모두 동일하다고 가정한다. 이때 1월 말 작업 종료와 관련된 분개를 실시하시오.

(4) (주)한국쥬얼리에서 정상공손은 검사를 통과한 합격품의 20%로 설정하고, 다른 상황은 모두 동일하다고 가정한다. 이때 1월 말 작업 종료와 관련된 분개를 실시하시오.

[물음 2] 20×9년 3월 (주)한국쥬얼리는 기존 기계의 가공원가가 높아 새로운 기계를 도입하였다. 새로운 기계는 금을 녹여 반지를 제작하는데, 반지를 제작할 때 투입된 금의 20%는 가공률에 비례하여 균등하게 자연소멸된다. 소멸된 금은 모두 정상적인 감손으로 인식한다. 완성된 반지에 포함된 금의 잔량은 개당 160g이다. 새로운 기계도입과 함께 공손의 검사시점은 변경되었다. 공손은 모두 정상공손이며, 공손에 포함된 원재료(금)는 추가비용 없이 전량 차기에 재사용된다. 당기에 공손에 포함된 금은 1.8kg이었다. 당기에 완성품에 포함된 금은 총 64kg이다. 아래의 자료를 참고하여 다음 물음에 답하시오.

구분	공정 시작시점에 투입된 금의 수량	재공품에 포함된 금의 잔량
기초재공품	20kg	16.8kg(4월 1일)
당기투입량	72kg	
기말재공품	10kg	9.4kg(4월 30일)

(1) 공손의 검사시점을 구하시오.

(2) 4월 중 공손을 제외하고 정상적으로 감손된 원재료(금)의 수량을 구하시오.

(3) 금의 단가는 kg당 ₩600,000이며, 당기투입한 가공원가의 완성품환산량 단위당 원가는 ₩40,000이다. (주)한국쥬얼리의 당기총제조원가를 구하시오.

해답

문제분석

- "공손은 추가비용 없이 전량 원재료(금)로 재사용" 및 "[물음 1] (1) (공손에 대한 직접재료원가의 완성품환산량은 0)"
  → 공손에 대한 재료는 재사용되므로 직접재료원가를 배부하지 않는 방법을 사용하고 있다.

- "선입선출법(FIFO)" 및 "[물음 1] (1) 당기에 투입한 가공원가의 완성품환산량이 당기에 투입한 직접재료원가의 완성품환산량(공손에 대한 직접재료원가의 완성품환산량은 0)보다 8개 더 많다."
  → 당기착수완성수량을 Q라 한 후 물량흐름을 이용하여 총공손수량을 찾을 수 있다. 또한, 공손의 직접재료원가 환산량은 0이므로 주의해야 한다.

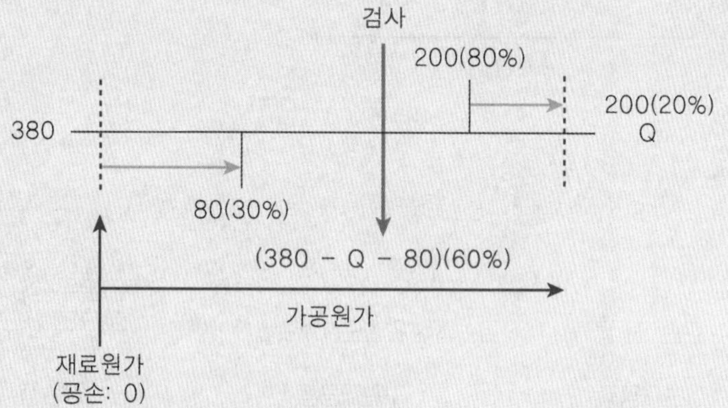

재료원가 환산량 + 8 = 가공원가 환산량

$(Q + 0 + 80) + 8 = 200 \times 20\% + Q + (380 - Q - 80) \times 60\% + 80 \times 30\%$

$\Rightarrow Q + 88 = 0.4Q + 244$

$\therefore Q = 260$단위

- [물음 1] "(4) (주)한국쥬얼리에서 정상공손은 검사를 통과한 합격품의 20%로 설정"
  → 정상공손수량(260단위 × 20% = 52단위)이 총공손수량(40단위)보다 작아 40단위 모두 정상공손으로 처리한다.

■ [물음 2] "투입된 금의 20%는 가공률에 비례하여 균등하게 자연소멸" 및 "공정 시작시점에 투입된 금의 수량, 재공품에 포함된 금의 잔량"

→ 감손 전 물량을 기준으로 완성수량을 계산하고, 감손 전과 후 물량을 이용하여 진행률을 추정할 수 있다.

① 물량흐름

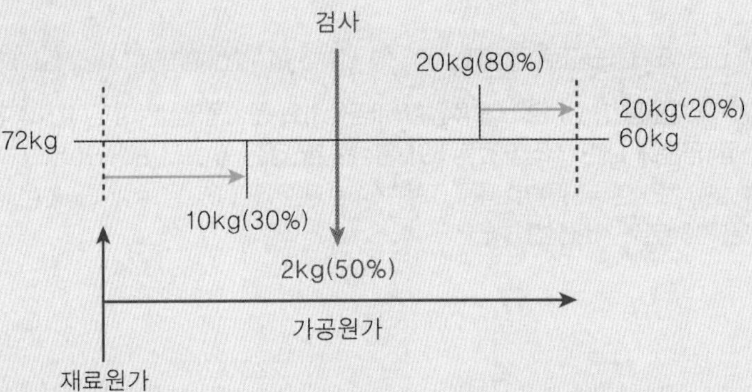

② 완성수량: 64kg ÷ (1 − 20%) = 80kg

③ 공손수량: 20kg + 72kg = 80kg + 10kg + 공손수량 ⇒ 공손수량 = 2kg

④ 완성도

"감손 후 물량 = 감손 전 물량 × (1 − 감손율 × 완성도)"이므로 "완성도 = $\dfrac{1-\dfrac{\text{감손 후 물량}}{\text{감손 전 물량}}}{\text{감손율}}$"이다.

	기초재공품	기말재공품	공손품
완성도	$\dfrac{1-\dfrac{16.8kg}{20kg}}{20\%} = 80\%$	$\dfrac{1-\dfrac{9.4kg}{10kg}}{20\%} = 30\%$	$\dfrac{1-\dfrac{1.8kg}{2kg}}{20\%} = 50\%$

■ [물음 2] "공손에 포함된 원재료(금)는 추가비용 없이 전량 차기에 재사용된다." 및 "소멸된 금은 모두 정상적인 감손으로 인식"

→ 공손에 대한 재료는 재사용되고 감손은 모두 정상적으로 인식하므로, 공손의 감손원가를 별도로 계산하지 않고 직접재료원가의 완성품환산량은 0으로 한다.

자료정리

(1) 물량흐름도[물음 1]

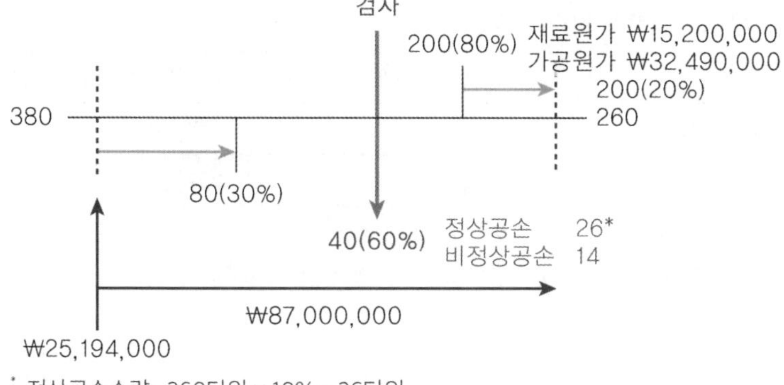

* 정상공손수량: 260단위 × 10% = 26단위

(2) 물량흐름도[물음 2]

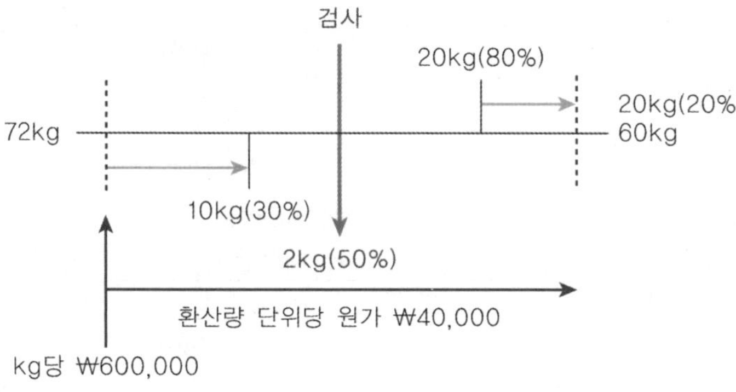

모범답안

[물음 1]

(1) 당기에 착수하여 완성한 제품의 수량과 공손의 수량

구분	수량
당기착수 완성품	260단위
공손	40단위

① 완성품수량(Q): 재료원가 환산량 + 8 = 가공원가 환산량

(Q + 0 + 80) + 8 = 200 × 20% + Q + (380 - Q - 80) × 60% + 80 × 30%

⇒ Q + 88 = 0.4Q + 244

∴ Q = 260단위

② 공손수량: 380단위 - 260단위 - 80단위 = 40단위

(2) 당기완성품원가와 기말재공품원가

구분	원가
완성품원가	₩145,856,000
기말재공품원가	₩11,928,000

① 물량흐름 파악(선입선출법) / ② 완성품환산량

재공품				재료원가	가공원가
기초	200(0.8)	완성	200(0.2)	-	40
			260	260	260
		정상	26(0.6)	-	15.6
		비정상	14(0.6)	-	8.4
착수	380	기말	80(0.3)	80	24
	580		580	340	348

③ 당기발생원가

₩25,194,000 ₩87,000,000

④ 환산량 단위당 원가(= ③ ÷ ②)

₩74,100 ₩250,000

⑤ 원가배분

- 1차 배분

완성품	₩47,690,000 + 260 × ₩74,100 + 300 × ₩250,000 =	₩141,956,000
정상공손	15.6 × ₩250,000 =	3,900,000
비정상공손	8.4 × ₩250,000 =	2,100,000
기말재공품	80 × ₩74,100 + 24 × ₩250,000 =	11,928,000
		₩159,884,000

• 2차 배분

	배분 전 원가	정상공손원가 배분	배분 후 원가
완성품	₩141,956,000	3,900,000	₩145,856,000
정상공손	3,900,000	(3,900,000)[*1]	-
비정상공손	2,100,000	-	2,100,000
기말재공품	11,928,000	-	11,928,000
	₩159,884,000	-	₩159,884,000

[*1] 당기검사통과수량은 당기착수완성물량이므로 모두 완성품원가에 가산한다.

(3) 정상공손이 검사 합격품의 5%인 경우 1월 말 작업 종료와 관련된 분개

① 물량흐름 파악(선입선출법) ② 완성품환산량

재공품				재료원가	가공원가
기초	200(0.8)	완성	200(0.2)	-	40
			260	260	260
		정상[*2]	13(0.6)	-	7.8
		비정상	27(0.6)	-	16.2
착수	380	기말	80(0.3)	80	24
	580		580	340	348

③ 당기발생원가

재료원가	가공원가
₩25,194,000	₩87,000,000

④ 환산량 단위당 원가(= ③ ÷ ②)

재료원가	가공원가
₩74,100	₩250,000

⑤ 원가배분

• 1차 배분

완성품	₩47,690,000 + 260 × ₩74,100 + 300 × ₩250,000 =	₩141,956,000
정상공손	7.8 × ₩250,000 =	1,950,000
비정상공손	16.2 × ₩250,000 =	4,050,000
기말재공품	80 × ₩74,100 + 24 × ₩250,000 =	11,928,000
		₩159,884,000

• 2차 배분

	배분 전 원가	정상공손원가 배분	배분 후 원가
완성품	₩141,956,000	1,950,000	₩143,906,000
정상공손	1,950,000	(1,950,000)	-
비정상공손	4,050,000	-	4,050,000
기말재공품	11,928,000	-	11,928,000
	₩159,884,000	-	₩159,884,000

[*2] 정상공손수량: 합격수량 × 5% = 260 × 5% = 13

(차) 제품	143,906,000	(대) 재공품	147,956,000
비정상공손손실	4,050,000		

(4) 정상공손이 검사 합격품의 20%인 경우 1월 말 작업 종료와 관련된 분개

- 정상공손원가: 40단위 × 60% × ₩250,000 = ₩6,000,000
- 정상공손원가 배분 후 완성품원가: ₩141,956,000 + ₩6,000,000 = ₩147,956,000

(차) 제품	147,956,000	(대) 재공품	147,956,000

[물음 2]

(1) 공손의 검사시점

- 감손 전 완성품수량: $\dfrac{64kg}{1-20\%} = 80kg$
- 감손 전 공손품수량: (20kg + 72kg) - (80kg + 10kg) = 2kg
- 공손의 완성도: $\dfrac{1-\dfrac{1.8kg}{2kg}}{20\%} = 50\%$

(2) 4월 중 정상적으로 감손된 원재료(금)의 수량

기초재공품 당기 진행분	20kg × 20% × 20% =	0.8kg
당기착수 완성품	60kg × 20% × 100% =	12
기말재공품	10kg × 20% × 30% =	0.6
		13.4kg

(3) 당기총제조원가

- 공손의 재료원가 완성품환산량

  공손에 대한 재료는 재사용되고 감손은 모두 정상적으로 인식하므로, 공손의 감손원가를 별도로 계산하지 않고 직접재료원가의 완성품환산량은 0으로 한다.

- 완성품환산량

① 물량흐름 파악(선입선출법) ② 완성품환산량

재공품(kg)				재료원가	가공원가
기초	20(0.8)	완성	20(0.2)	-	4
			60	60	60
		공손	2(0.5)	-	1
착수	72	기말	10(0.3)	10	3
	92		92	70	68

- 당기총제조원가

재료원가	70kg × ₩600,000 =	₩42,000,000
가공원가	68단위 × ₩40,000 =	2,720,000
		₩44,720,000

[비교]

만약, 공손품의 재료원가 감손분을 별도로 분리하면 다음과 같다.

- 공손의 재료원가 완성품환산량: 2kg × 20% × 50% = 0.2kg
- 완성품환산량

① 물량흐름 파악(선입선출법) ② 완성품환산량

재공품(kg)				재료원가	가공원가
기초	20(0.8)	완성	20(0.2)	-	4
			60	60	60
		공손	2(0.5)	0.2	1
착수	72	기말	10(0.3)	10	3
	92		92	70.2	68

- 당기총제조원가

재료원가	70.2kg × ₩600,000 =	₩42,120,000
가공원가	68단위 × ₩40,000 =	2,720,000
		₩44,840,000

문제 23 연속공정 종합원가계산 및 부(-)의 비정상공손

회계사 20

(주)대한은 두 개의 연속공정인 제1공정과 제2공정을 통해 제품을 생산하고 있다. 제1공정의 완성품은 제2공정으로 전량 대체된다. (주)대한은 실제원가에 의한 종합원가계산을 사용하고 있다. (주)대한은 정상공손원가를 당월에 검사시점을 통과한 합격품의 물량단위에 비례하여 배부한다. 다음은 20×2년 6월 각 공정에 관한 설명이다.

제1공정에서는 원가흐름으로 선입선출법을 가정하고, 직접재료는 공정의 시작시점에서 전량 투입되며, 전환원가는 공정 전반에 걸쳐 균등하게 발생한다. 기초재공품 600단위(전환원가 완성도 40%), 당기투입 9,000단위, 당기완성량 9,000단위, 기말재공품 450단위(전환원가 완성도 40%)이며, 공손수량은 150단위이다. 품질검사는 제1공정의 종료시점에 한 번 실시하며, 검사를 통과한 합격품의 3%를 정상공손으로 허용하고 있다. 공손품은 발생 즉시 추가비용 없이 폐기된다. 기초재공품원가는 ₩60,000(직접재료원가: ₩40,000, 전환원가: ₩20,000)이며, 당기투입원가는 ₩407,250(직접재료원가: ₩180,000, 전환원가: ₩227,250)이다.

제2공정에서는 원가흐름으로 선입선출법을 가정하고, 직접재료는 공정의 70% 시점에서 전량 투입되며, 전환원가는 공정 전반에 걸쳐 균등하게 발생한다. 기초재공품 800단위(전환원가 완성도 60%), 당기완성량 8,000단위, 기말재공품 1,000단위(전환원가 완성도 40%), 1차 공손수량 400단위, 2차 공손수량 400단위이다. 품질검사는 두 차례 실시하는데 공정의 50% 시점에서 1차 검사를 하고, 공정의 종료시점에서 2차 검사를 한다. (주)대한의 정상공손수량은 1차 검사에서는 검사시점을 통과한 합격품의 5%, 2차 검사에서는 검사시점을 통과한 합격품의 2.5%이다. 공손품은 발생 즉시 추가비용 없이 폐기된다.

제2공정의 기초재공품원가는 ₩69,400(전공정대체원가: ₩33,000, 전환원가: ₩36,400)이며, 당기투입원가는 직접재료원가 ₩252,000과 전환원가 ₩596,400이다.

※ 위에 주어진 자료를 이용하여 다음 각 물음에 답하시오.

요구사항

[물음 1] 제1공정의 정상공손원가 배부 후 완성품원가와 기말재공품원가를 각각 계산하시오.

[물음 2] 만약 (주)대한이 제1공정의 공손원가 계산 시, 정상공손 허용량에 미달하는 수량만큼을 부(-)의 비정상공손으로 인식하는 경우, 제1공정의 정상공손원가 배부 후 완성품원가, 기말재공품원가, 그리고 부(-)의 비정상공손원가를 각각 계산하시오.

[물음 3] 제2공정의 1차 검사시점과 2차 검사시점의 정상공손수량을 각각 계산하시오.

[물음 4] 제2공정의 원가요소별 완성품환산량 단위당 원가를 각각 계산하시오. 단, 소수점 첫째 자리에서 반올림하시오.

[물음 5] 제2공정의 정상공손원가 배부 후 완성품원가, 기말재공품원가, 비정상공손원가를 각각 계산하고 이와 관련된 분개를 하시오.

[물음 6] 만약 제2공정의 종료시점에서 정상공손 허용률이 2.5%가 아닌 1%였다면, 발생할 수 있는 문제점을 제품원가와 공손원가 측면에서 설명하시오. (3줄 이내로 답하시오)

해답

문제분석

■ "제1공정에서는 원가흐름으로 선입선출법", "제1공정의 종료시점에 한 번 실시" 및 "검사를 통과한 합격품의 3%를 정상공손으로 허용"

→ 검사시점이 공정 종료시점이므로 합격품은 모두 완성품이다. 또한, 총공손수량이 정상공손 허용한도에 미달하는 경우 총공손수량을 정상공손수량으로 본다.

■ "제2공정에서는 원가흐름으로 선입선출법", "기초재공품 800단위(전환원가 완성도 60%)" 및 "공정의 50% 시점에서 1차 검사를 하고, 공정의 종료시점에서 2차 검사"

→ 기초재공품은 전기에 50% 시점 검사를 통과한 물량으로 당기 50% 시점 정상공손원가 배부대상에서 제외해야 한다.

자료정리

(1) 물량흐름도

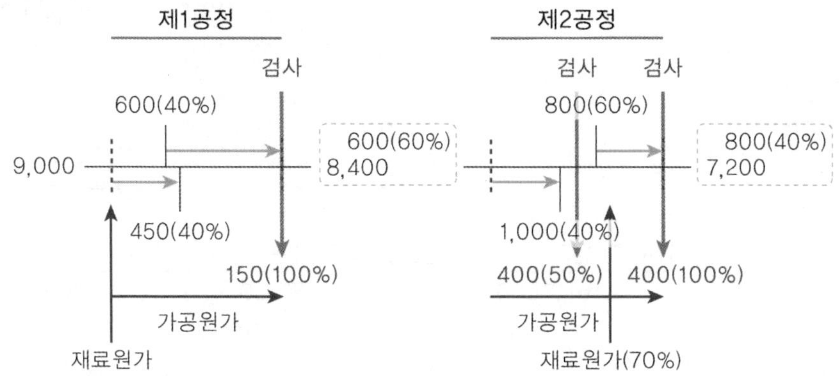

(2) 정상공손수량과 비정상공손수량

① 제1공정

- 정상공손수량: 합격수량 × 3% = 9,000 × 3% = 270
- 비정상공손수량: 150 - 270 = (120)

② 제2공정

[1차 검사시점(50%)]

- 정상공손수량: (검사수량 - 공손수량) × 5% = (8,000 - 400) × 5% = 380
- 비정상공손수량: 400 - 380 = 20

[2차 검사시점(100%)]

- 정상공손수량: 합격수량 × 2.5% = 8,000 × 2.5% = 200
- 비정상공손수량: 400 - 200 = 200

(3) 제1공정 제조원가보고서

① 물량흐름 파악(선입선출법) / ② 완성품환산량

재공품				재료원가	가공원가
기초	600(0.4)	완성	600(0.6)	-	360
			8,400	8,400	8,400
		정상	150	150	150
		비정상	-	-	-
착수	9,000	기말	450(0.4)	450	180
	9,600		9,600	9,000	9,090

③ 당기발생원가

재료원가	가공원가
₩180,000	₩227,250

④ 환산량 단위당 원가(= ③ ÷ ②)

재료원가	가공원가
₩20	₩25

⑤ 원가배분

• 1차 배분

완성품	₩60,000 + 8,400 × ₩20 + 8,760 × ₩25 =	₩447,000
정상공손	150 × ₩20 + 150 × ₩25 =	6,750
비정상공손		-
기말재공품	450 × ₩20 + 180 × ₩25 =	13,500
		₩467,250

• 2차 배분

	배분 전 원가	정상공손원가 배분	배분 후 원가
완성품	₩447,000	₩6,750	₩453,750
정상공손	6,750	(6,750)	-
비정상공손	-	-	-
기말재공품	13,500	-	13,500
	₩467,250	-	₩467,250

(4) 제2공정 제조원가보고서

① 물량흐름 파악(선입선출법) / ② 완성품환산량

재공품 (차변)		재공품 (대변)			전공정원가	재료원가(70%)	가공원가
기초	800(0.6)	완성		800(0.4)	-	800	320
				7,200	7,200	7,200	7,200
		50%	정상	380(0.5)	380	-	190
			비정상	20(0.5)	20	-	10
		100%	정상	200	200	200	200
			비정상	200	200	200	200
착수	9,000	기말		1,000(0.4)	1,000	-	400
	9,800			9,800	9,000	8,400	8,520
③ 당기발생원가					₩453,750[*1]	₩252,000	₩596,400
④ 환산량 단위당 원가(= ③ ÷ ②)					₩50[*2]	₩30	₩70

[*1] ₩453,750(제1공정 완성품원가)

[*2] $\frac{₩453,750}{9,000}$ = ₩50(반올림)

⑤ 원가배분

• 1차 배분

완성품		₩69,400 + 7,200 × ₩50 + 8,000 × ₩30 + 7,520 × ₩70 =	₩1,195,800
50%	정상공손	380 × ₩50 + 190 × ₩70 =	32,300
	비정상공손	20 × ₩50 + 10 × ₩70 =	1,700
100%	정상공손	200 × ₩50 + 200 × ₩30 + 200 × ₩70 =	30,000
	비정상공손	200 × ₩50 + 200 × ₩30 + 200 × ₩70 =	30,000
기말재공품		1,000 × ₩50 + 400 × ₩70 =	78,000
			₩1,367,800

• 2차 배분

		배분 전 원가	공손원가 배분 (50%)	공손원가 배분 (100%)	배분 후 원가
완성품		₩1,195,800	₩30,600*3	₩30,850	₩1,257,250
50%	정상공손	32,300	(32,300)		-
	비정상공손	1,700	-		1,700
100%	정상공손	30,000	850	(30,850)*4	-
	비정상공손	30,000	850	-	30,850
기말재공품		78,000	-	-	78,000
		₩1,367,800	-	-	₩1,367,800

*3 50% 정상공손원가 완성품 배분액

$$\text{정상공손원가} \times \frac{\text{당기착수완성수량}}{\text{당기착수완성수량} + 100\%\ \text{정상공손수량} + 100\%\ \text{비정상공손수량}}$$

$$= ₩32,300 \times \frac{7,200}{7,200 + 200 + 200} = ₩30,600$$

*4 100% 정상공손원가 완성품 배분액: 모두 완성품에 가산한다.

(5) 제1공정 물량흐름도 (-)공손

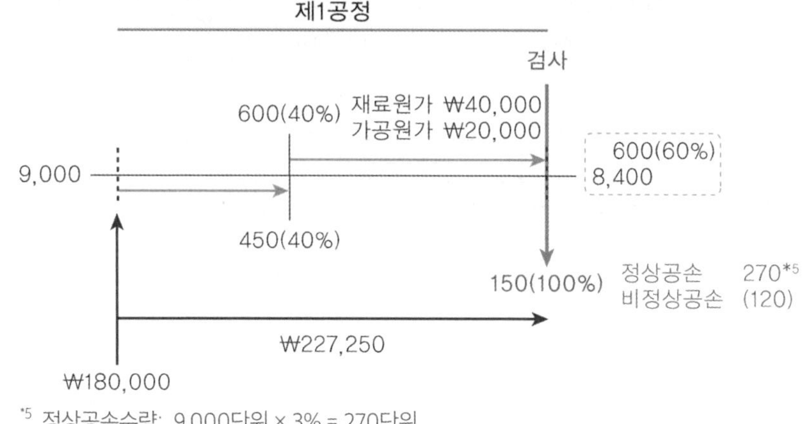

*5 정상공손수량: 9,000단위 × 3% = 270단위

모범답안

[물음 1] 제1공정의 정상공손원가 배부 후 완성품원가와 기말재공품원가

① 물량흐름 파악(선입선출법) / ② 완성품환산량

재공품				재료원가	가공원가
기초	600(0.4)	완성	600(0.6)	-	360
			8,400	8,400	8,400
		정상	150	150	150
		비정상	-	-	-
착수	9,000	기말	450(0.4)	450	180
	9,600		9,600	9,000	9,090

③ 당기발생원가

	재료원가	가공원가
③ 당기발생원가	₩180,000	₩227,250
④ 환산량 단위당 원가(= ③ ÷ ②)	₩20	₩25

⑤ 원가배분

• 1차 배분

완성품	₩60,000 + 8,400 × ₩20 + 8,760 × ₩25 =	₩447,000
정상공손	150 × ₩20 + 150 × ₩25 =	6,750
비정상공손		-
기말재공품	450 × ₩20 + 180 × ₩25 =	13,500
계		₩467,250

• 2차 배분

	배분 전 원가	정상공손원가 배분	배분 후 원가
완성품	₩447,000	₩6,750	₩453,750
정상공손	6,750	(6,750)	-
비정상공손	-	-	-
기말재공품	13,500	-	13,500
	₩467,250	-	₩467,250

∴ 완성품원가 = ₩453,750, 기말재공품원가 = ₩13,500

[물음 2] 제1공정의 정상공손원가 배부 후 완성품원가, 기말재공품원가, 부(-)의 비정상공손원가

① 물량흐름 파악(선입선출법) / ② 완성품환산량

재공품				재료원가	가공원가
기초	600(0.4)	완성	600(0.6)	-	360
			8,400	8,400	8,400
		정상	270	270	270
		비정상	(120)	(120)	(120)
착수	9,000	기말	450(0.4)	450	180
	9,600		9,600	9,000	9,090

③ 당기발생원가

재료원가	가공원가
₩180,000	₩227,250

④ 환산량 단위당 원가(= ③ ÷ ②)

재료원가	가공원가
₩20	₩25

⑤ 원가배분

• 1차 배분

완성품	₩60,000 + 8,400 × ₩20 + 8,760 × ₩25 =	₩447,000
정상공손	270 × ₩20 + 270 × ₩25 =	12,150
비정상공손	(120) × ₩20 + (120) × ₩25 =	(5,400)
기말재공품	450 × ₩20 + 180 × ₩25 =	13,500
계		₩467,250

• 2차 배분

	배분 전 원가	정상공손원가 배분	배분 후 원가
완성품	₩447,000	₩12,150	₩459,150
정상공손	12,150	(12,150)	-
비정상공손	(5,400)	-	(5,400)
기말재공품	13,500	-	13,500
	₩467,250	-	₩467,250

∴ 완성품원가 = ₩459,150, 기말재공품원가 = ₩13,500, 부(-)의 비정상공손원가 = ₩5,400

[물음 3] 제2공정의 1차 검사시점과 2차 검사시점의 정상공손수량

(1) 1차 검사시점(50%)

① 정상공손수량: (검사수량 - 공손수량) × 5% = (8,000 - 400) × 5% = 380

② 비정상공손수량: 400 - 380 = 20

(2) 2차 검사시점(100%)

① 정상공손수량: 합격수량 × 2.5% = 8,000 × 2.5% = 200

② 비정상공손수량: 400 - 200 = 200

[물음 4] 제2공정의 원가요소별 완성품환산량 단위당 원가

① 물량흐름 파악(선입선출법) ② 완성품환산량

재공품					전공정원가	재료원가(70%)	가공원가
기초	800(0.6)	완성		800(0.4)	-	800	320
				7,200	7,200	7,200	7,200
		50%	정상	380(0.5)	380	-	190
			비정상	20(0.5)	20	-	10
		100%	정상	200	200	200	200
			비정상	200	200	200	200
착수	9,000	기말		1,000(0.4)	1,000	-	400
	9,800			9,800	9,000	8,400	8,520
				③ 당기발생원가	₩453,750[*1]	₩252,000	₩596,400
				④ 환산량 단위당 원가(= ③ ÷ ②)	₩50[*2]	₩30	₩70

[*1] ₩453,750(제1공정 완성품원가)

[*2] $\frac{₩453,750}{9,000}$ = ₩50(반올림)

단수차이로 인하여 전공정원가 배부액 ₩450,000(= ₩50 × 9,000), 발생액 ₩453,750의 차이는 ₩3,750이다.

[물음 5] 제2공정의 정상공손원가 배부 후 완성품원가, 기말재공품원가, 비정상공손원가 및 분개

(1) 원가배분

① 1차 배분

완성품		₩69,400 + 7,200 × ₩50 + 8,000 × ₩30 + 7,520 × ₩70 =	₩1,195,800
50%	정상공손	380 × ₩50 + 190 × ₩70 =	32,300
	비정상공손	20 × ₩50 + 10 × ₩70 =	1,700
100%	정상공손	200 × ₩50 + 200 × ₩30 + 200 × ₩70 =	30,000
	비정상공손	200 × ₩50 + 200 × ₩30 + 200 × ₩70 =	30,000
기말재공품		1,000 × ₩50 + 400 × ₩70 =	78,000
			₩1,367,800

② 2차 배분

		배분 전 원가	공손원가 배분 (50%)	공손원가 배분 (100%)	배분 후 원가
완성품		₩1,195,800	₩30,600[*1]	₩30,850	₩1,257,250
50%	정상공손	32,300	(32,300)		-
	비정상공손	1,700	-		1,700
100%	정상공손	30,000	850	(30,850)[*2]	-
	비정상공손	30,000	850	-	30,850
기말재공품		78,000	-	-	78,000
		₩1,367,800	-	-	₩1,367,800

[*1] 50% 정상공손원가 완성품 배분액

$$\text{정상공손원가} \times \frac{\text{당기착수완성수량}}{\text{당기착수완성수량} + 100\%\ \text{정상공손수량} + 100\%\ \text{비정상공손수량}}$$

$$= ₩32,300 \times \frac{7,200}{7,200 + 200 + 200} = ₩30,600$$

[*2] 100% 정상공손원가 완성품 배분액: 모두 완성품에 가산한다.

∴ 완성품원가 = ₩1,257,250, 기말재공품원가 = ₩78,000, 비정상공손원가: ₩1,700 + ₩30,850 = ₩32,550

(2) 분개

(차) 제품	1,257,250	(대) 재공품	1,289,800
비정상공손손실	32,550		

[물음 6] 정상공손 허용률을 낮출 경우 문제점

정상공손 허용률을 낮추는 경우 합격품원가에 가산되는 정상공손원가는 과소계상되고, 당기손실처리되는 비정상공손원가는 과대계상된다. 결과적으로 제품원가와 당기순이익은 과소평가되어 당기손익에 부정적인 영향을 미친다.

해커스 회계사 允원가관리회계연습

회계사 · 세무사 · 경영지도사 단번에 합격!

해커스 경영아카데미 cpa.Hackers.com

제5장

결합원가계산

핵심 이론 요약

01 결합원가계산 관련 용어

연산품(주산물)	동일한 원재료를 투입하여 결합공정을 거쳐 생산된 결합제품 중 상대적으로 판매가치가 큰 제품
부산물	주산물의 생산과정에서 부수적으로 생산되는 것으로 상대적으로 판매가치가 낮은 제품
작업폐물	생산과정에서 발생한 찌꺼기와 조각 등 ☑ 일반적으로 판매가치가 0이거나 판매가치보다 판매비용이 더 큼
분리점	연산품이 개별적으로 식별가능한 시점
결합원가	분리점 이전의 제조과정에서 발생한 원가로서 결합공정에서의 완성품원가
개별원가(추가가공원가)	분리점 이후의 개별제품별 추가가공원가

02 결합원가계산 절차

(1) 기본모형

1단계	결합공정의 총제조원가 집계
2단계	완성품과 재공품에 배분 ☑ 결합공정에 공손과 감손이 있는 경우에도 종합원가절차를 통하여 완성품과 재공품원가를 계산함
3단계	완성품원가를 결합제품에 배분

(2) 복수의 분리점이 있는 경우

1단계	전체 물량흐름도 작성
2단계	각 분리점에서의 연산품 순실현가치*를 계산 * 추가가공하는 제품의 순실현가치 = 최종적으로 생산되는 결합제품의 순실현가치 - 추가원가
3단계	최초분리점에서부터 순차적으로 결합원가 배분

03 결합원가 배부방법

물량기준법	연산품의 생산량 등을 기준으로 배분 ☑ 물량과 판매가치 간 합리적인 관계가 없는 경우 개별제품 수익성이 왜곡될 수 있음
분리점에서의 판매가치법	분리점에서의 판매가치를 기준으로 배분 ☑ 분리점에서의 판매가치가 없는 경우 적용할 수 없음
순실현가치법	연산품의 순실현가치를 기준으로 배분 ☑ 분리점에서의 판매가치가 없는 경우 적용할 수 있으나 추가가공하는 제품의 매출총이익률이 낮아져 개별제품 수익성이 왜곡될 수 있음 ☑ 특정 결합제품의 순실현가치가 (-)인 경우 결합원가를 배분하지 않는 것이 타당함 순실현가치 = 최종판매가치 - 추가가공원가 - 판매비용
균등매출총이익률법	개별제품의 매출총이익률이 모두 동일하게 배분 ☑ 추가가공원가가 많은 결합제품에 상대적으로 적은 결합원가가 배분됨 회사 전체 매출총이익률 = 개별제품의 매출총이익률

04 추가공정에 재공품이 존재하는 경우 결합원가계산

연산품의 순실현가치를 계산할 때 물량은 추가공정에 투입된 물량을 기준으로 계산해야 한다.

추가공정의 가공원가 = 완성품환산량 단위당 원가 × 투입량

05 추가가공 의사결정

(1) **회사 전체 입장에서 의사결정 시 고려대상은 분리점에서의 판매가치, 추가가공원가 및 최종판매가치이다.**

☑ 이미 발생한 결합원가(매몰원가)와 결합원가 배분방법은 고려하지 않음

(2) **결합제품이 별도 사업부로 구분되어 있고 결합원가를 반영한 이익으로 각 사업부를 평가하는 경우 회사 전체 목표와 각 사업부의 목표가 불일치하는 준최적화현상이 발생할 수 있다.**

06 부산물 및 작업폐물 회계처리

(1) (+)순실현가치인 경우

구분	생산기준법	판매기준법
생산시점	부산물의 순실현가치만큼 결합원가를 배분	해당 없음 ☑ 결합원가는 모두 연산품에만 배분됨
판매시점	판매가치와 부산물 상계 ☑ 예상판매가격과 실제판매가격에 차이가 발생하는 경우 그 차이는 당기손익에 반영함	판매가치를 잡이익으로 인식하거나 주산물 매출원가에서 차감

(2) (-)순실현가치인 경우

구분	생산기준법	판매기준법
생산시점	폐기비용을 결합원가에 가산	해당 없음
폐기시점	해당 없음	잡손실처리

07 추가가공공정에 부산물 또는 작업폐물이 존재하는 경우 원가 배분

(1) 순실현가치법 적용

구분	생산기준법	판매기준법
(+)순실현가치인 경우	주산물 순실현가치에 반영 → 주산물 순실현가치 ↑ → 결합원가 배분 ↑ → 결합원가 일부를 부산물에 배분 (부산물 순실현가치만큼)	주산물 순실현가치에 반영 × → 주산물 순실현가치 변동 × → 결합원가 배분 변동 × → 결합원가 모두 주산물에 배분 [(+)순실현가치는 잡이익처리]
(-)순실현가치인 경우	주산물 순실현가치에 반영 → 주산물 순실현가치 ↓ → 결합원가 배분 ↓ → 폐기비용을 주산물에 배분 (주산물원가에 가산)	주산물 순실현가치에 반영 × → 주산물 순실현가치 변동 × → 결합원가 배분 변동 × → 결합원가 모두 주산물에 배분 [(-)순실현가치는 잡손실처리]

(2) 균등이익률법 적용

구분	생산기준법	판매기준법
(+)순실현가치인 경우	총원가에 반영 → 총결합원가↓ → 총이익률↑ → 결합원가 일부를 부산물에 배분 (부산물 순실현가치만큼)	총원가에 반영× → 총결합원가 변동× → 총이익률 변동× → 결합원가 모두 주산물에 배분 [(+)순실현가치는 잡이익처리]
(-)순실현가치인 경우	총원가에 반영 → 총결합원가↑ → 총이익률↓ → 폐기비용을 주산물에 배분 (주산물원가에 가산)	총원가에 반영× → 총결합원가 변동× → 총이익률 변동× → 결합원가 모두 주산물에 배분 [(-)순실현가치는 잡손실처리]

08 결합제품 CVP분석

결합제품의 배합비율이 일정하다면 복수제품 CVP분석을 이용할 수 있다. 즉, 결합공정의 원재료를 조업도로 하여 손익분기점 원재료를 계산한 후 결합제품별 수량을 곱하여 총 손익분기점수량을 계산할 수 있다.

재료당 매출액	p	
재료당 변동원가	vc	⇒ 조업도는 동일
재료당 공헌이익	cm	
총고정원가	FC	⇒ 조업도와 무관한 비용

문제 01 보조부문원가 예정배부율과 재공품이 있는 경우 결합원가계산

(주)한국은 하나의 보조부문과 두 개의 제조부문(X, Y)으로 구성되어 있다. 제조부문 X의 공정 종료시점에서 검사가 이루어지며 검사를 통과한 합격품의 10%를 정상공손으로 간주한다.

회사는 정상공손의 원가를 당기에 검사를 통과한 합격품원가에 가산한다.

보조부문원가 예산식은 "₩10,000 + ₩5 × 노동시간(정상조업도 5,000시간)"이며, 각 제조부문에 예정배부한다. 또한, 제조부문 X와 제조부문 Y에서 생산되는 제품 한 단위당 2시간의 노동시간이 투입된다.

《자료 1》 제조부문 X

재료는 공정 초기에 모두 투입되며 가공원가는 공정 전반에 걸쳐 균등하게 투입된다.

	수량	원가	
기초재공품	500(완성도 40%)		₩17,700
당기착수	1,500	재료원가	36,000
		가공원가 (보조부문원가 배분 전)	90,480
완성품	1,500		
기말재공품	300(완성도 80%)		
정상공손	?		
비정상공손	?		

제조부문 X에서 완성된 중간제품은 배합비율이 5 : 4 : 1인 A, B, C 세 가지 제품으로 분류되며 제품 C는 부산물이다. (주)한국은 부산물에 대해서 결합원가를 배부하지 않으며 판매시점에 처분가치만큼 잡이익으로 처리한다. 제품 B와 C는 X공정 완료시점에 판매가능하나, 제품 A는 제조부문 Y를 거쳐 추가가공된다.

《자료 2》 제조부문 Y

	수량	원가	
기초재공품	-		-
당기착수	750	가공원가 (보조부문원가 배분 전)	₩740
완성품	700		
기말재공품	50(완성도 80%)		

《자료 3》 각 제품별 최종판매가격

	A	B	C
단위당 판매가격	₩150	₩112.5	₩35

회사는 기말재고자산을 평가하기 위해서 선입선출법을 적용한다.

요구사항

[물음 1] 제조부문 X에서의 재료원가와 가공원가의 완성품환산량을 계산하시오.

[물음 2] 제조부문 X에 배부되는 보조부문의 원가를 구하시오.

[물음 3] 제조부문 X에서의 비정상공손원가를 구하시오.

※ 회사는 결합원가를 주산품의 순실현가치에 비례하여 배부한다. 다음 **[물음 4]** ~ **[물음 6]**에 답하시오.

[물음 4] 결합원가를 구하시오.

[물음 5] 제조부문 Y에 배부되는 보조부문의 원가를 구하시오.

[물음 6] 제품 B의 단위당 원가를 계산하시오.

해답

문제분석

■ "보조부문원가 예산식은 "₩10,000 + ₩5 × 노동시간(정상조업도 5,000시간)", 제조부문 X와 제조부문 Y에서 생산되는 제품 한 단위당 2시간의 노동시간이 투입" 및 "《자료 1》, 《자료 2》 (보조부문원가 배분 전)"
→ 보조부문원가는 노동시간당 예정배부율을 이용하여 각 제조부문에 배부한다. 이때 예정배부율을 각 제조부문의 가공원가 완성품환산량에 곱한다.

■ 《자료 1》 "부산물에 대해서 결합원가를 배부하지 않으며 판매시점에 처분가치만큼 잡이익으로 처리"
→ 결합공정의 결합원가를 모두 제품 A와 제품 B에 배부한다.

■ [물음 4] ~ [물음 6] "주산품의 순실현가치"
→ 제품 A 추가공정에서 재공품이 있는 경우 투입량인 750단위를 기준으로 순실현가치를 계산한다. 또한, 추가가공원가는 배분된 보조부문원가를 포함한 단위당 가공원가를 계산한 후 750단위에 대한 가공원가를 반영한다.

■ [물음 4] "결합원가를 구하시오."
→ 결합원가는 제조부문 X에서의 완성품원가이므로 제조부문 X의 정상공손원가를 가산해야 한다.

자료정리

(1) 물량흐름도

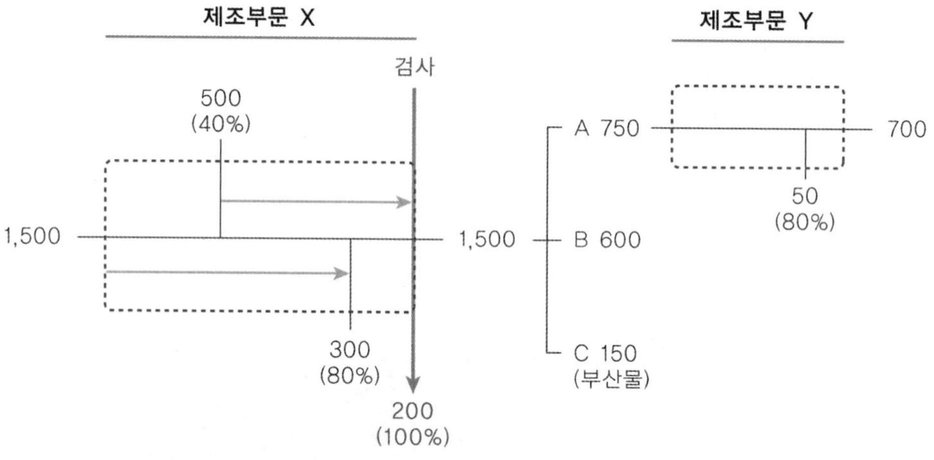

(2) 보조부문 예정배부율

$$\frac{₩10,000 + ₩5 \times 5,000시간}{5,000시간} = ₩7$$

(3) 제조부문 X 공손수량

- 총공손수량: 500단위 + 1,500단위 - 1,500단위 - 300단위 = 200단위
- 정상공손수량: 1,500단위 × 10% = 150단위
- 비정상공손수량: 200단위 - 150단위 = 50단위

(4) 완성품환산량

• 제조부문 X

			재료원가	가공원가
완성품	기초	500(0.6)	-	300
	당기	1,000	1,000	1,000
정상공손		150	150	150
비정상공손		50	50	50
기말재공품		300(0.8)	300	240
			1,500	1,740

• 제조부문 Y

결합공정(제조부문 X)에서 배분된 원가는 전공정원가이다.

		전공정원가	가공원가
완성품	700	700	700
기말재공품	50(0.8)	50	40
		750	740

(5) 보조부문원가 배분

• 제조부문 X: ₩7 × 가공원가 완성품환산량 × 2시간 = ₩7 × 1,740단위 × 2시간 = ₩24,360

• 제조부문 Y: ₩7 × 가공원가 완성품환산량 × 2시간 = ₩7 × 740단위 × 2시간 = ₩10,360

(6) 제품별 순실현가치

제품 A의 경우 당기착수물량을 기준으로 순실현가치를 계산해야 하며, 가공원가의 경우 당기착수물량에 가공원가 완성품환산량 단위당 원가를 곱하여 계산한다.

제품	순실현가치		비율
A	750단위 × ₩150 - 750단위 × ₩15* =	₩101,250	60%
B	600단위 × ₩112.5 =	67,500	40%
		₩168,750	100%

* 제조부문 Y의 가공원가 완성품환산량 단위당 원가: (₩740 + ₩10,360) ÷ 740단위 = ₩15

해커스 회계사 允원가관리회계연습 제5장 결합원가계산

모범답안

[물음 1] 제조부문 X 재료원가와 가공원가의 완성품환산량

• 재료원가: 1,500단위
• 가공원가: 1,740단위

[물음 2] 제조부문 X 보조부문의 원가

₩7 × 1,740단위 × 2시간 = ₩24,360

[물음 3] 제조부문 X 비정상공손원가

(1) 환산량 단위당 원가
① 재료원가: ₩36,000 ÷ 1,500단위 = ₩24
② 가공원가: (₩90,480 + ₩24,360) ÷ 1,740단위 = ₩66

(2) 비정상공손원가
50단위 × (₩24 + ₩66) = ₩4,500

[물음 4] 결합원가

• 제조부문 X 완성품원가: ₩17,700 + 1,000단위 × ₩24 + 1,300단위 × ₩66 = ₩127,500
• 제조부문 X 정상공손원가: 150단위 × (₩24 + ₩66) = ₩13,500
∴ 결합원가: ₩127,500 + ₩13,500 = ₩141,000

[물음 5] 제조부문 Y 보조부문의 원가

₩7 × 740단위 × 2시간 = ₩10,360

[물음 6] 제품 B의 단위당 원가

(1) 제품별 결합원가 배분액
부산물 C에 대해서는 결합원가를 배분하지 않고, 판매시점에 처분가치만큼 잡이익으로 처리한다.

제품	순실현가치		비율	결합원가
A	750단위 × ₩150 - 750단위 × ₩15 =	₩101,250	60%	₩84,600
B	600 × ₩112.5 =	67,500	40%	56,400
		₩168,750	100%	₩141,000

(2) 제품 B의 단위당 원가
₩56,400 ÷ 600단위 = ₩94

문제 02 작업폐물처리 및 추가가공 의사결정

(주)한국은 하나의 재료를 사용하여 제1공정에서 중간제품 a와 b를 생산한다. 제2공정에서 a는 최종제품 A로 추가가공되며 제3공정에서 b는 최종제품 B로 추가가공된다. 그리고 제3공정에서는 작업폐물이 발생하며 폐품처리비용은 ₩200이다. 회사는 선입선출법을 적용하고 있으며, 작업폐물은 순실현가치로 평가하여 별도의 자산으로 인식한다. 또한 결합원가는 순실현가치를 기준으로 각 결합제품에 배분한다.

당월 생산 및 원가자료는 다음과 같다.

《자료 1》 생산자료

제1공정	a: 6,000개	b: 4,100개
제2공정	A: 5,000개	
제3공정	B: 4,000개	작업폐물: 100개

《자료 2》 원가 및 재고자료

	제1공정	제2공정	제3공정
재공품			
월초	0	3,000개(40%)	0
월말	0	4,000개(60%)	0
당월투입원가			
직접재료원가	₩98,000	₩0	₩0
직접노무원가	140,000	70,000	52,500
제조간접원가	42,000	29,200*	72,200

* 고정원가는 없다.

《자료 3》

- 제2공정의 월초재공품원가는 ₩35,000이다.
- 각 공정의 가공원가는 공정의 진행에 따라 일정하게 발생한다.
- 각 제품의 판매가격은 다음과 같다.
  제품 A: ₩40/개, 제품 B: ₩115/개, 작업폐물: ₩9/개

요구사항

[물음 1] 당월 제2공정의 원가요소별 완성품환산량을 계산하시오.

[물음 2] 제1공정의 결합원가를 순실현가치에 따라 중간제품 a와 b에 배분하시오.

[물음 3] 제2공정의 완성품과 재공품원가를 계산하시오.

[물음 4] 최근 당 회사는 신기술을 개발하여 지금까지 시장가치가 없어 폐품처리하던 제3공정에서의 작업폐물 100개를 추가가공하면 제2공정에 투입되어 제품 A를 추가로 생산할 수 있다. 이 경우 회사 전체 입장에서 작업폐물의 추가가공에 투입하여야 할 최대허용가능원가를 계산하시오. (단, 작업폐물 1단위를 가공하면 제품 A 1단위가 생산된다)

해답

문제분석

- "제3공정에서는 작업폐물이 발생" 및 "작업폐물은 순실현가치로 평가하여 별도의 자산으로 인식"
  → 작업폐물은 제3공정에서 발생하므로 작업폐물의 순실현가치만큼 제3공정원가에서 차감한다.
- 《자료 2》 "제2공정 월초 3,000개(40%), 월말 4,000개(60%)"
  → 결합제품 a의 순실현가치는 제2공정 투입량을 기준으로 계산한다. 또한, 가공원가도 완성품환산량 단위당 원가를 계산한 후 투입량을 기준으로 계산한다.
- [물음 4] "제3공정에서의 작업폐물 100개를 추가가공하면 제2공정에 투입되어 제품 A를 추가로 생산"
  → 기존 작업폐물의 순실현가치는 기회비용으로 처리한다. 또한, 작업폐물이 제2공정에서 추가가공되므로 제2공정의 가공원가가 추가로 발생되며, 제2공정의 가공원가 환산량 단위당 원가를 이용하면 된다.

자료정리

(1) 물량흐름도

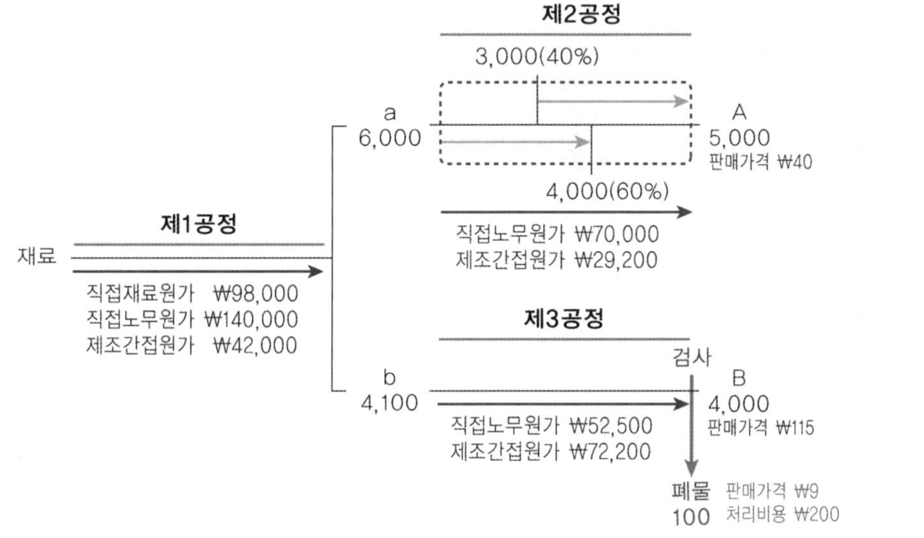

(2) 제2공정 완성품환산량

① 물량흐름 파악(선입선출법)

재공품				
월초	3,000(0.4)	완성	월초	3,000(0.6)
			당월	2,000
착수	6,000	월말		4,000(0.6)
	9,000			9,000

② 완성품환산량

전공정원가	가공원가
-	1,800
2,000	2,000
4,000	2,400
6,000	6,200

(3) 제2공정 가공원가의 환산량 단위당 원가

₩99,200 ÷ 6,200개 = ₩16

모범답안

[물음 1] 제2공정의 원가요소별 완성품환산량

(1) 전공정원가
전공정에서 대체된 물량인 6,000개이다.

(2) 가공원가
3,000개 × 0.6 + 2,000개 + 4,000개 × 0.6 = 6,200개

[물음 2] 중간제품 a와 b 결합원가 배분액

	순실현가치		비율	결합원가
a	6,000 × ₩40 - 6,000 × ₩16 =	₩144,000	30%	₩84,000
b	4,000 × ₩115 + (100 × ₩9 - ₩200) - (₩52,500 + ₩72,200) =	336,000	70%	196,000
		₩480,000	100%	₩280,000

[물음 3] 제2공정의 완성품과 재공품원가

(1) 제2공정 원가요소별 환산량 단위당 원가

① 전공정원가 환산량 단위당 원가: $\frac{₩84,000}{6,000개}$ = ₩14

② 가공원가 환산량 단위당 원가: $\frac{₩99,200}{6,200개}$ = ₩16

(2) 완성품과 재공품원가
① 완성품: ₩35,000 + 2,000개 × ₩14 + 3,800개 × ₩16 = ₩123,800
② 재공품: 4,000개 × ₩14 + 2,400개 × ₩16 = ₩94,400

[물음 4] 작업폐물의 추가가공에 투입하여야 할 최대허용가능원가

최대허용가능한 추가가공원가를 P라 하면 다음과 같다.

증분수익		
제품 A 매출 증가	100개 × ₩40 =	₩4,000
증분비용		
작업폐물 기회비용	100개 × ₩9 - ₩200 =	(700)
제2공정 가공원가	100개 × ₩16 =	(1,600)
추가가공원가		P
증분이익		₩1,700 - P ≥ 0

∴ P = ₩1,700

문제 03 결합원가계산과 표준종합원가계산

(주)한국은 20×1년에 영업을 개시하였으며 두 개의 공정을 통해서 A, C, D 세 가지 제품을 생산한다. 제1공정에서 원재료 X 1단위가 공정 초기에 투입되면 A, B를 각각 2단위, 1단위의 비율로 생산한다. 제2공정에서는 중간제품 B를 추가가공하여 중간제품 B 각 1단위로부터 C, D 각 1단위를 생산한다.
20×1년 1월 X 20,000단위가 가공되었으며 다음과 같은 원가가 각 공정별로 집계되었다. 월초 및 월말재고는 없으며 A, C, D의 단위당 판매가격은 각각 ₩6, ₩15, ₩10이었다. 각 공정별 가공원가는 공정 전반에 걸쳐 균등하게 발생한다.

	제1공정	제2공정
재료원가(또는 전공정원가)	₩120,000	₩?
노무원가	80,000	160,000
변동제조간접원가	40,000	80,000
고정제조간접원가	40,000	20,000
	₩280,000	₩?

다음의 물음은 각각 독립적이다.

요구사항

[물음 1] 20×1년 1월에 생산된 A, C, D의 단위당 원가를 계산하시오. (단, 결합원가는 각 제품의 순실현가치를 기준으로 배분한다)

[물음 2] 회사는 20×1년 1월 말 표준원가계산제도를 도입하기로 결정하였다. 1월 생산량 및 발생원가를 향후 달성목표인 표준원가로 채택하고 1년 동안 동일하게 적용된다. 제2공정의 중간제품 B 1단위를 가공하는 데 소요되는 단위당 표준원가를 원가요소별로 제시하시오.

	B
전공정원가	₩?
노무원가	?
변동제조간접원가	?
고정제조간접원가	?
	₩?

※ 이하 **[물음 3]**~**[물음 5]**는 다음의 자료를 이용하여 답하시오.

20×1년 3월 1일의 제2공정 기초재공품 B 1,200단위는 가공원가 완성도가 50%이고, 3월 동안 각 15,600단위의 C, D가 완성되었으며 모두 판매되었다. 또한, 가공원가 완성도가 50%이었을 때 B 500단위의 검사를 통한 공손으로 판명되었으며 이는 모두 정상공손으로 간주되었다. 3월 말 재공품은 1,600단위였으며, 가공원가 완성도는 25%이었다. 또한, 3월 동안 제2공정에서 발생한 실제원가는 다음과 같다.

전공정원가	₩?
노무원가	127,200
변동제조간접원가	63,600
고정제조간접원가	21,000

회사는 월말에 표준원가와 실제원가와의 차이를 전액 매출원가에서 조정하고 있으며 3월에 완성된 제품 C, D가 모두 판매되었다.

[물음 3] 3월의 원가차이 조정 전 매출원가를 계산하시오. (단, 표준원가는 **[물음 2]**의 자료를 이용하시오)

[물음 4] 3월에 발생한 다음의 원가차이를 각각 구하시오.

(1) 노무원가 변동예산차이

(2) 변동제조간접원가 변동예산차이

(3) 고정제조간접원가 예산차이와 조업도차이

[물음 5] 4월 초 회사의 경영자는 3월 말 발생한 공손품에 대한 처리방법에 대해서 다음의 몇 가지 대안을 분석하고 있다. 회사 전체 입장에서 최적대안을 선택하고 그 근거를 제시하시오.

(1) 공손품을 재처리하여 제2공정 초기에 다시 투입한 후 재가공하면 정상품으로 판매할 수 있다. 단, 제2공정에 다시 투입되기 위해서는 공손품에 대한 재처리비용이 단위당 ₩10씩 발생한다. (단, 제2공정에서 가공원가는 **[물음 2]**의 표준원가를 이용하시오)

(2) 공손품 전량을 그 상태로 단위당 ₩15에 판매할 수 있으며, 이를 위한 운반비로 ₩9,000이 발생한다.

(3) 공손품 전량을 그 상태로 폐기처리하며 처리비용으로 ₩1,000이 발생한다.

해답

문제분석

- "두 개의 공정을 통해서 A, C, D 세 가지 제품"
  → 두 개의 공정과 세 가지 제품을 기준으로 물량흐름도를 작성한다.
- "원재료 X 1단위가 공정 초기에 투입되면 A, B를 각각 2단위, 1단위의 비율로 생산", "중간제품 B를 추가 가공하여 중간제품 B 각 1단위로부터 C, D 각 1단위를 생산" 및 "X 20,000단위가 가공"
  → 제1공정에서 원재료 X 1단위가 투입되면 A, B를 각각 2단위, 1단위의 비율로 생산하므로, A, C 및 D는 각각 40,000단위, 20,000단위 및 20,000단위이다.
- "월초 및 월말재고는 없으며" 및 "제1공정 ₩280,000"
  → 재고가 없으므로 제1공정 제조원가 ₩280,000은 A와 중간제품 B의 결합원가이다.
- "제2공정 ₩?"
  → 중간제품 B에 배부된 결합원가는 제2공정 초기에 투입된 전공정원가이다.
- [물음 2] "1월 생산량 및 발생원가를 향후 달성목표인 표준원가로 채택"
  → 제1공정에서 배부받은 결합원가를 전공정원가로 하고 나머지는 원가요소별로 20,000단위로 나누어 단위당 표준원가를 계산할 수 있다.
- [물음 3] ~ [물음 5] "3월 동안 각 15,600단위의 C, D가 완성되었으며 모두 판매"
  → 중간제품 B 1단위로부터 C, D 각 1단위를 생산하므로 제2공정 완성수량은 15,600단위이다.
- [물음 3] "3월의 원가차이 조정 전 매출원가"
  → 전공정원가의 환산량 단위당 원가는 ₩7이고, 가공원가의 환산량 단위당 원가는 ₩13으로 계산하면 된다. 또한, 정상공손원가는 합격품인 완성품원가에 가산해야 한다.
- [물음 4] "원가차이" 및 "(1), (2) 변동예산차이"
  → 표준원가차이분석에서 재공품이 있는 경우 실제산출량은 원가요소별 완성품환산량을 의미한다. 또한, 변동예산은 실제산출량에 대한 예산을 말한다.
- [물음 5] "(1) 공손품을 재처리하여 제2공정 초기에 다시 투입한 후 재가공하면 정상품으로 판매"
  → 제2공정에서 재가공되면 제품 C와 D를 각각 500단위 추가생산할 수 있으나 500단위에 대한 가공원가와 재처리비용이 발생한다.

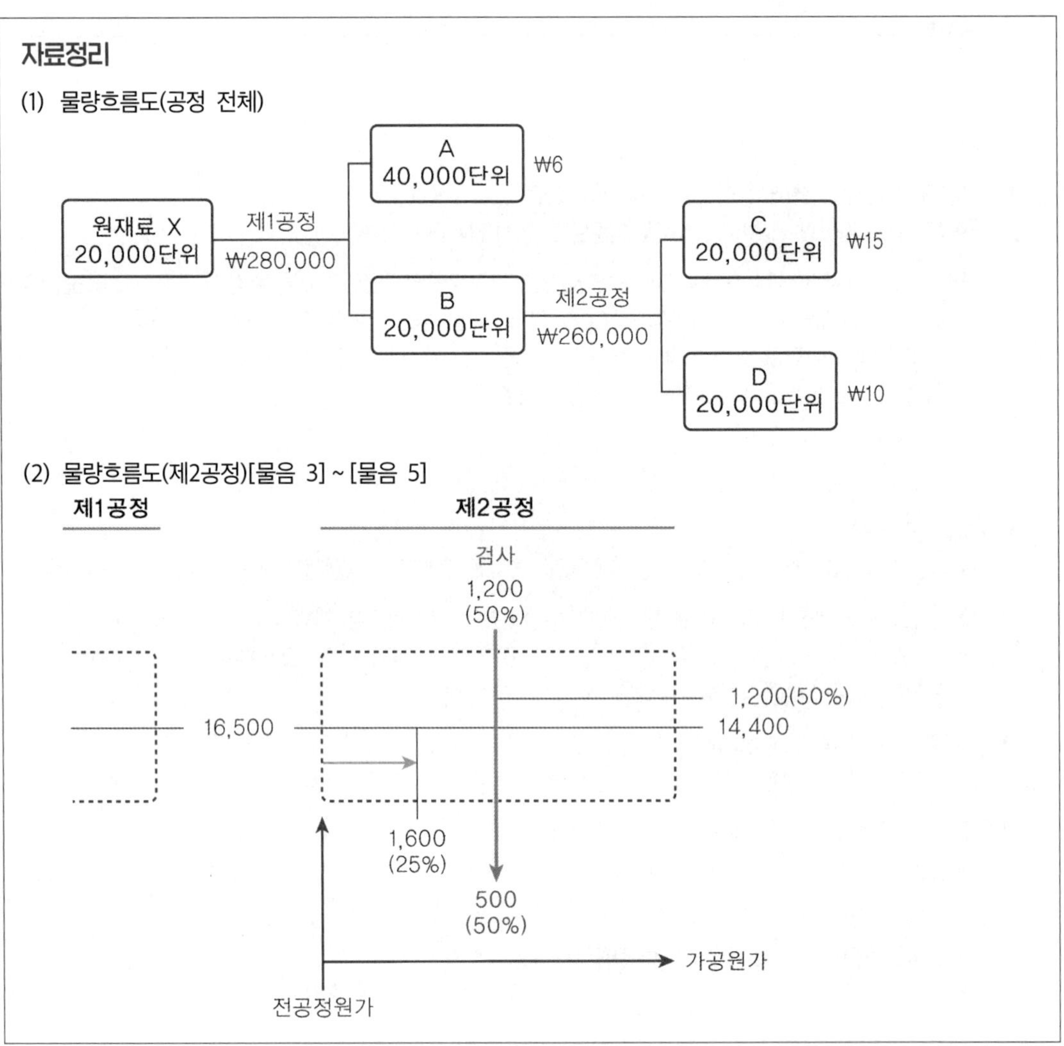
자료정리
(1) 물량흐름도(공정 전체)
A
40,000단위
₩6
원재료 X
20,000단위
제1공정
₩280,000
C
20,000단위
₩15
B
20,000단위
제2공정
₩260,000
D
20,000단위
₩10
(2) 물량흐름도(제2공정)[물음 3] ~ [물음 5]
제1공정
제2공정
검사
1,200
(50%)
1,200(50%)
16,500
14,400
1,600
(25%)
500
(50%)
가공원가
전공정원가

모범답안

[물음 1] 20×1년 1월에 생산된 A, C, D의 단위당 원가

(1) 제1공정

	판매가치	추가원가	순실현가치	비율	결합원가
A	₩6 × 40,000단위 = ₩240,000	-	₩240,000	50%	₩140,000
B	500,000[*1]	₩260,000	240,000	50%	140,000
			₩480,000	100%	₩280,000

[*1] 제품 C와 제품 D의 순실현가치의 합
C: ₩15 × 20,000단위 = ₩300,000
D: ₩10 × 20,000단위 = ₩200,000

(2) 제2공정

제2공정의 결합원가는 제1공정에서 배부받은 원가와 제2공정에서의 가공원가를 합하여 계산한다.

	순실현가치	비율	결합원가
C	₩300,000	60%	₩240,000
D	200,000	40%	160,000
	₩500,000	100%	₩400,000[*2]

[*2] ₩140,000 + ₩260,000 = ₩400,000

(3) 각 제품별 단위당 원가

① A: ₩140,000 ÷ 40,000단위 = ₩3.5
② C: ₩240,000 ÷ 20,000단위 = ₩12
③ D: ₩160,000 ÷ 20,000단위 = ₩8

[물음 2] 제품 B 단위당 표준원가

전공정원가	₩140,000 ÷ 20,000단위 =	₩7
노무원가	₩160,000 ÷ 20,000단위 =	8
변동제조간접원가	₩80,000 ÷ 20,000단위 =	4
고정제조간접원가	₩20,000 ÷ 20,000단위 =	1
		₩20

[물음 3] 3월의 원가차이 조정 전 매출원가

(1) 완성품원가

15,600단위 × (₩7 + ₩13) = ₩312,000

(2) 정상공손원가

500단위 × ₩7 + 500단위 × 0.5 × ₩13 = ₩6,750

(3) 정상공손원가 배분 후 매출원가

₩312,000 + ₩6,750 = ₩318,750

[물음 4] 3월의 원가차이

1. 원가요소별 완성품환산량
   - 전공정원가: 16,500단위
   - 가공원가: 1,200단위 × 0.5 + 14,400단위 + 500단위 × 0.5 + 1,600단위 × 0.25 = 15,650단위

2. 원가차이

(1) 노무원가 변동예산차이

₩127,200 - 15,650단위 × ₩8 = ₩2,000 불리

AQ × AP	AQ × SP	SQ × SP
		15,650단위 × ₩8
₩127,200		= ₩125,200
₩2,000 U		

(2) 변동제조간접원가 변동예산차이

₩63,600 - 15,650단위 × ₩4 = ₩1,000 불리

AQ × AP	AQ × SP	SQ × SP
		15,650단위 × ₩4
₩63,600		= ₩62,600
₩1,000 U		

(3) 고정제조간접원가 예산차이와 조업도차이

① 예산차이: ₩21,000 - ₩20,000 = ₩1,000 불리

② 조업도차이: ₩20,000 - 15,650단위 × ₩1 = ₩4,350 불리

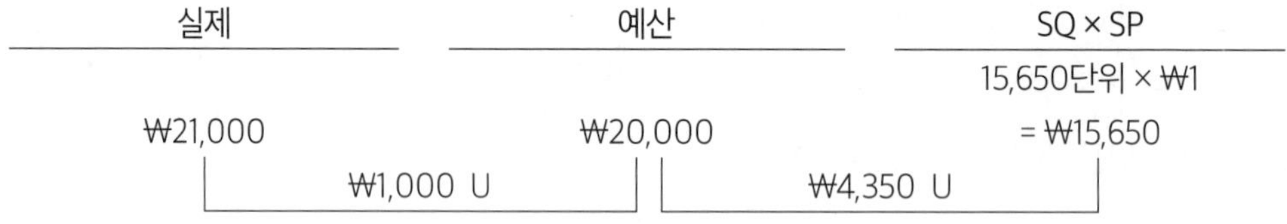

[물음 5] 회사 전체 입장의 최적대안

(1) 공손품 재가공 의사결정

제2공정 초기에 다시 투입되어 재가공하여 판매한다. 단, 제2공정에 다시 투입되기 위해서는 공손품에 대한 재처리비용이 단위당 ₩10씩 발생한다.

증분수익		
C 매출 증가	500단위 × ₩15 =	₩7,500
D 매출 증가	500단위 × ₩10 =	5,000
증분비용		
제2공정 가공원가	500단위 × ₩13 =	(6,500)
재처리비용	500단위 × ₩10 =	(5,000)
증분이익		₩1,000

(2) 공손품 판매 의사결정

공손품 전량을 그 상태로 단위당 ₩15에 판매할 수 있으며, 이를 위한 운반비로 ₩9,000이 발생한다.

증분수익		
공손품 매출 증가	500단위 × ₩15 =	₩7,500
증분비용		
운반비		(9,000)
증분이익		₩(1,500)

(3) 공손품 폐기 의사결정

공손품 전량을 그 상태로 폐기처리하며 처리비용으로 ₩1,000이 발생한다.

∴ 재가공 후 판매한다.

문제 04 결합원가 배분과 부산물 처리방법

회계사 16 수정

(주)한국은 결합공정인 제1공정과 결합공정이 아닌 추가공정(제2공정, 제3공정, 제4공정)을 통해 최종제품 甲, 乙, 丙을 생산한다. (주)한국의 사업부문 A는 당월 중 직접재료 X_1 300단위를 제1공정에 투입하여 최종제품 甲 600단위와 중간재 Y_1 600단위를 생산한다. 또한 (주)한국의 사업부문 A는 중간재 Y_1 300단위를 추가가공하는 제2공정을 통해 최종제품 乙 300단위를 생산한다. 한편, (주)한국의 사업부문 B는 제3공정에서 직접재료 X_2 300단위를 가공하여 중간재 Y_2 300단위를 생산하고, 제4공정에서 사업부문 A로부터 사내대체한 중간재 Y_1 300단위와 중간재 Y_2 300단위를 조립하여 최종제품 丙 300단위를 생산한다.

(주)한국의 제조원가는 직접재료원가와 직접노무원가로 이루어져 있고 직접노무시간당 임률은 ₩10이다. 기타 제조간접원가와 판매관리비는 존재하지 않고, 모든 생산공정에서 기초 및 기말재공품은 없으며 공손품이 발생하지 않는다.

당월 중 (주)한국의 각 공정별 제조원가와 각 제품의 시장가격은 다음과 같다.

《자료 1》 제1공정에서의 제조원가 및 최종제품 甲과 중간재 Y_1의 시장가격

구분	금액
직접재료원가 총액	₩3,000
직접노무원가 총액	₩6,000
최종제품 甲의 단위당 시장가격	₩10
중간재 Y_1의 단위당 시장가격	₩0

《자료 2》 제2공정에서의 제조원가 및 최종제품 乙의 시장가격

구분	금액
직접노무원가 총액	₩6,000
최종제품 乙의 단위당 시장가격	₩50

《자료 3》 제3공정에서의 제조원가

구분	금액
직접재료원가 총액	₩3,000
직접노무원가 총액	₩3,000

《자료 4》 제4공정에서의 제조원가 및 최종제품 丙의 시장가격

구분	금액
직접노무원가 총액	₩3,000
최종제품 丙의 단위당 시장가격	₩100

※ 각 물음은 상호 독립적이고 각 물음에서 별도로 주어지는 가정은 해당 물음에만 적용된다.

요구사항

[물음 1] 다음 물음에 답하시오.

(1) 최종제품 甲, 乙, 丙이 모두 판매되었을 경우, 개별제품의 순실현가능가치를 기준으로 결합원가를 배부하여 제품별 월간 매출총이익을 각각 계산하시오.

(2) 최종제품 甲, 乙, 丙이 모두 판매되었을 때 균등매출총이익률법을 활용하여 결합원가를 배부하는 경우, 제품별 월간 결합원가 배부액을 각각 계산하시오. 단, 매출총이익률은 소수점 넷째 자리에서 반올림하시오.

(3) 결합원가를 연산품에 배부할 필요가 없다고 주장하는 입장에서 상기한 결합원가 배부방식의 한계점을 3줄 이내로 간단히 서술하시오.

[물음 2] (주)한국이 최종제품 甲을 부산품으로 간주하는 한편, 당월 중으로 제품 甲을 판매하지 못했다고 가정하고 다음 물음에 답하시오.

(1) (주)한국은 판매기준법하의 수익계상법(잡이익법)을 이용하여 결합원가를 배부하였다. 이 경우 (주)한국의 당월 중 전체 매출액 및 매출원가를 각각 계산하시오.

(2) (주)한국이 생산기준법하의 원가차감법을 이용하여 결합원가를 배부했을 경우, (주)한국의 당월 중 전체 매출액 및 매출원가를 각각 계산하시오.

[물음 3] (주)대한은 (주)한국이 제1공정을 완료한 이후, 당월 중 중간재 Y_2 100단위를 구매하겠다는 특별주문을 제시하였다. (주)한국이 (주)대한의 특별주문을 수락할 경우 중간재 Y_2의 판매수량은 100단위이다. (주)한국의 사업부문 A와 B가 이익중심점으로서 해당 부문의 이익을 극대화한다고 가정할 경우, 사업부문 B 입장에서 (주)대한의 특별주문을 수락하기 위한 중간재 Y_2의 단위당 최소판매가격을 계산하시오.

해답

문제분석

■ "결합공정인 제1공정과 결합공정이 아닌 추가공정"

→ 결합공정에서 발생한 원가를 결합제품에 배분한다. 따라서 결합원가는 제1공정에서 발생한 원가이며 나머지 공정에서 발생한 원가는 제품별 추가원가이다.

■ "사업부문 A는 당월 중 직접재료 X_1 300단위를 제1공정에 투입하여 최종제품 甲 600단위와 중간재 Y_1 600단위를 생산" 및 "제4공정에서 사업부문 A로부터 사내대체한 중간재 Y_1 300단위와 중간재 Y_2 300단위를 조립하여 최종제품 丙 300단위를 생산"

→ 제1공정의 결합원가 배분대상은 최종제품 甲 600단위와 중간재 Y_1 600단위이다. 또한, Y_1 300단위는 제4공정에서 생산된 중간재 Y_2와 결합하여 제품 丙을 생산한다. 결과적으로 제1공정 결합원가 배분대상은 최종제품 甲, 乙, 丙이다.

■ [물음 1] "(1) 개별제품의 순실현가능가치"

→ 결합제품은 제품 甲, Y_1 300단위(제품 乙) 및 Y_1 300단위(제품 丙)로, 각 제품의 순실현가능가치를 기준으로 결합원가를 배분한다.

■ [물음 1] "(2) 균등매출총이익률법"

→ Y_1 300단위(제품 丙)의 추가가공원가는 제3공정과 제4공정에서 발생한 원가이다.

■ [물음 3] "사업부문 B 입장에서 (주)대한의 특별주문을 수락하기 위한 중간재 Y_2의 단위당 최소판매가격"

→

	사업부문 A		사업부문 B	
최대조업도		1,300h		600h
사용조업도	(₩6,000 + ₩6,000) ÷ ₩10 =	1,200h	(₩3,000 + ₩3,000) ÷ ₩10 =	600h
여유조업도		100h		-

사업부문 B에서 중간제품 Y_2 100단위를 생산하기 위한 필요노무시간은 100h이므로, 최종제품 丙 50단위만큼 판매를 포기해야 한다.

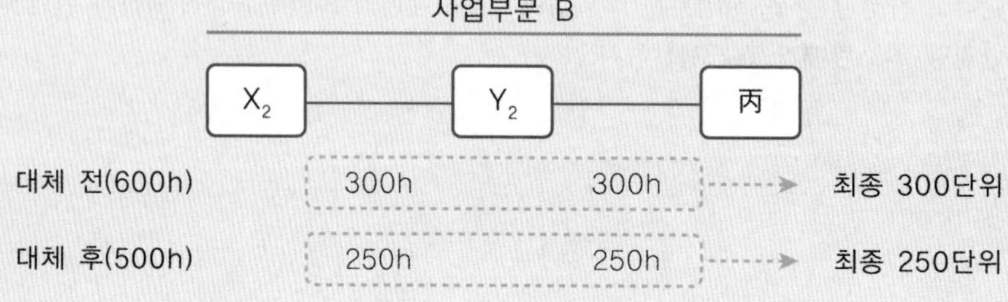

자료정리

물량흐름도

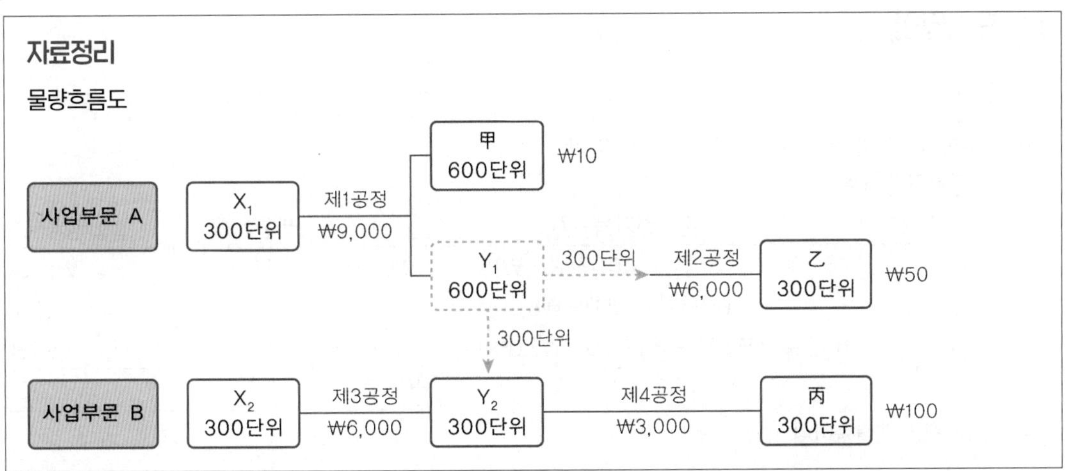

甲
600단위
₩10
사업부문 A
X_1
300단위
제1공정
₩9,000
Y_1
600단위
300단위
제2공정
₩6,000
乙
300단위
₩50
300단위
사업부문 B
X_2
300단위
제3공정
₩6,000
Y_2
300단위
제4공정
₩3,000
丙
300단위
₩100

모범답안

[물음 1]

(1) 순실현가능가치기준 제품별 월간 매출총이익

① 결합원가 배분

	순실현가능가치		배분비율	결합원가
갑	600단위 × ₩10 =	₩6,000	6/36	₩1,500
을	300단위 × ₩50 - ₩6,000 =	9,000	9/36	2,250
병	300단위 × ₩100 - ₩6,000 - ₩3,000 =	21,000	21/36	5,250
		₩36,000	1	₩9,000

② 제품별 매출총이익

	갑	을	병
매출	₩6,000	₩15,000	₩30,000
결합원가	(1,500)	(2,250)	(5,250)
추가원가	-	(6,000)	(9,000)
매출총이익	₩4,500	₩6,750	₩15,750

(2) 균등매출총이익률법기준 제품별 월간 결합원가 배부액

	연산품			합계
	갑	을	병	
매출	₩6,000	₩15,000	₩30,000	₩51,000
결합원가	(2,826)	(1,065)	(5,109)*2	(9,000)
추가원가	-	(6,000)	(9,000)	(15,000)
매출총이익	₩3,174	₩7,935	₩15,870	₩27,000
매출총이익률	52.9%	52.9%	52.9%	52.9%*1

*1 소수점 넷째 자리에서 반올림

*2 매출총이익률로 인한 단수차이 조정

∴ 결합원가 배부액: 제품 갑 ₩2,826, 제품 을 ₩1,065, 제품 병 ₩5,109

(3) 결합원가 배부방식의 한계점

제품별 가격과 원가율이 다른 경우 제품별 순실현가능가치나 매출총이익률을 동일하게 하는 인위적인 결합원가 배분으로 개별 제품의 수익성이 왜곡되어 잘못된 의사결정을 초래할 수 있다.

[물음 2]

(1) 판매기준법하의 전체 매출액 및 매출원가

① 결합원가 배분

	순실현가능가치		배분비율	결합원가
을	300단위 × ₩50 - ₩6,000 =	₩9,000	9/30	₩2,700
병	300단위 × ₩100 - ₩6,000 - ₩3,000 =	21,000	21/30	6,300
		₩30,000	1	₩9,000

② 매출액 및 매출원가

	을	병	계
매출액	₩15,000	₩30,000	₩45,000
결합원가	(2,700)	(6,300)	(9,000)
추가원가	(6,000)	(9,000)	(15,000)
매출총이익	₩6,300	₩14,700	₩21,000

∴ 매출액 = ₩45,000, 매출원가 = ₩24,000

(2) 생산기준법하의 전체 매출액 및 매출원가

① 결합원가 배분

	순실현가능가치		배분비율	결합원가
을	300단위 × ₩50 - ₩6,000 =	₩9,000	9/30	₩900
병	300단위 × ₩100 - ₩6,000 - ₩3,000 =	21,000	21/30	2,100
		₩30,000	1	₩3,000*

* ₩9,000 - ₩6,000 = ₩3,000

② 매출액 및 매출원가

	을	병	계
매출액	₩15,000	₩30,000	₩45,000
결합원가	(900)	(2,100)	(3,000)
추가원가	(6,000)	(9,000)	(15,000)
매출총이익	₩8,100	₩18,900	₩27,000

∴ 매출액 = ₩45,000, 매출원가 = ₩18,000

[물음 3] 특별주문을 수락하기 위한 중간재 Y_2의 단위당 최소판매가격

특별주문을 수락하기 위하여 제품 병 50단위 판매를 포기해야 한다.
최소판매가격을 P라 하면 다음과 같다.

증분수익		
매출 증가		100P
병 공헌이익 감소	50단위 × ₩70 =	₩(3,500)
증분비용		
제3공정 재료원가 증가	100단위 × ₩10 =	(1,000)
제3공정 노무원가 증가	100단위 × ₩10 =	(1,000)
증분이익		100P - ₩5,500 ≥ 0

∴ P = ₩55

별해

단위당 증분원가 + 단위당 기회비용 = ₩20 + $\frac{50단위 \times ₩70}{100단위}$ = ₩55

문제 05 결합공정에 재공품이 있는 경우 결합원가 배분과 추가가공 의사결정

세무사 21 수정

(주)세무는 결합생산공정을 통해 동일한 원재료 T를 가공처리하여 결합제품 A, B, C를 생산하며, 이때 폐물 P가 산출된다. 제1공정에서는 반제품이 생산되는데 그 가운데 일부는 제품 A라는 이름만 붙여 외부에 판매되며, 또 일부는 제2공정을 거쳐 제품 B가 생산되고, 나머지는 제3공정을 거쳐 제품 C가 생산된다. (주)세무는 실제원가를 이용하여 선입선출법에 의한 종합원가계산을 사용하고 있다. 결합원가는 순실현가능가치법에 의해 각 결합제품에 배부되며, 부산물과 폐물에 대한 회계처리는 생산시점에서 순실현가능가치로 평가하여 인식된다.

다음은 20×1년 9월 생산 및 관련 자료이다.

(1) 제1공정에서 직접재료원가와 전환원가는 공정 전반에 걸쳐 균등하게 발생한다. 기초재공품 200단위(전환원가 완성도 40%), 당기투입 2,600단위, 당기완성량 2,000단위, 기말재공품 600단위(전환원가 완성도 60%), 1차 공손수량 100단위, 2차 공손수량 100단위이다. 품질검사는 두 차례 실시하는데 공정의 20% 시점에서 1차 검사를 하고, 공정의 종료시점에서 2차 검사를 한다. (주)세무의 정상공손수량은 1차 검사에서는 검사시점을 통과한 합격품의 2%, 2차 검사에서는 검사시점을 통과한 합격품의 2.5%이다. 공손품은 발생 즉시 추가비용 없이 폐기된다. 기초재공품원가는 ₩22,600(직접재료원가 ₩10,000, 전환원가 ₩12,600)이며, 당기투입원가는 ₩2,400,000(직접재료원가 ₩1,440,000, 전환원가 ₩960,000)이다. (주)세무는 정상공손원가를 당월에 검사시점을 통과한 합격품의 물량단위에 비례하여 배부하며, 공손품의 처분가치는 없다.

(2) 제품 A는 400단위 생산되었으며, 추가가공원가는 발생하지 않는다. 제2공정에서는 제품 B가 600단위 생산되었으며, 추가가공원가는 총 ₩200,000 발생하였다. 제3공정에서는 제품 C가 800단위 생산되었으며, 추가가공원가는 총 ₩300,000 발생하였다. 폐물 P는 200단위 생산되었으며, 정부의 환경관련 법규에 따라 폐기하는 데 단위당 ₩500의 비용이 소요된다. 제2공정, 제3공정에서 재료의 투입은 이루어지지 않았으며, 재공품과 공손 및 감손은 없었다.

(3) 제품 A의 단위당 판매가격은 ₩2,000, 제품 B의 단위당 판매가격은 ₩1,500, 제품 C의 단위당 판매가격은 ₩2,000이다. 제품 A의 총판매비는 ₩200,000, 제품 B의 총판매비는 ₩200,000, 제품 C의 총판매비는 ₩400,000이다.

요구사항

[물음 1] 제1공정의 1차 검사시점과 2차 검사시점의 정상공손수량을 각각 계산하시오.

[물음 2] 제1공정에서의 완성품환산량 단위당 원가, 완성품원가, 그리고 정상공손원가 배부 후 비정상공손원가를 각각 계산하시오.

[물음 3] 20×1년 9월에 발생한 결합원가를 배부하여 제품 A, B, C의 제품원가를 각각 계산하시오.

[물음 4] (주)한국이 폐물 P를 추가재료로 사용하기 위해 단위당 ₩1,500에 구입하겠다고 (주)세무에게 제안을 하였다. 이 경우 (주)세무는 폐물 P를 생산시점부터 부산물로 처리하려고 하며, (주)세무는 폐물 P를 추가가공해서 판매할 수 있으며, 추가가공원가는 ₩350,000이다. (주)한국의 제안에 대해 (주)세무의 의사결정에 대한 증분손익을 계산하고 수락 또는 거절의 의사결정을 제시하시오.

[물음 5] [물음 4]의 의사결정을 수락할 경우, 20×1년 9월에 발생한 결합원가를 배부하여 제품 A, B, C의 제품원가를 각각 계산하시오.

[물음 6] 회사 원가담당자는 기초재공품 전환원가에 전월 1차 검사시점 정상공손원가 배분금액 ₩2,120이 포함되어 있음을 확인하였다. 평균법에 의한 제1공정에서의 완성품환산량 단위당 원가, 완성품원가, 그리고 정상공손원가 배부 후 비정상공손원가를 각각 계산하시오.

해답

문제분석

■ "부산물과 폐물에 대한 회계처리는 생산시점에서 순실현가능가치로 평가하여 인식"
→ 부산물과 폐물의 순실현가치는 결합제품에 배분될 결합원가에 가감한다.

■ "(1) 직접재료원가와 전환원가는 공정 전반에 걸쳐 균등하게 발생"
→ 모든 제조원가는 공정 전반에 걸쳐 균등발생하므로, 원가요소별로 구분하지 않고 총원가를 기준으로 환산량과 환산량 단위당 원가를 계산한다.

■ "(1) 1차 공손수량 100단위, 2차 공손수량 100단위", "(1) 공정의 20% 시점에서 1차 검사를 하고, 공정의 종료시점에서 2차 검사" 및 "(1) 1차 검사에서는 검사시점을 통과한 합격품의 2%, 2차 검사에서는 검사시점을 통과한 합격품의 2.5%"
→ 검사시점별 검사통과수량을 계산하여 총공손수량을 정상공손수량과 비정상공손수량으로 구분한다. 또한, 선입선출법을 적용하는 상황에서 완성품물량 중 기초재공품은 1차 검사시점을 통과한 물량으로, 1차 검사시점 정상공손원가 배분대상에서 제외한다.

■ "(2) 폐물 P는 200단위" 및 "(2) 단위당 ₩500의 비용"
→ 폐물의 폐기비용은 결합원가에 가산하여 결합제품에 배분한다.

■ [물음 3] "제품 A, B, C의 제품원가"
→ 제품원가는 배분된 결합원가에 제품별 추가가공원가를 합하여 계산하며 판매비는 제외한다.

■ [물음 5] "[물음 4]의 의사결정을 수락할 경우"
→ 부산물 순실현가치는 (주)한국에 대한 판매가치에서 추가가공원가를 차감하여 계산한다. 또한, 부산물의 순실현가치는 결합원가에 가감한다.

■ [물음 6] "전월 1차 검사시점 정상공손원가 배분금액 ₩2,120이 포함"
→ 기초재공품이 전월 1차 검사시점을 통과하면서 배부받은 정상공손원가가 ₩2,120이므로, 기초재공품의 전환원가는 ₩10,480(= ₩12,600 - ₩2,120)이다.

■ [물음 6] "평균법에 의한"
→ 기초재공품이 전월에 검사시점을 통과한 경우 평균법을 적용하더라도 정상공손수량은 선입선출법을 적용한 경우와 동일하다. 또한, 기초재공품의 정상공손원가는 당월 1차 검사시점의 정상공손원가에 가산하여 기초재공품을 포함한 총합격품에 물량기준으로 배분한다.

자료정리

(1) 물량흐름도(결합공정)

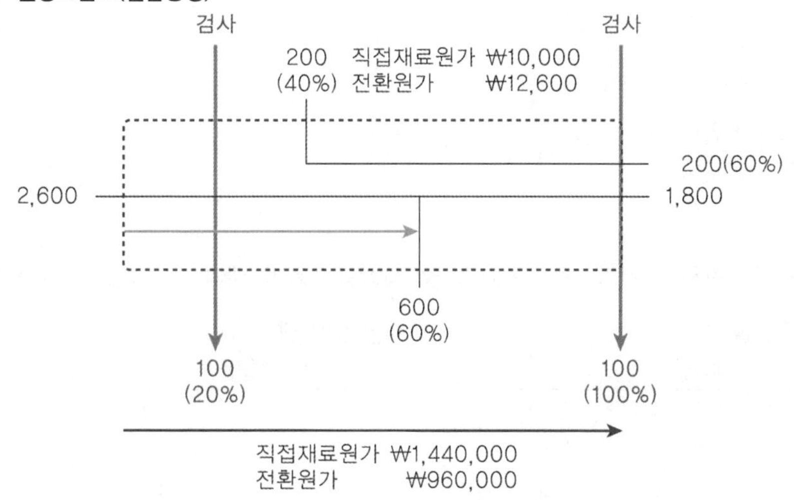

(2) 검사통과물량(합격물량)

- 1차 검사시점: 검사받은 물량 - 공손 = 2,600단위 - 100단위 = 2,500단위
- 2차 검사시점: 검사받은 물량 - 공손
  = (2,600단위 - 100단위 + 200단위 - 600단위) - 100단위 = 2,000단위

(3) 물량흐름도(전체 공정)

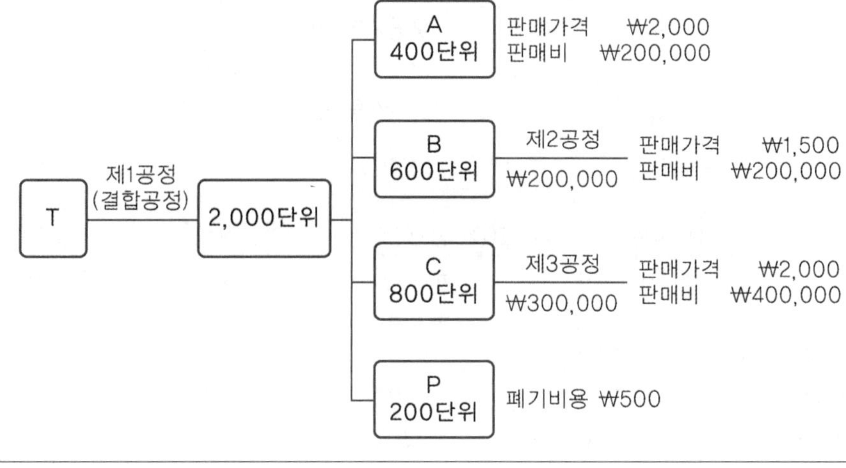

모범답안

[물음 1] 1차 검사시점과 2차 검사시점의 정상공손수량

(1) 1차 검사시점(20% 시점)

2,500단위 × 2% = 50단위

(2) 2차 검사시점(100% 시점)

2,000단위 × 2.5% = 50단위

[물음 2] 완성품환산량 단위당 원가, 완성품원가 및 정상공손원가 배부 후 비정상공손원가

① 물량흐름 파악(선입선출법) / ② 완성품환산량

재공품				제조원가
기초	200(0.4)	완성	200(0.6)	120
			1,800	1,800
		정상	50(0.2)	10
		비정상	50(0.2)	10
		정상	50	50
		비정상	50	50
착수	2,600	기말	600(0.6)	360
	2,800		2,800	2,400

③ 당기발생원가

₩2,400,000

④ 환산량 단위당 원가(= ③ ÷ ②)

₩1,000

⑤ 원가배분

	1차 배분	20% 공손	100% 공손	합계
완성품	₩1,942,600[*1]	₩7,200[*2]	₩50,200[*3]	₩2,000,000
정상공손(20%)	10,000	(10,000)		-
비정상공손(20%)	10,000			10,000
정상공손(100%)	50,000	200	(50,200)	-
비정상공손(100%)	50,000	200		50,200
기말재공품	360,000	2,400		362,400
	₩2,422,600	-	-	₩2,422,600

[*1] ₩22,600 + 1,920 × ₩1,000 = ₩1,942,600

[*2] 완성품에 배분된 20% 시점의 정상공손원가: $₩10,000 \times \frac{1,800}{1,800 + 50 + 50 + 600} = ₩7,200$

[*3] 완성품에 배분된 100% 시점의 정상공손원가: 완성품만 합격품이므로 전액 완성품원가에 가산한다.

(1) 완성품환산량 단위당 원가
₩1,000

(2) 완성품원가
₩2,000,000

(3) 정상공손원가 배부 후 비정상공손원가
20% 시점 비정상공손원가 + 100% 시점 비정상공손원가 = ₩10,000 + ₩50,200 = ₩60,200

[물음 3] 제품 A, B, C의 제품원가

(1) 결합원가
₩2,000,000 + 200 × ₩500(폐물 폐기비용) = ₩2,100,000

(2) 제품별 원가

	판매가격	추가원가	판매비	순실현가치	배분비율	결합원가 배분	제품원가
A	₩800,000	-	₩200,000	₩600,000	0.30	₩630,000	₩630,000
B	900,000	₩200,000	200,000	500,000	0.25	525,000	725,000
C	1,600,000	300,000	400,000	900,000	0.45	945,000	1,245,000
				₩2,000,000	1	₩2,100,000	₩2,600,000

[물음 4] (주)한국의 제안에 대한 의사결정

증분수익		
매출 증가	200단위 × ₩1,500 =	₩300,000
증분비용		
폐기비용 감소	200단위 × ₩500 =	100,000
추가가공원가		(350,000)
증분이익		₩50,000

∴ (주)한국의 제안을 수락한다.

[물음 5] 제품 A, B, C의 제품원가

(1) 결합원가
₩2,000,000 + ₩50,000(부산물 순실현가치) = ₩2,050,000

(2) 제품별 원가

	판매가격	추가원가	판매비	순실현가치	배분비율	결합원가 배분	제품원가
A	₩800,000	-	₩200,000	₩600,000	0.30	₩615,000	₩615,000
B	900,000	₩200,000	200,000	500,000	0.25	512,500	712,500
C	1,600,000	300,000	400,000	900,000	0.45	922,500	1,222,500
				₩2,000,000	1	₩2,050,000	₩2,550,000

[물음 6] 완성품환산량 단위당 원가, 완성품원가 및 정상공손원가 배부 후 비정상공손원가

① 물량흐름 파악(평균법)

재공품

기초	200(0.4)	완성	2,000
		정상	50(0.2)
		비정상	50(0.2)
		정상	50
		비정상	50
착수	2,600	기말	600(0.6)
	2,800		2,800

② 완성품환산량

제조원가
2,000
10
10
50
50
360
2,480

③ 원가 ₩2,420,480[*1]

④ 환산량 단위당 원가(= ③ ÷ ②)

₩976

⑤ 원가배분

	1차 배분	20% 공손	100% 공손	합계
완성품	₩1,952,000	₩8,800[*3]	₩49,020[*4]	₩2,009,820
정상공손(20%)	9,760 + 2,120[*2]	(11,880)		-
비정상공손(20%)	9,760			9,760
정상공손(100%)	48,800	220	(49,020)	-
비정상공손(100%)	48,800	220		49,020
기말재공품	351,360	2,640		354,000
	₩2,422,600	-	-	₩2,422,600

[*1] ₩2,400,000 + ₩10,000 + [₩12,600 - ₩2,120(정상공손원가)] = ₩2,420,480

[*2] 기초재공품 정상공손원가로 20% 검사시점의 정상공손원가에 가산한다.

[*3] 완성품에 배분된 20% 시점의 정상공손원가: $₩11,880 \times \frac{2,000}{2,000 + 50 + 50 + 600} = ₩8,800$

[*4] 완성품에 배분된 100% 시점의 정상공손원가: 완성품만 합격품이므로 전액 완성품원가에 가산한다.

(1) 완성품환산량 단위당 원가

₩976

(2) 완성품원가

₩2,009,820

(3) 정상공손원가 배부 후 비정상공손원가

20% 시점 비정상공손원가 + 100% 시점 비정상공손원가 = ₩9,760 + ₩49,020 = ₩58,780

문제 06 결합원가 배분 및 폐품 추가가공 의사결정

회계사 04

(주)한국은 두 개의 제조공정을 통해서 두 가지 주산품 A, B를 생산하고 있다. 공정 I에서 원재료 甲을 투입하여 두 가지 중간제품인 乙과 丙을 생산하고, 공정 II에서 중간제품 乙을 추가가공하여 두 가지 주산품 A, B를 생산하고 있다. 중간제품 丙은 시장가치가 없어 폐품처리하고 있으며 소요되는 비용은 리터당 ₩500이다.

20×1년 3월의 생산 관련 자료는 다음과 같다.

(1) 생산자료

공정 I	乙	80,000리터
	丙	20,000리터
공정 II	A	48,000리터
	B	20,000리터

(2) 원가자료

구분	직접재료원가	가공원가	총원가
공정 I	₩100,000,000	₩20,000,000	₩120,000,000
공정 II	0	150,000,000	150,000,000

(3) 리터당 판매가격과 판매비용

구분	판매가격	판매비용
A	₩6,500	₩1,000
B	5,000	600

요구사항

[물음 1] 순실현가치를 기준으로 결합원가를 최종제품 A와 B에 배분하고 리터당 원가를 구하시오.

[물음 2] 최근 (주)한국은 신기술을 개발하여 지금까지 시장가치가 없어 폐품처리를 하던 중간제품 丙을 추가로 가공하여 제품 A를 생산하는 원재료로 이용할 수 있게 되었다. 따라서 최고경영자는 독립된 사업부를 설립하여 중간제품 丙을 추가로 가공하기로 결정하였다. 중간제품 丙을 추가로 가공하면, 공정 II의 제품 A의 원료가 되는 제품원료 C가 10,000리터, 부산물 D가 8,000리터 생산된다. 부산물 D는 리터당 ₩400의 판매가치를 갖게 된다.
제품원료 C를 공급함으로써 생산의 효율성이 증가하게 되어, 제품 A를 추가로 12,000리터 생산할 수 있으며, 제품원료 C는 추가비용 없이 제품 A를 제조하는 과정에만 이용할 수 있다고 가정한다. 이 경우 (주)한국 전체 입장에서 추가가공에 투입하여야 할 최대허용가능원가를 구하시오.

해답

문제분석

■ "중간제품 丙은 시장가치가 없어 폐품처리하고 있으며 소요되는 비용은 리터당 ₩500"

→ 결합공정에서 발생하는 폐품이 결합제품을 생산하기 위하여 정상적으로 발생한다면 폐품의 순실현가치 또는 처리비용은 결합제품에 배분되는 결합원가에 가감(생산기준법)하여 결합제품에 배부하는 것이 논리적으로 타당하다. 그러나 부산물 처리방법에는 생산기준법과 판매기준법이 있으며 처리방법이 자료에 제시되는 것처럼 폐품 처리방법에 대해서도 자료에 제시될 수 있어 주의해야 한다. 본 문제에는 구체적인 처리방법이 제시되어 있지 않아 해당 폐품이 정상적으로 발생한 것으로 보아 결합제품에 배분되는 결합원가에 가산하였다.

■ [물음 2] "공정 II의 제품 A의 원료가 되는 제품원료 C가 10,000리터" 및 "제품 A를 추가로 12,000리터 생산"

→ 중간제품 丙을 추가가공하면 제품원료 C가 10,000리터 생산되지만, 최종적으로 제품 A가 12,000리터 생산되므로 증분수익은 제품 A 12,000리터를 기준으로 계산한다.

■ [물음 2] "부산물 D가 8,000리터 생산" 및 "부산물 D는 리터당 ₩400의 판매가치"

→ 중간제품 丙 추가가공 의사결정에 있어 부산물 D에 대한 판매가치는 증분수익에 반영한다.

자료정리

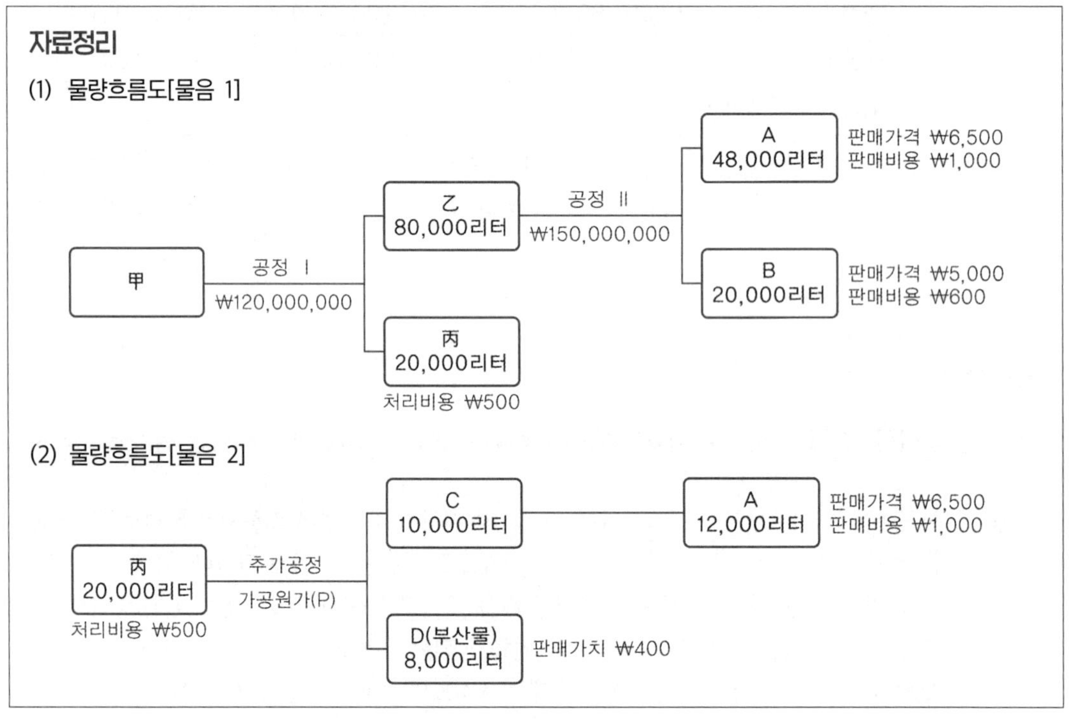

모범답안

[물음 1] 리터당 원가

(1) 결합원가

공정 Ⅰ 원가 + 공정 Ⅱ 원가 + 폐품원가

= ₩120,000,000 + ₩150,000,000 + 20,000리터 × ₩500 = ₩280,000,000

(2) 제품별 순실현가치

① A: 48,000리터 × ₩6,500 - 48,000리터 × ₩1,000 = ₩264,000,000

② B: 20,000리터 × ₩5,000 - 20,000리터 × ₩600 = ₩88,000,000

(3) 결합원가 배분

	순실현가치	비율	결합원가
A	₩264,000,000	0.75	₩210,000,000
B	88,000,000	0.25	70,000,000
	₩352,000,000	1	₩280,000,000

(4) 리터당 원가

	결합원가	생산수량	리터당 원가
A	₩210,000,000	48,000리터	₩4,375/리터
B	70,000,000	20,000리터	3,500/리터
	₩280,000,000		

[물음 2] (주)한국 전체 입장에서 추가가공에 투입하여야 할 최대허용가능원가

최대허용가능한 丙 추가가공원가를 P라 하면 다음과 같다.

증분수익		
제품 A 판매 증가	12,000리터 × (₩6,500 - ₩1,000) =	₩66,000,000
부산물 D 판매 증가	8,000리터 × ₩400 =	3,200,000
증분비용		
丙 처리비용 감소	20,000리터 × ₩500 =	10,000,000
丙 추가가공원가		(P)
증분이익		₩79,200,000 - P ≥ 0

∴ P = ₩79,200,000

문제 07 표준결합원가계산과 현금예산

회계사 14

※ 별도의 언급이 없는 한 각 물음은 상호 독립적이다.

(주)한국은 결합공정인 제1공정과 추가적인 제2공정을 통해 제품을 생산한다. 다음은 표준원가계산시스템을 사용하는 (주)한국이 20×1년 3분기 예산편성을 위해 수집한 자료이다.

(1) (주)한국은 3분기 중 직접재료 X 1단위를 제1공정에서 가공하여 연산품 A 2단위와 연산품 B 4단위를 생산한다. 아울러 (주)한국은 연산품 B 2단위와 직접재료 Y 1단위를 제2공정에 투입하여 연산품 C 1단위를 생산한다. 모든 공정에서 공손품 및 부산물은 발생하지 않는다. 주어진 자료 이외의 수익과 비용은 고려하지 않는다.

(2) 제1공정에서 직접재료 X 1단위를 가공하기 위한 표준변동원가 관련 자료는 다음과 같다.

직접재료 X 1단위당 표준구매가격	₩600
직접재료 X 1단위당 표준직접노동시간	3시간
직접노동시간당 표준임률	₩200
직접재료 X 1단위당 표준변동제조간접원가	₩400

(3) 제2공정에서 연산품 C 1단위를 생산하기 위한 표준변동원가 관련 자료는 다음과 같다.

직접재료 Y 1단위당 표준구매가격	₩200
연산품 C 1단위당 표준직접노동시간	2시간
직접노동시간당 표준임률	₩200
연산품 C 1단위당 표준변동제조간접원가	₩600

(4) (주)한국의 표준변동판매관리비는 연산품 A 1단위당 ₩200이며 연산품 C 1단위당 ₩0이다. 예산고정판매관리비는 매월 ₩500,000이다.

(5) 월초 및 월말재고자산은 없다.

(6) 연산품 A와 C 1단위당 판매가격은 각각 ₩2,000과 ₩3,000이다. 연산품 A와 C의 월별 예상판매량은 다음과 같다.

구분	7월	8월	9월
연산품 A	200단위	300단위	250단위
연산품 C	200단위	300단위	250단위

요구사항

[물음 1] 순실현가능가치법을 활용하여 결합원가를 배부할 경우, 연산품 A와 C의 8월 중 제품별 매출총이익을 각각 계산하시오.

[물음 2] 균등매출총이익률법을 활용하여 결합원가를 배부할 경우, 연산품 A와 C에 대한 8월 중 결합원가 배부액을 각각 계산하시오.

[물음 3] 상기 예산자료와 함께 현금흐름과 관련된 다음 사항을 추가로 가정할 때, 다음 물음에 답하시오.

> 연산품 A와 C는 외상거래로만 판매된다. 매출액의 70%는 판매된 달에 현금으로 회수되며 다음 달에 25%가 현금으로 회수된다. 나머지 5%는 현금으로 회수되지 않는다. 직접재료 X와 Y의 구매대금은 구매한 달에 전액 현금으로 지급하고, 직접노무원가 및 변동제조간접원가도 해당 월에 전액 현금으로 지급한다. 고정판매관리비에는 매월 ₩55,000의 감가상각비가 포함되어 있고, 나머지 고정 및 변동판매관리비는 해당 월에 전액 현금으로 지급한다.

(1) 8월 중 (주)한국의 순현금흐름액을 계산하시오.

(2) (주)한국은 8월 말 현재 현금잔액을 최소한 7월 말 현금잔액과 동일하게 유지하려 한다. 이를 위해 (주)한국이 8월 중 생산하여 판매해야 하는 연산품 C의 최소판매량을 계산하시오. 단, 연산품 A는 생산된 달에 전량 판매된다.

[물음 4] (주)한국은 9월 중 실적자료를 사용하여 직접재료 X를 가공하는 제1공정에 대한 원가차이를 분석하였다. (주)한국은 9월 중 예산안에 따라 연산품 C 250단위를 생산할 만큼의 직접재료 X를 구매하였으나, 연산품 C의 실제생산량 및 판매량은 220단위였다. 다음 물음에 답하시오.

(1) 직접재료 구입시점에서 분리한 직접재료원가 가격차이가 ₩5,000(유리)일 경우, 직접재료 X 1단위당 실제구매가격을 계산하시오.

(2) 직접노무원가 능률차이는 ₩22,000(불리), 임률차이는 ₩8,800(유리)였다. 직접재료 X 1단위당 실제직접노동시간과 직접노동시간당 실제임률을 각각 계산하시오.

[물음 5] 표준원가계산시스템에 근거한 원가중심점 성과평가제도가 가질 수 있는 잠재적인 문제점 3가지를 지적하고, 이를 해결할 수 있는 방안을 다음 양식에 따라 간략히 작성하시오.

구분	문제점	해결방안
①		
②		
③		

해답

문제분석

■ "(1) 직접재료 X 1단위를 제1공정에서 가공하여 연산품 A 2단위와 연산품 B 4단위를 생산" 및 "(1) 연산품 B 2단위와 직접재료 Y 1단위를 제2공정에 투입하여 연산품 C 1단위"

→ 연산품 B는 중간제품이며 최종제품은 연산품 A와 연산품 C이다. 직접재료 X 1단위를 가공하면 연산품 A와 연산품 C를 각각 2단위 생산하며 연산품 C 1단위를 가공하기 위하여 직접재료 Y 1단위가 필요하다.

- **직접재료 X 1단위**: 연산품 A 2단위, 연산품 C 2단위
- **직접재료 Y 1단위**: 연산품 C 1단위

■ "(2) 제1공정에서 직접재료 X 1단위를 가공하기 위한 표준변동원가"

→ 제시된 자료는 변동제조원가로서 결합제품 생산에 필요한 직접재료 X 수량을 곱하여 결합원가를 계산한다. 즉, 연산품 A와 연산품 C 각각 2단위를 생산하기 위해서는 직접재료 X 1단위에 대한 변동원가가 필요하다.

- **직접재료 X 1단위 변동원가**: ₩600 + 3시간 × ₩200 + ₩400 = ₩1,600

■ "(3) 제2공정에서 연산품 C 1단위를 생산하기 위한 표준변동원가"

→ 연산품 C 생산에 필요한 직접재료 Y 수량을 곱하여 제2공정 추가원가를 계산한다. 즉, 연산품 C 1단위를 생산하기 위해서는 직접재료 Y 1단위에 대한 변동원가가 필요하다.

- **직접재료 Y 1단위 변동원가**: ₩200 + 2시간 × ₩200 + ₩600 = ₩1,200

■ "(4) 표준변동판매관리비는 연산품 A 1단위당 ₩200"

→ 판매관리비는 연산품 A의 순실현가치를 계산하는 경우 고려하지만, 균등매출총이익률법을 적용하여 매출총이익률을 계산하는 경우에는 고려하지 않는다.

■ "(6) 8월 연산품 A 300단위, 연산품 C 300단위"

→ 연산품 A와 연산품 C 각각 300단위를 생산하기 위하여 직접재료 X는 150단위가 필요하며 직접재료 Y는 300단위가 필요하다.

■ [물음 3] "외상거래로만 판매" 및 "매출액의 70%는 판매된 달에 현금으로 회수되며 다음 달에 25%가 현금으로 회수"

→ 8월 채권회수는 7월 매출액의 25%와 8월 매출액의 70%이다. 따라서 8월 채권회수금액을 계산하기 위해서는 7월 매출액을 계산해야 한다.

■ [물음 3] "고정판매관리비에는 매월 ₩55,000의 감가상각비가 포함"

→ 매월 고정판매관리비 현금지출금액은 ₩445,000(= ₩500,000 - ₩55,000)이다.

■ [물음 3] "(2) 8월 말 현재 현금잔액을 최소한 7월 말 현금잔액과 동일하게 유지"

→ 8월 말 현금잔액을 최소한 7월 말 현금잔액과 동일하게 유지하려면 8월의 순현금흐름은 0보다 크거나 같아야 한다.

■ [물음 3] "(2) 연산품 C의 최소판매량"

→ 직접재료 X 1단위 가공으로 연산품 C 2단위를 생산하므로 연산품 C 수량을 Q라 하면, 직접재료 X는 0.5Q이다.

■ [물음 4] "직접재료 X를 가공하는 제1공정에 대한 원가차이를 분석"

→ 제1공정에 대한 원가차이만을 분석대상으로 한다.

■ [물음 4] "연산품 C 250단위를 생산할 만큼의 직접재료 X를 구매" 및 "연산품 C의 실제생산량 및 판매량은 220단위"

→ 직접재료 X 1단위는 연산품 C 2단위로 가공되므로 연산품 C 250단위를 생산하는 데 필요한 직접재료 X는 125단위이다. 또한, 연산품 C 실제생산량 220단위에 대한 제1공정 표준배부 실제산출량은 110단위이다.

자료정리

(1) 물량흐름도

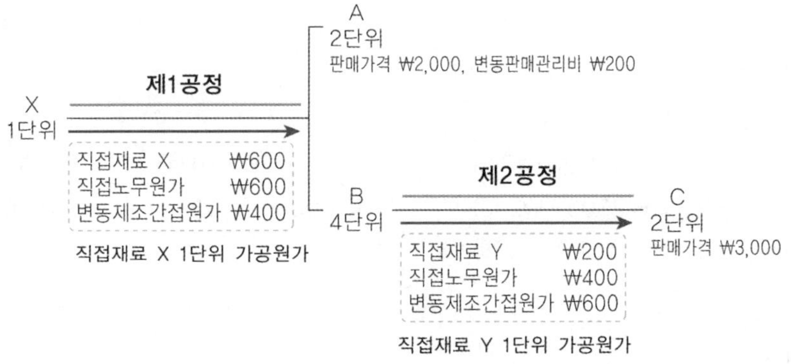

(2) 제1공정 원가차이분석

• 직접재료 구입가격차이

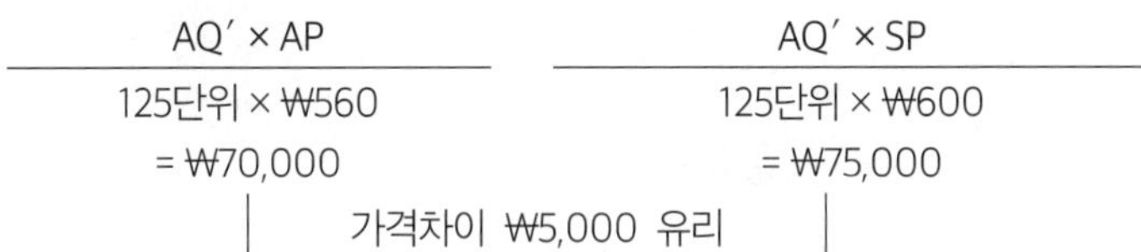

• 직접재료 수량차이

직접재료 X 구입량은 알 수 있으나 실제사용량에 대한 자료는 제시되어 있지 않아 수량차이는 계산할 수 없다.

• 직접노무원가 총차이

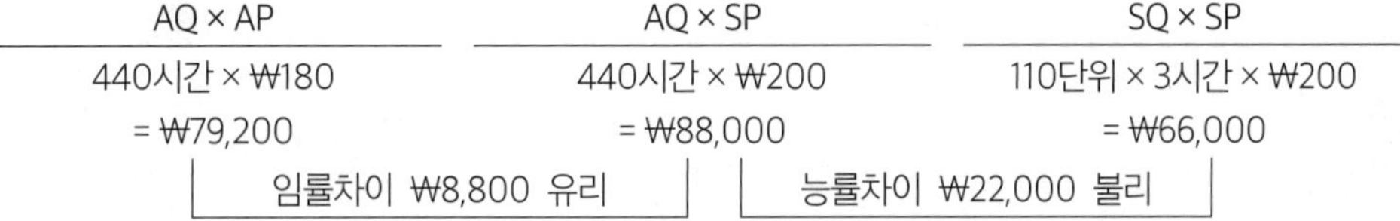

모범답안

[물음 1] 순실현가능가치법을 활용하는 경우 연산품 A와 C의 8월 중 제품별 매출총이익

(1) 8월 결합원가

150단위 × (₩600 + ₩600 + ₩400) = ₩240,000

(2) 결합원가 배분

	순실현가능가치		배분비율	결합원가
연산품 A	300단위 × (₩2,000 - ₩200) =	₩540,000	1/2	₩120,000
연산품 C	300단위 × (₩3,000 - ₩1,200) =	₩540,000	1/2	120,000
		₩1,080,000	1	₩240,000

(3) 제품별 매출총이익

	연산품 A		연산품 C	
매출	300단위 × ₩2,000 =	₩600,000	300단위 × ₩3,000 =	₩900,000
결합원가		(120,000)		(120,000)
추가원가		-	300단위 × ₩1,200 =	(360,000)
매출총이익		₩480,000		₩420,000

[물음 2] 균등매출총이익률법을 활용하는 경우 연산품 A와 C에 대한 8월 중 결합원가 배부액

균등매출총이익률법이므로 연산품 A의 판매관리비는 고려하지 않는다.

	연산품		합계
	A	C	
매출	₩600,000	₩900,000	₩1,500,000
결합원가	(240,000)	-	(240,000)
추가원가	-	(360,000)	(360,000)
매출총이익	₩360,000	₩540,000	₩900,000
매출총이익률	60%	60%	60%

[물음 3]

(1) 8월 중 (주)한국의 순현금흐름액

① 매출채권 회수액

연산품 A와 연산품 C의 7월과 8월 매출액을 각각 계산한다.

• 연산품 A: 7월 매출액 × 25% + 8월 매출액 × 70%
  = 200단위 × ₩2,000 × 25% + 300단위 × ₩2,000 × 70% = ₩520,000

• 연산품 C: 7월 매출액 × 25% + 8월 매출액 × 70%
  = 200단위 × ₩3,000 × 25% + 300단위 × ₩3,000 × 70% = ₩780,000

∴ 8월 매출채권 회수액 = ₩1,300,000

② 순현금흐름액

현금유입		
매출채권 회수		₩1,300,000
현금유출		
결합원가		(240,000)
연산품 A 판매관리비	300단위 × ₩200 =	(60,000)
연산품 C 추가원가	300단위 × ₩1,200 =	(360,000)
현금지출 고정판관비	₩500,000 - ₩55,000 =	(445,000)
순현금흐름		₩195,000

(2) 8월 중 생산하여 판매해야 하는 연산품 C의 최소판매량

① 매출채권 회수액

• 연산품 A: 7월 매출액 × 25% + 8월 매출액 × 70%
  = 200단위 × ₩2,000 × 25% + Q × ₩2,000 × 70% = ₩100,000 + ₩1,400Q

• 연산품 C: 7월 매출액 × 25% + 8월 매출액 × 70%
  = 200단위 × ₩3,000 × 25% + Q × ₩3,000 × 70% = ₩150,000 + ₩2,100Q

∴ 매출채권 회수액 = ₩250,000 + ₩3,500Q

② 연산품 C의 최소판매량(Q)

현금유입		
매출채권 회수		₩250,000 + ₩3,500Q
현금유출		
결합원가	0.5Q × ₩1,600 =	(800Q)
연산품 A 판매관리비	Q × ₩200 =	(200Q)
연산품 C 추가원가	Q × ₩1,200 =	(1,200Q)
현금지출 고정판관비	₩500,000 - ₩55,000 =	(445,000)
순현금흐름		₩1,300Q - ₩195,000 ≥ 0

∴ Q = 150단위

[물음 4]

(1) 직접재료 X 1단위당 실제구매가격

AQ′ × AP	AQ′ × SP
125단위 × ₩560 = ₩70,000	125단위 × ₩600 = ₩75,000
가격차이 ₩5,000 유리	

∴ 실제구매가격: ₩70,000 ÷ 125단위 = ₩560

(2) 직접재료 X 1단위당 실제직접노동시간과 직접노동시간당 실제임률

AQ × AP	AQ × SP	SQ × SP
440시간 × ₩180 = ₩79,200	440시간 × ₩200 = ₩88,000	110단위 × 3시간 × ₩200 = ₩66,000
임률차이 ₩8,800 유리	능률차이 ₩22,000 불리	

∴ 단위당 실제직접노동시간: 440시간 ÷ 110단위 = 4시간, 직접노동시간당 실제임률 = ₩180

[물음 5] 표준원가계산시스템의 문제점과 해결방안

구분	문제점	해결방안
①	표준원가를 과학적이고 객관적으로 설정하기 어렵고 시간과 비용이 많이 소비된다.	카이젠원가계산시스템을 도입하여 원가절감을 모색할 수 있고, 균형성과표의 내부프로세스 관점에서 운영프로세스 단계의 품질, 효율성, 시간 관련 성과지표 등의 비재무적 성과측정치를 반영할 수 있다.
②	직접노무원가 통제에 초점이 맞추어져 있는 표준원가계산제도는 공장 자동화 환경에서는 그 중요성이 감소하고 있다.	
③	표준원가는 주로 재무적인 측정치를 강조하고 비재무적인 측정치를 무시하는 경향이 있다.	

문제 08 복수의 분리점, 부산품 처리(판매기준법과 생산기준법), 도해법 및 특별주문수락 의사결정

회계사 12

※ 각 물음은 상호 독립적이다.

(주)성수는 결합공정인 제1공정과 제2공정을 통해 제품을 생산한다. (주)성수는 당월 중 원재료 X를 제1공정에 투입하여 제품 A 400단위와 제품 B 600단위를 생산한다. 아울러 (주)성수는 제품 B 600단위와 원재료 Y를 제2공정에 투입하여 제품 C 800단위와 제품 D 200단위를 생산한다. 제품 C 800단위의 경우 원재료 Z를 사용하는 추가공정을 거쳐 최종제품 E 800단위를 생산한다. (주)성수의 제품원가는 재료원가 및 가공원가로 구성되고 재고 및 공손품은 발생하지 않는다. 당월 중 (주)성수의 각 공정에서의 제조원가와 각 제품의 시장가격은 다음과 같다(결합원가 배부 시 소수점 첫째 자리에서 반올림하시오).

《자료 1》 제1공정에서의 제조원가 및 제품 A와 제품 B의 시장가격

구분	금액
재료원가 총액	₩3,000
가공원가 총액	₩18,000
제품 A의 단위당 시장가격	₩50
제품 B의 단위당 시장가격	₩0

《자료 2》 제2공정에서의 제조원가 및 제품 C와 제품 D의 시장가격

구분	금액
재료원가 총액	₩1,000
가공원가 총액	₩3,000
제품 C의 단위당 시장가격	₩2
제품 D의 단위당 시장가격	₩1

《자료 3》 제품 C의 추가공정 시 제조원가 및 제품 E의 시장가격

구분	금액
재료원가 총액	₩15,000
가공원가 총액	₩21,200
제품 E의 단위당 시장가격	₩60

요구사항

[물음 1] 개별제품의 순실현가치를 기준으로 결합원가를 배부하고, 주산품인 제품 A, 제품 D 및 제품 E가 모두 판매되었을 경우의 제품별 매출총이익을 각각 계산하시오.

[물음 2] 다음 물음에 답하시오(소수점 둘째 자리에서 반올림하여 소수점 첫째 자리까지 계산하시오).

(1) (주)성수 회계담당자의 실수로 제품 E를 부산품으로 간주하여 판매기준법하의 수익계상법(잡이익법)을 이용해서 개별제품의 순실현가치를 기준으로 결합원가를 배부한 후 각 제품의 원가를 계산했다고 가정하자. 이 경우 제품 A, 제품 D 및 제품 E의 단위당 원가를 각각 계산하시오.

(2) (주)성수의 회계담당자가 제품 D를 부산품으로 간주하여 생산기준법하의 원가차감법을 이용해서 개별제품의 순실현가치를 기준으로 결합원가를 배부했을 경우의 제품 A 및 제품 E의 단위당 원가를 각각 계산하시오.

[물음 3] 다음 물음에 답하시오.

(1) 균등매출총이익률법을 활용하여 결합원가를 배부하고, 주산품인 제품 A, 제품 D 및 제품 E가 모두 판매되었을 경우의 제품별 매출총이익을 각각 계산하시오.

(2) 결합원가의 배부에 있어 순실현가치법과 비교할 때 균등매출총이익률법의 장·단점을 3줄 이내로 간단히 서술하시오.

※ **[물음 4] ~ [물음 6]**에서 제품 D를 추가가공하는 공정은 결합공정이 아니며, 제품배합을 경영진이 자유로이 조절할 수 있다.

[물음 4] 제품 D를 새롭게 활용할 수 있는 신기술이 개발되어 제품 D를 투입하여 제품 F와 제품 G를 추가로 생산하여 판매할 수 있게 되었다. 제품 D의 생산량이 200단위로 고정되어 있고 제품 F와 G에 공통적으로 투입되는 원재료 W는 단위당 ₩10에 450단위까지 구입할 수 있다고 가정하자. 제품 F와 제품 G의 단위당 가공원가가 각각 ₩18이고, 제품 D, 제품 F 및 제품 G의 단위당 시장가격이 각각 ₩1, ₩54 및 ₩31일 때 아래 《자료 4》를 참고하여 (주)성수의 이익을 극대화할 수 있는 제품 F와 제품 G 각각의 생산량을 결정하시오.

《자료 4》 제품 F와 제품 G의 제조원가 관련 정보

구분	제품 F	제품 G
제품 단위당 제품 D의 소요량	1단위	1단위
제품 단위당 원재료 W의 소요량	3단위	1단위

[물음 5] 다음 물음에 답하시오.

(1) **[물음 4]**에 주어진 조건하에서 제품 F의 단위당 시장가격이 ₩54에서 최소한 얼마로 인상되어야 (주)성수가 **[물음 4]**에서 결정된 제품 F의 생산량을 자발적으로 증가시킬 유인을 가질 수 있는지 계산하시오(제품 G의 단위당 시장가격은 ₩31로 일정함).

(2) (1)에서와 같이 인상된 제품 F의 시장가격에서 (주)성수의 이익을 극대화할 수 있는 제품 F와 제품 G 각각의 생산량을 결정하시오.

[물음 6] **[물음 4]**에 주어진 조건하에서 제품 F의 단위당 시장가격이 ₩60으로 인상되어 (주)성수가 제품 G를 생산하지 않고 제품 F만을 150단위 생산할 계획이라고 가정하자. (주)성수는 원재료 W를 투입하여 생산하는 제품 H 10단위에 대한 특별주문 요청을 받았다. (주)성수가 제품 H에 대하여 책정해야 하는 단위당 최소판매가격을 《자료 5》를 고려하여 계산하시오.

《자료 5》 제품 H의 제조원가 관련 정보

구분	금액
제품 단위당 원재료 W의 소요량	3단위
원재료 W의 단위당 구매가격	₩10
제품 단위당 가공원가	₩9

해답

문제분석

■ "결합공정인 제1공정과 제2공정"

→ 주어진 자료에는 "결합공정인 제1공정과 제2공정"으로 제시되어 물량흐름도 작성 시 총공정이 2개인 것으로 생각할 수 있으나, 제품 C를 제품 E로 가공하는 추가공정을 포함하면 제조공정은 결합공정 2개를 포함하여 총 3개이다. 결과적으로 결합공정이 2개(제1공정과 제2공정)인 복수의 분리점에 대한 문제이다.

■ "재료원가와 가공원가로 구성" 및 "재고 및 공손품은 발생하지 않는다."

→ 결합원가를 재료원가와 가공원가로 구분하는 경우 일반적으로 재료원가와 가공원가에 대한 원가투입행태가 주어져야 하지만 재공품(재고)이 존재하지 않기 때문에 원가투입행태는 별도로 제시될 필요가 없다. 만약 재공품(또는 공정 일정시점에 검사하는 공손)이 있다면, 제품과 재공품(공손)의 단위당 원가가 동일하지 않기 때문에 원가요소별 원가투입행태가 주어져야 한다.

■ 《자료 1》 "제품 B의 단위당 시장가격 ₩0"

→ 제품 B는 제품 C와 제품 D로 가공되는 중간제품으로, 제품 B의 순실현가치는 제품 B의 판매가치와 제품 C와 제품 D의 순실현가치에서 제2공정 원가를 차감한 금액 중 큰 금액으로 결정하는 것이 타당하다.

• Max[제품 B의 판매가치, (제품 C의 순실현가치 + 제품 D의 판매가치) - 제2공정 추가원가]

■ "《자료 2》 제품 C의 단위당 시장가격 ₩2" 및 "《자료 3》 제품 E의 단위당 시장가격 ₩60"

→ ① 제품 C는 제품 E로 가공되는 중간제품으로 제품 C의 순실현가치는 제품 C의 판매가치와 제품 E의 판매가치에서 추가원가를 차감한 금액 중 큰 금액으로 결정하는 것이 타당하다. 이는 결과적으로 추가가공 의사결정과 논리적으로 동일하다. 즉, 제품 E로 추가가공하는 것이 유리한 경우 순실현가치는 제품 E를 기준으로 계산한다.

• Max[제품 C의 판매가치, 제품 E의 판매가치 - 추가원가]

② 또는 다음과 같이 판단할 수 있다.

(800단위 × ₩60 - 800단위 × ₩2) - (₩15,000 + ₩21,200) = ₩10,200

즉, 제품 E로의 추가가공이 유리하므로 제품 E를 기준으로 순실현가치를 계산하는 것이 타당하다.

③ 본 문제와 유사한 상황에서 제시되는 내용들로는 다음과 같은 것들이 있다.

• "회사는 제품 C를 제품 E로 추가가공했다."

⇒ 이미 제품 E로 추가가공한 상황이므로 제품 E를 기준으로 순실현가치를 계산하는 것이 논리적으로 타당하다.

• "회사는 회사 전체 이익을 극대화하는 방향으로 의사결정한다."

⇒ 추가가공 의사결정을 통하여 결정한다.

■ [물음 2] "(1) 제품 E를 부산품으로 간주"

→ 제품 C가 제품 E로 가공되므로 제품 E가 부산품이라면 제품 C도 부산품으로 보는 것이 타당하다.

■ [물음 2] "(1) 판매기준법하의 수익계상법(잡이익법)을 이용"

→ 수익계상법(잡이익법)을 이용하는 경우 부산품에 대해서는 별도로 인식하지 않기 때문에 제품 B의 순실현가치는 다음과 같이 계산한다.

• Max[제품 B의 판매가치, 제품 D의 판매가치 - 제2공정 추가원가]

■ [물음 2] "(2) 제품 D를 부산품으로 간주하여 생산기준법하의 원가차감법을 이용"

→ 원가차감법을 이용하는 경우 결합원가 중 부산품의 순실현가치만큼 부산품에 먼저 배부한다. 이때 부산품에 배부할 결합원가는 제1공정의 결합원가 배부가 정상적으로 진행된 후 부산품이 발생한 제2공정의 결합원가를 의미한다.

■ [물음 4] ~ [물음 6] "결합공정이 아니며"

→ 결합공정은 결합원가를 배분하는 문제로 결합원가를 배분하기 위해서는 배분할 결합원가가 결정되어야 한다. 결합원가가 결정되어 있지 않아 결합원가를 배분하는 문제는 아니다.

■ [물음 4] "제품 D의 생산량이 200단위로 고정" 및 "원재료 W는 단위당 ₩10에 450단위까지 구입"

→ 제품 F와 제품 G를 생산하기 위한 제약자원이 제품 D와 원재료 W로 복수이므로 도해법으로 해결해야 하며, 제한된 자원은 제품 D는 200단위, 원재료 W는 450단위이다. 또한 원재료 W는 단위당 ₩10이다.

■ [물음 4] "제품 D, 단위당 시장가격, ₩1"

→ 제품 D는 제품 F와 제품 G를 생산하기 위한 원재료이며 제품 F와 제품 G를 생산하기 위해서는 판매를 포기해야 하므로 단위당 시장가격 ₩1을 단위당 원가로 볼 수 있다.

■ [물음 4] "제품 F와 제품 G의 단위당 가공원가가 각각 ₩18"

→ 제품별 공헌이익을 계산하기 위해서 시장가격에서 변동원가를 차감해야 한다. 주어진 가공원가의 원가행태에 대한 언급은 없으나 모두 변동원가로 가정해야 문제가 해결되므로 변동원가로 처리한다.

■ [물음 5] "(1) 제품 F의 생산량을 자발적으로 증가"

→ 제품 F의 생산량이 증가하기 위해서는 목적함수 기울기의 절댓값이 원재료 W의 제약조건 기울기의 절댓값보다 커야 한다. 따라서 제품 F의 가격을 x라 하고 절댓값의 크기관계를 이용하여 계산할 수 있다.

■ "[물음 6] 제품 H 10단위에 대한 특별주문" 및 "《자료 5》 제품 단위당 원재료 W의 소요량 3단위"

→ 특별주문을 수락하기 위한 원재료 W 필요량은 주문량 30단위(= 10단위 × 제품 단위당 3단위)이다. 따라서 원재료 W 420단위(= 450단위 - 30단위)를 기준으로 제품 F와 제품 G의 최적생산량을 재계산한 후 기회원가를 계산한다.

자료정리

(1) 결합공정 물량흐름도[물음 1], [물음 3]

제1공정 결합원가 ₩21,000을 제품 A와 제품 B에 배부할 때 제품 B의 순실현가치는 다음과 같이 계산한다.

Max[제품 B의 판매가치, (제품 C의 순실현가치 + 제품 D의 판매가치) - 제2공정 추가원가]

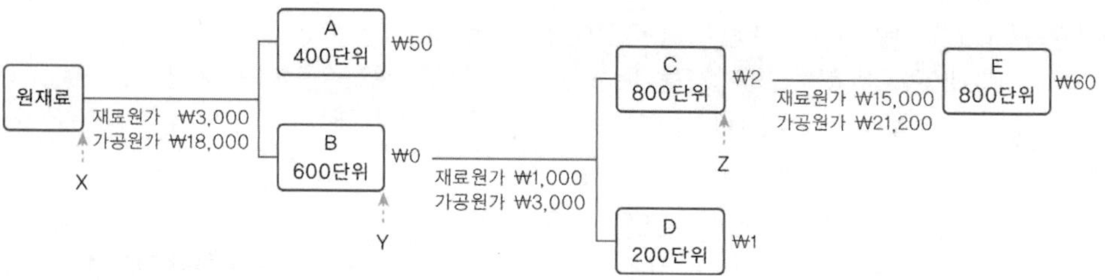

(2) 결합공정 물량흐름도[물음 2]

① 제품 E가 부산품이고 판매기준법을 적용한다면 부산품은 별도로 인식하지 않는다. 따라서 제1공정 결합원가 ₩21,000을 제품 A와 제품 B에 배부할 때 제품 B의 순실현가치는 부산품을 제외하고 다음과 같이 계산한다.

Max[제품 B의 판매가치, 제품 D의 판매가치 - 제2공정 추가원가]

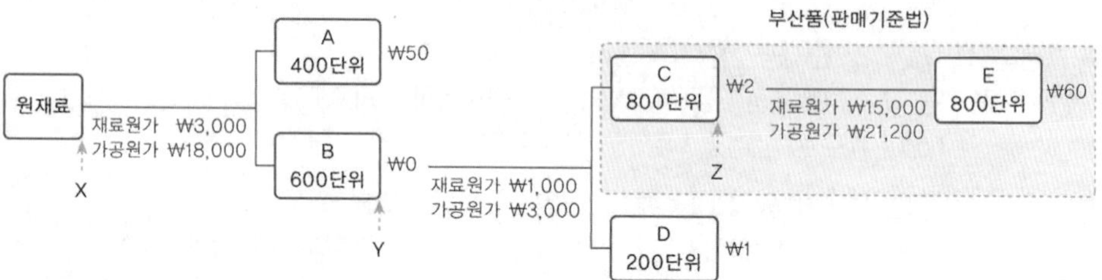

② 제품 D가 부산품이고 생산기준법을 적용한다면 부산품의 순실현가치만큼 제2공정의 결합원가에서 먼저 배부한다. 따라서 제1공정 결합원가 ₩21,000을 제품 A와 제품 B에 배부할 때 제품 B의 순실현가치는 다음과 같이 계산한다.

Max[제품 B의 판매가치, (제품 C의 순실현가치 + 제품 D의 판매가치) - 제2공정 추가원가]

또한 제품 B에 배부된 제1공정의 결합원가와 제2공정 추가원가를 합한 금액에서 부산품 B의 순실현가치를 차감한 나머지를 모두 제품 C에 배부한다.

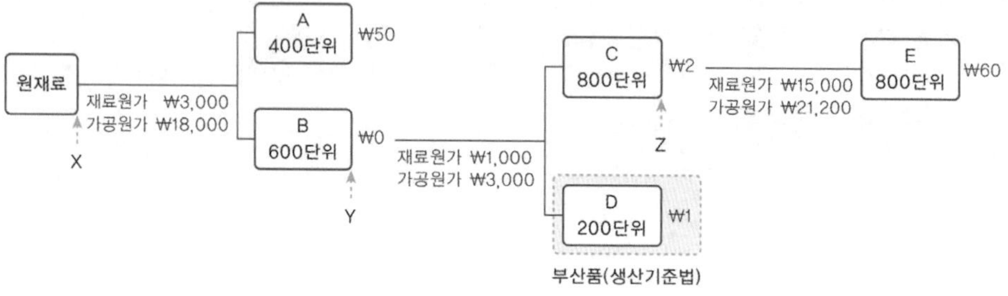

(3) 실행가능영역[물음 4]

	원재료 W	450단위	=	3F	+	G
(-)	제품 D	200단위	=	F	+	G
		250단위	=	2F		-

∴ F = 125단위, G = 75단위

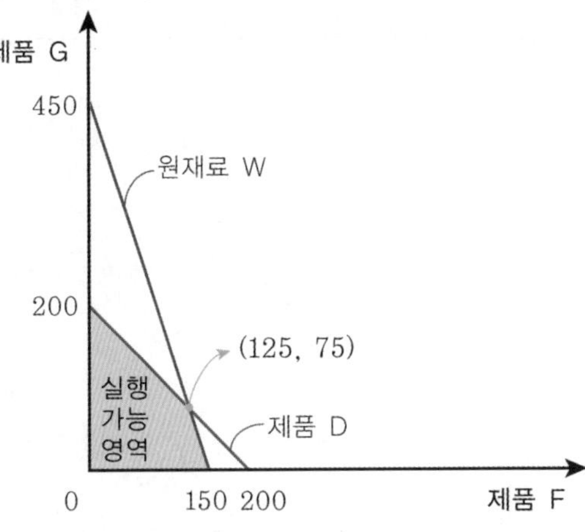

(4) 목적함수 기울기 변화[물음 5]

제품 F의 생산량이 증가하려면 목적함수 기울기의 절댓값이 원재료 W 제약조건 기울기의 절댓값보다 커야 한다.

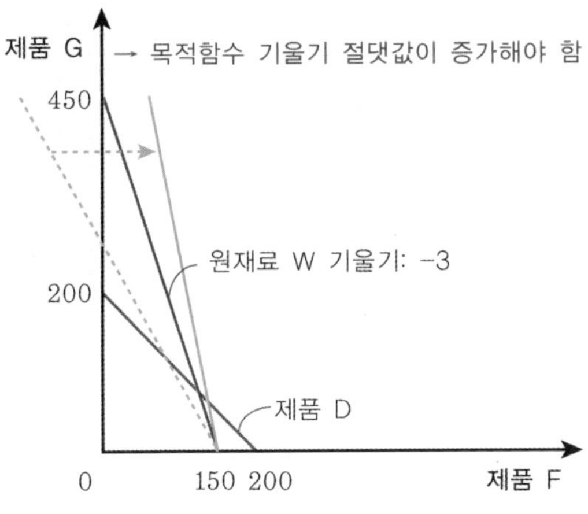

(5) **특별주문 후 실행가능영역[물음 4]**

제품 H 특별주문을 수락하면 원재료 W의 사용가능량은 420단위(= 450단위 - 30단위)로 실행가능영역은 다음과 같이 변경된다.

원재료 W	420단위	=	3F	+	G
(-) 제품 D	200단위	=	F	+	G
	220단위	=	2F		-

∴ F = 110단위, G = 90단위

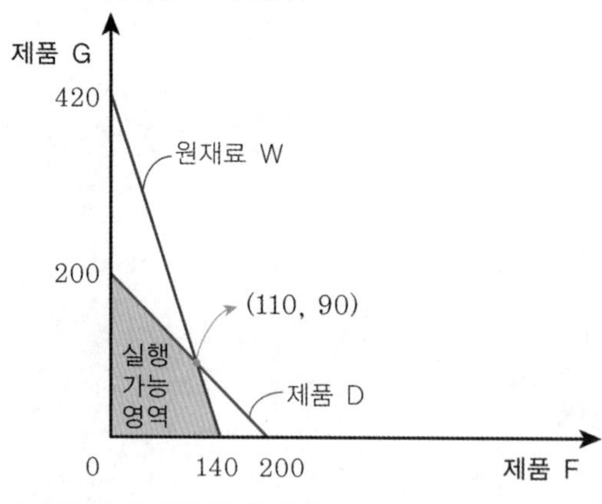

모범답안

[물음 1] 제품별 매출총이익

(1) 결합원가 배분

① 제1공정

	순실현가치	배분비율	결합원가
A	₩20,000[*1]	20/28	₩15,000
B	8,000[*2]	8/28	6,000
	₩28,000	1	₩21,000[*3]

[*1] 400단위 × ₩50 = ₩20,000
[*2] Max[600단위 × ₩0 = ₩0, (800단위 × ₩60 - ₩36,200) + 200단위 × ₩1 - ₩4,000 = ₩8,000]
[*3] 제1공정 결합원가: ₩3,000 + ₩18,000 = ₩21,000

② 제2공정

	순실현가치	배분비율	결합원가
C	₩11,800[*4]	11,800/12,000	₩9,833
D	200[*5]	200/12,000	167
	₩12,000	1	₩10,000[*6]

[*4] Max[800단위 × ₩2 = ₩1,600, 800단위 × ₩60 - ₩36,200 = ₩11,800]
[*5] 200단위 × ₩1 = ₩200
[*6] 제2공정 결합원가: ₩6,000 + ₩4,000 = ₩10,000

(2) 제품별 매출총이익

	A	D	E
매출액	₩20,000[*7]	₩200[*8]	₩48,000[*9]
결합원가	(15,000)	(167)	(9,833)
추가원가	-	-	(36,200)
매출총이익	₩5,000	₩33	₩1,967

[*7] 400단위 × ₩50 = ₩20,000
[*8] 200단위 × ₩1 = ₩200
[*9] 800단위 × ₩60 = ₩48,000

[물음 2]

(1) 판매기준법하의 수익계상법(잡이익법)을 이용할 경우 제품 A, 제품 D 및 제품 E의 단위당 원가

① 제1공정 결합원가 배분

	순실현가치	배분비율	결합원가
A	₩20,000[*1]	20/20	₩21,000
B	0[*2]	-	-
	₩20,000	1	₩21,000[*3]

[*1] 400단위 × ₩50 = ₩20,000
[*2] Max[600단위 × ₩0 = ₩0, 200단위 × ₩1 - ₩4,000 = ₩(3,800)]
[*3] 제1공정 결합원가: ₩3,000 + ₩18,000 = ₩21,000

② 제품별 단위당 원가

	A	D	E
결합원가	₩21,000	₩4,000	-
추가원가	-	-	₩36,200
소계	₩21,000	₩4,000	₩36,200
수량	÷ 400	÷ 200	÷ 800
단위당 원가	₩52.5	₩20	₩45.3

(2) 제품 D를 부산품으로 간주하여 생산기준법하의 원가차감법을 이용할 경우 제품 A 및 제품 E의 단위당 원가

① 결합원가 배분

• 제1공정

	순실현가치	배분비율	결합원가
A	₩20,000[*4]	20/28	₩15,000
B	8,000[*5]	8/28	6,000
	₩28,000	1	₩21,000[*6]

[*4] 400단위 × ₩50 = ₩20,000

[*5] Max[600단위 × ₩0 = ₩0, (800단위 × ₩60 - ₩36,200) + 200단위 × ₩1 - ₩4,000 = ₩8,000]

[*6] 제1공정 결합원가: ₩3,000 + ₩18,000 = ₩21,000

• 제2공정

	순실현가치	배분비율	결합원가
C	₩11,800[*7]	-	₩9,800
D	200[*8]	-	200[*10]
	₩12,000	-	₩10,000[*9]

[*7] Max[800단위 × ₩2 = ₩1,600, 800단위 × ₩60 - ₩36,200 = ₩11,800]

[*8] 200단위 × ₩1 = ₩200

[*9] 제2공정 결합원가: ₩6,000 + ₩4,000 = ₩10,000

[*10] 부산물의 순실현가치만큼 선배부

② 제품별 단위당 원가

	A	E
결합원가	₩15,000	₩9,800
추가원가	-	36,200
소계	₩15,000	₩46,000
수량	÷ 400	÷ 800
단위당 원가	₩37.5	₩57.5

[물음 3]

(1) 균등매출총이익률법하의 제품별 매출총이익

	A	D	E	합계
매출액	₩20,000	₩200	₩48,000	₩68,200
결합원가[*4]	(17,947)[*3]	(180)	(6,873)	(25,000)[*1]
추가원가	-	-	(36,200)	(36,200)
매출총이익[*4]	₩2,053[*2]	₩20	₩4,927	₩7,000
매출총이익률	10.26%	10.26%	10.26%	10.26%

[*1] 결합원가 총액: ₩21,000 + ₩4,000 = ₩25,000

[*2] A 매출총이익: ₩20,000 × 10.26% = ₩2,053

[*3] A 결합원가: ₩20,000 - ₩2,053 = ₩17,947

[*4] 단수차이 조정

(2) 순실현가치법과 비교할 때 균등매출총이익률법의 장·단점

① 장점: 순실현가치법은 추가가공하는 제품의 매출총이익률이 상대적으로 낮아지지만, 균등매출총이익률법은 모든 제품의 매출총이익률을 균등하게 한다.

② 단점: 균등매출총이익률법은 모든 제품의 매출총이익률이 동일하도록 결합원가가 배부되기 때문에 추가가공하는 제품에 결합원가는 상대적으로 과소배부되며, 경우에 따라 (-)결합원가가 배부될 수 있다.

[물음 4] 이익을 극대화할 수 있는 제품 F와 제품 G의 생산량

(1) 제품별 단위당 공헌이익

제품 D는 제품 F와 제품 G의 재료이므로 제품 D의 판매가격 ₩1은 기회원가로 반영해야 한다.

	F	G
단위당 판매가격	₩54	₩31
단위당 변동원가		
제품 D 기회원가	(1)[*1]	(1)
원재료 W	(30)[*2]	(10)
가공원가	(18)	(18)
단위당 공헌이익	₩5	₩2

[*1] 1단위 × ₩1 = ₩1

[*2] 3단위 × ₩10 = ₩30

(2) 최적생산량

① 목적함수

MAX: ₩5 × F + ₩2 × G

② 제약조건

제품 D: $1 \times F + 1 \times G \leq 200$단위

원재료 W: $3 \times F + 1 \times G \leq 450$단위

$F, G \geq 0$

③ 최적생산량

(150, 0): ₩5 × 150 + ₩2 × 0 = ₩750

(125, 75): ₩5 × 125 + ₩2 × 75 = ₩775

(0, 200): ₩5 × 0 + ₩2 × 200 = ₩400

∴ 최적생산량 = 제품 F 125단위, 제품 G 75단위

[물음 5]

(1) 제품 F의 최소한 인상가격

① 제품 F의 시장가격을 x라 할 때 목적함수 기울기의 절댓값: $\frac{x-49}{2}$

② 원재료 W 제약조건 기울기의 절댓값: $\frac{450}{150} = 3$

③ 목적함수 기울기의 절댓값이 원재료 W 기울기의 절댓값보다 커야 하는 제품 F의 시장가격: $\frac{x-49}{2} \geq 3$

∴ $x \geq$ ₩55

(2) 이익을 극대화할 수 있는 제품 F와 제품 G의 생산량

① 제품별 단위당 공헌이익

	F	G
단위당 판매가격	₩55	₩31
단위당 변동원가		
제품 D 기회원가	(1)	(1)
원재료 W	(30)	(10)
가공원가	(18)	(18)
단위당 공헌이익	₩6	₩2

② 최적생산량

- 목적함수

MAX: ₩6 × F + ₩2 × G

- 제약조건

제품 D: 1 × F + 1 × G ≤ 200단위

원재료 W: 3 × F + 1 × G ≤ 450단위

F, G ≥ 0

- 최적생산량

(150, 0): ₩6 × 150 + ₩2 × 0 = ₩900

(125, 75): ₩6 × 125 + ₩2 × 75 = ₩900

(0, 200): ₩6 × 0 + ₩2 × 200 = ₩400

∴ 최적생산량은 제품 F와 제품 G 각각 (150, 0), (125, 75)이지만 제품 F가 125단위보다 커야 하므로, 제품별 최적생산량은 제품 F 150단위와 제품 G 0단위이다.

[물음 6] 제품 H에 대하여 책정해야 하는 단위당 최소판매가격

(1) 제품 H 생산에 필요한 원재료 W

10단위 × 3단위 = 30단위

(2) 원재료 W의 사용가능 여부

사용가능량		450
현재사용량	제품 F 150단위 × 3단위 =	450
여유		0

∴ 원재료 W 30단위를 확보하기 위해서 제품 F를 10단위(= 30단위 ÷ 3단위)를 포기해야 한다. 즉, 제품 H 1단위 생산을 위해 제품 F 1단위를 포기해야 한다.

(3) 단위당 최소판매가격(P)

증분수익		
매출 증가		P
증분비용		
원재료 W	3단위 × ₩10 =	(30)
가공원가		(9)
제품 F 공헌이익 감소	₩60 - ₩49 =	(11)
증분이익		P - ₩50 ≥ 0

∴ P = ₩50

문제 09 결합원가 배분과 사업부평가

회계사 17

한국회사의 부문 X는 결합생산공정으로, 동일한 원재료 A를 가공처리하여 연산품 B와 C를 생산한다. 연산품 B는 부문 Y에서 추가가공처리된 후 단위당 ₩15에 판매된다. 연산품 C는 부문 Z에서 추가가공처리된 후 단위당 ₩13.5에 판매된다. 한국회사의 세 부문 X, Y, Z 모두 실제원가를 이용하여 월별 주기로 가중평균법에 입각한 종합원가계산을 적용하고 있으며, 결합원가는 순실현가능가치법에 의해 각 연산품에 배부된다.

부문 X에서 모든 원가는 공정 전반에 걸쳐 균등하게 발생한다. 공손품 검사는 공정의 80% 완성시점에서 실시하며, 검사를 통과한 합격품의 2%를 정상공손으로 간주한다. 20×1년 6월 중 부문 X에서 발견된 공손품은 추가가공 없이 처분하며, 처분가치는 없다. 한국회사는 정상공손원가를 당월에 검사시점을 통과한 합격품에 배부한다.

한국회사의 20×1년 6월 부문 X의 생산 및 원가자료는 다음과 같다. 단, 괄호 안은 총원가의 완성도를 의미한다.

구분	물량단위	총원가
기초재공품(50%)	20,000	₩41,000
당기투입	135,000	₩495,000
당기완성품	80,000(연산품 B) 40,000(연산품 C)	
공손품	5,000	
기말재공품(33⅓%*)	30,000	

* 33⅓%는 총원가의 $\frac{1}{3}$의 완성도를 의미한다.

부문 Y와 부문 Z에서는 전환원가만 발생하며, 전환원가는 두 공정 전반에 걸쳐 균등하게 발생한다. 부문 Y와 부문 Z에서는 공손 및 감손이 발생하지 않는다.

한국회사의 20×1년 6월 부문 Y의 생산 및 원가자료는 다음과 같다. 단, 괄호 안은 전환원가의 완성도를 의미한다.

구분	물량단위	전공정원가	전환원가
기초재공품(40%)	10,000	₩39,240	₩56,000
당기투입	?	?	₩670,000
기말재공품(60%)	5,000		

연산품 C에 대해 20×1년 6월 부문 Z에서 발생한 완성품환산량 단위당 전환원가는 ₩9이었다.

위에 주어진 자료를 이용하여 다음 각 물음에 답하시오.

요구사항

[물음 1] 한국회사의 부문 X가 20×1년 6월에 연산품 B와 C에 배부해야 할 결합원가 총액을 계산하시오.

[물음 2] 한국회사의 부문 X에서 20×1년 6월에 발생한 결합원가를 연산품 B와 C 각각에 대해 얼마만큼 배부하여야 하는지 계산하시오.

[물음 3] 한국회사의 부문 X가 수행하여야 하는 20×1년 6월 말 분개를 하시오.

[물음 4] 한국회사 부문 Y의 20×1년 6월 완성품원가를 계산하시오.

※ 다음은 **[물음 5]** 및 **[물음 6]**에 관한 추가자료이다.

<추가자료> 부문 Y의 경영자는 자신이 맡고 있는 부문의 원가효율성을 개선하는 데 노력한 결과 부문 Y의 제조원가를 상당한 정도 지속적으로 절감하는 데 성공하였다고 확신하고 있다. 그러나 그는 부문 Y에서 달성한 원가효율성 개선이 부문 Y의 이익에 온전히 반영되고 있지 못하다고 불만을 토로하고 있다. 왜냐하면, 그는 현행 결합원가 배부방법이 부문의 원가효율성을 개선하기보다는 오히려 원가의 비효율성을 부추기고 있다고 믿고 있기 때문이다. 그는 부문 Z가 다소 비효율적으로 운영되고 있다고 여기고 있다.

[물음 5] 한국회사의 현행 원가회계시스템이 어떻게 원가의 비효율성을 조장하고 있는지에 대해 설명하시오. (3줄 이내로 답하시오)

[물음 6] [물음 5]에서 제기된 문제점을 완화하기 위한 방안을 제시하시오. (3줄 이내로 답하시오)

해답

문제분석

■ "결합원가는 순실현가능가치법에 의해 각 연산품에 배부"

→ 연산품 B 순실현가치는 투입량 80,000단위를 기준으로 계산하며, 단위당 추가원가는 가공원가 완성품환산량 단위당 원가를 적용한다.

부문 Y 가공원가 완성품환산량 단위당 원가: $\frac{₩56,000 + ₩670,000}{85,000 + 5,000 \times 60\%}$ = ₩8.25

■ "부문 X에서 모든 원가는 공정 전반에 걸쳐 균등하게 발생"

→ 결합공정의 원가는 모두 공정 전반에 걸쳐 균등발생하는 하나의 제조원가로 처리한다.

자료정리

물량흐름도

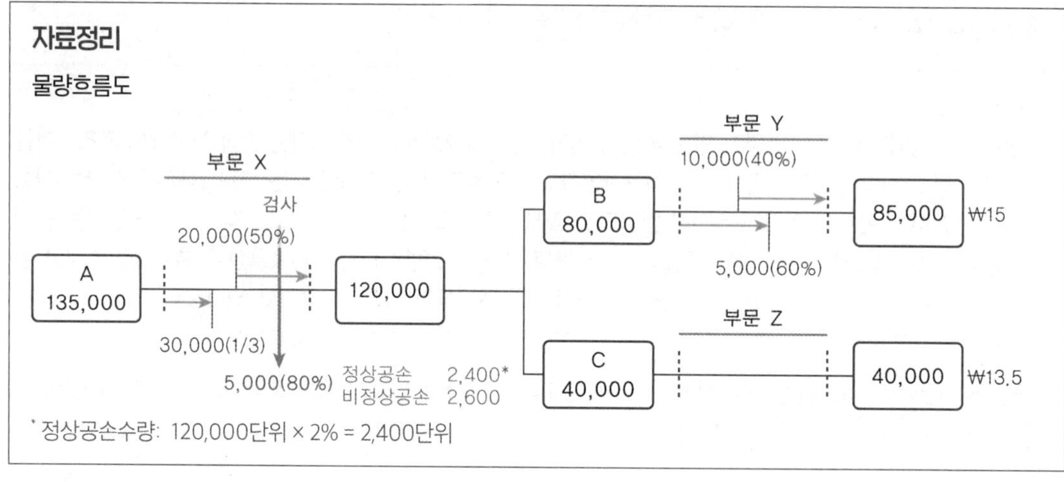

* 정상공손수량: 120,000단위 × 2% = 2,400단위

모범답안

[물음 1] 연산품 B와 C에 배부해야 할 결합원가 총액

① 물량흐름 파악(평균법) / ② 완성품환산량

재공품				총원가
기초	20,000(0.5)	완성	120,000	120,000
		정상	2,400(0.8)	1,920
		비정상	2,600(0.8)	2,080
착수	135,000	기말	30,000(1/3)	10,000
	155,000		155,000	134,000

③ 원가 ₩536,000*

④ 단가 ₩4

⑤ 원가배분

• 1차 배분

완성품	120,000 × ₩4 =	₩480,000
정상공손	1,920 × ₩4 =	7,680
비정상공손	2,080 × ₩4 =	8,320
기말재공품	10,000 × ₩4 =	40,000
계		₩536,000

• 2차 배분

	배분 전 원가	정상공손원가 배분	배분 후 원가
완성품	₩480,000	7,680	₩487,680
정상공손	7,680	(7,680)	-
비정상공손	8,320	-	8,320
기말재공품	40,000	-	40,000
계	₩536,000	-	₩536,000

* 기초재공품원가 + 당기발생원가 = ₩41,000 + ₩495,000 = ₩536,000

∴ 결합원가 = 결합공정 완성품원가 = ₩487,680

[물음 2] 결합원가 배분

(1) 부문 Y 가공원가 완성품환산량 단위당 원가

$$\frac{₩56,000 + ₩670,000}{85,000 + 5,000 \times 60\%} = ₩8.25$$

(2) 결합원가 배분

	순실현가치		배분비율	결합원가
연산품 B	80,000단위 × (₩15 - ₩8.25) =	₩540,000	75%	₩365,760
연산품 C	40,000단위 × (₩13.5 - ₩9) =	180,000	25%	121,920
		₩720,000	100%	₩487,680

[물음 3] 6월 말 분개

(차) 재공품(부문 Y)	365,760	(대) 제조원가(부문 X)	496,000
재공품(부문 Z)	121,920		
비정상공손손실	8,320		

[물음 4] 6월 완성품원가

① 물량흐름 파악(평균법)

재공품

기초	10,000(0.4)	완성	85,000
착수	80,000	기말	5,000(0.6)
	90,000		90,000

② 완성품환산량

전공정원가	가공원가
85,000	85,000
5,000	3,000
90,000	88,000

③ 원가

전공정원가	가공원가
₩405,000[*1]	₩726,000[*2]

④ 단가

전공정원가	가공원가
₩4.5	₩8.25

⑤ 원가배분

완성품	85,000 × ₩4.5 + 85,000 × ₩8.25 =	₩1,083,750
기말재공품	5,000 × ₩4.5 + 3,000 × ₩8.25 =	47,250
		₩1,131,000

[*1] 기초재공품원가 + 당기발생원가 = ₩39,240 + ₩365,760 = ₩405,000

[*2] 기초재공품원가 + 당기발생원가 = ₩56,000 + ₩670,000 = ₩726,000

∴ 완성품원가 = ₩1,083,750

[물음 5] 비효율성 조장 이유

부문 Y 원가절감으로 인한 순실현가치 증가는 더 많은 결합원가를 배분받게 되어 결과적으로 부문 Y 원가효율성이 상쇄되는 효과를 가져온다. 따라서 상대적으로 원가효율성을 개선하는 부문이 비효율적으로 운영되고 있다는 잘못된 평가를 할 수 있다.

[물음 6] 문제점을 완화하기 위한 방안

성과평가를 위해서는 발생한 원가를 통제가능성 여부에 따라 구분하여 통제가능원가를 평가대상에 포함해야 한다. 따라서 분리점 이전에 발생한 원가는 추가가공부문 책임자 입장에서 통제불가능한 원가로서 성과평가대상에서 제외하는 방안을 고려할 수 있다.

문제 10 (-)부산물 결합원가 배분 및 추가가공 의사결정

회계사 19

(주)한국도축은 돼지를 여러 부위별(주산품)로 도축한 후, 추가가공을 거쳐 제품을 판매한다. 도축은 제1공정과 제2공정에서 이루어진다. 제1공정에서는 돼지를 다리살부위와 몸통부위로 분해한다. 다리살부위는 분해된 후 추가가공을 거쳐 판매하는데, 제1공정에서 분리된 다리살부위를 판매하기 위해 발생하는 추가가공원가는 ₩18,400,000이다. 몸통부위는 제2공정에서 다시 가공되어 삼겹살부위, 갈비살부위, 껍데기부위로 나눠진다. 제2공정에서 발생하는 가공원가는 ₩18,400,000이다. 삼겹살부위와 갈비살부위는 다시 추가가공을 거쳐 판매되며 각각 추가가공원가가 발생한다. 삼겹살부위를 판매하기 위해 발생하는 추가가공원가는 ₩27,600,000이다. 껍데기부위는 추가가공 없이 판매된다. 다음은 (주)한국도축의 돼지 한 마리에 대한 원가 및 생산에 관한 자료이다.

구분	원가
마리당 총원가(제1공정 발생)	₩200,000
마리당 구입원가	150,000
마리당 가공원가	50,000

구분	생산량
마리당 무게	23kg
마리당 다리살부위	9kg
마리당 삼겹살부위	4kg
마리당 갈비살부위	5kg
마리당 껍데기부위	5kg

20×9년 1월 (주)한국도축은 230마리의 돼지를 도축하여 판매하였다. (주)한국도축이 판매할 수 있는 각 부위별 판매가치는 다음과 같다.

구분		kg당 판매가치
다리살부위		₩20,000
몸통부위	삼겹살부위	80,000
	갈비살부위	90,000
	껍데기부위	10,000

(주)한국도축의 회계담당자가 균등매출액이익률법을 이용하여 각 부위별로 결합원가를 배부한 결과, 껍데기부위에 ₩8,970,000의 원가가 배부되었다.

공손과 감손은 발생하지 않았으며, 재공품과 제품의 기초재고는 없는 것으로 가정한다. 원재료 돼지는 마리기준으로 구입한다. 다음 물음에 답하시오.

요구사항

[물음 1] 균등매출액이익률법을 이용하여 배부할 때, 각 부위별 추가가공원가와 배부된 결합원가(제1공정과 제2공정 합산)를 구하시오.

<답안작성양식>

구분	추가가공원가	배부된 결합원가
다리살부위	₩18,400,000	
삼겹살부위	27,600,000	
갈비살부위		

[물음 2] (주)한국도축의 A팀장은 당기 껍데기부위의 매출총이익을 기준으로 성과급을 받는다. (주)여의도는 A팀장에게 껍데기부위를 구워서 kg당 ₩14,000에 전량 납품해 줄 것을 요청하였다. 껍데기부위를 굽기 위해서는 추가가공원가 ₩5,934,000이 발생한다. 껍데기부위를 구워서 판매할 경우, 결합원가의 배부는 최종판매제품(구운 껍데기부위)에 대해 균등매출액이익률법으로 재계산한다. A팀장이 개인의 이익만을 생각할 경우 (주)여의도의 요청을 수락할지를 결정하고, 그 근거를 제시하시오.

[물음 3] 20×9년 1월 (주)한국도축은 균등매출액이익률법 대신 순실현가능액법(NRV)을 이용하여 원가를 배부하기로 하였다. 시장상황이 급변하여 당초 예상과 달리 껍데기부위의 시장가치가 없는 것으로 판명되었다. (주)한국도축은 껍데기부위를 부산물(혹은 작업폐물)로 분류하고, 생산기준법(원가차감법)을 이용하여 부산물을 회계처리한다. (주)여의도는 기존의 제안을 철회하고 구운 껍데기부위를 전량 ₩4,734,000에 매입하겠다는 새로운 제안을 하였다. 껍데기부위 추가가공원가는 위 **[물음 2]**와 동일하게 ₩5,934,000이 발생한다. 만약, 껍데기부위를 추가가공하지 않고 폐기할 경우 처리비용이 kg당 ₩1,200 발생한다. 회사의 최고경영자 입장에서 (주)여의도의 제안을 받아들일지 말지를 선택하시오. 그리고 순실현가능액법(NRV)을 이용하여 다리살부위, 삼겹살부위, 갈비살부위에 배부될 결합원가를 구하시오. 단, 소수점 아래 셋째 자리에서 반올림하여 둘째 자리까지 표시한다.

<답안작성양식>

구분	제1공정 결합원가 배부액	제2공정 결합원가 배부액
다리살부위		
삼겹살부위		
갈비살부위		

해답

문제분석

■ **"(주)한국도축은 230마리의 돼지를 도축하여 판매"**

➜ 230마리에 구입원가와 가공원가를 곱하여 제1공정 제조원가(결합원가)를 계산할 수 있다.

결합원가: 230마리 × (₩150,000 + ₩50,000) = ₩46,000,000

또한 부위별 생산량은 다음과 같다.

- **다리살:** 230마리 × 9kg = 2,070kg
- **삼겹살:** 230마리 × 4kg = 920kg
- **갈비살:** 230마리 × 5kg = 1,150kg
- **껍데기:** 230마리 × 5kg = 1,150kg

■ **"(주)한국도축의 회계담당자가 균등매출액이익률법을 이용하여 각 부위별로 결합원가를 배부한 결과, 껍데기부위에 ₩8,970,000의 원가가 배부"**

➜ 껍데기는 추가가공 없이 판매되므로 매출원가와 배부된 결합원가를 이용하여 매출총이익률을 계산할 수 있다.

$$\text{매출총이익률} = \frac{\text{매출총이익}}{\text{매출}} = \frac{1{,}150\text{kg} \times ₩10{,}000 - ₩8{,}970{,}000}{1{,}150\text{kg} \times ₩10{,}000} = 22\%$$

■ **[물음 2] "(주)한국도축의 A팀장은 당기 껍데기부위의 매출총이익을 기준으로 성과급"**

➜ 성과평가기준이 껍데기부위 매출총이익이므로 추가가공 전과 후 균등매출총이익률법을 적용한 매출총이익을 비교하여 결정한다.

■ **[물음 3] "회사의 최고경영자 입장에서 (주)여의도의 제안을 받아들일지 말지를 선택하시오. 그리고 순실현가능액법(NRV)을 이용하여 다리살부위, 삼겹살부위, 갈비살부위에 배부될 결합원가를 구하시오."**

➜ 껍데기를 추가가공하는 것이 유리하므로 추가가공 후의 순실현가치를 기준으로 결합원가를 배부한다.

자료정리

(1) 물량흐름도[물음 1]

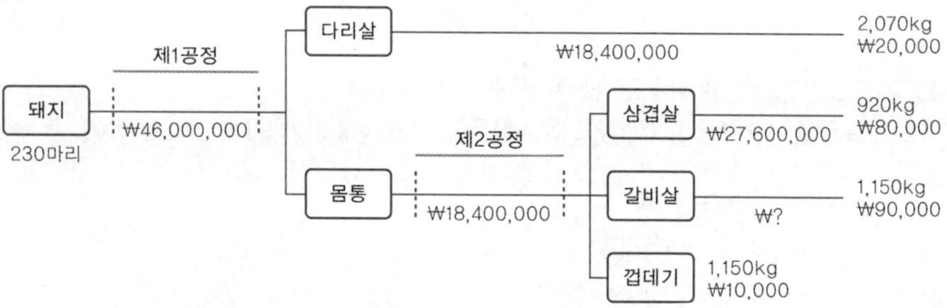

(2) 갈비살 추가원가(균등매출액이익률법)[물음 1]

껍데기 매출에서 결합원가를 차감하여 매출총이익과 매출액이익률을 계산한다.

	다리살	삼겹살	갈비살	껍데기	계
매출액	₩41,400,000*1	₩73,600,000	₩103,500,000	₩11,500,000	₩230,000,000
결합원가	(13,892,000)	(29,808,000)	(11,730,000)	(8,970,000)	(64,400,000)
추가원가	(18,400,000)	(27,600,000)	(69,000,000)	-	(115,000,000)
매출총이익	₩9,108,000	₩16,192,000	₩22,770,000*4	₩2,530,000*2	₩50,600,000
매출액이익률	22%	22%	22%	22%*3	22%

*1 다리살 매출액: 2,070kg × ₩20,000 = ₩41,400,000

*2 껍데기 매출총이익: ₩11,500,000 - ₩8,970,000 = ₩2,530,000

*3 껍데기 매출액이익률(= 회사 전체 매출액이익률): ₩2,530,000 ÷ ₩11,500,000 = 22%

*4 갈비살 매출총이익: ₩103,500,000 × 22% = ₩22,770,000

(3) 물량흐름도[물음 2]

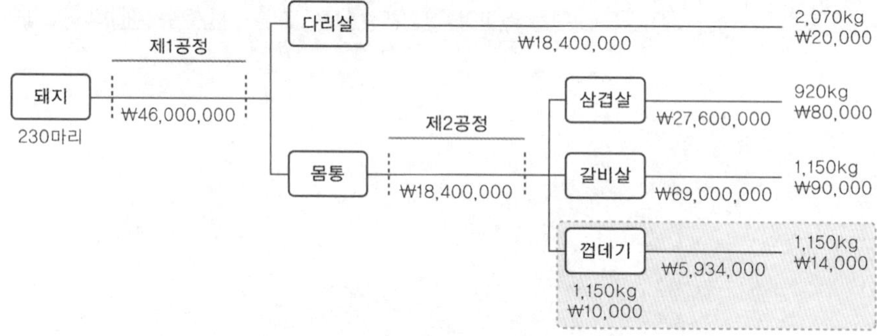

(4) 균등매출액이익률법[물음 2]

	다리살	삼겹살	갈비살	껍데기	계
매출액	₩41,400,000	₩73,600,000	₩103,500,000	₩16,100,000[*5]	₩234,600,000
결합원가	(14,306,000)	(30,544,000)	(12,765,000)	(6,785,000)	(64,400,000)
추가원가	(18,400,000)	(27,600,000)	(69,000,000)	(5,934,000)[*6]	(120,934,000)
매출총이익	₩8,694,000	₩15,456,000	₩21,735,000	₩3,381,000	₩49,266,000
매출액이익률	21%	21%	21%	21%	21%[*7]

*5 껍데기 매출액: 1,150kg × ₩14,000 = ₩16,100,000

*6 껍데기 추가가공원가

*7 매출액이익률: ₩49,266,000 ÷ ₩234,600,000 = 21%

(5) 물량흐름도[물음 3]

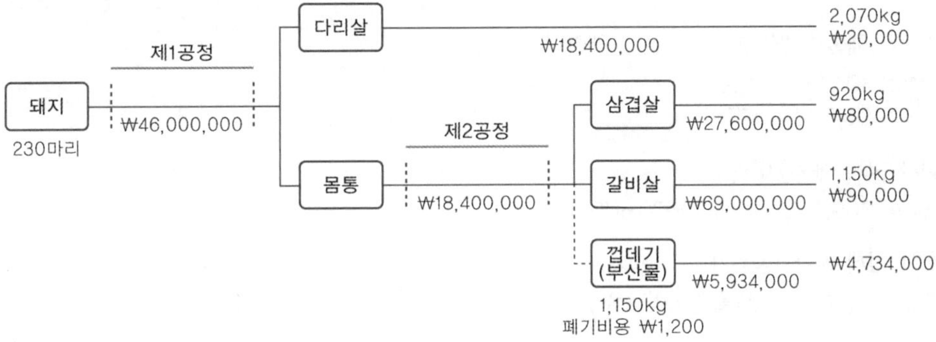

(6) 순실현가능액법[물음 3]

① 순실현가치

- 다리살: 2,070kg × ₩20,000 - ₩18,400,000 = ₩23,000,000
- 삼겹살: 920kg × ₩80,000 - ₩27,600,000 = ₩46,000,000
- 갈비살: 1,150kg × ₩90,000 - ₩69,000,000 = ₩34,500,000
- 껍데기: ₩4,734,000 - ₩5,934,000 = ₩(1,200,000)

② 제1공정 결합원가 배분

	순실현가치	배분비율	결합원가
다리살	₩23,000,000	23,000,000/83,900,000	₩12,610,250
몸통	60,900,000[*8]	60,900,000/83,900,000	33,389,750
	₩83,900,000	1	₩46,000,000

*8 ₩46,000,000 + ₩34,500,000 - ₩1,200,000 - ₩18,400,000 = ₩60,900,000

③ 제2공정 결합제품에 배분할 총원가

제1공정 결합원가 + 제2공정 추가가공원가 ± 껍데기 순실현가치

= ₩33,389,750 + ₩18,400,000 + (₩5,934,000 - ₩4,734,000) = ₩52,989,750

④ 제2공정 결합원가 배분

	순실현가치	배분비율	결합원가
삼겹살	₩46,000,000	46,000,000/80,500,000	₩30,279,857
갈비살	34,500,000	34,500,000/80,500,000	22,709,893
	₩80,500,000	1	₩52,989,750

모범답안

[물음 1] 각 부위별 추가가공원가와 배부된 결합원가(제1공정과 제2공정 합산)

구분	추가가공원가	배부된 결합원가
다리살부위	₩18,400,000	₩13,892,000
삼겹살부위	27,600,000	29,808,000
갈비살부위	69,000,000[*1]	11,730,000[*2]

[*1] 갈비살부위 추가가공원가: 총추가가공원가 - 다리살 추가가공원가 - 삼겹살 추가가공원가
= ₩115,000,000 - ₩18,400,000 - ₩27,600,000 = ₩69,000,000

[*2] 갈비살부위 결합원가: 매출액 - 추가가공원가 - 매출총이익
= ₩103,500,000 - ₩69,000,000 - ₩22,770,000 = ₩11,730,000

(1) 껍데기 매출액이익률(= 회사 전체 매출액이익률)

$$\frac{₩2,530,000}{₩11,500,000} = 22\%$$

(2) 회사 전체 매출총이익

₩230,000,000 × 22% = ₩50,600,000

(3) 회사 전체 추가가공원가

매출액 - 결합원가 - 매출총이익 = ₩230,000,000 - ₩64,400,000 - ₩50,600,000 = ₩115,000,000

(4) 갈비살 매출총이익

₩103,500,000 × 22% = ₩22,770,000

[물음 2] (주)여의도의 요청 수락 여부 결정

(1) 껍데기부위 추가가공 전 매출총이익

₩11,500,000 × 22% = ₩2,530,000

(2) 껍데기부위 추가가공 후 매출총이익

1,150kg × ₩14,000 × 21%[*] = ₩3,381,000

[*] 껍데기부위 추가가공 후 매출액이익률: $\frac{(\text{기존 매출액} + \text{매출액 증가}) - (\text{기존 총원가} + \text{추가가공원가 증가})}{(\text{기존 매출액} + \text{매출액 증가})}$

$$= \frac{[₩230,000,000 + 1,150kg \times (₩14,000 - ₩10,000)] - (₩179,400,000 + ₩5,934,000)}{[₩230,000,000 + 1,150kg \times (₩14,000 - ₩10,000)]}$$

$$= \frac{₩234,600,000 - ₩185,334,000}{₩234,600,000} = 21\%$$

∴ 매출총이익은 ₩851,000(= ₩3,381,000 - ₩2,530,000)만큼 증가하므로, (주)여의도의 요청을 수락한다.

[물음 3] 최고경영자 입장에서 (주)여의도의 제안 수락 여부 결정 및 각 부위별 배부될 결합원가

(1) 추가가공 의사결정

증분수익		
매출 증가		₩4,734,000
증분비용		
폐기비용 감소	1,150kg × ₩1,200 =	1,380,000
추가비용		(5,934,000)
증분이익		₩180,000

∴ 추가가공으로 인한 증분이익은 ₩180,000이므로 (주)여의도의 제안을 수락한다.

(2) 결합원가 배부액

구분	제1공정 결합원가 배부액	제2공정 결합원가 배부액
다리살부위	₩12,610,250	-
삼겹살부위	19,079,857	₩11,200,000
갈비살부위	14,309,893	8,400,000

① 1공정 결합원가 배분

	순실현가치	배분비율	결합원가
다리살	₩23,000,000	23,000,000/83,900,000	₩12,610,250
몸통	60,900,000	60,900,000/83,900,000	33,389,750
	₩83,900,000	1	₩46,000,000

② 제2공정 결합원가 배분

	순실현가치	배분비율	제1공정 결합원가	제2공정 결합원가
삼겹살	₩46,000,000	46,000,000/80,500,000	₩19,079,857	₩11,200,000
갈비살	34,500,000	34,500,000/80,500,000	14,309,893	8,400,000
	₩80,500,000	1	₩33,389,750	₩19,600,000*

* 제2공정 결합원가: 제2공정 추가가공원가 ± 껍데기 순실현가치
= ₩18,400,000 + (₩5,934,000 - ₩4,734,000) = ₩19,600,000

제6장

정상원가계산과 표준원가계산

핵심 이론 요약

01 표준원가계산 절차

[1단계] 표준원가 설정	표준원가 = 표준수량(SQ)[*1] × 표준가격(SP)[*2] [*1] 단위당 표준투입수량 [*2] 원가요소당 표준단가
[2단계] 표준배부액 계산	표준배부액 = 실제산출량 × 표준원가 = 실제산출량에 허용된 표준수량(SQ)[*3] × 표준가격(SP) [*3] 실제산출량 × 단위당 표준수량
[3단계] 원가차이 결정	① 표준배부액 < 실제발생액: 불리한 차이 ② 표준배부액 > 실제발생액: 유리한 차이
[4단계] 원가차이 조정	① 배분법: 원가요소기준법, 총원가기준법 ② 무배분법: 매출원가조정법, 기타손익법

02 원가차이분석

1. 정상원가계산과 표준원가계산의 관계

정상원가계산		표준원가계산
예정배부율 설정	↔	표준원가 설정
↓		↓
예정배부	↔	표준배부
↓		↓
배부차이	↔	원가차이
		↓
↓		원가차이분석[*1]
		↓
배부차이 조정	↔	원가차이 조정

[*1] 실제원가와 변동예산의 차이이다. 단, 고정제조간접원가의 경우 조업도차이(예산과 표준배부의 차이)가 추가된다.

2. 기본모형

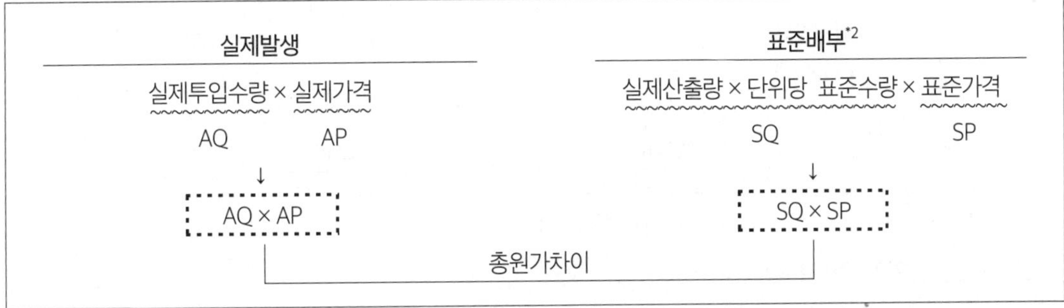

*2 변동제조원가의 경우 표준배부와 변동예산이 동일하므로, 변동제조원가의 총원가차이는 변동예산차이와 동일하다.

3. 원가요소별 차이분석

(1) 직접재료원가 차이분석

① 가격차이를 사용시점에서 분리하는 경우

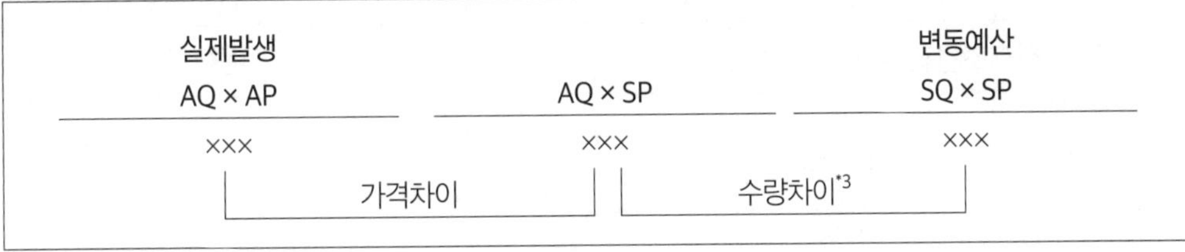

*3 복수재료인 경우 수량차이는 다시 배합차이와 수율차이로 구분된다.

② 가격차이를 구입시점에서 분리하는 경우
가격차이를 조기에 인식하며 원가차이 조정 전 기말원재료는 표준단가로 기록됨
☑ 수량차이는 실제사용량을 기준으로 계산함

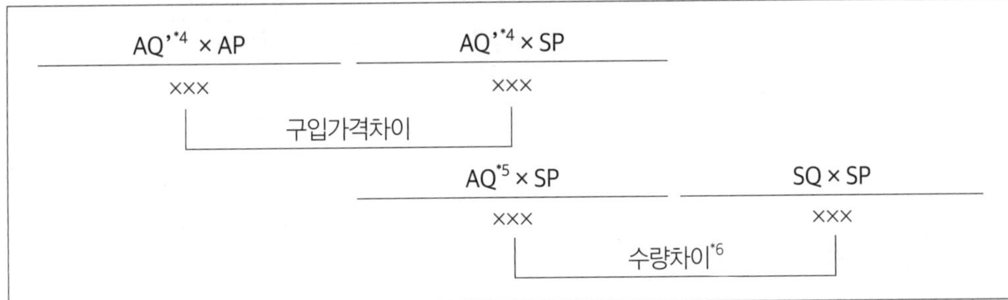

*4 AQ': 원재료의 실제구입량
*5 AQ: 원재료의 실제사용량(투입량)
*6 복수재료인 경우 수량차이는 다시 배합차이와 수율차이로 구분된다.

(2) 직접노무원가 차이분석

실제발생 AQ × AP	AQ × SP	변동예산 SQ × SP
×××	×××	×××

임률차이 / 능률차이[*7]

[*7] 복수노무원가인 경우 능률차이는 다시 배합차이와 수율차이로 구분된다.

(3) 제조간접원가 차이분석

① 변동제조간접원가 차이분석

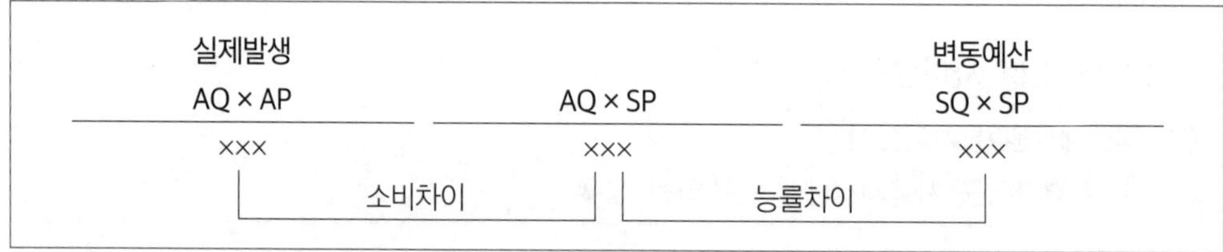

② 고정제조간접원가 차이분석

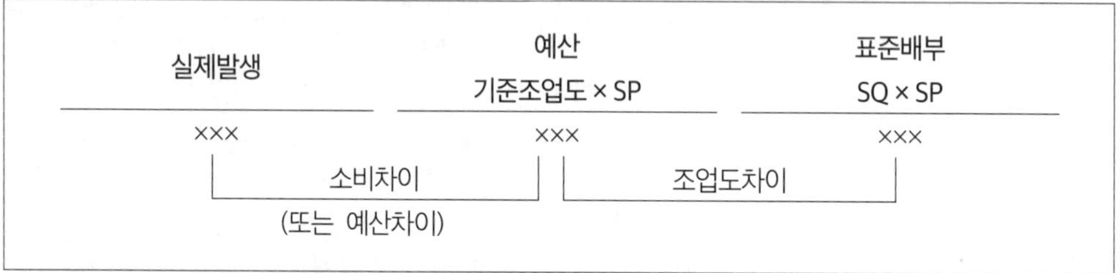

③ 제조간접원가의 다양한 분석방법

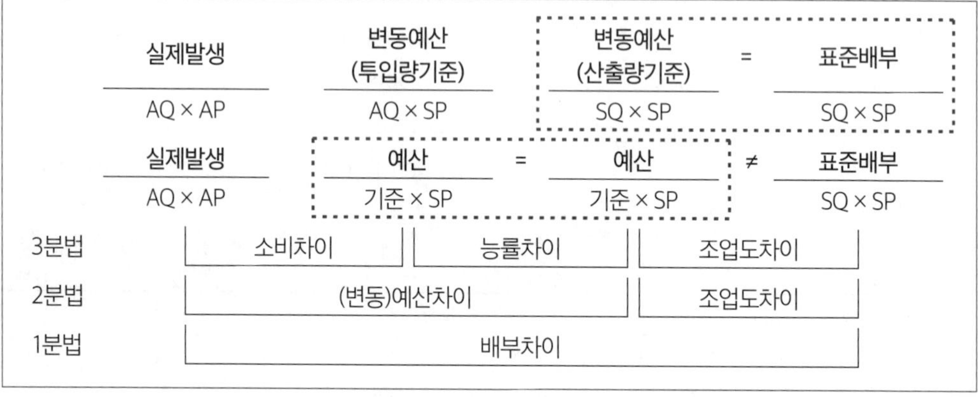

(4) 뱃치수준원가(활동기준원가계산) 기본모형

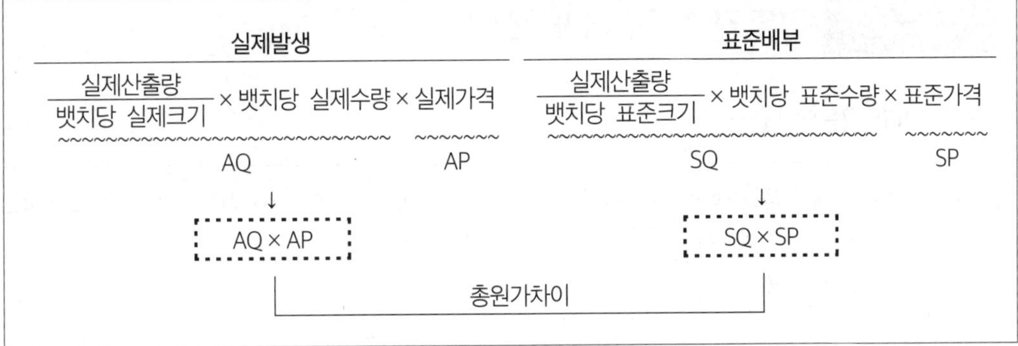

03 재공품이 존재하는 경우 표준종합원가계산

(1) 원가차이분석 기본모형

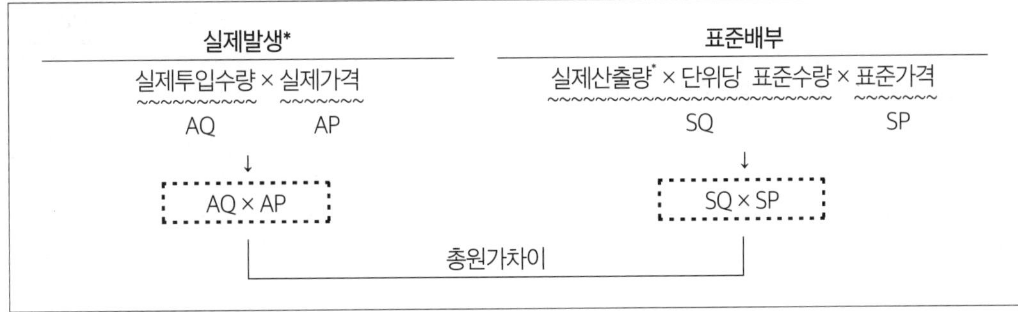

* 실제발생 vs 실제산출량
당기 실제발생금액에 대응되는 실제산출량은 선입선출법에 의한 원가요소별 완성품환산량이다.

(2) 공손과 표준종합원가계산

완성품원가에 정상공손원가를 반영하는 방법에는 다음과 같이 두 가지가 있다.

① 정상공손원가를 별도로 계산하여 완성품원가에 합산함

② 처음부터 정상공손원가를 반영한 단위당 표준원가를 계산함

정상공손 반영 후 표준원가 = 정상공손 반영 전 표준원가 + 정상공손원가 × 허용비율

문제 01 재료원가 분할투입과 전기와 당기 표준원가가 다른 경우 표준종합원가계산

세무사 12

다음을 읽고 물음에 답하시오.

단일 공정을 통해 제품을 생산하는 (주)국세는 표준원가를 이용한 종합원가계산제도를 사용하고 있다. 전기와 당기에 설정한 (주)국세의 제품 단위당 표준원가는 다음과 같다.

《자료 1》 전기의 제품 단위당 표준원가

	표준수량	표준가격	표준원가
직접재료원가	4kg	₩20	₩80
직접노무원가	2시간	20	40
변동제조간접원가	2시간	20	40
고정제조간접원가	2시간	40	80
			₩240

《자료 2》 당기의 제품 단위당 표준원가

	표준수량	표준가격	표준원가
직접재료원가	4kg	₩25	₩100
직접노무원가	2시간	20	40
변동제조간접원가	2시간	20	40
고정제조간접원가	2시간	50	100
			₩280

《자료 3》

직접재료는 공정 초기에 40%가 투입되고, 나머지는 공정 전반에 걸쳐 균등하게 투입된다. 가공원가는 공정 전반에 걸쳐서 균등하게 발생한다. (주)국세는 선입선출법을 적용하며, 당기의 생산과 관련된 자료는 다음과 같다. 단, 괄호 안의 수치는 가공원가의 완성도를 의미한다.

구분	물량단위
기초재공품	2,000단위(50%)
당기투입	12,000단위
완성품	10,000단위
기말재공품	4,000단위(20%)

요구사항

[물음 1] 당기의 완성품원가와 기말재공품원가를 구하시오.

[물음 2] 당기에 실제발생한 직접재료와 관련된 원가자료 및 차이분석 결과가 다음과 같을 때, 당기의 직접재료 실제사용량과 단위당 실제구입가격을 구하시오. (단, 전기에 구입된 직접재료는 전기에 다 사용되어, 당기로 이월되지 않았음을 가정한다)

- 직접재료 당기구입량: 당기 사용량의 1.2배
- 직접재료원가 수량차이(사용시점에서 분리): ₩82,000(불리한 차이)
- 직접재료원가 가격차이(구입시점에서 분리): ₩110,400(유리한 차이)

[물음 3] (주)국세는 당기 제조간접원가를 직접노무시간을 기준으로 배부한다. 당기의 기준조업도는 12,000개이며, 실제 제조간접원가 발생액은 ₩1,580,000이었다. 위의 자료를 이용하여 제조간접원가의 예산차이와 조업도차이를 계산하시오. (단, 유리한 차이 또는 불리한 차이를 표시하시오)

해답

문제분석

- **"전기와 당기에 설정한"**
  → 기초재공품원가는 전기의 표준원가를 이용하여 계산한다.
- **《자료 3》 "직접재료는 공정 초기에 40%가 투입되고, 나머지는 공정 전반에 걸쳐 균등하게 투입"**
  → 직접재료의 40%는 공정 초기에 투입되고 60%는 공정 전반에 걸쳐 균등발생하므로, 균등발생하는 60%의 완성품환산량은 가공원가처럼 계산한다.
  재료원가의 완성품환산량: 재료원가환산량 × 40% + 가공원가환산량 × 60%
- **[물음 2] "전기에 구입된 직접재료는 전기에 다 사용되어, 당기로 이월되지 않았음을 가정"**
  → 만약, 전기 이월된 직접재료가 있는 경우 직접재료 수량차이를 계산하는 과정에서 전기 구입 직접재료와 당기 구입 직접재료의 표준단가가 달라 구분해야 한다. 그러나 당기 수량차이에 전기 표준단가와 당기 표준단가의 차이가 반영될 수 있어 차이 계산이 왜곡될 수 있다.
- **[물음 2] "직접재료 당기구입량: 당기 사용량의 1.2배"**
  → 직접재료원가의 완성품환산량을 실제산출량으로 한 직접재료원가 수량차이를 이용하여 직접재료원가 실제사용량을 계산할 수 있다. 또한, 당기 사용량에 1.2배를 곱하여 당기 구입량을 계산할 수 있다.
- **[물음 3] "기준조업도는 12,000개"**
  → 고정제조간접원가예산은 ₩1,200,000(= 12,000개 × ₩100)이다.
- **[물음 3] "실제 제조간접원가 발생액은 ₩1,580,000"**
  → 실제 제조간접원가를 변동제조간접원가 및 고정제조간접원가로 구분할 수 없어 3분법을 이용하여 차이분석을 할 수 있다. 또한, 실제 직접노무시간이 제시되어 있지 않아 변동제조간접원가 능률차이는 계산할 수 없다.

자료정리

(1) 물량흐름도와 직접재료투입행태

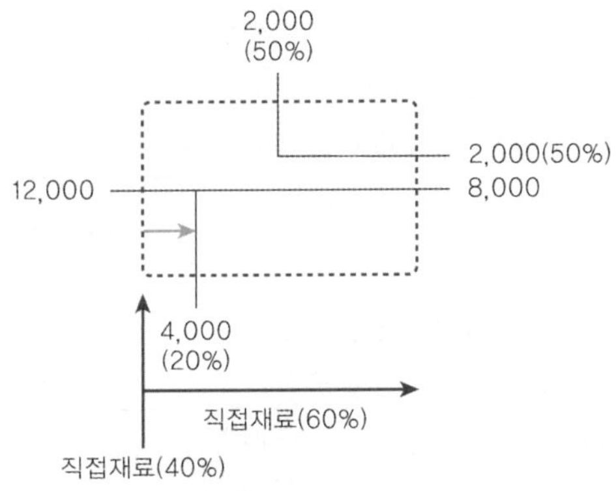

(2) 직접재료 완성품환산량

재료원가환산량 × 40% + 가공원가환산량 × 60%

= 12,000 × 40% + (2,000 × 50% + 8,000 + 4,000 × 20%) × 60% = 10,680

또는, 다음과 같이 계산할 수 있다.

① 물량흐름 파악(선입선출법) ② 완성품환산량

재공품				재료원가
기초	2,000(0.5)	완성	2,000(0.5)	600[= (2,000 × 50%) × 60%]
			8,000	8,000[= 8,000 × 40% + 8,000 × 60%]
착수	12,000	기말	4,000(0.2)	2,080[= 4,000 × 40% + (4,000 × 20%) × 60%]
	14,000		14,000	10,680

(3) 기초재공품원가(전기 표준원가)

직접재료원가	(2,000 × 40% + 2,000 × 50% × 60%) × ₩80 =	₩112,000
가공원가	(2,000 × 50%) × ₩160 =	160,000
		₩272,000

(4) 제조원가보고서(당기 표준원가)

① 물량흐름 파악(선입선출법) ② 완성품환산량

재공품				재료원가	가공원가
기초	2,000(0.5)	완성	2,000(0.5)	600	1,000
			8,000	8,000	8,000
착수	12,000	기말	4,000(0.2)	2,080	800
	14,000		14,000	10,680	9,800
			③ 표준배부(= ② × ④)		
				₩1,068,000	₩1,764,000
			④ 원가요소별 표준원가		
				₩100	₩180

⑤ 원가배분

- 완성품: ₩272,000 + 8,600 × ₩100 + 9,000 × ₩180 = ₩2,752,000
- 기말재공품: 2,080 × ₩100 + 800 × ₩180 = ₩352,000

모범답안

[물음 1] 완성품원가와 기말재공품원가

(1) 기초재공품원가

직접재료원가	(2,000 × 40% + 2,000 × 50% × 60%) × ₩80 =	₩112,000
가공원가	(2,000 × 50%) × ₩160 =	160,000
		₩272,000

(2) 완성품원가와 기말재공품원가

① 물량흐름 파악(선입선출법) ② 완성품환산량

재공품				재료원가	가공원가
기초	2,000(0.5)	완성	2,000(0.5)	600	1,000
			8,000	8,000	8,000
착수	12,000	기말	4,000(0.2)	2,080	800
	14,000		14,000	10,680	9,800

③ 표준배부(= ② × ④)

재료원가	가공원가
₩1,068,000	₩1,764,000

④ 원가요소별 표준원가

재료원가	가공원가
₩100	₩180

⑤ 원가배분

- 완성품: ₩272,000 + 8,600 × ₩100 + 9,000 × ₩180 = ₩2,752,000
- 기말재공품: 2,080 × ₩100 + 800 × ₩180 = ₩352,000

[물음 2] 직접재료 실제사용량과 단위당 실제구입가격

AQ × SP	SQ × SP
46,000kg × ₩25	10,680 × 4kg × ₩25
= ₩1,150,000	= ₩1,068,000

₩82,000 U

AQ' × AP	AQ' × SP
46,000kg × 1.2 × ₩23	46,000kg × 1.2 × ₩25
= ₩1,269,600	= ₩1,380,000

₩110,400 F

∴ 실제사용량(AQ) = 46,000kg, 단위당 실제구입가격(AP) = ₩23

[물음 3] 제조간접원가의 예산차이와 조업도차이

AQ × AP	AQ × SP	SQ × SP	SQ × SP
?	?	9,800 × 2h × ₩20 = ₩392,000	9,800 × 2h × ₩20 = ₩392,000
실제	예산	예산	SQ × SP
?	12,000 × 2h × ₩50 = ₩1,200,000	12,000 × 2h × ₩50 = ₩1,200,000	9,800 × 2h × ₩50 = ₩980,000
₩1,580,000		₩1,592,000	₩1,372,000

예산차이 ₩12,000 F　　조업도차이 ₩220,000 U

∴ 예산차이 = ₩12,000 F, 조업도차이 = ₩220,000 U

문제 02 정상종합원가계산

(주)한국은 20×1년 초에 영업을 개시하였으며 단일 공정을 통하여 제품을 생산하고 있다. 다음은 20×1년 1월 공정에서 진행된 물량에 관련된 자료이다.

> 회사는 직접노무원가를 기준으로 제조간접원가를 예정배부한다. 연초 추정한 제조간접원가는 ₩450,000이고 직접노무원가는 ₩300,000이다. 직접재료원가는 공정 초기에 전량 투입되고 가공원가는 공정 전반에 걸쳐 균등발생한다.
>
> | | 수량 | 완성도 |
> |---|---|---|
> | 기초재공품 | - | |
> | 당기착수량 | 1,100단위 | |
> | 당기완성량 | 900 | |
> | 기말재공품 | 200 | 50% |
>
> 1월 중 직접재료원가 ₩33,000, 직접노무원가 ₩40,000, 제조간접원가 ₩50,000이 발생되었고, 생산된 제품 중 600단위가 판매되었다.

요구사항

[물음 1] 제조간접원가 예정배부율을 구하시오.

[물음 2] 원가요소기준 비례배분법을 적용하여 배부차이 조정 후 재공품, 제품 및 매출원가를 구하시오.

[물음 3] 매출원가조정법을 적용하여 배부차이 조정 후 재공품, 제품 및 매출원가를 구하시오.

해답

문제분석

- "연초 추정한 제조간접원가는 ₩450,000이고 직접노무원가는 ₩300,000"
  → 예산제조간접원가를 예산직접노무원가로 나누어 제조간접원가 예정배부율을 계산할 수 있다.
- [물음 2] "원가요소기준 비례배분법을 적용"
  → 재공품, 제품 및 매출원가에 배부된 제조간접원가 예정배부액을 기준으로 배부차이를 안분한다.

자료정리

(1) 제조간접원가 예정배부율

$$\frac{\text{예산제조간접원가}}{\text{예산직접노무원가}} = \frac{₩450,000}{₩300,000} = \text{직접노무원가의 } 150\%$$

(2) 가공원가

노무원가 + 제조간접원가 예정배부액 = ₩40,000 + ₩40,000 × 150% = ₩100,000

(3) 원가요소기준 비례배분법

제조간접원가 예정배부액을 기준으로 배분한다. 또한, 가공원가는 공정 전반에 걸쳐 균등발생하므로 완성품 환산량을 기준으로 배부하는 것과 결과는 동일하다.

(4) 배부차이

실제발생금액		₩50,000
예정배부금액	₩40,000 × 150% =	₩60,000
배부차이금액		₩10,000(과대배부)

(5) 물량흐름도와 재고현황

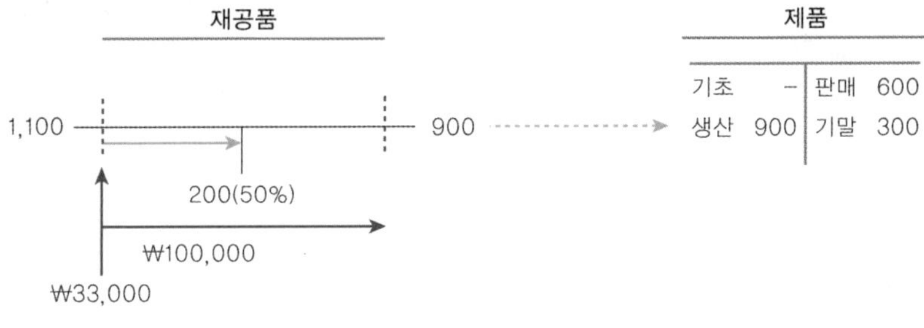

(6) 제조원가보고서(정상원가계산)

① 물량흐름 파악

재공품			
기초	-	완성	900
착수	1,100	기말	200(0.5)
	1,100		1,100

② 완성품환산량

재료원가	가공원가
900	900
200	100
1,100	1,000

③ 원가

₩33,000	₩100,000

④ 환산량 단위당 원가(=③÷②)

₩30	₩100

⑤ 완성품원가와 기말재공품원가

완성품	900 × ₩30 + 900 × ₩100 =	₩117,000
기말재공품	200 × ₩30 + 100 × ₩100 =	16,000
		₩133,000

(7) 제조원가보고서(실제원가계산)

① 물량흐름 파악

재공품			
기초	-	완성	900
착수	1,100	기말	200(0.5)
	1,100		1,100

② 완성품환산량

재료원가	가공원가
900	900
200	100
1,100	1,000

③ 원가

₩33,000	₩90,000*

④ 환산량 단위당 원가(=③÷②)

₩30	₩90

⑤ 완성품원가와 기말재공품원가

완성품	900 × ₩30 + 900 × ₩90 =	₩108,000
기말재공품	200 × ₩30 + 100 × ₩90 =	15,000
		₩123,000

* 노무원가 + 제조간접원가 = ₩40,000 + ₩50,000 = ₩90,000

(8) 완성품환산량 노무원가

$$\frac{\text{노무원가}}{\text{가공원가 완성품환산량}} = \frac{₩40,000}{1,000} = ₩40$$

(9) 배부차이 조정 전 예정배부액

	노무원가		예정배부액		비율
재공품	200 × 0.5 × ₩40 =	₩4,000	₩4,000 × 150% =	₩6,000	10%
제품	300 × ₩40 =	12,000	₩12,000 × 150% =	18,000	30%
매출원가	600 × ₩40 =	24,000	₩24,000 × 150% =	36,000	60%
		₩40,000		₩60,000	100%

모범답안

[물음 1] 제조간접원가 예정배부율

$$\frac{\text{예산제조간접원가}}{\text{예산직접노무원가}} = \frac{₩450,000}{₩300,000} = \text{직접노무원가의 150\%}$$

[물음 2] 원가요소기준 비례배분법 배부차이 조정 후 재공품, 제품 및 매출원가

(1) 배부차이

실제발생금액		₩50,000
예정배부금액	₩40,000 × 150% =	₩60,000
배부차이금액		₩10,000(과대배부)

(2) 배부차이 조정

		배분 전 금액	예정배부액	배분비율	조정금액	조정 후 금액
재공품	200(0.5)	₩16,000	₩6,000	10%	₩(1,000)	₩15,000
제품	300	39,000	18,000	30%	(3,000)	36,000
매출원가	600	78,000	36,000	60%	(6,000)	72,000
		₩133,000	₩60,000	100%	₩(10,000)	₩123,000

[물음 3] 매출원가조정법 배부차이 조정 후 재공품, 제품 및 매출원가

과대배부 ₩10,000을 모두 매출원가에서 차감한다.

		배분 전 금액	예정배부액	배분비율	조정금액	조정 후 금액
재공품	200(0.5)	₩16,000	₩6,000	-	-	₩16,000
제품	300	39,000	18,000	-	-	39,000
매출원가	600	78,000	36,000	100%	₩(10,000)	68,000
		₩133,000	₩60,000	100%	₩(10,000)	₩123,000

문제 03 연속공정 표준종합원가계산과 원가차이분석

(주)한국은 고급의류에 사용될 염색약을 제조하는 회사로서 당해 연도에 사업을 개시하였다. 혼합공정에서는 공정 초기에 재료 A와 B를 일정 비율로 일시에 투입하고, 기타 가공원가는 공정 전반에 걸쳐 균등하게 발생한다. 또한 혼합공정의 70% 시점에 검사가 이루어지며 검사시점에 합격물량에 대해서만 안정액(재료 C)을 첨가하여 최종제품이 생산된다. 제품은 그 자체로 판매시장이 형성되어 판매할 수 있지만 시장상황에 따라 약간의 추가공정을 거쳐 좀 더 비싼 가격에 판매할 수도 있다. 추가공정에서는 첨가제(재료 D)가 공정 초기에 모두 투입되며, 가공원가는 공정 전반에 걸쳐 균등하게 발생한다. 혼합공정의 기준조업도는 1,000단위이며 추가공정의 기준조업도는 500단위로 설정하였다.

《자료 1》 공정별 제조원가예산

(1) 혼합공정

재료 A	2리터 × ₩5 =	₩10
재료 B	3리터 × ₩4 =	12
재료 C	5리터 × ₩6 =	30
노무원가	4시간 × ₩2 =	8
제조간접원가	₩8,000 + ₩3 × 노동시간	

(2) 추가공정

재료 D	1리터 × ₩5 =	₩5
노무원가	2시간 × ₩3 =	6
제조간접원가	₩6,000 + ₩3 × 노동시간	

《자료 2》 공정별 물량흐름 및 실제발생원가

(1) 혼합공정

월초재공품수량			-단위
당월착수량			1,000
당월완성품수량			700
정상공손품수량(완성도 70%)[*1]			?
비정상공손품수량(완성도 70%)			?
월말재공품수량(완성도 80%)			100
당기발생원가[*2]	재료 A	2,300리터 × ₩4.5 =	₩10,350
	B	2,800리터 × ₩3.8 =	10,640
	C	4,300리터 × ₩5.7 =	24,510
	노무원가	3,600시간 × ₩3 =	10,800
	변동제조간접원가		11,300
	고정제조간접원가		7,500

[*1] 정상공손품수량은 합격품의 20%로 간주한다.

[*2] 재료의 월초 및 월말재고는 없다.

(2) 추가공정

월초재공품수량			-단위
당월착수량			400
당월완성품수량			300
월말재공품수량(완성도 50%)			100
당기발생원가[*3]	재료 D	400리터 × ₩6 =	₩2,400
	노무원가	650시간 × ₩3.5 =	2,275
	변동제조간접원가		2,300
	고정제조간접원가		6,500

회사는 원가차이를 매출원가에서 조정한다.

*3 재료의 월초 및 월말재고는 없다.

요구사항

[물음 1] 혼합공정에서의 원가요소별 원가차이를 구하시오. (단, 재료 A와 B는 배합차이와 수율차이로 구분하고 제조간접원가는 4분법을 적용하시오)

[물음 2] 정상공손원가가 반영된 혼합공정의 완성품 단위당 표준원가를 구하시오.

[물음 3] 추가공정에서 발생한 제조원가에 대한 원가차이를 구하시오. (단, 제조간접원가는 4분법을 적용하시오)

[물음 4] 정상공손원가가 반영된 추가공정의 최종 완성품 단위당 표준원가를 구하시오.

해답

문제분석

- "재료 A와 B를 일정 비율로 일시에 투입"
  → 재료 A와 B는 공정 일정시점에 투입되고 재료 C는 70% 시점에 투입되므로 실제산출량(완성품환산량)이 다르다. 또한, 재료 A와 B는 수량차이를 다시 배합차이와 수율차이로 분석해야 한다.
- "합격물량에 대해서만 안정액(재료 C)을 첨가"
  → 재료 C는 검사통과물량에만 배부한다.
- "혼합공정의 기준조업도는 1,000단위이며 추가공정의 기준조업도는 500단위로 설정" 및 "《자료 1》 (1), (2) ₩8,000, ₩6,000"
  → 공정별 기준조업도와 고정제조간접원가예산을 이용하여 고정제조간접원가 표준배부율을 계산할 수 있다.
- 《자료 2》 "실제발생원가"
  → 표준배부금액과의 비교를 통해서 원가차이를 계산할 수 있다.
- "합격물량에 대해서만 안정액(재료 C)을 첨가", "《자료 2》 (1) 정상공손품수량은 합격품의 20%로 간주" 및 "[물음 2] 정상공손원가가 반영된 혼합공정의 완성품 단위당 표준원가"
  → 정상공손품수량은 합격품의 20%이므로 완성품 단위당 원가에 정상공손 단위당 원가의 20%를 가산하여 계산한다. 또한, 공손원가에 재료 C는 포함되지 않는다.
- [물음 4] "정상공손원가가 반영된 추가공정의 최종 완성품 단위당 표준원가"
  → 혼합공정의 정상공손원가를 반영한 중간제품원가에 추가공정원가를 가산하여 계산한다.

자료정리

(1) 물량흐름도(혼합공정)

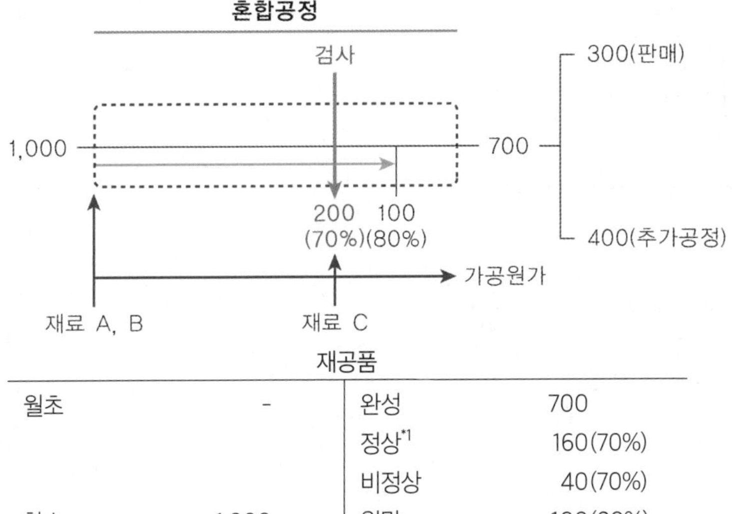

재공품

월초	-	완성	700
		정상[*1]	160(70%)
		비정상	40(70%)
착수	1,000	월말	100(80%)
	1,000		1,000

[*1] (700 + 100) × 20% = 160

(2) 원가요소별 완성품환산량(혼합공정)

• 재료 A, B: 700 + 160 + 40 + 100 = 1,000

• 재료 C: 700 + 100 = 800

• 가공원가: 700 + 160 × 0.7 + 40 × 0.7 + 100 × 0.8 = 920

(3) 표준원가표(혼합공정)

	SQ	SP	표준원가
재료 A	2리터	₩5/리터	₩10/단위
재료 B	3리터	4/리터	12/단위
재료 C	5리터	6/리터	30/단위
노무원가	4시간	2/시간	8/단위
변동제조간접원가	4시간	3/시간	12/단위
고정제조간접원가	4시간	2/시간[*2]	8/단위
합계			₩80/단위

[*2] 고정제조간접원가 표준배부율: $\frac{\text{예산고정제조간접원가}}{\text{기준조업도}} = \frac{₩8,000}{1,000\text{단위} \times 4\text{시간}}$ = ₩2/시간

(4) 물량흐름도(추가공정)

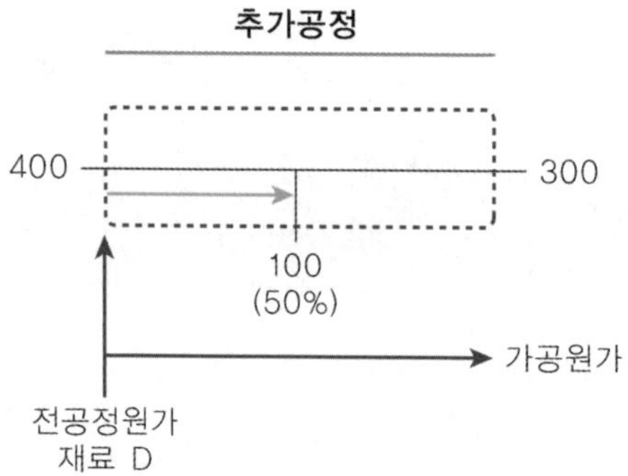

(5) 원가요소별 완성품환산량(추가공정)

• 재료 D: 300 + 100 = 400
• 가공원가: 300 + 100 × 0.5 = 350

(6) 표준원가표(추가공정)

	SQ	SP	표준원가
재료 D	1리터	₩5/리터	₩5/단위
노무원가	2시간	3/시간	6/단위
변동제조간접원가	2시간	3/시간	6/단위
고정제조간접원가	2시간	6/시간[*3]	12/단위
합계			₩29/단위

[*3] 고정제조간접원가 표준배부율: $\frac{\text{예산고정제조간접원가}}{\text{기준조업도}} = \frac{₩6,000}{500\text{단위} \times 2\text{시간}}$ = ₩6/시간

모범답안

[물음 1] 혼합공정의 원가요소별 원가차이

(1) 재료 A, B

① 가격차이와 수량차이

	AQ × AP		AQ × SP		SQ × SP	
재료 A	2,300ℓ × ₩4.5 =	₩10,350	2,300ℓ × ₩5 =	₩11,500	1,000 × 2ℓ × ₩5 =	₩10,000
재료 B	2,800ℓ × ₩3.8 =	10,640	2,800ℓ × ₩4 =	11,200	1,000 × 3ℓ × ₩4 =	12,000
		₩20,990		₩22,700		₩22,000

₩1,710 F　　₩700 U

② 배합차이와 수율차이

	AQ × SP		Total AQ × BM × SP		SQ × SP	
재료 A	2,300ℓ × ₩5 =	₩11,500	5,100ℓ × 0.4 × ₩5 =	₩10,200	1,000 × 2ℓ × ₩5 =	₩10,000
재료 B	2,800ℓ × ₩4 =	11,200	5,100ℓ × 0.6 × ₩4 =	12,240	1,000 × 3ℓ × ₩4 =	12,000
		₩22,700		₩22,440		₩22,000

₩260 U　　₩440 U

(2) 재료 C

AQ × AP	AQ × SP	SQ × SP
4,300ℓ × ₩5.7	4,300ℓ × ₩6	800 × 5ℓ × ₩6
= ₩24,510	= ₩25,800	= ₩24,000

가격차이 ₩1,290 F　　수량차이 ₩1,800 U

(3) 노무원가

AQ × AP	AQ × SP	SQ × SP
3,600h × ₩3	3,600h × ₩2	920 × 4h × ₩2
= ₩10,800	= ₩7,200	= ₩7,360

임률차이 ₩3,600 U　　능률차이 ₩160 F

(4) 변동제조간접원가

AQ × AP	AQ × SP	SQ × SP
	3,600h × ₩3	920 × 4h × ₩3
₩11,300	= ₩10,800	= ₩11,040

소비차이 ₩500 U　　능률차이 ₩240 F

(5) 고정제조간접원가

실제	예산	SQ × SP
	4,000h × ₩2	920 × 4h × ₩2
₩7,500	= ₩8,000	= ₩7,360

예산차이 ₩500 F　　조업도차이 ₩640 U

[물음 2] 혼합공정의 완성품 단위당 표준원가

(1) 단위당 정상공손원가

₩22 + ₩28 × 70% = ₩41.6

(2) 완성품 단위당 표준원가

₩80 + ₩41.6 × 20% = ₩88.32

[물음 3] 추가공정의 원가요소별 원가차이

(1) 재료 D

AQ × AP	AQ × SP	SQ × SP
400ℓ × ₩6 = ₩2,400	400ℓ × ₩5 = ₩2,000	400 × 1ℓ × ₩5 = ₩2,000

가격차이 ₩400 U / 수량차이 ₩0

(2) 노무원가

AQ × AP	AQ × SP	SQ × SP
650h × ₩3.5 = ₩2,275	650h × ₩3 = ₩1,950	350 × 2h × ₩3 = ₩2,100

임률차이 ₩325 U / 능률차이 ₩150 F

(3) 변동제조간접원가

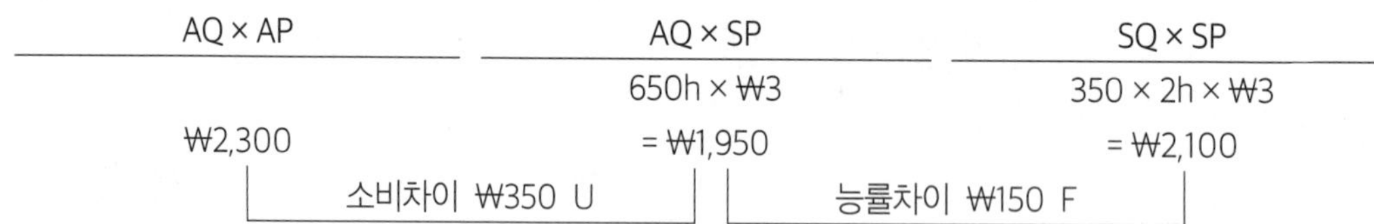

AQ × AP	AQ × SP	SQ × SP
₩2,300	650h × ₩3 = ₩1,950	350 × 2h × ₩3 = ₩2,100

소비차이 ₩350 U / 능률차이 ₩150 F

(4) 고정제조간접원가

실제	예산	SQ × SP
₩6,500	1,000h × ₩6 = ₩6,000	350 × 2h × ₩6 = ₩4,200

예산차이 ₩500 U / 조업도차이 ₩1,800 U

[물음 4] 최종 완성품 단위당 표준원가

₩88.32 + ₩29 = ₩117.32

문제 04 표준원가계산, 변동원가계산과 가격결정방법

세무사 13

다음을 읽고 물음에 답하시오.

(주)한국은 새로운 스케이트 보드 X-star를 개발하여 제품 라인을 늘리고자 한다. (주)한국은 X-star의 독특한 디자인이 호평을 받을 것이므로 최대생산능력하에서 생산되는 전량을 판매할 수 있을 것이라고 예측한다. 이러한 예측하에 X-star의 내년도 예상 손익계산서를 만들었다.

매출	?원
매출원가	1,600,000원
매출총이익	?원
판매비와 관리비	1,130,000원
영업이익	?원

《자료》

(1) X-star를 제조하기 위하여 투자되는 금액은 1,500,000원이다. (주)한국은 모든 신규 사업에 18%의 기대 투자수익률을 요구하고 있다.

(2) X-star의 개당 표준 제조원가카드는 아래와 같이 부분적으로 작성되었다.

구분	표준투입량	표준단가	표준원가
직접재료원가	3m	9원/m	27원
직접노무원가	2시간	?원/시간	?원
제조간접원가			?원
개당 제조원가			?원

(3) X-star 제조에 투입되는 인력은 20명이다. 이들의 인건비는 직접원가로 계상하며, 표준작업시간은 연 50주, 주당 40시간이다.

(4) 제조간접원가는 직접노동시간을 기준으로 배부한다.

(5) X-star에 관계되는 기타 자료는 아래와 같다.

개당 변동제조간접원가	5원
개당 변동판매비	10원
연간 고정제조간접원가	600,000원
연간 고정판매비와 관리비	?원

요구사항

[물음 1] 최대생산능력하에서 내년에 X-star를 몇 개 제조할 수 있는가?

[물음 2] 기대 투자수익률을 달성하기 위한 매출액은 얼마인가?

[물음 3] (주)한국은 제품을 생산하는 데 발생하는 전부원가에 요구이익 또는 마크업(Markup)을 가산하여 결정하는 원가가산 가격결정방법을 사용한다. 가산되는 마크업은 모든 판매비와 관리비를 회수하고, 나아가서 기대 투자수익을 획득할 수 있어야 한다. (주)한국의 마크업률은 몇 % 인가? (단, 마크업률은 제조원가를 모수로 한다)

[물음 4] 표준 제조원가카드의 (a), (b), (c), (d)에 알맞은 답을 구하시오.

구분	표준투입량	표준단가	표준원가
직접재료원가	3m	9원/m	27원
직접노무원가	2시간	(a) 원/시간	(b) 원
제조간접원가			(c) 원
개당 제조원가			(d) 원

[물음 5] 변동원가계산에 의한 내년도 예상 손익계산서를 작성하시오.

해답

문제분석

■ "최대생산능력하에서 생산되는 전량을 판매", "《자료》 (3) 인력은 20명" 및 "《자료》 (3) 표준작업시간은 연 50주, 주당 40시간"

→ 최대생산능력은 40,000시간(= 20명 × 50주 × 40시간)이며, 이는 고정제조간접원가 배부율을 계산하기 위한 기준조업도이다.

■ 《자료》 "(2) 직접노무원가 표준투입량 2시간" 및 "(4) 제조간접원가는 직접노동시간을 기준으로 배부"

→ 최대생산수량은 20,000단위(= 40,000시간 ÷ 2시간)이며, 제조간접원가 수량표준(SQ)은 직접노동시간이다.

■ "매출원가 1,600,000원"

→ 단위당 표준전부원가는 ₩80(= ₩1,600,000 ÷ 20,000단위)이다.

■ "판매비와 관리비 1,130,000원", "《자료》 (5) 개당 변동판매비 10원" 및 "《자료》 (5) 연간 고정판매비와 관리비 ?원"

→ 연간 고정판매비와 관리비는 ₩930,000(= ₩1,130,000 − 20,000단위 × ₩10)이다.

■ 《자료》 "(1) 투자되는 금액은 1,500,000원" 및 "(1) 18%의 기대 투자수익률"

→ • 목표매출액(S): $\frac{S - ₩1,600,000 - ₩1,130,000}{₩1,500,000} = 18\%$

∴ S = ₩3,000,000

• 단위당 판매가격: ₩3,000,000 ÷ 20,000단위 = ₩150

■ 《자료》 "(5) 연간 고정제조간접원가 600,000원"

→ 고정제조간접원가 표준배부율은 ₩15(= ₩600,000 ÷ 40,000시간)이다.

자료정리

(1) 표준원가표

	SQ	SP	표준원가
직접재료원가	3m	₩9	₩27
직접노무원가	2시간	9[*2]	18[*1]
변동제조간접원가	2시간	2.5[*3]	5
고정제조간접원가	2시간	15	30
			₩80

[*1] ₩80 - ₩27 - ₩5 - ₩30 = ₩18

[*2] ₩18 ÷ 2시간 = ₩9

[*3] ₩5 ÷ 2시간 = ₩2.5

(2) 예상 손익계산서

매출액	₩3,000,000
매출원가	(1,600,000)
매출총이익	₩1,400,000
판매비와 관리비	(1,130,000)
영업이익	₩270,000

(3) 가격과 원가구조

단위당 판매가격	₩150
단위당 변동원가	(60)[*4]
단위당 공헌이익	₩90
고정제조간접원가	₩600,000
고정판매비와 관리비	930,000

[*4] ₩50 + ₩10 = ₩60

모범답안

[물음 1] 최대생산능력하의 X-star 생산수량

- 최대생산능력: 20명 × 50주 × 40시간 = 40,000시간
- 최대생산수량: 40,000시간 ÷ 2시간 = 20,000단위

[물음 2] 기대 투자수익률을 달성하기 위한 매출액

목표매출액을 S라 하면 다음과 같다.

$$\frac{S - ₩1,600,000 - ₩1,130,000}{₩1,500,000} = 18\%$$

∴ S = ₩3,000,000

[물음 3] (주)한국의 마크업률

마크업률을 R이라 하면 다음과 같다.
전부원가 + 전부원가 × R = 매출액
⇒ ₩1,600,000 + ₩1,600,000 × R = ₩3,000,000
∴ R = 87.5%

별해
단위당 전부원가 + 단위당 전부원가 × R = 단위당 판매가격
⇒ ₩80 + ₩80 × R = ₩150
∴ R = 87.5%

[물음 4] 표준원가표

구분	표준투입량	표준단가	표준원가
직접재료원가	3m	9원/m	27원
직접노무원가	2시간	(a) 9원/시간	(b) 18원
제조간접원가			(c) 35원
개당 제조원가			(d) 80원

(d) ₩1,600,000 ÷ 20,000단위 = ₩80
(c) ₩5 + ₩600,000 ÷ 20,000단위 = ₩35
(b) ₩27 + 직접노무원가 + ₩35 = ₩80이므로, 직접노무원가는 ₩18이다.
(a) ₩18 ÷ 2시간 = ₩9/시간

[물음 5] 변동원가계산에 의한 내년도 예상 손익계산서

매출액		₩3,000,000
변동원가	20,000단위 × (₩27 + ₩18 + ₩5 + ₩10) =	(1,200,000)
공헌이익		₩1,800,000
고정원가	₩600,000 + ₩930,000* =	(1,530,000)
영업이익		₩270,000

* 고정판매비와 관리비: ₩1,130,000 - 20,000단위 × ₩10 = ₩930,000

문제 05 표준종합원가계산 원가차이분석과 손익계산서 작성 회계사 96 수정

(주)한국은 단일 제품을 대량생산하고 있다. 기초재고는 없고 당기완성량은 9,600단위, 기말재공품은 1,000단위(완성도는 재료원가 100%, 가공원가 30%), 당해 연도 판매량은 9,000단위이다. 또한, 단위당 판매가격은 ₩200,000이며 판매관리비 발생액은 ₩136,000,000이다. 회사는 연말에 발생하는 모든 원가차이를 기타손익에서 조정한다. 다음은 회사의 제조원가예산과 실제발생자료이다.

(1) 단위당 표준원가

	SQ	SP	표준원가
직접재료원가	1.5kg	₩20,000	₩30,000
직접노무원가	2시간	30,000	60,000
변동제조간접원가	2시간	10,000	20,000
고정제조간접원가	2시간	15,000	30,000
			₩140,000

(2) 제조간접원가예산

• 변동제조간접원가	간접재료원가	₩100,000,000
	간접노무원가	60,000,000
	소모공구비	40,000,000
	합계	₩200,000,000
• 고정제조간접원가	감가상각비	₩150,000,000
(기준조업도 10,000단위)	임차료	80,000,000
	기타고정제조간접원가	70,000,000
	합계	₩300,000,000

(3) 실제발생원가

• 직접재료원가	구입액	15,000kg × ₩21,000
	사용액	16,000kg × ₩20,000
• 직접노무원가		22,000시간 × ₩31,500
• 제조간접원가	간접재료원가	₩110,000,000
	간접노무원가	50,000,000
	소모공구비	43,000,000
	감가상각비	170,000,000
	임차료	90,000,000
	기타고정제조간접원가	69,000,000
	합계	₩532,000,000

요구사항

[물음 1] 원가요소별 원가차이를 구하시오. (단, 직접재료원가의 가격차이는 구입시점에서 분리하시오)

[물음 2] 당해 연도 손익계산서를 작성하시오.

해답

문제분석

■ "기초재고는 없고 당기완성량은 9,600단위, 기말재공품은 1,000단위(완성도는 재료원가 100%, 가공원가 30%)"

→ 물량흐름을 통하여 재료원가와 가공원가의 완성품환산량을 계산할 수 있으며, 표준배부에서 실제산출량은 원가요소별 완성품환산량이다. 또한, 재료원가의 투입시점에 대해서는 언급이 없으나 기말재공품 재료원가 완성도가 100%이므로 재료원가 완성품환산량은 완성량과 기말재공품 물량합계이다.

■ "(2) 변동제조간접원가" 및 "(2) 고정제조간접원가, 기준조업도 10,000단위"

→ 제조간접원가를 기준조업도로 나누어 제조간접원가 표준배부율을 계산할 수 있다. 또한, 제조간접원가는 변동제조간접원가와 고정제조간접원가로 구분할 수 있다.

자료정리

(1) 물량흐름도

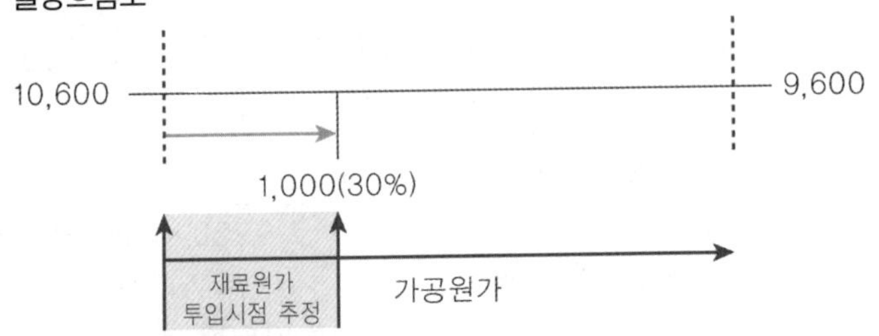

(2) 원가요소별 완성품환산량

표준종합원가계산의 경우 실제산출량은 원가요소별 완성품환산량이다.

- 재료원가: 9,600단위 + 1,000단위 = 10,600단위
- 가공원가: 9,600단위 + 1,000단위 × 0.3 = 9,900단위

(3) 제조간접원가 표준배부율

- 변동제조간접원가: ₩200,000,000 ÷ (10,000단위 × 2시간) = ₩10,000/시간
- 고정제조간접원가: ₩300,000,000 ÷ (10,000단위 × 2시간) = ₩15,000/시간

모범답안

[물음 1] 원가요소별 원가차이

(1) 직접재료원가

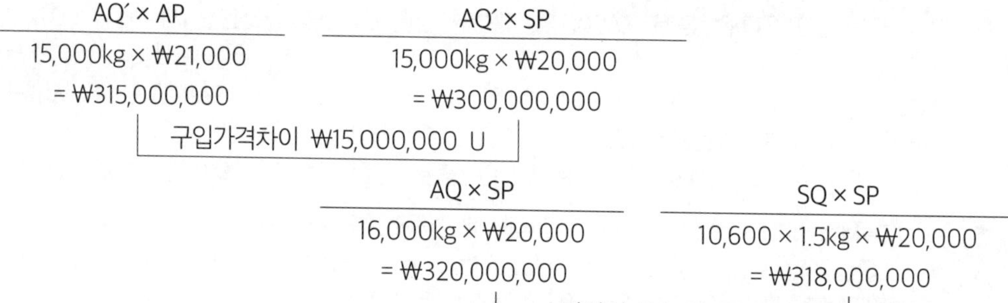

(2) 직접노무원가

AQ × AP	AQ × SP	SQ × SP
22,000h × ₩31,500 = ₩693,000,000	22,000h × ₩30,000 = ₩660,000,000	9,900 × 2h × ₩30,000 = ₩594,000,000

임률차이 ₩33,000,000 U　　능률차이 ₩66,000,000 U

(3) 변동제조간접원가

실제	AQ × SP	SQ × SP
₩203,000,000	22,000h × ₩10,000 = ₩220,000,000	9,900 × 2h × ₩10,000 = ₩198,000,000

소비차이 ₩17,000,000 F　　능률차이 ₩22,000,000 U

(4) 고정제조간접원가

실제	예산	SQ × SP
₩329,000,000	10,000 × 2h × ₩15,000 = ₩300,000,000	9,900 × 2h × ₩15,000 = ₩297,000,000

소비차이 ₩29,000,000 U　　조업도차이 ₩3,000,000 U

[물음 2] 손익계산서

원가차이는 모두 기타손익에 반영한다.

매출액	9,000단위 × ₩200,000 =	₩1,800,000,000
매출원가	9,000단위 × ₩140,000 =	(1,260,000,000)
매출총이익		₩540,000,000
판매관리비		(136,000,000)
원가차이		(153,000,000)
영업이익		₩251,000,000

문제 06 재공품이 있는 경우 표준종합원가계산 및 원가차이 조정 회계사 91

표준종합원가계산제도를 채택하고 있는 (주)한국의 20×1년 표준원가 및 실제원가자료는 다음과 같다.

	단위당 표준원가		실제원가 발생액	
재료 A	3kg × ₩4 =	₩12	20,000kg × ₩5 =	₩100,000
재료 B	2kg × ₩9 =	18	15,000kg × ₩8 =	120,000
직접노무원가	2시간 × ₩5 =	10	13,000시간 × ₩6 =	78,000
변동제조간접원가	2시간 × ₩8 =	16		95,000
고정제조간접원가	2시간 × ₩12 =	24		95,000
		₩80		₩488,000

회사의 연간 고정제조간접원가예산은 ₩120,000이고, 연간 직접노동시간 10,000시간을 기준조업도로 하여 직접노동시간당 ₩12의 고정제조간접원가 표준원가를 산출하였다. 기초재공품은 200단위(20% 완성)이고, 실제생산량은 5,200단위이며 기말재공품은 800단위(40% 완성)이다. 재료는 A, B 모두 공정 초기에 전량 투입되고 가공원가는 공정 전반에 걸쳐 균등하게 발생한다. 단, 전기와 당기 원가요소별 표준원가는 동일하다.

요구사항

[물음 1] 20×1년 제조원가보고서를 작성하고 완성품원가와 기말재공품원가를 구하시오. 단, 제조원가차이는 전액 매출원가에서 조정한다.

[물음 2] 다음 각각의 모든 원가차이를 구하시오.

(1) 직접재료원가차이(수율, 배합차이 포함)

(2) 직접노무원가차이

(3) 변동제조간접원가차이

(4) 고정제조간접원가차이

[물음 3] 기말에 제조원가 총차이를 재공품과 제품, 매출원가의 총잔액을 기준으로 배부한다면 차이 배분 후의 외부공표용 재무제표상 재공품, 제품 및 매출원가는 각각 얼마인가? 단, 회사의 기초제품과 기말제품은 각각 2,300개와 1,000개이며, 매출원가는 기초재고금액을 포함한 금액을 적용한다.

해답

문제분석

- "단위당 표준원가"
  → 단위당 표준재료원가는 ₩300이고, 단위당 표준가공원가는 ₩500이다.
- "기초재공품은 200단위(20% 완성)" 및 "기말재공품은 800단위(40% 완성)"
  → 재공품이 있는 경우 실제산출량은 원가요소별 완성품환산량이다.
- "전기와 당기 원가요소별 표준원가는 동일"
  → 전기와 당기 원가요소별 표준원가는 동일하므로 선입선출법과 평균법의 표준배부금액은 동일하다.
- [물음 1] "완성품원가와 기말재공품원가" 및 "제조원가차이는 전액 매출원가에서 조정"
  → 원가차이를 모두 매출원가에서 조정하므로 재고자산금액은 표준배부금액이다.
- [물음 3] "총잔액을 기준으로 배부"
  → 이론적으로 기초재고는 당기 원가차이와 무관하므로 원가차이 조정대상에서 제외해야 한다.

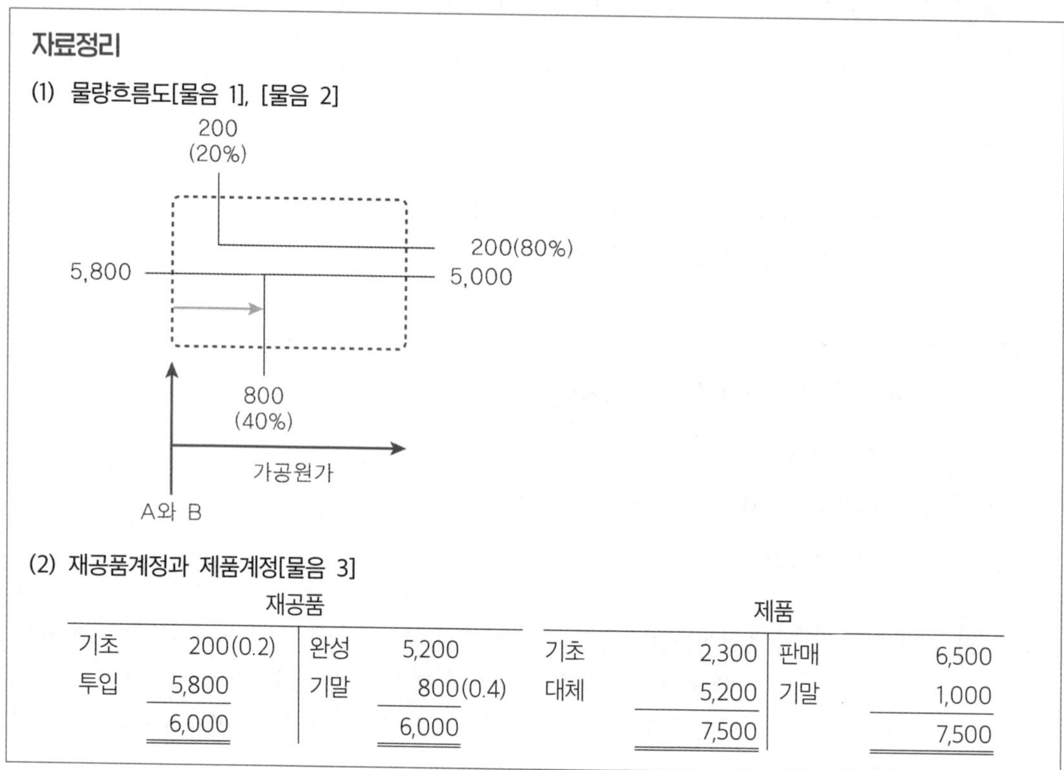

자료정리

(1) 물량흐름도[물음 1], [물음 2]

(2) 재공품계정과 제품계정[물음 3]

재공품

기초	200(0.2)	완성	5,200
투입	5,800	기말	800(0.4)
	6,000		6,000

제품

기초	2,300	판매	6,500
대체	5,200	기말	1,000
	7,500		7,500

모범답안

[물음 1] 제조원가보고서

① 물량흐름 파악(선입선출법) / ② 완성품환산량

재공품					재료원가	가공원가
기초	200(0.2)	완성	기초	200(0.8)	-	160
			당기	5,000	5,000	5,000
착수	5,800	기말		800(0.4)	800	320
	6,000			6,000	5,800	5,480

③ 당기발생원가(= ② × ④)

	재료원가	가공원가
③ 당기발생원가	₩174,000	₩274,000
④ 환산량 단위당 원가	₩30	₩50

⑤ 완성품원가와 기말재공품원가

- 완성품: ₩8,000* + 5,000 × ₩30 + 5,160 × ₩50 = ₩416,000
- 기말재공품: 800 × ₩30 + 320 × ₩50 = ₩40,000

* 기초재공품 표준배부금액: 200단위 × ₩30 + 200단위 × 0.2 × ₩50 = ₩8,000

[물음 2] 원가차이

(1) 직접재료원가차이(수율, 배합차이 포함)

① 가격차이와 수량차이

	AQ × AP		AQ × SP		SQ × SP	
A	20,000kg × ₩5 =	₩100,000	20,000kg × ₩4 =	₩80,000	5,800 × 3kg × ₩4 =	₩69,600
B	15,000kg × ₩8 =	120,000	15,000kg × ₩9 =	135,000	5,800 × 2kg × ₩9 =	104,400
		₩220,000		₩215,000		₩174,000

₩5,000 불리 / ₩41,000 불리

② 배합차이와 수율차이

	AQ × SP		Total AQ × BM × SP		SQ × SP	
A	20,000kg × ₩4 =	₩80,000	35,000kg × 0.6 × ₩4 =	₩84,000	5,800 × 3kg × ₩4 =	₩69,600
B	15,000kg × ₩9 =	135,000	35,000kg × 0.4 × ₩9 =	126,000	5,800 × 2kg × ₩9 =	104,400
	35,000kg	₩215,000	35,000kg	₩210,000	29,000kg	₩174,000

₩5,000 불리 / ₩36,000 불리

(2) 직접노무원가차이

AQ × AP	AQ × SP	SQ × SP
13,000시간 × ₩6	13,000시간 × ₩5	5,480 × 2시간 × ₩5
= ₩78,000	= ₩65,000	= ₩54,800

임률차이 ₩13,000 불리 / 능률차이 ₩10,200 불리

(3) 변동제조간접원가차이

실제	AQ × SP	SQ × SP
	13,000시간 × ₩8	5,480 × 2시간 × ₩8
₩95,000	= ₩104,000	= ₩87,680

소비차이 ₩9,000 유리 / 능률차이 ₩16,320 불리

(4) 고정제조간접원가차이

실제	예산	SQ × SP
	10,000시간 × ₩12	5,480 × 2시간 × ₩12
₩95,000	= ₩120,000	= ₩131,520

소비차이 ₩25,000 유리 / 조업도차이 ₩11,520 유리

[물음 3] 원가차이 조정 후 금액

(1) 물량흐름

재공품

기초	200(0.2)	완성	5,200
투입	5,800	기말	800(0.4)
	6,000		6,000

제품

기초	2,300	판매	6,500
대체	5,200	기말	1,000
	7,500		7,500

(2) 원가차이 조정 후 금액

	조정 전 금액		비율	조정	조정 후 금액
기말재공품	800 × ₩30 + 800 × 0.4 × ₩50 =	₩40,000	6.25%	₩2,500	₩42,500
기말제품	1,000 × ₩80 =	80,000	12.50%	5,000	85,000
매출원가	6,500 × ₩80 =	520,000	81.25%	32,500	552,500
		₩640,000	100%	₩40,000	₩680,000

문제 07 (-)비정상공손과 표준종합원가계산

회계사 94

(주)한국은 단일 제품을 대량생산하고 있다. 이 회사는 표준종합원가계산을 이용하고 있으며 20×1년 1년 동안 제조활동과 원가자료는 다음과 같다.

(1) 단위당 표준원가

	SQ	SP	표준원가
직접재료원가	10g	₩500	₩5,000
직접노무원가	0.4시간	2,500	1,000
변동제조간접원가	0.4시간	150	60
고정제조간접원가	0.4시간	80	32
			₩6,092

고정제조간접원가의 기준조업도는 1,500단위이다.

(2) 선입선출법에 의해 원가계산을 하였으며 기초재공품수량은 200단위(완성도 40%), 당기착수량은 1,400단위, 당기완성품수량은 1,240단위이고 기말재공품수량은 300단위(완성도 80%)이다. 재료는 기초시점에서 전량 투입된다.

(3) 공손은 진척도가 90%일 때 검사하며, 검사수량의 5%가 정상공손으로 분류된다. 또한 총공손수량이 정상공손수량에 미달하는 경우 (-)비정상공손을 인식한다.

(4) 당기의 원가자료

당기직접노무시간	480시간
변동제조간접원가 소비차이	₩1,500 불리
고정제조간접원가 예산차이	₩2,000 유리

요구사항

[물음 1] 완성품환산량을 구하시오.

[물음 2] 완성품의 표준원가를 구하시오. (단, 전기와 당기 원가요소별 단위당 표준원가는 동일하다)

[물음 3] 가공원가 환산량이 1,600이라고 가정할 때 변동제조간접원가, 고정제조간접원가의 부족배부액 혹은 초과배부액을 구하시오. (단, 실제자료는 위 자료 (4)를 이용하시오)

[물음 4] JIT재고관리가 공손품관리에 시사하는 의미를 서술하시오.

해답

문제분석

■ "(2) 재료는 기초시점에서 전량 투입"

→ 가공원가 원가투입행태에 대해서는 제시되어 있지 않아 공정 전반에 걸쳐 균등발생하는 것으로 가정한다.

■ "(3) 공손은 진척도가 90%일 때 검사" 및 "(3) 검사수량의 5%가 정상공손"

→ 공손의 검사시점은 90%이며 검사받은 수량의 5%를 정상공손으로 결정하므로 검사도달기준이다.

자료정리

(1) 공손수량

- 총공손수량: 200단위 + 1,400단위 - 1,240단위 - 300단위 = 60단위
- 정상공손수량: 검사수량 × 5% = (200단위 + 1,400단위 - 300단위) × 5% = 65단위
- 비정상공손수량: 60단위 - 65단위 = (5단위)

(2) 물량흐름도

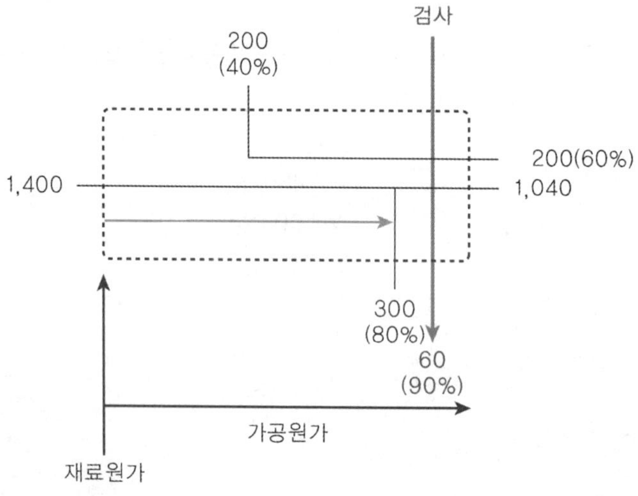

(3) 재공품현황

재공품

기초	200(0.4)	완성	200(0.6)
			1,040
		정상공손	65(0.9)
		비정상공손	(5)(0.9)
착수	1,400	기말	300(0.8)
	1,600		1,600

(4) 고정제조간접원가예산

기준조업도 × 표준배부율 = 1,500단위 × 0.4시간 × ₩80 = ₩48,000

모범답안

[물음 1] 완성품환산량

① 물량흐름 파악(선입선출법) / ② 완성품환산량

재공품				② 재료원가	가공원가
기초	200(0.4)	완성 ┌ 기초	200(0.6)	-	120
		└ 당기	1,040	1,040	1,040
		정상공손	65(0.9)	65	58.5
		비정상공손	(5)(0.9)	(5)	(4.5)
착수	1,400	기말	300(0.8)	300	240
	1,600		1,600	1,400	1,454

[물음 2] 완성품의 표준원가

완성품원가	1,240 × ₩5,000 + 1,240 × ₩1,092 =	₩7,554,080*
정상공손원가	65 × ₩5,000 + 65 × 0.9 × ₩1,092 =	388,882
합계		₩7,942,962

* 선입선출법 적용

(1) 기초재공품: 200 × ₩5,000 + 200 × 0.4 × ₩1,092 = ₩1,087,360

(2) 완성품: ₩1,087,360 + 1,040 × ₩5,000 + 1,160 × ₩1,092 = ₩7,554,080

[물음 3] 변동제조간접원가, 고정제조간접원가의 부족배부액 혹은 초과배부액

(1) 변동제조간접원가

(2) 고정제조간접원가

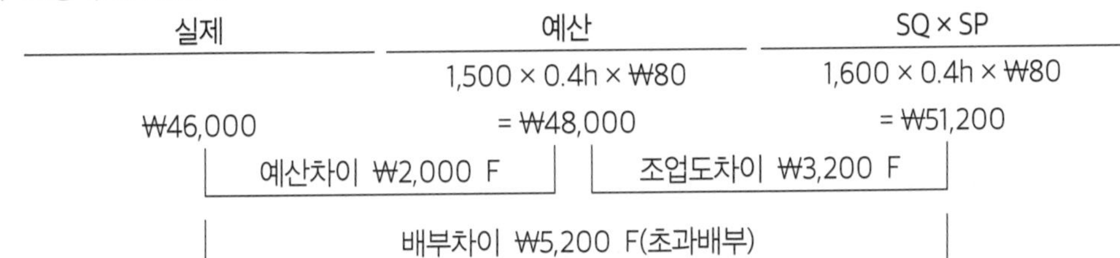

[물음 4] JIT재고관리가 공손품관리에 시사하는 의미

적시생산시스템은 필요한 수량만큼 적시에 공급되어 생산하는 무재고 원가관리시스템이다. 적시생산시스템하에서 공손이 발생할 경우 생산일정과 납기에 큰 차질이 발생하기 때문에 불량이 발생하지 않도록 전사적인 품질관리노력이 필요하다. 따라서 적시생산시스템에서 발생한 공손은 모두 비정상공손으로 간주하고 공손의 최소화를 목표로 품질관리를 해야 한다.

문제 08 원가차이분석과 전부원가계산하의 CVP분석

회계사 10

다음을 읽고 물음에 답하시오.

20×1년도 초에 영업활동을 개시한 (주)한국은 우편엽서 제조업체로서 평준화(정상)원가계산(Normal costing)과 전부원가계산(Absorption costing)을 사용하고 있으며, 기말에는 내부보고목적으로 실제원가계산(Actual costing)과의 차이를 조정하여 재무제표를 작성한다. 이 회사에서 매년 변동제조간접원가 배부차이는 발생하지 않으며, 고정제조간접원가 배부차이 중에는 조업도차이만 발생한다. 기말 차이 조정 시 조업도차이는 전액 매출원가 항목에서 조정한다. 고정제조간접원가는 기준조업도 25,000개를 기준으로 배부한다(조업도: 생산량). 20×2년도 기말에 실제원가와의 차이를 조정하여 작성한 포괄손익계산서의 일부 및 관련 자료는 다음 표와 같다. 선입선출법을 적용하며, 기초 및 기말재공품은 없는 것으로 가정한다.

	금액(원)		수량(개)	단가(원)
매출		380,000	19,000	20
매출원가				
기초제품재고액	10,000*		1,000	10
당기제품제조원가	200,000*		20,000	10
판매가능액	210,000		21,000	10
기말제품재고액	(20,000)		2,000	10
매출원가(조정 전)	190,000		19,000	10
불리한 조업도차이	20,000	(210,000)		
매출총이익		170,000		
변동판매비와 관리비		(57,000)	19,000	3
고정판매비와 관리비		(43,000)		
법인세비용차감전순이익		70,000		

* 전기, 당기제품 단위당 고정제조간접원가는 동일하다.

요구사항

[물음 1] 다음 물음에 답하시오.

(1) 고정제조간접원가 차이분석의 일반적인 틀을 도식화하여 나타내고, 조업도차이를 계산하는 식을 제시하시오. (숫자를 제시하지 말고 설명할 것)

(2) 20×2년도 (주)한국의 실제발생 고정제조간접원가는 얼마인가? (계산근거를 제시할 것)

[물음 2] 다음 물음에 답하시오.

(1) 20×2년도 (주)한국의 평준화전부원가계산 포괄손익계산서를 변동원가계산(Variable costing)하에서의 손익계산서로 변환하되, 공헌이익손익계산서 형태로 작성하시오. (문제에 있는 표와 마찬가지로 수량과 단가를 반드시 표시할 것)

(2) (주)한국의 20×1년도 생산량은 20,000개이며, 고정제조간접원가 발생액은 20×2년도와 동일하다. 만약 이 회사가 고정제조간접원가 배부차이를 전액 매출원가에서 조정하지 않고 매년 안분법(원가요소기준 비례배분법)을 사용하여 조정한다면, 20×2년도에 평준화전부원가계산(기말조정 후)하에서 비용화되는 고정제조간접원가는 얼마인가?

[물음 3] 법인세비용차감전순이익이 0이 되는 손익분기점(BEP) 판매량과 관련된 다음 물음에 답하시오.

(1) 20×2년도 (주)한국의 생산량이 20,000개일 때, 변동원가계산방식과 평준화전부원가계산방식(기말조정 후 기준)하에서의 손익분기점(BEP) 판매량은 각각 몇 개인가?

(2) 두 방식에서 BEP 판매량의 차이가 왜 발생하는지를 설명하고, 의사결정목적상으로 볼 때 어느 방식이 왜 문제가 있는지 설명하시오. (반드시 3줄 이내로 쓸 것)

(3) 일반적으로, 제조기업들은 불황으로 인한 판매 감소가 예상되는 경우 기존의 원가구조를 변경하여 BEP를 낮추고자 하는 경우가 있다. 어떤 방법을 추진할 수 있는지 가장 중요하다고 생각하는 방법을 두 개만 쓰시오. 그 경우 고정원가와 관련하여 선결되어야 하는 조건이 무엇인지도 설명하시오. (반드시 5줄 이내로 쓸 것)

해답

문제분석

■ "20×1년도 초에 영업활동을 개시" 및 "20×2년도 기말에 실제원가와의 차이를 조정하여 작성한 포괄손익계산서의 일부 및 관련 자료"

→ 20×1년 기초재고는 없으며 제시된 자료의 기초재고는 20×2년 기초재고이다.

■ "변동제조간접원가 배부차이는 발생하지 않으며, 고정제조간접원가 배부차이 중에는 조업도차이만 발생", "고정제조간접원가는 기준조업도 25,000개", "(조업도: 생산량)" 및 "기초 및 기말재공품은 없는 것으로 가정"

→ 제시된 자료에서 불리한 조업도차이가 ₩20,000이므로 고정제조간접원가 표준배부율을 계산할 수 있다. 또한, 기초 및 기말재공품이 없으므로 실제산출량은 당기 생산량인 20,000개이다.

예산	SQ × SP
25,000개 × SP	20,000개 × SP
₩20,000 불리	

고정제조간접원가 표준배부율(SP): (25,000개 - 20,000개) × SP = ₩20,000 불리

∴ SP = ₩4/개

■ [물음 2] "(1) 변동원가계산(Variable costing)하에서의 손익계산서"

→ 변동제조간접원가에 대한 배부차이는 없고 실제발생한 고정제조간접원가를 당기비용처리한다.

■ [물음 2] "(2) 20×1년도 생산량은 20,000개"

→ 20×1년 기말재고는 1,000개이고 생산량이 20,000개이므로 판매량은 19,000개이다.

■ [물음 2] "(2) 매년 안분법(원가요소기준 비례배분법)을 사용하여 조정한다면"

→ 원가요소기준 비례배분법으로 조정하면 이론적으로 실제원가계산과 동일하다. 따라서 매년 단위당 고정제조간접원가는 다음과 같다.

- 20×1년: ₩100,000 ÷ 20,000개 = ₩5/개
- 20×2년: ₩100,000 ÷ 20,000개 = ₩5/개

■ [물음 3] "(1) 평준화전부원가계산방식(기말조정 후 기준)하에서의 손익분기점(BEP) 판매량"

→ 평준화(정상)전부원가계산에 의한 손익분기점을 계산할 때 배부차이는 당기비용에 가감해야 한다.

자료정리

(1) 20×1년 재고

20×1년

기초	-	판매	19,000
생산	20,000	기말	1,000
	20,000		20,000

(2) 20×2년 재고

20×2년

기초	1,000	판매	19,000
생산	20,000	기말	2,000
	21,000		21,000

(3) 고정제조간접원가와 변동제조원가 표준배부율

- 고정제조간접원가 표준배부율: ₩4/개
- 변동제조원가 표준배부율: ₩10/개 - ₩4/개 = ₩6/개

고정제조간접원가 조업도차이만 존재하므로 단위당 변동제조간접원가와 표준배부율은 동일하다.

(4) 고정제조간접원가예산

25,000개 × ₩4/개 = ₩100,000

조업도차이만 존재하므로 실제발생금액과 예산은 동일하다.

(5) 판매비와 관리비

- 변동판매비와 관리비: ₩3/개
- 고정판매비와 관리비: ₩43,000

(6) 가격과 원가구조

단위당 판매가격		₩20
단위당 변동원가	₩6 + ₩3 =	(9)
단위당 공헌이익		₩11
총고정원가	₩100,000 + ₩43,000 =	₩143,000

모범답안

[물음 1]

(1) 고정제조간접원가 차이분석의 일반적인 틀

실제발생	예산	SQ × SP
고정제조간접원가 실제발생액	기준조업도 × SP(표준배부율)	실제생산량에 허용된 표준수량 × SP(표준배부율)

예산차이(소비차이)	조업도차이

(2) 고정제조간접원가 실제발생액

실제발생	예산	SQ × SP
고정제조간접원가 실제발생액[*2]	25,000개 × 단위당 표준배부율[*1] = ₩100,000	20,000개 × 단위당 표준배부율[*1] = ₩80,000

₩0	₩20,000 U

[*1] (25,000개 -20,000개) × 단위당 표준배부율 = ₩20,000

∴ 단위당 표준배부율 = ₩4

[*2] 예산차이는 없으므로 실제발생액은 예산과 동일한 ₩100,000이다.

[물음 2]

(1) 공헌이익손익계산서(20×2년)

매출액	19,000개 × ₩20 =	₩380,000
변동원가		
변동매출원가	19,000개 × ₩6 =	(114,000)
변동판매관리비	19,000개 × ₩3 =	(57,000)
공헌이익		₩209,000
고정원가		
고정제조간접원가		(100,000)
고정판매관리비		(43,000)
영업이익		₩66,000

(2) 비용화되는 고정제조간접원가

배부차이를 원가요소기준 비례배분법에 의해서 조정하므로 이론적으로 실제원가계산과 동일하다. 선입선출법이므로 총판매량 19,000개의 실제발생 고정제조간접원가는 다음과 같다.

기초	1,000개 × ₩5[*1] =	₩5,000
당기	18,000개 × ₩5[*2] =	90,000
합계		₩95,000

[*1] ₩100,000 ÷ 20,000개 = ₩5

[*2] ₩100,000 ÷ 20,000개 = ₩5

[물음 3]

(1) 손익분기점 판매량

① 변동원가계산 손익분기점

$$\frac{\text{총고정원가}}{\text{단위당 공헌이익}} = \frac{₩143,000}{₩11} = 13,000\text{개}$$

② 평준화전부원가계산 손익분기점

$$\frac{\text{총고정판매비와 관리비} \pm \text{배부차이}}{\text{단위당 공헌이익} - \text{고정제조간접원가 표준배부율}} = \frac{₩43,000 + ₩20,000}{₩11 - ₩4} = 9,000\text{개}$$

(2) 전부원가계산과 변동원가계산에서의 손익분기점 차이

변동원가계산에서는 생산량과 판매량이 달라도 손익분기점 판매량은 변함이 없지만, 전부원가계산에서 고정제조간접원가는 제품원가에 포함된 후 판매 시 매출원가로 비용처리되기 때문에 전부원가계산의 손익분기점 판매량은 생산량에 따라 달라지게 된다. 고정제조간접원가를 제품원가에 포함시키면 생산량에 따라 이익이 달라질 수 있고, 단기적인 관점에서 고정제조간접원가는 생산량과 무관하게 발생하므로 기간비용처리하는 변동원가계산이 경영자 의사결정에 좀 더 적합하다.

(3) 원가구조 변경을 통한 BEP 변화

① 전부원가계산의 경우 고정제조간접원가는 제품원가에 포함되므로 생산량 증가는 단위당 고정제조간접원가를 감소시켜 궁극적으로 손익분기점을 낮출 수 있다.

② 원가구조는 변동원가와 고정원가의 상대적인 비율을 의미하며, 불황 시 손익분기점을 낮추려면 고정원가의 비중을 낮춰야 한다.

문제 09 활동기준원가계산과 원가차이분석

회계사 03

제품 M을 생산, 판매하는 (주)LAN은 20×2년도 1월에 영업활동을 개시했으며, 표준원가계산제도를 채택하고 있다. 표준은 연초에 수립되며 1년 동안 유지된다. 이 회사의 직접재료원가와 변동제조간접원가에 관한 자료는 아래와 같다.

《자료 1》 직접재료원가
이 회사의 20×2년도 말 현재 표준원가로 기록된 각 계정별 직접재료원가 기말잔액은 다음과 같다.

구분	직접재료원가잔액
직접재료	₩19,500
재공품	13,000
제품	13,000
매출원가	78,000
합계	₩123,500

20×2년도 기초재고자산은 없으며, 직접재료원가 가격차이를 재료구입시점에서 분리하고, 능률차이는 재료투입시점에서 분리한다. 직접재료 가격차이는 ₩6,000(유리)이며, 능률차이는 ₩6,500(불리)이다.

《자료 2》 변동제조간접원가
(주)LAN은 활동기준원가계산을 이용하여 제조간접원가예산을 설정하고 있다. 이 회사의 변동제조간접원가는 전부 기계작업준비(Setup)로 인해 발생하는 원가로서, 기계작업준비에 투입되는 자원은 간접노무, 소모품, 전력 등이며, 기계작업준비시간이 원가동인이다. 기계작업준비는 생산의 최종단계에서 이루어진다. 기계작업준비와 관련된 20×2년도 연간 예산자료는 다음과 같다.

구분	연초 설정예산	실제
생산량(단위)	264,000	260,000
뱃치규모(뱃치당 단위수)	110	100
뱃치당 기계작업준비시간	3	4
작업준비시간당 변동제조간접원가	₩4	₩5

요구사항

[물음 1] 다음 질문에 답하시오.

(1) (주)LAN이 당기에 구입한 직접재료의 표준금액(당기구입물량 × 단위당 표준가격)은 얼마인가?

(2) 이 회사가 실제원가계산제도를 택했을 경우 20×2년도 말 현재 직접재료, 재공품, 제품, 매출원가 각 계정별 기말잔액에 포함될 직접재료원가는 얼마인가?

[물음 2] 변동제조간접원가 소비차이와 능률차이를 계산하시오.

[물음 3] 만약 (주)LAN이 변동제조간접원가 배부기준으로서 기계작업준비시간이 아닌 직접재료물량(kg)을 사용하고, 다음의 관계가 성립하는 경우, 변동제조간접원가 능률차이는 얼마가 되는지를 계산하시오.

$$\frac{\text{직접재료 1kg당 표준변동제조간접원가}}{\text{직접재료 1kg당 표준직접재료원가}} = 0.5$$

[물음 4] 전통적으로 변동제조간접원가예산은 일반적으로 배부기준(예 기계시간)을 이용하여 설정하지만, (주)LAN은 활동기준접근법에 기초하여 원가동인(여기서, 기계작업준비시간)을 이용하였다. 활동기준접근법을 이용할 경우 원가동인이 해당 원가집합(Cost pool)의 자원소비량을 정확히 측정할 수 있다고 볼 때, 활동기준접근법에 의한 변동제조간접원가 소비차이의 의미가 전통적인 변동제조간접원가 소비차이와 비교하여 어떻게 달라지는지를 소비차이 발생원인을 통해서 설명하시오. 또 이 경우 변동제조간접원가 능률차이의 의미는 어떻게 달라지는지 간략히 설명하시오. 답안은 총 7줄 이내로 쓰되, 반드시 다음의 순서대로 쓰시오.

(1) 전통적인 변동제조간접원가 소비차이가 발생하는 원인

(2) 활동기준접근법 사용을 사용할 경우 소비차이의 의미 변화와 그 원인

(3) 능률차이의 의미 변화와 그 원인

[물음 5] (주)LAN은 상기의 대량생산품 M 이외에 추가로 소량생산품 N을 동일한 공장에서 생산할 계획을 세우고 있다. 활동기준원가계산에 의하면 전통적인 원가계산제도는 두 제품 간에 원가왜곡을 초래할 가능성이 높다. 활동기준원가계산의 네 가지 원가계층(Cost hierarchy) 각각에 대해 전통적인 원가계산제도가 원가왜곡을 초래하는지, 초래한다면 그 원인이 무엇인지, 그리고 원가계층별로 원가왜곡의 상대적 크기는 어떠한지를 설명하시오. 답안은 네 가지 원가계층 각각에 대해 전통적 원가계산과 활동기준원가계산을 비교, 설명하는 방식으로 작성하되, 6줄 이내로 쓰시오.

해답

문제분석

■ "20×2년도 1월에 영업활동을 개시" 및 "《자료 1》 20×2년도 말 현재 표준원가로 기록된 각 계정별 직접재료원가 기말잔액"

→ 연말 표준원가로 기록된 직접재료 기말잔액의 합계는 당해 연도에 배부된 표준배부금액(SQ × SP)이므로 가격차이와 수량차이를 이용하여 당해 연도 실제발생금액을 계산할 수 있다. 또한, 직접재료재고금액이 표준원가로 기록되어 있어 가격차이를 구입시점에서 분리하는 것으로 추정할 수 있다.

■ 《자료 1》 "직접재료 가격차이는 ₩6,000(유리)이며, 능률차이는 ₩6,500(불리)"

→ 직접재료 가격차이를 구입시점에서 분리하는 경우 흐름은 다음과 같다.

	직접재료				재공품			
	기초	-	사용	AQ × SP	기초	-	완성	SQ × SP
실제구입 AQ'×AP ↔	매입	AQ' × SP	기말	AQ × SP	↘ 재료	SQ × SP	기말	SQ × SP
		AQ' × SP		AQ × SP		SQ × SP		SQ × SP

↓ AQ' × (AP − SP) ₩6,000(유리)

↓ (AQ − SQ) × SP ₩6,500(불리)

■ 《자료 2》 "변동제조간접원가는 전부 기계작업준비(Setup)로 인해 발생하는 원가", "기계작업준비시간이 원가동인" 및 "연초 설정예산"

→ 기계작업준비원가의 원가동인(수량표준)은 기계작업준비시간이며 연초 설정예산을 이용하여 표준원가를 설정한다.

- **수량표준(SQ)**: 기계작업준비원가의 원가동인은 기계작업준비시간으로 수량표준은 3시간이다. 여기서 주의할 점은 기계작업준비시간은 뱃치당 시간으로 뱃치당 표준묶음수량은 110단위이다.
- **가격표준(SP)**: 작업준비시간당 변동제조간접원가는 ₩40이다.

따라서 기계작업준비원가의 표준원가는 다음과 같다.

SQ	SP
3시간/뱃치*	₩4/작업준비시간

* 뱃치당 표준묶음수량: 110단위

■ [물음 1] "(2) 실제원가계산제도를 택했을 경우"

→ 원가요소기준 비례배분법으로 배부차이를 조정할 경우 이론적으로 실제원가계산과 결과는 동일하다.

■ [물음 3] "변동제조간접원가 배부기준으로서 기계작업준비시간이 아닌 직접재료물량(kg)을 사용"

→ $\frac{\text{직접재료 1kg당 표준변동제조간접원가}}{\text{직접재료 1kg당 표준직접재료원가}} = \frac{\text{변동제조간접원가 SP}}{\text{직접재료 SP}} = 0.5$

∴ 변동제조간접원가 SP = 0.5 × 직접재료 SP

자료정리

(1) 직접재료흐름

표준배부금액(SQ × SP)은 ₩104,000(= ₩123,500 - ₩19,500)이고, 불리한 능률차이가 ₩6,500이므로 AQ × SP는 ₩110,500이다. 또한, AQ′ × SP는 ₩130,000이고, 유리한 가격차이가 ₩6,000이므로 실제구입금액(AQ′ × AP)은 ₩124,000이다.

		직접재료				재공품			
	기초	-	사용	₩110,500	↘	기초	-	완성	₩91,000*
실제구입 AQ′×AP ↔	매입	₩130,000	기말	19,500		재료	₩104,000	기말	13,000
		₩130,000		₩130,000			₩104,000		₩104,000

↓ AQ′ × (AP - SP) ₩6,000(유리)

↓ (AQ - SQ) × SP ₩6,500(불리)

* 당기제품제조원가: 매출원가 + 기말제품 = ₩78,000 + ₩13,000 = ₩91,000

(2) 배부차이 조정(원가요소기준 비례배분법)

가격차이는 SP를 AP로 변경하는 절차로 배부대상은 SP로 기록된 계정이다. 따라서 SP로 기록된 재료수량차이[(AQ - SQ) × SP]가 가격차이 배부대상이다. 또한, 수량차이는 AQ를 SQ로 변경하는 절차로 배부대상은 AQ로 기록된 계정이다.

	가격차이	직접재료	능률차이	재공품	제품	매출원가
차이 조정 전	₩(6,000)F	₩19,500	₩6,500U	₩13,000	₩13,000	₩78,000
		15%	5%	10%	10%	60%
가격차이	6,000	(900)	(300)	(600)	(600)	(3,600)
				12.5%	12.5%	75%
능률차이			(6,200)	775	775	4,650
차이 조정 후	-	₩18,600	-	₩13,175	₩13,175	₩79,050

(3) 변동제조간접원가 실제뱃치수와 실제생산량에 허용된 표준뱃치수

연초 설정예산과 실제자료를 이용하여 계산할 수 있다. 또한, 뱃치생산이므로 소수점 이하는 절상한다.

- 실제뱃치수: $\frac{\text{실제생산량}}{\text{실제뱃치규모}} = \frac{\text{260,000단위}}{\text{100단위}}$ = 2,600뱃치
- 실제산출량에 허용된 표준뱃치수: $\frac{\text{실제생산량}}{\text{예산뱃치규모}} = \frac{\text{260,000단위}}{\text{110단위}}$ = 2,363.63 ≒ 2,364뱃치

(4) 변동제조간접원가 능률차이[물음 3]

"직접재료 1kg당 표준변동제조간접원가 = 0.5 × 직접재료 1kg당 표준직접재료원가"를 이용하여 변동제조간접원가 능률차이를 계산할 수 있다.

- 직접재료원가 능률차이: (AQ - SQ) × SP = ₩6,500 불리
- 변동제조간접원가 능률차이: (AQ - SQ) × (0.5 × SP) = [(AQ - SQ) × SP] × 0.5
  = ₩6,500 불리 × 0.5 = ₩3,250 불리

모범답안

[물음 1] 당기에 구입한 직접재료의 표준금액(당기구입물량 × 단위당 표준가격)

(1) 당기 직접재료 매입액

직접재료

기초	-	사용	₩110,500
매입	₩130,000	기말	19,500
	₩130,000		₩130,000

재공품

기초	-	완성	₩91,000
재료	₩104,000	기말	13,000
	₩104,000		₩104,000

↓

₩6,500(불리)

∴ 매입액: ₩19,500 + ₩13,000 + ₩91,000 + ₩6,500(능률차이) = ₩130,000

(2) 직접재료, 재공품, 제품, 매출원가 각 계정별 기말잔액에 포함될 직접재료원가

	가격차이	직접재료	능률차이	재공품	제품	매출원가
차이 조정 전	₩(6,000)F	₩19,500	₩6,500U	₩13,000	₩13,000	₩78,000
		15%	5%	10%	10%	60%
가격차이	6,000	(900)	(300)	(600)	(600)	(3,600)
				12.5%	12.5%	75%
능률차이			(6,200)	775	775	4,650
차이 조정 후	-	₩18,600	-	₩13,175	₩13,175	₩79,050

[물음 2] 변동제조간접원가 소비차이와 능률차이

AQ × AP	AQ × SP	SQ × SP
2,600뱃치 × 4시간 × ₩5 = ₩52,000	2,600뱃치 × 4시간 × ₩4 = ₩41,600	2,364뱃치 × 3시간 × ₩4 = ₩28,368

소비차이 ₩10,400 불리　　능률차이 ₩13,232 불리

[물음 3] 변동제조간접원가 능률차이

(1) 직접재료원가 능률차이

(AQ - SQ) × SP = ₩6,500 불리

(2) 변동제조간접원가 능률차이

(AQ - SQ) × (0.5 × SP) = [(AQ - SQ) × SP] × 0.5

= ₩6,500 불리 × 0.5 = ₩3,250 불리

[물음 4] 변동제조간접원가 능률차이의 의미

(1) 전통적인 변동제조간접원가 소비차이가 발생하는 원인

소비차이는 실제배부율과 표준배부율의 차이로서 기계시간이라는 단일배부율을 수량표준으로 설정하기 때문에 원가요소항목별로 발생원인을 구체적으로 확인할 수 없다.

(2) 활동기준접근법에서의 소비차이의 의미 변화와 그 원인

활동기준접근법은 활동별 원가동인을 수량표준으로 설정하기 때문에 활동별 실제배부율과 표준배부율의 차이에 대한 원인을 구체적으로 확인할 수 있다.

(3) 능률차이의 의미 변화와 그 원인

전통적 원가계산의 능률차이는 기계시간의 효율적인 사용 여부를 의미하며, 활동기준원가계산의 능률차이는 활동별 원가동인의 효율적인 사용 여부를 의미한다. 능률차이의 원인은 기계시간과 원가동인 효율성으로 인한 것으로 실제산출량에 허용된 표준수량과 실제사용수량의 차이이다.

[물음 5] 활동기준원가계산의 네 가지 원가계층(Cost hierarchy)

- 단위수준활동: 제품 단위별로 진행되어 전통적 원가계산과 활동기준원가계산 모두 원가왜곡이 크지 않다.
- 묶음수준활동: 묶음별로 진행되므로 전통적 원가계산을 적용할 경우 과소계상되어 원가왜곡이 크게 발생할 수 있다.
- 제품수준활동: 제품 종류별로 진행되므로 전통적 원가계산을 적용할 경우 과소계상되어 원가왜곡이 크게 발생할 수 있다.
- 설비수준활동: 구체적인 원가동인을 확인할 수 없어 조업도기준의 자의적인 배부기준을 사용하므로 전통적 원가계산과 활동기준원가계산 모두 원가왜곡이 발생할 수 있다.

문제 10 표준종합원가계산과 원가차이분석

회계사 16

(주)한국은 제품 X를 생산·판매하고 있으며, 전부원가계산에 의한 표준종합원가계산시스템을 적용하고 있다.

(1) (주)한국이 20×1년 6월에 설정한 제품 단위당 표준원가는 다음 《자료 1》과 같다.

《자료 1》 제품 X의 단위당 표준원가

구분	제품 X		
	표준수량	표준가격	표준원가
직접재료원가	2kg	₩20	₩40
직접노무원가	2시간	₩10	₩20
변동제조간접원가	2시간	₩3	₩6
고정제조간접원가	2시간	A	?
제품 단위당 표준원가			?
제품 단위당 정상공손 허용액			B
정상품 단위당 표준원가			?

(2) 직접재료는 공정 초에 전량 투입되며, 전환원가(Conversion costs)는 공정 전반에 걸쳐 균등하게 발생한다. 제품 X에 대한 공손검사는 공정이 60% 진행된 시점에서 이루어지며, 검사를 통과한 합격품의 10%에 해당하는 공손수량은 정상적인 것으로 간주한다. (주)한국은 원가흐름에 대한 가정으로 선입선출법을 사용한다.

(3) (주)한국의 월간 조업도기준(생산량)은 다음과 같다.

구분	실제최대조업도	정상조업도
생산량	1,300단위	1,000단위

(4) (주)한국은 시장수요에 따라 정상조업도 수준의 생산을 유지하고 있으며, 제품 X의 고정제조간접원가 예산은 ₩10,000이다. 정상조업도에서 허용된 표준직접노무시간을 기준으로 고정제조간접원가 표준배부율을 계산한다.

(5) (주)한국의 제품 X의 단위당 판매가격은 ₩100이다.

요구사항

[물음 1] 《자료 1》의 빈칸에 들어갈 ① A의 금액, ② B의 금액과 ③ 제품 X의 총완성품원가를 계산하여 다음 주어진 양식에 따라 답하시오.

구분	금액
① 고정제조간접원가 표준가격(A)	
② 제품 단위당 정상공손 허용액(B)	
③ 총완성품원가	

[물음 2] 당월의 기초재공품 700단위는 65%, 기말재공품 500단위는 70%가 완성되었다. 공손수량은 150단위이고 당월 중 제품 X의 판매량은 1,000단위이다. 기초와 기말제품재고가 없다고 가정할 경우, 다음 물음에 답하시오.

(1) 당월 중 비정상공손수량과 비정상공손원가는 각각 얼마인가?

(2) 당월 말 재공품원가는 얼마인가?

(3) 당월 중 직접재료원가와 전환원가의 완성품환산량은 각각 얼마인가?

(4) 당월 중 재공품계정의 차변에 기록되는 직접재료원가와 전환원가는 각각 얼마인가?

(5) 공손원가를 별도로 계산하지 않는 표준종합원가계산에서 비정상공손원가는 차이분석 시 어디에 포함되는지 설명하시오. 그리고 이러한 회계처리가 매출원가 및 기말재고액에 미치는 영향을 설명하시오.

[물음 3] 아래의 각 물음에 답하시오.

(1) 직접노무인력은 숙련공과 미숙련공으로 구성된다. 관련 자료는 다음과 같다.

《자료 2》 제품 1단위당 직접노무인력별 표준시간과 표준임률

	표준시간	시간당 표준임률
숙련공	1시간	₩12
미숙련공	1시간	8
합계	2시간	₩20

《자료 3》 직접노무인력별 실제시간과 실제직접노무원가

	실제시간	실제직접노무원가
숙련공	1,050시간	₩12,180
미숙련공	950시간	8,360
	2,000시간	₩20,540

(주)한국의 임률차이, 배합차이, 수율차이를 다음 주어진 양식에 따라 답하시오. 유리한 차이는 'F' 혹은 '유리'로 표시하고, 불리한 차이는 'U' 혹은 '불리'로 표시하시오.

구분	원가차이
① 임률차이	
② 배합차이	
③ 수율차이	

(2) (주)한국의 실제변동제조간접원가는 ₩6,200이고, 실제고정제조간접원가는 ₩9,100이다. 변동제조간접원가의 소비차이와 능률차이 및 고정제조간접원가의 예산차이와 조업도차이를 다음 주어진 양식에 따라 답하시오. 유리한 차이는 'F' 혹은 '유리'로 표시하고, 불리한 차이는 'U' 혹은 '불리'로 표시하시오.

구분		원가차이
변동제조간접원가	① 소비차이	
	② 능률차이	
고정제조간접원가	③ 예산차이	
	④ 조업도차이	

(3) 위의 (1), (2)에서 계산한 직접노무원가차이, 변동제조간접원가차이 및 고정제조간접원가차이 각각에 대해 당월 말 차이 인식 시 해야 할 회계처리를 다음 주어진 양식에 따라 답하시오.

① 직접노무원가차이 인식 시 회계처리	
(차)	(대)
② 변동제조간접원가차이 인식 시 회계처리	
(차)	(대)
③ 고정제조간접원가차이 인식 시 회계처리	
(차)	(대)

(4) (주)한국은 20×1년 7월에 실제최대조업도 수준까지 생산을 늘릴 예정이다. 위 (2)와 같이 실제고정제조간접원가는 ₩9,100으로 예상된다. 생산량 증가 의사결정으로 인해 7월의 이익과 기말제품재고액은 6월에 비해 얼마만큼 증감하는가? 그리고 그 이유는 무엇인가? 단, 생산량 이외의 모든 자료는 매월 동일하다.

(5) 종합원가계산을 사용하는 기업이 표준원가계산제도를 도입할 경우의 장·단점을 각각 2가지씩 간략히 서술하시오.

해답

문제분석

■ 《자료 1》 "제품 X의 단위당 표준원가, 고정제조간접원가 A", "(3) 정상조업도 1,000단위" 및 "(4) 제품 X의 고정제조간접원가예산은 ₩10,000이다. 정상조업도에서 허용된 표준직접노무시간을 기준으로 고정제조간접원가 표준배부율을 계산"

→ 고정제조간접원가 단위당 표준배부금액: $\frac{₩10,000}{1,000단위}$ = ₩10/단위

∴ A: ₩10 ÷ 2시간 = ₩5/시간

■ "(2) 직접재료는 공정 초에 전량 투입되며, 전환원가(Conversion costs)는 공정 전반에 걸쳐 균등하게 발생한다. 제품 X에 대한 공손검사는 공정이 60% 진행된 시점에서 이루어지며, 검사를 통과한 합격품의 10%에 해당하는 공손수량은 정상적인 것으로 간주"

→ 단위당 공손원가를 계산한 후 단위당 공손원가에 10%를 곱하여 정상공손 허용액을 계산한다. 또한, 공정 60% 시점에서 검사하므로 공손의 전환원가 완성도는 60%이다.

- 단위당 공손원가: ₩40 + (₩20 + ₩6 + ₩10) × 60% = ₩61.6
- 정상공손 허용액: ₩61.6 × 10% = ₩6.16

■ "(4) (주)한국은 시장수요에 따라 정상조업도 수준의 생산을 유지"

→ 6월 판매량은 정상조업도인 1,000단위로 추정할 수 있다.

■ [물음 2] "기초와 기말제품재고가 없다고 가정할 경우"

→ 기초 및 기말제품재고가 없으므로 당기 생산량은 판매량과 일치한다.

■ [물음 2] "(4) 당월 중 재공품계정의 차변에 기록되는 직접재료원가와 전환원가"

→ 원가요소별 완성품환산량에 원가요소별 원가를 곱하여 계산한다.

■ [물음 3] "(4) (주)한국은 20×1년 7월에 실제최대조업도 수준까지 생산을 늘릴 예정" 및 "(4) 생산량 증가 의사결정으로 인해 7월의 이익과 기말제품재고액은 6월에 비해 얼마만큼 증감하는가?"

→ 자료에 제시되지 않았지만 원가차이 조정방법을 당기에 비용으로 처리하고 최대조업도 수준 생산을 산출량으로 가정하면 영업이익차이는 생산량 변화로 인한 조업도차이로 측정할 수 있고, 기말제품은 검사시점을 통과한 물량으로 금액은 표준원가와 정상공손원가를 고려하여 계산한다.

- 6월 조업도차이

실제발생	예산	SQ × SP
	1,000 × 2h × ₩5	985 × 2h × ₩5
₩9,100	= ₩10,000	= ₩9,850
예산차이 ₩900 유리		조업도차이 ₩150 불리

- 7월 조업도차이

실제발생	예산	SQ × SP
	1,000 × 2h × ₩5	1,300 × 2h × ₩5
₩9,100	= ₩10,000	= ₩13,000
예산차이 ₩900 유리		조업도차이 ₩3,000 유리

자료정리

(1) 표준원가표

구분	표준수량(SQ)	표준가격(SP)	표준원가
직접재료원가	2kg	₩20	₩40
직접노무원가	2시간	₩10	₩20
변동제조간접원가	2시간	₩3	₩6
고정제조간접원가	2시간	₩5	₩10
제품 단위당 표준원가			₩76
제품 단위당 정상공손 허용액			₩6.16
정상품 단위당 표준원가			₩82.16

(2) 물량흐름도

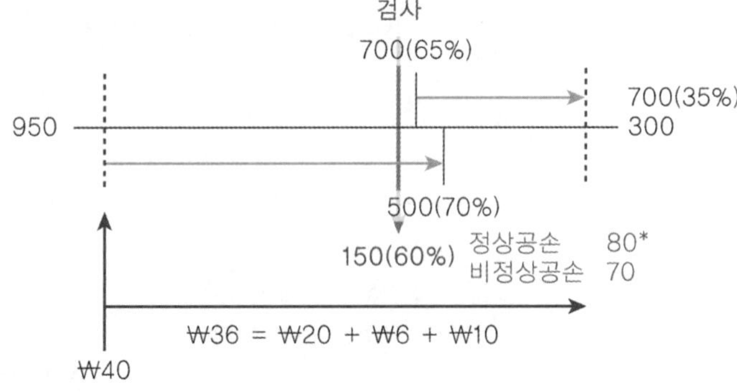

* 정상공손수량: (950단위 - 150단위) × 10% = 80단위

해커스 회계사 允원가관리회계연습 제6장 정상원가계산과 표준원가계산

(3) 제조원가보고서

• 월초재공품원가: 700단위 × ₩40 + 700단위 × 65% × ₩36 = ₩44,380

① 물량흐름 파악(선입선출법) / ② 완성품환산량

재공품				재료원가	전환원가
월초	700(0.65)	완성품	700(0.35)	-	245
			300	300	300
		정상공손	80(0.6)	80	48
		비정상공손	70(0.6)	70	42
착수	950	월말	500(0.7)	500	350
	1,650		1,650	950	985

③ 당기발생원가

재료원가	전환원가
-	-

④ 환산량 단위당 원가(단위당 표준원가)

재료원가	전환원가
₩40	₩36

⑤ 원가배분

• 1차 배분

완성품	₩44,380 + 300 × ₩40 + 545 × ₩36 =	₩76,000
정상공손	80 × ₩40 + 48 × ₩36 =	4,928
비정상공손	70 × ₩40 + 42 × ₩36 =	4,312
월말재공품	500 × ₩40 + 350 × ₩36 =	32,600
계		₩117,840

• 2차 배분

	배분 전 원가	공손원가 배분	배분 후 원가
완성품	₩76,000	₩1,848[*1]	₩77,848
정상공손	4,928	(4,928)	-
비정상공손	4,312	-	4,312
월말재공품	32,600	3,080[*2]	35,680
계	₩117,840	-	₩117,840

[*1] 완성품에 배분된 정상공손원가: $₩4,928 \times \frac{300}{300 + 500} = ₩1,848$

[*2] 재공품에 배분된 정상공손원가: $₩4,928 \times \frac{500}{300 + 500} = ₩3,080$

모범답안

[물음 1]

구분	금액
① 고정제조간접원가 표준가격(A)	₩5
② 제품 단위당 정상공손 허용액(B)	₩6.16
③ 총완성품원가	₩82,160

① 고정제조간접원가 표준가격: $\frac{₩10,000}{1,000단위 \times 2h}$ = ₩5/h

② 제품 단위당 정상공손 허용액: [₩40 + (₩36 × 60%)] × 10% = ₩6.16

③ 총완성품원가
- 단위당 완성품원가: (₩40 + ₩20 + ₩6 + ₩10) + ₩6.16 = ₩82.16
- 총완성품원가: 1,000단위 × ₩82.16 = ₩82,160

[물음 2]

(1) 비정상공손수량과 비정상공손원가

① 비정상공손수량: 총공손수량 - 정상공손수량 = 150단위 - 800단위 × 10% = 70단위

② 비정상공손원가

재료원가	70단위 × ₩40 =	₩2,800
전환원가	70단위 × 0.6 × ₩36 =	1,512
		₩4,312

(2) 당월 말 재공품원가

① 재공품원가(정상공손원가 배분 전)

재료원가	500단위 × ₩40=	₩20,000
전환원가	500단위 × 0.7 × ₩36=	12,600
		₩32,600

② 정상공손원가

재료원가	80단위 × ₩40 =	₩3,200
전환원가	80단위 × 0.6 × ₩36 =	1,728
		₩4,928

③ 재공품원가(정상공손원가 배분 후)

₩32,600 + ₩4,928 × $\frac{500단위}{300단위 + 500단위}$ = ₩35,680

(3) 당월 완성품환산량

① 재료원가: 950단위

② 전환원가: 700단위 × 0.35 + 300단위 + 150단위 × 0.6 + 500단위 × 0.7 = 985단위

(4) 당월 재료원가 및 전환원가

① 재료원가: 950단위 × ₩40 = ₩38,000

② 전환원가: 985단위 × ₩36 = ₩35,460

(5) 비정상공손원가 차이분석 및 회계처리가 미치는 영향

비정상공손원가계정을 사용하지 않는 경우에는 실제산출량이 감소하여 수량차이, 능률차이 및 조업도차이에 포함되며, 매출원가와 기말재고액을 증가시킨다.

[물음 3]

(1) 직접노무원가차이

구분	원가차이
① 임률차이	₩340 불리
② 배합차이	₩200 불리
③ 수율차이	₩300 불리

• 임률차이와 능률차이

	AQ × AP	AQ × SP	SQ × SP
숙련공	1,050h × ₩? = ₩12,180	1,050h × ₩12 = ₩12,600	985 × 1h × ₩12 = ₩11,820
미숙련공	950h × ₩? = 8,360	950h × ₩8 = 7,600	985 × 1h × ₩8 = 7,880
	₩20,540	₩20,200	₩19,700

임률차이 ₩340 불리 / 능률차이 ₩500 불리

• 배합차이와 수율차이

	AQ × SP	Total AQ × BM × SP	SQ × SP
숙련공	1,050h × ₩12 = ₩12,600	2,000h × 1/2 × ₩12 = ₩12,000	985 × 1h × ₩12 = ₩11,820
미숙련공	950h × ₩8 = 7,600	2,000h × 1/2 × ₩8 = 8,000	985 × 1h × ₩8 = 7,880
	₩20,200	₩20,000	₩19,700

배합차이 ₩200 불리 / 수율차이 ₩300 불리

(2) 제조간접원가차이

구분		원가차이
변동제조간접원가	① 소비차이	₩200 불리
	② 능률차이	₩90 불리
고정제조간접원가	③ 예산차이	₩900 유리
	④ 조업도차이	₩150 불리

• 변동제조간접원가 차이분석

AQ × AP	AQ × SP	SQ × SP
	2,000h × ₩3	985 × 2h × ₩3
₩6,200	= ₩6,000	= ₩5,910

소비차이 ₩200 불리 / 능률차이 ₩90 불리

• 고정제조간접원가 차이분석

실제발생	예산	SQ × SP
	1,000 × 2h × ₩5	985 × 2h × ₩5
₩9,100	= ₩10,000	= ₩9,850

예산차이 ₩900 유리 / 조업도차이 ₩150 불리

(3) 차이 인식 회계처리

① 직접노무원가차이 인식 시 회계처리

(차) 재공품	19,700	(대) 직접노무원가	20,540
임률차이	340		
배합차이	200		
수율차이	300		

② 변동제조간접원가차이 인식 시 회계처리

(차) 재공품	5,910	(대) 변동제조간접원가	6,200
소비차이	200		
능률차이	90		

③ 고정제조간접원가차이 인식 시 회계처리

(차) 재공품	9,850	(대) 고정제조간접원가	9,100
조업도차이	150	예산차이	900

(4) 생산량 증가가 이익과 기말재고에 미치는 영향

① 이익 증감

• 6월 조업도차이

실제발생	예산	SQ × SP
₩9,100	1,000 × 2h × ₩5 = ₩10,000	985 × 2h × ₩5 = ₩9,850
	예산차이 ₩900 유리	조업도차이 ₩150 불리

• 7월 조업도차이

실제발생	예산	SQ × SP
₩9,100	1,000 × 2h × ₩5 = ₩10,000	1,300 × 2h × ₩5 = ₩13,000
	예산차이 ₩900 유리	조업도차이 ₩3,000 유리

∴ 7월 이익: 7월 유리한 차이 ₩3,000 - 6월 불리한 차이 ₩150 = ₩2,850 증가

② 기말제품 300단위 원가: 300단위 × (₩76 + ₩6.16) = ₩24,648

(5) 표준원가계산제도의 장·단점

① 장점

• 제품 단위당 표준원가는 원가요소별 예산을 쉽게 편성할 수 있다

• 원가흐름의 가정이 필요 없으며, 수량만 파악하면 매출원가 및 재고자산가액을 쉽게 결정할 수 있다.

• 실제원가와의 차이분석을 통해 성과평가에 반영할 수 있다.

② 단점

• 표준원가를 설정하는 데 많은 시간과 비용이 소비된다.

• 품목의 다양화로 인하여 간접원가 비중이 높아짐에 따라 표준원가의 유용성이 점차 감소하고 있다.

• 품질 및 납기 등 비재무적인 측면을 간과할 수 있다.

문제 11 정상개별원가계산과 배부차이 조정

회계사 14

한국회사는 고급형, 표준형 및 저가형 공기청정기 각각을 뱃치(Batch)로 생산하여 판매하고 있다. 회사는 각 뱃치작업별로 정상개별원가계산(평준화개별원가계산: Normal job costing)을 적용하며, 계속기록법(Perpetual inventory system)과 선입선출법(FIFO)을 이용하여 재고자산을 평가하고 있다. 회사는 두 개의 제조부문인 기계부문과 조립부문을 운영하고 있으며, 제조간접원가의 배부에 있어서 부문별 예정배부율을 사용한다. 제조간접원가의 부문별 배부기준으로 기계부문에 대해서는 기계가동시간, 조립부문에 대해서는 직접노무시간을 사용한다.

한국회사의 당기 회계연도는 20×1년 1월 1일부터 20×1년 12월 31일이다. 회사는 기말에 제조간접원가 배부차이를 재공품과 제품 및 매출원가 총액을 기준으로 안분한다.

(1) 20×1년 1월 초 당기 회계연도의 각 제조부문에 대한 원가 및 생산에 관한 예측은 다음과 같다.

	기계부문	조립부문
제조간접원가	₩160,000	₩320,000
직접노무원가	₩260,000	₩400,000
직접노무시간	20,000시간	40,000시간
기계가동시간	10,000시간	40,000시간

(2) 20×1년 1월 초부터 20×1년 11월 말까지의 제조간접원가 실제발생액은 ₩522,000이며, 배부액은 ₩420,200이다.

(3) 20×1년 11월 말 현재 총계정원장 각 계정의 잔액은 다음과 같다.

- 재공품: ₩246,800
- 제품: ₩413,000
- 매출원가: ₩3,156,800

(4) 20×1년 11월 말 현재 재공품 ₩246,800의 내역은 다음과 같다.

작업	수량	항목	총원가
#101	9,600단위	고급형	₩143,200
#102	8,000단위	저가형	103,600
			₩246,800

(5) 20×1년 11월 말 현재 제품 ₩413,000은 다음 2가지 항목으로 구성되어 있다.

항목	수량	단위당 원가	총원가
고급형	1,000단위	₩22	₩22,000
저가형	23,000단위	₩17	391,000
			₩413,000

(6) 전월로부터 이월된 작업 #101과 #102는 20×1년 12월 중 생산이 완료되었으나, 당월 중 생산에 착수한 작업 #103은 20×1년 12월 말 현재 미완성 상태이다.

(7) 20×1년 12월 중 제조 및 판매 활동에 대한 자료는 다음과 같다.

① 각 작업별 제조원가 발생액

	#101(고급형)	#102(저가형)	#103(표준형)	합계
직접재료원가	₩42,000	₩12,000	₩18,400	₩72,400
직접노무원가	32,400	15,600	15,000	63,000
제조간접원가				46,200

② 각 제조부문에서 사용된 기계가동시간과 직접노무시간

작업	기계부문		조립부문	
	기계가동시간	직접노무시간	기계가동시간	직접노무시간
#101	200	500	1,800	2,400
#102	400	600	1,000	800
#103	200	300	1,200	1,200
	800	1,400	4,000	4,400

③ 20×1년 12월 중 실제생산량

작업	항목	생산량
#101	고급형	9,600단위
#102	저가형	8,000단위

④ 20×1년 12월 중 판매량

항목	판매량
고급형	8,000단위
저가형	25,000단위

요구사항

[물음 1] 당기 회계연도의 각 제조부문별 제조간접원가 예정배부율을 구하시오.

[물음 2] 당기 회계연도 말 제조간접원가 배부차이 조정 전에 다음 각 계정의 총계정원장상의 잔액은 얼마인가?

계정과목	잔액
재공품	
제품	
매출원가	

[물음 3] 당기 회계연도 말 제조간접원가 배부차이금액을 계산하고, 그 배부차이가 초과배부(과대배부) 혹은 부족배부(과소배부)인지 밝히시오.

[물음 4] 당기 회계연도 말 제조간접원가 배부차이 조정에 대한 분개를 하시오.

[물음 5] 한국회사가 정상개별원가계산 대신 실제개별원가계산을 사용할 경우의 문제점 두 가지를 설명하시오.

해답

문제분석

■ "정상개별원가계산"

➜ 개별원가계산이므로 작업의 종류(#101, #102, #103)를 정리하고, 정상원가계산이므로 예정배부율을 계산하기 위한 부문별 배부기준과 배부차이 조정방법에 대해서 살펴본다.

■ "선입선출법(FIFO)"

➜ 기초(월초)재고와 당기(당월)재고가 구분되어 있으며 단가가 동일하지 않을 것이다.

■ **"부문별 예정배부율" 및 "기계부문에 대해서는 기계가동시간, 조립부문에 대해서는 직접노무시간"**

➜ 부문별 배부이므로 기계부문과 조립부문의 예산자료를 찾아서 부문별로 예정배부율을 계산한다.

■ **"재공품과 제품 및 매출원가 총액을 기준으로 안분"**

➜ 총원가기준 비례배분법으로 배부차이를 각 계정의 총금액을 기준으로 안분한다. 주의할 점은 재공품과 제품은 12월 말 현재 금액을 의미하며 매출원가는 1월 ~ 11월 매출원가에 12월 매출원가를 가산해야 한다.

■ **"(1) 각 제조부문에 대한 원가 및 생산에 관한 예측"**

➜ 예측은 예산을 의미하므로 기계부문과 조립부문의 예정배부율은 다음과 같다.

- **기계부문**: $\frac{₩160,000}{10,000\text{시간}}$ = ₩16/기계가동시간
- **조립부문**: $\frac{₩320,000}{40,000\text{시간}}$ = ₩8/직접노무시간

■ **"(2) 1월 초부터 20×1년 11월 말까지의 제조간접원가 실제발생액은 ₩522,000이며, 배부액은 ₩420,200"**

➜ 배부차이 조정은 연기준이므로 20×1년 12월분 실제발생액과 배부액을 계산한 후 합산하여 연기준 실제발생액과 배부액을 계산한다.

■ **"(3) 20×1년 11월 말 현재 총계정원장 각 계정의 잔액"**

➜ • **재공품**: 12월 초 재공품을 기준으로 "자료 (7)"의 12월 직접재료원가, 직접노무원가와 부문별 예정배부율을 이용한 예정배부액으로 12월분 당기제품제조원가(완성품)와 12월 말 재공품을 계산할 수 있다.
- **제품**: 12월 완성품을 합한 총판매가능제품을 선입선출법에 의하여 매출원가와 기말제품으로 안분할 수 있다.
- **매출원가**: 12월 매출원가를 합한 연간 총매출원가를 계산한다. 배부차이 조정 시 각 계정의 총원가는 기말재공품, 기말제품 및 연간 총매출원가이다.

■ **"(4) 20×1년 11월 말 현재 재공품 ₩246,800의 내역"**

➜ 12월 작업별 원가계산 시 #101과 #102의 원가는 월초재공품원가로 처리한다. 또한, 작업별 수량과 "자료 (7)의 ③ 20×1년 12월 중 실제생산량"과 비교하여 공손이나 감손 여부를 확인한다.

■ **"(5) 20×1년 11월 말 현재 제품 ₩413,000은 다음 2가지 항목"**

➜ 작업별 표시방법이 #101, #102에서 고급형, 저가형으로 변경되어 있다. 이럴 때는 하나로 통일하여 정리하는 것이 좋다. 또한, 12월 중 생산한 #101, #102의 단가와 비교하여 선입선출법을 적용한 매출원가를 계산할 수 있다.

■ **"(6) 작업 #103은 20×1년 12월 말 현재 미완성"**

➜ 배부차이 조정 시 기말재공품 총원가는 #103의 총원가이다.

■ "(7) ① 각 작업별 제조원가 발생액" 및 "(7) ① 제조간접원가 ₩46,200"
→ "자료 (2)의 11월 말까지의 실제발생액 ₩522,000"과 합한 연간 실제발생액은 다음과 같다.
₩522,000 + ₩46,200 = ₩568,200

■ "(7) ② 각 제조부문에서 사용된 기계가동시간과 직접노무시간" 및 "(7) ② 기계부문 800시간, 조립부문 4,400시간"
→ 12월분 실제기계가동시간과 실제직접노무시간을 이용하여 12월분 예정배부액을 계산할 수 있다.
- 기계부문: ₩16 × 800시간 = ₩12,800
- 조립부문: ₩8 × 4,400시간 = ₩35,200

또한, "자료 (2)의 11월 말까지의 배부액 ₩420,200"과 합한 연간 배부액은 다음과 같다.
₩420,200 + ₩12,800 + ₩35,200 = ₩468,200

■ "(7) ③ 20×1년 12월 중 실제생산량"
→ 12월 작업별 총원가를 생산량으로 나누어 단위당 원가를 계산할 수 있다.

■ "(7) ④ 20×1년 12월 중 판매량"
→ 11월 말 단위당 원가와 12월 단위당 원가를 기준으로 선입선출법하의 매출원가를 계산할 수 있다.

자료정리

(1) 부문별 예정배부율

- 기계부문: $\frac{₩160,000}{10,000시간}$ = ₩16/기계가동시간
- 조립부문: $\frac{₩320,000}{40,000시간}$ = ₩8/직접노무시간

(2) 연간 제조간접원가 실제발생액 및 예정배부액

	실제발생액	예정배부액
1월 ~ 11월	₩522,000	₩420,200
12월	46,200	48,000[*1]
계	₩568,200	₩468,200

[*1] ₩16 × 800기계가동시간 + ₩8 × 4,400직접노무시간 = ₩48,000

(3) 12월 계정(재공품 및 제품) 물량흐름
#101(고급형), #102(저가형)

재공품

월초 #101	9,600단위	완성 #101	9,600단위
#102	8,000단위	#102	8,000단위
착수 #103	?단위	월말 #103	?단위

제품

월초 #101	1,000단위	판매 #101	8,000단위
#102	23,000단위	#102	25,000단위
입고 #101	9,600단위	월말 #101	2,600단위
#102	8,000단위	#102	6,000단위

(4) 12월 총제조원가 및 작업별 원가(정상원가계산)

• 12월 총제조원가

직접재료원가		₩72,400
직접노무원가		63,000
제조간접원가(배부액)	₩16 × 800 + ₩8 × 4,400 =	48,000
계		₩183,400

• 작업별 원가

	#101	#102	#103
월초재공품	₩143,200	₩103,600	-
직접재료원가	42,000	12,000	₩18,400
직접노무원가	32,400	15,600	15,000
제조간접원가(배부액)	22,400	12,800	12,800[*2]
계	₩240,000	₩144,000	₩46,200
생산량	÷ 9,600	÷ 8,000	÷ ?
단위당 원가	₩25	₩18	₩?

[*2] ₩16 × 200기계가동시간 + ₩8 × 1,200직접노무시간 = ₩12,800

(5) 작업별 매출원가

#101

월초	1,000단위 × ₩22	판매	1,000단위 × ₩22 7,000단위 × ₩25	→ ₩197,000
생산	9,600단위 × ₩25	월말	2,600단위 × ₩25	

#102

월초	23,000단위 × ₩17	판매	23,000단위 × ₩17 2,000단위 × ₩18	→ ₩427,000
생산	8,000단위 × ₩18	월말	6,000단위 × ₩18	

모범답안

[물음 1] 제조부문별 제조간접원가 예정배부율

- 기계부문: $\frac{₩160,000}{10,000시간}$ = ₩16/기계가동시간
- 조립부문: $\frac{₩320,000}{40,000시간}$ = ₩8/직접노무시간

[물음 2] 총계정원장상의 잔액

계정과목	잔액
재공품	₩46,200
제품	173,000
매출원가	3,780,800

(1) 12월 말 재공품(#103)

직접재료원가		₩18,400
직접노무원가		15,000
제조간접원가(배부액)	₩16 × 200 + ₩8 × 1,200 =	12,800
		₩46,200

(2) 12월 말 제품(#101 2,600단위, #102 6,000단위)

#101	2,600단위 × ₩25 =	₩65,000
#102	6,000단위 × ₩18 =	108,000
		₩173,000

(3) 매출원가

- 1월 ~ 11월분: ₩3,156,800
- 12월분(#101 8,000단위, #102 25,000단위)

#101	1,000단위 × ₩22 + 7,000단위 × ₩25 =	₩197,000
#102	23,000단위 × ₩17 + 2,000단위 × ₩18 =	427,000
		₩624,000

(4) 연간 매출원가

₩3,156,800 + ₩624,000 = ₩3,780,800

[물음 3] 제조간접원가 배부차이

	실제발생액	예정배부액	배부차이
1월 ~ 11월	₩522,000	₩420,200	-
12월	46,200	48,000	-
계	₩568,200	₩468,200	₩100,000 (과소배부)

[물음 4] 제조간접원가 배부차이 조정에 대한 분개

(1) 배부차이 조정(총원가기준법)

	배부차이 조정 전	비율	배부차이 조정	
재공품	₩46,200	0.01155	₩1,155	
제품	173,000	0.04325	4,325	
매출원가	3,780,800	0.94520	94,520	
계	₩4,000,000	1	₩100,000	(과소배부)

(2) 분개

(차)	재공품	1,155	(대) 제조간접원가	100,000
	제품	4,325	(배부차이)	
	매출원가	94,520		

[물음 5] 실제개별원가계산을 사용할 경우의 문제점

(1) 적시성의 문제

제조과정이 완료됨과 동시에 제품의 원가계산이 불가능하다.

(2) 안정성의 문제

실제원가를 실제조업도를 기준으로 계산할 경우 기간별로 제품원가가 변동되는 문제점이 발생한다.

문제 12 제조간접원가 행태별 기준조업도가 다른 경우 원가차이분석과 해석

회계사 13

제조기업인 (주)한국은 변동예산과 표준원가계산제도를 사용하고 있으며, 원가계산주기는 1달이다. 원가계산과 관리목적으로 4가지 원가그룹(직접재료원가, 직접노무원가, 변동제조간접원가, 고정제조간접원가)을 설정하고 있으며, 직접노동시간을 변동제조간접원가와 고정제조간접원가의 배부기준으로 사용하고 있다. 20×1년도에 (주)한국의 제품 한 단위당 표준은 다음과 같다.

원가그룹	투입물량	물량 한 단위당 표준가격
직접재료원가	5kg	₩300
직접노무원가	?	1,000
변동제조간접원가	?	?
고정제조간접원가	?	?

20×1년도 연간 예상 변동제조간접원가 총액은 ₩6,000,000으로서 예상 직접노동시간 12,000시간을 기준으로 설정되었다. 연간 예상 고정제조간접원가 총액은 ₩12,000,000이며, 표준배부율은 기준조업도(생산량) 7,500개를 기초로 계산한다. 원가관리목적상, 고정제조간접원가예산은 월별로 균등하게 배분한다.

20×1년도 5월 초 직접재료와 재공품 재고는 없었으며, 5월 말 재공품 재고도 없었다. 5월 중에 제품의 실제생산량은 500개이며, 원가그룹별로 발생한 구체적인 내역은 다음과 같다.

- 구매 당시 직접재료원가 가격차이: ₩200,000(불리)
- 직접재료 kg당 가격차이: ₩50
- 직접재료원가 능률차이: ₩150,000(유리)
- 직접노무원가 발생액: ₩960,000
- 직접노무원가 임률차이: ₩160,000(불리)
- 변동제조간접원가 발생액: ₩450,000
- 변동제조간접원가 능률차이: ₩100,000(유리)
- 고정제조간접원가 소비차이: ₩100,000(불리)

요구사항

[물음 1] 다음 물음에 답하시오.

(1) 5월 중 직접재료 구매량과 직접재료 실제사용량은?

(2) 직접재료원가 가격차이를 구매시점에서 분리할 경우, 5월 중 직접재료 사용시점에서의 분개는?

(3) 직접재료원가 가격차이를 사용시점에서 분리할 경우, 5월 중 직접재료 사용시점에서의 분개는?

[물음 2] 다음 물음에 답하시오.

(1) 5월 중 직접노동시간 실제투입시간은?

(2) 5월 중 직접노무원가 능률차이는?

[물음 3] 5월 중 변동제조간접원가와 관련된 분개는? (발생부터 단계별로 반드시 구분하여 작성하되, 변동제조간접원가 발생 분개 시 상대계정으로는 미지급비용을 사용할 것)

[물음 4] 5월 중 고정제조간접원가 실제발생액과 조업도차이는?

[물음 5] (주)한국의 변동제조간접원가 항목 중 윤활유가 있는데, 5월 중에 윤활유를 리터당 표준가격보다 비싸게 구입한 결과, 수량은 예상(표준)보다 적게 투입되었으며, 이로 인해 직접노동시간(변동, 고정제조간접원가의 배부기준)이 표준시간보다 적게 투입되었다고 하자. 이 경우, 다음 표에서 각 차이에 미치는 영향에 대해 적합한 란에 "O" 표시를 하고, 그 이유를 간략히 설명하시오. (각 차이별로 반드시 2줄 이내로 쓸 것)

구분	유리	불리	무관	불확실
변동제조간접원가 소비차이				
변동제조간접원가 능률차이				
고정제조간접원가 소비차이				
고정제조간접원가 조업도차이				

해답

문제분석

■ "변동예산과 표준원가계산제도"

→ 대표적인 원가중심점인 표준원가중심점은 변동예산과의 비교를 통하여 의미 있는 성과평가를 할 수 있다.

■ "원가계산주기는 1달"

→ 고정제조간접원가 월 예산은 연간 예산을 12개월로 나누어 계산한다.

■ "직접노동시간을 변동제조간접원가와 고정제조간접원가의 배부기준으로 사용"

→ 제조간접원가의 수량표준(SQ)은 직접노동시간이다.

■ "연간 예상 변동제조간접원가 총액은 ₩6,000,000으로서 예상 직접노동시간 12,000시간을 기준으로 설정"

→ 변동제조간접원가 표준배부율(SP): $\frac{₩6,000,000}{12,000시간}$ = ₩500/직접노동시간

■ "연간 예상 고정제조간접원가 총액은 ₩12,000,000이며, 표준배부율은 기준조업도(생산량) 7,500개를 기초로 계산"

→ 변동제조간접원가와는 달리 기준조업도가 생산량으로 제시되어 고정제조간접원가 표준배부율(SP)이 아닌 단위당 표준원가를 계산할 수 있다.

단위당 표준원가: $\frac{₩12,000,000}{7,500개}$ = ₩1,600/개

또한, 원가계산주기는 1달이므로, 월 고정제조간접원가예산은 ₩1,000,000(= $\frac{₩12,000,000}{12개월}$)이다.

■ "5월 초 직접재료와 재공품 재고는 없었으며, 5월 말 재공품 재고도 없었다."

→ 5월 말 직접재료 재고는 존재하기 때문에 5월 직접재료 구입량과 사용량이 다르므로 가격차이는 구입가격차이와 가격차이로 각각 계산할 수 있다.

■ "5월 중에 제품의 실제생산량은 500개"

→ 월초 및 월말재공품이 없으므로 실제생산량은 실제산출량이다.

■ "구매 당시 직접재료원가 가격차이: ₩200,000(불리)" 및 "직접재료 kg당 가격차이: ₩50"

→ 구매 당시 가격차이이므로 구입가격차이를 의미하며, kg당 구입가격이 ₩50이므로 구입수량은 다음과 같다.

$\frac{₩200,000}{₩50}$ = 4,000kg

■ "직접재료원가 능률차이: ₩150,000(유리)"

→ 능률차이는 실제사용량과 실제산출량에 대한 표준수량 차이로 실제산출량이 500개이므로 실제사용량은 2,000kg이다.

AQ × SP	SQ × SP
2,000kg × ₩300 = ₩600,000	500개 × 5kg × ₩300 = ₩750,000
₩150,000 F	

■ "직접노무원가 발생액: ₩960,000" 및 "직접노무원가 임률차이: ₩160,000(불리)"

→ 임률차이는 실제임률과 표준임률과의 차이로 실제직접노동시간은 800시간이다.

AQ × AP	AQ × SP
₩960,000	800시간 × ₩1,000 = ₩800,000
₩160,000 U	

■ "변동제조간접원가 능률차이: ₩100,000(유리)"

→ 능률차이는 실제직접노동시간과 실제산출량에 허용된 표준노동시간과의 차이로 단위당 표준노동시간은 2시간이다.

AQ × SP	SQ × SP
800시간 × ₩500 = ₩400,000	500개 × 2시간 × ₩500 = ₩500,000
₩100,000 F	

또한, 본 문제에는 제조간접원가 표준에 대해 일반적인 문제와는 다르게 제시되어 있다.

① 변동제조간접원가와 고정제조간접원가의 기준조업도가 다르다.

- **변동제조간접원가**: 12,000직접노동시간
- **고정제조간접원가**: 7,500개 또는 15,000직접노동시간(= 7,500개 × 2시간)

② 변동제조간접원가와 고정제조간접원가의 표준설정이 다르다.

- **변동제조간접원가**: 직접노동시간당 ₩500
- **고정제조간접원가**: 단위당 ₩1,600

■ **[물음 5] "윤활유를 리터당 표준가격보다 비싸게 구입한 결과, 수량은 예상(표준)보다 적게 투입되었으며" 및 "직접노동시간(변동, 고정제조간접원가의 배부기준)이 표준시간보다 적게 투입"**

→ • **변동제조간접원가**: 제조간접원가의 수량표준(SQ)을 노동시간으로 사용하는 원가차이분석에서 변동제조간접원가 소비차이에는 원가요소항목(윤활유) 가격에 대한 차이와 능률에 대한 차이가 모두 포함되어 있어, 가격을 비싸게 구입한 효과와 사용수량이 줄어든 효과가 모두 포함되어 총소비차이에 미치는 영향은 불확실하다. 단, 실제노동시간 감소로 인하여 변동제조간접원가 능률차이는 유리한 차이로 나타난다.

• **고정제조간접원가**: 고정제조간접원가 소비차이는 실제발생액과 예산의 차이이며 고정제조간접원가 조업도차이는 예산과 표준배부금액의 차이로서 노동시간의 변화는 고정제조간접원가차이에 영향을 미치지 않는다.

자료정리

(1) 표준원가표

	SQ	SP	표준원가
직접재료원가	5kg	₩300	₩1,500
직접노무원가	2시간	1,000	2,000
변동제조간접원가	2시간	500	1,000
고정제조간접원가	2시간*1	800*1	1,600
			₩6,100

*1 직접노동시간을 변동제조간접원가와 고정제조간접원가의 배부기준으로 사용하므로, 고정제조간접원가의 SQ와 SP는 각각 2시간, ₩800/시간이다.

(2) 원가요소별 원가차이분석

• 직접재료원가

AQ′ × AP	AQ′ × SP
4,000kg × ₩350*2 = ₩1,400,000	4,000kg × ₩300 = ₩1,200,000
구입가격차이 ₩200,000 U	

AQ × SP	SQ × SP
2,000kg × ₩300 = ₩600,000	500개 × 5kg × ₩300 = ₩750,000
능률차이 ₩150,000 F	

*2 실제구입가격(AP): kg당 불리한 가격차이가 ₩50이므로 ₩300(SP) + ₩50 = ₩350이다.

만약, 가격차이를 사용시점에서 분리하는 경우 원가차이는 다음과 같다.

AQ × AP	AQ × SP	SQ × SP
2,000kg × ₩350 = ₩700,000	2,000kg × ₩300 = ₩600,000	500개 × 5kg × ₩300 = ₩750,000
가격차이 ₩100,000 U	능률차이 ₩150,000 F	

• 직접노무원가

AQ × AP	AQ × SP	SQ × SP
₩960,000	800시간 × ₩1,000 = ₩800,000	500개 × 2시간 × ₩1,000 = ₩1,000,000
임률차이 ₩160,000 U	능률차이 ₩200,000 F	

• 변동제조간접원가

AQ × AP(실제)	AQ × SP	SQ × SP
₩450,000	800시간 × ₩500 = ₩400,000	500개 × 2시간 × ₩500 = ₩500,000
소비차이 ₩50,000 U	능률차이 ₩100,000 F	

• 고정제조간접원가

실제	예산(월기준)	SQ × SP
₩1,100,000	₩1,000,000	500개 × 2시간 × ₩800 = ₩800,000
소비차이 ₩100,000 U	조업도차이 ₩200,000 U	

모범답안

[물음 1]

(1) 5월 중 직접재료 구매량과 직접재료 실제사용량

① 직접재료 구매량(AQ′)

$$\frac{\text{구입가격차이}}{\text{kg당 가격차이}} = \frac{₩200,000}{₩50} = 4,000\text{kg}$$

또는, 원가차이분석을 이용하여 다음과 같이 구할 수 있다.

AQ′ × AP	AQ′ × SP
4,000kg × ₩350 = ₩1,400,000	4,000kg × ₩300 = ₩1,200,000
구입가격차이 ₩200,000 U	

② 직접재료 실제사용량(AQ)

AQ × SP	SQ × SP
2,000kg × ₩300 = ₩600,000	500개 × 5kg × ₩300 = ₩750,000
능률차이 ₩150,000 F	

∴ 실제사용량 = 2,000kg

(2) 직접재료원가 가격차이를 구매시점에서 분리할 경우 사용시점에서의 분개

(차)	재공품(SQ × SP)	750,000	(대) 직접재료(AQ × SP)	600,000
			직접재료(능률차이)	150,000

(3) 직접재료원가 가격차이를 사용시점에서 분리할 경우 사용시점에서의 분개

(차)	재공품(SQ × SP)	750,000	(대) 직접재료(AQ × AP)*	700,000
	직접재료(가격차이)	100,000	직접재료(능률차이)	150,000

* 2,000kg × ₩350 = ₩700,000

[물음 2]

(1) 5월 중 직접노동시간 실제투입시간

AQ × AP	AQ × SP
	800시간 × ₩1,000
₩960,000	= ₩800,000
임률차이 ₩160,000 U	

∴ 실제투입시간 = 800시간

(2) 5월 중 직접노무원가 능률차이

AQ × SP	SQ × SP
800시간 × ₩1,000	500개 × 2시간 × ₩1,000
= ₩800,000	= ₩1,000,000
능률차이 ₩200,000 F	

∴ 직접노무원가 능률차이 = ₩200,000 유리

[물음 3] 변동제조간접원가와 관련된 분개

(1) 발생 시

(차) 변동제조간접원가(실제)	450,000	(대) 미지급비용(실제)	450,000

(2) 원가대체

(차) 재공품(SQ × SP)	500,000	(대) 변동제조간접원가(실제)	450,000
변동제조간접원가(소비차이)	50,000	변동제조간접원가(능률차이)	100,000

[물음 4] 고정제조간접원가 실제발생액과 조업도차이

실제	예산(월기준)	SQ × SP
		500개 × 2시간 × ₩800
₩1,100,000	₩1,000,000	= ₩800,000
소비차이 ₩100,000 U	조업도차이 ₩200,000 U	

∴ 고정제조간접원가 실제발생액 = ₩1,100,000, 조업도차이 = ₩200,000 불리

[물음 5] 각 차이에 미치는 영향

구분	유리	불리	무관	불확실
변동제조간접원가 소비차이				O
변동제조간접원가 능률차이	O			
고정제조간접원가 소비차이			O	
고정제조간접원가 조업도차이			O	

(1) **변동제조간접원가 소비차이:** 불확실

윤활유의 가격 증가분과 수량 증가분에 대한 효과가 서로 상충되어 소비차이의 유·불리는 정확하게 파악할 수가 없다.

(2) **변동제조간접원가 능률차이:** 유리

제조간접원가의 배부기준이 직접노동시간이며 직접노동시간이 표준보다 적게 투입되었으므로 변동제조간접원가의 능률차이는 유리한 차이가 발생된다.

(3) **고정제조간접원가 소비차이:** 무관

고정제조간접원가는 실제발생액과 예산과의 차이로서 주어진 자료에 의한 영향은 없다.

(4) **고정제조간접원가 조업도차이:** 무관

고정제조간접원가는 예산과 표준투입액과의 차이로서 주어진 자료에 의한 영향은 없다.

문제 13 보조부문원가 예정배부 및 정상원가계산 종합

세무사 20

맞춤가구를 주문생산하여 아파트 신축공사 현장에 납품하는 (주)한국은 하나의 보조부문(동력부문)과 두 개의 제조부문(절단부문, 조립부문)을 운영하여, 정상개별원가계산(Normal job costing)을 채택하고 있다. 동력부문의 원가는 전력사용량(kwh)을 기준으로 제조부문에 배부하며 단일배부율을 사용한다. 제조부문은 부문별 단일배부율을 이용하여 제조간접원가를 배부하며 절단부문의 경우 기계가동시간을 기준으로, 조립부문의 경우 직접노무시간을 기준으로 제조간접원가를 각 작업에 배부한다. (주)한국은 개별법을 이용하여 재고자산을 평가하며, 당기 회계연도는 20×1년 1월 1일부터 20×1년 12월 31일이다.

(1) 동력부문의 20×1년도 연간 원가예산은 다음과 같다.

동력부문의 원가 = ₩216,000 + ₩2 × 전력사용량(kwh)

(2) 동력부문의 20×1년도 연간 예산자료는 다음과 같다.

구분	절단부문	조립부문
보조부문 배부 전 제조간접원가	₩600,000	₩311,000
직접노무시간	800시간	2,600시간
기계가동시간	5,000시간	800시간
기계가동시간당 전력사용량	2kwh	2.5kwh

(3) 20×1년도 각 작업과 관련된 실제자료는 다음과 같다.

구분	#107	#201	#202
직접재료원가	₩300,000	₩100,000	₩200,000
직접노무원가	230,000	150,000	320,000
직접노무시간			
절단부문	200시간	200시간	400시간
조립부문	900	300	1,200
기계가동시간			
절단부문	1,500시간	1,000시간	1,500시간
조립부문	400	120	200

(4) 전기로부터 이월된 작업 #107은 당기에 완성되어 판매되었으며, #201과 #202는 당기에 착수하여 당기 말 현재 #201은 미완성, #202는 완성되었다. (주)한국의 기초제품재고는 존재하지 않으며 기초재공품에 대한 원가자료는 다음과 같다.

구분	기초재공품
직접재료원가	₩160,000
직접노무원가	200,000
제조간접원가	60,000

요구사항

[물음 1] 절단부문과 조립부문의 부문별 배부율은 각각 얼마인지 계산하고, 작업 #107, #201, #202에 배부되는 제조간접원가를 각각 계산하시오.

[물음 2] 당기 말 제조간접원가 배부차이 조정 전 기말재공품, 기말제품 및 매출원가는 얼마인지 계산하시오.

[물음 3] 보조부문원가를 제조부문에 배부한 후, 절단부문과 조립부문의 실제제조간접원가가 각각 ₩720,000, ₩356,400으로 집계되었을 경우, 당기 말 제조간접원가 배부차이를 부문별로 계산하고, 그 차이가 과소배부(부족배부) 또는 과대배부(초과배부)인지 표시하시오.

[물음 4] (주)한국이 제조간접원가 배부차이를 원가요소기준 비례배부법에 따라 배부하는 경우, 당기 말 배부차이 조정 후 기말재공품, 기말제품 및 매출원가는 얼마인지 계산하시오.

해답

문제분석

■ "동력부문의 원가는 전력사용량(kwh)을 기준으로 제조부문에 배부", "(2) 5,000시간, 2kwh" 및 "(2) 800시간, 2.5kwh"
→ 제조부문의 총예산전력사용량을 이용하여 kwh당 배부율을 계산한 후 각 제조부문의 예산전력사용량을 기준으로 배부한다.

■ "절단부문의 경우 기계가동시간을 기준", "조립부문의 경우 직접노무시간을 기준" 및 "(2) 5,000시간, 2,600시간"
→ 보조부문 배부금액을 가산한 제조부문별 총원가를 각각 기계가동시간과 직접노무시간으로 나누어 부문별 예정배부율을 계산한다.

■ "(3) 절단부문 1,500시간, 1,000시간, 1,500시간" 및 "(3) 조립부문 900시간, 300시간, 1,200시간"
→ 절단부문의 예정배부율을 작업별 기계가동시간에 곱하고, 조립부문의 예정배부율을 작업별 직접노무시간에 곱하여 예정배부한다.

■ "(4) 전기로부터 이월된 작업 #107은 당기에 완성되어 판매" 및 "(4) 당기 말 현재 #201은 미완성, #202는 완성"
→ 작업 #107은 매출원가, 작업 #201은 기말재공품, 작업 #202는 기말제품이다.

■ [물음 3] "절단부문과 조립부문의 실제제조간접원가가 각각 ₩720,000, ₩356,400으로 집계"
→ 절단부문과 조립부문의 예정배부금액과 비교하여 각 부문별 배부차이를 계산할 수 있다.

■ [물음 4] "원가요소기준 비례배부법"
→ 원가요소기준 비례배부법을 적용하는 경우 당기 배부된 원가를 기준으로 배부하므로 작업 #107의 기초재공품원가는 제외한다.

자료정리

(1) 제조부문 예산전력사용량

절단부문	5,000시간 × 2kwh =	10,000kwh
조립부문	800시간 × 2.5kwh =	2,000kwh
		12,000kwh

(2) 동력부문 예산원가

₩216,000 + ₩2 × 12,000kwh = ₩240,000

(3) 동력부문 배부율

₩240,000 ÷ 12,000kwh = ₩20/kwh

모범답안

[물음 1] 부문별 배부율과 각 작업에 배부되는 제조간접원가

(1) 부문별 배부율

	절단부문		조립부문	
배분 전 원가		₩600,000		₩311,000
동력부문	₩20 × 10,000kwh =	200,000	₩20 × 2,000kwh =	40,000
배분 후 원가		₩800,000		₩351,000
기계가동시간		÷ 5,000		
직접노무시간				÷ 2,600
배부율		₩160		₩135

(2) 작업 #107, #201, #202에 배부되는 제조간접원가

	#107	#201	#202
절단부문	₩240,000[*1]	₩160,000	₩240,000
조립부문	121,500[*2]	40,500	162,000
제조간접원가	₩361,500	₩200,500	₩402,000

[*1] ₩160 × 1,500시간 = ₩240,000

[*2] ₩135 × 900시간 = ₩121,500

[물음 2] 배부차이 조정 전 금액

	#107(매출원가)	#201(기말재공품)	#202(기말제품)	예정배부금액
기초재공품	₩420,000	-	-	
직접재료원가	300,000	₩100,000	₩200,000	
직접노무원가	230,000	150,000	320,000	
절단부문	240,000	160,000	240,000	₩640,000
조립부문	121,500	40,500	162,000	324,000
	₩1,311,500	₩450,500	₩922,000	₩964,000

[물음 3] 부문별 배부차이

	절단부문	조립부문	합계
예정배부금액	₩640,000	₩324,000	₩964,000
실제발생금액	720,000	356,400	1,076,400
배부차이금액	₩80,000(과소)	₩32,400(과소)	₩112,400(과소)

[물음 4] 배부차이 조정 후 금액

(1) 배부차이 조정

	#107(매출원가)	#201(기말재공품)	#202(기말제품)	배부차이
절단부문	₩240,000	₩160,000	₩240,000	
비율	0.375	0.25	0.375	
조정	30,000	20,000	30,000	₩80,000 과소
조립부문	₩121,500	₩40,500	₩162,000	
비율	0.375	0.125	0.5	
조정	12,150	4,050	16,200	₩32,400 과소
합계	₩42,150	₩24,050	₩46,200	

(2) 조정 후 금액

	#107(매출원가)	#201(기말재공품)	#202(기말제품)
배부차이 조정 전 금액	₩1,311,500	₩450,500	₩922,000
배부차이 조정	42,150	24,050	46,200
배부차이 조정 후 금액	₩1,353,650	₩474,550	₩968,200

제7장

전부/변동/초변동원가계산

핵심 이론 요약

01 원가계산제도

(1) 제품원가의 구성요소

	전부원가계산	변동원가계산	초변동원가계산
제품원가	직접재료원가	직접재료원가	직접재료원가
	직접노무원가	직접노무원가	직접노무원가
	변동제조간접원가	변동제조간접원가	변동제조간접원가
	고정제조간접원가	고정제조간접원가	고정제조간접원가
기간비용	변동판매관리비	변동판매관리비	변동판매관리비
	고정판매관리비	고정판매관리비	고정판매관리비

판매관리비는 변동판매관리비와 고정판매관리비로 구분할 수 있으며, 어떠한 원가계산을 적용하더라도 제품원가에 포함될 수 없다.

(2) 전부원가계산의 문제점

① 제품단가의 변동: 생산량에 따라 단위당 고정제조간접원가가 달라짐 ⇒ 생산량↑ → 원가↓

② 영업이익의 왜곡: 생산량에 따라 이익이 달라짐 ⇒ 생산량↑ → 이익↑

02 변동원가계산과 초변동원가계산

(1) 변동원가계산

① 총공헌이익

총공헌이익(CM) = 매출액(S) - 변동원가(VC)*

* 변동제조원가 + 변동판매관리비

② 단위당 공헌이익

CM = S - VC

|

÷ 수량(Q)

↓

cm = p - vc

③ 변동원가계산 손익계산서

손익계산서		
매출액	xxx	당기 판매량분
변동제조원가 변동판매관리비	(xxx) (xxx)	당기 판매량분
공헌이익	xxx	
고정제조원가 고정판매관리비	(xxx) (xxx)	당기 발생분
	xxx	

(2) 초변동원가계산

① 재료처리량 공헌이익

> 재료처리량 공헌이익(Throughput CM) = 매출액(S) - 직접재료원가(DM)

② 초변동원가계산 손익계산서

손익계산서		
매출액	xxx	당기 판매량분
직접재료원가	(xxx)	당기 판매량분
재료처리량 공헌이익	xxx	
직접노무원가	(xxx)	당기 생산량분
변동제조간접원가	(xxx)	당기 생산량분
변동판매관리비	(xxx)	당기 판매량분
고정제조원가	(xxx)	당기 발생분
고정판매관리비	(xxx)	당기 발생분
	xxx	

03 전부원가계산과 변동원가계산 손익계산서 비교

전부원가계산 손익계산서는 원가를 기능별로 구분하고, 변동원가계산 손익계산서는 원가를 행태별로 구분한다.

전부원가계산			변동원가계산		
매출액		×××	매출액		×××
매출원가			변동원가		
변동제조원가	×××		변동제조원가	×××	
고정제조원가*[1]	×××	(×××)	변동판매관리비	×××	(×××)
매출총이익		×××	공헌이익		×××
판매관리비			고정원가		
변동판매관리비	×××		고정제조원가*[2]	×××	
고정판매관리비	×××	(×××)	고정판매관리비	×××	(×××)
영업이익		×××	영업이익		×××

*1 판매량 × 단위당 고정제조원가

*2 고정제조원가 당기발생분

04 영업이익의 비교

(1) 재고수준의 변동에 따른 영업이익 비교

☑ 단, 전기와 당기의 제조원가는 동일하다고 가정함

재고수준의 변동	원가계산방법별 영업이익 비교
생산량 > 판매량(기초재고 < 기말재고)	전부원가이익 > 변동원가이익 > 초변동원가이익
생산량 = 판매량(기초재고 = 기말재고)*	전부원가이익 = 변동원가이익 = 초변동원가이익
생산량 < 판매량(기초재고 > 기말재고)	전부원가이익 < 변동원가이익 < 초변동원가이익

* 만약 전기와 당기의 제조원가가 다르다면, 수량이 동일하더라도 이익은 달라질 수 있다.

(2) 당기 생산량의 증가에 따른 영업이익 비교

☑ 단, 판매량은 동일하다고 가정함

구분	전부원가계산	변동원가계산	초변동원가계산
영업이익	증가	영향 없음	감소
원인	제조단가 감소 및 고정제조간접원가 자산화	고정원가 기간비용	변동가공원가와 고정원가 기간비용
시사점	재고과잉 위험	생산이 아닌 판매에 집중	재고 최소화

05 원가계산방법별 영업이익 차이 조정

☑ 재고자산은 제품과 재공품을 의미하며, 재공품은 완성도를 반영하여 환산함

(1) 전부원가계산과 변동원가계산

전부원가 영업이익 = 변동원가 영업이익 + 기말재고자산의 고정제조간접원가[*1]
- 기초재고자산의 고정제조간접원가[*1]

[*1] 차이 조정방법이 비례배분법인 경우 정상원가계산과 표준원가계산 적용 시 예정배부액 또는 표준배부액으로 조정되어야 한다.

(2) 변동원가계산과 초변동원가계산

변동원가 영업이익 = 초변동원가 영업이익 + 기말재고자산의 변동가공원가[*2]
- 기초재고자산의 변동가공원가[*2]

[*2] ① 변동가공원가 = 직접노무원가 + 변동제조간접원가
② 차이 조정방법이 비례배분법인 경우 정상원가계산과 표준원가계산 적용 시 예정배부액 또는 표준배부액으로 조정되어야 한다.

(3) 전부원가계산과 초변동원가계산

전부원가 영업이익 = 초변동원가 영업이익 + 기말재고자산의 가공원가[*3]
- 기초재고자산의 가공원가[*3]

[*3] ① 가공원가 = 직접노무원가 + 변동제조간접원가 + 고정제조간접원가
② 차이 조정방법이 비례배분법인 경우 정상원가계산과 표준원가계산 적용 시 예정배부액 또는 표준배부액으로 조정되어야 한다.

06 원가계산방법별 장·단점

(1) **전부원가계산:** 원가부착개념

장점	단점
장기적 의사결정에 적합	제품원가가 생산량에 따라 변동
수익·비용대응원칙에 부합	영업이익이 생산량에 따라 변동

(2) **변동원가계산:** 원가회피개념

장점	단점
단기적 의사결정에 적합	변동원가와 고정원가 구분이 어려움
영업이익이 판매량에 의해서만 변동	회계원칙에서 인정하지 않음

(3) **초변동원가계산:** 원가회피개념

장점	단점
재고 증가 방지	재고의 긍정적인 측면을 간과
가공원가의 원가행태 구분이 필요 없음	회계원칙에서 인정하지 않음

07 제품원가 실제성과 제품원가 구성요소의 관계

	전부원가계산	변동원가계산	초변동원가계산
실제원가계산	실제직접재료원가 실제직접노무원가 실제변동제조간접원가 실제고정제조간접원가	실제직접재료원가 실제직접노무원가 실제변동제조간접원가 -	실제직접재료원가 - - -
정상원가계산	실제직접재료원가 실제직접노무원가 정상변동제조간접원가 정상고정제조간접원가 ⇓ 전체제조간접원가 배부차이 발생	실제직접재료원가 실제직접노무원가 정상변동제조간접원가 - ⇓ 변동제조간접원가 배부차이만 발생	실제직접재료원가 - - -
표준원가계산	표준직접재료원가 표준직접노무원가 표준변동제조간접원가 표준고정제조간접원가 ⇓ 전체제조원가 원가차이 발생	표준직접재료원가 표준직접노무원가 표준변동제조간접원가 - ⇓ 변동제조원가 원가차이만 발생	표준직접재료원가 - - - ⇓ 직접재료원가 원가차이만 발생

08 배부(원가)차이 조정(매출원가조정법)

	매출원가		
	전부원가계산	변동원가계산	초변동원가계산
실제원가계산	실제전부제조원가	실제변동제조원가	실제직접재료원가
차이 조정	-	-	-
정상원가계산	정상전부제조원가	정상변동제조원가	실제직접재료원가
차이 조정	(±)전체제조간접원가 배부차이	(±)변동제조간접원가 배부차이	-
표준원가계산	표준전부제조원가	표준변동제조원가	표준직접재료원가
차이 조정	(±)전체제조원가 원가차이	(±)변동제조원가 원가차이	(±)직접재료원가 원가차이

문제 01 손익계산서를 이용한 원가자료 추정

(주)한국은 표준전부원가계산제도를 채택하고 있다. 당기 초에 회사는 당해 연도 목표순이익을 ₩20,000으로 설정하였다. 회사의 최고경영자는 당해 연도 실제매출액이 예산을 10%만큼 초과하고 있었기 때문에 실제순이익도 목표순이익을 초과할 것이라고 생각했으나 12월 31일에 다음과 같은 비교예측손익보고서를 제출받고 매우 당황하였다. 이에 의하면 실제순이익이 목표순이익보다 오히려 ₩5,000만큼 감소한 것으로 나타났기 때문이다.

비교예측손익보고서(1. 1. ~ 12. 31.)

	연초 예측	12월 31일 결과
매출	₩500,000	₩550,000
매출원가(표준)	(425,000)	?
조업도차이(불리)	-	?
매출총이익	₩75,000	₩?
변동판매관리비	(25,000)	?
고정판매관리비	(30,000)	(30,000)
영업이익	₩20,000	₩15,000

(1) 연초 예측 매출원가에는 고정제조간접원가예산금액 ₩100,000이 포함되어 있으며 단위당 판매가격은 ₩50이었다.

(2) 연중 판매가격과 기타 원가는 변동이 없었다.

(3) 회사는 모든 원가차이를 매출원가에서 조정하며 원가차이는 위 표에서 보는 바와 같이 불리한 고정제조간접원가 조업도차이뿐이다. 이 차이는 원재료 공급업체의 생산차질로 인하여 기준조업도인 예상작업시간 20,000시간에 미달하여 산출된 것이다. 이를 제외한 다른 원가들에 대해서는 원가통제가 효과적으로 이루어져 원가차이가 발생하지 않았다.

(4) 한 단위 생산에 필요한 표준작업시간은 2시간이다.

(5) 기초재고자산은 2,000단위였으며 기말재고는 연초에 2,000단위로 예상했으나 모두 처분되어 기말재고는 없었다. (단, 전기와 당기의 고정제조간접원가 표준배부율은 동일하다)

요구사항

[물음 1] 고정제조간접원가 조업도차이를 구하시오.

[물음 2] 연중 원가 변화는 없고 매출액의 10%만큼 증가할 것임에도 불구하고 순이익이 ₩5,000만큼 감소한 것으로 나타난 이유를 설명하시오. (판매량 증가에 따른 공헌이익과 고정원가의 증감으로 설명하시오)

[물음 3] 연초 예측과 12월 31일 결과에 대한 공헌이익손익계산서를 각각 작성하시오. 또한, 공헌이익손익계산서의 장점을 3줄 이내로 서술하시오.

해답

문제분석

■ **"매출원가(표준) ₩(425,000)" 및 "(1) 고정제조간접원가예산금액 ₩100,000이 포함"**

→ 표준변동매출원가는 ₩325,000(= ₩425,000 - ₩100,000)이며, 판매량으로 나누어 단위당 표준변동제조원가를 계산할 수 있다. 또한, 연초 예측손익보고서상 조업도차이가 없으므로 기준조업도와 실제조업도는 일치하는 것으로 추정할 수 있다.

■ **"(1) 단위당 판매가격은 ₩50" 및 "(2) 연중 판매가격과 기타 원가는 변동이 없었다."**

→ • **연초 예측판매량**: ₩500,000 ÷ ₩50 = 10,000단위

• **실제판매량**: ₩550,000 ÷ ₩50 = 11,000단위

■ **"(3) 불리한 고정제조간접원가 조업도차이뿐이다."**

→ 고정제조간접원가 예산차이가 없으므로 고정제조원가 실제발생액은 예산과 같다.

■ **"(3) 기준조업도인 예상작업시간 20,000시간" 및 "(4) 한 단위 생산에 필요한 표준작업시간은 2시간"**

→ 고정제조간접원가의 기준조업도는 20,000시간 또는 10,000단위(= 20,000시간 ÷ 2시간)이다. 따라서 연초 예측생산량과 예측판매량은 10,000단위이다.

■ **"(5) 기초재고자산은 2,000단위였으며 기말재고는 연초에 2,000단위로 예상했으나 모두 처분되어 기말재고는 없었다."**

→

예상			
기초	2,000	판매	?
생산	?	기말	2,000
	?		?

실제			
기초	2,000	판매	?
생산	?	기말	-
	?		?

자료정리

(1) 예상생산량과 실제생산량

- 예상생산량: 매출액 ÷ 단위당 판매가격 = ₩500,000 ÷ ₩50 = 10,000단위
- 실제생산량: 당기판매량 - 기초재고수량 = (₩550,000 ÷ ₩50) - 2,000단위 = 9,000단위

(2) 제품계정

예상

기초	2,000	판매[*1]	10,000
생산	10,000	기말	2,000
	12,000		12,000

실제

기초	2,000	판매[*2]	11,000
생산	9,000	기말	-
	11,000		11,000

[*1] ₩500,000 ÷ ₩50 = 10,000단위

[*2] ₩550,000 ÷ ₩50 = 11,000단위

(3) 조업도차이 및 단위당 고정제조간접원가 표준배부율

예산	SQ × SP
20,000시간 × ₩5 = ₩100,000	9,000 × 2시간 × ₩5 = ₩90,000

₩10,000 불리

단위당 고정제조간접원가 표준배부율: 2시간 × ₩5 = ₩10

(4) 가격과 원가구조

단위당 판매가격		₩50
단위당 변동제조원가	(₩425,000 - ₩100,000) ÷ 10,000단위 =	(32.5)
단위당 변동판매관리비	₩25,000 ÷ 10,000단위 =	(2.5)
단위당 공헌이익		₩15
총고정원가	₩100,000 + ₩30,000 =	₩130,000

(5) 예상 및 실제손익계산서

	연초 예측	12월 31일 결과
매출	₩500,000	₩550,000
매출원가(표준)	(425,000)	(467,500)[*3]
고정제조간접원가(과소배부)	-	(10,000)
매출총이익	₩75,000	₩72,500
변동판매관리비	(25,000)	(27,500)[*4]
고정판매관리비	(30,000)	(30,000)
영업이익	₩20,000	₩15,000

[*3] 11,000단위 × (₩32.5 + ₩10) = ₩467,500

[*4] 11,000단위 × ₩2.5 = ₩27,500

모범답안

[물음 1] 고정제조간접원가 조업도차이

예산	SQ × SP
20,000시간 × ₩5 = ₩100,000	9,000 × 2시간 × ₩5 = ₩90,000

₩10,000 불리

∴ 조업도차이 = ₩10,000 불리

[물음 2] 순이익 감소 이유

	연초 예측		12월 31일 결과		차이
공헌이익	₩500,000 × 0.3 =	₩150,000	₩550,000 × 0.3 =	₩165,000	₩15,000
고정제조간접원가	10,000 × 2시간 × ₩5 =	(100,000)	11,000 × 2시간 × ₩5 + ₩10,000 =	(120,000)	(20,000)
					₩(5,000)

판매량 증가로 인해 공헌이익은 ₩15,000만큼 증가했으나 판매량에 해당하는 고정제조간접원가 ₩110,000 (= 11,000단위 × 2시간 × ₩5)과 불리한 조업도차이 ₩10,000이 모두 당기비용처리되어 영업이익은 예상보다 ₩5,000만큼 감소하였다.

[물음 3] 공헌이익손익계산서와 공헌이익손익계산서의 장점

(1) 공헌이익손익계산서

조업도 이외의 원가차이는 없으므로 원가차이 조정금액은 없다.

	연초 예측		12월 31일 결과	
매출		₩500,000		₩550,000
변동원가(표준)	10,000단위 × ₩32.5 =	(325,000)	11,000단위 × ₩32.5 =	(357,500)
변동제조원가 원가차이		-		-
변동판매관리비		(25,000)		(27,500)
공헌이익		₩150,000		₩165,000
고정제조간접원가		(100,000)		(100,000)
고정판매관리비		(30,000)		(30,000)
영업이익		₩20,000		₩35,000

(2) 공헌이익손익계산서의 장점

공헌이익손익계산서는 고정원가를 당기비용처리함으로써 생산량의 변화가 이익에 미치는 영향을 제거할 수 있다. 따라서 판매량의 변화에 따른 이익 변화를 확인할 수 있어 제시된 보고서처럼 매출이 증가하게 되면 영업이익도 증가하게 된다.

문제 02 정상전부원가계산과 정상변동원가계산

세무사 19

(주)한국은 단일 제품을 생산하여 판매한다. 20×1년도 1월과 2월의 원가계산 및 손익계산을 위한 자료는 다음과 같다.

(1) 제품생산 및 판매자료

구분	1월	2월
월초재고수량	0단위	100단위
생산량	400단위	500단위
판매량	300단위	300단위
월말재고수량	100단위	300단위

(2) 실제발생원가자료

원가항목	1월	2월
단위당 직접재료원가	₩100	₩100
단위당 직접노무원가	40	40
단위당 변동제조간접원가	20	20
단위당 변동판매관리비	10	10
월 총고정제조간접원가	12,000	12,000
월 총고정판매관리비	2,000	2,000

(3) 단위당 판매가격은 ₩400이며, 월초 및 월말재공품은 없다.

요구사항

[물음 1] 선입선출법을 사용하여 재고자산을 평가하는 경우 실제전부원가계산과 실제변동원가계산에 의한 20×1년도 1월과 2월의 영업이익을 구하시오.

[물음 2] [물음 1]에서 실제전부원가계산과 실제변동원가계산의 20×1년도 1월과 2월의 영업이익을 구하는 과정에서 비용으로 인식한 고정제조간접원가를 구하고, 그 금액을 사용하여 두 가지 원가계산에 의한 영업이익의 차이를 설명하시오.

[물음 3] 가중평균법을 사용하여 재고자산을 평가하는 경우 실제전부원가계산에 의한 20×1년도 2월의 영업이익을 구하시오.

[물음 4] (주)한국은 정상원가계산(평준화원가계산, Normal costing)과 원가차이 조정 시 매출원가조정법을 사용한다. 이 경우 제조간접원가 배부기준은 기계작업시간이며 20×1년도 제조간접원가 예정배부율 산정을 위한 연간 제조간접원가예산금액은 ₩220,800(변동제조간접원가 ₩76,800, 고정제조간접원가 ₩144,000)이고 연간 예정조업도는 9,600시간(제품 4,800단위)이다. 월 예정기계작업시간은 800시간이나 실제기계작업시간은 1월에 800시간, 2월에 1,000시간이 발생하였다. 한편, 고정제조간접원가의 월 예산금액은 실제발생액과 동일한 ₩12,000이다. 정상전부원가계산과 정상변동원가계산에 의한 20×1년도 1월과 2월의 원가차이 조정 후 영업이익을 구하시오.

해답

문제분석

■ "(1) 생산량 400단위, 500단위" 및 "(2) 단위당 변동제조간접원가 ₩20, ₩20"

→ [물음 4] 변동제조간접원가 배부차이 계산에 실제변동제조간접원가는 당월 생산량에 단위당 변동제조간접원가를 곱하여 계산한다.

- 1월: 400단위 × ₩20 = ₩8,000
- 2월: 500단위 × ₩20 = ₩10,000

■ "(1) 생산량 400단위, 500단위" 및 "(2) 월 총고정제조간접원가 ₩12,000, ₩12,000"

→ 월별 단위당 고정제조간접원가를 계산할 수 있다.

■ [물음 3] "가중평균법"

→ 1월과 2월의 단위당 고정제조간접원가가 다르므로 2월의 경우 월초재고금액과 당월제조원가를 이용하여 평균제조원가를 계산한다.

■ [물음 4] "매출원가조정법"

→ 배부차이를 모두 매출원가에 가감하므로 전부원가계산과 변동원가계산의 이익차이는 재고자산에 포함된 고정제조간접원가 예정배부금액을 이용해서 계산할 수 있다.

■ [물음 4] "연간 제조간접원가예산금액은 ₩220,800(변동제조간접원가 ₩76,800, 고정제조간접원가 ₩144,000)이고 연간 예정조업도는 9,600시간"

→ 연간 예산금액과 연간 조업도를 기준으로 변동제조간접원가와 고정제조간접원가 예정배부율을 각각 계산할 수 있다.

■ [물음 4] "고정제조간접원가의 월 예산금액은 실제발생액과 동일한 ₩12,000"

→ 고정제조간접원가 예정배부금액과의 비교를 통하여 고정제조간접원가 배부차이를 계산할 수 있다.

■ [물음 4] "정상전부원가계산과 정상변동원가계산에 의한 20×1년도 1월과 2월의 원가차이 조정 후 영업이익"

→ 정상전부원가계산을 적용하는 경우 변동제조간접원가와 고정제조간접원가 배부차이 모두 발생하지만 정상변동원가계산을 적용하는 경우 변동제조간접원가 배부차이만 발생한다.

자료정리

(1) 월별 가격과 원가구조

	1월		2월	
단위당 판매가격		₩400		₩400
단위당 변동원가	₩160 + ₩10 =	(170)	₩160 + ₩10 =	(170)
단위당 공헌이익		₩230		₩230
고정제조간접원가		₩12,000		₩12,000
고정판매관리비		2,000		2,000

(2) 월별 제품계정

1월

월초	-	판매	300
생산	400	월말	100
	400		400

2월

월초	100	판매	300
생산	500	월말	300
	600		600

(3) 월별 실제 단위당 고정제조간접원가
- 1월: ₩12,000 ÷ 400단위 = ₩30
- 2월: ₩12,000 ÷ 500단위 = ₩24

(4) 월별 실제 단위당 전부제조원가
- 1월: ₩160 + ₩30 = ₩190
- 2월: ₩160 + ₩24 = ₩184

(5) 2월 실제 평균제조원가

$$\frac{100단위 \times ₩190 + 500단위 \times ₩184}{600단위} = ₩185$$

(6) 제조간접원가 예정배부율

- 변동제조간접원가 예정배부율: $\frac{₩76,800}{9,600시간} = ₩8$
- 고정제조간접원가 예정배부율: $\frac{₩144,000}{9,600시간} = ₩15$

(7) 배부차이
- 1월

	변동제조간접원가		고정제조간접원가	
예정배부금액	800시간 × ₩8 =	₩6,400	800시간 × ₩15 =	₩12,000
실제발생금액	400단위 × ₩20 =	8,000		12,000
배부차이금액		₩1,600 U		-

- 2월

	변동제조간접원가		고정제조간접원가	
예정배부금액	1,000시간 × ₩8 =	₩8,000	1,000시간 × ₩15 =	₩15,000
실제발생금액	500단위 × ₩20 =	10,000		12,000
배부차이금액		₩2,000 U		₩3,000 F

모범답안

[물음 1] 실제전부원가계산과 실제변동원가계산에 의한 20×1년도 1월과 2월의 영업이익

(1) 전부원가계산

	1월		2월	
매출액	300단위 × ₩400 =	₩120,000	300단위 × ₩400 =	₩120,000
매출원가	300단위 × ₩190 =	(57,000)		(55,800)*
매출총이익		₩63,000		₩64,200
변동판관비	300단위 × ₩10 =	(3,000)	300단위 × ₩10 =	(3,000)
고정판관비		(2,000)		(2,000)
영업이익		₩58,000		₩59,200

* 100단위 × ₩190 + 200단위 × ₩184 = ₩55,800

(2) 변동원가계산

	1월		2월	
매출액	300단위 × ₩400 =	₩120,000	300단위 × ₩400 =	₩120,000
변동원가	300단위 × ₩170 =	(51,000)	300단위 × ₩170 =	(51,000)
공헌이익		₩69,000		₩69,000
고정원가		(14,000)		(14,000)
영업이익		₩55,000		₩55,000

별해

(1) 1월

변동원가이익		₩55,000
(+) 기말재고 × 고정제조간접원가	100단위 × ₩30 =	3,000
(-) 기초재고 × 고정제조간접원가		-
(=) 전부원가이익		₩58,000

(2) 2월

변동원가이익		₩55,000
(+) 기말재고 × 고정제조간접원가	300단위 × ₩24 =	7,200
(-) 기초재고 × 고정제조간접원가	100단위 × ₩30 =	(3,000)
(=) 전부원가이익		₩59,200

[물음 2] 두 가지 원가계산에 의한 영업이익의 차이

	1월		2월
전부원가	300단위 × ₩30 =	₩9,000	₩7,800*
변동원가		12,000	12,000
차이		₩3,000	₩4,200

* 고정제조간접원가: 100단위 × ₩30 + 200단위 × ₩24 = ₩7,800

[물음 3] 실제전부원가계산에 의한 20×1년도 2월의 영업이익

매출액	300단위 × ₩400 =	₩120,000
매출원가	300단위 × ₩185* =	(55,500)
매출총이익		₩64,500
변동판관비		(3,000)
고정판관비		(2,000)
영업이익		₩59,500

* 2월 실제평균제조원가: $\frac{100단위 \times ₩190 + 500단위 \times ₩184}{600단위}$ = ₩185

[물음 4] 정상전부원가계산과 정상변동원가계산에 의한 20×1년도 1월과 2월의 원가차이 조정 후 영업이익

(1) 전부원가계산

	1월		2월	
매출액	300단위 × ₩400 =	₩120,000	300단위 × ₩400 =	₩120,000
정상매출원가	300단위 × ₩186*1 =	(55,800)	300단위 × ₩186*1 =	(55,800)
배부차이		(1,600) U*2		1,000 F*2
매출총이익		₩62,600		₩65,200
변동판관비	300단위 × ₩10 =	(3,000)	300단위 × ₩10 =	(3,000)
고정판관비		(2,000)		(2,000)
영업이익		₩57,600		₩60,200

*1 단위당 정상전부제조원가: ₩140 + ₩8 × 2시간 + ₩15 × 2시간 = ₩186

*2 변동제조간접원가와 고정제조간접원가 배부차이

(2) 변동원가계산

	1월		2월	
매출액	300단위 × ₩400 =	₩120,000	300단위 × ₩400 =	₩120,000
정상변동원가	300단위 × ₩166*3 =	(49,800)	300단위 × ₩166*3 =	(49,800)
배부차이		(1,600) U*4		(2,000) U
공헌이익		₩68,600		₩68,200
고정원가		(14,000)		(14,000)
영업이익		₩54,600		₩54,200

*3 단위당 정상변동제조원가 + 변동판매관리비: ₩140 + ₩8 × 2시간 + ₩10 = ₩166

*4 변동제조간접원가 배부차이

별해

(1) 1월

변동원가이익		₩54,600
(+) 기말재고 × 고정제조간접원가	100단위 × ₩15 × 2시간 =	3,000
(-) 기초재고 × 고정제조간접원가		-
(=) 전부원가이익		₩57,600

(2) 2월

변동원가이익		₩54,200
(+) 기말재고 × 고정제조간접원가	300단위 × ₩15 × 2시간 =	9,000
(-) 기초재고 × 고정제조간접원가	100단위 × ₩15 × 2시간 =	(3,000)
(=) 전부원가이익		₩60,200

문제 03 표준변동원가계산과 표준초변동원가계산 비교 세무사 16

(주)한국은 표준종합원가계산을 적용하고 있다. 20×1년의 생산 및 판매활동, 그리고 원가에 관한 자료는 다음과 같다.

《자료 1》 실제 생산자료

구분	수량(완성도)
기초재공품	2,000단위(40%)
기말재공품	3,000단위(20%)
당기완성품	15,000단위

《자료 2》 실제 판매자료

구분	수량
기초제품	1,000단위
기말제품	2,500단위
판매량	13,500단위

《자료 3》 원가요소별 표준원가

직접재료원가	₩250
직접노무원가	50
변동제조간접원가	60
고정제조간접원가	90

(1) 직접재료는 공정 초에 모두 투입되고, 가공원가는 공정 전반에 걸쳐 균등하게 발생한다.

(2) 기초재공품의 가공원가 완성도는 40%이며, 기말재공품의 가공원가 완성도는 20%이다.

(3) 재고자산은 선입선출법(FIFO)을 적용하여 평가하며, 당기 중 공손 및 감손은 발생하지 않았다.

(4) 전기와 당기의 원가요소별 표준원가는 모두 동일하다.

(5) 회계연도 말에 실제발생한 제조간접원가를 집계한 결과 총액은 ₩2,300,000이었으며, 그 중 고정제조간접원가는 ₩1,350,000인 것으로 파악되었다.

(6) (주)한국은 원가차이를 전액 매출원가에서 조정하고 있다. 단, 제조간접원가차이를 제외한 다른 원가차이는 발생하지 않았다.

(7) 제품의 단위당 판매가격은 ₩700이고, 변동판매관리비는 단위당 ₩50이며, 고정판매관리비는 ₩1,000,000이다.

요구사항

[물음 1] 20×1년의 표준원가를 반영하여 다음의 물음에 답하시오.

(1) 직접재료원가와 가공원가에 대한 당기완성품환산량을 계산하시오.

(2) 기초재공품원가, 당기총제조원가, 완성품원가 및 기말재공품원가를 계산하시오.

(3) 전부원가계산에 의한 영업이익과 변동원가계산에 의한 영업이익의 차이를 계산하시오.

[물음 2] 20×1년의 실제원가를 반영하여 다음의 물음에 답하시오.

(1) 변동원가계산에 의한 공헌이익과 영업이익을 계산하시오.

(2) 초변동원가계산에 의한 손익계산서를 작성하시오.

해답

문제분석

■ **"(5) 실제발생한 제조간접원가를 집계한 결과 총액은 ₩2,300,000이었으며, 그 중 고정제조간접원가는 ₩1,350,000" 및 "(6) 제조간접원가차이를 제외한 다른 원가차이는 발생하지 않았다."**

→ 표준배부금액과 실제발생금액을 이용하여 제조간접원가차이를 계산할 수 있으며, 표준배부금액은 원가요소별 완성품환산량에 표준배부율을 곱하여 계산한다.

■ **"(6) 원가차이를 전액 매출원가에서 조정" 및 "[물음 1] (2) 기초재공품원가, 당기총제조원가, 완성품원가 및 기말재공품원가"**

→ 원가차이를 매출원가에 가감하므로 모두 표준배부금액이다.

■ **"(6) 원가차이를 전액 매출원가에서 조정" 및 "[물음 1] (3) 전부원가계산에 의한 영업이익과 변동원가계산에 의한 영업이익의 차이"**

→ 원가차이를 매출원가에 가감하므로 전부원가계산과 변동원가계산의 이익차이는 재고에 포함된 고정제조간접원가 표준배부금액이다.

■ **[물음 2] "(1) 변동원가계산에 의한 공헌이익과 영업이익"**

→ 변동제조원가 원가차이를 변동표준매출원가에 가감하며, 실제 고정제조간접원가는 당기비용처리한다.

■ **[물음 2] "(2) 초변동원가계산"**

→ 직접재료원가 원가차이를 표준단위수준매출원가에 가감하며, 실제 가공원가는 당기비용처리한다.

자료정리

(1) 재공품 및 제품계정

재공품				제품			
기초	2,000(0.4)	완성	15,000	기초	1,000	판매	13,500
착수	16,000	기말	3,000(0.2)	생산	15,000	기말	2,500
	18,000		18,000		16,000		16,000

(2) 원가요소별 완성품환산량

① 물량흐름 파악 / ② 완성품환산량

재공품				재료원가	가공원가
기초	2,000(0.4)	완성	2,000(0.6)	-	1,200
			13,000	13,000	13,000
착수	16,000	기말	3,000(0.2)	3,000	600
	18,000		18,000	16,000	14,800

(3) 가격과 원가구조

단위당 판매가격		₩700
단위당 변동원가	(₩250 + ₩50 + ₩60) + ₩50 =	(410)
단위당 공헌이익		₩290
고정제조간접원가		₩1,350,000
고정판매관리비		1,000,000

(4) 제조간접원가차이

	변동제조간접원가		고정제조간접원가	
표준배부금액	14,800 × ₩60 =	₩888,000	14,800 × ₩90 =	₩1,332,000
실제발생금액		950,000[*1]		1,350,000
배부차이금액		₩62,000 U		₩18,000 U

[*1] ₩2,300,000 - ₩1,350,000 = ₩950,000

또는, 다음과 같이 구할 수 있다.

• 변동제조간접원가

AQ × AP	SQ × SP
₩950,000	14,800[*2] × ₩60 = ₩888,000

₩62,000 불리

• 고정제조간접원가

실제발생	SQ × SP
₩1,350,000	14,800[*2] × ₩90 = ₩1,332,000

₩18,000 불리

[*2] 가공원가의 완성품환산량

모범답안

[물음 1]

(1) 직접재료원가와 가공원가에 대한 당기완성품환산량

① 물량흐름 파악 / ② 완성품환산량

재공품				재료원가	가공원가
기초	2,000(0.4)	완성	2,000(0.6)	-	1,200
			13,000	13,000	13,000
착수	16,000	기말	3,000(0.2)	3,000	600
	18,000		18,000	16,000	14,800

∴ 재료원가 = 16,000단위, 가공원가 = 14,800단위

(2) 기초재공품원가, 당기총제조원가, 완성품원가, 기말재공품원가

① 기초재공품원가: 2,000 × ₩250 + 2,000 × 40% × ₩200 = ₩660,000

② 당기총제조원가: 16,000 × ₩250 + 14,800 × ₩200 = ₩6,960,000

③ 완성품원가: 15,000 × ₩250 + 15,000 × ₩200 = ₩6,750,000

④ 기말재공품원가: 3,000 × ₩250 + 3,000 × 20% × ₩200 = ₩870,000

(3) 전부원가계산에 의한 영업이익과 변동원가계산에 의한 영업이익의 차이

기말재고 × 고정제조간접원가	(2,500 + 3,000 × 20%) × ₩90 =	₩279,000
(-) 기초재고 × 고정제조간접원가	(1,000 + 2,000 × 40%) × ₩90 =	(162,000)
(=) 영업이익차이		₩117,000

[물음 2]

(1) 변동원가계산에 의한 공헌이익과 영업이익

변동원가계산			
매출액	13,500 × ₩700 =		₩9,450,000
변동원가			
변동매출원가	13,500 × ₩360 =	₩4,860,000	
변동원가차이		62,000	
변동판매관리비	13,500 × ₩50 =	675,000	(5,597,000)
공헌이익			₩3,853,000
고정원가			
고정제조간접원가		₩1,350,000	
고정판매관리비		1,000,000	(2,350,000)
영업이익			₩1,503,000

∴ 공헌이익 = ₩3,853,000, 영업이익 = ₩1,503,000

(2) 초변동원가계산에 의한 손익계산서

초변동원가계산			
매출액	13,500 × ₩700 =		₩9,450,000
직접재료원가	13,500 × ₩250 =		(3,375,000)
재료처리량 공헌이익			₩6,075,000
운영원가			
직접노무원가	14,800 × ₩50 =	₩740,000	
변동제조간접원가		950,000	
변동판매관리비	13,500 × ₩50 =	675,000	
고정제조간접원가		1,350,000	
고정판매관리비		1,000,000	(4,715,000)
영업이익			₩1,360,000

문제 04 표준전부원가계산과 표준변동원가계산

세무사 93

(주)한국은 공기청정기 단일 제품을 생산 · 판매하고 있다. 회사는 표준원가계산제도를 채택하고 있다. 회사는 선입선출법을 적용하고 있으며 단위당 판매가격은 ₩400이다.

당해 연도 회사의 재무자료는 다음과 같다.

(1) 생산 및 판매 관련 자료

판매수량	18,000단위
생산수량	16,000단위
기초재고수량	3,000단위

(2) 원가자료

단위당 표준변동제조원가	₩25
단위당 변동판관비	4
고정제조간접원가예산	100,000
고정판관비	40,000

기초재고자산의 단위당 표준원가는 당해 연도와 동일하다고 가정한다.

(3) 회사는 정상조업도 20,000단위를 기준조업도로 설정하였다.

(4) 원가차이

변동제조원가에 대한 불리한 원가차이는 ₩40,000이 발생하였으며 고정제조간접원가의 예산차이는 없다. 회사는 원가차이를 모두 매출원가에서 조정한다.

요구사항

[물음 1] 변동원가계산에 의한 당해 연도 손익계산서를 작성하시오.

[물음 2] 전부원가계산에 의한 당해 연도 손익계산서를 작성하시오.

[물음 3] 변동원가계산과 전부원가계산의 영업이익의 차이를 조정하고 설명하시오.

해답

문제분석

- "(2) 단위당 표준변동제조원가 ₩25", "(2) 고정제조간접원가예산 ₩100,000" 및 "(3) 20,000단위를 기준조업도"
  → 단위당 표준변동제조원가는 ₩25이며, 고정제조간접원가예산과 기준조업도를 이용하여 단위당 고정제조간접원가 표준배부율을 계산한 후 단위당 표준원가를 계산할 수 있다.
- "(4) 고정제조간접원가의 예산차이는 없다."
  → 고정제조간접원가 예산차이는 없으므로 실제발생금액과 예산은 동일하며, 조업도차이만 존재한다.
- "(4) 원가차이를 모두 매출원가에서 조정"
  → 원가차이 순액을 매출원가에 가감한다. 또한, 원가차이를 모두 매출원가에서 조정하므로 기말재고의 고정제조간접원가는 표준배부액이다.

자료정리

(1) 재고현황

제품

기초	3,000	판매	18,000
생산	16,000	기말	1,000
	19,000		19,000

(2) 고정제조간접원가 표준배부율

₩100,000 ÷ 20,000단위 = ₩5/단위

(3) 고정제조간접원가차이

고정제조간접원가의 예산차이는 없으므로 조업도차이만 존재한다.

예산	SQ × SP
20,000단위 × ₩5 = ₩100,000	16,000단위 × ₩5 = ₩80,000

₩20,000 불리

모범답안

[물음 1] 변동원가계산에 의한 손익계산서

매출액	18,000단위 × ₩40 =	₩720,000
변동제조원가	18,000단위 × ₩25 =	(450,000)
원가차이		(40,000)
변동판관비	18,000단위 × ₩4 =	(72,000)
공헌이익		₩158,000
고정제조원가		(100,000)
고정판관비		(40,000)
영업이익		₩18,000

[물음 2] 전부원가계산에 의한 손익계산서

매출액	18,000단위 × ₩40 =	₩720,000
매출원가	18,000단위 × (₩25 + ₩5) =	(540,000)
원가차이	₩40,000 + ₩20,000 =	(60,000)
매출총이익		₩120,000
변동판관비	18,000단위 × ₩4 =	(72,000)
고정판관비		(40,000)
영업이익		₩8,000

[물음 3] 영업이익차이 조정

기초재고자산의 단위당 표준원가는 당해 연도와 동일하고, 원가차이를 매출원가에 조정하므로 재고자산의 고정제조간접원가는 표준배부액이다.

변동원가이익		₩18,000
(+) 기말재고 × 고정제조간접원가	1,000단위 × ₩5 =	5,000
(-) 기초재고 × 고정제조간접원가	3,000단위 × ₩5 =	(15,000)
(=) 전부원가이익		₩8,000

문제 05 전부, 변동 및 초변동원가계산 영업이익차이

세무사 95 수정

20×1년 초 영업을 개시한 (주)한국은 휴대폰을 생산 · 판매하고 있다. 첫해 손익계산서를 외부공시용으로 다음과 같이 작성하였다. 회사의 최고경영자는 재무이사에게 내부관리목적으로 변동원가계산 손익계산서 작성을 요청하였다.

(1) 손익계산서(20×1년 1월 1일 ~ 20×1년 12월 31일)

Ⅰ. 매출액(15,000단위)	₩7,500,000
Ⅱ. 매출원가	(4,500,000)
Ⅲ. 매출총이익	₩3,000,000
Ⅳ. 판매관리비	(1,500,000)
Ⅴ. 영업이익	₩1,500,000

(2) 생산 및 영업자료

20×1년 생산수량은 18,000단위이며 단위당 변동판매관리비는 ₩60, 단위당 직접재료원가는 ₩100, 그리고 변동제조원가는 ₩250이다. 재공품은 없는 것으로 가정한다.

요구사항

[물음 1] 20×1년 고정제조간접원가를 구하시오.

[물음 2] 변동원가계산 손익계산서를 작성하시오.

[물음 3] 전부원가계산과 변동원가계산의 영업이익차이를 서술하시오.

[물음 4] 초변동원가계산 손익계산서를 작성하시오.

[물음 5] 변동원가계산과 초변동원가계산의 영업이익차이를 서술하시오.

해답

문제분석

- "20×1년 초 영업을 개시", "(1) 매출액(15,000단위)" 및 "(2) 20×1년 생산수량은 18,000단위"
  → 기말재고수량: 0단위 + 18,000단위 - 15,000단위 = 3,000단위
- "(1) 매출원가 ₩4,500,000" 및 "(1) 판매관리비 ₩1,500,000"
  → 해당 금액을 판매량으로 나누어 단위당 제조원가와 단위당 판매관리비를 계산할 수 있다. 또한, 총판매관리비에서 변동판매관리비를 차감하여 고정판매관리비를 계산한다.
- "(2) 변동제조원가는 ₩250"
  → 단위당 전부제조원가에서 단위당 변동제조원가를 차감한 단위당 고정제조원가에 생산량을 곱하여 총고정제조원가를 계산한다.
- "(2) 단위당 직접재료원가는 ₩100, 그리고 변동제조원가는 ₩250"
  → 변동제조원가에서 직접재료원가를 차감하여 변동가공원가를 계산할 수 있다.

자료정리

(1) 재고현황

제품

기초	-	판매	15,000단위
생산	18,000단위	기말	3,000단위
	18,000단위		18,000단위

(2) 총고정제조원가

- 단위당 고정제조원가: 단위당 전부제조원가 - 단위당 변동제조원가 = $\frac{₩4,500,000}{15,000단위}$ - ₩250 = ₩50
- 총고정제조원가: 단위당 고정제조원가 × 생산량 = ₩50 × 18,000단위 = ₩900,000

(3) 총고정판매관리비

총판매관리비 - 변동판매관리비 = ₩1,500,000 - ₩60 × 15,000단위 = ₩600,000

(4) 단위당 변동가공원가

단위당 변동제조원가 - 단위당 직접재료원가 = ₩250 - ₩100 = ₩150

(5) 가격과 원가구조

단위당 판매가격	₩7,500,000 ÷ 15,000단위 =	₩500
단위당 변동원가	₩250 + ₩60 =	(310)
단위당 공헌이익		₩190
고정원가	₩900,000 + ₩600,000 =	₩1,500,000

모범답안

[물음 1] 고정제조간접원가

₩900,000

[물음 2] 변동원가계산 손익계산서

I. 매출액(15,000단위)		₩7,500,000
II. 변동원가	₩310 × 15,000단위 =	(4,650,000)
III. 공헌이익		₩2,850,000
IV. 고정원가		(1,500,000)
V. 영업이익		₩1,350,000

[물음 3] 전부원가계산과 변동원가계산의 영업이익차이

전부원가이익 = 변동원가이익 + 기말재고 × 고정제조간접원가 - 기초재고 × 고정제조간접원가

⇒ ₩1,500,000 = ₩1,350,000 + 3,000단위 × ₩50

∴ 이익차이는 기말재고에 포함된 고정제조간접원가인 ₩150,000이다.

[물음 4] 초변동원가계산 손익계산서

매출액		₩7,500,000
직접재료원가	₩100 × 15,000단위 =	(1,500,000)
재료처리량 공헌이익		₩6,000,000
변동가공원가	₩150 × 18,000단위 =	(2,700,000)
변동판관비	₩60 × 15,000단위 =	(900,000)
고정제조간접원가		(900,000)
고정판매관리비		(600,000)
		₩900,000

[물음 5] 변동원가계산과 초변동원가계산의 영업이익차이

변동원가이익 = 초변동원가이익 + 기말재고 × 변동가공원가 - 기초재고 × 변동가공원가

⇒ ₩1,350,000 = ₩900,000 + 3,000단위 × ₩150

∴ 이익차이는 기말재고에 포함된 변동가공원가인 ₩450,000이다.

문제 06 재공품이 있는 경우 전부원가계산과 변동원가계산 비교 회계사 93

(주)한국은 내부의사결정목적으로는 변동원가계산을, 외부보고목적으로는 전부원가계산을 사용하고 있다.

(1) 당기 중에 실제발생한 제품 단위당 원가는 다음과 같다.

직접재료원가(1단위당 0.5kg)	₩1,500
직접노무원가	3,000
변동제조간접원가	500
고정제조간접원가	550

(2) 직접재료는 기초시점에 투입되며, 가공원가는 공정 전체에 걸쳐 균등하게 발생한다.

(3) 당기매입한 직접재료는 12,000kg이며 직접재료 중 당기에 11,000kg이 공정에 투입되었다.

(4) 기초재고와 기말재고에 관련된 내용은 다음과 같다.

	원재료	재공품	제품
기초재고	2,000kg	500개(50%)	850개
기말재고	3,000kg	750개(40%)	600개

(5) 제품 단위당 판매가격은 ₩10,000이다.

(6) 재고자산평가 시 선입선출법을 사용하며 전기에도 단위당 원가는 당기와 동일하다고 가정한다.

(7) 변동판매관리비는 단위당 ₩1,000이고, 고정판매관리비는 ₩30,000,000이다.

요구사항

[물음 1] 재고자산계정들의 물량흐름을 파악하고 당기분 원가요소별 완성품환산량을 계산하시오.

[물음 2] 전부원가계산 손익계산서를 작성하시오.

[물음 3] 변동원가계산을 사용할 때 공헌이익과 영업이익은 얼마인가?

[물음 4] 전부원가계산과 변동원가계산의 영업손익의 차이를 분석하시오.

해답

문제분석

■ "(1) 직접재료원가(1단위당 0.5kg)" 및 "(3) 당기에 11,000kg이 공정에 투입"
→ 1단위에 0.5kg이 필요하므로 22,000단위(= 11,000kg ÷ 0.5kg)가 투입되었다.

■ "(2) 가공원가는 공정 전체에 걸쳐 균등하게 발생" 및 "(4) 재공품 500개(50%), 750개(40%)"
→ 재공품에는 고정제조간접원가가 완성도만큼 투입되어 있다.

■ [물음 4] "전부원가계산과 변동원가계산의 영업손익의 차이"
→ 영업이익차이는 재고자산(제품 및 재공품)에 포함되어 있는 고정제조간접원가이다. 또한, 제조간접원가는 공정 전반에 걸쳐 균등발생하므로 재공품의 경우 완성도를 반영하여 환산해야 한다.

자료정리

(1) 단위당 변동제조원가
₩1,500 + ₩3,000 + ₩500 = ₩5,000

(2) 단위당 전부제조원가
₩1,500 + ₩3,000 + ₩500 + ₩550 = ₩5,550

(3) 고정제조간접원가
단위당 고정제조간접원가 × 가공원가 완성품환산량 = ₩550 × 21,800* = ₩11,990,000
* 500 × 0.5 + 21,250 + 750 × 0.4 = 21,800

모범답안

[물음 1] 재고자산계정들의 물량흐름 및 당기 원가요소별 완성품환산량

(1) 재고자산계정 물량흐름

① 원재료계정

원재료(kg)

기초	2,000	사용	11,000
매입	12,000	기말	3,000
	14,000		14,000

② 재공품계정

재공품(단위)

기초	500 (0.5)	완성	21,750
착수*	22,000	기말	750 (0.4)
	22,500		22,500

* 11,000kg ÷ 0.5kg = 22,000단위

③ 제품계정

제품(단위)

기초	850	판매	22,000
생산	21,750	기말	600
	22,600		22,600

(2) 완성품환산량

① 물량흐름 파악(선입선출법) / ② 완성품환산량

재공품					재료원가	가공원가
기초	500(0.5)	완성	기초	500(0.5)	-	250
			당기	21,250	21,250	21,250
착수	22,000	기말		750(0.4)	750	300
	22,500			22,500	22,000	21,800

∴ 재료원가 = 22,000단위, 가공원가 = 21,800단위

[물음 2] 전부원가계산 손익계산서

매출액	22,000 × ₩10,000 =	₩220,000,000
매출원가	22,000 × ₩5,550 =	(122,100,000)
매출총이익		₩97,900,000
변동판매관리비	22,000 × ₩1,000 =	(22,000,000)
고정판매관리비		(30,000,000)
영업이익		₩45,900,000

[물음 3] 공헌이익과 영업이익

변동원가계산 손익계산서

매출액	22,000 × ₩10,000 =	₩220,000,000
변동원가	22,000 × (₩5,000 + ₩1,000) =	(132,000,000)
공헌이익		₩88,000,000
고정제조간접원가		(11,990,000)
고정판매관리비		(30,000,000)
영업이익		₩46,010,000

∴ 공헌이익 = ₩88,000,000, 영업이익 = ₩46,010,000

[물음 4] 전부원가계산과 변동원가계산의 영업손익의 차이

변동원가이익		₩46,010,000
(+) 기말재고 × 고정제조간접원가	600 × ₩550 + 750 × 0.4 × ₩550 =	₩495,000
(-) 기초재고 × 고정제조간접원가	850 × ₩550 + 500 × 0.5 × ₩550 =	(605,000)
(=) 전부원가이익		₩45,900,000

문제 07 종합원가계산과 전부원가계산 및 초변동원가계산 이익차이, 제약이론

회계사 08

(주)에코벽지는 옥수수 전분을 이용한 친환경 벽지를 생산한다. 이 회사의 제1공정에서는 옥수수 전분을 투입하여 중간제품인 코팅재를 생산하며, 이를 모두 제2공정으로 대체한다. 제2공정은 중간제품에 종이와 염료를 추가하여 최종제품으로 가공한다. 최근 친환경 제품에 대한 소비자들의 관심이 크게 증가하고 있어서 당사 제품의 수요는 무한하다. 회사의 친환경 벽지는 단위당 ₩800에 판매되고 있다.

각 공정의 직접재료(옥수수 전분, 종이, 염료)는 공정 초기에 모두 투입된다. 제조원가 중 직접재료원가만이 유일한 변동원가이다. 회사는 각 공정의 완료시점에 품질검사를 실시하며, 발견된 공손품은 모두 비정상공손으로 간주한다.

당기와 전기의 완성품환산량 단위당 원가는 동일하다고 가정한다. 회사의 재고자산 평가방법은 선입선출법이고, 비정상공손원가는 기간비용으로 처리한다.

20×8년의 공정별 생산 및 원가자료는 다음과 같다. 단, 괄호 안의 수치는 가공원가 완성도를 의미한다.

《자료 1》 제1공정(연간 최대생산능력: 5,000단위)

구분	물량단위	직접재료원가	가공원가
기초재공품	100(10%)	?	?
당기착수	?	₩1,470,000	₩992,000
제2공정 대체	4,800		
기말재공품	150(80%)		

제1공정에는 기초재공품을 포함하여 총 5,000단위가 투입되었다.

《자료 2》 제2공정(연간 최대생산능력: 8,000단위)

구분	물량단위	전공정원가	직접재료원가	가공원가
기초재공품	200(40%)	?	?	?
당기착수	?	?	₩384,000	₩194,400
완성품	4,500			
기말재공품	300(80%)			

요구사항

[물음 1] 전부원가계산에 의하여 다음을 구하시오.

(1) 당기제품제조원가

(2) 기말재공품원가

(3) 당기순이익

[물음 2] 초변동원가계산에 의하여 다음을 구하시오.

(1) 재료처리량 공헌이익(Throughput contribution)

(2) 당기순이익

[물음 3] [물음 1]과 [물음 2]의 당기순이익이 차이가 나는 원인을 계산과정을 통해 설명하시오.

[물음 4] 제2공정의 관리자는 유휴생산능력을 활용하기 위하여 외부 납품업체로부터 단위당 ₩700의 가격으로 중간제품 2,000단위를 구입하는 방안을 검토하고 있다. 외부로부터 구입한 중간제품 투입량 중 1%가 공손품이 될 것으로 예상된다. 제2공정의 관리자는 중간제품을 외부로부터 구입하여야 하는가? 계산근거를 제시하시오. 단, 공정의 완료시점에 품질검사를 실시하며, 발견된 공손품은 모두 비정상공손으로 간주한다.

[물음 5] 문제에 주어진 자료와 관계없이 제2공정의 투입량기준 공손비율은 4%이고, 제1공정에는 기초재공품을 포함하여 매년 5,000단위의 물량이 투입된다고 가정한다. 기술팀은 제1공정의 투입량기준 공손비율을 0.5%로 낮추는 품질개선 프로그램을 제안하였다. 이 제안을 도입한다면 매년 ₩9,200의 원가가 추가로 소요되어야 한다. 제1공정의 관리자는 기술팀이 제안한 품질개선 프로그램을 도입하여야 하는가? 계산근거를 제시하시오.
참고로, 투입량기준 공손비율이란 공손품수량을 총투입량(기초재공품수량과 당기착수량의 합계)으로 나눈 비율을 의미한다.

$$\text{투입량기준 공손비율} = \frac{\text{공손품수량}}{\text{기초재공품수량} + \text{당기착수량}}$$

해답

문제분석

- **"당사 제품의 수요는 무한"**
  → 판매량에 대한 추가자료는 없으며, 생산량 모두 판매가능한 것으로 추정할 수 있다.
- **"직접재료원가만이 유일한 변동원가"**
  → 초변동원가계산을 의미하며 가공원가는 모두 당기비용처리한다. 또한, 단위당 재료처리량 공헌이익은 단위당 판매가격에서 단위당 직접재료원가를 차감하여 계산한다.
- **"각 공정의 완료시점에 품질검사를 실시하며, 발견된 공손품은 모두 비정상공손"**
  → 공손의 완성도는 100%이며, 공손의 처분가치에 대한 추가 언급이 없으므로 공손원가는 당기손실처리한다. 또한, 공손수량은 공정별 물량흐름을 통하여 추정할 수 있다.
- **"당기와 전기의 완성품환산량 단위당 원가는 동일"**
  → 기초재공품원가는 당기 단위당 원가를 이용하여 계산할 수 있다. 또한, 전기와 당기 단위당 원가가 동일하므로 선입선출법과 평균법에 의한 완성품원가는 동일하다.
- **《자료 1》 "연간 최대생산능력: 5,000단위" 및 "기초재공품을 포함하여 총 5,000단위가 투입"**
  → 여유생산능력은 없으며, 기초재공품이 100단위이므로 당기착수량은 4,900단위(= 5,000단위 - 100단위)이다. 또한, 물량흐름을 통하여 공손수량을 추정할 수 있다.
- **《자료 2》 "연간 최대생산능력: 8,000단위" 및 "당기착수 ?"**
  → 제2공정의 당기착수량은 제1공정의 완성품수량으로 4,800단위이며, 총투입량은 5,000단위(= 200단위 + 4,800단위)로 여유생산능력은 3,000단위이다.
- **[물음 1] "(1) 당기제품제조원가"**
  → 당기제품제조원가는 완성품원가이므로 제2공정의 완성품원가를 말한다.
- **[물음 1] "(2) 기말재공품원가"**
  → 제1공정과 제2공정의 기말재공품원가를 합한다.
- **[물음 2] "(2) 당기순이익"**
  → 초변동원가계산은 직접재료원가만 제품원가로 처리하므로 공손원가도 직접재료원가만 고려하여 계산한다.
  - **제1공정 공손원가**: 50단위 × ₩300 = ₩15,000
  - **제2공정 공손원가**: 200단위 × (₩300 + ₩80) = ₩76,000
- **[물음 3] "[물음 1]과 [물음 2]의 당기순이익이 차이가 나는 원인"**
  → "전부원가계산 이익 = 초변동원가계산 이익 + 기말재고 × 가공원가 - 기초재고 × 가공원가"이다. 또한, 제2공정 재공품원가의 전공정 가공원가는 100%이고, 제2공정 가공원가는 완성도에 따라 환산한다.
  - **기초재고 가공원가**: 제1공정 기초재공품 × 가공원가 + 제2공정 기초재공품 × 가공원가
    = 100단위 × 0.1 × ₩200 + (200단위 × ₩200 + 200단위 × 0.4 × ₩40) = ₩45,200
  - **기말재고 가공원가**: 제1공정 기말재공품 × 가공원가 + 제2공정 기말재공품 × 가공원가
    = 150단위 × 0.8 × ₩200 + (300단위 × ₩200 + 300단위 × 0.8 × ₩40) = ₩93,600

■ **[물음 4] "외부로부터 구입한 중간제품 투입량 중 1%가 공손품"**

→ 제2공정 초기에 투입되는 직접재료원가는 2,000단위에 대해서 발생하지만, 완성품(판매가능)수량은 공손을 제외한 1,980단위(= 2,000단위 × 99%)이다.

■ **[물음 5] "제1공정의 투입량기준 공손비율을 0.5%로 낮추는 품질개선 프로그램" 및 "제2공정의 투입량기준 공손비율은 4%"**

→ 제1공정의 공손비율 감소로 인하여 제2공정에 25단위(= 50단위 - 5,000단위 × 0.5%)가 더 투입된다. 또한, 제2공정의 투입량기준 공손비율이 4%이므로 정상품수량은 24단위(= 25단위 × 96%)이다.

자료정리

(1) 공정별 물량흐름도

제1공정은 기초재공품을 포함하여 총 5,000단위가 투입되었으므로 당기착수량은 4,900단위이다. 또한, 제1공정 대체수량 4,800단위는 제2공정의 당기착수량이다.

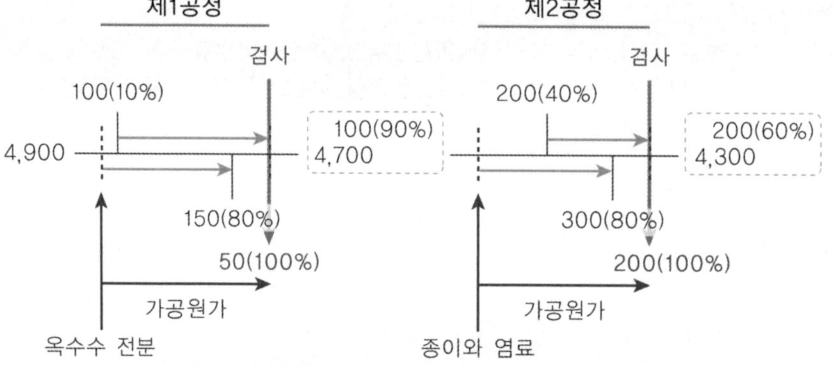

(2) 공정별 제조원가보고서(전부원가계산)

• 제1공정

① 물량흐름 파악(선입선출법) / ② 완성품환산량

재공품					직접재료원가	가공원가
기초	100(0.1)	완성	기초	100(0.9)	-	90
			당기	4,700	4,700	4,700
		공손		50	50	50
착수	4,900	기말		150(0.8)	150	120
	5,000			5,000	4,900	4,960

③ 당기발생원가

	직접재료원가	가공원가
③ 당기발생원가	₩1,470,000	₩992,000
④ 환산량 단위당 원가(= ③ ÷ ②)	₩300	₩200

⑤ 원가배분

완성품	₩32,000[*1] + 4,700 × ₩300 + 4,790 × ₩200 =	₩2,400,000[*2]
공손품	50 × ₩300 + 50 × ₩200 =	25,000
기말재공품	150 × ₩300 + 120 × ₩200 =	69,000
		₩2,494,000

[*1] 기초재공품: 100단위 × ₩300 + 100단위 × 0.1 × ₩200 = ₩32,000

[*2] 완성품원가(평균법)

전기와 당기 단위당 원가가 동일하므로 선입선출법과 평균법에 의한 원가는 동일하다.

4,800단위 × (₩300 + ₩200) = ₩2,400,000

• 제2공정

① 물량흐름 파악(선입선출법)

재공품				
기초	200(0.4)	완성	기초	200(0.6)
			당기	4,300
		공손		200
착수	4,800	기말		300(0.8)
	5,000			5,000

② 완성품환산량

전공정원가	직접재료원가	가공원가
-	-	120
4,300	4,300	4,300
200	200	200
300	300	240
4,800	4,800	4,860

③ 당기발생원가

₩2,400,000	₩384,000	₩194,400

④ 환산량 단위당 원가(= ③ ÷ ②)

₩500[*3]	₩80	₩40

⑤ 원가배분

완성품	₩119,200[*4] + 4,300 × ₩500 + 4,300 × ₩80 + 4,420 × ₩40 =	₩2,790,000
공손품	200 × ₩500 + 200 × ₩80 + 200 × ₩40 =	124,000
기말재공품	300 × ₩500 + 300 × ₩80 + 300 × 0.8 × ₩40 =	183,600
		₩3,097,600

[*3] 전공정원가: 제1공정의 완성품원가 = ₩300 + ₩200 = ₩500

[*4] 기초재공품: 200단위 × ₩500 + 200단위 × ₩80 + 200단위 × 0.4 × ₩40 = ₩119,200

(3) 공정별 제조원가보고서(초변동원가계산)

직접재료원가만을 고려한 제조원가보고서는 다음과 같다.

• 제1공정

① 물량흐름 파악(선입선출법)

재공품				
기초	100(0.1)	완성	기초	100(0.9)
			당기	4,700
		공손		50
착수	4,900	기말		150(0.8)
	5,000			5,000

② 완성품환산량

직접재료원가
-
4,700
50
150
4,900

③ 당기발생원가

₩1,470,000

④ 환산량 단위당 원가(= ③ ÷ ②)

₩300

⑤ 원가배분

완성품	₩30,000[*5] + 4,700 × ₩300 =	₩1,440,000
공손품	50 × ₩300 =	15,000
기말재공품	150 × ₩300 =	45,000
		₩1,500,000

[*5] 기초재공품: 100단위 × ₩300 = ₩30,000

• 제2공정

① 물량흐름 파악(선입선출법) / ② 완성품환산량

재공품					전공정원가	직접재료원가
기초	200(0.4)	완성	기초	200(0.6)	-	-
			당기	4,300	4,300	4,300
		공손		200	200	200
착수	4,800	기말		300(0.8)	300	300
	5,000			5,000	4,800	4,800

③ 당기발생원가

전공정원가	직접재료원가
₩1,440,000	₩384,000

④ 환산량 단위당 원가(= ③ ÷ ②)

전공정원가	직접재료원가
₩300	₩80

⑤ 원가배분

완성품	₩76,000[*6] + 4,300 × ₩300 + 4,300 × ₩80 =	₩1,710,000
공손품	200 × ₩300 + 200 × ₩80 =	76,000
기말재공품	300 × ₩300 + 300 × ₩80 =	114,000
		₩1,900,000

[*6] 기초재공품: 200단위 × ₩300 + 200단위 × ₩80 = ₩76,000

(4) 단위당 재료처리량 공헌이익

단위당 판매가격 - 단위당 직접재료원가 = ₩800 - ₩300 - ₩200 = ₩300

모범답안

[물음 1]

(1) 당기제품제조원가(= 제2공정 완성품원가)

₩119,200 + 4,300 × ₩500 + 4,300 × ₩80 + 4,420 × ₩40 = ₩2,790,000

(2) 기말재공품원가

제1공정 재공품원가 + 제2공정 재공품원가 = ₩69,000 + ₩183,600 = ₩252,600

(3) 당기순이익

매출액	4,500단위 × ₩800 =	₩3,600,000
매출원가	4,500단위 × (₩500 + ₩80 + ₩40) =	(2,790,000)
매출총이익		₩810,000
공손손실	₩25,000 + ₩124,000 =	(149,000)
당기순이익		₩661,000

[물음 2]

(1) 재료처리량 공헌이익(Throughput contribution)

판매량 × 단위당 재료처리량 공헌이익 = 4,500단위 × (₩800 - ₩300 - ₩80) = ₩1,890,000

(2) 당기순이익

매출액	4,500단위 × ₩800 =	₩3,600,000
직접재료원가	4,500단위 × (₩300 + ₩80) =	(1,710,000)
재료처리량 공헌이익		₩1,890,000
운영비용[*1]	₩992,000 + ₩194,400 =	(1,186,400)
공손손실	₩15,000[*2] + ₩76,000[*3] =	(91,000)
당기순이익		₩612,600

[*1] 공정 전체 가공원가

[*2] 제1공정 공손원가: 50단위 × ₩300 = ₩15,000

[*3] 제2공정 공손원가: 200단위 × (₩300 + ₩80) = ₩76,000

[물음 3] [물음 1]과 [물음 2]의 당기순이익이 차이가 나는 원인

초변동원가계산이익		₩612,600
+ 기말재고 × 가공원가		
제1공정 재공품	150단위 × 0.8 × ₩200 =	24,000
제2공정 재공품	300단위 × ₩200 + 300단위 × 0.8 × ₩40 =	69,600
- 기초재고 × 가공원가		
제1공정 재공품	100단위 × 0.1 × ₩200 =	(2,000)
제2공정 재공품	200단위 × ₩200 + 200단위 × 0.4 × ₩40 =	(43,200)
전부원가계산이익		₩661,000

[물음 4] 중간제품 외부구입 의사결정

증분수익		
매출 증가	2,000단위 × 0.99 × ₩800 =	₩1,584,000
증분비용		
구입원가	2,000단위 × ₩700 =	(1,400,000)
제2공정 직접재료원가	2,000단위 × ₩80 =	(160,000)
증분이익		₩24,000

∴ 외부로부터 중간제품을 구입한다.

[물음 5] 품질개선 프로그램 도입 의사결정

증분수익		
매출 증가	25단위 × 96% × ₩800 =	₩19,200
증분비용		
추가원가		(9,200)
제2공정 직접재료원가	25단위 × ₩80 =	(2,000)
증분이익		₩8,000

∴ 품질개선 프로그램을 도입한다.

해커스 회계사 允원가관리회계연습

제8장

원가함수추정

핵심 이론 요약

01 선형원가함수

(1) 기본모형

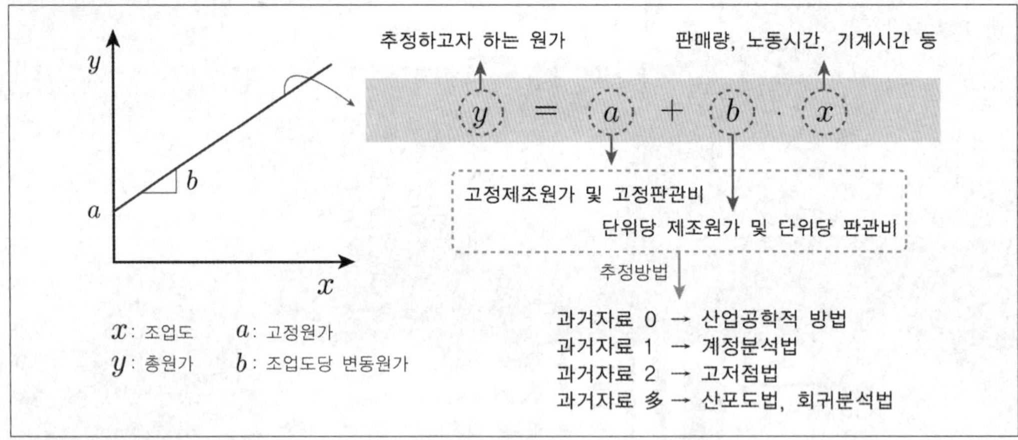

(2) 추정방법

구분	과거자료	특징
산업공학적 방법	필요 없음	• 직접재료원가, 직접노무원가 관련 원가만 추정가능 • 다른 추정방법과 병행
계정분석법	1개	전문가의 주관적 판단 개입
고저점법	2개	• 최고조업도와 최저조업도의 원가만 이용 • 조업도 간 원가차이는 변동원가의 차이
산포도법	다수	추세를 해석하는 주관적 판단 개입
회귀분석법	다수	• 통계적 방법 이용 • 결정계수(R^2: 독립변수의 설명력)

02 비선형원가함수(학습곡선)

(1) 기본모형

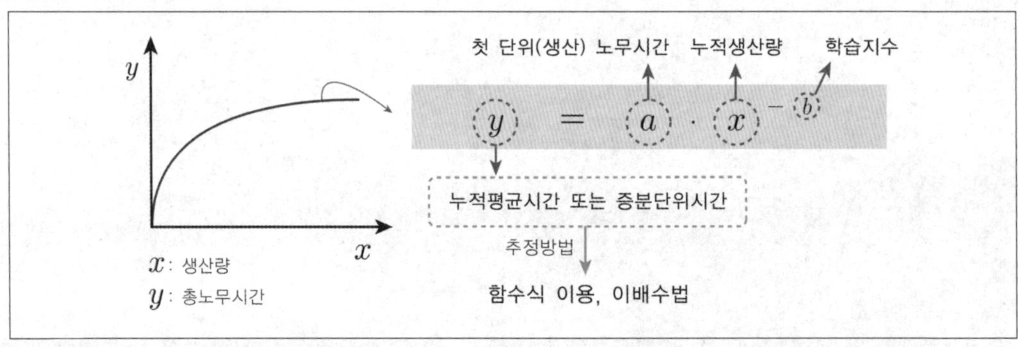

(2) 학습률

동일 작업을 반복적으로 수행하는 과정에서 투입되는 노동시간이 점차 감소하며, 이때 감소효과를 비율로 나타낸 것을 말한다.

(3) 학습곡선모형

① 누적평균시간모형: 누적생산량이 두 배가 될 때 누적평균시간이 일정한 비율로 감소하는 모형
② 증분단위시간모형: 누적생산량이 두 배가 될 때 증분단위시간이 일정한 비율로 감소하는 모형

학습률 90%(누적평균시간모형)				학습률 90%(증분단위시간모형)			
누적생산량 (x)	누적평균시간 (y)		총누적시간 (xy)	누적생산량 (x)	증분단위시간 (m)		총누적시간 (Σm)
1	100	× 90%	100	1	100	× 90%	100
2	90		180	2	90		190

(4) 직접노동시간 감소의 효과

① 노동시간 감소로 영향을 받는 제조원가: 노무원가, 노동시간에 비례하는 제조간접원가
② 체계적 감소: 학습률
- 학습지수 이용
- 2배수법 이용(생산량 2배 증가 시 학습률만큼 감소)

03 활동기준원가함수추정

(1) 기본모형

$$y = a + b_1 \cdot x_1 + b_2 \cdot x_2 + b_3 \cdot x_3 + \cdots + b_n \cdot x_n$$

단, x_1: 단위, x_2: 묶음, x_3: 제품

(2) 특징

① 수 개의 독립변수가 총원가에 영향을 미치게 됨
② 다중회귀분석을 활용하여 원가함수를 추정할 수 있음

문제 01 학습곡선과 외부구입 의사결정

세무사 20

무선이어폰을 생산·판매하고 있는 (주)한국은 무선이어폰에 장착되는 주요 부품인 음성수신장치를 자체 생산하고 있다. (주)한국은 20×1년도에 무선이어폰 생산 및 판매량을 1,000단위로 예상하고 음성수신장치 1,000단위를 자체 생산할 계획에 있으며, 1,000단위의 음성수신장치 생산과 관련된 원가를 다음과 같이 예상하고 있다. 물음에 답하시오. (단, 각 물음은 독립적이다)

구분	총원가
직접재료원가(₩600/단위)	₩600,000
직접노무원가(₩900/시간)	900,000
변동제조간접원가(₩900/직접노무시간)	900,000
고정제조간접원가	500,000
합계	₩2,900,000

요구사항

[물음 1] (주)한국은 외부공급업자로부터 무선이어폰에 장착되는 음성수신장치 1,000단위 전량을 공급해 주겠다는 제안을 받았다. (주)한국이 이 공급제안을 수용하는 경우, 고정제조간접원가 중 ₩100,000을 절감할 수 있으며, 기존 생산설비를 임대하여 연간 ₩200,000의 수익을 창출할 수 있다. (주)한국이 외부공급업자의 제안을 수용하기 위해서 지불할 수 있는 단위당 최대구입가격을 계산하시오.

[물음 2] (주)한국은 무선이어폰에 장착되는 음성수신장치의 생산방식을 기존 생산방식에서 1묶음(Batch)의 크기를 5단위로 하는 묶음생산방식으로의 변경을 검토하고 있다. (주)한국은 생산방식을 묶음생산방식으로 변경하는 경우, 기존 생산방식에서 발생하는 고정제조간접원가 중 ₩100,000과 변동가공원가(Variable conversion cost)의 30%를 절감할 수 있고 생산설비의 일부를 임대하여 연간 ₩150,000의 수익을 창출할 수 있으나, 작업준비와 관련하여 묶음당 ₩4,000의 변동제조간접원가가 추가적으로 발생할 것으로 예상하고 있다. (주)한국이 생산방식을 묶음생산방식으로 변경하는 경우, 기존 생산방식과 비교하여 영업이익이 얼마나 증가 또는 감소하는지를 계산하시오. (단, 영업이익이 증가하는 경우에는 금액 앞에 '(+)'를, 감소하는 경우에는 금액 앞에 '(-)'를 표시하시오)

[물음 3] (주)한국은 무선이어폰에 장착되는 음성수신장치를 자체 생산하지 않고 외부공급업자로부터 공급받는 것을 검토하던 중, (주)대한으로부터 20×1년도에 소요될 음성수신장치 1,000단위 전량을 단위당 ₩3,500에 공급하겠다는 제안을 받았다. (주)대한의 제안을 수용하는 경우에 (주)한국은 기존 생산설비를 이용, 외부 공급업자로부터 공급받은 음성수신장치를 추가적으로 가공하여 음성송신기능을 갖춘 고급사양의 음성송수신장치를 생산할 수 있으며, 무선이어폰에 해당 음성송수신장치를 장착하게 되면 무선이어폰의 단위당 판매가격을 ₩1,500 인상할 수 있다. 고급사양의 음성송수신장치 생산을 위한 추가가공은 묶음생산방식에 의해 가공이 이루어지며, 추가가공과 관련된 원가는 묶음(Batch)수에 비례하여 발생하는 변동가공원가(Variable conversion cost)로서 묶음당 ₩10,000이 발생한다. (주)한국이 (주)대한의 제안을 수용하려면 추가가공을 위한 1묶음의 크기는 최소 몇 단위가 되어야 하는지 계산하시오. (단, 고급사양의 음성송수신장치를 장착한 무선이어폰의 생산·판매량은 1,000단위로 동일하다)

[물음 4] (주)한국은 20×1년도에 무선이어폰 1,000단위 생산에 소요되는 음성수신장치 1,000단위를 기존 생산방식에서 250단위를 1묶음(Batch)으로 하는 묶음생산방식으로 변경하는 것을 검토하고 있다. (주)한국이 음성수신장치를 묶음생산방식으로 생산할 경우, 직접노무시간은 90%의 누적평균시간 학습곡선모형을 따르며, 음성수신장치 250단위 생산과 관련된 원가는 다음과 같다.

구분	총원가
직접재료원가(₩600/단위)	₩150,000
직접노무원가(₩900/시간)	225,000
변동제조간접원가(₩900/직접노무시간)	225,000
고정제조간접원가	500,000
합계	₩1,100,000

(주)한국은 무선이어폰에 장착되는 음성수신장치를 묶음생산방식으로 생산하기로 결정하고 연간 생산계획을 수립하던 중, 무선이어폰에 장착이 가능한 동일한 사양의 음성수신장치를 외부공급업자로부터 단위당 ₩2,100에 구입이 가능하다는 사실을 파악하였다. (주)한국이 20×1년도 무선이어폰 생산에 필요한 음성수신장치 1,000단위 전량을 외부공급업자로부터 구입할 경우, 묶음생산방식에 의해 자체 생산하는 경우에 비하여 영업이익이 얼마나 증가 또는 감소하는지를 계산하시오. (단, 영업이익이 증가하는 경우에는 금액 앞에 '(+)'를, 감소하는 경우에는 금액 앞에 '(-)'를 표시하시오)

해답

문제분석

■ "1,000단위의 음성수신장치 생산과 관련된 원가"
→ 제시된 변동제조원가를 1,000단위로 나누어 단위당 변동제조원가를 계산한다.

■ [물음 2] "1묶음(batch)의 크기를 5단위로 하는 묶음생산방식" 및 "묶음당 ₩4,000의 변동제조간접원가가 추가적으로 발생"
→ 변동제조간접원가 추가발생금액: (1,000단위 ÷ 5단위) × ₩4,000 = ₩800,000

■ [물음 2] "변동가공원가(Variable conversion cost)의 30%를 절감"
→ 변동가공원가는 직접노무원가와 변동제조간접원가를 의미하며 절감액은 다음과 같다.
(₩900,000 + ₩900,000) × 30% = ₩540,000

■ [물음 3] "추가가공과 관련된 원가는 묶음(Batch)수에 비례하여 발생하는 변동가공원가(Variable conversion cost)로서 묶음당 ₩10,000이 발생"
→ 묶음(Batch)수를 Q로 한 후 1,000단위를 Q로 나누어 묶음의 크기를 계산할 수 있다.

■ [물음 4] "250단위를 1묶음(Batch)으로 하는 묶음생산방식으로 변경"
→ 1묶음이 250단위이므로 1,000단위는 총 4묶음이다.

■ [물음 4] "90%의 누적평균시간 학습곡선모형" 및 "직접노무원가(₩900/시간) ₩225,000"
→ 첫 단위 묶음에 소요되는 시간은 250시간(= ₩225,000 ÷ ₩900)으로 누적평균시간모형을 적용하여 4묶음에 대한 총시간을 구할 수 있다.

자료정리

(1) 단위당 변동제조원가

직접재료원가	₩600	
직접노무원가	900	(1시간/단위, ₩900/시간)
변동제조간접원가	900	(1시간/단위, ₩900/시간)
계	₩2,400	

(2) 학습효과(학습률 90%)

- 첫 묶음 생산에 소요되는 시간: ₩225,000 ÷ ₩900 = 250시간
- 누적총시간

누적생산량(x)	누적평균시간(y)	누적총시간(xy)
1묶음	250	250
2묶음	225	450
4묶음	202.5	810

모범답안

[물음 1] 외부공급업자의 제안을 수용하기 위해서 지불할 수 있는 단위당 최대구입가격

최대지불가격을 P라 하면 다음과 같다.

증분수익		
임대수익 증가		₩200,000
증분비용		
변동제조원가 감소	1,000단위 × ₩2,400 =	2,400,000
고정제조간접원가 감소		100,000
구입금액 증가		(1,000단위 × P)
증분이익		₩2,700,000 - 1,000P ≥ 0

∴ P = ₩2,700

[물음 2] 기존 생산방식과 비교한 영업이익 증감액

증분수익		
임대수익		₩150,000
증분비용		
변동가공원가 감소	1,000단위 × ₩1,800 × 0.3 =	540,000
고정제조간접원가 감소		100,000
변동제조간접원가 증가	(1,000단위 ÷ 5단위) × ₩4,000 =	(800,000)
증분이익		(-)₩10,000

[물음 3] 추가가공을 위한 묶음당 최소수량

묶음수를 Q라 하면 다음과 같다.

증분수익		
매출 증가	1,000단위 × ₩1,500 =	₩1,500,000
증분비용		
변동제조원가 감소	1,000단위 × ₩2,400 =	2,400,000
변동가공원가 증가		(10,000Q)
구입금액	1,000단위 × ₩3,500 =	(3,500,000)
증분이익		₩400,000 - ₩10,000Q ≥ 0

∴ Q는 40묶음으로, 묶음당 최소수량은 25단위(= 1,000단위 ÷ 40묶음)이다.

[물음 4] 자체 생산하는 경우와 비교한 영업이익 증감액

(1) 자체 생산 시 변동제조원가

직접재료원가	₩150,000 × 4묶음 =	₩600,000
직접노무원가	₩900 × 810시간 =	729,000
변동제조간접원가	₩900 × 810시간 =	729,000
		₩2,058,000

(2) 외부구입가격

1,000단위 × ₩2,100 = ₩2,100,000

(3) 외부구입 시 영업이익 증감

₩2,100,000 - ₩2,058,000 = ₩42,000 증분손실

문제 02 증분단위시간모형과 누적평균시간모형

회계사 93

(주)한국은 대형 LCD모니터를 생산하는 회사이다. 지난 수년간 연구개발 후 양산에 준비하고 있다.

(1) 첫 1단위 생산 시 원가

직접재료원가	₩100,000
직접노무원가(2,000시간 × ₩200/시간)	400,000
변동제조간접원가[*1]	200,000
기타[*2]	100,000
합계	₩800,000

*1 변동제조간접원가는 직접노무원가에 비례하여 발생한다. 즉, 직접노무원가의 50%이다.

*2 기타는 일반관리비 및 이윤보상목적으로 직접노무원가의 25%로 설정한다.

(2) 학습곡선(증분단위시간모형)

- 증분단위시간 m = b × $x^{-학습지수}$(b: 최초 단위당 투입시간)
- 학습률 85% 적용 시 학습곡선의 학습지수는 0.2345이다.
- 학습지수를 반영한 $x^{-학습지수}$의 값은 다음과 같다.

누적생산량	$x^{-학습지수}$	결괏값
1	$1^{-0.2345}$	1.0000
2	$2^{-0.2345}$	0.8500
3	$3^{-0.2345}$	0.7728
4	$4^{-0.2345}$	0.7224

요구사항

[물음 1] 증분단위시간모형을 적용하여 1 ~ 4개까지의 증분단위시간, 누적총시간을 나타내는 표를 작성하고, 1단위를 생산한 후 추가적인 3단위를 생산하기 위한 총원가를 구하시오.

[물음 2] 누적평균시간모형을 적용하여 1 ~ 4개까지의 누적평균시간, 누적총시간을 나타내는 표를 작성하고, 1단위를 생산한 후 추가적인 3단위를 생산하기 위한 총원가를 구하시오.

해답

문제분석

■ "(1) 2,000시간 × ₩200/시간"
→ 첫 단위 생산에 필요한 시간은 2,000시간이며 시간당 임률은 ₩200이다.

■ "(1) 변동제조간접원가는 직접노무원가에 비례, 직접노무원가의 50%" 및 "(1) 기타는 일반관리비 및 이윤보상목적으로 직접노무원가의 25%로 설정"
→ 변동제조간접원가와 기타는 직접노무원가를 기준으로 배부하므로 학습곡선에 영향을 받는다.

자료정리

(1) 증분단위시간모형

누적생산량(x)	증분단위시간(m)	누적총시간(Σm)
1	2,000시간	2,000시간
2	2,000시간 × 0.85 =1,700시간	3,700시간
3	2,000시간 × 0.7728 =1,545.6시간	5,245.6시간
4	2,000시간 × 0.7224 =1,444.8시간	6,690.4시간

(2) 누적평균시간모형

누적생산량(x)	누적평균시간(y)	누적총시간(xy)
1	2,000시간	2,000시간
2	2,000시간 × 0.85 =1,700시간	3,400시간
3	2,000시간 × 0.7728 =1,545.6시간	4,636.8시간
4	2,000시간 × 0.7224 =1,444.8시간	5,779.2시간

모범답안

[물음 1] 증분단위시간모형 총원가

(1) 3단위 추가작업에 필요한 시간

6,690.4시간 - 2,000시간 = 4,690.4시간

(2) 총원가

직접재료원가	3단위 × ₩100,000=	₩300,000
직접노무원가	4,690.4시간 × ₩200 =	938,080
변동제조간접원가	₩938,080 × 50% =	469,040
기타	₩938,080 × 25% =	234,520
합계		₩1,941,640

[물음 2] 누적평균시간모형 총원가

(1) 3단위 추가작업에 필요한 시간

5,779.2시간 - 2,000시간 = 3,779.2시간

(2) 총원가

직접재료원가	3단위 × ₩100,000 =	₩300,000
직접노무원가	3,779.2시간 × ₩200 =	755,840
변동제조간접원가	₩755,840 × 50% =	377,920
기타	₩755,840 × 25% =	188,960
합계		₩1,622,720

문제 03 학습곡선 및 관련원가분석

회계사 18

(주)AI는 20×1년 초에 설립되었으며, 치매환자를 보살피는 단일 종류의 소형 로봇 'AI+'를 생산 · 판매한다. 회사는 국내외 병원 등으로부터 AI+를 10대씩 뱃치(Batch)단위로 주문을 받아 생산한다. AI+ 1대당 직접재료원가는 100원이다. 생산 초기에는 노동집약적 공정의 특성으로 인해 변동전환원가 추정에 누적평균모형 학습곡선이 적용될 것으로 분석되었다. 또한 생산구간별로 필요한 노동력과 공정자동화 정도가 다르므로, 생산구간이 달라지면 새로운 학습곡선이 적용될 것으로 예상된다. AI+의 1대당 판매가격은 440원이고, 10대에서 120대까지 생산구간별 전환원가(가공원가)는 다음과 같다.

구분		생산구간		
		1구간	2구간	3구간
총누적생산량		10대 ~ 40대	50대 ~ 80대	90대 ~ 120대
구간별 누적생산량		10대 ~ 40대	10대 ~ 40대	10대 ~ 40대
학습효과		있음	있음	없음
변동전환원가 (총액)	1구간	$280Q_1^{0.848}$원	$280Q_1^{0.848}$원	$280Q_1^{0.848}$원
	2구간	-	$120Q_2^{0.926}$원	$120Q_2^{0.926}$원
	3구간	-	-	$40Q_3$원
고정전환원가(총액)		5,000원	10,000원	15,000원

Q_1, Q_2, Q_3는 각각 1, 2, 3구간의 구간별 누적생산량임. 예를 들어 2구간의 총누적생산량($Q_1 + Q_2$)에 대한 변동전환원가(총액)는 $280Q_1^{0.848}$원 + $120Q_2^{0.926}$원으로 추정되며, 총누적생산량이 60대인 경우 $Q_1 = 40$대, $Q_2 = 20$대가 됨

※ 참고자료: 필요한 경우 다음의 계산결과를 이용하시오.

뱃치	Q	$Q^{0.848}$	$Q^{0.926}$
1	10	7.05	8.43
2	20	12.68	16.02
3	30	17.89	23.32
4	40	22.83	30.44
5	50	27.59	37.43
6	60	32.20	44.32
7	70	36.70	51.12
8	80	41.10	57.84
9	90	45.41	64.51
10	100	49.66	71.12
11	110	53.84	77.68
12	120	57.96	84.20

AI+는 주문생산으로 생산 즉시 판매되며, 재고는 보유하지 않는다.

요구사항

[물음 1] 아래 표를 참고하여, 생산 뱃치별로 변동전환원가(총액)를 추정하시오. (단, 금액은 소수점 첫째 자리에서 반올림하시오)

생산구간	뱃치	총누적생산량	구간별 누적생산량	변동전환원가(총액)
1구간	1	10	10	
	2	20	20	
	3	30	30	
	4	40	40	
2구간	5	50	10	
	6	60	20	
	7	70	30	
	8	80	40	
3구간	9	90	10	
	10	100	20	
	11	110	30	
	12	120	40	

[물음 2] 각 생산구간별로 손익분기점이 존재하는 경우, 구간별 손익분기점 뱃치수를 구하시오.

[물음 3] 총누적생산량이 1구간에서 2구간으로 확장되었다고 가정한다. 2구간에서 1구간보다 뱃치당 평균원가가 낮아지기 위해서는, 2구간에서 AI+를 최소한 몇 뱃치 이상 생산해야 하는가?

※ 20×1년 초에 (주)AI는 국내 대형병원과 최초로 7뱃치(70대)의 AI+를 납품하기로 계약했으며, 제조원가는 예상대로 발생한다고 가정한다. 다음 **[물음 4]**와 **[물음 5]**에 답하시오.

[물음 4] 국내 대형병원과의 납품계약(AI+ 7뱃치)으로부터 매출액의 20%에 해당하는 순이익을 얻기 위해서는 뱃치당 평균판매가격을 얼마로 책정해야 하는가? (단, 금액은 소수점 첫째 자리에서 반올림하시오)

[물음 5] 국내 대형병원에 7뱃치(70대)를 납품한 직후에 외국의 거래처로부터 AI+ 4뱃치(40대)를 공급해 달라는 요청을 받았다. 이 주문은 전량 수락하거나 전량 거부해야 한다. 회사의 경영자는 외국 거래처의 주문을 수락하기 위해 생산구간을 2구간에서 3구간으로 확장하지 않고, 2구간에서 초과작업을 수행하여 주문량을 생산하고자 한다. 이 경우, 변동전환원가에 대한 2구간의 학습효과는 지속되나, 추가로 4,664원의 원가가 발생한다. 외국 거래처의 주문을 수락하기 위해서는 주문량 4뱃치(40대)에 대한 판매금액이 최소한 얼마 이상이어야 하는가? (단, 금액은 소수점 첫째 자리에서 반올림하시오)

해답

문제분석

■ "10대씩 뱃치(Batch)단위로 주문을 받아 생산", "변동전환원가(총액)" 및 "생산구간이 달라지면 새로운 학습곡선이 적용될 것으로 예상"

→ 10대씩 뱃치(Batch)단위로 생산하고 생산구간에 따라 변동전환원가에 대한 새로운 학습곡선이 적용되며 다음의 누적생산량을 적용한다.

뱃치	Q	$Q^{0.848}$	$Q^{0.926}$
1	10	7.05	8.43
2	20	12.68	16.02
3	30	17.89	23.32
4	40	22.83	30.44

■ [물음 2] "구간별 손익분기점 뱃치수"

→ 뱃치별 매출액에서 총원가를 차감한 이익을 계산한 후 구간별 이익이 발생하는 뱃치를 찾아낸다.

■ [물음 3] "총누적생산량이 1구간에서 2구간으로 확장되었다고 가정한다. 2구간에서 1구간보다 뱃치당 평균원가가 낮아지기 위해서는, 2구간에서 AI+를 최소한 몇 뱃치 이상 생산"

→ 1구간 뱃치당 평균원가를 계산한 후 2구간 뱃치당 평균원가를 순차적으로 계산하여 1구간 뱃치당 평균원가와 비교한다.

1구간 뱃치당 평균원가: $\frac{\text{1구간 누적총원가}}{\text{4뱃치}} = \frac{₩15,392}{\text{4뱃치}} = ₩3,848$

■ [물음 4] "국내 대형병원과의 납품계약(AI+ 7뱃치)으로부터 매출액의 20%에 해당하는 순이익을 얻기 위해서는 뱃치당 평균판매가격"

→ 7뱃치 총원가를 기준으로 매출액을 역산한다.

■ [물음 5] "2구간에서 3구간으로 확장하지 않고, 2구간에서 초과작업을 수행하여 주문량을 생산하고자 한다. 이 경우, 변동전환원가에 대한 2구간의 학습효과는 지속되나, 추가로 4,664원의 원가가 발생"

→ 2구간 학습효과를 이용하여 11뱃치까지 변동전환원가를 계산한다. 4뱃치(= 11뱃치 - 7뱃치)에 대한 증분원가를 계산한 후 추가원가 ₩4,664을 가산한다. 또한, 3구간으로 확장하지 않으므로 고정원가는 변동 없다.

자료정리

(1) 뱃치당 변동전환원가

구간	누적 총생산량	구간별 생산량	단위당 변동전환원가	원가			
				1구간	2구간	3구간	합계
1구간	10	10	₩280	₩1,974	-	-	₩1,974
	20	20	280	3,550	-	-	3,550
	30	30	280	5,009	-	-	5,009
	40	40	280	6,392	-	-	6,392
2구간	50	10	120	6,392[*1]	₩1,012	-	7,404
	60	20	120		1,922	-	8,314
	70	30	120		2,798	-	9,190
	80	40	120		3,653	-	10,045
3구간	90	10	40	6,392[*1]	3,653[*1]	₩400	10,445
	100	20	40			800	10,845
	110	30	40			1,200	11,245
	120	40	40			1,600	11,645

[*1] 구간이 달라지면 새로운 학습곡선이 적용되므로 이전 구간 누적총원가에 새로운 학습곡선에 의한 원가를 가산한다.

(2) 뱃치당 영업이익 및 손익분기점 뱃치

구간	누적 총생산량	단위당 판매가격	단위당 재료원가	총변동 전환원가	총고정원가	영업이익	손익분기점 뱃치수
1구간	10	₩440	₩100	₩1,974	₩5,000	₩(3,574)	
	20	440	100	3,550	5,000	(1,750)	
	30	440	100	5,009	5,000	191	3뱃치
	40	440	100	6,392	5,000	2,208	
2구간	50	440	100	7,404	10,000	(404)	
	60	440	100	8,314	10,000	2,084	6뱃치
	70	440	100	9,190	10,000	4,610	
	80	440	100	10,045	10,000	7,155	
3구간	90	440	100	10,445	15,000	5,155	
	100	440	100	10,845	15,000	8,155	
	110	440	100	11,245	15,000	11,155	
	120	440	100	11,645	15,000	14,155	

(3) 2구간에서 초과작업하는 경우 뱃치당 변동전환원가[물음 5]

구간	누적 총생산량	구간별 생산량	단위당 변동전환원가	원가		
				1구간	2구간	합계
1구간	10	10	₩280	₩1,974	-	₩1,974
	20	20	280	3,550	-	3,550
	30	30	280	5,009	-	5,009
	40	40	280	6,392	-	6,392
2구간	50	10	120	6,392[*2]	₩1,012	7,404
	60	20	120		1,922	8,314
	70	30	120		2,798	9,190
	80	40	120		3,653	10,045
	90	10	120		4,492	10,884
	100	20	120		5,318	11,710
	110	30	120		6,134	12,526

[*2] 구간이 달라지면 새로운 학습곡선이 적용되므로 이전 구간 누적총원가에 새로운 학습곡선에 의한 원가를 가산한다.

모범답안

[물음 1] 생산 뱃치별 변동전환원가(총액) 추정

생산구간	뱃치	총누적생산량	구간별 누적생산량	변동전환원가(총액)
1구간	1	10	10	₩1,974
	2	20	20	3,550
	3	30	30	5,009
	4	40	40	6,392
2구간	5	50	10	7,404
	6	60	20	8,314
	7	70	30	9,190
	8	80	40	10,045
3구간	9	90	10	10,445
	10	100	20	10,845
	11	110	30	11,245
	12	120	40	11,645

[물음 2] 구간별 손익분기점 뱃치수

구간	누적생산량	매출	재료원가	변동전환원가	고정원가	영업이익	손익분기점 뱃치수
1구간	10	₩4,400	₩1,000	₩1,974	₩5,000	₩(3,574)	
	20	8,800	2,000	3,550	5,000	(1,750)	
	30	13,200	3,000	5,009	5,000	191	3뱃치
	40	17,600	4,000	6,392	5,000	2,208	
2구간	50	22,000	5,000	7,404	10,000	(404)	
	60	26,400	6,000	8,314	10,000	2,084	6뱃치
	70	30,800	7,000	9,190	10,000	4,610	
	80	35,200	8,000	10,045	10,000	7,155	
3구간	90	39,600	9,000	10,445	15,000	5,155	
	100	44,000	10,000	10,845	15,000	8,155	
	110	48,400	11,000	11,245	15,000	11,155	
	120	52,800	12,000	11,645	15,000	14,155	

∴ 손익분기점 뱃치수는 3뱃치와 6뱃치이다.

[물음 3] 2구간에서 생산해야 할 최소뱃치수

구간	뱃치수	재료원가	변동전환원가	고정원가	총원가	뱃치당 평균원가
1구간	1	₩1,000	₩1,974	₩5,000	₩7,974	₩7,974
	2	2,000	3,550	5,000	10,550	5,275
	3	3,000	5,009	5,000	13,009	4,336
	4	4,000	6,392	5,000	15,392	3,848*
2구간	5	5,000	7,404	10,000	22,404	4,481
	6	6,000	8,314	10,000	24,314	4,052
	7	7,000	9,190	10,000	26,190	3,741
	8	8,000	10,045	10,000	28,045	3,506

* $\frac{\text{총원가}}{\text{뱃치수}} = \frac{₩15,392}{4\text{뱃치}} = ₩3,848$

∴ 1구간 평균원가 ₩3,848보다 낮은 2구간 최소뱃치수는 7뱃치이고, 이때 평균원가는 ₩3,741이다.

[물음 4] 뱃치당 평균판매가격

(1) 7뱃치 총원가

₩7,000 + ₩9,190 + ₩10,000 = ₩26,190

(2) 매출이익률 20%를 달성하기 위한 매출액

$$\frac{\text{총원가}}{1 - \text{매출이익률}} = \frac{₩26,190}{1 - 20\%} = ₩32,738$$

(3) 뱃치당 평균판매가격

$$\frac{₩32,738}{7\text{뱃치}} = ₩4,677$$

[물음 5] 주문량 4뱃치(40대)에 대한 최소판매금액

(1) 주문에 대한 증분제조원가

구간	뱃치수	재료원가	변동전환원가	고정원가	총원가
1구간	1	₩1,000	₩1,974	₩5,000	₩7,974
	2	2,000	3,550	5,000	10,550
	3	3,000	5,009	5,000	13,009
	4	4,000	6,392	5,000	15,392
2구간	5	5,000	7,404	10,000	22,404
	6	6,000	8,314	10,000	24,314
	7	7,000	9,190	10,000	26,190
	8	8,000	10,045	10,000	28,045
	9	9,000	10,884	10,000	29,884
	10	10,000	11,710	10,000	31,710
	11	11,000	12,526	10,000	33,526

∴ 증분제조원가: ₩33,526 - ₩26,190 = ₩7,336

(2) 최소판매금액(P)

증분수익	
매출 증가	P
증분비용	
제조원가 증가	₩(7,336)
추가원가	(4,664)
증분이익	P - ₩12,000 ≥ 0

∴ P = ₩12,000

해커스 회계사 允원가관리회계연습 제8장 원가함수추정

해커스 회계사 允원가관리회계연습

회계사 · 세무사 · 경영지도사 단번에 합격!
해커스 경영아카데미 cpa.Hackers.com

제9장

CVP분석

핵심 이론 요약

01 CVP분석의 기본가정

가정	가정의 완화
선형성	비선형함수 CVP분석
단일조업도	활동기준원가계산 CVP분석
생산량 = 판매량	전부원가계산 CVP분석
회계적 이익	현금흐름분기점
단일제품	복수제품 CVP분석
확실성	불확실성하의 CVP분석

02 기본개념

(1) 공헌이익

① 단위당 공헌이익

단위당 공헌이익(cm) = 단위당 판매가격(p) - 단위당 변동원가(vc)

② 총공헌이익

총공헌이익(CM) = 단위당 공헌이익(cm) · 판매량(Q)

(2) 공헌이익률과 변동비율

① 공헌이익률

$$\text{공헌이익률(cmr)} = \frac{\text{단위당 공헌이익(cm)}}{\text{단위당 판매가격(p)}}$$

② 변동비율

$$\text{변동비율(vcr)} = \frac{\text{단위당 변동원가(vc)}}{\text{단위당 판매가격(p)}}$$

③ 공헌이익률과 변동비율의 관계

공헌이익률(cmr) + 변동비율(vcr) = 1

03 기본구조

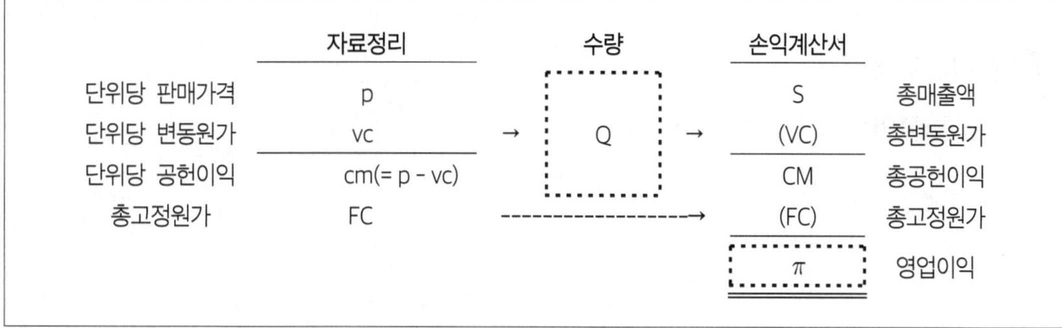

04 CVP도표 및 PV도표

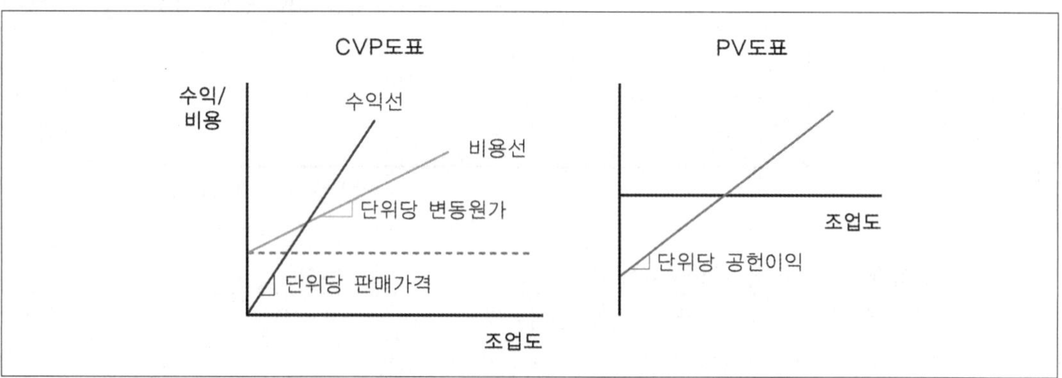

05 기본모형

(1) 손익분기점분석

- 손익분기점 판매량(Q_{BEP}): $(p - vc) \cdot Q_{BEP} - FC = 0 \rightarrow Q_{BEP} = \dfrac{FC}{p - vc}$
- 손익분기점 매출액(S_{BEP}) = $p \cdot Q_{BEP}$

(2) 목표이익분석

① 세금을 고려하지 않는 경우

- 목표이익 판매량(Q_{TI}): $(p - vc) \cdot Q_{TI} - FC = TI$
- 목표이익 매출액(S_{TI}) = $p \cdot Q_{TI}$

② 세금을 고려하는 경우

☑ t = 세율

- 목표이익 판매량(Q_{TI}): $[(p - vc) \cdot Q_{TI} - FC] \times (1 - t)$ = 세후TI
- 목표이익 매출액(S_{TI}) = $p \cdot Q_{TI}$

③ 누진세율인 경우 세후목표이익분석

세후목표이익을 (1 - t)로 나누어 세전목표이익으로 전환한 후 목표이익분석으로 해결하면 됨

06 확장모형

1. 비선형(불연속선형)함수 CVP분석

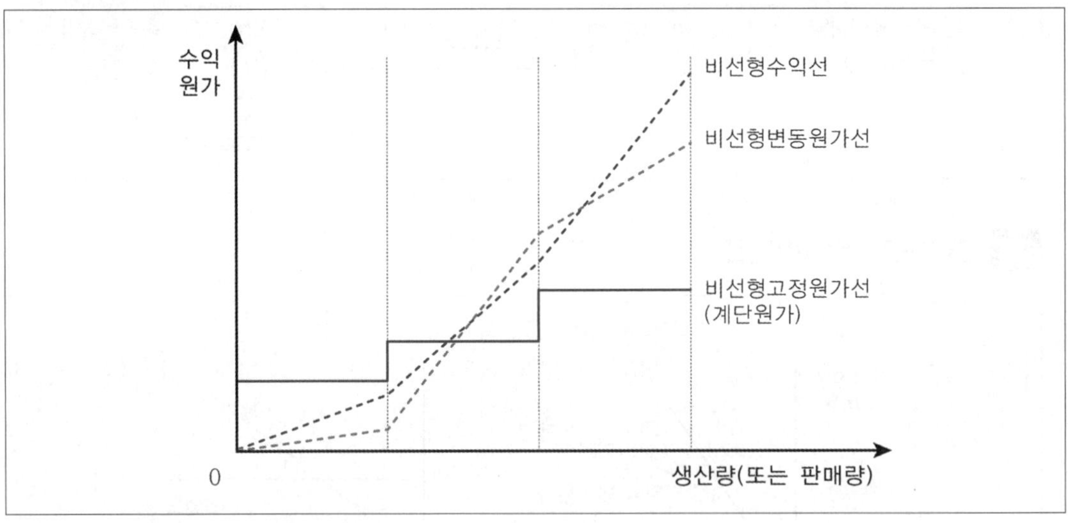

1단계	선형이 유지되는 구간을 구분
2단계	구간별로 분석을 실시
3단계	결괏값이 해당 구간에 존재하는지 확인

2. 활동기준원가계산 CVP분석

(1) 활동기준원가함수

$$y = a + b_1 \cdot x_1 + b_2 \cdot x_2 + b_3 \cdot x_3 + \cdots + b_n \cdot x_n$$

단, x_1: 단위수준(조업도), x_2: 묶음수준, x_3: 제품수준

조업도(x_1)를 원가동인으로 하는 활동원가는 변동원가로 처리하고, 그 이외의 다른 원가동인(x_2, x_3, x_n)에 따라 발생하는 활동원가와 기타 고정원가(a)는 모두 고정원가로 처리한다.

(2) 가격과 원가구조

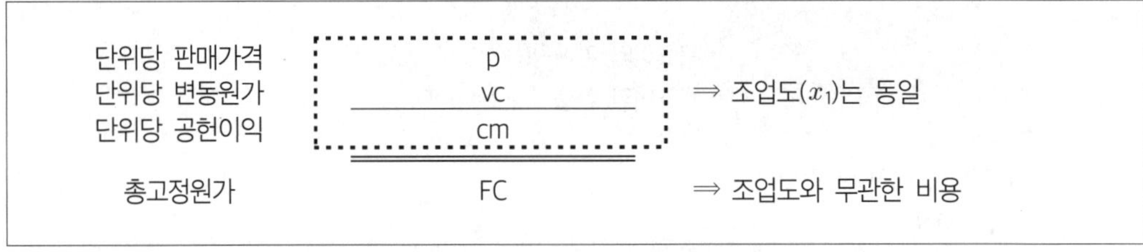

3. 전부원가계산 CVP분석

- $(p - vc - foh^*) \cdot Q$ - 고정판매관리비 $= \pi$
- $Q_{BEP} = \dfrac{\text{고정판매관리비}}{p - vc - foh^*}$

[*] 단위당 고정제조간접원가

4. 현금흐름분기점

☑ 회계적이익과 현금의 차이를 감가상각비라고 가정함

(세후)회계적이익 + 감가상각비 = (세후)현금

↓

- 세금이 없는 경우: $(p - vc) \cdot Q - FC$ + 감가상각비 = 현금
- 세금이 있는 경우: $[(p - vc) \cdot Q - FC] \times (1 - t)$ + 감가상각비 = 세후현금
  또는 (현금영업수익 - 현금영업비용) × (1 - t) + 감가상각비 × t = 세후현금

5. 복수제품 CVP분석

(1) 제품배합

① 판매량(수량)배합: 총판매량에서 각 제품의 판매량이 차지하는 상대적 비율

② 매출액(금액)배합: 총매출액에서 각 제품의 매출액이 차지하는 상대적 비율

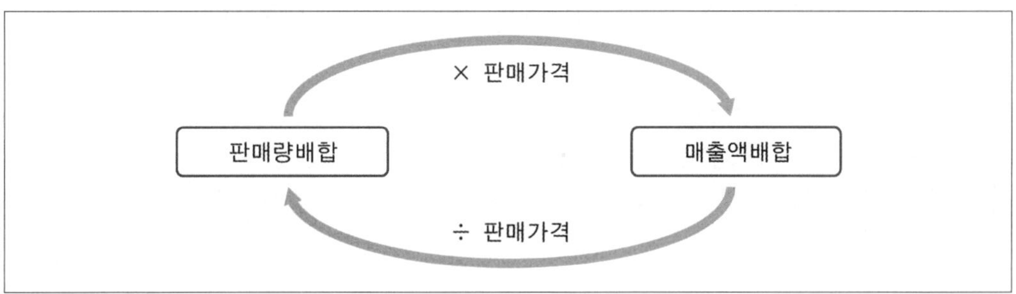

(2) 분석방법

① 묶음기준: 묶음법, 꾸러미법

② 개별단위기준: 가중평균공헌이익법, 가중평균공헌이익률법

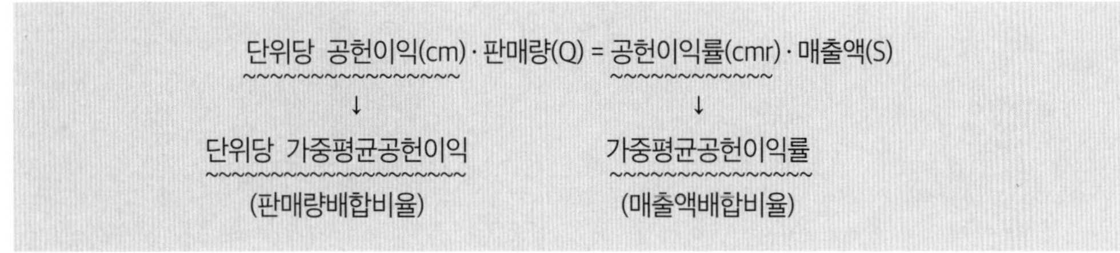

07 응용

(1) 정상원가계산과 표준원가계산 CVP분석

☑ 배부(원가)차이를 모두 당기손익에 반영하는 경우 차이 조정

① 정상변동원가계산 CVP분석

$$(p - vc) \cdot Q - FC \pm \text{변동제조간접원가 배부차이} = \pi$$

② 정상전부원가계산 CVP분석

$$(p - vc - foh) \cdot Q - \text{고정판매관리비} \pm \text{제조간접원가 배부차이} = \pi$$

③ 표준변동원가계산 CVP분석

$$(p - vc) \cdot Q - FC \pm \text{변동제조원가 원가차이} = \pi$$

④ 표준전부원가계산 CVP분석

$$(p - vc - foh) \cdot Q - \text{고정판매관리비} \pm \text{제조원가 원가차이} = \pi$$

(2) 자본조달 CVP분석

부채조달	이자비용 발생 → 이자비용만큼 고정원가 증가
자본조달	배당지급 → 배당지급을 위한 세후목표이익 증가

(3) 다기간 CVP분석

CVP분석에서의 대상기간을 1년 이상으로 확장한 자본예산과 결합된 모형으로, 의사결정대상이 회계적이익이 아닌 현금흐름이므로 현금흐름분기점과 유사하다. 다기간 CVP분석에서의 손익분기점은 투자기간 동안 미래현금흐름의 현재가치와 현금유출의 현재가치를 일치시키는 판매량을 의미하며, 자본예산에서의 투자의사결정과 동일하다.

08 기타

(1) 안전한계와 안전한계율

① 안전한계

$$안전한계\ 매출액(판매량) = 현재\ 매출액(판매량) - 손익분기점\ 매출액(판매량)$$

② 안전한계율

$$안전한계율 = \frac{안전한계\ 매출액(판매량)}{현재\ 매출액(판매량)} = \frac{영업이익}{공헌이익}$$

(2) 영업레버리지도(DOL)

$$DOL = \frac{영업이익변화율}{매출액변화율} = \frac{공헌이익}{영업이익^{*}}$$

↓

$$영업이익변화율 = DOL \times 매출액변화율$$

* 공헌이익 - 고정원가

① 고정원가 "0"일 때 확대효과 없음(DOL = 1)

② 손익분기점 부근에서 DOL이 가장 큼

③ 매출액이 증가할수록 DOL은 감소함

(3) 안전한계율과 영업레버리지도의 관계: 역수관계

$$DOL = \frac{공헌이익}{영업이익} = \frac{1}{안전한계율}$$

문제 01 비선형함수 CVP분석과 특별주문수락 의사결정

(주)한국은 카메라를 전문으로 생산·판매하는 회사이다. 회사의 연간 최대조업도는 12,000대이며, 연간 6,000대를 생산할 때 변동원가의 예산은 ₩120,000이다. 각 조업도수준에서의 고정원가예산은 다음과 같다.

조업도(생산량)	연간 고정원가
0대 ~ 3,000대 미만	₩80,000
3,000대 이상 ~ 6,000대 미만	100,000
6,000대 이상 ~ 9,000대 미만	140,000
9,000대 이상 ~ 12,000대	160,000

요구사항

[물음 1] 현재 생산량은 5,000대이며 단위당 판매가격은 ₩40이다. 회사의 손익분기점 판매수량을 구하시오.

[물음 2] 회사는 예기치 못한 3,000대의 특별주문을 받았다. 현재 5,000대를 확실히 판매할 수 있는 상황에서 특별주문으로 총목표이익 ₩8,000을 얻기 위한 특별주문에 대한 최소판매가격을 구하시오.

[물음 3] 회사는 예기치 못한 3,000대의 특별주문을 받았다. 현재 5,000대를 확실히 판매할 수 있는 상황에서 특별주문으로 인하여 기존 영업이익이 감소하지 않기 위한 특별주문에 대한 최소판매가격을 구하시오. (단, 소수점 이하 절사하시오)

해답

문제분석

- "연간 6,000대를 생산할 때 변동원가의 예산은 ₩120,000"
  → 단위당 변동원가를 계산할 수 있다.
- "연간 고정원가"
  → 고정원가만 비선형인 CVP분석모형이다.
- [물음 2], [물음 3] "3,000대의 특별주문을 받았다."
  → 현재 생산량 5,000대에서 특별주문량 3,000개를 추가하면 고정원가가 ₩140,000으로 증가한다.

자료정리

(1) 단위당 변동원가

$$\frac{₩120,000}{6,000대} = ₩20$$

(2) 가격과 원가구조

	0대 ~ 3,000대 미만	3,000대 이상 ~ 6,000대 미만	6,000대 이상 ~ 9,000대 미만	9,000대 이상 ~ 12,000대
단위당 판매가격	₩40	₩40	₩40	₩40
단위당 변동원가	(20)	(20)	(20)	(20)
단위당 공헌이익	₩20	₩20	₩20	₩20
고정원가	₩80,000	₩100,000	₩140,000	₩160,000

모범답안

[물음 1] 손익분기점 판매수량

손익분기점 판매수량을 Q라 하면 다음과 같다.

(1) 0대 ~ 3,000대 미만

₩20Q - ₩80,000 = ₩0 ⇒ Q = 4,000대(X)

(2) 3,000대 이상 ~ 6,000대 미만

₩20Q - ₩100,000 = ₩0 ⇒ Q = 5,000대(O)

(3) 6,000대 이상 ~ 9,000대 미만

₩20Q - ₩140,000 = ₩0 ⇒ Q = 7,000대(O)

(4) 9,000대 이상 ~ 12,000대

₩20Q - ₩160,000 = ₩0 ⇒ Q = 8,000대(X)

∴ 손익분기점 판매수량은 5,000대, 7,000대이다.

[물음 2] 특별주문에 대한 최소판매가격(I)

최소판매가격을 P라 하면 다음과 같다.

5,000대 × ₩20 + 3,000대 × (P - ₩20) - ₩140,000 = ₩8,000

∴ P = ₩36

[물음 3] 특별주문에 대한 최소판매가격(II)

(1) 특별주문 전 이익

5,000대 × ₩20 - ₩100,000 = ₩0

(2) 최소판매가격(P)

5,000대 × ₩20 + 3,000대 × (P - ₩20) - ₩140,000 = ₩0

∴ P = ₩33

문제 02 특별주문수락 의사결정과 복수제품 CVP분석

세무사 10 수정

다음을 읽고 물음에 답하시오.

(주)세무는 20×1년 7월 1일에 설립된 타월 제조기업이다. (주)세무는 7월 한 달 동안 타월 3,000장을 제조하여 모두 판매하였으며, 재고를 보유하지 않는 정책을 사용하고 있다. (주)세무의 7월 영업성과는 다음과 같고, 8월에도 7월과 동일한 영업상황이 유지될 것으로 예상하고 있다.

매출액	₩6,000,000
매출원가	(3,600,000)
판매비	(2,100,000)
영업이익	₩300,000

(주)세무의 모든 원가는 생산량을 원가동인으로 하여 변동원가와 고정원가로 분류할 수 있다. 타월의 단위당 변동판매비는 ₩500이며, 타월의 단위당 제조원가 ₩1,200에 대한 원가요소별 구성내역은 다음과 같다.

구분	단위당 변동원가	단위당 고정원가
직접재료원가	₩600	-
직접노무원가	50	₩150
제조간접원가	100	300
합계	₩750	₩450

(주)세무는 서울에서 20×1년 8월 31일 개장할 예정인 한국호텔로부터 8월 중에 타월 500장을 단위당 ₩1,100에 공급해달라는 1회성 특별주문을 받았다. 한국호텔의 특별주문에서 판매비가 소요되지 않는다. (주)세무는 한국호텔의 특별주문을 수락하더라도 판매량과 판매가격은 변하지 않는다. 그러나 (주)세무는 특별주문용 호텔타월에 인쇄할 한국호텔 로고의 디자인비용 ₩400을 그래픽디자인 회사인 (주)수정에게 지급해야 하고, 디자인이 완성된 로고를 타월에 인쇄하기 위해 타월 한 장당 ₩10의 인쇄비를 추가로 부담할 것으로 예상된다. (주)세무가 생산하여 판매하는 일반타월과 호텔타월은 로고 인쇄 여부를 제외하면 제품의 특성이나 품질은 동일하다.

요구사항

[물음 1] 한국호텔의 특별주문과 관련된 (주)세무의 증분수익, 증분원가 및 증분손익을 계산하고, 이를 근거로 특별주문의 수락 여부를 결정하시오.

[물음 2] (주)세무가 한국호텔의 특별주문을 수락하면, 호텔타월 2장당 1장의 비율로 일반타월의 판매량이 감소한다고 가정한다. 이 경우 한국호텔의 특별주문과 관련된 (주)세무의 증분수익, 증분원가 및 증분손익을 계산하고, 이를 근거로 특별주문의 수락 여부를 결정하시오.

[물음 3] (주)세무가 한국호텔의 특별주문을 수락하지 않을 경우, 20×1년 8월의 타월 판매에 대한 손익분기점 매출액을 계산하시오.

[물음 4] (주)세무는 지방에 있는 한국호텔의 체인에도 타월을 공급할 수 있게 되었다. 이로 인해 20×1년 8월 한 달 동안 일반타월과 호텔타월 간의 판매량 매출배합은 2 : 1이 될 것으로 예상되었다. (주)세무는 한국호텔 체인의 주문을 충족시킬 수 있을 만큼 충분한 생산능력을 보유하고 있다. 따라서 호텔타월은 한국호텔 체인에 공급하더라도, 기존 일반타월의 판매수량과 판매가격에는 아무런 영향이 없다. (주)세무의 20×1년 8월 일반타월과 호텔타월의 손익분기점 판매수량을 계산하시오. 단, 호텔타월의 가격과 원가에 대한 정보는 서울에서 개장하는 한국호텔로부터의 특별주문과 동일하다고 가정한다.

해답

문제분석

■ "3,000장을 제조하여 모두 판매"
→ 3,000장을 제조하여 모두 판매하므로 생산량과 판매량은 동일하며, 손익계산서를 이용하여 단위당 판매가격, 매출원가 및 판매비를 계산할 수 있다. 또한, 매출원가와 판매비는 손익계산서와 변동원가자료를 이용하여 단위당 변동원가와 총고정원가로 구분할 수 있다.

■ "판매비 ₩(2,100,000)" 및 "단위당 변동판매비는 ₩500"
→ 판매비에서 변동판매비를 차감하여 고정판매비를 계산할 수 있다.

■ "특별주문에서 판매비가 소요되지 않는다.", "디자인비용 ₩400" 및 "타월 한 장당 ₩10의 인쇄비"
→ 특별주문에 대해서 변동판매비가 발생하지 않지만, 추가원가는 고정원가 ₩400과 변동원가 ₩10이다.

■ [물음 4] "일반타월과 호텔타월의 손익분기점 판매수량"
→ 총고정원가는 기존 고정원가에 호텔타월 추가로 인한 디자인비용을 가산한 금액이다.

자료정리

(1) 고정제조간접원가
매출원가 - 변동매출원가 = ₩3,600,000 - ₩750 × 3,000장 = ₩1,350,000

(2) 고정판매비
판매비 - 변동판매비 = ₩2,100,000 - ₩500 × 3,000장 = ₩600,000

(3) 가격과 원가구조(일반타월)

단위당 판매가격	₩6,000,000 ÷ 3,000장 =	₩2,000
단위당 변동원가	₩600 + ₩50 + ₩100 + ₩500 =	(1,250)
단위당 공헌이익		₩750
고정원가	₩450 × 3,000장 + ₩600,000 =	₩1,950,000

(4) 가격과 원가구조(일반타월과 호텔타월)

	일반타월	호텔타월
단위당 판매가격	₩2,000	₩1,100
단위당 변동원가	(1,250)	(760)*
단위당 공헌이익	₩750	₩340
고정원가	₩1,950,000 + ₩400 = ₩1,950,400	

* ₩750 + ₩10 = ₩760

모범답안

[물음 1] 특별주문수락 여부 결정(Ⅰ)

증분수익		
매출 증가	500장 × ₩1,100 =	₩550,000
증분비용		
변동원가 증가	500장 × (₩750 + ₩10) =	(380,000)
디자인비용		(400)
증분이익		₩169,600

∴ 특별주문을 수락한다.

[물음 2] 특별주문수락 여부 결정(Ⅱ)

증분수익		
매출 증가	500장 × ₩1,100 =	₩550,000
증분비용		
변동원가 증가	500장 × (₩750 + ₩10) =	(380,000)
디자인비용		(400)
기존판매 감소	500장 × 1/2 × ₩750 =	(187,500)
증분이익		₩(17,900)

∴ 특별주문을 수락하지 않는다.

[물음 3] 손익분기점 매출액

손익분기점 판매량을 Q라 하면 다음과 같다.

₩750 × Q - ₩1,950,000 = 0 ⇒ Q = 2,600장

∴ 손익분기점 매출액 = ₩2,000 × 2,600장 = ₩5,200,000

[물음 4] 손익분기점 판매수량

(1) 묶음당 공헌이익

₩750 × 2 + ₩340 × 1 = ₩1,840

(2) 손익분기점 묶음수량(Q)

₩1,840 × Q - ₩1,950,400 = 0

∴ Q = 1,060

(3) 제품별 손익분기점 판매수량

① 일반타월: 1,060 × 2 = 2,120장

② 호텔타월: 1,060 × 1 = 1,060장

문제 03 민감도분석과 가중평균공헌이익률

세무사 12

다음을 읽고 물음에 답하시오.

(주)국세는 부산에서 공장을 운영하고 있는데, 사업확장을 위해 이번 달부터 대구에서도 공장을 운영하기로 했다. 부산공장은 한 종류의 제품인 곰 인형을 생산·판매하고 있으나, 대구공장은 세 종류의 제품인 토끼 인형, 거북이 인형, 그리고 호랑이 인형을 생산·판매하고자 한다. 대구공장에서 예상되는 월간 판매량은 토끼 인형 200,000단위, 거북이 인형 160,000단위, 그리고 호랑이 인형 40,000단위이다. 부산공장의 월간 원가자료와 대구공장의 월간 예산자료는 다음과 같다.

《자료 1》 부산공장

구분	곰 인형
판매량	4,000단위
공헌이익률	60%
단위당 변동원가	₩110
고정제조간접원가	₩340,000
고정판매비와 관리비	₩200,000

《자료 2》 대구공장 - 예산자료

구분	토끼 인형	거북이 인형	호랑이 인형
매출액	₩2,000,000	₩354,600	₩171,400
총변동원가	1,600,000	194,600	51,400

대구공장의 월간 총고정원가예산은 ₩510,000이다.

다음의 각 물음은 상호 독립적이며, 재공품은 없고 생산량과 판매량이 동일하다고 가정한다.

요구사항

[물음 1] 부산공장은 곰 인형에 들어가는 재료를 한 등급 낮추려고 고민 중이다. 재료를 변경하면 단위당 변동원가는 ₩15이 절감되지만, 제품의 품질이 다소 떨어질 가능성이 있으므로 판매량이 500단위 감소할 것으로 예상된다. 이러한 상황에서 재료를 변경하는 것과 그대로 유지하는 것 중 어느 것이 유리한지를 분석하고, 재료를 변경할 경우 부산공장의 안전한계율을 구하시오. (단, 안전한계율(%)은 소수점 셋째 자리에서 반올림하시오)

[물음 2] 부산공장은 새로운 기계 도입을 검토하고 있다. 새로운 기계를 도입하게 되면 단위당 변동원가는 ₩20이 절감되지만, 총고정원가는 추가로 월 ₩10,000 증가된다. 또한 이 변화로 인해 월 매출액이 추가로 12% 증가할 것으로 기대된다. 새로운 기계 도입 시 부산공장의 월간 영업이익 증가(감소)액을 구하시오.

[물음 3] 위의 대구공장에서 주어진 매출배합하에서 대구공장의 월간 손익분기점 매출액을 구하시오. (단, 공헌이익률 계산 시 소수점 셋째 자리에서 반올림하고, 매출액은 소수점 이하 절사하시오)

[물음 4] 대구공장에서 월간 500,000단위가 판매될 경우, 이 공장의 각 제품별 공헌이익을 구하시오. (단, 대구공장의 매출배합은 변동이 없다)

해답

문제분석

■ 《자료 1》 "공헌이익률 60%" 및 "단위당 변동원가 ₩110"
→ 부산공장의 단위당 판매가격 및 공헌이익을 계산할 수 있다.

■ 《자료 2》 "매출액" 및 "총변동원가"
→ 매출액을 이용하여 매출액(금액)배합을 계산할 수 있고, 매출액과 총변동원가를 이용하여 총공헌이익, 변동원가율 및 공헌이익률을 계산할 수 있다. 또한, 가중평균공헌이익률은 제품별 매출액(금액)배합비율을 이용하여 계산한다.

■ [물음 2] "월 매출액이 추가로 12% 증가"
→ 판매가격이 일정한 상태에서 매출액 증가율은 판매량 증가율과 동일하다.

■ "토끼 인형 200,000단위, 거북이 인형 160,000단위, 그리고 호랑이 인형 40,000단위", "[물음 4] 대구공장에서 월간 500,000단위가 판매" 및 "[물음 4] 매출배합은 변동이 없다."
→ 월간 판매량이 400,000단위에서 500,000단위로 100,000단위 증가하였다. 즉, 매출배합이 일정하므로 모든 제품은 25%씩 증가하여 각 제품별 공헌이익도 25%씩 증가한다.

자료정리

(1) 가격과 원가구조(부산공장)

• 재료 변경

	변경 전	변경 후
단위당 판매가격	₩275	₩275
단위당 변동원가	(110)(0.4)	(95)
단위당 공헌이익	₩165(0.6)	₩180
총고정원가	₩540,000	₩540,000
판매량	4,000단위	3,500단위

• 기계 도입

	도입 전	도입 후
단위당 판매가격	₩275	₩275
단위당 변동원가	(110)(0.4)	(90)
단위당 공헌이익	₩165(0.6)	₩185
총고정원가	₩540,000	₩550,000
판매량	4,000단위	4,480단위*

* 4,000단위 × 1.12 = 4,480단위

(2) 매출액구성비와 공헌이익률(대구공장)

	토끼 인형	거북이 인형	호랑이 인형
매출액배합	0.79	0.14	0.07*1
총공헌이익	₩400,000	₩160,000	₩120,000*2
공헌이익률	0.20	0.45	0.7*3

*1 ₩171,400 ÷ ₩2,526,000 = 0.07

*2 ₩171,400 - ₩51,400 = ₩120,000

*3 ₩120,000 ÷ ₩171,400 = 0.7

모범답안

[물음 1] 재료 변경 의사결정 및 부산공장의 안전한계율

(1) 재료 변경 의사결정

① 변경 전 이익: ₩165 × 4,000단위 - ₩540,000 = ₩120,000

② 변경 후 이익: ₩180 × 3,500단위 - ₩540,000 = ₩90,000

∴ ₩30,000의 이익이 감소하므로, 현재 상태를 유지하는 것이 유리하다.

(2) 재료 변경 시 부산공장의 안전한계율

$$\frac{\text{영업이익}}{\text{공헌이익}} = \frac{₩180 \times 3{,}500\text{단위} - ₩540{,}000}{₩180 \times 3{,}500\text{단위}} = 14.29\%$$

[물음 2] 새로운 기계 도입 시 부산공장 월간 영업이익 증가(감소)액

(1) 도입 전 이익

₩165 × 4,000단위 - ₩540,000 = ₩120,000

(2) 도입 후 이익

₩185 × 4,480단위 - ₩550,000 = ₩278,800

∴ 새로운 기계 도입 시 월간 ₩158,800의 이익이 증가한다.

[물음 3] 대구공장의 월간 손익분기점 매출액

(1) 가중평균공헌이익률

0.79 × 0.20 + 0.14 × 0.45 + 0.07 × 0.70 = 0.27

(2) 월간 손익분기점 매출액(S)

0.27S - ₩510,000 = 0

∴ S = ₩1,888,888

[물음 4] 대구공장 제품별 공헌이익

매출배합의 변동이 없으므로 각 제품별 공헌이익은 다음과 같다.

- 토끼 인형: ₩400,000 × (500,000단위/400,000단위) = ₩500,000
- 거북이 인형: ₩160,000 × (500,000단위/400,000단위) = ₩200,000
- 호랑이 인형: ₩120,000 × (500,000단위/400,000단위) = ₩150,000

문제 04 복수제품 CVP분석 응용

세무사 97

손님들에게 식사를 제공하는 (주)한국의 당해 연도 요약손익계산서이다.

매출액		₩365,800,000
매출원가		(215,670,000)
매출총이익		₩150,130,000
영업비용		
변동원가	₩40,390,000	
고정원가	16,700,000	
관리비(전부 고정원가)	34,540,000	(91,630,000)
순이익		₩58,500,000

(주)한국의 1인당 평균 저녁식사대금은 ₩4,000이고 점심식사대금은 ₩2,000이다. 저녁식사를 준비하여 제공하는 데 소요되는 변동원가는 점심식사의 두 배가 소요되며, 매출원가는 전액 변동원가이다. 또한 점심식사 손님은 저녁에 비해 두 배나 더 많으며 1년에 305일을 영업한다.

요구사항

[물음 1] 일별 손익분기점에 도달하기 위해서는 점심식사에 몇 명이 식사를 해야 하는가?

[물음 2] (주)한국은 고급품질의 재료만 사용하고 있는데, 재료원가는 이 식당 총변동원가의 25%를 차지하고 있다. 고급품질 대신 보통품질의 원재료를 사용하면 재료원가의 20%를 절약할 수 있다고 한다. 판매가격을 그대로 유지하고 매출배합도 그대로 유지된다면 ₩10,065,000의 순이익(법인세 차감 전)을 달성하기 위해서는 최소한 저녁식사에 매일 몇 명이 와야 하는가?

해답

문제분석

- "매출액 ₩365,800,000", "1인당 평균 저녁식사대금은 ₩4,000이고 점심식사대금은 ₩2,000" 및 "점심식사 손님은 저녁에 비해 두 배나 더 많으며"
  → 위 자료를 이용하여 점심식사수량과 저녁식사수량을 계산할 수 있다. 또한, 점심과 저녁의 매출(수량) 배합은 2 : 1이다.
- "변동원가 ₩40,390,000" 및 "매출원가는 전액 변동원가"
  → 총변동원가는 매출원가 ₩215,670,000과 변동원가 ₩40,390,000의 합이다.
- "저녁식사를 준비하여 제공하는 데 소요되는 변동원가는 점심식사의 두 배가 소요"
  → 점심식사수량과 저녁식사수량을 이용하여 각각 변동원가를 계산할 수 있다.
- [물음 2] "재료원가는 이 식당 총변동원가의 25%를 차지" 및 "보통품질의 원재료를 사용하면 재료원가의 20%를 절약"
  → 총변동원가 중 재료원가를 계산한 후 재료원가 절약액을 계산할 수 있다.

자료정리

(1) 판매량

저녁식사수량을 Q라 하면, 점심식사수량은 2Q이다.

₩2,000 × 2Q + ₩4,000 × Q = ₩365,800,000

∴ Q = 45,725

그러므로, 저녁식사수량은 45,725이며, 점심식사수량은 91,450이다.

(2) 변동원가

저녁식사 변동원가를 x라 하면, 점심식사 변동원가는 $0.5x$이다.

$0.5x$ × 91,450 + x × 45,725 = ₩215,670,000 + ₩40,390,000

∴ x = ₩2,800

그러므로, 저녁식사 변동원가는 ₩2,800이며, 점심식사 변동원가는 ₩1,400이다.

(3) 보통품질 원재료를 사용하는 경우 재료원가 절약액

- 점심: ₩1,400 × 25% × 20% = ₩70
- 저녁: ₩2,800 × 25% × 20% = ₩140

(4) 가격과 원가구조

	점심	저녁	
p	₩2,000	₩4,000	
vc	(1,400)	(2,800)	
cm	₩600	₩1,200	
FC	₩51,240,000		← 고정원가가 제품별로 구분되지 않으므로 복수제품 CVP분석
매출배합	2	1	

모범답안

[물음 1] 점심식사 손익분기점 수량

(1) 묶음당 공헌이익

점심과 저녁 각각 2단위와 1단위가 포함되어 있는 묶음을 기준으로 한 공헌이익을 계산한다.

₩600 × 2단위 + ₩1,200 × 1단위 = ₩2,400

(2) 손익분기점 묶음수(Qset)

묶음당 공헌이익으로 등식을 이용하여 손익분기점 묶음수(Qset)를 계산한다.

₩2,400 · Qset - ₩51,240,000 = ₩0

Qset = 21,350이므로, 일별 Qset는 70묶음(= 21,350 ÷ 305일)이다.

그러므로, 점심은 140명, 저녁은 70명이다.

∴ 일별 손익분기점에 도달하기 위해서는 점심식사에 140명이 식사를 해야 한다.

[물음 2] 저녁식사 목표이익 달성수량

(1) 매출배합

	점심	저녁
p	₩2,000	₩4,000
vc	(₩1,400 - ₩70)	(₩2,800 - ₩140)
cm	₩670	₩1,340
FC	₩51,240,000	
매출배합	2	1

(2) 묶음당 공헌이익

점심과 저녁 각각 2단위와 1단위가 포함되어 있는 묶음을 기준으로 한 공헌이익을 계산한다.

₩670 × 2단위 + ₩1,340 × 1단위 = ₩2,680

(3) 목표이익 묶음수(Qset)

묶음당 공헌이익으로 등식을 이용하여 목표이익 묶음수(Qset)를 계산한다.

₩2,680 · Qset - ₩51,240,000 = ₩10,065,000

Qset = 22,875이므로, 일별 Qset는 75묶음(= 22,875 ÷ 305일)이다.

그러므로, 점심은 150명, 저녁은 75명이다.

∴ 최소한 저녁식사에 매일 75명이 와야 한다.

문제 05 재고관리비 추정과 손익분기점분석

세무사 04

(주)한국은 새로운 CD플레이어를 생산하여 단위당 ₩105의 가격에 연중 고르게 판매하는 방안을 고려하고 있다. 이 신제품의 판매는 추가의 고정판매비 없이 기존의 판매망을 통하여 이루어질 수 있다. (주)한국의 원가계산부서는 이 신제품의 예상 연간 판매량인 120,000단위에 근거하여 아래와 같은 연간 증분원가 정보를 산출하였다.

제조원가:	직접재료원가	₩3,600,000	직접노무원가	₩2,400,000
	변동제조간접원가	₩1,200,000	고정제조간접원가	₩2,000,000
판매비와 관리비:	판매수수료	매출액의 10%		
	재고관리비	?		

위의 판매비와 관리비 중 재고관리비는 유지되어야 하는 평균재고자산가액(고정원가 불포함)의 12%로 추정되는데, 신제품의 도입 시 유지되어야 하는 평균재고자산의 자료는 다음과 같다.

- 원재료: 2개월 판매량
- 재공품(원재료: 100% 완성도, 노무원가 및 변동제조간접원가: 50% 완성도): 1개월 판매량
- 제품: 2개월 판매량

요구사항

[물음 1] (주)한국이 신제품을 도입할 경우의 연간 증분원가를 구하시오.

[물음 2] (주)한국이 신제품을 도입할 경우, 단위당 공헌이익이 ₩20인 기존제품의 연간 판매수량이 현재의 연 300,000단위에서 연 240,000단위로 감소한다고 할 때, 연간 순이익에 미치는 영향을 계산하시오.

[물음 3] (주)한국이 신제품을 도입할 경우, 단위당 공헌이익이 ₩20인 기존제품의 연간 판매수량은 신제품이 두 단위 팔릴 때마다 한 단위씩 감소한다고 할 때, 신제품의 손익분기점 판매수량을 계산하시오(단, 소수점 첫째 자리에서 반올림하시오).

해답

문제분석

■ "단위당 ₩105의 가격" 및 "판매수수료 매출액의 10%"
→ 단위당 판매수수료를 계산할 수 있다.

■ "예상 연간 판매량인 120,000단위" 및 "직접재료원가 ₩3,600,000, 직접노무원가 ₩2,400,000, 변동제조간접원가 ₩1,200,000"
→ 단위당 변동제조원가를 계산할 수 있다.

■ "평균재고자산가액(고정원가 불포함)의 12%"
→ 평균재고자산가액에는 고정원가를 제외하고 직접재료원가, 직접노무원가 및 변동제조간접원가만 포함되어 있다. 또한, 재고관리비를 계산할 때 평균재고자산은 예상판매량에 따라 변동하므로, 손익분기점 계산 시 단위당 재고관리비를 계산하여 변동원가에 반영한다.

■ [물음 3] "단위당 공헌이익이 ₩20인 기존제품의 연간 판매수량은 신제품이 두 단위 팔릴 때마다 한 단위씩 감소"
→ 한 단위 판매 시 단위당 공헌이익이 ₩20인 기존제품이 1/2단위만큼 감소하므로 ₩10(= ₩20 × 1/2)만큼 단위당 수익에서 차감한다.

자료정리

(1) 단위당 변동원가
- 직접재료원가: ₩3,600,000 ÷ 120,000단위 = ₩30
- 직접노무원가: ₩2,400,000 ÷ 120,000단위 = ₩20
- 변동제조간접원가: ₩1,200,000 ÷ 120,000단위 = ₩10

(2) 재고관리비
- 원재료: ₩30 × 120,000단위 × 2/12 = ₩600,000
- 재공품: [₩30 + (₩20 + ₩10) × 50%] × 120,000단위 × 1/12 = ₩450,000
- 제품: (₩30 + ₩20 + ₩10) × 120,000단위 × 2/12 = ₩1,200,000

∴ 재고관리비: (₩600,000 + ₩450,000 + ₩1,200,000) × 12% = ₩270,000

(3) 가격과 원가구조

단위당 판매가격		₩105
단위당 변동원가	₩30 + ₩20 + ₩10 + ₩105 × 10% =	(70.5)
단위당 공헌이익		₩34.5
고정제조간접원가		₩2,000,000
재고관리비		270,000 (변동원가 성격)

모범답안

[물음 1] 신제품 도입 후 연간 증분원가

₩70.5 × 120,000단위 + ₩2,000,000 + ₩270,000 = ₩10,730,000

[물음 2] 신제품 도입 후 순이익 변화

증분수익		
신제품 매출 증가	120,000단위 × ₩105 =	₩12,600,000
증분비용		
증분원가		(10,730,000)
기존제품 판매 감소	60,000단위 × ₩20 =	(1,200,000)
증분이익		₩670,000

[물음 3] 신제품 도입 후 손익분기점 판매수량

(1) 단위당 재고관리비
₩270,000 ÷ 120,000단위 = ₩2.25

(2) 기존제품 판매 감소로 인한 단위당 손실금액
₩20 × 1/2 = ₩10

(3) 손익분기점 판매수량(Q)
(₩34.5 - ₩2.25 - ₩10)Q - ₩2,000,000 = ₩0
∴ Q = 89,888단위

문제 06 원가구조 변경 의사결정

세무사 15

(주)한국은 20×0년 초에 설립된 화장품제조회사이다. 지난해(20×0년도)와 올해(20×1년도) 초까지 (주)한국은 외부의 판매대리점을 통해서 제품을 판매해 오고 있으며 매출액의 20%를 외부의 판매대리점에 수수료로 지급하고 있다. 설립 2년째를 맞이하여 (주)한국은 자사의 영업사원을 통한 판매방법의 도입을 고려하고 있다. 이 경우 (주)한국은 자사의 영업사원에게 연간 고정급여 ₩5,000,000과 매출액의 10%에 해당하는 수수료를 지급할 예정이다. (주)한국의 회계부서에서 작성한 판매방법별 당해 연도(20×1년도)의 예상손익계산서는 다음과 같다.

예상손익계산서

20×1년 1월 1일 ~ 20×1년 12월 31일

	판매대리점을 통한 판매		영업사원을 통한 판매	
매출액		₩50,000,000		₩50,000,000
매출원가				
변동원가	₩20,000,000		₩20,000,000	
고정원가	5,500,000	(25,500,000)	5,500,000	(25,500,000)
매출총이익		₩24,500,000		₩24,500,000
판매관리비				
판매수수료	₩10,000,000		₩5,000,000	
고정원가	6,500,000	(16,500,000)	11,500,000	(16,500,000)
영업이익		₩8,000,000		₩8,000,000

요구사항

[물음 1] 위의 예상손익계산서에 기초하여 20×1년도의 공헌이익률, 손익분기점 매출액, 영업레버리지도, 안전한계 매출액, 안전한계비율을 판매방법별로 각각 구하시오.

[물음 2] (1) 영업레버리지의 개념, (2) 원가구조와 영업레버리지의 관계에 대해서 설명하시오. (3) 위의 **[물음 1]**에서 구한 영업레버리지도에 기초할 때 영업이익을 극대화하기 위해서 (주)한국은 어느 판매방법을 선택하여야 하는가?

[물음 3] (주)한국은 20×1년도에 자사의 영업사원을 통해 제품을 판매하고자 한다. 이 경우 영업사원은 연간 ₩5,000,000의 고정급여 이외에 매출액의 20%에 해당하는 수수료를 (주)한국에 요구할 것으로 예상된다. (주)한국은 비록 영업사원에게 지급하여야 하는 수수료율이 20×1년도에 비해 증가하더라도 자사 영업사원을 통한 제품 판매방법이 외부의 판매대리점을 통한 방법보다 많은 이점이 기대되므로 이 방법을 활용하고자 한다. 20×2년도에 비해 증가하는 것 이외에 다른 모든 원가행태가 20×1년도와 동일하다면 (주)한국이 20×1년도의 영업이익(₩8,000,000)과 동일한 영업이익을 획득하기 위해서 20×2년도에 달성해야 하는 매출액을 계산하시오.

해답

문제분석

- "20×0년 초에 설립" 및 "지난해(20×0년도)와 올해(20×1년도)"
  → 재고에 대한 자료가 없어 매해 생산량과 판매량이 일치하는 것으로 가정한다.
- "매출액의 20%를 외부의 판매대리점에 수수료로 지급" 및 "판매수수료 ₩10,000,000"
  → 판매수수료 ₩10,000,000은 매출 ₩50,000,000의 20%이다.
- "연간 고정급여 ₩5,000,000과 매출액의 10%에 해당하는 수수료", "판매수수료 ₩5,000,000" 및 "고정원가 ₩11,500,000"
  → 판매수수료 ₩5,000,000은 매출 ₩50,000,000의 10%이고, 고정원가는 ₩5,000,000 증가한 ₩11,500,000이다. 또한, 변동제조원가와 매출액의 일정 비율인 판매수수료는 변동원가, 나머지는 고정원가이며, 판매수수료비율이 변동하므로 변동제조원가비율과 판매수수료비율을 별도로 구분한다.

자료정리

(1) 공헌이익 손익계산서

공헌이익 손익계산서

20×1년 1월 1일 ~ 20×1년 12월 31일

	판매대리점을 통한 판매		영업사원을 통한 판매	
매출액		₩50,000,000		₩50,000,000
변동원가				
제조원가	₩20,000,000		₩20,000,000	
판매수수료	10,000,000	(30,000,000)	5,000,000	(25,000,000)
공헌이익		₩20,000,000(0.4)		₩25,000,000(0.5)
고정원가				
제조원가	₩5,500,000		₩5,500,000	
판매관리비	6,500,000	(12,000,000)	11,500,000	(17,000,000)
영업이익		₩8,000,000		₩8,000,000

(2) 변동제조원가비율

$$\frac{₩20,000,000}{₩50,000,000} = 40\%$$

(3) 변동원가율

- 판매대리점을 통한 판매: 40% + 20% = 60%
- 영업사원을 통한 판매: 40% + 10% = 50%

모범답안

[물음 1] 공헌이익률, 손익분기점 매출액, 영업레버리지도, 안전한계 매출액 및 안전한계비율

	판매대리점을 통한 판매		영업사원을 통한 판매	
공헌이익률	1 - 60% =	40%	1 - 50% =	50%
손익분기점 매출액	$\frac{₩12,000,000}{0.4}$ =	₩30,000,000	$\frac{₩17,000,000}{0.5}$ =	₩34,000,000
영업레버리지도	$\frac{₩20,000,000}{₩8,000,000}$ =	2.5	$\frac{₩25,000,000}{₩8,000,000}$ =	3.125
안전한계 매출액	₩50,000,000 - ₩30,000,000 =	₩20,000,000	₩50,000,000 - ₩34,000,000 =	₩16,000,000
안전한계비율	$\frac{1}{2.5}$ =	40%	$\frac{1}{3.125}$ =	32%

[물음 2] 원가구조와 영업레버리지의 관계

(1) 영업레버리지의 개념

영업레버리지는 고정원가로 인하여 매출액의 변화율에 대한 영업이익 변화율이 확대되는 효과를 말한다.

(2) 원가구조와 영업레버리지의 관계

총원가에서 고정원가의 비중이 상대적으로 커질수록 영업레버리지도는 커진다.

(3) 영업레버리지도에 기초할 때 영업이익의 극대화를 위한 선택

매출액이 증가할 것으로 예상되는 경우 영업사원을 통한 방법이 영업이익 확대효과는 더 커진다. 반면에 매출액이 감소할 것으로 예상되는 경우 판매대리점을 통한 방법이 영업이익의 감소폭을 줄일 수 있다.

[물음 3] 20×2년 목표매출액

(1) 변동원가율

변동제조원가율 + 판매수수료율 = 40% + 20% = 60%

(2) 공헌이익률

1 - 60% = 40%

(3) 목표매출액(S)

0.4 · S - ₩17,000,000 = ₩8,000,000

∴ S = ₩62,500,000

문제 07 활동기준원가 손익분기점분석

세무사 01

세무사 K씨의 고객인 L사는 여러 가지 등산용품을 만드는 회사이다. L사는 한동안 인기를 누리다가 최근 들어 판매가 부진한 '간편버너'를 내년에도 계속 생산하여 판매할 것인지의 여부를 결정하기 위해 K씨를 방문했다. 즉, 통상적으로 원가-조업도-이익분석(CVP분석)이라는 방법에 대한 자문을 구하러 온 것이다. L사의 '간편버너'의 연간 생산가능대수는 1,000대이며, 이를 기준으로 L사가 제시한 간편버너의 '대당 생산원가'는 다음과 같다.

직접재료원가	₩25
직접노무원가	10
제품가동활동원가	8
재료이동활동원가	12
제품유지활동원가	20
시설유지활동원가	30

L사는 이들 원가항목 중에서 제품유지와 시설유지활동원가를 제외한 나머지는 변동원가로 구분했다. L사의 세율은 30%이고 간편버너의 대당 판매가격은 ₩155이다. 분석의 편의를 위해 판매비 등은 없는 것으로 가정한다.

요구사항

[물음 1] '간편버너'의 손익분기점, 즉 '간편버너'로부터의 세후순이익이 ₩0이 되기 위한 판매량은? (소수점 이하 절사)

[물음 2] L사가 '간편버너'로부터 세후순이익 ₩10,000을 얻으려면 몇 대를 팔아야 하는가? (소수점 이하 절사)

[물음 3] L사의 담당자와 토의하던 중, 위의 대당 원가 외에 L사는 '간편버너' 한 대당 위 대당 원가자료에 근거하여 계산된 이익의 10%를 제휴사에 기술료로 지불해야 한다는 사실이 밝혀졌다. 이 경우 세후순이익 ₩10,000을 얻으려면 몇 대를 팔아야 하는가? (소수점 이하 절사)

[물음 4] 위 **[물음 3]**과 달리 특수한 사정 때문에 이 기술료가 세법상 소득에서 공제될 수 없다고 한다. 이 경우 세후순이익 ₩10,000을 얻으려면 몇 대를 팔아야 하는가? (소수점 이하 절사)

※ 이하의 **[물음 5]**와 **[물음 6]**에서는 세금과 기술료를 고려하지 마시오.

[물음 5] L사의 시장분석자료에 의하여 내년의 판매수량은 700대가 될 것이라고 한다. 한편, 중소업체 S사에 '간편버너'의 외주제작을 대당 ₩80에 L사가 원하는 수량만큼 맡길 수 있다고 한다. 이 경우, L사 입장에서 선택 가능한 3가지 방안을 열거하고, 이 중 어느 것이 가장 유리한지를 밝혀라. 원가발생구조에 대해서는 통상적인 CVP분석에서 가정되는 내용을 따르도록 하라.

[물음 6] K씨는 위 **[물음 5]**에 대한 분석을 마친 후 그 타당성에 대하여 평가해 보았다. 즉, **[물음 5]**를 원론적인 가정에 의한 분석이라고 할 때, 이와 달리 보다 현실적인 시각에서 회계전문가로서 L사에 추천해 줄 수 있는 타당한 대안을 마련하기 위해서 회사의 원가구조를 재검토하였다. 그 결과 회사가 변동원가로 분류한 재료이동활동원가는 묶음수에 비례하는데 회사는 1묶음당 '간편버너' 250대를 생산하며 1묶음당 재료이동활동원가는 ₩3,000씩 발생되고 제품유지활동원가는 제품생산을 중단할 경우 회피가능한 원가라고 밝혀냈다. 당신이 K씨라면, L사에게 '어떤' 대안이 '왜' 가장 유리하다고 하겠는가? 특히 ABC(활동기준원가계산)의 관점에서 L사의 원가구조를 평가하여 어떤 대안이 L사에게 합리적인 대안이 될 수 있는지를 대답에 포함하도록 하라.

해답

문제분석

■ "연간 생산가능대수는 1,000대" 및 "제품유지활동원가 ₩20, 시설유지활동원가 ₩30"
→ 총고정원가는 ₩50,000[= 1,000대 × (₩20 + ₩30)]이다.

■ [물음 3] "한 대당, 이익의 10%를, 기술료로 지불"
→ 한 대당 이익의 10%인 기술료를 단위당 변동원가에 추가한다.

■ [물음 4] "기술료가 세법상 소득에서 공제될 수 없다."
→ 세법상 소득공제가 되지 않는 기술료는 법인세 감세효과가 없으므로 모두 비용처리한다.

■ [물음 5] "선택 가능한 3가지 방안"
→ 제조 및 판매를 포기하는 2방안과 3방안도 고정원가인 제품유지활동원가와 시설유지활동원가는 회피할 수 없다.
- **1방안**: 전량을 자가제조
- **2방안**: 전량을 외주제작
- **3방안**: 제조 및 판매포기

■ [물음 6] "1묶음당 '간편버너' 250대를 생산"
→ 총묶음수는 2.8(= 700대 ÷ 250대)이므로 3묶음이다.

■ [물음 6] "제품유지활동원가는 제품생산을 중단할 경우 회피가능한 원가"
→ 자가제조의 경우 재료이동활동원가를 재계산하고, 자가제조를 하지 않는 2방안과 3방안의 경우 제품유지활동원가는 회피할 수 있으므로 각 방안별 발생원가는 다음과 같다.
- **1방안**: 직접재료원가, 직접노무원가, 제품가동활동원가, 재료이동활동원가, 제품유지활동원가, 시설유지활동원가
- **2방안**: 외부구입원가, 시설유지활동원가
- **3방안**: 시설유지활동원가

자료정리

(1) 가격과 원가구조(기술료 미반영)

단위당 판매가격		₩155
단위당 변동원가	₩25 + ₩10 + ₩8 + ₩12 =	(55)
단위당 공헌이익		₩100
제품유지활동원가	₩20 × 1,000대 =	₩20,000
시설유지활동원가	₩30 × 1,000대 =	30,000

(2) 기술료

- 단위당 영업이익: ₩155 - ₩25 - ₩10 - ₩8 - ₩12 - ₩20 - ₩30 = ₩50
- 단위당 기술료: ₩50 × 10% = ₩5

(3) 가격과 원가구조(기술료 반영)

단위당 판매가격		₩155
단위당 변동원가	₩55 + ₩50 × 10% =	(60)
단위당 공헌이익		₩95
제품유지활동원가	₩20 × 1,000대 =	₩20,000
시설유지활동원가	₩30 × 1,000대 =	30,000

모범답안

[물음 1] 손익분기점 판매량

손익분기점 판매량을 Q라 하면 다음과 같다.
₩100Q - ₩50,000 = ₩0
∴ Q = 500대

[물음 2] 목표판매량(Ⅰ)

목표판매량을 Q라 하면 다음과 같다.
(₩100Q - ₩50,000) × (1 - 0.3) = ₩10,000
∴ Q = 642대

[물음 3] 목표판매량(Ⅱ)

목표판매량을 Q라 하면 다음과 같다.
(₩95Q - ₩50,000) × (1 - 0.3) = ₩10,000
∴ Q = 676대

[물음 4] 목표판매량(Ⅲ)

목표판매량을 Q라 하면 다음과 같다.
(₩100Q - ₩50,000) × (1 - 0.3) - ₩5Q = ₩10,000
∴ Q = 692대

[물음 5] 선택 가능한 3가지 방안과 최적방안선택

- 1방안(전량 자가제조): (₩155 - ₩55) × 700대 - ₩50,000 = ₩20,000
- 2방안(전량 외주제작): (₩155 - ₩80) × 700대 - ₩50,000 = ₩2,500
- 3방안(제조 및 판매포기): ₩(50,000)

∴ 1방안을 선택한다.

[물음 6] 최적방안선택

- 1방안(전량 자가제조): (₩155 - ₩43[*1]) × 700대 - 3묶음[*2] × ₩3,000 - ₩50,000 = ₩19,400
  - [*1] ₩25 + ₩10 + ₩8 = ₩43
  - [*2] 700대 ÷ 250대 = 2.8이므로, 3묶음이다.
- 2방안(전량 외주제작): (₩155 - ₩80) × 700대 - ₩30,000 = ₩22,500
- 3방안(제조 및 판매포기): ₩(30,000)

∴ 2방안을 선택한다.

문제 08 비선형함수 CVP분석과 추가가공 의사결정

회계사 11

(주)한국은 제품 A를 생산하여 판매하고 있다. 다음의 자료를 이용해서 물음에 답하시오.

《자료 1》

제품 A의 생산구간별 추정 변동원가(평균단가)는 다음과 같다.

	1 ~ 1,000개	1,001 ~ 3,000개	3,001 ~ 5,000개
변동원가(평균단가)	₩15	₩20	₩25

《자료 2》

제품 A의 생산구간별 추정 고정원가는 다음과 같다.

	1 ~ 2,000개	2,001 ~ 5,000개
총고정원가	₩170,000	₩200,000

요구사항

[물음 1] 제품 A의 판매가격이 낮아질수록 예상판매량은 증가할 것으로 판단하고 판매가격별 제품 판매(수요)량은 아래와 같다고 예상한다. 회사는 이익을 극대화하기 위해 단위당 제품 판매가격을 얼마로 설정하여야 하는가?

개당 판매가격	판매(수요)량
₩200	1,000개
₩150	2,000개
₩120	3,000개
₩95	4,000개
₩80	5,000개

[물음 2] 회사가 제품 A의 개당 판매가격을 ₩140으로 책정할 경우, 제품 A에 대한 제품 판매(수요)는 최대 5,000개라고 가정한다. 목표이익 ₩90,000을 달성하기 위해서는 제품 A를 몇 개 판매해야 하는가? (단, 소수점 이하는 반올림하시오)

해답

문제분석

- "《자료 1》 생산구간별 추정 변동원가(평균단가)" 및 "《자료 2》 생산구간별 추정 고정원가"
  → 변동원가와 고정원가가 변하는 조업도 구간은 1 ~ 1,000개, 1,001 ~ 2,000개, 2001 ~ 3,000개, 3,001 ~ 5,000개이다.
- [물음 1] "제품 A의 판매가격이 낮아질수록 예상판매량은 증가"
  → 판매가격이 낮아질수록 판매량이 증가하므로, 개당 판매가격별 판매량에 대한 단위당 판매가격은 동일하다.

자료정리

(1) 판매가격을 반영할 조업도 구간

	1 ≤ Q ≤ 1,000	1,001 ≤ Q ≤ 2,000	2,001 ≤ Q ≤ 3,000	3,001 ≤ Q ≤ 4,000	4,001 ≤ Q ≤ 5,000
판매가격	?	?	?	?	?
변동원가	₩(15)	₩(20)	₩(20)	₩(25)	₩(25)
공헌이익	?	?	?	?	?
고정원가	₩170,000	₩170,000	₩200,000	₩200,000	₩200,000

(2) 판매가격이 결정된 상황에서 조업도 구간

	1 ≤ Q ≤ 1,000	1,001 ≤ Q ≤ 2,000	2,001 ≤ Q ≤ 3,000	3,001 ≤ Q ≤ 5,000
판매가격	₩140	₩140	₩140	₩140
변동원가	(15)	(20)	(20)	(25)
공헌이익	₩125	₩120	₩120	₩115
고정원가	₩170,000	₩170,000	₩200,000	₩200,000

모범답안

[물음 1] 이익극대화 가격결정

판매가격에 따라 예상판매량이 달라지므로, 판매가격은 일정하지만 변동원가와 고정원가는 조업도 구간별로 적용해서 이익을 계산한다.

가격	이익
₩200	1,000개 × (₩200 - ₩15) - ₩170,000 = ₩15,000
₩150	1,000개 × (₩150 - ₩15) + 1,000개 × (₩150 - ₩20) - ₩170,000 = 95,000
₩120	1,000개 × (₩120 - ₩15) + 2,000개 × (₩120 - ₩20) - ₩200,000 = 105,000
₩95	1,000개 × (₩95 - ₩15) + 2,000개 × (₩95 - ₩20) + 1,000개 × (₩95 - ₩25) - ₩200,000 = 100,000
₩80	1,000개 × (₩80 - ₩15) + 2,000개 × (₩80 - ₩20) + 2,000개 × (₩80 - ₩25) - ₩200,000 = 95,000

∴ ₩120일 경우 이익은 ₩105,000으로 가장 크므로, 이익을 극대화하기 위해 단위당 제품 판매가격을 ₩120으로 설정해야 한다.

[물음 2] 목표이익분석

(1) 1 ~ 1,000개일 경우

Q × ₩125 - ₩170,000 = ₩90,000 ⇒ Q = 2,080개(X)

(2) 1,001 ~ 2,000개일 경우

1,000 × ₩125 + (Q - 1,000) × ₩120 - ₩170,000 = ₩90,000 ⇒ Q = 2,125개(X)

(3) 2,001 ~ 3,000개일 경우

1,000 × ₩125 + 1,000 × ₩120 + (Q - 2,000) × ₩120 - ₩200,000 = ₩90,000 ⇒ Q = 2,375개(O)

(4) 3,001 ~ 5,000개일 경우

1,000 × ₩125 + 2,000 × ₩120 + (Q - 3,000) × ₩115 - ₩200,000 = ₩90,000 ⇒ Q = 2,348개(X)

∴ 목표이익 ₩90,000을 달성하기 위한 목표판매량 = 2,375개

문제 09 비선형함수 CVP분석

회계사 02

(주)한국은 신설된 양양공항과 김포공항 간에 순항할 여객기 종류와 항공 운항편수를 결정하려고 한다. 비행기의 격납고가 서울에만 있으므로 모든 운항편은 서울을 출발하여 40분 후에 양양공항에 도착한 후 청소와 점검을 하고 다시 서울로 출발한다. 즉, 1대의 비행기로 매일 왕복운항을 한다. 여객기 종류 및 운항편수와 무관하게 조종사 급여, 승무원(조종사 제외) 1인당 급여, 지상직원 총급여, 공항시설 사용료, 승객 1인당 소모품비, 승객 1인당 항공요금은 다음과 같이 일정하다.

항목	원가 및 요금
조종사 급여	1일당 ₩1,000,000
승무원 급여(조종사 제외)	1일 1인당 ₩100,000
지상직원 총급여	1일당 ₩600,000
공항시설 사용료	1일당 ₩400,000
소모품비	승객 1인당 ₩2,000
항공요금	승객 1인당 편도요금 ₩30,000

1일 왕복 최대승객수요가 총 460명(각 방향당 230명씩)이라고 할 때, 다음 물음에 답하시오.

요구사항

[물음 1] 중형여객기로 운항할 경우, 연료비는 왕복 1회당 ₩2,000,000이며 여객기 리스료는 1일 ₩2,000,000이다. 중형여객기 승객좌석수는 100석이고, 승무원(조종사 제외)이 좌석 20석당 1명씩 총 5명이 필요하다. 중형여객기로 1일 몇 회 왕복운항을 하여야 1일 이익을 최대화할 수 있는가? 이때의 영업이익을 구하시오.

[물음 2] 중형여객기 대신에 대형여객기를 사용한다면 연료비는 왕복 1회당 ₩2,500,000이며 여객기 리스료는 1일 ₩2,500,000이다. 대형여객기의 좌석수는 150석이며 승무원(조종사 제외) 8명이 필요하다. 중형여객기 대신에 대형여객기를 사용하는 경우 얻을 수 있는 1일 최대이익을 구하시오.

[물음 3] 위에서 계산한 중형여객기 사용 시와 대형여객기 사용 시 최대이익의 차액을 수익·원가 항목별로 분리한 후 수익·원가의 관점에서 차액 발생원인을 설명하시오.

해답

문제분석

- **"비행기의 격납고가 서울에만 있으므로 모든 운항편은 서울을 출발하여 40분 후에 양양공항에 도착한 후 청소와 점검을 하고 다시 서울로 출발"**
  → 서울로 돌아와야 하므로 운항횟수는 왕복을 기준으로 결정해야 한다.
- **"여객기 종류 및 운항편수와 무관"**
  → 여객기 종류와 운항편수가 결정되면 해당 금액은 고정원가(계단원가)에 추가로 반영한다.
- **"승무원 급여(조종사 제외) 1일 1인당 ₩100,000"**
  → 승무원수가 결정되면 해당 금액은 고정원가(계단원가)에 추가로 반영한다.
- **"소모품비 승객 1인당 ₩2,000" 및 "항공요금 승객 1인당 편도요금 ₩30,000"**
  → 승객수를 조업도로 하는 경우 승객 1인당 변동원가는 소모품비이며, 나머지는 고정원가(계단원가)로 처리한다.
- **"1일 왕복 최대승객수요가 총 460명(각 방향당 230명씩)"**
  → 1일 최대조업도(승객수)는 460명(편도 230명)이다.
- **[물음 1] "중형여객기 승객좌석수는 100석" 및 "1일 몇 회 왕복운항을 하여야 1일 이익을 최대화"**
  → 중형여객기로 운항할 경우 1일 최대조업도를 달성하기 위해서 왕복 3회(100석 × 2 × 3회 = 600명)를 운항해야 한다. 따라서 1회 왕복을 기준으로 이익을 각각 계산한 후 최대이익을 얻을 수 있는 왕복횟수를 계산한다.
- **[물음 2] "대형여객기의 좌석수는 150석" 및 "1일 최대이익"**
  → 대형여객기로 운항할 경우 1일 최대조업도를 달성하기 위해서 왕복 2회(150석 × 2 × 2회 = 600명)를 운항해야 한다. 따라서 1회 왕복을 기준으로 이익을 각각 계산한 후 최대이익을 얻을 수 있는 왕복횟수를 계산한다.
- **[물음 3] "수익·원가 항목별로 분리한 후" 및 "차액 발생원인을 설명"**
  → 수익차이는 승객수에 대한 공헌이익이며, 원가차이는 승무원 급여, 연료비 및 리스료이다.

자료정리

(1) 승객을 조업도로 한 공헌이익

항공요금 - 소모품비 = ₩30,000 - ₩2,000 = ₩28,000

(2) 계단원가를 제외한 1일 고정원가

조종사 급여	₩1,000,000
지상직원 총급여	600,000
공항시설 사용료	400,000
	₩2,000,000

(3) 추가원가(계단원가)자료

	중형여객기	대형여객기
승무원 급여	5명	8명
연료비	₩2,000,000/왕복 1회	₩2,500,000/왕복 1회
리스료	₩2,000,000/1일	₩2,500,000/1일

모범답안

[물음 1] 중형여객기 이익극대화 운항횟수 및 영업이익

(1) 1회 왕복(200명)

₩28,000 × 200명 - ₩2,000,000 - (5명 × ₩100,000 + 1회 × ₩2,000,000 + ₩2,000,000)
= ₩(900,000)

(2) 2회 왕복(400명)

₩28,000 × 400명 - ₩2,000,000 - (5명 × ₩100,000 + 2회 × ₩2,000,000 + ₩2,000,000)
= ₩2,700,000

(3) 3회 왕복(460명)

₩28,000 × 460명 - ₩2,000,000 - (5명 × ₩100,000 + 3회 × ₩2,000,000 + ₩2,000,000)
= ₩2,380,000

∴ 1일 이익을 최대화할 수 있는 왕복운항횟수는 2회이며, 이때 영업이익은 ₩2,700,000이다.

[물음 2] 대형여객기 1일 최대영업이익

(1) 1회 왕복(300명)

₩28,000 × 300명 - ₩2,000,000 - (8명 × ₩100,000 + 1회 × ₩2,500,000 + ₩2,500,000)
= ₩600,000

(2) 2회 왕복(460명)

₩28,000 × 460명 - ₩2,000,000 - (8명 × ₩100,000 + 2회 × ₩2,500,000 + ₩2,500,000)
= ₩2,580,000

∴ 1일 최대영업이익은 2회 왕복할 경우 ₩2,580,000이다.

[물음 3] 차액 발생원인

	중형여객기(400명)	대형여객기(460명)	차액
공헌이익	₩11,200,000[*1]	₩12,880,000	₩1,680,000
승무원 급여	500,000[*2]	800,000	(300,000)
연료비	4,000,000[*3]	5,000,000	(1,000,000)
리스료	2,000,000	2,500,000	(500,000)
			₩(120,000)

[*1] ₩28,000 × 400명 = ₩11,200,000

[*2] 5명 × ₩100,000 = ₩500,000

[*3] 2회 × ₩2,000,000 = ₩4,000,000

대형여객기로 운항할 경우 승객수 증가로 공헌이익은 증가하지만 승무원 급여, 연료비 및 리스료 증가로 인하여 증분손익은 감소한다.

문제 10 전부원가계산 및 복수제품 CVP분석

회계사 97 수정

(주)한국은 A, B, C 세 가지 제품을 생산하여 판매하고 있다. 이와 관련된 생산 및 원가자료는 다음과 같으며 기초재고는 없다.

	A제품	B제품	C제품
판매량	100단위	300단위	500단위
생산량	200단위	400단위	600단위
단위당 판매가격	₩60	₩70	₩90
단위당 변동원가			
직접재료원가	₩6	₩7	₩15
직접노무원가	6	8	15
변동제조간접원가	8	10	10
변동판매관리비	10	15	20
합계	₩30	₩40	₩60
단위당 공헌이익	₩30	₩30	₩30
고정제조간접원가	₩3,000	₩6,000	₩9,000
고정판매관리비	600	1,800	3,000

모든 제품의 단위당 고정제조간접원가 배부율은 ₩150이고 위의 모든 원가와 비용은 현금유출을 수반한다.

위의 자료로 상호 독립적인 다음 물음에 답하시오.

요구사항

[물음 1] 전부원가계산과 변동원가계산에 의한 순이익을 계산하고 이익차이를 조정하시오.

[물음 2] 법인세율이 40%라고 가정하고 각 제품의 판매량 비율이 1 : 3 : 5일 때 전부원가계산하의 각 제품별 손익분기점을 구하시오.

[물음 3] 법인세율이 40%라고 가정하고, 판매량비율이 **[물음 2]**와 같을 때 세후현금흐름 ₩24,840을 얻기 위한 제품별 판매수량을 계산하시오. 단, 이 경우 생산량과 판매량은 일치하는 것으로 가정한다.

해답

문제분석

■ "기초재고는 없다."

→ 기초재고가 없으므로 전부원가계산과 변동원가계산의 이익차이는 기말재고에 포함된 고정제조간접원가이다.

■ **"생산량", "고정제조간접원가" 및 "단위당 고정제조간접원가 배부율은 ₩15"**

→ 단위당 고정제조간접원가는 고정제조간접원가를 생산량으로 나눈 금액이다.

■ **[물음 3] "생산량과 판매량은 일치"**

→ 생산량과 판매량이 일치하는 경우 손익분기점분석 시 고정제조간접원가 전액을 모두 비용처리하여 변동원가계산에 의한 CVP분석과 동일하다.

자료정리

(1) 가격과 원가구조

	A제품	B제품	C제품
판매량비율	1	3	5
판매량	100	300	500
생산량	200	400	600
판매가격	₩60	₩70	₩90
변동원가	(30)	(40)	(60)
공헌이익	₩30	₩30	₩30
고정제조간접원가	₩3,000	₩6,000	₩9,000
고정판매관리비	600	1,800	3,000

(2) 단위당 전부제조원가

- A제품: ₩6 + ₩6 + ₩8 + ₩15 = ₩35
- B제품: ₩7 + ₩8 + ₩10 + ₩15 = ₩40
- C제품: ₩15 + ₩15 + ₩10 + ₩15 = ₩55

모범답안

[물음 1] 전부원가계산과 변동원가계산 순이익 및 이익차이 조정

(1) 전부원가계산 순이익

A제품	(₩60 - ₩35) × 100단위 - (₩10 × 100단위 + ₩600) =	₩900
B제품	(₩70 - ₩40) × 300단위 - (₩15 × 300단위 + ₩1,800) =	2,700
C제품	(₩90 - ₩55) × 500단위 - (₩20 × 500단위 + ₩3,000) =	4,500
		₩8,100

(2) 변동원가계산 순이익

A제품	(₩60 - ₩30) × 100단위 - (₩3,000 + ₩600) =	₩(600)
B제품	(₩70 - ₩40) × 300단위 - (₩6,000 + ₩1,800) =	1,200
C제품	(₩90 - ₩60) × 500단위 - (₩9,000 + ₩3,000) =	3,000
		₩3,600

(3) 영업이익차이

변동원가계산 순이익		₩3,600
(+) 기말재고 × 고정제조간접원가	300단위 × ₩15 =	4,500
(-) 기초재고 × 고정제조간접원가		-
(=) 전부원가계산 순이익		₩8,100

[물음 2] 전부원가계산하의 제품별 손익분기점

(1) 전부원가계산 CVP분석을 위한 자료

	A제품	B제품	C제품
판매량비율	1	3	5
판매량	100	300	500
생산량	200	400	600
판매가격	₩60	₩70	₩90
변동원가	(30)	(40)	(60)
단위당 고정제조간접원가	(15)	(15)	(15)
단위당 이익	₩15	₩15	₩15
고정판매관리비	600	1,800	3,000

(2) 묶음당 이익

각 제품의 판매량비율을 기준으로 한 이익을 계산한다.

₩15 × 1단위 + ₩15 × 3단위 + ₩15 × 5단위 = ₩135

(3) 손익분기점 묶음수(Qset)

묶음당 이익으로 등식을 이용하여 손익분기점 묶음수(Qset)를 계산한다.

₩135 · Qset - ₩5,400 = ₩0

∴ Qset = 40묶음

(4) 제품별 손익분기점

묶음 내에 있는 개별제품수량을 곱하여 개별제품의 손익분기점을 계산한다.

• A제품(1단위): 40묶음 × 1단위 = 40단위
• B제품(3단위): 40묶음 × 3단위 = 120단위
• C제품(5단위): 40묶음 × 5단위 = 200단위

∴ 손익분기점은 A제품 40단위, B제품 120단위, C제품 200단위이다.

[물음 3] 목표이익분석

(1) 변동원가계산 CVP분석을 위한 자료

	A제품	B제품	C제품
판매량비율	1	3	5
판매량	100	300	500
생산량	200	400	600
판매가격	₩60	₩70	₩90
변동원가	(30)	(40)	(60)
공헌이익	₩30	₩30	₩30
고정제조간접원가	3,000	6,000	9,000
고정판매관리비	600	1,800	3,000

(2) 묶음당 공헌이익

각 제품의 판매량비율을 기준으로 한 공헌이익을 계산한다.

₩30 × 1단위 + ₩30 × 3단위 + ₩30 × 5단위 = ₩270

(3) 목표현금흐름 묶음수(Qset)

묶음당 공헌이익으로 등식을 이용하여 목표현금흐름 묶음수(Qset)를 계산한다.

(₩270 · Qset - ₩23,400) × (1 - 40%) + ₩0(감가상각비) = ₩24,840

∴ Qset = 240묶음

(4) 제품별 판매수량

묶음 내에 있는 개별제품수량을 곱하여 개별제품의 제품별 판매수량을 계산한다.

• A제품(1단위): 240묶음 × 1단위 = 240단위
• B제품(3단위): 240묶음 × 3단위 = 720단위
• C제품(5단위): 240묶음 × 5단위 = 1,200단위

∴ 제품별 판매수량은 A제품 240단위, B제품 720단위, C제품 1,200단위이다.

문제 11 복수제품 CVP분석 종합

회계사 97

(주)한국은 2개의 제품인 제품 A와 제품 B를 생산·판매하고 있다. 최고경영자는 다음의 손익계산서를 제시하고 여러 가지 분석을 요구하였다.

구분	제품 A	제품 B	합계
매출액	₩600	₩400	₩1,000
변동원가	(480)	(120)	(600)
공헌이익	₩120	₩280	₩400
고정원가			(300)
영업이익			₩100
총판매량	120단위	40단위	160단위

요구사항

[물음 1] 제품 A만 판매하는 경우 손익분기점 판매수량을 구하시오.

[물음 2] 제품 B만 판매하는 경우 목표이익 ₩400을 달성할 수 있는 판매수량을 구하시오.

[물음 3] 손익계산서를 분석하여 매출배합비율을 판매수량기준과 매출액기준으로 각각 구하시오.

[물음 4] 상기의 손익계산서의 매출배합을 유지하면서 제품 A와 제품 B를 동시에 판매하는 경우 손익분기점 판매수량을 다음의 방법을 이용하여 구하시오.

(1) 묶음법(꾸러미법)

(2) 가중평균공헌이익법

(3) 가중평균공헌이익률법

해답

문제분석

- "총판매량 120단위, 40단위"
  → 제품별 매출액과 변동원가를 판매량으로 나누어 단위당 판매가격과 단위당 변동원가를 계산하고, 총판매량을 근거로 판매량비율을 계산한다.

- "고정원가 ₩300", "[물음 1] 제품 A만 판매하는 경우" 및 "[물음 2] 제품 B만 판매하는 경우"
  → 한 종류의 제품만 판매하더라도 고정원가는 총액을 반영한다.

자료정리

(1) 단위당 가격 및 원가구조

	제품 A	제품 B	합계
단위당 가격	₩5	₩10	₩15
단위당 변동원가	(4)	(3)	(7)
단위당 공헌이익	₩1	₩7	₩8
공헌이익률	20%	70%	
고정원가			₩300

(2) 매출배합

	제품 A	제품 B
총판매량	120단위	40단위
판매량비율	3	1
단위당 판매가격	× ₩5	× ₩10
총매출액	₩15	₩10
매출액비율	3	2

모범답안

[물음 1] 제품 A만 판매하는 경우 손익분기점 판매수량

손익분기점 판매수량을 Q라 하면 다음과 같다.

₩1 · Q - ₩300 = ₩0

∴ Q = 300개

[물음 2] 제품 B만 판매하는 경우 목표이익 판매수량

목표이익 판매수량을 Q라 하면 다음과 같다.

₩7 · Q - ₩300 = ₩400

∴ Q = 100개

[물음 3] 판매수량기준과 매출액기준 매출배합비율

	제품 A	제품 B
판매량비율	3	1
매출액비율	3	2

[물음 4] 손익분기점 판매수량

(1) 묶음법(꾸러미법)

① 묶음당 공헌이익: ₩1 × 3 + ₩7 × 1 = ₩10

② 손익분기점 묶음수(Q): ₩10 · Q - ₩300 = ₩0 ⇒ Q = 30묶음

∴ 제품 A는 90개(= 30묶음 × 3), 제품 B는 30개(= 30묶음 × 1)이다.

(2) 가중평균공헌이익법

① 가중평균공헌이익: $\frac{₩10}{3+1}$ = ₩2.5

② 손익분기점 총판매수량(Q): ₩2.5 · Q - ₩300 = ₩0 ⇒ Q = 120개

∴ 제품 A는 90개(= 120개 × $\frac{3}{3+1}$), 제품 B는 30개(= 120개 × $\frac{1}{3+1}$)이다.

(3) 가중평균공헌이익률법

① 가중평균공헌이익률: $20\% \times \frac{3}{3+2} + 70\% \times \frac{2}{3+2} = 40\%$

② 손익분기점 총매출액(S): 0.4 · S - ₩300 = ₩0 ⇒ S = ₩750

③ 제품별 손익분기점 매출액

- 제품 A: ₩750 × $\frac{3}{3+2}$ = ₩450
- 제품 B: ₩750 × $\frac{2}{3+2}$ = ₩300

∴ 제품 A는 90개(= ₩450 ÷ ₩5), 제품 B는 30개(= ₩300 ÷ ₩10)이다.

문제 12 제한된 자원하의 사업부별 최적생산계획수립 및 전부원가계산과 변동원가계산 이익차이

회계사 03

(주)외성은 2개의 사업부에서 모뎀부품인 회로기판을 만들고 있다. 각 사업부는 각각의 공장을 가지고 있다. 창원에 있는 A사업부의 공장은 최신의 완전자동화 공장이며, 수원에 있는 B사업부의 공장은 오래된 공장으로서 일부만 자동화가 되어 있는 공장이다. 회로기판은 금년 1년 동안에 총 300,000단위를 생산 및 판매할 예정이다. 영업 첫해에 재공품은 없는 것으로 한다.

(1) 다음 자료는 연간 정상조업일수(250일) 및 A와 B 각 사업부의 1일 생산능력을 반영하여 작성된 것이다.

	A사업부	B사업부
단위당 판매가격	₩210	₩210
단위당 변동제조원가	90	110
단위당 고정제조간접원가	40	20
단위당 변동판매·관리비	20	20
단위당 고정판매·관리비	30	20
단위당 원가합계	₩180	₩170
단위당 영업이익	₩30	₩40
1일 생산능력	600단위	500단위

(2) 작업일이 250일을 초과할 경우, 초과한 일수에 대해서 변동제조원가가 A사업부에서는 ₩5씩 증가되고, B사업부에서는 단위당 ₩10씩 증가된다. 각 사업부의 최대조업가능일은 연간 300일이다.

(3) 생산책임자는 위에서 계산된 B사업부에서의 단위당 영업이익이 더 높기 때문에 먼저 B사업부의 생산능력을 최대한으로 가동시키고(500단위/1일 × 300일 = 150,000단위), A사업부에서는 나머지를 정상조업도로 가동시키게(600단위/1일 × 250일 = 150,000단위) 되었다. (주)외성의 회계책임자는 이러한 영업이익을 기준으로 생산량을 결정하는 방식에 대해 문제가 있다고 생각하고 있다.

요구사항

[물음 1] A와 B 각 사업부에 대해서 손익분기수량을 계산하시오.

[물음 2] 생산책임자의 계획에 따라 A와 B사업부 각각 150,000단위를 생산한다고 했을 때 사업부 전체의 영업이익을 계산하시오.

[물음 3] 총 300,000단위를 생산하려고 할 때, 사업부 전체의 영업이익을 극대화시키려면 A사업부와 B사업부에서 각각 몇 단위를 생산해야 하는가를 결정하시오. 그리고 이때 사업부 전체의 영업이익은 얼마인지도 계산하시오.

[물음 4] A와 B사업부가 각각 150,000단위를 생산하였으나 모두 절반씩(75,000단위) 밖에 판매되지 않았다고 가정하자. A와 B 각 사업부에 대해서 변동원가계산방식과 전부원가계산방식에 의한 영업이익의 차이를 계산하시오. 고정제조간접원가 배부차이를 매출원가와 재고자산에 비례배부한다고 가정한다. (참고: 영업이익을 산출하기 위한 전체 과정을 전개할 필요는 없으며 영업이익의 차이만 간단히 계산하면 된다)

[물음 5] 위의 사례로 볼 때 전부원가계산제도는 변동원가계산제도에 비해 부문경영자에게 생산에 관해서 어떤 잘못된 인센티브를 줄 수 있는가를 간략하게 서술하시오(3줄 이내로 작성하시오).

해답

문제분석

■ "2개의 사업부" 및 "1년 동안에 총 300,000단위를 생산 및 판매"

→ A사업부와 B사업부에서 총 300,000단위를 생산·판매하므로 이익극대화를 위해서 각 사업부별 최적 생산량을 선택할 수 있다.

■ "영업 첫해"

→ 기초재고는 없다.

■ "(1) 연간 정상조업일수(250일)" 및 "(1) 1일 생산능력 600단위, 500단위"

→ 정상조업일수와 사업부별 1일 생산능력을 이용하여 사업부별 연간 정상생산능력을 계산할 수 있다.

- A사업부: 250일 × 600단위 = 150,000단위
- B사업부: 250일 × 500단위 = 125,000단위

■ "(1) 단위당 판매가격", "(1) 단위당 변동제조원가" 및 "(1) 단위당 변동판매·관리비"

→ 판매가격과 변동원가를 이용하여 사업부별 공헌이익을 계산할 수 있다.

	A사업부	B사업부
단위당 판매가격	₩210	₩210
단위당 변동제조원가	(90)	(110)
단위당 변동판매·관리비	(20)	(20)
단위당 공헌이익	₩100	₩80

■ "(1) 단위당 고정제조간접원가" 및 "(1) 단위당 고정판매·관리비"

→ 단위당 고정원가를 사업부별 연간 정상생산능력에 곱하여 총고정원가를 계산할 수 있다.

	A사업부		B사업부	
고정제조간접원가	₩40 × 150,000단위 =	₩6,000,000	₩20 × 125,000단위 =	₩2,500,000
고정판매·관리비	₩30 × 150,000단위 =	4,500,000	₩20 × 125,000단위 =	2,500,000
합계		₩10,500,000		₩5,000,000

■ "(2) 변동제조원가가 A사업부에서는 ₩5씩 증가되고, B사업부에서는 단위당 ₩10씩 증가"

→ 정상조업일수를 초과하는 경우 변동제조원가 증가분을 반영한 사업부별 공헌이익을 재계산하면 다음과 같다.

	A사업부		B사업부	
단위당 판매가격		₩210		₩210
단위당 변동제조원가	₩90 + ₩5 =	(95)	₩110 + ₩10 =	(120)
단위당 변동판매·관리비		(20)		(20)
단위당 공헌이익		₩95		₩70

■ "(2) 각 사업부의 최대조업가능일은 연간 300일"

→ 초과작업일수는 50일이며 사업부별 정상생산능력과 초과생산능력을 정리하면 다음과 같다.

	A사업부		B사업부	
정상생산능력		150,000단위		125,000단위
초과생산능력	50일 × 600단위 =	30,000단위	50일 × 500단위 =	25,000단위
합계		180,000단위		150,000단위

■ **"(3) B사업부의 생산능력을 최대한으로 가동시키고(500단위/1일 × 300일 = 150,000단위), A사업부에서는 나머지를 정상조업도로 가동시키게(600단위/1일 × 250일 = 150,000단위) 되었다."**

→ 고정원가를 포함한 영업이익이 상대적으로 큰 B사업부에서 최대한 생산하고 나머지는 A사업부에서 생산하고 있으며, 각 사업부별 생산 상황은 다음과 같다.

	A사업부		B사업부	
정상생산능력		150,000단위		125,000단위
초과생산능력		0단위	50일 × 500단위 =	25,000단위
합계		150,000단위		150,000단위

위 생산계획은 잘못된 의사결정으로, 각 사업부별 정상생산능력과 초과생산능력 각각의 공헌이익을 계산한 후 공헌이익을 기준으로 최적생산량을 결정해야 한다.

■ **[물음 4] "150,000단위를 생산하였으나 모두 절반씩(75,000단위) 밖에 판매되지 않았다." 및 "변동원가계산방식과 전부원가계산방식에 의한 영업이익 차이"**

→ ① 기초재고는 없으므로 이익차이는 기말재고(75,000단위)에 포함된 고정제조간접원가차이이다. 변동원가계산방식의 영업이익은 고정제조간접원가 발생금액이 전부 당기비용화되지만, 전부원가계산방식의 영업이익에서는 고정제조간접원가 중에서 매출원가에 해당하는 부분만 당기비용화되기 때문에 전부원가계산방식의 영업이익이 변동원가계산방식의 영업이익보다 기말재고자산에 포함되는 고정제조간접원가만큼 크게 계상된다.

② 사업부별 단위당 고정제조간접원가는 다음과 같다.

- A사업부: $\frac{₩6,000,000}{150,000단위} = ₩40$
- B사업부: $\frac{₩2,500,000}{150,000단위} = ₩16.67$

자료정리

(1) 정상생산능력하에서 가격 및 원가구조

	A사업부	B사업부
단위당 판매가격	₩210	₩210
단위당 변동원가	(110)	(130)
단위당 공헌이익	₩100	₩80
고정제조간접원가	₩6,000,000	₩2,500,000
고정변동판매·관리비	4,500,000	2,500,000
	₩10,500,000	₩5,000,000

(2) 초과생산능력을 고려한 가격 및 원가구조

공헌이익을 기준으로 생산우선순위를 결정한다.

	A사업부		B사업부	
	정상생산능력	초과생산능력	정상생산능력	초과생산능력
	1 ≤ Q ≤ 150,000	150,001 ≤ Q ≤ 180,000	1 ≤ Q ≤ 125,000	125,001 ≤ Q ≤ 150,000
단위당 판매가격	₩210	₩210	₩210	₩210
단위당 변동원가	(110)	(115)	(130)	(140)
단위당 공헌이익	₩100	₩95	₩80	₩70
생산우선순위	1순위	2순위	3순위	4순위
고정제조간접원가	₩6,000,000	₩6,000,000	₩2,500,000	₩2,500,000
고정변동판매·관리비	4,500,000	4,500,000	2,500,000	2,500,000
	₩10,500,000	₩10,500,000	₩5,000,000	₩5,000,000

모범답안

[물음 1] 손익분기수량

	A사업부		B사업부	
	정상생산능력	초과생산능력	정상생산능력	초과생산능력
	1 ≤ Q ≤ 150,000	150,001 ≤ Q ≤ 180,000	1 ≤ Q ≤ 125,000	125,001 ≤ Q ≤ 150,000
단위당 판매가격	₩210	₩210	₩210	₩210
단위당 변동원가	110	115	130	140
단위당 공헌이익	₩100	₩95	₩80	₩70
고정제조간접원가	₩6,000,000	₩6,000,000	₩2,500,000	₩2,500,000
고정변동판매·관리비	4,500,000	4,500,000	2,500,000	2,500,000
	₩10,500,000	₩10,500,000	₩5,000,000	₩5,000,000

(1) A사업부

① 1 ≤ Q ≤ 150,000: ₩100 × Q - ₩10,500,000 = ₩0 ⇒ Q = 105,000단위(O)

② 150,001 ≤ Q ≤ 180,000: ₩100 × 150,000단위 + ₩95 × (Q - 150,000단위) - ₩10,500,000 = ₩0
⇒ Q = 102,632단위(X)

∴ A사업부의 손익분기수량 = 105,000단위

(2) B사업부

① 1 ≤ Q ≤ 125,000: ₩80 × Q - ₩5,000,000 = ₩0 ⇒ Q = 62,500단위(O)

② 125,001 ≤ Q ≤ 150,000: ₩80 × 125,000단위 + ₩70 × (Q - 125,000단위) - ₩5,000,000 = ₩0
⇒ Q = 53,571단위(X)

∴ B사업부의 손익분기수량 = 62,500단위

[물음 2] 사업부 전체의 영업이익

(1) 사업부별 생산량

	A사업부	B사업부	
정상생산능력	150,000단위		125,000단위
초과생산능력	0단위	50일 × 500단위 =	25,000단위
합계	150,000단위		150,000단위

(2) 영업이익

① 사업부별 영업이익

	A사업부		B사업부	
매출액	150,000단위 × ₩210 =	₩31,500,000	150,000단위 × ₩210 =	₩31,500,000
변동원가				
제조원가 정상	150,000단위 × ₩90 =	(13,500,000)	125,000단위 × ₩110 =	(13,750,000)
초과			25,000단위 × ₩120 =	(3,000,000)
판매·관리비	150,000단위 × ₩20 =	(3,000,000)	150,000단위 × ₩20 =	(3,000,000)
공헌이익		₩15,000,000		₩11,750,000
고정원가		(10,500,000)		(5,000,000)
영업이익		₩4,500,000		₩6,750,000

② 사업부 전체 영업이익: ₩4,500,000 + ₩6,750,000 = ₩11,250,000

[물음 3] 사업부별 최적생산량 및 영업이익

(1) 사업부별 최적생산량

	A사업부		B사업부	
	정상생산능력	초과생산능력	정상생산능력	초과생산능력
	1 ≤ Q ≤ 150,000	150,001 ≤ Q ≤ 180,000	1 ≤ Q ≤ 125,000	125,001 ≤ Q ≤ 150,000
단위당 판매가격	₩210	₩210	₩210	₩210
단위당 변동원가	(110)	(115)	(130)	(140)
단위당 공헌이익	₩100	₩95	₩80	₩70
생산우선순위	1순위	2순위	3순위	4순위
최적생산량	150,000단위	30,000단위	120,000단위	0단위

(2) 영업이익

① 사업부별 영업이익

	A사업부		B사업부	
매출액	180,000단위 × ₩210 =	₩37,800,000	120,000단위 × ₩210 =	₩25,200,000
변동원가				
제조원가 정상	150,000단위 × ₩90 =	(13,500,000)	120,000단위 × ₩110 =	(13,200,000)
초과	30,000단위 × ₩95 =	(2,850,000)		
판매·관리비	180,000단위 × ₩20 =	(3,600,000)	120,000단위 × ₩20 =	(2,400,000)
공헌이익		₩17,850,000		₩9,600,000
고정원가		(10,500,000)		(5,000,000)
영업이익		₩7,350,000		₩4,600,000

② 사업부 전체 영업이익: ₩7,350,000 + ₩4,600,000 = ₩11,950,000

[물음 4] 변동원가계산방식과 전부원가계산방식에 의한 영업이익의 차이

전부원가이익 - 변동원가이익 = 기말재고 × 단위당 고정제조간접원가

- A사업부: 75,000단위 × ₩40 = ₩3,000,000
- B사업부: 75,000단위 × ₩$16.6\dot{6}$ = ₩1,250,000

∴ A사업부는 ₩3,000,000, B사업부는 ₩1,250,000만큼 영업이익의 차이를 보인다.

[물음 5] 전부원가제도의 단점

전부원가계산제도에서는 단위당 고정제조간접원가가 제조원가를 구성하므로 생산량이 증가할수록 단위당 고정제조간접원가의 하락과 미판매재고에 대한 자산화로 인하여 이익이 높게 나타나므로 생산과잉으로 인한 바람직하지 못한 재고의 누적을 초래하기 쉽다.

문제 13 복수제품 CVP분석 및 ROI

회계사 17

※ 소수점 이하는 반올림하시오.

(주)종로피자는 20×7년 6월 '치즈피자' 판매방법으로 '치즈피자' 2개를 구매하면 1개를 공짜로 끼워주는 '치즈피자 2 buy 1' set별 판매방식을 결정하고, 다음과 같이 예산을 수립하였다. '치즈피자 2 buy 1' set별 판매 이외의 낱개 '치즈피자' 판매는 하지 않는다.

<예산자료>

- '치즈피자' 1개의 판매가격은 ₩10,000이다.
- '치즈피자' 1개의 단위당 표준원가는 직접재료원가 ₩1,200, 직접노무원가 ₩1,000, 제조간접원가 ₩3,000, 판매관리비 ₩1,000으로 구성되어 있다.
- 제조간접원가의 고정원가 비중은 30%이며 판매관리비의 고정원가 비중은 80%이다. 생산과 판매에 대한 월별 기준조업도는 12,000개이다.
- 법인세율은 30%이다.

요구사항

[물음 1] 20×7년 6월 세후이익 ₩7,000,000을 달성하기 위해 '치즈피자 2 buy 1'을 몇 set 판매해야 하는가?

[물음 2] (주)종로피자는 '치즈피자' 판매와 함께 '간단피자'도 추가로 제조 판매할 계획을 수립하였다. '치즈피자 2 buy 1' 1set와 '간단피자' 1개 비율로 판매될 것으로 예상된다. '간단피자'의 1개당 예상판매가격은 ₩5,000이고 1개당 예상 변동원가는 '치즈피자' 1개당 변동원가에 비해 20% 작다. 이러한 상황에서 (주)종로피자의 '치즈피자'와 '간단피자'의 손익분기점 매출액은 각각 얼마인가? ('간단피자'의 추가생산에도 불구하고, 총고정원가는 변동이 없다고 가정한다)

[물음 3] 다음은 **[물음 3]**에 관한 추가자료이다.

<추가자료>
- (주)종로피자는 강남빌딩에 매장을 개설하고자 한다. (주)종로피자는 월 매출액의 30%를 월 임차료로 지급하는 방침을 가지고 있다.
- (주)종로피자가 임차하려는 강남빌딩의 주인은 상가면적 m^2당 ₩10,000의 월 임대료를 받는 것을 원칙으로 하고 있다. (주)종로피자가 임차하려는 상가 1층의 면적은 총 1,000m^2이다.
- 부동산 중개인은 상가면적 m^2당 ₩5,000과 월 매출액의 20%를 월 임대료로 지불하는 중재안을 제시하였다.

(1) (주)종로피자가 강남빌딩 주인의 제안을 받아들이려면 매월 '치즈피자 2 buy 1' 몇 set와 '간단피자' 몇 개 이상을 팔아야 하는가? (판매가격, 변동원가, 고정원가, 매출배합비율은 문제에 주어진 것과 동일하다)

(2) ① 부동산 중개인의 제안을 받아들이기 위해서는 (주)종로피자는 매월 '치즈피자 2 buy 1' 몇 set와 '간단피자' 몇 개 이상을 팔아야 하는가? ② (주)종로피자는 매월 '치즈피자 2 buy 1' 8,000set와 '간단피자' 8,000개를 판매할 것으로 예상하고 있다면, 부동산 중개업자의 제안을 받아들여야 하는가?

[물음 4] (주)종로피자의 '치즈농장 사업부', '치즈피자 사업부'의 수익 및 비용자료는 다음과 같다.

(단위: 백만원)

구분	치즈농장 사업부		치즈피자 사업부	
		업종평균		업종평균
매출액	4,000	5,200	6,000	4,800
영업비용	3,700	4,800	4,400	4,100
영업이익	300	400	1,600	700
투하자본	3,400	3,100	5,400	5,100

(1) 듀퐁분석(Dupont analysis) 방법을 이용하여 '치즈농장 사업부', '치즈피자 사업부'의 투자수익률(ROI)을 업종평균과 비교 분석하시오.

(2) 듀퐁분석(Dupont analysis)에 의해 분해되는 투자수익률(ROI)의 두 구성요소 간의 관계 때문에 ROI 개선에 한계가 있다는 주장에 대한 논거를 설명하시오. 또한 ROI의 두 구성요소 간의 관계변화를 통해 ROI를 개선시킬 수 있는 방안을 설명하시오.

해답

문제분석

■ "'치즈피자 2 buy 1' set별 판매방식"

→ set의 가격은 단위당 판매가격에 2를 곱하고, set의 변동원가는 단위당 변동원가에 3을 곱하여 계산한다.

■ <예산자료> "제조간접원가 ₩3,000, 판매관리비 ₩1,000으로 구성, 제조간접원가의 고정원가 비중은 30%이며 판매관리비의 고정원가 비중은 80%이다. 생산과 판매에 대한 월별 기준조업도는 12,000개"

→ 단위당 제조간접원가와 판매관리비를 단위당 변동원가와 고정원가로 구분할 수 있다. 또한, 단위당 고정원가에 기준조업도를 곱하여 총고정원가를 계산할 수 있다.

	제조간접원가		판매관리비	
단위당 변동원가	₩3,000 × 70% =	₩2,100	₩1,000 × 20% =	₩200
총고정원가	(₩3,000 × 30%) × 12,000개 =	₩10,800,000	(₩1,000 × 80%) × 12,000개 =	₩9,600,000

■ [물음 2] "'치즈피자 2 buy 1' 1set와 '간단피자' 1개 비율로 판매될 것으로 예상"

→ 치즈피자(2 + 1)와 간단피자 배합비율은 1 : 1이다.

■ [물음 2] "'간단피자'의 1개당 예상판매가격은 ₩5,000이고 1개당 예상 변동원가는 '치즈피자' 1개당 변동원가에 비해 20% 작다."

→ 간단피자의 단위당 변동원가는 ₩3,600(= ₩4,500 × 80%)이다.

■ [물음 3] <추가자료> "강남빌딩의 주인은 상가면적 m^2당 ₩10,000의 월 임대료를 받는 것을 원칙으로 하고 있다. (주)종로피자가 임차하려는 상가 1층의 면적은 총 1,000m^2이다."

→ 월 임차료 ₩10,000,000(= 1,000m^2 × ₩10,000)만큼 고정원가가 증가한다.

■ [물음 3] <추가자료> "부동산 중개인은 상가면적 m^2당 ₩5,000과 월 매출액의 20%를 월 임대료로 지불하는 중재안을 제시"

→ 월 임차료 ₩5,000,000(= 1,000m^2 × ₩5,000)만큼 고정원가와 ₩5,000[= (₩20,000 + ₩5,000) × 20%]만큼 변동원가가 증가한다.

자료정리

(1) 가격과 원가구조

• 치즈피자(단품인 경우)

단위당 판매가격		₩10,000
단위당 변동원가	₩1,200 + ₩1,000 + ₩2,100 + ₩200 =	(4,500)
단위당 공헌이익		₩5,500
고정제조간접원가		₩10,800,000
고정판매관리비		9,600,000
		₩20,400,000

• 치즈피자(2 + 1)

단위당 판매가격	₩10,000 × 2 =	₩20,000
단위당 변동원가	₩4,500 × 3 =	(13,500)
단위당 공헌이익		₩6,500
고정제조간접원가		₩10,800,000
고정판매관리비		9,600,000
		₩20,400,000

(2) 치즈피자(2 + 1)와 간단피자의 가격과 원가구조[물음 3]

	치즈피자(2 + 1)	간단피자
단위당 판매가격	₩20,000	₩5,000
단위당 변동원가	(13,500)	(3,600)*
단위당 공헌이익	₩6,500	₩1,400
고정제조간접원가	₩10,800,000	
고정판매관리비	9,600,000	
	₩20,400,000	

* ₩4,500 × 80% = ₩3,600

모범답안

[물음 1] 세후이익 ₩7,000,000을 달성하기 위한 '치즈피자 2 buy 1' set 판매량

목표이익을 달성하기 위한 set 판매량을 Q라 하면 다음과 같다.

[(₩20,000 - ₩13,500) × Q - ₩20,400,000] × (1 - 30%) = ₩7,000,000

∴ Q = 4,677

[물음 2] 제품별 손익분기점 매출액

(1) 가격과 원가구조

	치즈피자(2 + 1)	간단피자
단위당 판매가격	₩20,000	₩5,000
단위당 변동원가	(13,500)	(3,600)
단위당 공헌이익	₩6,500	₩1,400
공헌이익률	0.325	0.28
고정제조간접원가	₩10,800,000	
고정판매관리비	9,600,000	
	₩20,400,000	

(2) 가중평균공헌이익률

$$0.325 \times \frac{₩20,000}{₩25,000} + 0.28 \times \frac{₩5,000}{₩25,000} = 0.316$$

(3) 손익분기점 매출액(S)

0.316 × S - ₩20,400,000 = ₩0

∴ S = ₩64,556,962

(4) 제품별 손익분기점 매출액

① 치즈피자(2 + 1): $₩64,556,962 \times \frac{₩20,000}{₩25,000} = ₩51,645,570$

② 간단피자: $₩64,556,962 \times \frac{₩5,000}{₩25,000} = ₩12,911,392$

[물음 3]

(1) 강남빌딩 주인의 제안을 받아들일 수 있는 판매량

월 임차료 ₩10,000,000(= 1,000m² × ₩10,000)만큼 고정원가가 증가한다.

① 묶음당 공헌이익: ₩6,500 × 1 + ₩1,400 × 1 = ₩7,900

② 손익분기점 묶음(Q): ₩7,900 × Q - (₩20,400,000 + ₩10,000,000) = ₩0, ∴ Q = 3,848

③ 제품별 손익분기점 판매량

- 치즈피자(2 + 1): 3,848 × 1 = 3,848
- 간단피자: 3,848 × 1 = 3,848

(2) 부동산 중개인의 제안을 받아들일 수 있는 판매량 및 제안 수락 여부 결정

월 임차료 ₩5,000,000(= 1,000㎡ × ₩5,000)만큼 고정원가와 ₩5,000[= (₩20,000 + ₩5,000) × 20%] 만큼 변동원가가 증가한다.

① 제안을 받아들일 수 있는 판매량

㉠ 묶음당 공헌이익: (₩6,500 × 1 + ₩1,400 × 1) - ₩5,000 = ₩2,900

㉡ 손익분기점 묶음(Q): ₩2,900 × Q - (₩20,400,000 + ₩5,000,000) = ₩0, ∴ Q = 8,759

㉢ 제품별 손익분기점 판매량

- 치즈피자(2 + 1): 8,759 × 1 = 8,759
- 간단피자: 8,759 × 1 = 8,759

② 제안 수락 여부 결정: 중개업자의 제안을 수락하는 경우 손익분기점 판매량 8,759개는 예상판매량 8,000개를 초과하므로 제안을 거부해야 한다.

[물음 4]

(1) 듀퐁분석(Dupont analysis) 방법을 이용한 비교 분석

① 치즈농장 사업부

	매출이익률	자산회전율	투자수익률
치즈농장	$\frac{₩300}{₩4,000}$ = 7.5%	$\frac{₩4,000}{₩3,400}$ = 1.18회	$\frac{₩300}{₩3,400}$ = 8.8%
업종평균	$\frac{₩400}{₩5,200}$ = 7.7%	$\frac{₩5,200}{₩3,100}$ = 1.68회	$\frac{₩400}{₩3,100}$ = 12.9%

② 치즈피자 사업부

	매출이익률	자산회전율	투자수익률
치즈피자	$\frac{₩1,600}{₩6,000}$ = 26.7%	$\frac{₩6,000}{₩5,400}$ = 1.11회	$\frac{₩1,600}{₩5,400}$ = 29.6%
업종평균	$\frac{₩700}{₩4,800}$ = 14.6%	$\frac{₩4,800}{₩5,100}$ = 0.94회	$\frac{₩700}{₩5,100}$ = 13.7%

(2) ROI 개선에 대한 한계점과 개선방안

매출이익률은 수익성을 측정하는 지표로서 매출액이 높을수록 원가를 통제하지 않으면 매출이익률은 작아진다. 자산회전율은 투자금액의 효율성을 측정하는 지표로서 매출액이 높을수록 자산회전율은 높아진다. 따라서 매출액 증가에 따라 매출이익률과 자산회전율을 동시에 증가시킬 수는 없으므로 ROI 개선에 한계가 있다. 이를 개선할 수 있는 방안으로는 원가통제로 매출이익률을 증가시키는 것과 투하자본 감소로 자산회전율을 높이는 것을 고려할 수 있다.

문제 14 비선형함수 CVP분석, 관련원가분석 및 영업레버리지도 회계사 21

(주)석촌은 20×1년에 백신(Vaccine) A를 개발하여 생산·판매할 계획을 가지고 있다. 백신 판매가격, 판매수량, 원가 등은 향후 발생되는 인플레이션 상황에 따라 가변적일 것으로 예상되고 있다. 20×1년 인플레이션은 3% 이내, 3% 초과 2가지 상황이 발생할 것으로 예상된다.

(1) 20×1년 인플레이션 발생 상황별 백신 A의 판매가격 및 판매수량은 다음과 같이 예상된다.

인플레이션 상황	판매가격	판매수량
인플레이션 3% 이내	₩10,000	20,000개
인플레이션 3% 초과	₩11,000	15,500개

20×1년 백신 A의 기초 및 기말재고는 없다.

(2) 인플레이션 3% 이내인 경우에는 단위당 변동원가가 ₩3,000, 인플레이션 3% 초과인 경우에는 단위당 변동원가가 ₩3,200이다.

(3) 20×1년 백신 개발을 위해서는 백신 생산설비 X, Y, Z 임차가 모두 필요하다. 임차 단가는 X가 10백만원, Y가 5백만원, Z가 10백만원이다. 임차 단가는 인플레이션 상황과 무관하게 계약에 의해 확정되어 있다. 생산구간에 따른 필요 임차 생산설비는 다음과 같다.

백신 생산구간	생산설비 X	생산설비 Y	생산설비 Z
0 ~ 5,000개	1개	1개	1개
5,001개 이상	2개	2개	2개

요구사항

[물음 1] (주)석촌의 20×1년 예상손익계산서를 아래 양식으로 작성하시오.

구분	인플레이션 3% 이내	인플레이션 3% 초과
매출액		
변동원가		
공헌이익		
고정원가		
영업이익		

[물음 2] 인플레이션 3% 이내, 인플레이션 3% 초과인 경우로 구분하여 (주)석촌의 20×1년 손익분기점 백신 판매량을 각각 계산하시오. 단, 소수점 이하는 절사하시오.

(1) 인플레이션 3% 이내인 경우 손익분기점 판매량

(2) 인플레이션 3% 초과인 경우 손익분기점 판매량

[물음 3] 20×1년 경쟁업체의 백신 개발로 백신의 시장공급 확대가 발생할 경우, (주)석촌의 20×1년 백신 A 가격은 ₩10,000, 판매량은 14,000개가 된다. 백신 A의 가격 변동과 판매량 변동은 모든 인플레이션 상황에서 동일하게 발생한다. 생산구간 변동에 따른 생산설비 임차계약 갱신도 가능하다.

(1) 이러한 백신 가격 변동과 판매량 변동을 감안할 경우 백신 생산의 개발 여부를 판단하고 그 근거를 제시하시오.

(2) 위 (1)의 의사결정이 인플레이션 상황별로 차이가 존재하는지를 설명하시오.

[물음 4] 인플레이션 상황별, 백신공급 확대 전·후의 영업레버리지도를 각각 계산하시오. 단, 소수점 셋째 자리에서 반올림하시오.

구분	인플레이션 3% 이내	인플레이션 3% 초과
백신공급 확대 전 영업레버리지도		
백신공급 확대 후 영업레버리지도		

[물음 5] 위 [물음 4]의 영업레버리지도 분석 결과를 바탕으로, (주)석촌 경영자는 어떠한 점에 유의해야 하는지를 설명하시오.

해답

문제분석

■ "(1) 인플레이션 발생 상황별 백신 A의 판매가격 및 판매수량" 및 "(2) 인플레이션 3% 이내인 경우에는 단위당 변동원가가 ₩3,000, 인플레이션 3% 초과인 경우에는 단위당 변동원가가 ₩3,200"

→ 2가지 상황에 대한 가격, 변동원가 및 공헌이익을 각각 계산할 수 있다.

	3% 이내	3% 초과
단위당 판매가격	₩10,000	₩11,000
단위당 변동원가	(3,000)	(3,200)
단위당 공헌이익	₩7,000	₩7,800
판매수량	20,000개	15,500개

■ "(1) 백신 A의 기초 및 기말재고는 없다."

→ 당기발생 고정제조원가는 모두 당기비용처리한다.

■ "(3) 생산구간에 따른 필요 임차 생산설비"

→ 2가지 상황에 대하여 선형이 유지되는 생산수량(조업도)구간을 각각 설정한다.

■ [물음 1] "(주)석촌의 20×1년 예상손익계산서"

→ 각 상황의 판매수량인 20,000개와 15,500개에 대한 예상손익계산서를 각각 작성한다.

■ [물음 2] "(주)석촌의 20×1년 손익분기점 백신 판매량을 각각 계산"

→ 계단원가인 고정원가(비선형함수 CVP분석)를 고려하여 각 구간별 손익분기점을 각각 계산한다.

■ [물음 3] "(주)석촌의 20×1년 백신 A 가격은 ₩10,000, 판매량은 14,000개" 및 "백신 A의 가격 변동과 판매량 변동은 모든 인플레이션 상황에서 동일하게 발생"

→ 가격과 판매량은 2가지 상황에서 동일하지만, 단위당 변동원가는 각각 ₩3,000과 ₩3,200이다.

	3% 이내	3% 초과
단위당 판매가격	₩10,000	₩10,000
단위당 변동원가	(3,000)	(3,200)
단위당 공헌이익	₩7,000	₩6,800
판매수량	14,000개	14,000개

■ [물음 3] "생산구간 변동에 따른 생산설비 임차계약 갱신도 가능"

→ 5,000개 이하 구간과 5,000개 초과 구간에 대해서 각각 계산한 후 최적생산량을 결정한다.

■ [물음 4] "백신공급 확대 전·후의 영업레버리지도를 각각 계산"

→ 백신공급 확대 전 판매수량은 각 상황별 각각 20,000개와 15,500개이며, 백신공급 확대 후 판매수량은 모두 14,000개이다.

자료정리

(1) 2가지 상황에 대한 구간별 가격과 원가구조

• 3% 이내

			0 ~ 5,000개		5,001 ~ 20,000개
단위당 판매가격			₩10,000		₩10,000
단위당 변동원가			(3,000)		(3,000)
단위당 공헌이익			₩7,000		₩7,000
고정원가	X	1개 × ₩10,000,000 =	₩10,000,000	2개 × ₩10,000,000 =	₩20,000,000
	Y	1개 × ₩5,000,000 =	5,000,000	2개 × ₩5,000,000 =	10,000,000
	Z	1개 × ₩10,000,000 =	10,000,000	2개 × ₩10,000,000 =	20,000,000
			₩25,000,000		₩50,000,000

• 3% 초과

			0 ~ 5,000개		5,001 ~ 15,500개
단위당 판매가격			₩11,000		₩11,000
단위당 변동원가			(3,200)		(3,200)
단위당 공헌이익			₩7,800		₩7,800
고정원가	X	1개 × ₩10,000,000 =	₩10,000,000	2개×₩10,000,000 =	₩20,000,000
	Y	1개 × ₩5,000,000 =	5,000,000	2개×₩5,000,000 =	10,000,000
	Z	1개 × ₩10,000,000 =	10,000,000	2개×₩10,000,000 =	20,000,000
			₩25,000,000		₩50,000,000

(2) 2가지 상황에 대한 구간별 가격과 원가구조(백신의 시장공급 확대가 발생할 경우)

• 3% 이내

			0 ~ 5,000개		5,001 ~ 20,000개
단위당 판매가격			₩10,000		₩10,000
단위당 변동원가			(3,000)		(3,000)
단위당 공헌이익			₩7,000		₩7,000
고정원가	X	1개 × ₩10,000,000 =	₩10,000,000	2개 × ₩10,000,000 =	₩20,000,000
	Y	1개 × ₩5,000,000 =	5,000,000	2개 × ₩5,000,000 =	10,000,000
	Z	1개 × ₩10,000,000 =	10,000,000	2개 × ₩10,000,000 =	20,000,000
			₩25,000,000		₩50,000,000

• 3% 초과

			0 ~ 5,000개		5,001 ~ 15,500개
단위당 판매가격			₩10,000		₩10,000
단위당 변동원가			(3,200)		(3,200)
단위당 공헌이익			₩6,800		₩6,800
고정원가	X	1개 × ₩10,000,000 =	₩10,000,000	2개 × ₩10,000,000 =	₩20,000,000
	Y	1개 × ₩5,000,000 =	5,000,000	2개 × ₩5,000,000 =	10,000,000
	Z	1개 × ₩10,000,000 =	10,000,000	2개 × ₩10,000,000 =	20,000,000
			₩25,000,000		₩50,000,000

모범답안

[물음 1] 20×1년 예상손익계산서

구분	인플레이션 3% 이내	인플레이션 3% 초과
매출액	₩200,000,000*1	₩170,500,000*3
변동원가	₩60,000,000*2	₩49,600,000*4
공헌이익	₩140,000,000	₩120,900,000
고정원가	₩50,000,000	₩50,000,000
영업이익	₩90,000,000	₩70,900,000

*1 20,000개 × ₩10,000 = ₩200,000,000

*2 20,000개 × ₩3,000 = ₩60,000,000

*3 15,500개 × ₩11,000 = ₩170,500,000

*4 15,500개 × ₩3,200 = ₩49,600,000

[물음 2] 20×1년 손익분기점 백신 판매량

손익분기점 판매수량을 Q라 하면 다음과 같다.

(1) 인플레이션 3% 이내

① 5,000개 이하 구간: ₩7,000 × Q - ₩25,000,000 = ₩0 ⇒ Q = 3,571(O)

② 5,000개 초과 구간: ₩7,000 × Q - ₩50,000,000 = ₩0 ⇒ Q = 7,142(O)

∴ Q = 3,571개, 7,142개

(2) 인플레이션 3% 초과

① 5,000개 이하 구간: ₩7,800 × Q - ₩25,000,000 = ₩0 ⇒ Q = 3,205(O)

② 5,000개 초과 구간: ₩7,800 × Q - ₩50,000,000 = ₩0 ⇒ Q = 6,410(O)

∴ Q = 3,205개, 6,410개

[물음 3]

(1) 백신 개발 여부 의사결정

① 인플레이션 3% 이내

- 5,000개 생산: ₩7,000 × 5,000개 - ₩25,000,000 = ₩10,000,000
- 14,000개 생산: ₩7,000 × 14,000개 - ₩50,000,000 = ₩48,000,000

∴ 백신을 개발하며, 이때 생산수량은 14,000개이다.

② 인플레이션 3% 초과

- 5,000개 생산: ₩6,800 × 5,000개 - ₩25,000,000 = ₩9,000,000
- 14,000개 생산: ₩6,800 × 14,000개 - ₩50,000,000 = ₩45,200,000

∴ 백신을 개발하며, 이때 생산수량은 14,000개이다.

(2) 차이 존재 여부

2가지 상황 모두 백신개발이 유리하므로 각 상황별 차이는 존재하지 않는다.

[물음 4] 백신공급 확대 전·후의 영업레버리지도

구분	인플레이션 3% 이내	인플레이션 3% 초과
백신공급 확대 전 영업레버리지도	1.56	1.71
백신공급 확대 후 영업레버리지도	2.04	2.11

(1) 백신공급 확대 전 영업레버리지도

① 인플레이션 3% 이내: $$\frac{\text{₩}7{,}000 \times 20{,}000\text{단위}}{\text{₩}7{,}000 \times 20{,}000\text{단위} - \text{₩}50{,}000{,}000} = 1.56$$

② 인플레이션 3% 초과: $$\frac{\text{₩}7{,}800 \times 15{,}500\text{단위}}{\text{₩}7{,}800 \times 15{,}500\text{단위} - \text{₩}50{,}000{,}000} = 1.71$$

(2) 백신공급 확대 후 영업레버리지도

① 인플레이션 3% 이내: $$\frac{\text{₩}7{,}000 \times 14{,}000\text{단위}}{\text{₩}7{,}000 \times 14{,}000\text{단위} - \text{₩}50{,}000{,}000} = 2.04$$

② 인플레이션 3% 초과: $$\frac{\text{₩}6{,}800 \times 14{,}000\text{단위}}{\text{₩}6{,}800 \times 14{,}000\text{단위} - \text{₩}50{,}000{,}000} = 2.11$$

[물음 5] 경영자 유의사항

백신공급 확대로 인하여 영업레버리지도는 상승하였다. 영업레버리지도의 상승은 매출액 변화율에 대한 영업이익 변화율이 확대되는 것을 의미하므로, 경쟁으로 인하여 매출액이 하락하는 경우 영업이익 감소폭은 더 확대된다. 따라서 영업이익의 감소폭을 줄이기 위해서는 고정원가 비중을 낮추는 방법을 고려할 수 있다.

문제 15 비선형함수 CVP분석

회계사 16

(주)한국컨설팅은 20×1년 8월 초 첫 3주간에 걸쳐 매주 토요일마다 개인투자자를 대상으로 투자설명회를 기획하고 있다. (주)한국컨설팅은 투자전문기관과의 계약을 통해 강사 및 콘텐츠를 제공받을 계획이며, 3주간 매주 토요일의 투자설명회 개최횟수와 투자전문기관에 대한 보수 지급방법과 관련하여 다음의 4가지 대안을 고려 중이다.

대안	일별 투자설명회 개최횟수	전체 투자설명회와 관련된 투자전문기관에 대한 보수 지급방법
1	오전 1회	고정보수 ₩4,000,000 지급
2	오전 1회	고정보수 ₩1,200,000에 투자설명회 수익총액*의 30%를 가산한 금액 지급
3	오전 1회와 오후 1회	고정보수 ₩5,600,000 지급
4	오전 1회와 오후 1회	고정보수 ₩2,000,000에 투자설명회 수익총액*의 30%를 가산한 금액 지급

* 투자설명회 수익총액 = 1인당 참가비 × 참가인원수

(주)한국컨설팅이 투자전문기관에 지급하는 보수 이외의 기타 예상원가는 다음과 같다.

구분	예상원가
소모성 경비	투자설명회 참가자 1인당 ₩100
지원인력인건비	투자설명회 1회당 ₩520,000
강연장임차료	3일간의 투자설명회에 대해 ₩1,200,000
기타관리비	3일간의 투자설명회에 대해 ₩480,000

(주)한국컨설팅은 현재 기획 중인 3일간의 투자설명회 강연장 확보를 위해 투자설명회 개시 한 달 전에 해지불능조건으로 임차계약을 체결하여야 한다. 위에서 언급한 지원인력의 업무는 매회의 투자설명회가 끝나게 되면 종료된다.

(주)한국컨설팅이 개최하는 투자설명회 1회당 참가가능인원은 총 1,200명이며 1인당 참가비는 ₩3,000이다. 투자설명회 참가인원수는 다음과 같이 추정되었다. 만약 3주간 매주 토요일마다 매일 1회 오전 투자설명회만 개최하는 경우 참가인원수는 회당 1,000명으로 예상되며, 매일 2회 투자설명회를 개최하는 경우 오전에는 회당 700명, 오후에는 회당 900명이 참가할 것으로 예상된다.

요구사항

[물음 1] (주)한국컨설팅이 8월 초 첫 3주간에 걸쳐 매주 토요일마다 오전 1회 투자설명회를 개최하기로 투자전문기관과 계약을 체결한다고 하자. 이 경우 (주)한국컨설팅이 전체 투자설명회에 대해 고정보수 ₩4,000,000을 지급하는 방법([대안 1])과 고정보수 ₩1,200,000에 투자설명회 수익총액의 30%를 가산하여 지급하는 방법([대안 2]) 중 어느 보수 지급방법이 (주)한국컨설팅에 유리한지에 대해 설명하시오.

[물음 2] (주)한국컨설팅이 8월 초 첫 3주간에 걸쳐 매주 토요일마다 오전과 오후 2회 투자설명회를 개최하기로 투자전문기관과 계약을 체결한다고 하자. 이 경우 (주)한국컨설팅이 전체 투자설명회에 대해 고정보수 ₩5,600,000을 지급하는 방법([대안 3])과 고정보수 ₩2,000,000에 투자설명회 수익총액의 30%를 가산하여 지급하는 방법([대안 4]) 중 어느 방법을 선택하는지에 관계없이 동일한 수준의 이익을 창출해주는 참가인원수를 계산하고, 이 인원수를 초과하는 경우 두 보수 지급방법 중 어느 방법이 (주)한국컨설팅에 유리한지를 설명하시오.

[물음 3] (주)한국컨설팅이 8월 초 첫 3주간에 걸쳐 매주 토요일마다 개최하는 투자설명회로부터 예상되는 이익을 극대화하기 위해 위에서 언급한 4가지 대안 중 어느 대안을 선택하여야 하는지를 설명하고, 이 경우 예상되는 최대이익을 계산하시오.

※ (주)한국컨설팅은 위에서 언급한 [대안 4]에 입각하여, 8월 초 첫 3주간에 걸쳐 매주 토요일마다 오전과 오후 2회 투자설명회를 개최하여 전체 투자설명회에 대해 고정보수 ₩2,000,000과 투자설명회 수익총액의 30%를 함께 지급하기로 투자전문기관과 계약을 체결하였다고 가정하고, 아래 **[물음 4]**와 **[물음 5]** 각각에 대해 답하시오.

[물음 4] 투자설명회에 참가할 예상인원수는 앞서 추정한 바와 동일하다고 가정한다. 첫 번째 투자설명회는 8월 초 첫째 주 토요일 오전에 개최된다. 투자설명회의 개최횟수는 투자설명회가 열리는 순서로 1회씩 누적되어 계산된다고 할 때, 손익분기점을 달성하기 위한 투자설명회 개최횟수는 몇 회인가? 단, 개최횟수는 오전 투자설명회 몇 회와 오후 투자설명회 몇 회로 제시하시오.

[물음 5] (주)한국컨설팅이 8월 초 첫 3주간에 걸쳐 매주 토요일마다 오전과 오후 2회의 투자설명회를 개최하기로 사전에 확정한 경우, 손익분기점을 달성하기 위한 총참가인원수는 몇 명인가?

해답

문제분석

- **"8월 초 첫 3주간에 걸쳐 매주 토요일"**
  → 투자설명회일수는 총 3일이다.
- **"오전 1회, 오전 1회와 오후 1회"**
  → 투자설명회일수는 총 3일이므로, 오전 1회는 총 3회이고 오전 1회와 오후 1회는 총 6회이다.
- **"수익총액의 30%, 1인당 참가비는 ₩3,000"**
  → 조업도(인당)를 기준으로 한 단위당 변동원가는 1인당 참가비가 ₩3,000이므로, 수익총액의 30%는 ₩900(= ₩3,000 × 30%)이다.
- **"소모성 경비, 투자설명회 참가자 1인당 ₩100"**
  → 소모성 경비는 조업도(인당)를 기준으로 한 변동원가이다.
- **"지원인력인건비, 투자설명회 1회당 ₩520,000"**
  → 지원인력인건비는 투자설명회 회당 변동원가이다.
- **"강연장임차료, 기타관리비"**
  → 강연장임차료와 기타관리비는 조업도에 무관한 고정원가이다.
- **"매일 1회 오전 투자설명회만 개최하는 경우 참가인원수는 회당 1,000명으로 예상" 및 "매일 2회 투자설명회를 개최하는 경우 오전에는 회당 700명, 오후에는 회당 900명이 참가할 것으로 예상"**
  → 오전만 개최하는 경우 하루 1,000명, 오전과 오후 개최하는 경우 하루 1,600명이 참가할 것으로 예상된다. 즉, 3일 동안 오전만 개최하는 경우 총 3,000명, 오전과 오후 개최하는 경우 총 4,800명이 참가할 것으로 예상된다.
- **"[대안 4]에 입각" 및 "[물음 4] 1회씩 누적되어 계산된다고 할 때, 손익분기점을 달성하기 위한 투자설명회 개최횟수"**
  → [대안 4]를 적용하는 경우 지원인력인건비는 투자설명회 횟수 변화에 대한 계단원가이다.

자료정리

(1) 대안별 투자전문기관에 대한 보수 지급방법

	3회(3,000명)		6회(4,800명)	
	대안 1	대안 2	대안 3	대안 4
변동원가	-	₩900	-	₩900
고정원가	₩4,000,000	₩1,200,000	₩5,600,000	₩2,000,000

(2) 보수를 제외한 가격과 원가구조

	3회(3,000명)		6회(4,800명)	
	대안 1	대안 2	대안 3	대안 4
단위당 가격(참가비)	₩3,000	₩3,000	₩3,000	₩3,000
단위당 변동원가(소모성 경비)	(100)	(100)	(100)	(100)
단위당 공헌이익	₩2,900	₩2,900	₩2,900	₩2,900
지원인력인건비	₩1,560,000[*1]	₩1,560,000	₩3,120,000	₩3,120,000
강연장임차료	1,200,000	1,200,000	1,200,000	1,200,000
기타관리비	480,000	480,000	480,000	480,000
	₩3,240,000	₩3,240,000	₩4,800,000	₩4,800,000

[*1] ₩520,000 × 3회 = ₩1,560,000

(3) 보수를 포함한 가격과 원가구조

	3회(3,000명)		6회(4,800명)	
	대안 1	대안 2	대안 3	대안 4
단위당 가격(참가비)	₩3,000	₩3,000	₩3,000	₩3,000
단위당 변동원가(소모성 경비)	(100)	(100 + 900)	(100)	(100 + 900)
단위당 공헌이익	₩2,900	₩2,000	₩2,900	₩2,000
지원인력인건비	₩1,560,000[*2]	₩1,560,000	₩3,120,000	₩3,120,000
강연장임차료	1,200,000	1,200,000	1,200,000	1,200,000
기타관리비	480,000	480,000	480,000	480,000
고정보수	4,000,000	1,200,000	5,600,000	2,000,000
	₩7,240,000	₩4,440,000	₩10,400,000	₩6,800,000

[*2] ₩520,000 × 3회 = ₩1,560,000

(4) [대안 4]를 적용하는 경우 누적횟수별 가격과 원가구조

	1회	2회	3회	4회
	(0 ~ 700)	(701 ~ 1,600)	(1,601 ~ 2,300)	(2,301 ~ 3,200)
단위당 가격(참가비)	₩3,000	₩3,000	₩3,000	₩3,000
단위당 변동원가(소모성 경비)	(100 + 900)	(100 + 900)	(100 + 900)	(100 + 900)
단위당 공헌이익	₩2,000	₩2,000	₩2,000	₩2,000
지원인력인건비[*3]	₩520,000	₩1,040,000	₩1,560,000	₩2,080,000
강연장임차료	1,200,000	1,200,000	1,200,000	1,200,000
기타관리비	480,000	480,000	480,000	480,000
고정보수	2,000,000	2,000,000	2,000,000	2,000,000
	₩4,200,000	₩4,720,000	₩5,240,000	₩5,760,000

[*3] 누적횟수에 회당 지원인력인건비를 곱하여 누적횟수별 지원인력인건비를 계산한다.

모범답안

[물음 1] 최적대안 선택(Ⅰ)

• 대안 1: 3,000명 × ₩2,900 - ₩7,240,000 = ₩1,460,000
• 대안 2: 3,000명 × ₩2,000 - ₩4,440,000 = ₩1,560,000
∴ 대안 2가 유리하다.

[물음 2] 최적대안 선택(Ⅱ)

참가인원수를 Q라 하면 다음과 같다.
Q × ₩2,900 - ₩10,400,000 = Q × ₩2,000 - ₩6,800,000
∴ Q = 4,000명이며, 4,000명을 초과하는 경우 고정원가 비중이 상대적으로 큰 대안 3이 유리하다.

[물음 3] 최적대안 선택 및 예상이익

• 대안 1: 3,000명 × ₩2,900 - ₩7,240,000 = ₩1,460,000
• 대안 2: 3,000명 × ₩2,000 - ₩4,440,000 = ₩1,560,000
• 대안 3: 4,800명 × ₩2,900 - ₩10,400,000 = ₩3,520,000
• 대안 4: 4,800명 × ₩2,000 - ₩6,800,000 = ₩2,800,000
∴ 대안 3을 선택하고, 이때 영업이익은 ₩3,520,000이다.

[물음 4] 손익분기점을 달성하기 위한 투자설명회 개최횟수

손익분기점 참가인원수를 Q라 하면 다음과 같다.
• 1회(0 ~ 700): Q × ₩2,000 - ₩4,200,000 = ₩0 ⇒ Q = 2,100명(X)
• 2회(701 ~ 1,600): Q × ₩2,000 - ₩4,720,000 = ₩0 ⇒ Q = 2,360명(X)
• 3회(1,601 ~ 2,300): Q × ₩2,000 - ₩5,240,000 = ₩0 ⇒ Q = 2,620명(X)
• 4회(2,301 ~ 3,200): Q × ₩2,000 - ₩5,760,000 = ₩0 ⇒ Q = 2,880명(O)
∴ 손익분기점을 달성하기 위한 투자설명회 개최횟수는 오전 2회, 오후 2회이다.

[물음 5] 손익분기점을 달성하기 위한 총참가인원수

손익분기점 총참가인원수를 Q라 하면 다음과 같다.

Q × ₩2,000 - (₩520,000 × 6회 + ₩1,200,000 + ₩480,000 + ₩2,000,000) = ₩0

∴ Q = 3,400명

별해

손익분기점 총참가인원수를 Q라 하면 다음과 같다.

매출액		Q × ₩3,000 =	₩3,000Q
변동원가	소모성 경비	Q × ₩100 =	(100Q)
	수익총액의 30%	₩3,000Q × 0.3 =	(900Q)
공헌이익			₩2,000Q
고정원가	지원인력인건비	₩520,000 × 6회 =	(3,120,000)
	강연장임차료		(1,200,000)
	기타관리비		(480,000)
	고정보수		(2,000,000)
영업이익			₩2,000Q - ₩6,800,000 = 0

∴ Q = 3,400명

문제 16 활동기준원가계산 CVP분석 및 복수제품 CVP분석 회계사 23

(주)한국은 키즈카페 운영 회사로, 어린이가 점핑하면서 뛰어노는 기구인 트램폴린(Trampoline) 키즈카페 신규 사업을 계획 중이다. 사업내용은 다음과 같다.

트램폴린 1시간 1인 이용권은 ₩24,000이며, 이용권 구매 시 어린이 음료 1병과 보호자 음료 1병이 제공된다. 이용권 구매 및 사용은 어린이 1명당 하루 1시간으로 제한한다. 트램폴린 키즈카페 영업시간은 오전 10시부터 오후 8시까지로, 일 10시간이다. 한 달은 4주(28일)로 구성되어 있다고 가정한다. 트램폴린 1대당 동시 수용가능 인원은 2명이며, 2명이 팀을 이루어야 트램폴린을 이용할 수 있다.

트램폴린은 월 단위로 리스하며, 트램폴린 리스료는 1대당 월 ₩400,000이다. 키즈카페 공간임차료는 월 ₩4,000,000이며, 키즈카페 관리자 인건비 및 일반관리비는 월 ₩5,440,000 발생한다. 매 영업일에는 안전기사가 방문하여 트램폴린을 점검하며, 그 비용은 일 ₩100,000(점검 대수 및 점검 시간과 무관하게 고정)이다.

이용권 구매 시 제공되는 음료수 2병 원가는 합산하여 ₩4,000이다. 트램폴린 1대당 놀이지도 강사가 1명씩 배치되는데, 강사료는 트램폴린 이용 1시간당 ₩20,000이다. 트램폴린 키즈카페 운영과 관련된 원가를 요약하면 다음과 같다.

트램폴린 리스료 (1대)	₩400,000/월
공간임차료	₩4,000,000/월
관리자 인건비 및 일반관리비	₩5,440,000/월
안전점검비	₩100,000/일
음료수 2병 원가	₩4,000
강사료	₩20,000/시간

※ 아래 물음에서 트램폴린 이용률은 다음을 의미한다.

$$\text{트램폴린 이용률(\%)} = \frac{\text{이용시간}}{\text{최대이용가능시간}} \times 100$$

요구사항

※ 다음 각 물음은 독립적이다.

[물음 1] 트램폴린 1대의 1시간당 공헌이익을 계산하시오.

[물음 2] (주)한국은 트램폴린 이용률을 평균 80%로 예상하고 있다. 월 손익분기점을 달성하기 위해서 리스해야 하는 트램폴린 대수를 계산하시오.

[물음 3] (주)한국은 트램폴린을 5대 리스하기로 결정하였다. 월 ₩6,760,000의 영업이익을 달성하기 위한 트램폴린 평균이용률을 계산하시오.

[물음 4] (주)한국은 트램폴린 키즈카페를 새로운 성장동력이라고 보고, 이의 중요성을 고려하여 공간을 임차하는 대신 본사 사옥 1층에 트램폴린 키즈카페를 열기로 결정하였다. 현재 본사 사옥 1층은 월 ₩10,000,000을 받고 임대 중이다. 곧 계약이 종료되지만, 임차인은 계약을 연장하기를 원하고 있다. 트램폴린은 5대 리스한다.

(1) 본사 사옥 1층에 키즈카페를 열기로 한 결정이 경제적으로 손실을 보지 않기 위해 최소한으로 달성해야 할 트램폴린 5대의 월간 총이용시간을 계산하시오.

(2) 위의 (1)에서 추가로 고려한 원가는 무엇이며, 이 원가를 고려해야 하는 이유를 3줄 이내로 서술하시오.

[물음 5] 시장조사 결과 주말 수요가 평일 수요보다 높아, (주)한국은 트램폴린 1시간(1인) 이용권 가격을 주말(토, 일)에는 ₩32,000, 평일(월 ~ 금)에는 ₩24,000으로 이원화하기로 하였다. 트램폴린 평균이용률은 주말이 평일 대비 1.5배로 예상된다. 가격을 이원화하면서 운영이 복잡해져 직원을 추가로 고용하였고, 추가인건비는 월 ₩2,400,000이다. 트램폴린은 5대 리스한다. 손익분기점을 달성하기 위한 트램폴린 5대의 월간 총이용시간을 계산하시오. 단, 주말과 평일을 나누어 계산하시오.

[물음 6] 원가-조업도-이익분석에서 원가행태의 분류는 중요하다. '원가가 고정원가 또는 변동원가로 한번 분류되면 그 분류는 달라지지 않는다.'는 주장에 대하여 3줄 이내로 논평하시오.

해답

문제분석

- "트램폴린 1시간 1인 이용권은 ₩24,000" 및 "2명이 팀을 이루어야 트램폴린을 이용"
  → 트램폴린 시간당 이용수익은 ₩48,000(= ₩24,000 × 2명)이다.
- "일 10시간, 한 달은 4주(28일)로 구성"
  → 월 최대이용가능시간은 280시간(= 10시간 × 28일)이다.
- "음료수 2병 원가는 합산하여 ₩4,000" 및 "2명이 팀을 이루어야 트램폴린을 이용"
  → 트램폴린 시간당 음료원가(변동원가)는 ₩8,000(= ₩4,000 × 2명)이다.
- "강사료는 트램폴린 이용 1시간당 ₩20,000"
  → 트램폴린 시간당 강사료(변동원가)는 ₩20,000이다.
- "트램폴린 리스료는 1대당 월 ₩400,000"
  → 트램폴린 수에 따라 달라지는 계단원가이다.
- "매 영업일에는 안전기사가 방문하여 트램폴린을 점검하며, 그 비용은 일 ₩100,000"
  → 영업일수에 따라 달라지는 계단원가이다.
- [물음 2] "(주)한국은 트램폴린 이용률을 평균 80%로 예상"
  → 트램폴린 1대당 월 이용시간은 224시간(= 10시간 × 80% × 28일)이다.
- [물음 2] "월 손익분기점을 달성하기 위해서 리스해야 하는 트램폴린 대수"
  → 1대당 월 이용시간을 기준으로 수익과 변동원가를 정리한다. 또한, 변동원가에 트램폴린 1대당 리스료를 가산한다.
  - 1대당 수익: ₩48,000 × (10시간 × 80%) × 28일 = ₩10,752,000
  - 1대당 변동원가: ₩28,000 × (10시간 × 80%) × 28일 + ₩400,000 = ₩6,672,000
- [물음 3] "(주)한국은 트램폴린을 5대 리스하기로 결정"
  → 월 트램폴린 리스료는 ₩2,000,000(= ₩400,000 × 5대)이다.
- [물음 3] "월 ₩6,760,000의 영업이익을 달성하기 위한 트램폴린 평균이용률"
  → 목표영업이익을 달성할 수 있는 총시간을 계산한 후 최대이용가능시간과 비교한다.
- [물음 4] "공간을 임차하는 대신 본사 사옥 1층에 트램폴린 키즈카페를 열기로 결정" 및 "현재 본사 사옥 1층은 월 ₩10,000,000을 받고 임대 중"
  → 공간임차료 ₩4,000,000 대신 기회원가 ₩10,000,000을 반영한다.
- [물음 5] "주말(토, 일)에는 ₩32,000, 평일(월 ~ 금)에는 ₩24,000"
  → 시간당 수익은 다음과 같다.
  - 주말(토, 일): ₩32,000 × 2명 = ₩64,000
  - 평일(월 ~ 금): ₩24,000 × 2명 = ₩48,000
- [물음 5] "트램폴린 평균이용률은 주말이 평일 대비 1.5배로 예상"
  → 평일과 주말의 매출배합(수량기준)은 다음과 같다.

	평일	주말
시간	5일 × 10시간 = 50시간	(2일 × 10시간) × 1.5 = 30시간
매출배합	5	3

자료정리

(1) 가격과 원가구조(시간당 이용)

단위당 판매가격		₩48,000
단위당 변동원가	₩8,000 + ₩20,000 =	(28,000)
단위당 공헌이익		₩20,000
계단원가 트램폴린 리스료		1대당 ₩400,000
안전점검비		일 ₩100,000
고정원가 공간임차료		₩4,000,000
관리자 인건비 및 일반관리비		₩5,440,000

(2) 가격과 원가구조(평일과 주말)

	평일	주말
단위당 판매가격	₩48,000	₩64,000[*1]
단위당 변동원가	(28,000)	(28,000)
단위당 공헌이익	₩20,000	₩36,000
고정원가 리스료		₩2,000,000[*2]
공간임차료		4,000,000
관리자 인건비 등		5,440,000
안전점검비		2,800,000
추가인건비		2,400,000
계		₩16,640,000

[*1] ₩32,000 × 2명 = ₩64,000

[*2] ₩400,000 × 5대 = ₩2,000,000

모범답안

[물음 1] 트램폴린 1대의 1시간당 공헌이익

1시간당 수익 - 1시간당 변동원가(= 음료원가 + 강사료)
= ₩24,000 × 2명 - (₩4,000 × 2명 + ₩20,000) = ₩20,000

[물음 2] 손익분기점 트램폴린 대수

(1) 1대당 공헌이익(이용률 80%)

① 1대당 수익: ₩48,000 × (10시간 × 80%) × 28일 = ₩10,752,000
② 1대당 변동원가: ₩28,000 × (10시간 × 80%) × 28일 + ₩400,000 = ₩6,672,000
③ 1대당 공헌이익: ₩10,752,000 - ₩6,672,000 = ₩4,080,000

(2) 고정원가

공간임차료 + 관리자 인건비 등 + 안전점검비
= ₩4,000,000 + ₩5,440,000 + ₩100,000 × 28일 = ₩12,240,000

(3) 손익분기점 트램폴린 대수(Q)

₩4,080,000 × Q - ₩12,240,000 = ₩0
∴ Q = 3대

[물음 3] 목표영업이익 달성을 위한 평균이용률

(1) 시간당 공헌이익

시간당 수익 - 시간당 변동원가 = ₩48,000 - ₩28,000 = ₩20,000

(2) 고정원가

리스료 + 공간임차료 + 관리자 인건비 등 + 안전점검비
= ₩400,000 × 5대 + ₩4,000,000 + ₩5,440,000 + ₩100,000 × 28일 = ₩14,240,000

(3) 총목표시간(Q)

₩20,000 × Q - ₩14,240,000 = ₩6,760,000
∴ Q = 1,050시간

(4) 1대당 목표시간

$$\frac{1,050\text{시간}}{5\text{대}} = 210\text{시간}$$

(5) 평균이용률

$$\frac{210\text{시간}}{10\text{시간} \times 28\text{일}} = 75\%$$

[물음 4] 기회원가를 고려한 CVP분석

(1) 손익분기점 월간 총이용시간

① 시간당 공헌이익: 시간당 수익 - 시간당 변동원가 = ₩48,000 - ₩28,000 = ₩20,000

② 고정원가: 리스료 + 기회원가 + 관리자 인건비 등 + 안전점검비
= ₩400,000 × 5대 + ₩10,000,000 + ₩5,440,000 + ₩100,000 × 28일 = ₩20,240,000

③ 손익분기점 월간 총이용시간(Q): ₩20,000 × Q - ₩20,240,000 = ₩0
∴ Q = 1,012시간

(2) 기회원가

본사 사옥 1층에 대한 임대수익을 고려한다. 현재 임차인이 계약을 연장하기를 원하고 있으므로, 공간임차료 ₩4,000,000을 절감하는 대신 임대수익 ₩10,000,000을 기회원가로 고려해야 한다.

[물음 5] 주말과 평일 손익분기점 총이용시간

(1) 가중평균 시간당 공헌이익

$$\frac{₩20,000 \times 5 + ₩36,000 \times 3}{8} = ₩26,000$$

(2) 손익분기점 월간 총이용시간(Q)

₩26,000 × Q - ₩16,640,000 = ₩0
∴ Q = 640시간

(3) 주말과 평일 손익분기점 월간 총이용시간

① 주말: 640시간 $\times \frac{3}{8}$ = 240시간

② 평일: 640시간 $\times \frac{5}{8}$ = 400시간

[물음 6]

원가행태는 조업도에 대한 총원가의 변동양상을 말한다. 원가행태는 원가구조의 변경이나 조업도를 측정하는 기준이 변경되면 달라질 수 있다.

해커스 회계사 允원가관리회계연습

회계사 · 세무사 · 경영지도사 단번에 합격!
해커스 경영아카데미 cpa.Hackers.com

제10장

관련원가분석

핵심 이론 요약

01 의사결정유형

특별주문수락	유리한 면	매출 증가: 주문수량 × 가격
	불리한 면	① 비용 증가: 주문수량 × 변동원가 ☑ 단, 추가적으로 변동원가 및 고정원가에 대한 특별한 언급이 있는지 확인해야 함 ② 설비 필요: 설비를 확보(구입 또는 임차)하거나 기존판매 일부를 포기 ☑ 단, 여유설비가 있었다면 여유설비로 인한 기회비용을 고려해야 함
부품의 자가제조 (외부구입 ⇒ 자가제조)	유리한 면	구입비용 감소: 기존구입수량 × 단가
	불리한 면	① 비용 증가: 생산수량 × 변동원가 ☑ 단, 추가적으로 변동원가 및 고정원가에 대한 특별한 언급이 있는지 확인해야 함 ② 설비 필요: 설비를 확보(구입 또는 임차)하거나 기존판매 일부를 포기 ☑ 단, 여유설비가 있었다면 여유설비로 인한 기회비용을 고려해야 함
부품의 외부구입 (자가제조 ⇒ 외부구입)	유리한 면	① 비용 감소: 기존생산수량 × 변동원가 ☑ 단, 추가적으로 변동원가 및 고정원가에 대한 특별한 언급이 있는지 확인해야 함 ② 설비 활용: 임대수익 또는 타제품 생산에 활용하여 수익 창출 가능
	불리한 면	구입비용 증가: 구입수량 × 단가
보조부문용역 외부구입	유리한 면	① 비용 감소: 기존용역생산수량 × 변동원가 ☑ 단, 존속하는 보조부문의 일부 변동원가가 절감될 수 있으며, 고정원가에 대한 특별한 언급이 있는지 확인해야 함 ② 설비 활용: 임대수익 또는 타제품 생산에 활용하여 수익 창출 가능
	불리한 면	구입비용 증가: 용역구입수량 × 단가 ☑ 단, 상호용역수수관계에 따라 필요한 용역 일부가 감소할 수 있음
제품라인 폐지	유리한 면	① 비용 감소: 기존생산수량 × 변동원가 ☑ 단, 추가적으로 변동원가 및 고정원가에 대한 특별한 언급이 있는지 확인해야 함 ② 설비 활용: 임대수익 또는 타제품 생산에 활용하여 수익 창출 가능
	불리한 면	매출 감소: 기존판매수량 × 가격 ☑ 단, 제품믹스효과로 인하여 타제품의 매출액이 감소할 수 있음

02 단기의사결정에서의 자료정리

단위당 판매가격	×××	
단위당 변동원가	(×××)	별도 언급이 없는 한 관련원가
단위당 공헌이익	×××	
총고정원가	×××	별도 언급이 없는 한 비관련원가
최대조업도	×××	여유조업도 여부 확인

03 증분접근법 기본모형

증분수익	×××	수익 +, 수익 -
증분비용	(×××)	비용 +, 비용 -
증분손익	×××	

04 제한된 상황에서의 의사결정

(1) 자원에 제약이 있는 상황

① 단일제약자원: 자원당 공헌이익을 기준으로 우선순위를 결정함

$$\text{자원당 공헌이익} = \frac{\text{단위당 공헌이익}}{\text{단위당 소비되는 자원}}$$

② 복수제약자원: 도해법을 이용하여 최적해를 도출함

- 최대화 문제(이익극대화): 최대 사용가능한 자원하에서 최대 제품생산배합 결정
- 최소화 문제(비용극소화): 최소 충족해야 할 조건하에서 최소 재료투입배합 결정

(2) 생산능력에 제약이 있는 상황(제약이론)

① 스루풋공헌이익: 생산으로 인한 이익 증가분

스루풋공헌이익 = 매출액 - 직접재료원가

☑ 최종이익에 미치는 영향을 분석하는 경우 문제에 따라 추가적으로 발생하는 변동원가(예 변동판매관리비)가 제시되어 있다면 반영해야 함

② 제약이론의 도입목적: 병목이 발생하는 공정을 파악한 후 병목현상을 완화·개선하여 산출량 극대화하기 위함 → 효과성 강조

③ 병목현상을 완화하기 위한 방법

- 산출량 증대를 위한 초과작업 또는 교대작업
- 외주가공(Outsourcing)
- 장기적인 수요예측에 따른 설비도입
- 타 공정의 여유조업도 대체활용

문제 01 특별주문수락 의사결정, 제조간접원가 공장 전체 및 부문별 배부

(주)한국은 여러 가지 장난감을 생산하고 있다. A사업부의 경우 유아용 장난감을 생산하며, 유아용 장난감 생산에 따른 단위당 판매가격 및 원가자료는 다음과 같다.

판매가격	₩1,800
제조원가	
직접재료원가	₩500
직접노무원가(0.5노동시간, 노동시간당 ₩1,200)	600
제조간접원가(0.25기계시간, 기계시간당 ₩800)	200

A사업부는 한 해 동안 정상조업도(기계시간)의 95%를 가동할 수 있을 것으로 예상하고 유휴설비를 활용하여 다음과 같은 두 회사로부터의 특별주문을 수락할 것인지 여부를 검토하고 있다.

또한, A사업부의 생산능력은 이용가능한 기계시간에 의해 제한된다. 정상조업도하의 최대생산능력은 연평균 90,000기계시간이다. 20×1년 A사업부의 예산 고정제조간접원가는 ₩43,200,000이며, 단위당 제조간접원가는 정상조업도를 기준으로 기계시간당 ₩800이다. A사업부의 경영진은 이들 특별주문이 모두 일시적인 것이라고 생각하고 있다.

《자료 1》 특별주문 1

(주)대한으로부터 장난감 20,000개를 주문받았으며 개당 판매가격은 ₩1,150이고, 이 주문품을 생산하는 데는 약간 저렴한 재료(개당 ₩450)가 사용되는 것을 제외하고 다른 원가는 기존 유아용 장난감과 동일하다.

《자료 2》 특별주문 2

(주)서울로부터 7,500개를 개당 판매가격 ₩1,500으로 주문받았으며, 이 주문품을 생산하는 데는 다음과 같은 단위당 원가가 예상된다.

직접재료원가	₩650
직접노무원가(0.5노동시간, 노동시간당 ₩1,200)	600
제조간접원가(0.5기계시간, 기계시간당 ₩800)	400
	₩1,650

이와 함께 (주)서울의 주문품을 생산하기 위하여 특수기계를 ₩500,000에 구입하여야 하고, 추가적인 제조원가로 ₩300,000을 지출하여야 한다. 이 기계는 주문품 생산이 완료되면 폐기처분된다.

요구사항

[물음 1] A사업부는 두 특별주문을 수락하여야 하는지 그 근거를 제시하시오.

[물음 2] 위 물음과 별도로 다음의 자료를 이용하여 물음에 답하시오.

(주)한국의 B사업부는 두 가지의 장난감 X와 Y를 생산한다. B사업부는 X와 Y의 판매가격을 총제조원가의 110%로 설정하고 있다.

《자료 3》

회사의 제품별 단위당 직접원가는 다음과 같다.

	X	Y
직접재료원가	₩2,000	₩1,000
직접노무원가	1,250	1,250
계	₩3,250	₩2,250

《자료 4》

회사는 P1, P2 두 개의 제조부문이 있으며 원가구조는 다음과 같다. (각 부문별 연간 노동시간은 10,000이다)

	P1	P2
연간 고정제조간접원가	₩2,500,000	₩1,000,000
노동시간당 변동제조간접원가	150	50

《자료 5》

각 제품 1단위를 생산하는 데 소요되는 노동시간은 다음과 같다.

	P1	P2
X	4시간	1시간
Y	1시간	4시간

(1) 제조간접원가의 제품별 배부에 노동시간기준 공장 전체 단일배부율을 적용할 경우 제품별 단위당 판매가격을 구하시오.

(2) 제조간접원가의 제품별 배부에 노동시간기준 부문별 배부율을 적용할 경우 제품별 단위당 판매가격을 구하시오.

(3) 외국의 완구점으로부터 Y제품 100단위에 대한 주문을 받았다. 부문별 배부율을 적용할 경우 주문품에 대한 단위당 변동제조원가를 구하시오. 단, B사업부는 주문품을 생산하기 위한 설비를 충분히 보유하고 있으며, 기존제품 판매량에 미치는 영향은 없다.

해답

문제분석

■ "정상조업도(기계시간)의 95%를 가동" 및 "최대생산능력은 연평균 90,000기계시간"
→ 여유기계시간을 계산할 수 있다.

■ "예산 고정제조간접원가는 ₩43,200,000"
→ 예산 고정제조간접원가를 정상조업도로 나누어 기계시간당 고정제조간접원가를 계산할 수 있다.

■ 《자료 1》 "(주)대한으로부터 장난감 20,000개를 주문" 및 "다른 원가는 기존 유아용 장난감과 동일"
→ 특별주문에 필요한 기계시간을 계산한 후 여유기계시간과 비교한다. 또한, 단위당 기계시간은 기존 유아용 장난감과 동일하므로 0.25시간이다.

■ 《자료 2》 "(주)서울로부터 7,500개" 및 "0.5기계시간"
→ 특별주문에 필요한 기계시간을 계산한 후 여유기계시간과 비교한다. 또한, 단위당 기계시간은 0.5시간이다.

■ [물음 2] "(3) Y제품 100단위에 대한 주문"
→ 최소판매가격은 생산에 투입되는 증분원가로 직접재료원가, 직접노무원가 및 변동제조간접원가를 의미한다. 변동제조간접원가의 경우 각 부문의 변동제조간접원가 배부율만을 이용하여 계산한다.

자료정리

(1) 여유조업도
90,000기계시간 × 5% = 4,500기계시간

(2) 제조간접원가 예정배부율
- 고정제조간접원가 예정배부율: ₩43,200,000 ÷ 90,000기계시간 = ₩480/기계시간
- 변동제조간접원가 예정배부율: ₩800 - ₩480 = ₩320/기계시간

(3) 유아용 장난감 변동제조원가
직접재료원가 + 직접노무원가 + 변동제조간접원가 = ₩500 + ₩600 + ₩320 × 0.25기계시간 = ₩1,180

(4) 부문별 배부율과 공장 전체 배부율

	부문별 배부율		공장 전체 배부율
	P1	P2	
고정원가	₩2,500,000	₩1,000,000	₩3,500,000
변동원가(= 10,000노동시간 × 시간당 변동원가)	1,500,000	500,000	2,000,000
계	₩4,000,000	₩1,500,000	₩5,500,000
노동시간	÷ 10,000시간	÷ 10,000시간	÷ 20,000시간
시간당 배부율	₩400	₩150	₩275

모범답안

[물음 1] 특별주문수락 여부 결정(I)

(1) 특별주문 1

① 여유조업도 확인

필요시간	20,000개 × 0.25시간 =	5,000시간
최대시간		4,500시간
부족시간		500시간

② 기존판매포기

- 포기수량: 500시간 ÷ 0.25시간 = 2,000개
- 기회비용: 2,000개 × (₩1,800 - ₩1,180) = ₩1,240,000

③ 의사결정

증분수익		
매출 증가	20,000개 × ₩1,150 =	₩23,000,000
증분비용		
변동원가 증가	20,000개 × (₩450 + ₩600 + ₩320 × 0.25시간) =	(22,600,000)
기존판매포기	2,000개 × (₩1,800 - ₩1,180) =	(1,240,000)
증분이익		₩(840,000)

(2) 특별주문 2

① 여유조업도 확인

필요시간	7,500개 × 0.5시간 =	3,750시간
최대시간		4,500시간
여유시간		750시간

② 의사결정

증분수익		
매출 증가	7,500개 × ₩1,500 =	₩11,250,000
증분비용		
변동원가 증가	7,500개 × (₩650 + ₩600 + ₩320 × 0.5시간) =	₩(10,575,000)
특수기계 구입		(500,000)
추가비용		(300,000)
증분이익		₩(125,000)

∴ 위 주문 모두 거절하여야 한다.

[물음 2] 특별주문수락 여부 결정(II)

(1) 공장 전체 단일배부율을 적용할 경우 제품별 단위당 판매가격

		X		Y
직접재료원가		₩2,000		₩1,000
직접노무원가		1,250		1,250
제조간접원가[*1]	₩275 × 5시간 =	1,375	₩275 × 5시간 =	1,375
합계		4,625		3,625
이익가산(10%)		462.5		362.5
판매가격		₩5,087.5		₩3,987.5

[*1] 제조간접원가는 공장 전체 배부율에 제품 X에 사용되는 P1과 P2의 총노동시간을 곱한 금액이다.

(2) 부문별 배부율을 적용할 경우 제품별 단위당 판매가격

		X		Y
직접재료원가		₩2,000		₩1,000
직접노무원가		1,250		1,250
제조간접원가[*2]				
P1(₩400/시간)	₩400 × 4시간 =	1,600	₩400 × 1시간 =	400
P2(₩150/시간)	₩150 × 1시간 =	150	₩150 × 4시간 =	600
합계		₩5,000		₩3,250
이익가산(10%)		500		325
판매가격		₩5,500		₩3,575

[*2] 제조간접원가는 P1의 배부율에는 P1의 노동시간을, P2의 배부율에는 P2의 노동시간을 각각 곱한 금액이다.

(3) 주문품에 대한 단위당 변동제조원가

직접재료원가		₩1,000
직접노무원가		1,250
변동제조간접원가	₩150 × 1시간 + ₩50 × 4시간 =	350
합계		₩2,600

∴ 단위당 변동제조원가 = ₩2,600

문제 02 복수공정 제약자원하의 최적생산결정

(주)한국은 사무용 의자를 제작하는 회사이다. 보통형, 고급형, 최고급형 세 가지 제품이 절삭(A), 조립(B), 가공(C), 마무리(D)공정을 통하여 생산된다. 보통형은 A, B공정을 통하여 완성되며 고급형은 A, B, C공정을 통하여 완성된다. 또한, 최고급형은 A, B, C, D 모든 공정을 통해서 완성된다. 외부시장수요는 각 제품별 각각 500단위씩 판매가능하다. 가공원가는 모두 고정원가이며 공정별 실제기계시간에 비례하여 배분하고 있다.

《자료 1》 각 제품별 단위당 소요되는 기계시간

	A	B	C	D
보통형	3h	3h	-	-
고급형	3h	2h	3h	-
최고급형	5h	5h	4h	3h

《자료 2》 공정별 최대기계시간 및 가공원가

	A	B	C	D
최대기계시간	6,000h	4,800h	4,000h	2,000h
가공원가	₩1,560	₩2,400	₩1,600	₩1,050

《자료 3》 각 제품별 단위당 판매가격 및 직접재료원가

	판매가격	A	B	C	D
보통형	₩13	₩1	₩2	-	-
고급형	8	1	2	₩3	-
최고급형	17	1	2	3	₩4

회사는 회사 전체의 이익극대화를 고려하여 각 제품별 생산량을 결정하고자 한다.

요구사항

[물음 1] 회사 전체의 이익극대화를 위한 각 제품별 생산수량을 구하시오.

[물음 2] **[물음 1]**에서 달성가능한 이익을 구하시오.

[물음 3] 제품별 단위당 원가를 계산하시오.

해답

문제분석

- "외부시장수요는 각 제품별 각각 500단위씩 판매가능" 및 "《자료 1》 각 제품별 단위당 소요되는 기계시간"
  → 각 제품별 500단위씩 생산 시 공정별로 필요한 기계시간을 계산할 수 있다.
- 《자료 2》 "공정별 최대기계시간 및 가공원가"
  → 공정별 필요한 기계시간과 비교하여 제약공정을 찾아낼 수 있다.
- "가공원가는 모두 고정원가"
  → 가공원가는 고정원가이므로 판매가격에서 재료원가만을 차감하여 공헌이익을 계산한다.
- [물음 1] "이익극대화를 위한 각 제품별 생산수량"
  → 제약공정에서 기계시간당 공헌이익이 큰 제품을 우선적으로 생산한다.
- "공정별 실제기계시간에 비례하여 배분" 및 "[물음 3] 제품별 단위당 원가"
  → 가공원가는 공정별 실제기계시간에 비례하여 배분하므로, 가공원가를 최적생산수량에 필요한 기계시간으로 나누어 시간당 배부율을 계산한다.

자료정리

(1) 물량흐름도

	A	B	C	D
보통형(500단위)	3h	3h		
고급형(500단위)	3h	2h	3h	
최고급형(500단위)	5h	5h	4h	3h
MAX	6,000h	4,800h	4,000h	2,000h

(2) 제약공정 확인

각 제품별 500단위씩 생산 시 필요기계시간 및 최대기계시간

	A	B	C	D
필요시간	5,500h	5,000h	3,500h	1,500h
최대시간	6,000h	4,800h	4,000h	2,000h
		200h		
		제약공정		

(3) 제품별 공헌이익

가공원가는 고정원가이므로, 판매가격에서 재료원가만을 차감한다.

- 보통형: ₩13 - (₩1 + ₩2) = ₩10
- 고급형: ₩8 - (₩1 + ₩2 + ₩3) = ₩2
- 최고급형: ₩17 - (₩1 + ₩2 + ₩3 + ₩4) = ₩7

모범답안

[물음 1] 회사 전체의 이익극대화를 위한 제품별 생산수량

(1) 제약공정(B)에서의 생산우선순위 결정

	보통형	고급형	최고급형
단위당 가격	₩13	₩8	₩17
단위당 변동원가	(3)	(6)	(10)
단위당 공헌이익	₩10	₩2	₩7
단위당 기계시간(B)	÷ 3h	÷ 2h	÷ 5h
기계시간당 공헌이익	₩3.3	₩1	₩1.4
생산우선순위	1순위	3순위	2순위

(2) 최적생산수량

	생산량	×	단위당 소요시간	=	소요시간	소요시간누계
보통형	500개		3h		1,500h	1,500h
최고급형	500개		5h		2,500h	4,000h
고급형	400개		2h		800h	4,800h

[물음 2] 최적생산수량에서의 영업이익

공헌이익	500개 × ₩10 + 400개 × ₩2 + 500개 × ₩7 =	₩9,300
고정원가		(6,610)
영업이익		₩2,690

[물음 3] 제품별 단위당 원가

(1) 공정별 실제기계시간

	A	B	C	D
보통형	3h × 500 = 1,500h	3h × 500 = 1,500h	-	-
고급형	3h × 400 = 1,200h	2h × 400 = 800h	3h × 400 = 1,200h	-
최고급형	5h × 500 = 2,500h	5h × 500 = 2,500h	4h × 500 = 2,000h	3h × 500 = 1,500h
합계	5,200h	4,800h	3,200h	1,500h

(2) 기계시간당 가공원가

	A	B	C	D
가공원가	₩1,560	₩2,400	₩1,600	₩1,050
기계시간	÷ 5,200h	÷ 4,800h	÷ 3,200h	÷ 1,500h
기계시간당 가공원가	₩0.3	₩0.5	₩0.5	₩0.7

(3) 제품별 단가

① 보통형: ₩1 + ₩2 + 3h × ₩0.3 + 3h × ₩0.5 = ₩5.4

② 고급형: ₩1 + ₩2 + ₩3 + 3h × ₩0.3 + 2h × ₩0.5 + 3h × ₩0.5 = ₩9.4

③ 최고급형: ₩1 + ₩2 + ₩3 + ₩4 + 5h × ₩0.3 + 5h × ₩0.5 + 4h × ₩0.5 + 3h × ₩0.7 = ₩18.1

문제 03 단일제약자원하의 의사결정, 최소대체가격 및 특별주문수락 의사결정

다음 물음에 답하시오. 특별한 가정이 없는 한 각 물음은 상호 독립적이다.

《기본 자료》

(주)세무의 부품사업부는 두 종류의 부품 S와 D를 생산·판매하는 이익중심점이며, 각 부품의 단위당 판매가격과 단위당 변동제조원가에 대한 예상자료는 다음과 같다.

구분	부품 S	부품 D
판매가격	₩500	₩800
직접재료원가	100	190
직접노무원가	80	160
변동제조간접원가	170	250

부품사업부의 연간 총고정제조간접원가는 ₩6,200,000으로 예상되며, 판매비와 관리비는 발생하지 않는 것으로 가정한다. 부품 종류에 관계없이 직접노무시간당 임률은 ₩400으로 일정하다. 해당 부품을 생산하기 위해서는 매우 숙련된 기술자가 필요하고, 관계 법률에 의하여 노무자 1인당 제공할 수 있는 노무시간이 제한되어 있어서 부품사업부가 부품 생산을 위해 최대 투입할 수 있는 연간 총직접노무시간은 14,000시간이다. 한편, 부품사업부가 생산하는 부품 S와 D의 연간 예상시장수요는 각각 30,000단위, 25,000단위이며, 현재로서는 경쟁업체가 없는 상황이므로 부품사업부가 부품 S와 D를 생산하기만 한다면, 시장수요를 충족시킬 수 있을 것으로 예상된다. 부품사업부는 재고자산을 보유하지 않는 정책을 적용하고 있다.

요구사항

[물음 1] 부품사업부가 달성할 수 있는 연간 최대 총공헌이익은 얼마인가?

[물음 2] 《기본 자료》와 같이 예상한 직후에 새로 입수한 정보에 의하면, 기존 설비와 기존 인력을 이용하여 부품 S와 D 외에 부품 H를 생산하는 것도 가능하다는 것을 알았다. 부품 H의 연간 예상시장수요는 4,000단위이며, 부품 H 한 단위를 제조하기 위해서는 직접재료원가 ₩130, 직접노무원가 ₩200, 변동제조간접원가 ₩140이 소요될 것으로 예상된다. 현재 부품 H의 판매가격은 아직 미정이다. 부품사업부의 이익을 증가시키기 위해서는 부품 H의 단위당 판매가격은 최소한 얼마를 초과해야 하는가? (단, 부품 H의 직접노무시간당 임률도 ₩400이며, 부품 H를 생산하는 경우에도 부품 S와 D에 대한 기존 연간 예상시장수요량은 동일하다)

[물음 3] (주)세무에는 부품사업부 외에 별도의 이익중심점인 완성사업부가 있다. 완성사업부에서는 그동안 부품사업부가 생산하는 부품 S와 유사한 부품 K를 외부에서 구입하여 완제품 생산에 사용하였다. 《기본 자료》와 같은 상황에서 완성사업부가 부품사업부에 부품 K 8,000단위를 공급해 줄 것을 제안하였다. 부품사업부가 부품 K를 생산하기 위해서는 단지 부품 S 생산에 사용하는 직접재료 하나만 변경하면 되며, 이 경우 단위당 직접재료원가 ₩10이 추가로 발생한다. 부품사업부가 자기사업부의 이익을 감소시키지 않으면서 완성사업부의 제안을 수락하기 위한 최소대체가격은 얼마인가? (단, 내부대체하는 경우에도 부품 S와 D에 대한 기존 연간 예상시장수요량은 동일하다)

[물음 4] 《기본 자료》와 같이 예상한 직후에 그동안 거래가 없던 (주)대한으로부터 부품 S를 단위당 ₩420에 10,000단위 구입하겠다는 특별주문을 받았다. 이 특별주문은 전량을 수락하든지 또는 거절해야 한다. 이 특별주문을 수락하는 경우에도 부품 S와 D에 대한 기존 연간 예상시장수요량은 동일하다. (주)대한의 특별주문을 전량 수락하는 경우 부품사업부의 영업이익은 얼마나 증가 또는 감소하는가? (단, 《기본 자료》와 달리 부품사업부가 부품 생산에 최대 투입할 수 있는 연간 총직접노무시간은 17,000시간이라고 가정한다)

해답

문제분석

- 《기본 자료》 "부품 종류에 관계없이 직접노무시간당 임률은 ₩400으로 일정"
  → 부품별 직접노무원가와 임률을 이용하여 단위당 노무시간을 계산할 수 있다.
- 《기본 자료》 "최대 투입할 수 있는 연간 총직접노무시간은 14,000시간" 및 "부품 S와 D의 연간 예상시장 수요는 각각 30,000단위, 25,000단위"
  → 최대 투입시간을 이용하여 부품별 최적생산계획을 설정할 수 있다.
- [물음 2] "부품 H 한 단위를 제조하기 위해서는" 및 "직접노무원가 ₩200"
  → 직접노무원가와 임률을 이용하여 단위당 노무시간을 계산할 수 있다.
- [물음 2] "부품사업부의 이익을 증가시키기 위해서는 부품 H의 단위당 판매가격은 최소한 얼마를 초과"
  → 부품 H의 노무시간당 공헌이익이 부품 D의 노무시간당 공헌이익보다 커야 한다.
- [물음 3] "부품 K 8,000단위를 공급해 줄 것을 제안"
  → 부품 K 8,000단위 생산에 필요한 시간을 확보하기 위하여 부품 D의 생산을 포기해야 한다.
- [물음 3] "이 경우 단위당 직접재료원가 ₩100이 추가로 발생"
  → 부품 K 변동제조원가는 ₩360(= ₩110 + ₩80 + ₩170)이다.
- [물음 4] "최대 투입할 수 있는 연간 총직접노무시간은 17,000시간이라고 가정"
  → 부품 S와 D의 연간 예상시장수요를 고려하여 여유시간을 재계산한다.

자료정리

(1) 부품별 단위당 노무시간
- 부품 S: ₩80 ÷ ₩400 = 0.2시간
- 부품 D: ₩160 ÷ ₩400 = 0.4시간

(2) 생산우선순위 결정

	S	D
단위당 판매가격	₩500	₩800
단위당 변동원가	(350)	(600)
단위당 공헌이익	₩150	₩200
단위당 노무시간	÷ 0.2시간	÷ 0.4시간
노무시간당 공헌이익	₩750	₩500
생산우선순위	1순위	2순위

(3) 부품별 최적생산계획

	필요시간	잔여시간
S	30,000단위 × 0.2시간 = 6,000	8,000
D	20,000단위 × 0.4시간 = 8,000	-

∴ 부품 S = 30,000단위, 부품 D = 20,000단위

(4) 부품 H 단위당 노무시간
₩200 ÷ ₩400 = 0.5시간

(5) 부품 K 생산필요시간과 부품 D 생산포기수량
- 부품 K 생산필요시간: 8,000단위 × 0.2시간 = 1,600시간
- 부품 D 생산포기수량: 1,600시간 ÷ 0.4시간 = 4,000단위

(6) 부품 K 생산의 기회원가
부품 D: 4,000단위 × ₩200 = ₩800,000

(7) 연간 총직접노무시간이 17,000시간인 상황에서 여유시간
17,000시간 - (30,000단위 × 0.2시간 + 25,000시간 × 0.4시간) = 1,000시간

(8) 특별주문을 위한 시간
특별주문에 필요한 시간은 2,000시간(= 10,000단위 × 0.2시간)이므로, 1,000시간이 부족하다.

(9) 특별주문을 위한 부품 D 생산포기수량
1,000시간 ÷ 0.4시간 = 2,500단위

모범답안

[물음 1] 연간 최대 총공헌이익

30,000단위 × ₩150 + 20,000단위 × ₩200 = ₩8,500,000

[물음 2] 단위당 최소판매가격(P)

$$\frac{P - ₩130 - ₩200 - ₩140}{0.5시간} > ₩500$$

∴ P > ₩720

별해

부품 H 생산필요시간이 2,000시간(= 0.5시간 × 4,000단위)이므로, 부품 D 5,000단위(= 2,000시간 ÷ 0.4시간)를 포기해야 한다.

증분수익		
부품 H 매출 증가		4,000P
증분비용		
부품 H 변동원가 증가	4,000단위 × ₩470 =	(1,880,000)
부품 D 판매포기	5,000단위 × ₩200 =	(1,000,000)
증분이익		4,000P - ₩2,880,000 > 0

∴ P > ₩720

[물음 3] 최소대체가격

$$단위당\ 증분원가 + 단위당\ 기회원가 = ₩360 + \frac{₩800,000}{8,000단위} = ₩460$$

별해

부품 K의 판매가격을 P라 하면 다음과 같다.

증분수익		
부품 K 매출 증가		8,000P
증분비용		
부품 K 변동원가 증가	8,000단위 × ₩360 =	(2,880,000)
부품 D 판매포기	4,000단위 × ₩200 =	(800,000)
증분이익		8,000P - ₩3,680,000 ≥ 0

∴ P = ₩460

[물음 4] 특별주문을 전량 수락하는 경우 부품사업부의 영업이익 증감액

증분수익		
부품 S 매출 증가	10,000단위 × ₩420 =	₩4,200,000
증분비용		
부품 S 변동원가 증가	10,000단위 × ₩350 =	(3,500,000)
부품 D 판매포기	2,500단위 × ₩200 =	(500,000)
증분이익		₩200,000

문제 04 제약이론, 특별주문수락 및 책임회계제도

(주)한국은 다양한 가방을 생산·판매하는 회사이다. 회사의 사무용 가방 부문은 유일한 영업자산인 생산기계 한 대를 사용하여 제품 A와 제품 B를 생산·판매해 왔다. 생산기계 한 대의 구매가격은 ₩120,000으로 감가상각을 하지 않으며, 연간 최대기계가동시간은 150시간이다.

20×1년 말 사무용 가방 책임자는 원재료 구입 및 노동시간에 별다른 제약이 없다는 가정하에 제품 A와 제품 B에 대한 20×2년도 예산자료를 다음의 표와 같이 수집하였다. 사무용 가방 부문원가는 직접재료원가와 직접노무원가로 이루어져 있고, 제조간접원가와 판매관리비는 존재하지 않는다. 재고 및 공손품도 발생하지 않는다.

《추가자료》 제품 A와 제품 B에 대한 예상수요량 및 기타 재무자료

구분	제품 A	제품 B
예상수요량	100개	50개
제품 단위당 예상판매가격	₩200	₩300
제품 단위당 표준원재료수량	3kg	4kg
kg당 원재료 표준구매가격	₩15	₩20
제품 단위당 표준노동시간	2시간	4시간
노동시간당 표준임률	₩10	₩10
제품 단위당 표준기계가동시간	1시간	2시간

요구사항

[물음 1] 사무용 가방 책임자가 수집한 예산자료에 근거하여 20×2년도 해당 부문의 이익을 극대화할 수 있는 제품 A와 제품 B 각각의 생산 및 판매량을 결정하고 이로부터 예상되는 부문이익을 계산하시오.

[물음 2] (주)한국의 사무용 가방 책임자는 제품다각화를 위해서 제품 C를 추가하고자 한다. 현재 사용하고 있는 사무용 가방 생산기계와 구입가격 및 기계가동시간이 동일한 생산기계를 한 대 추가하면 제품 C를 25단위만큼 팔 수 있을 것으로 기대하고 있다. 20×2년 12월 말 퇴직 예정인 사무용 가방 책임자의 성과 및 보상은 해당 부문의 연간 투자수익률(ROI)에 의해 결정되고 있다. 20×2년 사무용 가방 부문의 예산자료 및 제품 C에 대한 다음의 기초자료에 근거하여, 사무용 가방 책임자가 새로운 기계를 한 대 추가로 도입하고자 할 자발적 유인을 가질 수 있는 제품 C의 단위당 최소판매가격을 구하시오.

구분	제품 C
판매수량	25개
제품 단위당 직접재료원가	₩40
제품 단위당 직접노무원가	₩20
제품 단위당 기계가동시간	2시간

[물음 3] 사무용 가방 책임자는 기계 추가를 포기하고 제품 B를 대신하여 제품 D를 생산하려고 한다. 다음의 자료에 근거하여 제품 D에 대해 책정하여야 하는 단위당 최소판매가격과 최적생산수량을 구하시오.

구분	제품 D
제품 단위당 직접재료원가	₩60
제품 단위당 직접노무원가	₩10
제품 단위당 기계가동시간	5시간

해답

문제분석

- 《추가자료》 "제품 단위당 표준원재료수량", "kg당 원재료 표준구매가격", "제품 단위당 표준노동시간" 및 "노동시간당 표준임률"
  → 제품별 단위당 표준재료원가와 표준노무원가를 계산할 수 있다.
- "연간 최대기계가동시간은 150시간" 및 "《추가자료》 제품 단위당 표준기계가동시간"
  → 기계가동시간당 공헌이익을 기준으로 생산우선순위를 결정할 수 있다.
- [물음 2] "동일한 생산기계를 한 대 추가"
  → 기존 기계가동시간 제한으로 생산하지 못했던 제품 B의 생산량이 증가한다.
- [물음 3] "제품 B를 대신하여 제품 D를 생산"
  → 제품 D의 기계가동시간당 공헌이익은 제품 B의 기계가동시간당 공헌이익보다는 크거나 같아야 한다.

자료정리

(1) 제품 A 표준원가

	SQ	SP	단위당 표준원가
직접재료원가	3kg	₩15/kg	₩45
직접노무원가	2시간	₩10/시간	20
계			₩65

(2) 제품 B 표준원가

	SQ	SP	단위당 표준원가
직접재료원가	4kg	₩20/kg	₩80
직접노무원가	4시간	₩10/시간	40
계			₩120

(3) 생산우선순위 결정

	제품 A	제품 B
단위당 판매가격	₩200	₩300
단위당 변동원가	(65)	(120)
단위당 공헌이익	₩135	₩180
기계시간	÷ 1시간	÷ 2시간
기계시간당 공헌이익	₩135	₩90
생산우선순위	1순위	2순위

모범답안

[물음 1] 최적생산수량으로 예상되는 이익

(1) 최적생산수량

	생산량	×	단위당 소요시간	=	소요시간	소요시간누계
제품 A	100개		1시간		100시간	100시간
제품 B	25개		2시간		50시간	150시간

(2) 예상이익

제품 A 100개와 제품 B 25개를 생산할 경우 이익은 다음과 같다.

100개 × ₩135 + 25개 × ₩180 = ₩18,000

[물음 2] 제품 C의 단위당 최소판매가격

(1) 기계 한 대를 추가할 경우 제품수량

		생산량	×	단위당 소요시간	=	소요시간	소요시간누계
기존	제품 A	100개		1시간		100시간	100시간
	제품 B	25개		2시간		50시간	150시간
추가	제품 B	25개		2시간		50시간	50시간
	제품 C	25개		2시간		50시간	100시간

∴ 사용가능한 기계가동시간은 150시간이 추가되어 제품 B와 제품 C의 생산수량은 각각 25개씩 증가한다.

(2) 제품 C의 최소판매가격

① 추가 전 투자수익률: ₩18,000 ÷ ₩120,000 = 15%

② 최소판매가격(P): 제품 C를 추가하는 경우 투자수익률이 최소한 15% 이상이어야 한다.

- 영업이익: (P - ₩60) × 25개 + (₩300 - ₩120) × 25개 = 25P + ₩3,000
  - (P - ₩60) × 25개 → 제품 C
  - (₩300 - ₩120) × 25개 → 제품 B
- 투자액: ₩120,000
- 투자수익률: (25P + ₩3,000) ÷ ₩120,000 ≥ 15%

∴ P = ₩600

[물음 3] 제품 D에 대해 책정하여야 하는 단위당 최소판매가격과 최적생산수량

(1) 최소판매가격(P)

제품 D의 기계가동시간당 공헌이익이 제품 B의 기계가동시간당 공헌이익보다 크거나 같아야 한다.

	제품 B	제품 D
단위당 판매가격	₩300	P
단위당 변동원가	(120)	₩(70)
단위당 공헌이익	₩180	P - ₩70
단위당 기계시간	÷ 2시간	÷ 5시간
기계시간당 공헌이익	₩90	(P - ₩70) ÷ 5시간 ≥ ₩90

∴ P = ₩520

(2) 최적생산수량

	생산량	×	단위당 소요시간	=	소요시간	소요시간누계
제품 A	100개		1시간		100시간	100시간
제품 D	10개		5시간		50시간	150시간

문제 05 제한된 자원과 초과작업 의사결정

세무사 05

(주)한국은 수도권에 위치한 기업으로 고품질의 팩스기계를 생산·판매하고 있다. 이 회사는 두 가지의 모델 A와 B를 생산하고 있으며, 20×1년 7월 중 예상되는 생산 및 판매와 관련된 자료는 다음과 같다.

항목	제품	
	A	B
단위당 원가		
직접재료원가	₩4,800	₩5,250
직접노무원가(시간당 ₩300)	6,000	7,500
변동제조간접원가	7,200	9,000
고정제조간접원가	3,000	3,750
계	₩21,000	₩25,500
단위당 판매가격	₩28,000	₩33,000
20×1년 7월 예상판매량	400단위	200단위
(주)한국의 매월 최대조업도는 14,000직접노무시간이다.		

상호 독립적인 다음 물음에 답하시오.

요구사항

[물음 1] 20×1년 7월 중 예상하지 못했던 새로운 고객이 (주)한국에 모델 B를 단위당 ₩28,000의 가격에 40단위를 구입할 수 있는지를 문의해 왔다. 만약 (주)한국이 이 고객의 제안을 수락한다면 이로 인하여 (주)한국의 이익은 얼마나 증가 또는 감소하겠는가?

[물음 2] 20×1년 7월 중 예상하지 못했던 새로운 고객이 (주)한국에 모델 B를 단위당 ₩28,000의 가격에 60단위를 구입할 수 있는지를 문의해 왔다. 만약 (주)한국이 이 고객의 제안을 수락한다면 이로 인하여 (주)한국의 이익은 얼마나 증가 또는 감소하겠는가?

[물음 3] (주)한국은 정규시간 이외의 초과시간을 이용하여 작업을 수행함으로써 월 최대조업도를 증가시킬 수 있다고 가정하시오. 정규시간 이외의 초과시간을 이용하여 작업을 수행하는 경우 직접노무원가는 시간당 ₩500으로 증가하며 변동제조간접원가는 정상생산 시보다 50% 더 많이 발생한다. 이 경우 **[물음 2]**에 답하시오.

해답

문제분석

- "직접노무원가(시간당 ₩300) ₩6,000, ₩7,500"
  → 시간당 임률을 이용하여 제품별 한 단위 생산에 필요한 직접노무시간을 계산할 수 있으며, 제품별 직접노무시간을 계산하여 제품별 직접노무시간당 공헌이익을 기준으로 생산우선순위를 결정한다.

- "20×1년 7월 예상판매량" 및 "매월 최대조업도는 14,000직접노무시간"
  → 최대조업도하에서 제품별 생산계획을 수립할 수 있다.

- [물음 3] "초과시간을 이용"
  → 초과시간을 이용하여 B를 추가로 생산하거나 A 생산에 필요한 정규시간으로 B를 생산하고 초과시간을 이용하여 A를 생산할 수도 있다. 따라서 회사가 선택할 수 있는 대안은 다음과 같다.
  ① B 20단위 포기
  ② 초과시간으로 B 20단위 생산
  ③ A 25단위(= 500시간 ÷ 20시간) 정규시간 생산을 포기하고 초과시간으로 A 25단위 생산. 이때 확보한 정규시간을 이용하여 총 B 60단위를 생산

자료정리

(1) 제품별 직접노무시간

- A: ₩6,000 ÷ ₩300 = 20시간
- B: ₩7,500 ÷ ₩300 = 25시간

(2) 생산우선순위 결정

직접노무시간이 제한되어 있으므로, 공헌이익을 단위당 직접노무시간으로 나누어 직접노무시간당 공헌이익을 계산한다.

	A	B
단위당 판매가격	₩28,000	₩33,000
단위당 변동원가	(18,000)	(21,750)
단위당 공헌이익	₩10,000	₩11,250
단위당 직접노무시간	÷ 20시간	÷ 25시간
직접노무시간당 공헌이익	₩500	₩450
생산우선순위	1순위	2순위

(3) 최적생산계획

A를 우선생산하고 남은 직접노무시간을 활용하여 B를 생산한다.

1순위 A	400단위 × 20시간 =	8,000시간
2순위 B	200단위 × 25시간 =	5,000시간
		13,000시간

∴ 여유시간: 14,000시간 - 13,000시간 = 1,000시간

(4) 초과시간을 이용한 가격과 원가구조

	A	B
단위당 판매가격	₩28,000	₩33,000
단위당 변동원가*	(25,600)	(31,250)
단위당 공헌이익	₩2,400	₩1,750

* 직접재료원가 + ₩500 × 직접노무시간 + 변동제조간접원가 × 150%

① A: ₩4,800 + ₩500 × 20시간 + ₩7,200 × 150% = ₩25,600

② B: ₩5,250 + ₩500 × 25시간 + ₩9,000 × 150% = ₩31,250

모범답안

[물음 1] 여유조업도가 있는 경우

(1) 필요시간

40단위 × 25시간 = 1,000시간이므로, 여유조업도 내에서 생산할 수 있다.

(2) 의사결정

증분수익		
매출 증가	40단위 × ₩28,000 =	₩1,120,000
증분비용		
변동제조원가 증가	40단위 × ₩21,750 =	(870,000)
증분이익		₩250,000

[물음 2] 여유조업도가 없는 경우

(1) 필요시간

60단위 × 25시간 = 1,500시간이므로, 500시간이 부족하다.

부족한 시간을 확보하기 위하여 우선순위가 낮은 B 20단위(= 500시간 ÷ 25시간)를 포기해야 한다.

(2) 의사결정

증분수익		
매출 증가	60단위 × ₩28,000 =	₩1,680,000
증분비용		
변동제조원가 증가	60단위 × ₩21,750 =	(1,305,000)
B 판매포기	20단위 × ₩11,250 =	(225,000)
증분이익		₩150,000

[물음 3] 초과시간을 이용할 수 있는 경우

(1) 필요시간

60단위 × 25시간 = 1,500시간이므로, 500시간이 부족하다.

초과시간을 활용할 수 있으므로 다음과 같은 세 가지 대안을 선택할 수 있다.

① B 20단위 포기

② 초과시간으로 B 20단위 생산

③ A 25단위(= 500시간 ÷ 20시간) 정규시간 생산을 포기하고 초과시간으로 A 25단위 생산

(2) 의사결정

① B 20단위 포기: 증분이익 ₩150,000([물음 2] 참고)

② 초과시간으로 B 20단위 생산

증분수익		
매출 증가	60단위 × ₩28,000 =	₩1,680,000
증분비용		
변동제조원가(정규시간) 증가	40단위 × ₩21,750 =	(870,000)
변동제조원가(초과시간) 증가	20단위 × ₩31,250 =	(625,000)
증분이익		₩185,000

③ A 25단위(= 500시간 ÷ 20시간) 정규시간 생산을 포기하고 초과시간으로 A 25단위 생산

증분수익		
매출 증가	60단위 × ₩28,000 =	₩1,680,000
증분비용		
변동제조원가(정규시간) 증가	60단위 × ₩21,750 =	(1,305,000)
A 변동제조원가 증가	25단위 × (₩25,600 - ₩18,000) =	(190,000)*
증분이익		₩185,000

* 다음과 같이 계산할 수도 있다.

정규시간만 이용	400단위 × ₩18,000 =	₩7,200,000
초과시간 이용	375단위 × ₩18,000 + 25단위 × ₩25,600 =	7,390,000
		₩190,000

∴ 제안을 수락한다면 이익이 ₩185,000 증가한다.

문제 06 활동기준원가계산과 뱃치당 제한된 자원을 고려한 의사결정

세무사 03

완구제품을 생산하는 (주)한국의 대형과 소형 완구제품에 대한 자료는 다음과 같다.

	대형	소형
판매가격	₩96	₩63
단위당 변동제조원가		
직접재료원가	₩36	₩30
직접노무원가	18	6
변동제조간접원가	6	3
단위당 고정제조원가	9	9
단위당 총원가	₩69	₩48
연간 예상수요량	45,000단위	75,000단위

대형 완구제품은 1뱃치당 300단위씩, 소형 완구제품은 1뱃치당 600단위씩 생산된다. 각 뱃치생산에는 30 기계시간이 소요되며, 연간 이용가능한 기계시간은 9,000기계시간으로 더 이상 증가시킬 수 없다.

요구사항

[물음 1] 대형과 소형 완구제품 각각에 대하여 제품 단위당 공헌이익을 구하시오.

[물음 2] 회사 전체의 이익을 최대화하기 위한 각 제품의 생산량을 구하시오.

[물음 3] 지금까지 거래가 없던 백화점으로부터 대형 완구제품 15,000단위를 단위당 ₩111에 구입하겠다는 제안을 받았다.

(1) 이 특별주문과 관련된 기회비용은 얼마인가?

(2) (주)한국은 이 제안을 수락하여야 하는가?

해답

문제분석

- "각 뱃치생산에는 30기계시간이 소요되며, 연간 이용가능한 기계시간은 9,000기계시간"
  → 제품 한 단위를 기준으로 한 기계시간당 공헌이익이 큰 제품을 뱃치단위로 우선생산한다.
- [물음 3] "대형 완구제품 15,000단위"
  → 총뱃치수는 50뱃치(= 15,000단위 ÷ 300단위)이며, 필요시간은 1,500시간(= 50뱃치 × 30기계시간)이다. 부족한 기계시간을 확보하기 위해 후순위 제품 생산을 포기한다.

자료정리

(1) 제품별 단위당 기계시간

	대형	소형
뱃치당 기계시간	30시간	30시간
뱃치당 수량	÷ 300단위	÷ 600단위
단위당 기계시간	0.1시간	0.05시간

(2) 생산우선순위 결정

기계시간당 공헌이익을 기준으로 생산우선순위를 결정한다.

	대형	소형
단위당 판매가격	₩96	₩63
단위당 변동제조원가	(60)	(39)
단위당 공헌이익	₩36	₩24
단위당 기계시간	÷ 0.1시간	÷ 0.05시간
기계시간당 공헌이익	₩360	₩480
생산우선순위	2순위	1순위

(3) 최적생산계획

제품별 뱃치수를 계산한 후 제품별 필요기계시간과 이용가능한 기계시간을 비교하여 최적생산계획을 수립한다.

- 소형: (75,000단위 ÷ 600단위) × 30시간 = 3,750시간
- 대형: (45,000단위 ÷ 300단위) × 30시간 = 4,500시간

최대기계시간은 9,000시간이므로 대형과 소형을 각각 45,000단위, 75,000단위를 모두 생산하며, 750시간(= 9,000시간 - 8,250시간)의 여유시간이 존재한다.

(4) 특별주문으로 인한 생산포기

특별주문에 필요한 기계시간과 여유기계시간을 비교하여 부족한 기계시간을 확보하기 위해 후순위 제품 생산을 포기한다.

- 특별주문에 필요한 기계시간: (15,000단위 ÷ 300단위) × 30시간 = 1,500시간
- 부족기계시간: 1,500시간 - 750시간 = 750시간

15,000단위 생산을 위해 1,500시간이 필요하므로 부족한 750시간을 확보하기 위해 대형 25뱃치(= 750시간 ÷ 30시간) 또는, 7,500단위(= 25뱃치 × 300단위)를 포기해야 한다.

모범답안

[물음 1] 제품 단위당 공헌이익

	대형	소형
단위당 판매가격	₩96	₩63
단위당 변동제조원가	(60)	(39)
단위당 공헌이익	₩36	₩24

[물음 2] 회사 전체의 이익을 최대화하기 위한 각 제품의 생산량

- 1순위 소형: (75,000단위 ÷ 600단위) × 30시간 = 3,750시간
- 2순위 대형: (45,000단위 ÷ 300단위) × 30시간 = 4,500시간

∴ 대형 = 45,000단위, 소형 = 75,000단위

[물음 3]

(1) 기회비용

750시간 × ₩360(대형 기계시간당 공헌이익) = ₩270,000

(2) 의사결정

증분수익		
매출 증가	15,000단위 × ₩111 =	₩1,665,000
증분비용		
변동원가 증가	15,000단위 × ₩60 =	(900,000)
기회비용		(270,000)
증분이익		₩495,000

∴ 특별주문을 수락한다.

문제 07 현금흐름분기점과 특별주문수락 의사결정

회계사 90 수정

(주)한국은 컴퓨터 부품을 생산하고 있다. 이 회사의 20×1년 예상판매량은 55,000개이며, 손익계산서는 다음과 같다.

I.	매출액		₩1,100,000
II.	변동원가		
	변동제조원가	₩330,000	
	변동판매관리비	110,000	440,000
III.	공헌이익		₩660,000
IV.	고정원가		
	고정제조간접원가	₩430,000	
	고정판매관리비	90,000	520,000
V.	법인세차감전순이익		₩140,000
VI.	법인세(40%)		56,000
VII.	당기순이익		₩84,000

요구사항

[물음 1] (주)한국의 20×2년 원가구조가 20×1년과 동일하다고 가정하고 20×2년에 ₩120,000의 당기순이익을 얻기 위한 매출액을 구하시오.

[물음 2] 이 회사의 변동원가는 모두 현금유출비용이고 고정원가에는 감가상각비 등 비현금유출비용 ₩178,080이 포함되어 있다. 법인세를 고려한 현금흐름분기점 판매량을 구하시오.

[물음 3] (주)한국은 외국의 한 전자회사로부터 20,000개의 부품을 ₩15에 공급해 달라는 특별주문을 받았다. 회사의 생산능력은 연간 70,000개이며, 특별주문 공급 시 변동판매관리비는 추가로 발생하지 않는다. 이 특별주문의 수락 여부를 결정하시오.

[물음 4] 원가 - 조업도 - 이익분석의 기본가정을 기술하시오.

해답

문제분석

■ "55,000개" 및 "손익계산서"

→ 손익계산서의 자료와 예상판매량을 이용하여 단위당 판매가격, 단위당 변동원가 및 고정원가를 계산할 수 있다.

■ [물음 3] "회사의 생산능력은 연간 70,000개이며, 특별주문 공급 시 변동판매관리비는 추가로 발생하지 않는다."

→ 특별주문 전 여유조업도는 15,000개로, 특별주문을 수락하기 위해 5,000개(= 20,000개 - 15,000개) 판매를 포기해야 한다. 또한, 특별주문에 대해서는 변동판매관리비가 발생하지 않는다.

자료정리

(1) 가격과 원가구조

단위당 판매가격	₩1,100,000 ÷ 55,000개 =	₩20
단위당 변동원가	₩330,000 ÷ 55,000개 + ₩110,000 ÷ 55,000개 =	(8)
단위당 공헌이익		₩12(공헌이익률 0.6)
고정제조간접원가		₩430,000
고정판매관리비		90,000

(2) 여유조업도

최대조업도	70,000개
예상판매량	55,000개
여유조업도	15,000개

모범답안

[물음 1] 목표매출액

목표매출액을 S라 하면 다음과 같다.
(0.6 × S - ₩520,000) × (1 - 40%) = ₩120,000
∴ S = ₩1,200,000

[물음 2] 현금흐름분기점 판매량

현금흐름분기점 판매량을 Q라 하면 다음과 같다.
(₩12 × Q - ₩520,000) × (1 - 40%) + ₩178,080 = ₩0
∴ Q = 18,600

[물음 3] 특별주문수락 여부 결정

(1) 여유조업도

최대조업도 - 예상판매량 = 70,000개 - 55,000개 = 15,000개
∴ 특별주문을 수락하기 위하여 기존판매 5,000개를 포기해야 한다.

(2) 의사결정

증분수익		
특별주문 매출 증가	20,000개 × ₩15 =	₩300,000
증분비용		
변동제조원가 증가	20,000개 × ₩6 =	(120,000)
기존판매포기	5,000개 × ₩12 =	(60,000)
증분이익		₩120,000

∴ 특별주문을 수락한다.

[물음 4] 원가 - 조업도 - 이익분석의 기본가정

- 모든 원가는 변동원가와 고정원가로 구분할 수 있다.
- 단위당 판매가격은 일정하다.
- 단위당 변동원가는 일정하다. 즉, 생산성은 일정하다.
- 고정원가는 관련범위 내 일정하다.
- 원가에 영향을 미치는 유일한 요인은 조업도이다.
- 재고수준의 변동이 없다. 즉, 생산량과 판매량이 동일하다.
- 의사결정대상은 발생주의 이익이다.
- 하나의 제품을 생산·판매한다.
- 모든 변수는 확실하다.

문제 08 특별주문과 외부구입 의사결정

회계사 99

(주)한국은 제품 A를 연간 30,000단위 생산할 수 있다. (주)한국은 현재 제품 A를 단위당 ₩7,000에 판매하고 있으며, 현재 판매가격에서의 수요는 연간 25,000단위이다. 단위당 직접재료원가는 ₩1,200이고 단위당 직접노무원가는 ₩1,500이며, 변동제조간접원가는 ₩800이고 고정제조간접원가는 ₩15,000,000이다. 또한, 변동판매관리비는 ₩1,500이고 고정판매관리비는 ₩26,000,000이다.

요구사항

[물음 1] 현재 회사는 ₩7,000의 판매가격으로 연간 25,000단위를 판매하고 있는데 가격을 ₩6,000으로 낮출 경우 판매량이 10% 더 늘어난다고 한다. 가격인하 여부를 결정하시오.

[물음 2] (주)한국은 판매중개인으로부터 제품 A 2,000단위를 정부에 납품하는 제안을 받았다. 정부는 현재의 전부원가계산에 의한 제조원가에 10%의 이익을 가산한 가격을 지불한다고 한다. 이 주문과 관련하여 변동판매관리비는 발생하지 않으며 중개인에게 ₩1,000,000의 중개수수료를 지급하여야 한다. 제안의 수락 여부를 결정하시오.

[물음 3] (주)한국은 협력업체에 대하여 OEM방식으로 제품 A의 외부구입 여부를 검토하고 있다. 단, 제품 A을 제조하여 (주)한국의 고객에게 직접 배달하는 조건이며, 외부구입가격은 계속 협상중이다. 원가관리의 분석 결과에 따르면 외부구입 시 변동판매비 중 20%는 절감될 것이며 유휴생산설비로 인하여 고정제조간접원가 중 50%는 계속 발생될 것이다. 외부구입을 수락하기 위한 최대구입가격을 구하시오.

[물음 4] (주)한국은 협력업체에 대하여 OEM방식으로 제품 A의 외부구입 여부를 검토하고 있다. 이 경우 유휴생산설비를 이용하여 제품 B를 생산할 수 있다. 제품 A를 외부구입하는 경우에 변동판매관리비는 30%가 절감될 것이다. 제품 B의 외부판매가격은 ₩4,000이며, 단위당 변동판매관리비는 제품 A와 같고 추가적인 고정판매관리비는 들어가지 않는다. 제품 B 생산 시 배부된 고정제조간접원가 배부율은 ₩1,000이며, 변동제조원가는 ₩1,200이다. 회사는 적어도 ₩15,000,000의 영업이익을 얻고자 한다.

(1) 제품 B의 생산량을 구하시오.

(2) 제품 B의 생산·판매량이 위 (1)과 같을 경우 (주)한국이 목표이익을 얻기 위해서 수락할 수 있는 제품 A의 최대구입가격을 구하시오.

해답

문제분석

- "연간 30,000단위 생산할 수 있다." 및 "수요는 연간 25,000단위"
  → 여유조업도를 계산할 수 있다.
- [물음 2] "현재의 전부원가계산에 의한 제조원가에 10%의 이익을 가산"
  → 전부원가계산을 위한 단위당 고정제조간접원가는 고정제조간접원가를 연간 수요량 25,000단위로 나누어 계산한다.
- [물음 3] "(주)한국의 고객에게 직접 배달하는 조건", "외부구입 시 변동판매비 중 20%는 절감" 및 "고정제조간접원가 중 50%는 계속 발생"
  → 협력업체가 고객에게 직접 배달함으로써 변동판매비 20%를 절감할 수 있다. 또한, 고정제조간접원가 중 50%를 회피할 수 있다.
- [물음 4] "(주)한국은 협력업체에 대하여 OEM방식으로 제품 A의 외부구입 여부를 검토" 및 "제품 B 생산 시 배부된 고정제조간접원가 배부율은 ₩1,000"
  → 제품 B에 배부된 고정제조간접원가 배부율과 고정제조간접원가금액을 이용하여 제품 B의 생산량을 계산할 수 있다.

자료정리

(1) 여유조업도

최대조업도		30,000단위
현재생산량		25,000단위
여유조업도		5,000단위

(2) 제품 A의 가격과 원가구조

단위당 판매가격		₩7,000
단위당 변동원가	₩1,200 + ₩1,500 + ₩800 + ₩1,500 =	(5,000)
단위당 공헌이익		₩2,000
총고정원가	₩15,000,000 + ₩26,000,000 =	₩41,000,000

(3) 제품 B의 가격과 원가구조

단위당 판매가격		₩4,000
단위당 변동원가	₩1,200 + ₩1,500 × 70% =	(2,250)
단위당 공헌이익		₩1,750
총고정원가*		₩15,000,000

* 기존설비활용. 즉, 추가발생하는 것은 아니다.

모범답안

[물음 1] 가격인하 결정

(1) 인하 전 이익
(₩7,000 - ₩5,000) × 25,000단위 - ₩41,000,000 = ₩9,000,000

(2) 인하 후 이익
(₩6,000 - ₩5,000) × 25,000단위 × (1 + 10%) - ₩41,000,000 = ₩(13,500,000)

∴ ₩22,500,000[= (₩13,500,000) - ₩9,000,000]만큼 영업이익이 감소하므로 가격을 인하하지 않는다.

[물음 2] 특별주문수락 의사결정

(1) 단위당 전부원가

$$₩1,200 + ₩1,500 + ₩800 + \frac{₩15,000,000}{25,000\text{단위}} = ₩4,100$$

(2) 단위당 판매가격
₩4,100 × (1 + 10%) = ₩4,510

(3) 의사결정
특별주문 2,000단위는 여유조업도 이내의 수량이므로 기회원가는 없다.

증분수익		
매출 증가	2,000단위 × ₩4,510 =	₩9,020,000
증분비용		
변동제조원가 증가	2,000단위 × ₩3,500 =	(7,000,000)
중개수수료 증가		(1,000,000)
증분이익		₩1,020,000

∴ 주문을 수락한다.

[물음 3] 최대구입가격

최대구입가격을 P라 하면 다음과 같다.

증분수익		-
증분비용		
변동제조원가 감소	25,000단위 × ₩3,500[*1] =	₩87,500,000
변동판매비 감소	25,000단위 × ₩300[*2] =	7,500,000
고정제조원가 감소	₩15,000,000 × ₩50% =	7,500,000
구입가격		(25,000P)
증분이익		₩102,500,000 - 25,000P ≥ 0

[*1] ₩1,200 + ₩1,500 + ₩800 = ₩3,500

[*2] ₩1,500 × 20% = ₩300

∴ P = ₩4,100

[물음 4]

(1) 제품 B 생산량

제품 B의 고정제조간접원가 배부율이 ₩1,000이므로, 제품 B의 생산량은 다음과 같다.

₩15,000,000 ÷ ₩1,000 = 15,000단위

(2) 목표이익 달성 위한 제품 A 최대구입가격

제품 A와 제품 B의 영업이익의 합이 ₩15,000,000이 되는 최대구입가격을 구한다.

① 제품 B 공헌이익: 15,000단위 × (₩4,000 - ₩2,250) = ₩26,250,000

② 제품 A 최대구입가격(P)

25,000단위 × (₩7,000 - P - ₩1,500 × 70%) + ₩26,250,000 - ₩41,000,000 = ₩15,000,000

(25,000단위 × (₩7,000 - P - ₩1,500 × 70%) → 제품 A 공헌이익, ₩26,250,000 → 제품 B 공헌이익)

∴ P = ₩4,760

별해

회사는 제품 A 25,000단위와 제품 B 15,000단위 판매로 인하여 적어도 ₩15,000,000의 영업이익을 얻어야 한다. 이를 증분접근법으로 처리한다면, 현재 영업이익과 OEM으로 인한 증분손익을 합한 금액이 ₩15,000,000보다 커야 한다.

(1) OEM 전 이익(제품 A 25,000단위 판매)

25,000단위 × (₩7,000 - ₩5,000) - ₩41,000,000 = ₩9,000,000

∴ OEM 의사결정으로 인한 증분이익은 ₩6,000,000(= ₩15,000,000 - ₩9,000,000)보다 커야 한다.

(2) OEM 의사결정

증분수익		-
증분비용		
변동제조원가 감소	25,000단위 × ₩3,500 =	₩87,500,000
변동판매비 감소	25,000단위 × ₩450* =	11,250,000
제품 B 공헌이익	15,000단위 × ₩1,750 =	26,250,000
구입가격		(25,000P)
증분이익		₩6,000,000

* ₩1,500 × 30% = ₩450

∴ P = ₩4,760

문제 09 제약조건이 세 개인 경우 최적생산계획

회계사 93 수정

(주)한국은 갑, 을 두 가지 제품을 생산하고 있다. 두 가지 제품과 관련된 자료는 다음과 같다.

구분	갑제품	을제품
제품 단위당 판매가격	₩200	₩180
제품 단위당 변동원가	140	100
제품 단위당 원재료	2kg	2kg
제품 단위당 기계시간	1시간	2시간

- 월간 사용가능 재료: 500kg
- 월간 가용가능 기계시간: 400시간
- 총고정원가: ₩10,000

갑제품과 을제품에 대한 시장수요는 무한하며 회사는 양 제품의 최적생산배합을 통하여 이익을 극대화하고자 한다.

요구사항

[물음 1] 갑 및 을제품 생산에 사용되는 기계시간만이 제한되어 있다고 가정할 경우 회사의 이익을 극대화하기 위한 생산배합과 영업이익을 구하시오.

[물음 2] 두 제품의 생산에 소요되는 원재료와 기계시간이 모두 제한될 경우 최적생산배합과 최대영업이익을 구하시오.

[물음 3] 위 물음과 별도로 갑제품에 대한 시장수요는 200단위이며 을제품에 대한 시장수요는 무한하다. 두 제품의 생산에 소요되는 원재료와 기계시간이 모두 제한될 경우 최적생산배합과 최대영업이익을 구하시오.

해답

문제분석

■ "갑제품과 을제품에 대한 시장수요는 무한" 및 "[물음 1] 기계시간만이 제한"
→ 기계시간당 공헌이익이 큰 제품만을 생산한다.

■ [물음 2] "원재료와 기계시간이 모두 제한"
→ 복수제약자원이므로 도해법을 이용하여 최적생산계획을 수립한다.

■ [물음 3] "갑제품에 대한 시장수요는 200단위" 및 "원재료와 기계시간이 모두 제한"
→ 갑제품 시장수요 200단위를 포함하여 제약조건이 총 3가지이다.

자료정리

(1) 기계시간만 제약인 상황

	갑제품	을제품	
단위당 판매가격	₩200	₩180	
단위당 변동원가	(140)	(100)	
단위당 공헌이익	₩60	₩80	
기계시간	÷ 1시간	÷ 2시간	≤ 400시간
기계시간당 공헌이익	₩60	₩40	

(2) 원재료와 기계시간이 제약인 상황

	갑제품	을제품	
단위당 판매가격	₩200	₩180	
단위당 변동원가	(140)	(100)	
단위당 공헌이익	₩60	₩80	
원재료	2kg	2kg	≤ 500kg
기계시간	1시간	2시간	≤ 400시간

(3) 원재료, 기계시간 및 갑제품 시장수요가 모두 제약인 상황

	갑제품	을제품	
단위당 판매가격	₩200	₩180	
단위당 변동원가	(140)	(100)	
단위당 공헌이익	₩60	₩80	
원재료	2kg	2kg	≤ 500kg
기계시간	1시간	2시간	≤ 400시간
생산수량(갑)	갑		≤ 200단위

모범답안

[물음 1] 이익을 극대화하기 위한 생산배합과 영업이익

(1) 생산배합

시장수요가 무한하므로 갑제품만 400단위(= 400단위 × 1시간 = 400시간) 생산한다.

(2) 영업이익

400단위 × 1시간 × ₩60 - ₩10,000 = ₩14,000

[물음 2] 최적생산배합과 최대영업이익(I)

(1) 실행가능영역

	갑제품	을제품	
단위당 판매가격	₩200	₩180	
단위당 변동원가	(140)	(100)	
단위당 공헌이익	₩60	₩80	
원재료	2kg	2kg	≤ 500kg
기계시간	1시간	2시간	≤ 400시간

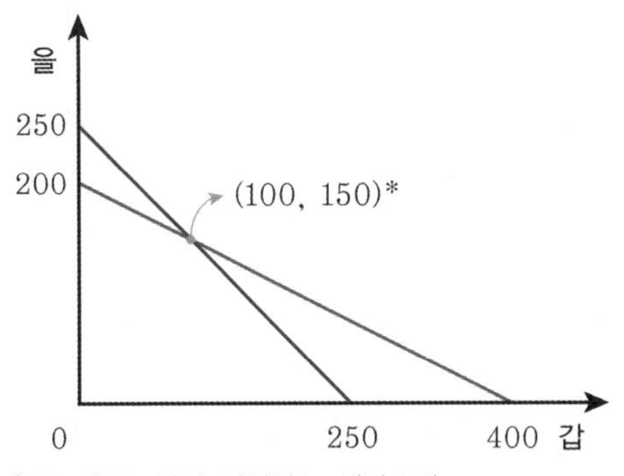

* 두 제약조건이 일치하는 생산수량

원재료 제약		500 = 2갑 + 2을
기계시간 제약	(-)	400 = 1갑 + 2을
		100 = 1갑

∴ 갑 = 100, 을 = 150

(2) 최적생산배합

좌표	공헌이익
(0, 0)	₩60 × 0 + ₩80 × 0 = ₩0
(250, 0)	₩60 × 250 + ₩80 × 0 = ₩15,000
(100, 150)	₩60 × 100 + ₩80 × 150 = ₩18,000
(0, 200)	₩60 × 0 + ₩80 × 200 = ₩16,000

∴ 최적생산배합은 (100, 150)이다.

(3) 최대영업이익

₩60 × 100 + ₩80 × 150 - ₩10,000 = ₩8,000

[물음 3] 최적생산배합과 최대영업이익(II)

(1) 실행가능영역

	갑제품	을제품
단위당 판매가격	₩200	₩180
단위당 변동원가	(140)	(100)
단위당 공헌이익	₩60	₩80
원재료	2kg	2kg ≤ 500kg
기계시간	1시간	2시간 ≤ 400시간
생산수량(갑)	갑	≤ 200단위

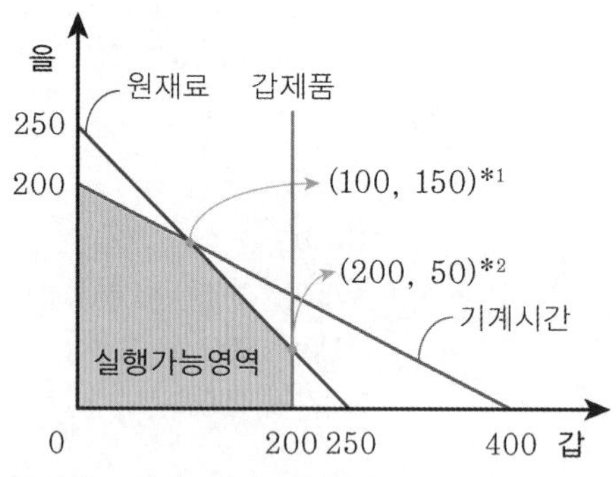

[*1] 원재료 제약조건과 기계시간 제약조건이 일치하는 생산수량

원재료 제약		500 = 2갑 + 2을
기계시간 제약	(-)	400 = 1갑 + 2을
		100 = 1갑

∴ 갑 = 100, 을 = 150

[*2] 갑제품 제약조건과 원재료 제약조건이 일치하는 생산수량
원재료 제약: 500 = 2갑 + 2을 ⟹ 500 = 2 × 200 + 2을
∴ 갑 = 200, 을 = 50

(2) 최적생산배합

좌표	공헌이익
(0, 0)	₩60 × 0 + ₩80 × 0 = ₩0
(200, 0)	₩60 × 200 + ₩80 × 0 = ₩12,000
(200, 50)	₩60 × 200 + ₩80 × 50 = ₩16,000
(100, 150)	₩60 × 100 + ₩80 × 150 = ₩18,000
(0, 200)	₩60 × 0 + ₩80 × 200 = ₩16,000

∴ 최적생산배합은 (100, 150)이다.

(3) 최대영업이익

₩60 × 100 + ₩80 × 150 - ₩10,000 = ₩8,000

문제 10 활동기준원가계산과 제품라인 폐지 및 외부구입 의사결정 회계사 13

한국회사는 세 가지 제품 X, Y, Z를 생산·판매한다. 이 회사의 20×1년 원가계산제도에서 제조간접원가는 직접노무원가를 배부기준으로, 판매관리비는 매출액을 배부기준으로 각 제품에 배부하였다. 한국회사의 20×1년 제품별 생산·판매량과 손익계산서는 다음 표와 같다. 기초와 기말재고는 없다고 가정한다.

	제품 X	제품 Y	제품 Z	합계
생산·판매량	5,000단위	3,000단위	800단위	8,800단위
매출액	₩600,000	₩390,000	₩160,000	₩1,150,000
매출원가				
직접재료원가	₩180,000	₩78,000	₩32,000	₩290,000
직접노무원가	₩100,000	₩60,000	₩16,000	₩176,000
제조간접원가	₩150,000	₩90,000	₩24,000	₩264,000
합계	₩430,000	₩228,000	₩72,000	₩730,000
매출총이익	₩170,000	₩162,000	₩88,000	₩420,000
판매관리비	₩120,000	₩78,000	₩32,000	₩230,000
영업이익	₩50,000	₩84,000	₩56,000	₩190,000

20×2년 초 한국회사는 20×1년의 실제원가 및 운영자료를 이용하여 활동기준원가계산을 적용함으로써 보다 정확한 제품원가계산을 통해 제품별 수익성분석을 하고자 한다. 이를 위해 20×1년 중 한국회사에서 발생한 제조간접원가 ₩264,000과 판매관리비 ₩230,000에 대한 활동분석을 수행함으로써, 다음 5개의 활동원가를 식별하였다.

제조간접원가	생산작업준비활동원가	₩120,000
	품질검사활동원가	₩90,000
	제품유지활동원가	₩54,000
판매관리비	고객주문처리활동원가	₩180,000
	고객관리활동원가	₩50,000

각 제품에 대한 고객의 1회 주문수량은 제품 X는 100단위, 제품 Y는 50단위, 제품 Z는 20단위였다. 생산작업준비활동은 고객주문이 있을 경우 생산작업을 준비하는 활동으로, 생산작업준비활동원가는 생산작업준비시간에 비례하여 발생한다. 각 고객주문마다 한 번의 뱃치생산이 필요하며, 각 제품별 뱃치생산에 소요되는 생산작업준비시간은 제품 X는 2시간, 제품 Y는 3시간, 제품 Z는 5시간이었다.

품질검사활동원가는 품질검사에 소요되는 시간에 비례하여 발생한다. 품질검사는 매회 뱃치생산된 제품들 중 첫 5단위에 대해서만 실시되며, 품질검사에 소요되는 시간은 제품 종류에 관계없이 동일하다.

제품유지활동은 각 제품의 설계, 제품사양, 소요재료 등에 관한 자료를 관리하는 활동으로, 제품유지활동에 소요되는 원가는 각 제품별로 동일하다.

고객주문처리활동원가는 각 제품에 대한 고객주문횟수에 비례하여 발생한다.

고객관리활동은 제품 종류에 관계없이 각 고객에게 투입되는 자원은 동일하다. 20×1년 제품별 관리대상 고객수는 제품 X는 10명, 제품 Y는 15명, 제품 Z는 25명으로 파악되었다.

요구사항

[물음 1] 활동기준원가계산을 적용하여 20×1년 각 제품별 단위당 제조원가를 계산하시오.

[물음 2] 활동기준원가계산을 적용하여 20×1년 각 제품별 단위당 영업이익을 계산하시오.

[물음 3] 한국회사는 특정 제품의 생산을 중단할 것인지를 결정하기 위해, 각 제품에 추적 또는 배부된 원가 및 비용에 대한 분석을 다음과 같이 하였다.

① 직접노무원가는 각 제품의 생산라인에 속한 근로자들에게 지급되는 임금으로, 특정 제품의 생산라인이 폐지될 경우 해당 생산라인에 종사한 근로자들은 추가비용 없이 해고시킬 수 있다.

② 위에서 분류한 5개의 활동원가 각각은 매몰원가, 배분된 공통고정원가, 변동원가(해당 원가동인의 소비와 비례하여 발생하는 원가)로 다음과 같이 파악되었다. 배분된 공통고정원가는 본사관리부서의 일반관리비로 제품 Z의 생산을 중단할 경우에도 계속해서 발생하는 비용이며, 매출배합에 관계없이 일정하다고 가정한다.

활동	활동원가	매몰원가	배분된 공통고정원가	변동원가
생산작업준비	₩120,000	₩14,000	₩10,000	₩96,000
품질검사	90,000	20,000	10,000	60,000
제품유지	54,000	30,000	15,000	9,000
고객주문처리	180,000	20,000	10,000	150,000
고객관리	50,000	20,000	10,000	20,000
합계	₩494,000	₩104,000	₩55,000	₩335,000

20×2년에도 제품별 수익 및 원가구조는 전년도와 동일하게 유지될 것으로 가정하고, 다음 각 물음에 답하시오.

(1) 위에 주어진 자료를 이용하여 한국회사가 제품 Z의 생산을 중단하여야 하는지를 결정하고, 그 이유를 설명하시오.

(2) 만약 제품 Z의 생산라인을 폐지하면, 제품 X의 연간 판매량은 10% 증가할 것으로 기대된다. 제품 X의 판매가격은 불변이라고 가정한다. 한국회사가 20×2년 초에 제품 Z의 생산라인을 폐지할 경우 연간 증분이익은 얼마인가?

(3) 제품 Z의 생산을 중단하고 대신 외부 납품업체로부터 제품 Z를 구입할 것인지를 고려 중이다. 제품 Z의 생산을 중단할 경우에 제품 Z의 생산에 사용한 설비는 제품 X를 추가생산하는 것 이외에는 별다른 용도가 없는 유휴설비가 된다. 제품 Z의 생산라인을 폐지하면, 제품 X의 연간 판매량은 10% 증가할 것으로 기대된다. 제품 X의 판매가격은 불변이라고 가정한다. 한국회사가 제품 Z의 자체생산을 중단하고 외부업체로부터 구입하기로 결정한 경우, 제품 Z 1단위에 대해 수용가능한 최대구입가격은 얼마인가?

해답

문제분석

■ "제조간접원가는 직접노무원가를 배부기준으로, 판매관리비는 매출액을 배부기준"

→ 현재 배부율은 다음과 같다.

- 제조간접원가: $\frac{₩264,000}{₩176,000}$ = 직접노무원가의 150%
- 판매관리비: $\frac{₩230,000}{₩1,150,000}$ = 매출액의 20%

	제품 X	제품 Y	제품 Z	합계
생산·판매량	5,000단위	3,000단위	800단위	8,800단위
매출액	₩600,000	₩390,000	₩160,000	₩1,150,000
매출원가				
직접재료원가	180,000	78,000	32,000	290,000
직접노무원가	100,000	60,000	16,000	176,000
제조간접원가	150,000	90,000	24,000	264,000
합계	₩430,000	₩228,000	₩72,000	₩730,000
매출총이익	₩170,000	₩162,000	₩88,000	₩420,000
판매관리비	120,000	78,000	32,000	230,000
영업이익	₩50,000	₩84,000	₩56,000	₩190,000

■ "고객의 1회 주문수량은 제품 X는 100단위, 제품 Y는 50단위, 제품 Z는 20단위"

→ 제품별 생산·판매량을 1회 주문수량으로 나누어 주문횟수를 계산할 수 있다.

	제품 X	제품 Y	제품 Z
생산·판매량	5,000단위	3,000단위	800단위
1회 주문수량	÷ 100단위	÷ 50단위	÷ 20단위
주문횟수	50회	60회	40회

■ "생산작업준비활동은 고객주문이 있을 경우 생산작업을 준비하는 활동"

→ 고객주문이 있을 경우 생산작업을 준비하기 때문에 주문횟수와 생산작업준비횟수는 동일하다.

■ "생산작업준비활동원가는 생산작업준비시간에 비례", "각 고객주문마다 한 번의 뱃치생산" 및 "제품별 뱃치생산에 소요되는 생산작업준비시간은 제품 X는 2시간, 제품 Y는 3시간, 제품 Z는 5시간"

→ 생산작업준비활동원가의 원가동인은 생산작업준비시간이며, 생산작업은 뱃치단위로 이루어진다. 제품별 뱃치당 생산작업준비시간은 2시간, 3시간, 5시간이다.
제품별 생산작업준비시간은 작업준비횟수에 뱃치당 작업준비시간을 곱하여 계산한다.

	제품 X	제품 Y	제품 Z
작업준비횟수	50회	60회	40회
뱃치당 작업준비시간	× 2시간	× 3시간	× 5시간
생산작업준비시간	100시간	180시간	200시간

■ "품질검사활동원가는 품질검사에 소요되는 시간에 비례", "품질검사는 매회 뱃치생산된 제품들 중 첫 5단위에 대해서만 실시" 및 "품질검사에 소요되는 시간은 제품 종류에 관계없이 동일"

→ 품질검사활동의 원가동인은 품질검사시간이며, 품질검사는 뱃치생산된 제품들 중 첫 5단위만 실시하므로 제품별 품질검사횟수(작업준비횟수)에 품질검사시간을 곱하여 계산한다. 또한, 모든 제품의 품질검사시간은 동일하여 결과적으로 품질검사활동의 원가동인은 품질검사횟수(작업준비횟수)이다.

	제품 X	제품 Y	제품 Z
품질검사횟수	50회	60회	40회
품질검사시간	× 동일	× 동일	× 동일
품질검사횟수	50회	60회	40회

■ **"제품유지활동에 소요되는 원가는 각 제품별로 동일"**

→ 제품유지활동의 원가동인은 각 제품별로 동일하므로 제품의 종류이다.

■ **"고객주문처리활동원가는 각 제품에 대한 고객주문횟수에 비례"**

→ 고객주문처리활동의 원가동인은 고객주문횟수이다.

■ **"고객관리활동은 제품 종류에 관계없이 각 고객에게 투입되는 자원은 동일" 및 "고객수는 제품 X는 10명, 제품 Y는 15명, 제품 Z는 25명"**

→ 고객관리활동의 원가동인은 제품별 고객수이다.

■ **[물음 1] "각 제품별 단위당 제조원가"**

→ 제조원가는 직접재료원가, 직접노무원가 및 제조간접원가(생산작업준비활동원가, 품질검사활동원가, 제품유지활동원가)를 합하여 계산한다.

■ **[물음 2] "각 제품별 단위당 영업이익"**

→ 고객주문처리활동원가, 고객관리활동원가는 판매관리비로 처리한다.

■ **[물음 3] "① 직접노무원가" 및 "① 해고시킬 수 있다."**

→ 본 문제는 직접노무원가의 회피가능성에 대해서 구체적으로 제시하고 있으나, 일반적으로 변동제조원가는 특별한 언급이 없는 한 관련원가이다. 따라서 직접재료원가에 대해서 별도 언급이 없지만 회피가능원가로 처리한다.

■ **[물음 3] "② 매몰원가" 및 "② 배분된 공통고정원가는 본사관리부서의 일반관리비로 제품 Z의 생산을 중단할 경우에도 계속해서 발생하는 비용"**

→ 매몰원가, 배분된 공통고정원가는 회피불가능한 원가로, 변동원가만 회피가능하다.

	활동원가	매몰원가	배분된 공통고정원가	변동원가
생산작업준비	₩120,000	₩14,000	₩10,000	₩96,000
품질검사	90,000	20,000	10,000	60,000
제품유지	54,000	30,000	15,000	9,000
고객주문처리	180,000	20,000	10,000	150,000
고객관리	50,000	20,000	10,000	20,000
합계	₩494,000	₩104,000	₩55,000	₩335,000

■ **[물음 3] "(2) 제품 X의 연간 판매량은 10% 증가"**

→ 제품 X의 판매량이 증가하더라도 제품 종류와 고객수는 변함이 없기 때문에 제품유지활동원가와 고객유지활동원가는 증가하지 않는다.

■ **[물음 3] "(3) 제품 Z의 생산을 중단하고 대신 외부 납품업체로부터 제품 Z를 구입"**

→ 제품 Z의 자체생산을 포기하고 외부업체로부터 구입할 경우 절감할 수 있는 원가는 직접재료원가, 직접노무원가 및 제조와 관련된 활동원가이다. 즉, 외부구입의 경우 제조 관련 활동원가는 감소하지만, 판매 관련 활동원가는 감소하지 않는다.

자료정리

(1) 활동중심점별 원가동인 및 원가동인 배부율

활동	원가동인	원가동인 소비량				배부율
		제품 X	제품 Y	제품 Z	합계	
생산작업준비	생산작업준비시간	100시간	180시간	200시간	480시간	₩250/시간[*1]
품질검사	품질검사시간	50회	60회	40회	150회	₩600/회[*2]
제품유지	제품 종류	1종류	1종류	1종류	3종류	₩18,000/종류[*3]
고객주문처리	고객주문횟수	50회	60회	40회	150회	₩1,200/회[*4]
고객관리	고객수	10명	15명	25명	50명	₩1,000/명[*5]

[*1] 생산작업준비활동 배부율: 생산작업준비활동원가 ÷ 원가동인 소비량 합계 = ₩120,000 ÷ 480시간 = ₩250/시간
[*2] 품질검사활동 배부율: 품질검사활동원가 ÷ 원가동인 소비량 합계 = ₩90,000 ÷ 150회 = ₩600/회
[*3] 제품유지활동 배부율: 제품유지활동원가 ÷ 원가동인 소비량 합계 = ₩54,000 ÷ 3종류 = ₩18,000/종류
[*4] 고객주문처리활동 배부율: 고객주문처리활동원가 ÷ 원가동인 소비량 합계 = ₩180,000 ÷ 150회 = ₩1,200/회
[*5] 고객관리활동 배부율: 고객관리활동원가 ÷ 원가동인 소비량 합계 = ₩50,000 ÷ 50명 = ₩1,000/명

(2) 활동중심점별 변동원가 및 변동원가 배부율[물음 3]

활동	변동원가	원가동인 소비량				배부율[*6]
		제품 X	제품 Y	제품 Z	합계	
생산작업준비	₩96,000	100시간	180시간	200시간	480시간	₩200/시간
품질검사	₩60,000	50회	60회	40회	150회	₩400/회
제품유지	₩9,000	1종류	1종류	1종류	3종류	₩3,000/종류
고객주문처리	₩150,000	50회	60회	40회	150회	₩1,000/회
고객관리	₩20,000	10명	15명	25명	50명	₩400/명

[*6] 배부율 = 변동원가 ÷ 원가동인 소비량 합계

(3) 제품 X의 연간 판매량이 10% 증가할 때 이익 증가분[물음 3] (2)

매출 증가	₩600,000 × 10% =	₩60,000
직접재료원가 증가	₩180,000 × 10% =	(18,000)
직접노무원가 증가	₩100,000 × 10% =	(10,000)
변동활동원가 증가[*]	₩200 × 10시간 + ₩400 × 5회 + ₩1,000 × 5회 =	(9,000)
		₩23,000

[*] 제품 X의 매출이 10% 증가할 경우 제품유지활동과 고객관리활동의 원가동인은 불변이다.

모범답안

[물음 1] 각 제품별 단위당 제조원가

	제품 X	제품 Y	제품 Z
직접재료원가	₩180,000	₩78,000	₩32,000
직접노무원가	100,000	60,000	16,000
생산작업준비활동	25,000[*1]	45,000	50,000
품질검사활동	30,000[*2]	36,000	24,000
제품유지활동	18,000[*3]	18,000	18,000
계	₩353,000	₩237,000	₩140,000
수량	÷ 5,000단위	÷ 3,000단위	÷ 800단위
단위당 제조원가	₩70.6	₩79	₩175

[*1] ₩250 × 100시간 = ₩25,000
[*2] ₩600 × 50회 = ₩30,000
[*3] ₩18,000 × 1종류 = ₩18,000

[물음 2] 각 제품별 단위당 영업이익

	제품 X	제품 Y	제품 Z
매출액	₩600,000	₩390,000	₩160,000
매출원가	(353,000)	(237,000)	(140,000)
매출총이익	₩247,000	₩153,000	₩20,000
고객주문처리활동원가	(60,000)[*1]	(72,000)	(48,000)
고객관리활동원가	(10,000)[*2]	(15,000)	(25,000)
영업이익	₩177,000	₩66,000	₩(53,000)
수량	÷ 5,000단위	÷ 3,000단위	÷ 800단위
단위당 영업손익	₩35.4	₩22	₩(66.25)

[*1] ₩1,200 × 50회 = ₩60,000
[*2] ₩1,000 × 10명 = ₩10,000

[물음 3]

(1) 제품 Z 생산중단 의사결정

증분수익	
매출 감소	₩(160,000)
증분비용	
직접재료원가 감소	32,000
직접노무원가 감소	16,000
변동활동원가 감소[*1]	109,000
증분이익	₩(3,000)

[*1] 제품 Z 변동활동원가
₩200 × 200시간 + ₩400 × 40회 + ₩3,000 × 1종류 + ₩1,000 × 40회 + ₩400 × 25명 = ₩109,000

∴ 제품 Z 생산을 유지하는 것이 ₩3,000만큼 유리하다.

(2) 제품 Z 생산라인 폐지 시 연간 증분이익

증분수익	
매출 감소	₩(160,000)
제품 X 이익 증가[*2]	23,000
증분비용	
직접재료원가 감소	32,000
직접노무원가 감소	16,000
변동활동원가 감소	109,000
증분이익	₩20,000

[*2] ₩60,000 - (₩18,000 + ₩10,000 + ₩9,000) = ₩23,000

(3) 제품 Z 1단위에 대해 수용가능한 최대구입가격(P)

증분수익	
제품 X 이익 증가	₩23,000
증분비용	
직접재료원가 감소	32,000
직접노무원가 감소	16,000
변동제조활동원가 감소[*3]	59,000
외부구입비용 증가	(800P)
증분이익	₩130,000 - 800P ≥ 0

[*3] ₩40,000 + ₩16,000 + ₩3,000 = ₩59,000

∴ P = ₩162.5

문제 11 제한된 자원하의 최적생산계획 및 분할생산 특별주문수락 의사결정

회계사 10

한일기업에서는 제품 X와 제품 Y를 생산·판매하고 있다. 이들 제품을 생산하기 위해서 절단, 조립, 검사 활동을 각각 책임지고 있는 세 제조부서로 생산인력을 조직화하였다. 각 제품의 생산 관련 정보는 다음과 같다.

구분	제품 X	제품 Y
제품 단위당 직접재료원가	₩1,400	₩1,800
직접노동시간		
절단활동(제품 단위당)	0.5시간	0.5시간
조립활동(제품 단위당)	0.3시간	0.6시간
검사활동(생산 뱃치당)	5시간	4시간
생산 뱃치 크기	50개	20개
운반 뱃치 크기	50개	10개

기타 생산 및 판매 관련 정보는 다음과 같다.

① 제품 X와 Y의 제품 단위당 판매가격은 각각 ₩5,000, ₩7,000이다.
② 제품 X와 Y의 최대수요량은 각각 6,000개, 5,000개이다.
③ 3개의 제조부서가 이용가능한 총직접노동시간은 9,300시간이다.
④ 직접노동시간당 임률은 ₩500이다.
⑤ 제품 X와 Y의 운반 뱃치당 운반비는 각각 ₩22,500, ₩13,000이다.
⑥ 이 회사에서는 수요에 맞게 제품을 생산하고 있으며, 따라서 재고를 보유하지 않는다.
⑦ 설비수준원가(고정원가) 총계는 ₩18,000,000이다.
⑧ 생산 뱃치 내 부분생산은 가능하지 않다. 즉, 제품 X와 Y는 뱃치단위로만 생산한다.

요구사항

[물음 1] 다음 물음에 답하시오.

(1) 현재의 직접노동시간으로 최대수요량을 충족할 수 있는지 여부를 답하시오.

(2) 생산과 판매에 따른 제품별 생산 뱃치당 공헌이익을 구하시오.

(3) 기업의 이익을 극대화하기 위해서는 각 제품을 몇 뱃치씩 생산·판매하여야 하는가?

[물음 2] 한일기업의 원가분석팀에서 설비수준원가를 분석한 결과, 설비수준원가는 사실상 제품 X와 Y의 제품수준원가(회피가능 고정원가)로서 각각 ₩13,000,000, ₩5,000,000으로 밝혀졌다. 이 경우 기업의 이익을 극대화하기 위해서는 각 제품을 몇 뱃치씩 생산·판매하여야 하는가?

[물음 3] **[물음 2]**를 무시하고 다음 물음에 답하시오.

> 한일기업에서는 현재 제품 X와 Y를 각각 6,000개, 3,000개씩 생산·판매하고 있다고 가정하자. 그런데 최근에 외국에서 제품 Y를 구입하겠다는 특별주문이 들어왔다. 이 주문의 생산 뱃치 크기는 40개이며, 운반 뱃치 크기도 40개이다. 운반 뱃치당 운반비는 13,000원으로 기존과 동일하다. 생산 뱃치당 검사시간은 4시간이다. 특별주문은 기존 시장을 교란하지 않으며, 부분수락을 할 수 없다. 특별주문수락 여부에 관계없이 이용가능한 총직접노동시간은 고정되어 있다.

(1) 제품 Y에 대한 특별주문량이 1,000개라고 가정하자. 특별주문을 수락하기 위한 제품 단위당 최소가격은 얼마인가?

(2) 만약 한일기업에서 생산 뱃치 내 부분생산이 가능하다고 가정하자. 즉, 생산 뱃치 크기 이내도 생산이 가능하다. 이 경우에도 검사, 운반은 뱃치단위로 이루어진다고 할 경우 위 (1)에 대한 답을 구하시오.

(3) 위 (1), (2)와 무관하게 제품 Y에 대한 특별주문량이 4,000개라고 가정할 경우, 특별주문을 수락하기 위한 제품 단위당 최소가격은 얼마인가?

해답

문제분석

■ "절단, 조립, 검사활동을 각각 책임지고 있는 세 제조부서" 및 "③ 3개의 제조부서가 이용가능한 총직접노동시간은 9,300시간"

→ 각 활동을 각 제조부서로 표현하고 있다.

■ "③ 3개의 제조부서가 이용가능한 총직접노동시간은 9,300시간", "검사활동(생산 뱃치당) 5시간, 4시간" 및 "생산 뱃치 크기 50개, 20개"

→ 직접노동시간이 제한되어 있으므로 제품별 공헌이익을 직접노동시간으로 나누어 직접노동시간당 공헌이익을 기준으로 생산계획을 설정한다. 이때, 생산 뱃치 크기가 50개, 20개이므로 직접노동시간당 공헌이익은 단위당 기준과 뱃치당 기준 각각 계산할 수 있다. 주의할 점은 검사활동의 직접노동시간은 생산 뱃치(50개)기준이라는 것이다.

	제품 X	제품 Y
제품 단위당 직접재료원가	₩1,400	₩1,800
직접노동시간		
절단활동(제품 단위당)	0.5시간	0.5시간
조립활동(제품 단위당)	0.3시간	0.6시간
검사활동(생산 뱃치당)	5시간	4시간
생산 뱃치 크기	50개	20개
운반 뱃치 크기	50개	10개

■ "④ 직접노동시간당 임률은 ₩500", "⑤ 운반 뱃치당 운반비는 각각 ₩22,500, ₩13,000" 및 "⑦ 설비수준원가(고정원가) 총계는 ₩18,000,000"

→ 원가는 직접재료원가, 직접노무원가, 운반비 및 설비수준원가이며, 설비수준원가만 고정원가로 표현했기 때문에 나머지 원가는 변동원가로 볼 수 있다. 또한, 제품 Y 생산 뱃치 크기는 운반 뱃치 크기의 200%이므로 생산 뱃치기준 운반비는 ₩26,000(= ₩13,000 × 2뱃치)이다.

	제품 X	제품 Y
제품 단위당 직접재료원가	₩1,400	₩1,800
직접노동시간		
절단활동(제품 단위당)	0.5시간	0.5시간
조립활동(제품 단위당)	0.3시간	0.6시간
검사활동(생산 뱃치당)	5시간	4시간
생산 뱃치 크기	50개	20개
운반 뱃치 크기	50개	10개

■ "② 제품 X와 Y의 최대수요량은 각각 6,000개, 5,000개" 및 "[물음 2] 설비수준원가는 사실상 제품 X와 Y의 제품수준원가(회피가능 고정원가)로서 각각 ₩13,000,000, ₩5,000,000"

→ 제품을 생산하지 않을 경우 고정원가를 회피할 수 있어 이익을 극대화할 수 있는 제품을 선택할 수 있다. 따라서 제품을 모두 생산할 필요가 없으며, 다음과 같은 세 가지 대안을 고려할 수 있다.

① 제품 X 120뱃치, 제품 Y 150뱃치 생산
② 제품 X만 120뱃치 생산
③ 제품 Y만 250뱃치 생산

■ **[물음 3] "현재 제품 X와 Y를 각각 6,000개, 3,000개씩 생산·판매하고 있다고 가정"**
→ 제품 X 6,000개(120뱃치), 제품 Y 3,000개(150뱃치)를 생산하고 있어 여유설비는 없다.

■ **[물음 3] "생산 뱃치 크기는 40개이며, 운반 뱃치 크기도 40개" 및 "운반 뱃치당 운반비는 13,000원으로 기존과 동일"**
→ 생산 뱃치 크기와 운반 뱃치 크기가 동일하므로 생산 뱃치당 운반비도 ₩13,000이다.

■ **[물음 3] "생산 뱃치당 검사시간은 4시간"**
→ • **제품 Y의 단위당 노동시간**

	제품 Y(기존판매)		제품 Y(특별주문)	
절단활동		0.5h		0.5h
조립활동		0.6h		0.6h
검사활동	4h ÷ 20개 =	0.2h	4h ÷ 40개 =	0.1h
합계		1.3h		1.2h

• **제품 Y(특별주문)의 뱃치당 노동시간**: 1.2h × 40개 = 48h

■ **[물음 3] "(1) 제품 Y에 대한 특별주문량이 1,000개"**
→ 1,000개 ÷ 40개 = 25뱃치이며, 필요한 노동시간은 1,200h(= 25뱃치 × 48h)이다. 따라서 1,200h을 확보하기 위한 제품 Y(기존판매) 판매 감소량은 46.15뱃치(= 1,200h ÷ 26h)이고, 생산 뱃치 내 부분생산이 불가능하여 47뱃치를 감소해야 한다.

■ **[물음 3] "(2) 생산 뱃치 내 부분생산이 가능" 및 "(2) 이 경우에도 검사, 운반은 뱃치단위로 이루어진다."**
→ 제품 Y 기존판매량 46뱃치를 감소하면 1,196h(= 46뱃치 × 26h)이 확보되며 4h이 부족하다. 4h을 확보하기 위하여 제품 X 또는 제품 Y 일부 수량을 감소해야 하며, 이 경우 확보할 수 있는 노동시간은 "검사, 운반은 뱃치단위로 이루어진다."이므로 절단활동과 조립활동에 소비되는 노동시간이다.
따라서 제품별 생산포기수량과 기회비용은 다음과 같다.

① **생산포기수량**
• **제품 X**: 4h ÷ (0.5h + 0.3h) = 5개
• **제품 Y**: 4h ÷ (0.5h + 0.6h) = 3.64개(4개)

② **기회비용**
생산포기로 인한 회피가능 변동원가는 직접재료원가와 절단활동과 조립활동에서의 직접노무원가이다.
• **제품 X**: 5개 × (₩5,000 − ₩1,400 − 0.8h × ₩500) = ₩16,000
• **제품 Y**: 4개 × (₩7,000 − ₩1,800 − 1.1h × ₩500) = ₩18,600

∴ 제품 Y(기존판매) 46뱃치와 제품 X 5개를 포기한다.

■ **[물음 3] "(3) 제품 Y에 대한 특별주문량이 4,000개"**
→ 4,000개 ÷ 40개 = 100뱃치이며, 필요한 노동시간은 4,800h(= 100뱃치 × 48h)이다. 따라서 4,800h을 확보하기 위한 제품 Y(기존판매), 제품 X(기존판매) 판매 감소량은 다음과 같다.
• **제품 Y 감소**: 150뱃치 × 26h = 3,900h
• **제품 X 감소**: (4,800h − 3,900h) ÷ 45h = 20뱃치
∴ 제품 X 20뱃치, 제품 Y 150뱃치를 감소해야 한다.

자료정리

(1) 제품별 단위당 직접노동시간

		제품 X		제품 Y
절단활동		0.5h		0.5h
조립활동		0.3h		0.6h
검사활동*	5h ÷ 50개 =	0.1h	4h ÷ 20개 =	0.2h
합계		0.9h		1.3h

* 검사활동은 뱃치당 시간을 생산 뱃치 크기로 나누어 계산한다.

(2) 제품별 생산 뱃치당 직접노동시간

- 제품 X: 0.9h × 50개 = 45h
- 제품 Y: 1.3h × 20개 = 26h

(3) 제품별 뱃치수

- 제품 X: 6,000개 ÷ 50개 = 120뱃치
- 제품 Y: 5,000개 ÷ 20개 = 250뱃치

(4) 제품별 생산 뱃치당 공헌이익

		제품 X		제품 Y
판매가격		₩5,000		₩7,000
변동원가				
재료원가		(1,400)		(1,800)
노무원가	0.9h × ₩500 =	(450)	1.3h × ₩500 =	(650)
운반비	₩22,500 ÷ 50개 =	(450)	₩13,000 ÷ 10개 =	(1,300)
공헌이익		₩2,700		₩3,250
		× 50개		× 20개
		₩135,000		₩65,000

또는, 다음과 같이 계산할 수 있다.

		제품 X		제품 Y
판매가격	50개 × ₩5,000 =	₩250,000	20개 × ₩7,000 =	₩140,000
변동원가				
재료원가	50개 × ₩1,400 =	(70,000)	20개 × ₩1,800 =	(36,000)
노무원가	45h × ₩500 =	(22,500)	26h × ₩500 =	(13,000)
운반비		(22,500)	₩13,000 × 2뱃치 =	(26,000)
공헌이익		₩135,000		₩65,000

(5) 제품별 뱃치기준 생산우선순위 결정 및 최적생산계획

• 생산우선순위 결정

	제품 X		제품 Y	
뱃치당 공헌이익		₩135,000		₩65,000
뱃치당 직접노동시간	0.9h × 50개 =	÷ 45h	1.3h × 20개 =	÷ 26h
직접노동시간당 공헌이익		₩3,000		₩2,500
생산우선순위	1순위		2순위	

• 최적생산계획

	필요시간	잔여시간
제품 X	120뱃치 × 45h = 5,400h	9,300h - 5,400h = 3,900h
제품 Y	150뱃치 × 26h = 3,900h	-

∴ 제품 X 120뱃치, 제품 Y 150뱃치를 생산한다.

모범답안

[물음 1]

(1) 최대수요량을 충족할 수 있는지 여부

① 제품별 뱃치수

- 제품 X: 6,000개 ÷ 50개 = 120뱃치
- 제품 Y: 5,000개 ÷ 20개 = 250뱃치

② 총필요시간: 45h × 120뱃치 + 26h × 250뱃치 = 11,900시간

∴ 최대수요량을 생산하기 위해서는 2,600시간(= 11,900시간 - 9,300시간)이 부족하다.

(2) 제품별 생산 뱃치당 공헌이익

	제품 X		제품 Y	
판매가격	50개 × ₩5,000 =	₩250,000	20개 × ₩7,000 =	₩140,000
변동원가				
재료원가	50개 × ₩1,400 =	(70,000)	20개 × ₩1,800 =	(36,000)
노무원가	45h × ₩500 =	(22,500)	26h × ₩500 =	(13,000)
운반비		(22,500)	₩13,000 × 2뱃치 =	(26,000)
공헌이익		₩135,000		₩65,000

(3) 이익극대화를 위한 제품별 뱃치수

① 뱃치기준 생산우선순위 결정

	제품 X		제품 Y	
뱃치당 공헌이익		₩135,000		₩65,000
뱃치당 직접노동시간	0.9h × 50개 =	÷ 45h	1.3h × 20개 =	÷ 26h
직접노동시간당 공헌이익		₩3,000		₩2,500
생산우선순위	1순위		2순위	

② 최적생산계획

	필요시간	잔여시간
제품 X	120뱃치 × 45h = 5,400h	9,300h - 5,400h = 3,900h
제품 Y	150뱃치 × 26h = 3,900h	-

∴ 제품 X 120뱃치, 제품 Y 150뱃치를 생산·판매한다.

[물음 2] 이익극대화를 위한 제품별 뱃치수

- 제품 X 120뱃치, 제품 Y 150뱃치 생산

제품 X	120뱃치 × ₩135,000 - ₩13,000,000 =	₩3,200,000
제품 Y	150뱃치 × ₩65,000 - ₩5,000,000 =	₩4,750,000
합계		₩7,950,000

- 제품 X만 120뱃치 생산: 120뱃치 × ₩135,000 - ₩13,000,000 = ₩3,200,000
- 제품 Y만 250뱃치 생산: 250뱃치 × ₩65,000 - ₩5,000,000 = ₩11,250,000

∴ 제품 Y만 250뱃치(5,000개) 생산·판매한다.

[물음 3]

(1) 제품 단위당 최소가격(P)

증분수익		
특별주문 매출 증가		1,000개 × P
증분비용		
직접재료원가	1,000개 × ₩1,800 =	₩(1,800,000)
직접노무원가	25뱃치 × 48h × ₩500 =	(600,000)
운반비	25뱃치 × ₩13,000 =	(325,000)
기회비용[*1]		(3,055,000)
		1,000P - ₩5,780,000 ≥ 0

[*1] 제품 Y 판매포기: ₩65,000(뱃치당 공헌이익) × 47뱃치 = ₩3,055,000

∴ P = ₩5,780

(2) 제품 단위당 최소가격(P)

증분수익		
특별주문 매출 증가		1,000개 × P
증분비용		
직접재료원가	1,000개 × ₩1,800 =	₩(1,800,000)
직접노무원가	25뱃치 × 48h × ₩500 =	(600,000)
운반비	25뱃치 × ₩13,000 =	(325,000)
기회비용[*2]		(3,006,000)
증분이익		1,000P - ₩5,731,000 ≥ 0

[*2] 제품 Y 46뱃치와 제품 X 5개 판매포기
₩65,000 × 46뱃치 + (₩5,000 - ₩1,400 - 0.8h × ₩500) × 5개 = ₩3,006,000

∴ P = ₩5,731

(3) 제품 단위당 최소가격(P)

증분수익		
특별주문 매출 증가		4,000개 × P
증분비용		
직접재료원가	4,000개 × ₩1,800 =	₩(7,200,000)
직접노무원가	100뱃치 × 48h × ₩500 =	(2,400,000)
운반비	100뱃치 × ₩13,000 =	(1,300,000)
기회비용[*3]		(12,450,000)
증분이익		4,000P - ₩23,350,000 ≥ 0

[*3] 제품 X 20뱃치와 제품 Y 150뱃치 판매포기: ₩135,000 × 20뱃치 + ₩65,000 × 150뱃치 = ₩12,450,000

∴ P = ₩5,837.5

문제 12 초변동원가계산과 복수제약자원 의사결정

회계사 16

(주)한국의 대한사업부는 제품 X와 제품 Y를 생산·판매하고 있다. 20×1년 7월의 제품 생산 및 판매와 관련된 예상자료는 다음과 같다.

(1) 각 제품의 단위당 판매가격 및 재료원가는 다음과 같다.

구분	제품 X	제품 Y
판매가격	₩720	₩560
재료원가	₩420	₩320

(2) 원재료는 제1공정 초기에 투입되며, 제1공정과 제2공정의 순차적인 노무작업이 필요하다. 제1공정과 제2공정에서 발생하는 당월 노무원가는 각각 ₩31,500과 ₩33,000으로 예상되며, 각 제품 단위당 소요되는 공정별 노무시간은 다음과 같다.

구분	제품 X	제품 Y	월 최대 총노무시간
제1공정	1시간	2시간	700시간
제2공정	1시간	1시간	440시간

(3) 재료원가는 전액 변동원가이며, 노무원가는 전액 고정원가이다. 제조경비와 판매관리비 등 기타 원가는 없다.

(4) 월초재고자산은 없다.

(5) 제품 X와 제품 Y의 당월 최대판매가능수량은 각각 300단위이다.

요구사항

[물음 1] (주)한국은 전부원가계산에 따라 산출한 사업부의 월별 영업이익에 기초하여 사업부의 성과를 평가하고 있다. 노무원가는 공정별로 각 제품에 배부하는데 공정별 월 최대 총노무시간을 기준조업도로 배부율을 정한다.

(1) 당월 대한사업부의 최적생산계획을 수립하기 위한, 목적함수와 제약조건식으로 구성된 선형모형을 제시하시오.

(2) 조업도로 인한 배부차이는 월별로 집계하며 전액 당월비용으로 처리한다. 당월 영업이익을 극대화하는 최적생산계획은 무엇이며, 이에 따라 예상되는 영업이익은 얼마인가?

[물음 2] (주)한국은 초변동원가계산에 따라 산출한 사업부의 월별 영업이익에 기초하여 사업부의 성과를 평가하고 있다.

(1) 당월 대한사업부의 최적생산계획을 수립하기 위한, 목적함수와 제약조건식으로 구성된 선형모형을 제시하시오.

(2) 병목공정과 여유공정이 존재할 때 여유공정의 노무인력은 병목공정으로 재배치할 수 있으나, 이들이 타 공정에서 작업하기 위해서는 추가적인 교육훈련비 ₩5,400이 발생할 것으로 예상된다. 당월 영업이익을 극대화하는 최적생산계획은 무엇이며, 이에 따라 예상되는 영업이익은 얼마인가?

해답

문제분석

- "(2) 당월 노무원가는 각각 ₩31,500과 ₩33,000으로 예상", "(2) 월 최대 총노무시간" 및 "[물음 1] 노무원가는 공정별로 각 제품에 배부하는데 공정별 월 최대 총노무시간을 기준조업도로 배부율을 정한다."
  → 공정별 예상노무원가와 기준조업도를 이용하여 예정(표준)배부율을 계산할 수 있다.
- "(2) 월 최대 총노무시간" 및 "(5) 최대판매가능수량은 각각 300단위"
  → 공정별 총노무시간을 제약조건으로 하는 제품별 최적생산수량을 결정할 수 있다.
- [물음 1] "전부원가계산에 따라 산출한 사업부의 월별 영업이익에 기초하여 사업부의 성과를 평가"
  → 노무원가를 반영한 제품별 영업이익을 기준으로 공정별 노무시간을 고려하여 최적생산량을 결정한다.
- [물음 1] "(2) 조업도로 인한 배부차이는 월별로 집계하며 전액 당월비용으로 처리"
  → 공정별 조업도차이를 계산한 후 당월비용으로 처리한다.
- [물음 2] "초변동원가계산에 따라 산출한 사업부의 월별 영업이익에 기초하여 사업부의 성과를 평가"
  → 재료원가만을 반영한 제품별 재료처리량공헌이익을 기준으로 공정별 노무시간을 고려하여 최적생산량을 결정한다.
- [물음 2] "(2) 여유공정의 노무인력은 병목공정으로 재배치" 및 "(2) 추가적인 교육훈련비 ₩5,400이 발생"
  → 교육훈련비 ₩5,400을 지출하면 특정공정의 여유인력을 타 공정에 배치함에 따라 생산량을 증가시킬 수 있다. 따라서 재배치를 하지 않는 경우와 하는 경우의 영업이익 비교를 통하여 최적생산계획을 수립할 수 있다.

자료정리

(1) 공정별 예정(표준)배부율

- 제1공정: ₩31,500 ÷ 700시간 = ₩45
- 제2공정: ₩33,000 ÷ 440시간 = ₩75

(2) 최적생산계획(전부원가계산 적용)

			제품 X		제품 Y
단위당 판매가격			₩720		₩560
단위당 재료원가			(420)		(320)
단위당 재료처리량 공헌이익			₩300		₩240
단위당 노무원가	1공정	1h × ₩45 =	(45)	2h × ₩45 =	(90)
	2공정	1h × ₩75 =	(75)	1h × ₩75 =	(75)
단위당 영업이익			₩180		₩75

MAX: 180X + 75Y

$1X + 2Y \le 700h$

$1X + 1Y \le 440h$

$X,\ Y \ge 0$

1공정과 2공정의 시간당 영업이익은 제품 X가 제품 Y보다 크므로 제품 X 300단위를 먼저 생산한다.

	생산량	1공정	2공정
제품 X	300단위	300h	300h
잔여시간		400h	140h
		↓	↓
제품 Y	140단위[*1]	200단위	140단위

[*1] Min[200단위, 140단위] = 140단위

∴ 제품별 최적생산량은 제품 X 300단위, 제품 Y 140단위이다.

(3) 공정별 조업도차이

- 제1공정

예산	SQ × SP
700h × ₩45 = ₩31,500	(300 × 1h + 140 × 2h) × ₩45 = ₩26,100

₩5,400 불리

- 제2공정

예산	SQ × SP
440h × ₩75 = ₩33,000	(300 × 1h + 140 × 1h) × ₩75 = ₩33,000

\-

(4) 최적생산계획(초변동원가계산 적용)

	제품 X	제품 Y
단위당 판매가격	₩720	₩560
단위당 재료원가	(420)	(320)
단위당 재료처리량 공헌이익	₩300	₩240

MAX: 300X + 240Y - ₩64,500

$1X + 2Y \le 700h$

$1X + 1Y \le 440h$

$X, Y \ge 0$

• 재배치를 하는 경우

	생산량	1공정		2공정
제품 X	300단위	300h		300h
잔여시간		400h[*2]	40h →	140h + 40h
		↓ 360h		↓
제품 Y	180단위	180단위		180단위

[*2] 1공정 잔여시간 400h 중 제품 Y 180단위에 필요한 360h를 소비한 후 40h을 2공정에 재배치하여 제품 Y를 40단위 추가생산할 수 있다. 즉, 제품 X 300단위, 제품 Y 180단위를 생산할 수 있다.

• 재배치를 하지 않는 경우

	생산량	1공정	2공정
제품 X	300단위	300h	300h
잔여시간		400h	140h
		↓	↓
제품 Y	140단위[*3]	200단위	140단위

[*3] Min[200단위, 140단위] = 140단위

∴ 제품 X 300단위, 제품 Y 140단위를 생산할 수 있다.

모범답안

[물음 1]

(1) 선형모형

		제품 X		제품 Y
단위당 판매가격		₩720		₩560
단위당 재료원가		(420)		(320)
단위당 재료처리량 공헌이익		₩300		₩240
단위당 노무원가 1공정	1h × ₩45 =	(45)	2h × ₩45 =	(90)
2공정	1h × ₩75 =	(75)	1h × ₩75 =	(75)
단위당 영업이익		₩180		₩75

MAX: $180X + 75Y$

$1X + 2Y \leq 700h$

$1X + 1Y \leq 440h$

$X,\ Y \geq 0$

(2) 최적생산계획과 영업이익

① 제품별 최적생산량

	생산량	1공정	2공정
제품 X	300단위	300h	300h
잔여시간		400h	140h
		↓	↓
제품 Y	140단위*	200단위	140단위

* Min[200단위, 140단위] = 140단위

∴ 제품 X 300단위, 제품 Y 140단위

별해

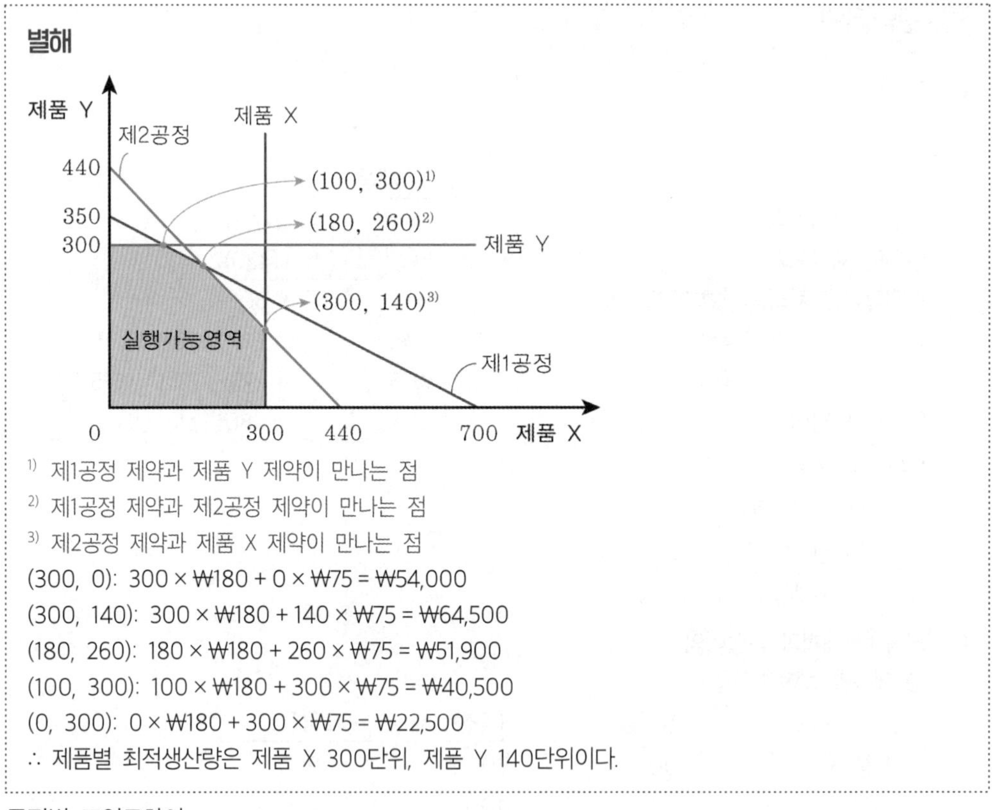

1) 제1공정 제약과 제품 Y 제약이 만나는 점
2) 제1공정 제약과 제2공정 제약이 만나는 점
3) 제2공정 제약과 제품 X 제약이 만나는 점

(300, 0): 300 × ₩180 + 0 × ₩75 = ₩54,000
(300, 140): 300 × ₩180 + 140 × ₩75 = ₩64,500
(180, 260): 180 × ₩180 + 260 × ₩75 = ₩51,900
(100, 300): 100 × ₩180 + 300 × ₩75 = ₩40,500
(0, 300): 0 × ₩180 + 300 × ₩75 = ₩22,500
∴ 제품별 최적생산량은 제품 X 300단위, 제품 Y 140단위이다.

② 공정별 조업도차이

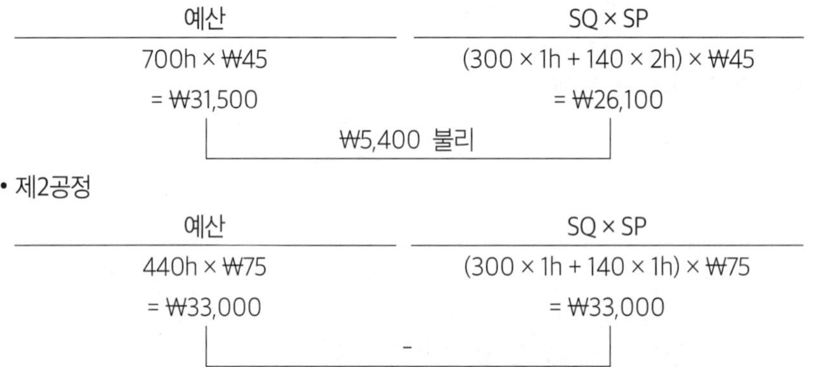

• 제1공정

예산	SQ × SP
700h × ₩45	(300 × 1h + 140 × 2h) × ₩45
= ₩31,500	= ₩26,100
₩5,400 불리	

• 제2공정

예산	SQ × SP
440h × ₩75	(300 × 1h + 140 × 1h) × ₩75
= ₩33,000	= ₩33,000
-	

③ 영업이익: 300단위 × ₩180 + 140단위 × ₩75 - ₩5,400(불리한 조업도차이) = ₩59,100

[물음 2]

(1) 선형모형

	제품 X	제품 Y
단위당 판매가격	₩720	₩560
단위당 재료원가	(420)	(320)
단위당 재료처리량 공헌이익	₩300	₩240

MAX: $300X + 240Y - ₩64,500$

$1X + 2Y \le 700h$

$1X + 1Y \le 440h$

$X, \; Y \ge 0$

(2) 최적생산계획과 영업이익

	생산량	1공정		2공정
제품 X	300단위	300h		300h
잔여시간		400h	40h →	140h + 40h
		↓ 360h		↓
제품 Y	180단위	180단위		180단위

① 제품별 최적생산량

- 재배치를 하지 않는 경우: 제품 X 300단위, 제품 Y 140단위
- 재배치를 하는 경우: 제품 X 300단위, 제품 Y 180단위

② 영업이익

- 재배치를 하지 않는 경우: 300단위 × ₩300 + 140단위 × ₩240 - ₩64,500 = ₩59,100
- 재배치를 하는 경우: 300단위 × ₩300 + 180단위 × ₩240 - (₩64,500 + ₩5,400) = ₩63,300

∴ 당월 영업이익을 극대화하려면 재배치해야 하며, 이때 예상 영업이익은 ₩63,300이다.

문제 13 제한된 자원하의 특별주문수락 의사결정

회계사 14

(주)대한은 범용기계를 이용하여 제품 X와 제품 Y를 생산하고 있다. 범용기계의 가동시간은 연간 1,000시간으로 제약되어 있다. 각 제품에 대한 20×1년도 예산자료는 다음과 같다.

《예산자료》

구분	제품 X	제품 Y
단위당 판매가격	₩200	₩300
단위당 변동원가	₩80	₩200
단위당 범용기계 소요시간	1시간	0.5시간
연간 최대수요량	900단위	1,000단위

설비와 관련된 고정원가 총액은 ₩150,000이다. 모든 제품은 생산 즉시 판매되므로, 재고를 보유하고 있지 않다.

다음의 물음은 상호 독립적이다.

요구사항

[물음 1] 이익을 극대화하기 위해서는 어느 제품을 얼마만큼 생산해야 하는가?

[물음 2] 20×1년 초에 ₩12,000의 고정원가를 추가하여 범용기계의 연간 가동시간을 500시간만큼 증가시킨다면, 이익은 얼마나 증가(또는 감소)하는가?

[물음 3] 20×1년 초에 ₩12,000의 고정원가를 지출하여 범용기계의 최대가동시간을 연간 1,500시간으로 확장하였으며, 제품 X와 제품 Y를 각각 900단위, 1,000단위씩 생산할 예정이다. 그런데, 거래처인 (주)서울로부터 제품 Z를 단위당 ₩270의 가격에 600단위 구입하겠다는 주문(이하, 특별주문)을 받았다. 제품 Z의 단위당 변동원가는 ₩150이고, 단위당 범용기계의 소요시간은 0.5시간이다. 특별주문은 기존 시장에 영향을 미치지 않을 것으로 예상되며, 특별주문량의 부분수락은 할 수 없다.

(1) (주)대한이 특별주문을 수락하면 이익은 얼마나 증가(또는 감소)하는가?

(2) 제품 Z의 특별주문량이 400단위라고 가정하자. 특별주문을 수락하기 위한 제품 단위당 최소가격은 얼마인가?

[물음 4] 회사는 20×1년도 예산자료를 다음과 같이 변경하였다.

- 제품 X와 제품 Y의 연간 수요량은 무한하다.
- 제품 Y는 정밀 가공이 필요하며, 이를 위해 특수기계를 이용해야 한다. 특수기계는 1년 단위의 리스(Lease)로 조달할 수 있으며, 연간 리스비용은 ₩50,000이다. 특수기계의 가동시간은 제약되어 있지 않다.

이익을 극대화하기 위해서는 어느 제품을 얼마만큼 생산해야 하는가?

해답

문제분석

- "범용기계의 가동시간은 연간 1,000시간으로 제약"
  → 기계가동시간당 공헌이익을 기준으로 최적생산수량을 결정한다.

1순위	제품 Y	1,000단위 × 0.5시간 =	500시간
2순위	제품 X	500단위 × 1시간 =	500시간
			1,000시간

  ∴ 제품 X 500단위, 제품 Y 1,000단위를 생산한다.

- [물음 2] "연간 가동시간을 500시간만큼 증가"
  →

1순위	제품 Y	1,000단위 × 0.5시간 =	500시간	
2순위	제품 X	900단위 × 1시간 =	900시간	
			1,400시간	≤ 1,500시간

  ∴ 제품 X 900단위, 제품 Y 1,000단위를 생산한다.

- [물음 3] "제품 Z", "600단위 구입" 및 "단위당 범용기계의 소요시간은 0.5시간"
  → 현재 여유시간이 100시간인 상태에서 특별주문에 소요되는 시간이 300시간(= 600단위 × 0.5시간)이므로, 제품 X 200단위(= 200시간 ÷ 1시간/단위)를 포기해야 한다.

- [물음 3] "(2) 제품 Z의 특별주문량이 400단위라고 가정"
  → 현재 여유시간이 100시간인 상태에서 특별주문에 소요되는 시간이 200시간(= 400단위 × 0.5시간)이므로, 제품 X 100단위(= 100시간 ÷ 1시간/단위)를 포기해야 한다.

- [물음 4] "제품 X와 제품 Y의 연간 수요량은 무한"
  → 기계가동시간 1,000시간으로 생산할 수 있는 각 제품별 최대생산량은 다음과 같다.
    - **제품 X**: 1,000시간 ÷ 1시간 = 1,000단위
    - **제품 Y**: 1,000시간 ÷ 0.5시간 = 2,000단위

- [물음 4] "제품 Y는 정밀 가공이 필요하며, 이를 위해 특수기계를 이용"
  → • **특수기계를 리스하는 경우**: 제품 X와 제품 Y를 모두 생산할 수 있지만 제품 Y의 기계가동시간당 공헌이익이 크므로 제품 Y만 생산한다.
    • **특수기계를 리스하지 않는 경우**: 제품 X만 모두 생산할 수 있다.

자료정리

	제품 X	제품 Y
단위당 판매가격	₩200	₩300
단위당 변동원가	(80)	(200)
단위당 공헌이익	₩120	₩100
단위당 범용기계 소요시간	÷ 1시간	÷ 0.5시간
기계시간당 공헌이익	₩120	₩200
생산우선순위	2순위	1순위

모범답안

[물음 1] 이익극대화 생산량

1순위	제품 Y	1,000단위 × 0.5시간 =	500시간
2순위	제품 X	500단위 × 1시간 =	500시간
			1,000시간

∴ 이익을 극대화하기 위해 제품 X 500단위, 제품 Y 1,000단위를 생산한다.

[물음 2] 연간 가동시간을 500시간만큼 증가시킬 경우 이익 증감액

1순위	제품 Y	1,000단위 × 0.5시간 =	500시간	
2순위	제품 X	900단위 × 1시간 =	900시간	
			1,400시간	≤ 1,500시간

즉, 제품 X 400단위를 추가할 경우 증분이익은 다음과 같다.

증분수익		
공헌이익 증가	400단위 × ₩120 =	₩48,000
증분비용		
고정원가 증가		(12,000)
증분이익		₩36,000

[물음 3]

(1) 특별주문 수락 시 이익 증감액

증분수익		
매출 증가	600단위 × ₩270 =	₩162,000
증분비용		
변동원가 증가	600단위 × ₩150 =	(90,000)
제품 X 공헌이익 감소	200단위 × ₩120 =	(24,000)
증분이익		₩48,000

(2) 특별주문을 수락하기 위한 제품 단위당 최소가격(P)

증분수익		
매출 증가	400단위 × P =	400P
증분비용		
변동원가 증가	400단위 × ₩150 =	₩(60,000)
제품 X 공헌이익 감소	100단위 × ₩120 =	(12,000)
증분이익		400P - ₩72,000 ≥ 0

∴ P = ₩180

[물음 4] 이익극대화를 위한 생산량

(1) **특수기계를 리스하는 경우**

제품 Y의 기계가동시간당 공헌이익이 높아 제품 Y만 2,000단위 생산한다.

2,000단위 × ₩100 - (₩150,000 + ₩50,000) = ₩0

(2) **특수기계를 리스하지 않는 경우**

제품 X만 1,000단위 생산한다.

1,000단위 × ₩120 - ₩150,000 = ₩(30,000)

∴ 특수기계를 리스하여 제품 Y를 2,000단위 생산한다.

해커스 회계사 允원가관리회계연습

제11장

대체가격결정

핵심 이론 요약

01 용어 정리

대체거래(이전거래)	사업부 간에 이루어지는 내부거래
대체가격(이전가격)	사업부 간에 거래되는 재화나 용역의 가격

02 대체가격결정 시 고려사항

(1) 목표일치성

(2) 성과평가

(3) 자율성

(4) 공공기관에 대한 재정관리

03 대체가격의 실제적 적용방법

(1) 시장가격기준

다음 조건이 충족되면 가장 이상적인 기준이다.

① 완전경쟁시장

② 가격정보 입수 용이

③ 자율성 보장

(2) 변동(전부)원가기준

① 실제원가를 적용한다면 공급사업부의 비능률적인 요소가 구매사업부로 전가되므로, 표준원가 또는 예산원가로 설정해야 함

② 대체로 인한 증분이익이 구매사업부로 이전되므로, 원가에 일정액을 가산하는 원가가산기준이 필요함

(3) 협상가격기준

사업부 간의 협상을 통하여 대체가격을 결정하는 것을 말한다.

04 대체가격의 일반적 지침

(1) 공급사업부: 판매행위(매출 ⇒ 최소대체가격)

최소대체가격 = 단위당 증분원가 + 대체 시 단위당 기회원가[*1]

[*1] ① 여유조업도가 없는 경우: 외부판매기회 포기 또는 설비 확보에 필요한 지출

② 여유조업도가 있는 경우: 여유조업도 활용수익(임대수익, 타제품 생산 활용)

(2) **구매사업부**: 구매행위(매입 ⇒ 최대대체가격)

최대대체가격 = Min[단위당 지불가능금액[*2], 단위당 외부구입가격[*3]]

[*2] 추가가공 후 판매하는 경우: 최종판매가격 - 추가원가

[*3] 구매사업부는 외부구입기회가 있으므로 내부대체 시 외부구입가격과 비교해야 한다.

05 대체거래가 회사 전체 이익에 미치는 영향

대체로 인한 회사 전체 이익 = 대체수량 × (최대대체가격 - 최소대체가격)

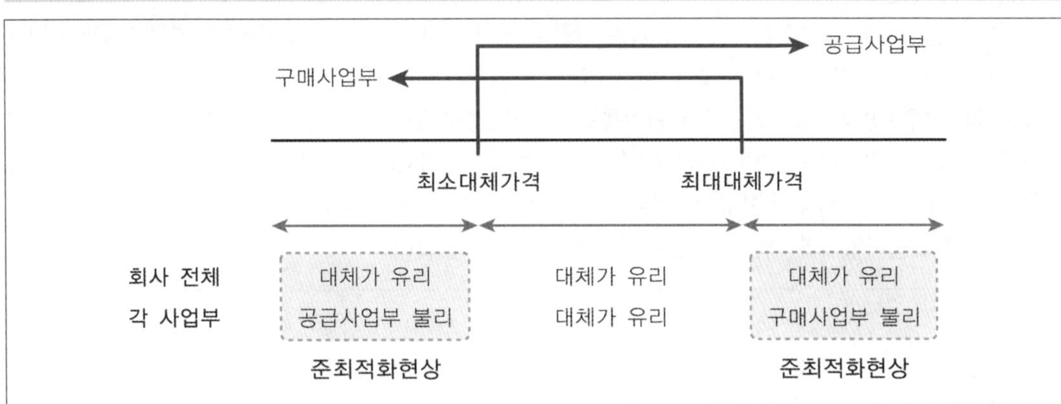

06 일반적인 가격결정모형

(1) **경제학적 접근방법**

이익이 극대화되는 수량은 증분개념을 이용한 한계수익과 한계비용이 일치하는 점이다.

(2) **회계학적 접근방법**

① 제조원가접근법(전부원가접근법)

$$가격 = 단위당\ 전부원가 + 단위당\ 전부원가 \times \frac{판매관리비 + 목표이익}{전부원가}$$

② 변동원가접근법

$$가격 = 단위당\ 변동원가 + 단위당\ 변동원가 \times \frac{고정원가 + 목표이익}{변동원가}$$

③ 총원가접근법

$$가격 = 단위당\ 총원가 + 단위당\ 총원가 \times \frac{목표이익}{총원가}$$

문제 01 대체가격결정

(주)한국의 조립사업부에서는 계산기를 생산·판매하고 있다. 조립사업부의 경영자는 이 계산기의 가격을 인하하면, 판매량이 증가할 것으로 보고 가격인하를 검토하고 있다. 시장조사에 의하면 현재 ₩500인 단위당 판매가격을 10% 인하하면 판매량이 15%(3,000단위)만큼 증가할 것으로 예측하고 있다. 조립사업부는 현재의 생산설비로도 이러한 추가분을 생산할 수 있다. 조립사업부가 계산기를 생산하기 위해서는 부품으로서 반도체를 필요로 하는데, 조립사업부는 지금까지 이를 단위당 ₩80에 외부에서 구입해왔다. 조립사업부 경영자는 사내의 반도체사업부로부터 이를 대체할 것을 검토하고자 한다. 현재 반도체사업부에서는 조립사업부가 필요로 하는 모형과는 약간 다른 종류의 반도체를 제조하여 외부고객에게만 판매하고 있다. 반도체사업부는 생산시설의 변경 없이도 조립사업부에서 필요로 하는 반도체를 제조할 수 있는데, 이때 단위당 변동제조원가는 외부판매용보다 ₩3만큼 적게 소요된다. 또한, 반도체사업부가 조립사업부에 판매하는 경우 변동판매비가 전혀 발생하지 않는다. 조립사업부의 경영자는 자기 사업부에서 필요로 하는 모든 반도체를 사내의 반도체사업부로부터 단위당 ₩60에 대체받기를 원한다. 판매량 20,000단위에 근거한 조립사업부의 내년도 예산손익계산서는 다음과 같다.

	단위당 금액	총액
매출	₩500	₩10,000,000
제조원가		
반도체	(80)	(1,600,000)
기타재료	(50)	(1,000,000)
직접노무원가	(50)	(1,000,000)
변동제조간접원가	(100)	(2,000,000)
고정제조간접원가	(25)	(500,000)
매출총이익	₩195	₩3,900,000
영업비용		
변동판매비	(50)	(1,000,000)
고정판매관리비	(50)	(1,000,000)
법인세차감전 순이익	₩95	₩1,900,000

반도체사업부는 70,000단위를 생산할 수 있다. 반도체사업부의 내년도 예산손익계산서는 다음과 같은데, 이것은 조립사업부의 제안을 고려하지 않은 시장수요량 60,000단위의 판매량에 근거한 것이다.

	단위당 금액	총액
매출	₩120	₩7,200,000
제조원가		
원재료	(15)	(900,000)
직접노무원가	(10)	(600,000)
변동제조간접원가	(20)	(1,200,000)
고정제조간접원가	(20)	(1,200,000)
매출총이익	₩55	₩3,300,000
영업비용		
변동판매비	(10)	(600,000)
고정판매관리비	(10)	(600,000)
법인세차감전 순이익	₩35	₩2,100,000

요구사항

[물음 1] 조립사업부가 내부에서 단위당 ₩60에 반도체를 대체받을 수 없는 경우 조립사업부의 계산기 가격인하 여부를 결정하시오.

[물음 2] [물음 1]과 관계없이 조립사업부는 18,000단위의 반도체를 필요로 한다. 반도체사업부는 단위당 ₩60에 반도체를 공급해야 하는지 결정하시오.

[물음 3] [물음 1]과 관계없이 조립사업부는 18,000단위의 반도체를 필요로 한다. 회사 전체의 입장에서 볼 때 반도체사업부가 단위당 ₩60에 조립사업부에 반도체를 공급해야 하는지 결정하시오.

해답

문제분석

- "판매량이 15%(3,000단위)만큼 증가할 것으로 예측"
  → 현재판매량은 20,000단위(= 3,000단위 ÷ 0.15)이며, 가격인하 후 판매량은 23,000단위(= 20,000단위 + 3,000단위)이다.
- "이를 단위당 ₩80에 외부에서 구입해왔다."
  → 조립사업부(구매사업부)의 외부구입가격은 단위당 ₩80이다.
- "단위당 변동제조원가는 외부판매용보다 ₩3만큼 적게 소요" 및 "변동판매비가 전혀 발생하지 않는다."
  → 대체품은 단위당 변동제조원가 ₩3을 절감할 수 있으며 변동판매비가 발생하지 않는다.
- [물음 1] "반도체를 대체받을 수 없는 경우 조립사업부의 계산기 가격인하 여부를 결정"
  → 단위당 판매가격 10% 인하로 인한 판매량 3,000단위 증가에 대한 공헌이익 증감분을 계산한다. 즉, 고정원가는 비관련원가이므로 할인전과 할인 후 공헌이익을 비교한다.
- [물음 3] "회사 전체의 입장"
  → 반도체를 자가생산하여 18,000단위에 대해서 단위당 구입비용을 ₩38(= ₩80 - ₩42)만큼 절감할 수 있지만 반도체사업부의 여유조업도 부족으로 인하여 8,000단위 외부판매를 포기해야 한다.

자료정리

(1) 반도체사업부 여유조업도

최대조업도	70,000단위
현재생산량	60,000단위
여유조업도	10,000단위

(2) 반도체사업부 변동원가(= 변동제조원가 + 변동판매비)
- 외부판매: (₩15 + ₩10 + ₩20) + ₩10 = ₩55
- 내부대체: (₩15 + ₩10 + ₩20 - ₩3) + ₩0 = ₩42

(3) 조립사업부 변동원가(= 변동제조원가 + 변동판매비)
- 외부구입: (₩80 + ₩50 + ₩50 + ₩100) + ₩50 = ₩330
- 내부대체: (₩60 + ₩50 + ₩50 + ₩100) + ₩50 = ₩310

(4) 단위당 ₩60에 대체 시 가격과 원가구조

	반도체		18,000단위	조립사업부	
	외부	대체	→		
p	₩120	₩60			₩500
vc	55	42		₩60 + 50 + 50 + 100 + 50 =	310
cm	₩65	₩18			₩190

모범답안

[물음 1] 조립사업부의 계산기 가격인하 여부 결정

	할인 전		할인 후	
매출액	20,000단위 × ₩500 =	₩10,000,000	23,000단위 × ₩500 × 0.9 =	₩10,350,000
변동원가	20,000단위 × ₩330 =	(6,600,000)	23,000단위 × ₩330 =	(7,590,000)
공헌이익		₩3,400,000		₩2,760,000

∴ 할인하는 경우 ₩640,000(= ₩3,400,000 - ₩2,760,000)만큼 영업이익이 감소하므로, 가격을 인하하지 않는다.

[물음 2] 반도체사업부 대체 여부 결정(I)

(1) 여유조업도 확인

여유조업도	10,000단위
대체수량	18,000단위
부족조업도	(8,000단위)

∴ 대체하려면 8,000단위의 기존판매수량을 감소해야 한다.

(2) 의사결정

증분수익		
사내대체 매출	18,000단위 × ₩60 =	₩1,080,000
기존판매 감소	8,000단위 × ₩65 =	(520,000)
증분비용		
변동제조원가 증가	18,000단위 × (₩45 - ₩3) =	(756,000)
증분이익		₩(196,000)

∴ 영업이익이 ₩196,000만큼 감소하므로, 대체하지 않는다.

[물음 3] 반도체사업부 대체 여부 결정(II)

증분수익		
기존판매 감소	8,000단위 × ₩65 =	(520,000)
증분비용		
구입비용 감소	18,000단위 × (₩80 - ₩42) =	684,000
증분이익		₩164,000

∴ 영업이익은 ₩164,000만큼 증가하므로, 조립사업부에 반도체를 공급해야 한다.

문제 02 대체가격결정과 사업부 성과평가

세무사 06

청과사업부와 주스사업부를 두고 있는 회사의 비용 관련 자료는 다음과 같다.

	청과사업부	주스사업부
변동원가	₩100/kg	₩200/l
고정원가	₩125,000,000	₩100,000,000

주스 l당 판매가격은 ₩2,100이고 청과세척 후 kg당 시장판매가격은 ₩600이다. 청과사업부는 매년 500,000kg을 매입하여 세척 후 그대로 팔 수도 있고 주스사업부에 공급하여 kg당 0.5l의 주스생산에도 대체할 수 있다. 회사는 양 사업부 간의 대체가격에 대해서 고민하고 있다.

요구사항

[물음 1] 청과사업부가 500,000kg 전량을 주스사업부에 대체한다면 회사 전체의 이익은 얼마가 되겠는가?

[물음 2] 회사가 대체가격을 청과사업부의 전부원가의 200%로 하는 경우와 시장가격으로 하는 경우로 구분하여 각 사업부의 관리자에게 영업이익의 5%를 인센티브로 지급하는 정책을 실시하려고 한다. 각 상황별로 각 사업부의 관리자에게 지급할 인센티브를 계산하시오.

[물음 3] [물음 2]에서 각 사업부가 선호하는 대체가격결정방법을 판단하시오.

[물음 4] 회사가 실시하는 정책과 각 사업부에서 실시하는 정책에 있어서 서로 추구하는 바가 다를 때 나타나는 현상은 무엇이며 이것을 해결할 수 있는 방안은 무엇인가?

해답

문제분석

- "청과사업부는 매년 500,000kg을 매입하여 세척 후 그대로 팔 수도 있고 주스사업부에 공급하여 kg당 0.5l의 주스생산에도 대체"
  → kg당 0.5l를 생산하므로 500,000kg 대체 시 주스사업부는 250,000l를 생산할 수 있다.
- [물음 2] "청과사업부의 전부원가의 200%"
  → 단위당 전부원가는 kg당 변동원가에 kg당 고정원가를 가산하며 kg당 고정원가는 ₩125,000,000을 500,000kg으로 나누어 계산한다.
- [물음 2] "각 상황별로 각 사업부의 관리자에게 지급할 인센티브"
  → 두 가지 대체가격에 대한 각 사업부의 손익계산서를 작성한 후 각 사업부의 관리자의 인센티브를 계산할 수 있다.

자료정리

(1) 가격과 원가구조

	청과사업부		→	주스사업부
	외부판매	사내대체		
단위당 판매가격	₩600	TP		₩2,100
단위당 변동원가	100	₩100		2 × TP + ₩200
단위당 공헌이익	₩500			
고정원가	₩125,000,000			₩100,000,000

(2) 청과사업부 전부원가

$$₩100 + \frac{₩125,000,000}{500,000kg} = ₩350$$

(3) 대체가격

청과사업부 전부원가 × 200% = ₩350 × 200% = ₩700

모범답안

[물음 1] 회사 전체 이익

대체가격을 TP라 하면 다음과 같다.

	청과사업부		주스사업부
매출	500,000kg × TP	↘	250,000l × ₩2,100
변동원가	500,000kg × ₩100		500,000kg × TP
	-		250,000l × ₩200
공헌이익	500,000kg × (TP - ₩100)		250,000l × ₩1,900 - 500,000kg × TP
고정원가	125,000,000		100,000,000
영업이익	500,000kg × TP - ₩175,000,000		₩375,000,000 - 500,000kg × TP

∴ 회사 전체 이익: (500,000kg × TP - ₩175,000,000) + (₩375,000,000 - 500,000kg × TP) = ₩200,000,000

[물음 2] 각 사업부 관리자의 인센티브

(1) 전부원가의 200%

	청과사업부		주스사업부
매출	500,000kg × ₩700	↘	250,000l × ₩2,100
변동원가	500,000kg × ₩100		500,000kg × ₩700
	-		250,000l × ₩200
공헌이익	₩300,000,000		₩125,000,000
고정원가	125,000,000		100,000,000
영업이익	₩175,000,000		₩25,000,000
인센티브율	5%		5%
인센티브	₩8,750,000		₩1,250,000

(2) 시장가격

	청과사업부		주스사업부
매출	500,000kg × ₩600	↘	250,000l × ₩2,100
변동원가	500,000kg × ₩100		500,000kg × ₩600
	-		250,000l × ₩200
공헌이익	₩250,000,000		₩175,000,000
고정원가	125,000,000		100,000,000
영업이익	₩125,000,000		₩75,000,000
인센티브율	5%		5%
인센티브	₩6,250,000		₩3,750,000

[물음 3] 각 사업부가 선호하는 대체가격결정방법

[물음 2]의 결과를 보면 청과사업부는 전부원가의 200%(₩8,750,000)를 선호하고, 주스사업부는 시장가격(₩3,750,000)을 선호한다.

[물음 4] 준최적화현상 해결방안

회사 전체의 목표와 각 사업부의 목표가 일치하지 않는 현상을 준최적화현상이라고 한다. 이를 해결하기 위해서는 회사 전체 입장에서 대체가 유리하다면 공급사업부의 최소대체가격과 구매사업부의 최대대체가격을 산출하여 해당 범위 내에서 결정해야 한다.

문제 03 대체가격결정과 사업부평가

세무사 09 수정

B사는 외부에서 엔진을 구입하여 자동차를 조립생산하는 기업으로 자동차엔진을 생산·판매하는 S사를 합병하는 안을 고려하고 있다. B사가 S사를 합병하는 경우 통합법인은 S사와 B사를 엔진사업부와 조립사업부로 각각 분권화시켜, 독립적인 투자중심점으로 활용할 계획이다. S사는 제조한 엔진을 개당 ₩40에 판매하고 있으며, 엔진의 단위당 제조원가 및 판매관리비의 합인 총원가는 다음과 같이 구분된다.

변동원가	₩24
고정원가(생산량 500,000개 기준)	6
총원가	₩30

S사는 매년 600,000개의 생산능력을 갖추고 있으나 현재는 500,000개만 생산하여 판매하고 있다. B사는 매년 100,000개의 엔진을 개당 ₩40에서 대량구매에 따른 할인율 10%를 적용한 가격으로 다른 회사로부터 구입하고 있다. 만일 두 회사가 합병하여 S사가 엔진을 내부이전하는 경우에는 개당 ₩4의 변동판매관리비를 절감할 수 있을 것이다.

다음의 각 물음은 독립적인 상황이다.

요구사항

[물음 1] 합병이 성사되어 B사와 S사가 통합법인의 독립적인 투자중심점인 조립사업부와 엔진사업부로 각각 분권화되었다고 가정할 때, 엔진의 내부이전이 이루어지기 위한 내부이전가격(Transfer price)의 범위를 결정하시오.

[물음 2] 합병이 성사되어 통합법인의 독립적인 투자중심점인 엔진사업부로 통합된 S사가 연간 600,000개의 엔진을 외부에 판매할 수 있다고 가정할 때, 내부이전가격(Transfer price)의 범위를 결정하시오.

[물음 3] 위 물음과 별도로 합병이 성사되어 B사와 S사가 통합법인의 독립적인 투자중심점인 조립사업부와 엔진사업부로 각각 분권화되었다고 가정할 때, 내부이전가격(Transfer price)의 범위를 결정하시오. 단, S사는 연간 500,000개를 외부에 ₩40에 판매하거나 연간 600,000개를 외부에 ₩38에 판매할 수 있는 기회를 가지고 있으며 두 가격 중 하나를 선택하면 다른 가격은 포기해야 한다.

[물음 4] 위 물음과 별도로 합병이 성사되어 B사와 S사가 통합법인의 독립적인 투자중심점인 조립사업부와 엔진사업부로 각각 분권화되었다고 가정할 때, 내부이전으로 인하여 불리한 평가를 받지 않기 위한 내부이전가격(Transfer price)의 범위를 결정하시오. 단, 통합법인은 각 사업부를 투자수익률(ROI)로 평가하며 S사의 경우 평균투자금액은 ₩50,000,000이며 내부이전을 위해 ₩10,000,000을 추가로 투자해야 한다.

해답

문제분석

■ "S사와 B사를 엔진사업부와 조립사업부"
→ S사는 공급사업부이고 B사는 구매사업부이다.

■ "B사는 매년 100,000개의 엔진을 개당 ₩40에서 대량구매에 따른 할인율 10%를 적용한 가격으로 다른 회사로부터 구입"
→ B사의 외부구입가격은 ₩36(= ₩40 × 90%)이다.

■ "S사가 엔진을 내부이전하는 경우에는 개당 ₩4의 판매관리비를 절감"
→ S사가 B사에 대체하는 경우 증분원가는 ₩20(= ₩24 - ₩4)이다.

■ "S사는 매년 600,000개의 생산능력" 및 "[물음 3] S사는 연간 500,000개를 외부에 ₩40에 판매하거나 연간 600,000개를 외부에 ₩38에 판매"
→ 100,000단위를 대체한다면 외부판매수량은 500,000단위이다. 따라서 600,000단위와 500,000단위 판매로 인한 공헌이익 차이가 대체로 인한 기회비용이다.

■ [물음 4] "투자수익률(ROI)로 평가" 및 "평균투자금액은 ₩50,000,000이며 내부이전을 위해 ₩10,000,000을 추가로 투자"
→ 성과평가극대화를 위해서 기존 투자수익률을 달성할 수 있는 최소대체가격을 계산한다.

자료정리

	S사			
	외부판매	사내대체	→	구매사업부
단위당 판매가격	₩40	TP		
단위당 변동원가	24	₩20		TP
단위당 공헌이익	₩16			↑
고정원가	₩3,000,000[*1]			외부구입가격 ₩36[*2]
최대조업도	600,000개			
외부판매	500,000개			
여유조업도	100,000개			

[*1] 500,000개 × ₩6 = ₩3,000,000

[*2] ₩40 - ₩40 × 10% = ₩36

모범답안

[물음 1] 외부판매기회가 없는 경우 내부이전가격의 범위

(1) 최소대체가격

단위당 증분원가 + 단위당 기회원가 = (₩24 - ₩4) + ₩0 = ₩20

(2) 최대대체가격

완제품 판매가격과 추가원가에 대한 자료가 없으므로 외부구입가격인 ₩36이다.

(3) 내부이전가격(TP)의 범위

₩20 ≤ TP ≤ ₩36

[물음 2] 외부판매기회가 있는 경우 내부이전가격의 범위(I)

(1) 최소대체가격

$$\text{단위당 증분원가} + \text{단위당 기회원가} = (₩24 - ₩4) + \frac{100{,}000\text{단위} \times (₩40 - ₩24)}{100{,}000\text{단위}} = ₩36$$

(2) 최대대체가격

완제품 판매가격과 추가원가에 대한 자료가 없으므로 외부구입가격인 ₩36이다.

(3) 내부이전가격(TP)의 범위

최소대체가격과 최대대체가격이 일치하므로 대체로 인한 효과는 없다.

[물음 3] 외부판매기회가 있는 경우 내부이전가격의 범위(II)

(1) 최소대체가격

$$\text{단위당 증분원가} + \text{단위당 기회원가} = (₩24 - ₩4) + \frac{₩400{,}000^{*}}{100{,}000\text{단위}} = ₩24$$

* 기회원가

대체 전	600,000단위 × (₩38 - ₩24) =	₩8,400,000
대체 후	500,000단위 × (₩40 - ₩24) =	8,000,000
기회원가		₩400,000

별해

- 대체 전: 600,000단위 × (₩38 - ₩24) = ₩8,400,000
- 대체 후: 500,000단위 × (₩40 - ₩24) + 100,000단위 × (TP - ₩20) = ₩8,400,000

∴ 대체로 인하여 기존 영업이익이 감소하지 않는 최소대체가격(TP) = ₩24

(2) 최대대체가격

완제품 판매가격과 추가원가에 대한 자료가 없으므로 외부구입가격인 ₩36이다.

(3) 내부이전가격(TP)의 범위

₩24 ≤ TP ≤ ₩36

[물음 4] 투자수익률(ROI)을 활용한 내부이전가격의 범위

(1) 최소대체가격

기존 투자수익률을 달성할 수 있는 가격을 계산한다.

① 대체 전 투자수익률(500,000단위 판매)

[500,000단위 × (₩40 - ₩24) - ₩3,000,000] ÷ ₩50,000,000 = 10%

② 대체 후 투자수익률(500,000단위 판매 + 100,000단위 판매)

[500,000단위 × (₩40 - ₩24) + 100,000단위 × (TP - ₩20) - ₩3,000,000]

÷ (₩50,000,000 + ₩10,000,000) = 10%

∴ TP = ₩30

(2) 최대대체가격

완제품 판매가격과 추가원가에 대한 자료가 없으므로 외부구입가격인 ₩36이다.

(3) 내부이전가격(TP)의 범위

₩30 ≤ TP ≤ ₩36

문제 04 대체거래와 특별주문수락 의사결정

회계사 01 수정

(주)한국은 모터부문과 냉장고부문이 있는데 냉장고부문은 모터부문으로부터 모터를 공급받아 냉장고를 생산한다. 만약 모터부문으로부터 모터를 대체받을 수 없다면 외부에서 모터를 개당 ₩100에 구입하여 냉장고 생산 시 모터 1개당 냉장고 1개를 생산할 수 있게 된다.

모터부문(최대조업도 5,000개/년)	
직접재료원가	₩50/개
직접노무원가	₩20/개
변동제조간접원가	₩10/개
고정원가	₩20,000/년

현재 모터부문은 4,000개를 생산하며, 이는 모두 냉장고부문으로 대체되며 외부시장은 없다. 얼마 전 (주)대한으로부터 모터를 ₩90/개에 2,500개를 특별주문받았다. 이 특별주문은 2,500개 전체에 대해 주문을 수락하거나 기각할 수 있다. (주)대한에 공급하는 모터는 직접재료원가 ₩30/개, 직접노무원가 ₩20/개, 변동제조간접원가 ₩10/개이며 특별주문과 내부대체수량은 총 5,000개를 초과하지 못한다.

요구사항

[물음 1] (주)한국의 특별주문수락 여부를 결정하시오.

[물음 2] 다음의 물음에 답하시오.

(1) 특별주문을 수락하지 않는 경우 모터부문의 총원가는 얼마인가? 또한, 모터 단위당 원가는 얼마인가?

(2) 특별주문을 수락하는 경우 모터부문의 총원가는 얼마인가? 또한, 모터 단위당 원가는 얼마인가?

[물음 3] 위 물음과 별도로 모터부문은 생산된 모터를 외부에 판매할 수 있는 다음 두 가지 방안이 있다.

• 제1방안: 단위당 ₩120으로 1,000단위 판매
• 제2방안: 단위당 ₩105으로 2,000단위 판매

단, 모터부문의 제조원가 및 냉장고부문의 외부구입가격은 제시된 자료와 동일하며, 내부대체수량 4,000개는 분할할 수 없다.

(1) 대체가격의 범위를 구하시오.

(2) (주)한국의 부문평가는 투자수익률(ROI)에 의하며 모터부문의 평균투자자산은 ₩100,000이다. 모터부문은 대체로 인하여 평가에 불이익을 받지 않도록 대체가격을 결정하려고 한다. 모터부문의 대체가격을 구하시오.

[물음 4] 위 물음과 별도로 모터부문은 생산된 전량을 외부에 판매할 수 있다. 모터의 단위당 제조원가는 ₩80이며 냉장고부문에 대체 시 ₩10의 변동제조간접원가를 절감할 수 있다. 냉장고부문이 외부로부터 모터를 ₩100에 구입할 수 있는 상황에서 대체로 인하여 회사 전체 이익에 영향을 미치지 않는 모터부문의 외부판매가격을 구하시오.

해답

문제분석

■ "모터부문으로부터 모터를 대체받을 수 없다면 외부에서 모터를 개당 ₩100에 구입"
→ 외부로부터 구입가격은 단위당 ₩100이다.

■ "현재 모터부문은 4,000개를 생산", "모두 냉장고부문으로 대체되며 외부시장은 없다." 및 "(주)대한으로부터 모터를 ₩90/개에 2,500개를 특별주문받았다."
→ 여유조업도가 1,000개이므로 모터부문이 2,500개 특별주문을 수락하면 냉장고부문에 대체하던 2,500개 중 1,500개를 대체할 수 없어 냉장고부문은 1,500개를 외부로부터 구입해야 한다.
결과적으로 회사 전체 입장에서 기회비용은 1,500개에 대한 모터부문 생산원가와 외부구입비용의 차이금액이다.

■ "현재 모터부문은 4,000개를 생산" 및 "특별주문과 내부대체수량은 총 5,000개를 초과하지 못한다."
→ 모터부문의 최대생산능력은 5,000개이며 4,000개를 대체하고 있어 여유조업도는 1,000개이다.

■ "(주)대한에 공급하는 모터는 직접재료원가 ₩30/개, 직접노무원가 ₩20/개, 변동제조간접원가 ₩10/개"
→ • 냉장고부문에 제공하는 모터의 변동제조원가: ₩50 + ₩20 + ₩10 = ₩80
• (주)대한에 제공하는 모터의 변동제조원가: ₩30 + ₩20 + ₩10 = ₩60

■ [물음 1] "(주)한국의 특별주문수락 여부"
→ 의사결정 주체가 모터부문이 아닌 (주)한국이므로 회사 전체 입장에서의 의사결정을 의미한다.

■ [물음 2] "(1), (2) 모터부문의 총원가"
→ 냉장고부문에 대한 변동제조원가와 (주)대한에 대한 변동제조원가를 구분하고 고정원가를 포함한다.

■ [물음 3] "위 물음과 별도", "1,000단위 판매" 및 "2,000단위 판매"
→ 특별주문은 고려하지 않고 모터부문이 외부에 판매기회를 가지고 있는 상황이다. 냉장고부문에 4,000단위를 대체하는 상황에서 외부에 1,000단위를 판매하면 4,000단위 모두 대체할 수 있지만 2,000단위를 판매하면 4,000단위를 모두 대체할 수 없다.
모터부문의 기회비용은 대체할 경우 포기하는 금액이므로 다음과 같다.

기회비용 = 대체 전(2,000단위 판매) 이익 − 대체 후(1,000단위 판매) 이익

■ [물음 3] "(2) 부문평가는 투자수익률(ROI)" 및 "(2) 평가에 불이익을 받지 않도록 대체가격을 결정"
→ 평가에 불이익을 받지 않기 위하여 대체 후 투자수익률(ROI)은 대체 전 투자수익률(ROI)보다 최소한 크거나 같아야 한다.
• 대체 전 판매량: 외부판매 2,000단위
• 대체 후 판매량: 외부판매 1,000단위 + 대체 4,000단위

■ [물음 4] "위 물음과 별도", "모터부문은 생산된 전량을 외부에 판매" 및 "대체로 인하여 회사 전체 이익에 영향을 미치지 않는 모터부문의 외부판매가격"
→ 모터부문은 전량을 외부에 판매할 수 있어 대체를 위해서는 외부판매를 포기해야 한다. 대체로 인하여 회사 전체 이익에 영향을 미치지 않기 위해서는 최소대체가격과 최대대체가격이 동일해야 한다.

자료정리

(1) 공급사업부와 구매사업부 대체현황

	모터부문		4,000단위	냉장고부문
	외부	대체	→	
p	-	TP		₩?
vc	₩80	₩80		TP
				↑
				₩100(외부구입가격)

(2) 특별주문 2,500개

특별주문을 수락하면 2,500개(= 5,000개 - 2,500개)만큼 대체할 수 있으므로 냉장고부문은 모터 1,500개에 대해서는 외부로부터 구입해야 한다.

p	₩90
vc	60
cm	₩30

(3) 외부판매 관련 기회원가

2,000단위 판매	2,000단위 × (₩105 - ₩80) =	₩50,000
1,000단위 판매	1,000단위 × (₩120 - ₩80) =	40,000
기회원가		₩10,000

(4) 공급사업부와 구매사업부 대체상황[물음 4]

	모터부문		4,000단위	냉장고부문
	외부	대체	→	
p	P	TP		₩?
vc	₩80	₩80 - ₩10		TP + 추가원가(?)
				↑
				₩100(외부구입가격)

모범답안

[물음 1] 특별주문수락 의사결정

특별주문을 수락하면 2,500개(= 5,000개 - 2,500개)만큼 대체할 수 있으므로 냉장고부문은 모터 1,500개에 대해서는 외부로부터 구입해야 한다.

증분수익		
매출 증가	2,500개 × ₩90 =	₩225,000
증분비용		
변동원가 증가	2,500개 × ₩60 =	(150,000)
모터 외부구입 기회원가	1,500개 × (₩100[*1] - ₩80[*2]) =	(30,000)
증분이익		₩45,000

[*1] 외부구입

[*2] 자가생산

∴ 특별주문을 수락한다.

[물음 2] 모터부문의 총원가 및 단위당 원가

(1) 특별주문을 수락하지 않는 경우

① 총원가: 변동원가 + 고정원가 = ₩80 × 4,000개 + ₩20,000 = ₩340,000

② 단위당 원가: ₩340,000 ÷ 4,000개 = ₩85

(2) 특별주문을 수락하는 경우

① 총원가: 내부대체변동원가 + 특별주문변동원가 + 고정원가
= ₩80 × 2,500개 + ₩60 × 2,500개 + ₩20,000 = ₩370,000

② 단위당 원가: ₩370,000 ÷ 5,000개 = ₩74

[물음 3]

(1) 대체가격범위

① 최소대체가격: 단위당 증분원가 + 단위당 기회원가 = $₩80 + \frac{₩10,000^{*}}{4,000단위} = ₩82.5$

* 기회원가

2,000단위 판매	2,000단위 × (₩105 - ₩80) =	₩50,000
1,000단위 판매	1,000단위 × (₩120 - ₩80) =	40,000
기회원가		₩10,000

② 최대대체가격: ₩100

③ 대체가격범위: ₩82.5 ≤ TP ≤ ₩100

(2) 최소대체가격

① 대체 전 투자수익률(2,000단위 판매)

$$\frac{2{,}000\text{단위} \times (₩105 - ₩80) - ₩20{,}000}{₩100{,}000} = 30\%$$

② 대체 후 투자수익률(1,000단위 판매 + 4,000단위 대체)

대체가격을 TP라 하면 다음과 같다.

$$\frac{1{,}000\text{단위} \times (₩120 - ₩80) + 4{,}000\text{단위} \times (TP - ₩80) - ₩20{,}000}{₩100{,}000} = 30\%$$

∴ TP = ₩82.5

[물음 4] 모터부문 외부판매가격

외부판매가격을 P라 하면 다음과 같다.

	모터부문		4,000단위	냉장고부문
	외부	대체	→	
p	P	TP		₩?
vc	₩80	₩70		TP
cm	P - ₩80			↑
				₩100(외부구입가격)

(1) 최소대체가격

단위당 증분원가 + 단위당 기회원가 = ₩70 + (P - ₩80)

(2) 최대대체가격

₩100

(3) 모터부문의 외부판매가격(P)

최소대체가격과 최대대체가격이 일치하는 경우 대체로 인하여 회사 전체 이익에 미치는 영향이 없다.

₩70 + (P - ₩80) = ₩100

∴ P = ₩110

문제 05 대체가격결정 기본모형

회계사 16

K사의 완성품사업부(이하 '중국사업부')는 중국에 소재하며, 반제품사업부(이하 '한국사업부')는 한국에 있다. 중국사업부가 제품 X 1단위를 생산하기 위해서는 한국사업부가 생산하는 반제품 A 1단위를 수입하거나, 중국 내에서 반제품 A의 대체품 1단위를 구입해야 한다.

한국사업부는 반제품 A를 단위당 변동원가 ₩12,000에 생산할 수 있으며 기타 원가는 발생하지 않는다. 아울러, 반제품 A의 생산이 다른 제품 생산에는 아무런 영향을 주지 않는다. 중국사업부 이외에 반제품 A의 수요처는 없다. 중국사업부가 한국사업부로부터 반제품 A를 수입할 때 발생하는 단위당 운송비 ₩2,000은 중국사업부가 부담하며, 반제품 A를 가공하여 완성하는 데 소요되는 원가는 단위당 ₩16,000이다. 제품 X의 중국 내 연간 수요는 1,000단위이며 판매가격은 단위당 ₩48,000이다.

20×1년까지 중국사업부는 중국 내에 반제품 A를 대신할 수 있는 대체품 공급처가 없어 한국사업부로부터 반제품 A 전량을 이전받은 바 있다. 그러나 20×2년 초 중국사업부는 중국 내의 다른 기업으로부터 반제품 A를 대신할 수 있는 대체품 600단위를 단위당 ₩17,000에 공급할 수 있다는 제안을 받았다. 이 대체품을 사용할 경우 운송비는 발생하지 않으나 이를 가공하여 완성하는 데 소요되는 원가는 기존의 단위당 ₩16,000 외에 추가로 ₩1,000이 더 발생한다. 중국사업부가 이 공급제안을 수락하면 한국사업부로부터는 잔여물량만 공급받으면 된다.

한편, K사는 한국사업부와 중국사업부의 성과평가 및 보상을 각 사업부의 영업이익에 따라 결정하며, 이전가격에 있어서는 양 사업부가 모두 수용할 수 있는 가격 범위에서 K사 전체의 세후영업이익을 최대화하는 수준으로 정하고 있다.

한국과 중국의 법인세율은 각각 22%와 25%이다. 각 사업부에는 이전거래 여부와 관계없이 납부할 법인세가 존재하며, 양국 세무당국은 국제이전가격과 관련하여 특별한 제한을 두지 않고 있다고 가정하라.

요구사항

[물음 1] 다음은 20×1년 이전가격에 대한 물음이다.

(1) 양 사업부가 모두 수용할 수 있는 이전가격의 범위를 구하시오.

(2) K사 전체의 세후영업이익을 최대화하는 이전가격은 얼마인가?

[물음 2] 다음은 20×2년 이전가격에 대한 물음이다.

(1) K사의 전체적인 이익관점에서 중국사업부가 중국 내에서 반제품 A의 대체품을 구입하는 것이 합리적인지 여부를 결정하고 그 근거를 제시하시오.

(2) (1)에서의 의사결정을 따를 경우, 양 사업부가 모두 수용할 수 있는 이전가격의 범위를 구하시오.

해답

문제분석

■ "중국사업부 이외에 반제품 A의 수요처는 없다."

→ 공급사업부(한국사업부)는 구매사업부(중국사업부)에 대해서만 판매(대체)하며 그 이외의 판매기회는 없다.

■ "반제품 A를 수입할 때 발생하는 단위당 운송비 ₩2,000은 중국사업부가 부담" 및 "반제품 A를 가공하여 완성하는 데 소요되는 원가는 단위당 ₩16,000"

→ 중국사업부의 대체품 이외의 추가원가는 ₩18,000(= ₩2,000 + ₩16,000)이다.

■ "반제품 A를 대신할 수 있는 대체품 600단위를 단위당 ₩17,000에 공급할 수 있다는 제안", "운송비는 발생하지 않으나" 및 "기존의 단위당 ₩16,000외에 추가로 ₩1,000이 더 발생"

→ 외부구입가격은 ₩17,000이며 추가원가 중 운송비 ₩2,000은 발생하지 않지만 ₩1,000이 추가발생하므로 결과적으로 외부구입가격은 ₩16,000(= ₩17,000 - ₩1,000)이다.

■ "한국과 중국의 법인세율은 각각 22%와 25%"

→ 한국의 법인세율이 낮기 때문에 최대대체가격으로 대체가격을 결정하는 것이 회사 전체 관점에서 유리하다.

자료정리

	한국사업부		1,000단위	중국사업부
	외부	대체	→	
p	-	TP		₩48,000
vc	₩12,000	₩12,000		TP + ₩2,000 + ₩16,000

모범답안

[물음 1]

(1) 이전가격범위

① 한국사업부 최소이전가격: 단위당 증분원가 + 단위당 기회원가 = ₩12,000 + ₩0 = ₩12,000

② 중국사업부 최대이전가격: Min[단위당 지불가능금액, 외부구입가격]

= Min[₩48,000 - ₩16,000 = ₩32,000, ₩?*] = ₩32,000

* 20×1년까지 대체품 공급처가 없었다.

TP + ₩2,000 = ₩32,000이므로, TP = ₩30,000이다.

③ 이전가격범위: ₩12,000 ≤ TP ≤ ₩30,000

(2) 세후영업이익을 극대화하는 이전가격

한국사업부의 법인세율이 중국사업부의 법인세율보다 낮으므로 세후영업이익을 극대화할 수 있는 이전가격은 ₩30,000이다.

[물음 2]

(1) 중국 내 구입(외부구입) 의사결정

① 내부이전 시 원가: ₩12,000 × (1 - 22%) + (₩2,000 + ₩16,000) × (1 - 25%) = ₩22,860

② 외부구입 시 원가: (₩17,000 + ₩16,000 + ₩1,000) × (1 - 25%) = ₩25,500

∴ 내부이전이 ₩2,640(= ₩25,500 - ₩22,860)만큼 유리하다.

별해

증분수익		
매출 증가		-
증분비용		
한국사업부 변동제조원가 감소	600단위 × ₩12,000 × (1 - 22%) =	₩5,616,000
중국사업부 운송비 감소	600단위 × ₩2,000 × (1 - 25%) =	900,000
중국 내 구입비용	600단위 × ₩18,000 × (1 - 25%) =	(8,100,000)
증분이익		₩(1,584,000)

∴ 중국 내에서 구입하지 않는다.

(2) 이전가격범위

① 한국사업부 최소이전가격: 단위당 증분원가 + 단위당 기회원가 = ₩12,000 + ₩0 = ₩12,000

② 중국사업부 최대이전가격: Min[단위당 지불가능금액, 외부구입가격]

= Min[₩48,000 - ₩16,000 = ₩32,000, ₩17,000 + ₩1,000 = ₩18,000] = ₩18,000

TP + ₩2,000 = ₩18,000이므로, TP = ₩16,000이다.

③ 이전가격범위: ₩12,000 ≤ TP ≤ ₩16,000

문제 06 정상전부원가계산과 정상변동원가계산 비교 및 대체가격결정

회계사 14

(주)한국은 사업부 A에서 제품 P를 생산하여 판매한다. 회사는 정상원가계산(평준화원가계산: Normal costing)을 사용하고 있다. (주)한국의 20×1년 1분기와 2분기 제품 생산 및 판매 관련 자료는 다음과 같다.

구분	1분기	2분기
예산판매량	5,000단위	7,000단위
실제판매량	5,000단위	7,000단위
예산생산량	7,000단위	7,000단위
실제생산량	7,000단위	4,000단위

20×1년 1분기 기초제품은 2,000단위이고, 기초제품의 단위당 제조원가는 1분기의 단위당 제조원가와 같다.

(주)한국의 20×1년 분기별 예산 및 실제 자료는 다음과 같다.

구분	금액
단위당 판매가격	₩1,100
단위당 변동제조원가	₩200
단위당 변동판매관리비	₩100
총고정제조간접원가	₩2,800,000
총고정판매관리비	₩1,200,000

고정제조간접원가 예정배부율은 각 분기별 예산생산량을 기준조업도로 하여 계산한다. 기말 차이 조정 시, 고정제조간접원가 배부차이는 전액을 매출원가 항목에서 조정한다.

주어진 자료 이외의 수익과 비용은 고려하지 않는다.

요구사항

[물음 1] 다음 물음에 답하시오.

(1) 전부원가계산(Absorption costing)에 따라 20×1년 1분기와 2분기의 영업이익을 각각 구하시오.

(2) 1분기에 비해 2분기에 매출은 증가하였음에도 영업이익은 감소하였다. 그 이유를 설명하시오. (3줄 이내로 답할 것)

[물음 2] 다음 물음에 답하시오.

(1) 변동원가계산(Variable costing)에 따라 20×1년 1분기와 2분기의 영업이익을 각각 구하시오.

(2) 전부원가계산과 변동원가계산에 따른 영업이익의 차이를 20×1년 1분기와 2분기 각각에 대해 조정하시오.

[물음 3] 다음 물음에 답하시오.

(1) 전부원가계산(기말조정 후 기준)과 변동원가계산에 따라 20×1년 1분기와 2분기의 손익분기점(BEP) 판매량을 각각 구하시오.

(2) 위 (1)과 관련하여 고정판매관리비 일부가 회계처리상 오류의 정정을 통해 고정제조간접원가로 재분류되었다. 이와 같은 오류의 정정이 전부원가계산과 변동원가계산하에서의 손익분기점 판매량에 영향을 미치는지 여부와 그 이유를 설명하시오. (3줄 이내로 답할 것)

《추가자료》
상기 자료와 함께 사내대체와 관련된 다음 자료를 추가로 고려하여 [물음 4]에 답하시오.

(주)한국은 20×1년 3분기에 사업부 B를 신설하여 제품 Q를 생산하기 시작하였다. 회사는 사업부 A와 사업부 B 모두를 이익중심점으로 설정하고 있다. 사업부 B는 제품 P 1단위를 주요부품으로 사용하여 제품 Q 1단위를 생산한다. 사업부 A의 제품 P 최대생산능력은 7,000단위로 단위당 ₩1,100에 전량 사내대체하며, 사업부 B는 외부시장에서 제품 P를 구입하지 않는다. 사업부 B는 생산한 제품 Q 전부를 외부시장에 판매한다. 제품 P를 부품으로 사용한 제품 Q의 단위당 판매가격은 ₩1,800이고, 사업부 B에서 제품 P를 사용하여 제품 Q를 생산하는 데 단위당 변동원가 ₩600이 발생한다.

한편, 사업부 B는 제품 P보다 성능이 향상된 제품 R을 생산하여 공급하도록 사업부 A에 요청하였다. 사업부 B에서 요청한 2,400단위의 제품 R을 생산하기 위해 사업부 A는 3,000단위의 제품 P 생산을 포기해야 한다. 제품 R을 생산하는 데 사업부 A에서 발생하는 단위당 변동원가는 ₩400이고, 제품 R을 사용하여 제품 Q를 생산하는 데 사업부 B에서는 단위당 변동원가 ₩700이 발생한다. 제품 R을 부품으로 사용한 제품 Q의 단위당 판매가격은 ₩2,500이고, 제품 Q를 1단위 생산하는 데 제품 R은 1단위가 사용된다.

- 사업부 A의 3분기 원가자료는 1분기, 2분기와 동일하다고 가정한다.
- 사내대체 시에도 단위당 변동판매관리비는 외부판매할 경우와 동일하게 발생한다고 가정한다.
- 제품 R을 생산하여도 사업부 A의 총고정제조간접원가는 동일하게 유지된다고 가정한다.

[물음 4] 다음 물음에 답하시오.

(1) 사업부 A가 제품 R 2,400단위 전량을 생산하여 사내대체해야 하는지 여부를 회사 전체적 입장에서 구체적인 계산근거와 함께 설명하시오.

(2) 위의 (1)과 관련하여 사업부 A가 제품 R의 사내대체를 수락하기 위한 제품 R의 단위당 최소사내대체가격을 구하시오.

해답

문제분석

■ "예산판매량, 실제판매량, 예산생산량, 실제생산량" 및 "기초제품은 2,000단위"

→ • 예산판매량은 본 문제에서 필요 없는 자료이다.
• 예산생산량은 제조간접원가 예정배부율을 계산하기 위한 자료이다.
• 실제판매량, 실제생산량, 기초제품을 이용하여 분기별 제품계정을 정리한다.

■ "예산 및 실제 자료", "단위당 변동제조원가 ₩200" 및 "총고정제조간접원가 ₩2,800,000"

→ • 변동제조간접원가 예정배부율과 실제배부율은 같다. 따라서 변동제조간접원가 배부차이는 발생하지 않는다.
• 고정제조간접원가 예산과 실제금액은 같다. 그러나, 예정(기준)조업도와 실제조업도가 다르다면 배부차이가 발생한다. 만약, 표준원가차이인 경우 소비(예산)차이는 발생하지 않지만 예정(기준)조업도와 실제조업도가 다르다면 조업도차이가 발생한다.

■ "고정제조간접원가 예정배부율은 각 분기별 예산생산량을 기준조업도로 하여 계산"

→ • 1분기: ₩2,800,000 ÷ 7,000단위 = ₩400
• 2분기: ₩2,800,000 ÷ 7,000단위 = ₩400

■ [물음 1] "(1) 전부원가계산(Absorption costing)에 따라 20×1년 1분기와 2분기의 영업이익"

→ 제조간접원가 예정배부율을 이용하여 정상매출원가를 계산한 후 제조간접원가 배부차이를 매출원가에 가감한다. 변동제조간접원가 배부차이는 발생하지 않고 고정제조간접원가에 대해서만 배부차이가 발생한다.

■ [물음 2] "(1) 변동원가계산(Variable costing)에 따라 20×1년 1분기와 2분기의 영업이익"

→ 변동제조간접원가 예정배부율을 이용하여 정상변동매출원가를 계산한 후 변동제조간접원가 배부차이를 매출원가에 가감한다. 변동제조간접원가 배부차이는 발생하지 않으므로 매출원가에 조정할 금액은 없고, 해당 분기에 발생한 고정제조간접원가를 당기비용처리한다.

■ [물음 3] "(1) 전부원가계산(기말조정 후 기준)과 변동원가계산에 따라 20×1년 1분기와 2분기의 손익분기점(BEP) 판매량"

→ 정상원가계산을 적용하므로 제품원가에 포함되어 있는 제조간접원가는 예정배부금액이므로 배부차이 금액을 추가로 고려해야 한다. 배부차이금액을 모두 매출원가에 조정하므로 과소배부금액은 당기발생비용에 가산하고 과대배부금액은 당기발생비용에서 차감한다.

■ [물음 3] "(2) 고정판매관리비 일부가 회계처리상 오류의 정정을 통해 고정제조간접원가로 재분류"

→ • 전부원가계산하에서는 실제고정제조간접원가가 과대평가되어 제조간접원가 배부차이에 영향을 미친다. 결과적으로 배부차이는 당해 분기에 비용처리되므로 비용처리되는 총금액은 동일하여 손익분기점 판매량에 미치는 영향은 없다.
• 변동원가계산하에서는 실제발생한 고정제조간접원가와 고정판매관리비가 당해 분기에 비용처리되므로 계정분류 오류일 뿐 총금액은 동일하여 손익분기점 판매량에 미치는 영향은 없다.

■ 《추가자료》 "사업부 A의 제품 P 최대생산능력은 7,000단위로 단위당 ₩1,100에 전량 사내대체"

→ 사업부 A는 생산된 제품 P 7,000단위를 모두 사업부 B에 판매하고 있다.

- **《추가자료》 "제품 P를 부품으로 사용한 제품 Q의 단위당 판매가격은 ₩1,800이고, 사업부 B에서 제품 P를 사용하여 제품 Q를 생산하는 데 단위당 변동원가 ₩600이 발생"**
  → 사업부 B의 추가변동원가는 ₩600이고 최종판매가격은 ₩1,800이다. 또한, 회사 전체 입장에서 최종판매가격은 사업부 B 판매가격 ₩1,800이고 변동원가는 사업부 A의 ₩300과 사업부 B의 ₩600이다.
- **《추가자료》 "2,400단위의 제품 R을 생산하기 위해 사업부 A는 3,000단위의 제품 P 생산을 포기"**
  → 사업부 A 입장에서 제품 R 2,400단위 판매를 위해서 제품 P 3,000단위를 포기해야 한다. 또한, 제품 R을 생산하면 회사 전체 입장에서 판매량은 7,000단위에서 6,400단위[= 4,000단위(제품 P) + 2,400단위(제품 R)]로 감소한다.
- **《추가자료》 "제품 R을 생산하는 데 사업부 A에서 발생하는 단위당 변동원가는 ₩400이고, 제품 R을 사용하여 제품 Q를 생산하는 데 사업부 B에서는 단위당 변동원가 ₩700이 발생한다. 제품 R을 부품으로 사용한 제품 Q의 단위당 판매가격은 ₩2,500" 및 "사내대체 시에도 단위당 변동판매관리비는 외부판매할 경우와 동일하게 발생"**
  → 회사 전체 입장에서 최종판매가격은 사업부 B 판매가격 ₩2,500이고 변동원가는 사업부 A의 ₩500[= ₩400 + ₩100(변동판매관리비)]과 사업부 B의 ₩700이다.
- **[물음 4] "(1) 사내대체해야 하는지 여부를 회사 전체적 입장"**
  → 제품 R을 생산하면 회사 전체 입장에서 판매량은 7,000단위에서 6,400단위[= 4,000단위(제품 P) + 2,400단위(제품 R)]로 감소하므로 제품 R 생산 전과 후의 영업이익을 계산하여 비교한다.
- **[물음 4] "(2) 사업부 A가 제품 R의 사내대체를 수락하기 위한 제품 R의 단위당 최소사내대체가격"**
  → 제품 R 단위당 증분원가에 제품 P 3,000단위 판매포기에 대한 기회원가를 반영한다.

자료정리

(1) 분기별 제품현황

1분기

기초	2,000	판매	5,000
생산	7,000	기말	4,000
	9,000		9,000

2분기

기초	4,000	판매	7,000
생산*	4,000	기말	1,000
	8,000		8,000

* 생산량: 재고현황은 실제생산량을 기준으로 파악하고, 예산생산량은 단지 예정배부율을 계산하기 위한 자료이다.

(2) 제조간접원가 예정배부율

① 변동제조간접원가: 분기별 예산과 실제자료가 동일하므로 변동제조간접원가 배부차이는 발생하지 않는다.

② 고정제조간접원가

- 1분기: $\frac{₩2,800,000}{7,000단위}$ = ₩400
- 2분기: $\frac{₩2,800,000}{7,000단위}$ = ₩400

(3) 분기별 고정제조간접원가 배부차이

	1분기		2분기	
예정배부	₩400 × 7,000단위 =	₩2,800,000	₩400 × 4,000단위 =	₩1,600,000
실제발생		2,800,000		2,800,000
배부차이		-		₩1,200,000(과소)

(4) 공급사업부(사업부 A)와 구매사업부(사업부 B)

- 제품 P 대체

	제품 P 외부	제품 P 대체	7,000단위 →	구매사업부
p	-	TP		₩1,800
vc	₩200 + ₩100	₩300		TP + ₩600

- 제품 R 대체(제품 P 3,000단위 포기)

	제품 R 외부	제품 R 대체	2,400단위 →	구매사업부
p	-	TP		₩2,500
vc	₩400 + ₩100	₩500		TP + ₩700

모범답안

[물음 1]

(1) 분기별 영업이익

	1분기		2분기	
매출액	5,000 × ₩1,100 =	₩5,500,000	7,000 × ₩1,100 =	₩7,700,000
매출원가	5,000 × ₩600[*1] =	(3,000,000)	7,000 × ₩600[*2] =	(4,200,000)
배부차이		-		(1,200,000)
매출총이익		₩2,500,000		₩2,300,000
판관비	5,000 × ₩100 + ₩1,200,000 =	(1,700,000)	7,000 × ₩100 + ₩1,200,000 =	(1,900,000)
영업이익		₩800,000		₩400,000

[*1] 1분기 단위당 전부원가: ₩200 + ₩400 = ₩600

[*2] 2분기 단위당 전부원가: ₩200 + ₩400 = ₩600

(2) 영업이익 감소원인

1분기에는 실제생산량과 기준조업도가 동일하여 배부차이가 발생하지 않지만, 2분기에는 실제생산량 감소로 인한 불리한 고정제조간접원가 배부차이를 당기 매출원가에 전액 조정하여 영업이익의 감소를 초래하였다.

[물음 2]

(1) 분기별 영업이익

분기별 예산과 실제자료가 동일하므로 변동제조간접원가의 배부차이는 발생하지 않는다.

	1분기		2분기	
매출액	5,000 × ₩1,100 =	₩5,500,000	7,000 × ₩1,100 =	₩7,700,000
변동원가	5,000 × (₩200 + ₩100) =	(1,500,000)	7,000 × (₩200 + ₩100) =	(2,100,000)
배부차이		-		-
공헌이익		₩4,000,000		₩5,600,000
고정원가	₩2,800,000 + ₩1,200,000 =	(4,000,000)	₩2,800,000 + ₩1,200,000 =	(4,000,000)
영업이익		-		₩1,600,000

(2) 영업이익 차이 조정

배부차이를 모두 매출원가에 조정하므로 재고에 포함되어 있는 단위당 고정제조간접원가는 예정배부금액이다.

	1분기		2분기	
변동원가이익		-		₩1,600,000
기말재고 × 고정제조간접원가	4,000 × ₩400 =	₩1,600,000	1,000 × ₩400 =	400,000
기초재고 × 고정제조간접원가	2,000 × ₩400 =	(800,000)	4,000 × ₩400 =	(1,600,000)
전부원가이익		₩800,000		₩400,000

[물음 3]

(1) 손익분기점 판매량

① 전부원가계산

1분기의 배부차이는 발생하지 않고 2분기의 고정제조간접원가 과소배부금액은 ₩1,200,000이다.

- 1분기: $\dfrac{₩1{,}200{,}000}{(₩1{,}100 - ₩200 - ₩100 - ₩400)}$ = 3,000단위

- 2분기: $\dfrac{₩1{,}200{,}000 + ₩1{,}200{,}000}{(₩1{,}100 - ₩200 - ₩100 - ₩400)}$ = 6,000단위

별해

손익분기점 판매량을 Q라 하면 다음과 같다.

(1) 1분기

(₩1,100 - ₩200 - ₩100 - ₩400) × Q - ₩1,200,000 ± ₩0[1] = ₩0

∴ Q = 3,000단위

[1] 고정제조간접원가 배부차이

(2) 2분기

(₩1,100 - ₩200 - ₩100 - ₩400) × Q - ₩1,200,000 - ₩1,200,000[2] = ₩0

∴ Q = 6,000단위

[2] 고정제조간접원가 과소배부

② 변동원가계산

변동제조간접원가에 대해서는 배부차이가 발생하지 않는다.

- 1분기: $\dfrac{₩2{,}800{,}000 + ₩1{,}200{,}000}{(₩1{,}100 - ₩200 - ₩100)}$ = 5,000단위

- 2분기: $\dfrac{₩2{,}800{,}000 + ₩1{,}200{,}000}{(₩1{,}100 - ₩200 - ₩100)}$ = 5,000단위

별해

손익분기점 판매량을 Q라 하면 다음과 같다.

(1) 1분기

(₩1,100 - ₩200 - ₩100) × Q - (₩2,800,000 + ₩1,200,000) ± ₩0[1] = ₩0

∴ Q = 5,000단위

[1] 변동제조간접원가 배부차이

(2) 2분기

(₩1,100 - ₩200 - ₩100) × Q - (₩2,800,000 + ₩1,200,000) ± ₩0[2] = ₩0

∴ Q = 5,000단위

[2] 변동제조간접원가 배부차이

(2) 회계처리상 오류의 효과

전부원가계산과 변동원가계산 모두 손익분기점에 미치는 영향은 없다. 전부원가계산의 경우 일부 고정판매비를 당기 고정제조원가로 처리하면 과소배부금액이 증가하여 결과적으로 모두 당기비용처리되고 변동원가계산의 경우 당해 발생 고정원가는 모두 고정제조간접원가로 당기비용처리되기 때문이다.

① 오류발생 시 분기별 고정제조간접원가 배부차이

	1분기		2분기	
예정배부	₩400 × 7,000 =	₩2,800,000	₩400 × 4,000 =	₩1,600,000
실제발생	₩2,800,000 + ₩1,200,000 =	4,000,000	₩2,800,000 + ₩1,200,000 =	4,000,000
배부차이		₩1,200,000(과소)		₩2,400,000(과소)

② 전부원가계산

- 1분기: (₩1,100 - ₩200 - ₩100 - ₩400) × Q - ₩1,200,000[*1] = ₩0

  ∴ Q = 3,000단위

  [*1] 고정제조간접원가 배부차이

- 2분기: (₩1,100 - ₩200 - ₩100 - ₩400) × Q - ₩2,400,000[*2] = ₩0

  ∴ Q = 6,000단위

  [*2] 고정제조간접원가 과소배부

③ 변동원가계산

- 1분기: (₩1,100 - ₩200 - ₩100) × Q - ₩4,000,000[*3] ± ₩0[*4] = ₩0

  ∴ Q = 5,000단위

  [*3] 고정제조간접원가

  [*4] 변동제조간접원가 배부차이

- 2분기: (₩1,100 - ₩200 - ₩100) × Q - ₩4,000,000[*5] ± ₩0[*6] = ₩0

  ∴ Q = 5,000단위

  [*5] 고정제조간접원가

  [*6] 변동제조간접원가 배부차이

[물음 4]

(1) 회사 전체적 입장에서의 제품 R 대체 여부 결정

	대체 전[*1]		대체 후[*2]	
매출	7,000 × ₩1,800 =	₩12,600,000	2,400 × ₩2,500 + 4,000 × ₩1,800 =	₩13,200,000
원가	7,000 × (₩300 + ₩600) =	(6,300,000)	2,400 × ₩1,100 + 4,000 × ₩900 =	(6,240,000)
이익		₩6,300,000		₩6,960,000

[*1] 사업부 A는 제품 P 7,000단위를 대체한 후 사업부 B는 이를 모두 가공하여 외부시장에 판매한다.

[*2] 사업부 A는 제품 R 2,400단위와 제품 P 4,000단위를 대체한 후 사업부 B는 이를 모두 가공하여 외부시장에 판매한다.

∴ ₩660,000(= ₩6,960,000 - ₩6,300,000)만큼 이익이 증가하므로 사내대체해야 한다.

(2) 최소사내대체가격(TP)

$$\text{단위당 증분원가} + \text{단위당 기회원가} = ₩400 + \frac{3{,}000\text{단위} \times (₩1{,}100 - ₩300)}{2{,}400\text{단위}} = ₩1{,}400$$

별해

(1) 최소사내대체가격(TP)

증분수익		
매출 증가		2,400TP
증분비용		
변동원가 증가	2,400단위 × ₩400 =	(960,000)
제품 P 판매포기	3,000단위 × (₩1,100 - ₩300) =	(2,400,000)
증분이익		2,400TP - ₩3,360,000 ≥ 0

∴ TP = ₩1,400

(2) 최대사내대체가격(TP)

증분수익		
매출 증가	2,400단위 × ₩2,500 =	₩6,000,000
증분비용		
변동원가 증가	2,400단위 × (TP + ₩700) =	(2,400TP + ₩1,680,000)
기존 제품 판매포기	3,000단위 × (₩1,800 - ₩1,700) =	(300,000)
증분이익		₩4,020,000 - 2,400TP ≥ 0

∴ TP = ₩1,675

(3) 회사 전체적 입장

(최대사내대체가격 - 최소사내대체가격) × 대체수량 = (₩1,675 - ₩1,400) × 2,400단위 = ₩660,000 이익 증가

∴ 제품 R을 사내대체해야 한다.

문제 07 복수제품 CVP, 제한된 자원하의 의사결정 및 대체가격결정

회계사 22

(주)대한은 원재료를 수입하여 배터리 제조에 필요한 A형, B형 및 C형 부품을 생산·판매하고 있으며, 생산한 물량은 모두 판매할 수 있다.

다음은 20×1년의 영업 및 생산 관련 자료이며, 당해 생산제품은 전량 판매되었다. 직접고정원가는 해당 제품을 생산하지 않게 되면 전액 회피가능한 원가이며, 간접고정원가는 매출액을 기준으로 각 부품에 배부하였다.

구분	A형	B형	C형
매출액	₩120,000	₩80,000	₩200,000
변동원가	₩52,000	₩50,000	₩104,000
직접고정원가	₩16,000	₩5,600	₩12,800
간접고정원가	₩15,480	₩10,320	₩25,800
생산량	4,000개	2,000개	4,000개
원재료소비량	4,000g	2,000g	10,000g

(주)대한은 지난 수년간 A형, B형 및 C형 부품의 생산량 비율을 유지해왔고, 앞으로도 이러한 정책을 유지할 방침이다. 다만, 예상판매량이 손익분기점 이하인 경우 해당 부품의 생산을 중단한다. 이 경우에도 생산중단 부품을 제외한 나머지 부품들의 생산량 비율은 그대로 유지한다.

요구사항

[물음 1] (주)대한의 최고경영자는 최근 B형 부품의 판매량 감소 때문에 걱정을 많이 하고 있으며, 상황에 따라 이 부품의 생산중단까지도 생각하고 있다.

(1) B형 부품의 손익분기점 수량은 몇 개인가?

(2) B형 부품에 대한 생산 중단 여부를 판단하고, 그 이유를 간단히 제시하시오.

[물음 2] 만일 B형 부품의 예상판매량이 800개라면 A형 및 C형 부품의 손익분기점 수량은 각각 몇 개인가?

[물음 3] 만일 B형 부품의 판매량 감소가 국제정세불안에 따른 해외공급망 문제로 원재료 수급이 원활하지 못해 발생한 현상이라면, (주)대한이 안정적인 부품생산을 위해 취할 수 있는 방안을 3가지 제시하시오.

[물음 4] (주)대한은 20×2년에 원재료를 10,000g밖에 조달할 수 없을 것으로 전망된다. 이러한 경우 공헌이익을 최대로 달성하고자 한다면 각 부품을 몇 개씩 생산해야 하며, 이때의 공헌이익은 얼마인가?

※ 위 물음과 관계 없이 다음 물음에 답하시오.

(주)민국은 부품 생산부문과 완성품 생산부문을 분권화된 조직으로 운영하고 있다. (주)민국은 부품이 개발되면 이를 활용하여 완성품을 제조하고 판매할 계획이다. 완성품의 단위당 판매가격은 ₩200으로 예상되고, 완성품 1단위 생산에는 부품 1단위가 필요하다. 이 부품을 외부로 판매하는 것은 불가능하다.
(주)민국은 각 부문의 목표와 기업 전체의 목표를 일치시키는 사내대체가격을 얼마로 결정할지 고민 중이다. 생산·판매를 중단하는 경우 총고정원가는 회피가능하다. (주)민국의 부문별 원가구조는 다음과 같다.

구분	부품 생산부문	완성품 생산부문	기업 전체
단위당 변동원가	₩30	₩70	₩100
총고정원가	₩40,000	₩60,000	₩100,000

[물음 5] (주)민국의 완성품 판매량이 2,000개일 때, 사내대체가격의 최저치와 최고치는 각각 얼마인가?

[물음 6] 완성품의 판매량이 500개일 때, (주)민국의 두 부문 사이에 자율적인 사내대체를 유도하는 사내대체가격은 존재하는가? 존재한다면 범위를 구하고, 그렇지 않다면 그 이유와 함께 해결 방안을 서술하시오.

| 해답 |

문제분석

- **"생산한 물량은 모두 판매"**
  → [물음 4]에서 원재료당 공헌이익이 높은 제품을 최대한 생산할 수 있다.
- **"직접고정원가는 해당 제품을 생산하지 않게 되면 전액 회피가능한 원가"**
  → 생산을 중단하면 직접고정원가는 회피가능하지만 간접고정원가는 회피할 수 없다.
- **"생산량 비율을 유지해왔고, 앞으로도 이러한 정책을 유지할 방침"**
  → 복수제품 CVP분석을 위한 매출배합이 유지됨을 말한다.
- **[물음 1] "(2) B형 부품에 대한 생산 중단 여부를 판단"**
  → B형 부품의 손익분기점 판매량과 현재 판매량 2,000단위를 비교하여 생산 중단 여부를 판단한다.
- **[물음 2] "만일 B형 부품의 예상판매량이 800개라면"**
  → B형 부품 생산을 중단하면 B형의 직접고정원가는 회피할 수 있지만 간접고정원가는 계속 발생한다. 또한, A형 부품과 C형 부품의 매출배합은 그대로 유지된다.
- **"생산·판매를 중단하는 경우 총고정원가는 회피가능"**
  → 대체가격결정 시 부품생산부문과 완성품생산부문 모두 총고정원가를 고려하여 계산한다.

(2) 최적생산계획

원재료당 공헌이익이 가장 높은 A형을 생산한다.

10,000g ÷ 1g = 10,000단위

그러므로, 공헌이익은 ₩170,000(= 10,000단위 × ₩17)이다.

또한, 제시된 자료 중 부품의 생산량 비율이 유지된다는 가정을 따르면 10,000g으로 생산할 수 있는 수량은 다음과 같이 계산할 수 있다.

B의 수량을 x라 하면 A와 C의 수량은 $2x$이므로 다음과 같은 등식을 만들 수 있다.

$1g \cdot 2x + 1g \cdot x + 2.5g \cdot 2x = 10,000g$

x는 1,250이므로 A의 수량(Q_A), B의 수량(Q_B) 및 C의 수량(Q_C)은 다음과 같다.

- Q_A: 2 × 1,250 = 2,500단위
- Q_B: 1 × 1,250 = 1,250단위
- Q_C: 2 × 1,250 = 2,500단위

[물음 5] 사내대체가격의 최저치와 최고치

(1) 부품 생산부문 최소대체가격

$$\text{단위당 증분원가} + \text{단위당 기회원가} = ₩30 + \frac{₩40,000}{2,000\text{개}} = ₩50$$

(2) 완성품 생산부문 최대대체가격

$$\text{Min[단위당 지불가능금액, 외부구입가격]} = \text{Min}[₩200 - (₩70 + \frac{₩60,000}{2,000\text{개}}) = ₩100,\ ₩?] = ₩100$$

∴ 사내대체가격의 최저치는 ₩50이고, 최고치는 ₩100이다.

[물음 6] 사내대체가격범위

(1) 부품 생산부문 최소대체가격

$$\text{단위당 증분원가} + \text{단위당 기회원가} = ₩30 + \frac{₩40,000}{500\text{개}} = ₩110$$

(2) 완성품 생산부문 최대대체가격

$$\text{Min[단위당 지불가능금액, 외부구입가격]} = \text{Min}[₩200 - (₩70 + \frac{₩60,000}{500\text{개}}) = ₩10,\ ₩?] = ₩10$$

(3) 사내대체가격범위

최저치는 ₩110이고 최고치는 ₩10이므로, 자율적인 대체를 위한 대체가격은 존재하지 않는다. 이러한 경우 대체를 위해서는 각 부문에 보조금을 지급함으로써 대체로 인한 손실을 보전하는 방법이 있다.

문제 08 대체가격결정과 사업부 성과평가

회계사 17

甲사는 스마트폰을 제조하고 있으며, 乙사는 스마트폰 제조에 필요한 반도체를 생산한다. 甲사는 스마트폰 생산을 위해 연간 6,000개의 반도체를 필요로 하며, 시장에서 반도체를 구입하는 경우 개당 ₩25,000이 소요된다. 乙사는 연간 최대 18,000개의 반도체 생산능력을 가지고 있으며, 매년 12,000개의 반도체를 생산하여 시장에 판매하고 있다. 乙사의 반도체 판매가격은 개당 ₩25,000이며, 변동원가는 개당 ₩15,000, 고정원가는 연간 총 ₩12,000,000 발생한다.

甲사는 수직계열화를 위해 乙사를 합병한 후 반도체사업부(기존 乙사)와 조립사업부(기존 甲사)의 두 사업부로 운영하고자 한다. 각 사업부문은 이익중심점으로서 반도체의 사내대체가격을 자율적으로 합의하여 결정하며, 사내대체 시 반도체사업부는 거래비용 절감 등으로 변동원가의 10%를 절감할 수 있다고 가정한다.

20×7년 1월 1일 甲사가 乙사를 합병한 결과, 甲사 반도체사업부의 반도체에 대한 시장수요는 연간 18,000개로 증가하였으며, 이외의 조건은 동일하다고 가정한다.

요구사항

[물음 1] 반도체사업부(기존 乙사)의 경영자가 동의할 수 있는 반도체 1개당 최소대체가격과 조립사업부(기존 甲사)의 경영자가 동의할 수 있는 반도체 1개당 최대대체가격은 얼마인가?

[물음 2] 甲사는 각 사업부의 연간 영업이익의 1%를 해당 사업부 경영자에게 성과급으로 지급한다. 20×7년 중 조립사업부 필요수량 6,000개가 모두 사내대체된다고 할 때, 반도체사업부 경영자가 20×7년 영업성과에 대해 받을 수 있는 예상 성과급의 최대금액과 최소금액은 얼마인가?

해답

문제분석

- "사내대체 시 반도체사업부는 거래비용 절감 등으로 변동원가의 10%를 절감할 수 있다고 가정"
  → 대체 시 단위당 변동원가는 ₩13,500(= ₩15,000 × 90%)이다.
- "연간 최대 18,000개의 반도체 생산능력" 및 "甲사 반도체사업부의 반도체에 대한 시장수요는 연간 18,000개로 증가"
  → 甲사의 여유조업도는 없다.
- [물음 2] "甲사는 각 사업부의 연간 영업이익의 1%를 해당 사업부 경영자에게 성과급으로 지급" 및 "20×7년 영업성과에 대해 받을 수 있는 예상 성과급의 최대금액과 최소금액"
  → [물음 1]에서 계산한 최소대체가격과 최대대체가격을 적용하여 甲사의 예상 영업이익을 계산한다.

자료정리

가격과 원가구조

	甲		6,000개 →	乙
	외부판매	사내대체		
단위당 판매가격	₩25,000	TP		₩?
단위당 변동원가	(15,000)	₩15,000 × 90%		TP + ₩?
단위당 공헌이익	₩10,000			↑
고정원가	₩12,000,000			₩25,000

모범답안

[물음 1] 대체가격결정

(1) 최소대체가격(TP)

단위당 증분원가 + 단위당 기회원가 = ₩15,000 × 90% + $\frac{6,000개 \times ₩10,000}{6,000개}$ = ₩23,500

별해

증분수익		
매출 증가	6,000개 × TP =	6,000TP
증분비용		
변동제조원가	6,000개 × ₩13,500 =	₩(81,000,000)
기존판매포기	6,000개 × ₩10,000 =	(60,000,000)
증분이익		6,000TP - ₩141,000,000 ≥ 0

∴ TP = ₩23,500

(2) 최대대체가격(TP)

Min[단위당 지불가능금액, 단위당 외부구입가격] = Min[₩?*, ₩25,000] = ₩25,000

* 판매가격과 추가원가에 대한 자료가 제시되어 있지 않다.

[물음 2] 예상 성과급의 최대금액과 최소금액

(1) 대체가격(TP)이 ₩23,500인 경우

① 예상 영업이익

12,000개 × ₩10,000 + 6,000개 × (₩23,500 - ₩13,500) - ₩12,000,000 = ₩168,000,000

② 예상 성과급

₩168,000,000 × 1% = ₩1,680,000

(2) 대체가격(TP)이 ₩25,000인 경우

① 예상 영업이익

12,000개 × ₩10,000 + 6,000개 × (₩25,000 - ₩13,500) - ₩12,000,000 = ₩177,000,000

② 예상 성과급

₩177,000,000 × 1% = ₩1,770,000

∴ 예상 성과급의 최대금액은 ₩1,770,000이고, 최소금액은 ₩1,680,000이다.

cpa.Hackers.com

해커스 회계사 允원가관리회계연습

회계사 · 세무사 · 경영지도사 단번에 합격!
해커스 경영아카데미 cpa.Hackers.com

제12장

자본예산

핵심 이론 요약

01 단기의사결정과 자본예산 비교

	단기의사결정		자본예산
기간	단기		장기
의사결정기준	이익		현금
구성요소			
(+)효과	수익		현금유입
(-)효과	비용		현금유출
평가기준			
금액	이익		순현재가치
비율	이익률	↘	내부수익률
			회계적이익률*
기간	-		회수기간
화폐의 시간가치	해당사항 없음		순현재가치, 내부수익률

* 회계적이익률은 회계적이익을 기준으로 계산한다.

02 현금흐름 추정

(1) 기본가정

① 현금흐름은 기초 또는 기말에 일괄 발생함

② 법인세는 현금유출로 가정함

③ 감가상각비는 비현금유출임

④ 이자 및 배당은 비현금유출임

(2) 시간에 따른 현금흐름

① 최초투자시점

현금유출 = 설비 등 투자금액 + 운전자본 투자금액 - 구설비 등 처분금액[*1]

[*1] 법인세를 고려하면 처분손익에 대한 세금효과를 추가로 반영한다.

- 처분가액 - 처분이익에 대한 세금효과 + 처분손실에 대한 세금효과

② 투자기간

세후현금흐름 = 세후회계적이익 + 감가상각비
= 세후현금영업이익[*2] + 감가상각비 × 법인세율

[*2] (현금영업수익 - 현금영업비용) × (1 - 법인세율)

③ 투자종료시점

현금유입 = 설비 등 처분금액[*3] + 순운전자본 회수금액 - 구설비 등 잔존가치(기회비용)[*3]

[*3] 법인세를 고려하면 처분손익에 대한 세금효과를 추가로 반영한다.

- 처분가액 - 처분이익에 대한 세금효과 + 처분손실에 대한 세금효과

(3) 법인세 존재 시 추가고려사항

세후영업현금흐름, 감가상각비 감세효과, 유형자산 처분손익에 따른 세금효과 등을 고려해야 한다.

03 투자안의 평가방법

1. 비할인모형과 할인모형 비교

구분	종류	현재가치 할인	의사결정대상	수익성 파악 여부
비할인모형	회수기간법	X(O[*1])	현금흐름	X[*2]
	회계적이익률법	X	회계적이익	O(이익률)
할인모형	순현재가치법	O	현금흐름	O(금액)
	내부수익률법	O	현금흐름	O(수익률)

[*1] 할인된 현금흐름으로 회수기간을 계산한다.

[*2] 수익이 아닌 회수기간을 기준으로 평가한다.

2. 비할인모형

(1) 회수기간법

기준회수기간과 비교하여 짧은 회수기간을 선택한다.

① 매년 현금유입액이 동일한 경우

$$\text{회수기간} = \frac{\text{투자금액}}{\text{연간 현금유입액}}$$

② 매년 현금유입액이 다른 경우: 투자액과 매년 누적현금유입액을 비교함

(2) 회계적이익률법

기준회계적이익률과 비교하여 높은 회계적이익률을 선택한다.

$$\text{회계적이익률} = \frac{\text{연평균회계적이익}^{*3}}{\text{최초투자액(또는 평균투자액}^{*4})}$$

[*3] 연평균현금흐름 - 연평균감가상각비

[*4] (최초투자액 + 잔존가치)/2

3. 할인모형

(1) 순현재가치법

투자안의 순현재가치가 영(0)보다 크면 채택한다.

$$순현재가치 = \sum_{t=1}^{n} \frac{매년\ 현금흐름}{(1+할인율)^t} - 최초투자금액$$

(2) 내부수익률법

내부수익률이란, 순현재가치가 "0"이 되는 할인율 또는 현금유입 현재가치와 현금유출 현재가치가 일치하는 할인율을 말한다. 내부수익률이 투자자가 요구하는 수익률보다 크면 채택한다.

$$내부수익률 = \sum_{t=1}^{n} \frac{매년\ 현금흐름}{(1+내부수익률)^t} - 최초투자금액$$

(3) 순현재가치법의 우월성

다음과 같은 이유로 순현재가치법이 내부수익률법에 비하여 바람직하다.

① 순현재가치법의 재투자수익률 가정이 합리적임 → 순현재가치법은 자본비용, 내부수익률법은 내부수익률

② 순현재가치법은 가치합산원칙이 적용됨 → 다양한 형태의 투자안 평가·비교가 용이함

③ 내부수익률법은 복수의 내부수익률이 존재할 수 있음 → 일관된 기준으로 투자 여부 결정 어려움

문제 01 대체투자 사업성분석(회수기간법, 회계적이익률법, 순현재가치법)

(주)한국은 기존 설비를 대체하고 새로운 설비를 ₩300,000에 구입하고자 한다. 새로운 설비를 구입할 경우 기존 설비는 ₩100,000에 처분할 수 있다. 두 설비에 관련한 추가자료는 다음과 같다.

《자료 1》 설비현황

	구설비	신설비
취득원가	₩250,000	₩300,000
현재처분가치	100,000	300,000
잔존가치	-	-
취득 당시 내용연수	5년	3년
잔존내용연수	3년	3년

《자료 2》 매년 공헌이익 손익계산서

	구설비	신설비
매출	₩500,000	₩700,000
변동원가	(250,000)	(420,000)
공헌이익	₩250,000	₩280,000
고정원가		
현금지출 고정원가	(100,000)	(50,000)
감가상각비	(50,000)	(100,000)
영업이익	₩100,000	₩130,000

《자료 3》 현가계수 및 연금현가계수(할인율 10%)

연도	현가계수	연도	연금현가계수
1	0.909	1	0.909
2	0.826	2	1.735
3	0.751	3	2.486

요구사항

[물음 1] 새로운 설비 대체투자에 대한 회수기간을 구하시오. (단, 화폐의 시간가치는 고려하지 않는다)

[물음 2] 새로운 설비 대체투자에 대한 회계적이익률을 구하시오. (단, 화폐의 시간가치는 고려하지 않는다)

(1) 최초투자액기준

(2) 평균투자액기준

[물음 3] 새로운 설비 대체투자에 대한 순현재가치(NPV)를 구하시오. (단, 화폐의 시간가치는 《자료 3》 현가계수를 이용하시오)

해답

문제분석

- "새로운 설비를 ₩300,000에 구입" 및 "기존 설비는 ₩100,000에 처분"
  → 새로운 설비대체를 위한 투자금액은 ₩200,000(= ₩300,000 - ₩100,000)이다. 또한, 잔존가치가 없으므로 평균투자액은 다음과 같다.

$$\frac{₩200,000 + ₩0}{2} = ₩100,000$$

- 《자료 2》 "감가상각비, 영업이익"
  → 감가상각비와 영업이익을 이용하여 현금흐름을 계산할 수 있다.

자료정리

(1) 매년 현금흐름

	구설비	신설비
영업이익	₩100,000	₩130,000
감가상각비	+ 50,000	+ 100,000
현금흐름	₩150,000	₩230,000

∴ 증분현금흐름: ₩230,000 - ₩150,000 = ₩80,000

(2) 투자시점별 현금흐름

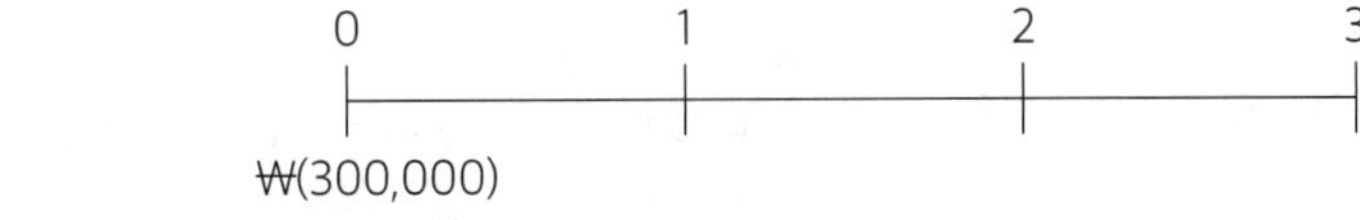

	0	1	2	3
신설비 구입	₩(300,000)			
구설비 처분	100,000			
증분 영업현금흐름*		₩80,000	₩80,000	₩80,000

* 신설비 영업현금흐름 - 구설비 영업현금흐름 = ₩230,000 - ₩150,000 = ₩80,000

모범답안

[물음 1] 회수기간

(1) 순투자액

₩300,000 - ₩100,000 = ₩200,000

(2) 매년 증분현금흐름

₩230,000 - ₩150,000 = ₩80,000

(3) 회수기간

$$\frac{\text{투자액}}{\text{매년 현금흐름}} = \frac{₩200,000}{₩80,000} = 2.5\text{년}$$

[물음 2] 회계적이익률

(1) 순투자액

₩300,000 - ₩100,000 = ₩200,000

(2) 평균투자액

$$\frac{₩200,000 + ₩0}{2} = ₩100,000$$

(3) 매년 증분 영업이익

₩130,000 - ₩100,000 = ₩30,000

(4) 회계적이익률

① 최초투자액기준 회계적이익률: $\frac{\text{연평균회계적이익}}{\text{최초투자액}} = \frac{₩30,000}{₩200,000} = 15\%$

② 평균투자액기준 회계적이익률: $\frac{\text{연평균회계적이익}}{\text{평균투자액}} = \frac{₩30,000}{₩100,000} = 30\%$

[물음 3] 순현재가치(NPV)

₩80,000 × 2.486 - ₩200,000 = ₩(1,120)

문제 02 대체투자 다기간 CVP분석

(주)한국은 기존 설비를 대체하고 새로운 설비를 ₩60,000에 구입하고자 한다. 새로운 설비를 구입할 경우 기존 설비는 ₩20,000에 처분할 수 있다. 회사는 잔존가치 없이 감가상각하며 상각방법은 정액법을 사용하고 있으며 법인세율은 40%이다. 두 설비에 관련한 추가자료는 다음과 같다.

《자료 1》 설비현황

	구설비	신설비
취득원가	₩50,000	₩60,000
잔존가치	-	-
내용연수		
취득 당시	5년	3년
잔존	3년	3년
처분가치		
현재	₩20,000	₩60,000
내용연수 종료 후	-	10,000

《자료 2》 가격과 원가구조

	구설비	신설비
단위당 판매가격	₩50	₩60
단위당 변동원가	(35)	(30)
공헌이익	₩15	₩30
고정원가		
현금지출 고정원가	₩25,000	₩40,000

《자료 3》 현가계수 및 연금현가계수(할인율 10%)

연도	현가계수	연도	연금현가계수
1	0.909	1	0.909
2	0.826	2	1.735
3	0.751	3	2.486

요구사항

[물음] 새로운 설비 대체투자를 위한 연간 최소판매량을 구하시오. (단, 화폐의 시간가치는《자료 3》 현가계수를 이용하시오)

해답

문제분석

■ "기존 설비는 ₩20,000에 처분" 및 "회사는 잔존가치 없이 감가상각하며 상각방법은 정액법을 사용하고 있으며 법인세율은 40%"

→ 구설비 처분으로 인한 현금유입액은 처분가치에 처분손익에 대한 법인세효과를 반영한다.

처분가치(구설비)		₩20,000
처분손실 법인세효과	(₩20,000 - ₩30,000[*1]) × 40% =	4,000
현금유입액		₩24,000

[*1] 장부가액: ₩50,000 - (₩10,000 × 2년) = ₩30,000

■ 《자료 1》 "신설비, 내용연수 종료 후 ₩10,000"

→ 신설비 처분으로 인한 현금유입액은 처분가치에 처분손익에 대한 법인세효과를 반영한다.

처분가치(신설비)		₩10,000
처분이익 법인세효과	(₩10,000 - 0[*2]) × 40% =	(4,000)
현금유입액		₩6,000

[*2] 잔존가치는 없다.

자료정리

(1) 매년 증분 세후현금흐름

• 매년 영업현금흐름

매년 판매량을 Q라 하면 다음과 같다.

	구설비	신설비	증분현금흐름
영업이익	₩15Q	₩30Q	₩15Q
현금지출 고정원가	(25,000)	(40,000)	(15,000)
현금흐름	₩15Q - ₩25,000	₩30Q - ₩40,000	₩15Q - ₩15,000

• 매년 감가상각비

	구설비	신설비	증분감가상각비
감가상각비	₩10,000	₩20,000	₩10,000

• 증분 세후현금흐름: (₩15Q - ₩15,000) × (1 - 40%) + ₩10,000 × 40 = ₩9Q - ₩5,000

(2) 투자시점별 현금흐름

	0	1	2	3
신설비 구입	₩(60,000)			
구설비 처분	24,000			
증분 영업현금흐름*		₩9Q - ₩5,000	₩9Q - ₩5,000	₩9Q - ₩5,000

* 세후 현금흐름: (₩15Q - ₩15,000) × (1 - 40%) + ₩10,000 × 40% = ₩9Q - ₩5,000

모범답안

[물음] 연간 최소판매량

(1) 구설비 처분으로 인한 현금유입액

처분가치		₩20,000
처분손실 법인세효과	(₩20,000 - ₩30,000) × 40% =	4,000
현금유입액		₩24,000

(2) 최초투자액

신설비 취득원가 - 구설비 처분가액 = ₩60,000 - ₩24,000 = ₩36,000

(3) 매년 증분 세후현금흐름

(₩15Q - ₩15,000) × (1 - 40%) + ₩10,000 × 40% = ₩9Q - ₩5,000

(4) 연간 최소판매량(Q)

(₩9Q - ₩5,000) × 2.486 + ₩6,000 × 0.751 - ₩36,000 = ₩0

∴ Q = 1,964

문제 03 세 가지 대안 순현재가치법

(주)한국은 기능성 신발시장에 진출하려고 한다. 신발은 외부공급업체로부터 구입하거나 기계를 구입하여 직접 제작할 수 있다. 외부로부터 구입하는 경우 구입금액을 포함한 단위당 변동원가는 ₩50으로 추정된다. 구입가능한 기계는 A와 B 두 가지 종류가 있으며 제품 품질은 동일하지만 생산 방식에 차이가 있어 투입되는 원가는 기계별로 다르다. 각 대안별 원가자료는 다음과 같다.

	외부구입	A기계	B기계
취득원가	-	₩150,000	₩210,000
잔존가치	-	-	-
내용연수	-	3년	3년
단위당 변동원가	₩50	₩40	₩30
연간 현금영업비용	-	₩10,000	₩70,000

법인세율은 40%이며 회사는 잔존가치 없이 정액법으로 감가상각한다. 또한, 회사는 재고를 보유하지 않는다.

요구사항

[물음 1] A기계와 B기계 총원가가 일치하는 예상생산량을 구하시오.

[물음 2] 각 대안별 유리한 연간 생산범위를 제시하시오.

[물음 3] 위 물음과 별도로 신발의 판매가격은 ₩100으로 동일하고 각 대안별 매년 판매량을 10,000개로 가정한다. 순현재가치를 기준으로 가장 유리한 대안을 선택하시오. (단, 3년 연금 현가계수는 2.486이다)

해답

문제분석

- **"잔존가치 없이 정액법으로 감가상각"**
  → 연간 감가상각비를 계산할 수 있다.

	A기계	B기계
1차 연도	₩150,000 ÷ 3년 = ₩50,000	₩210,000 ÷ 3년 = ₩70,000
2차 연도	₩150,000 ÷ 3년 = ₩50,000	₩210,000 ÷ 3년 = ₩70,000
3차 연도	₩150,000 ÷ 3년 = ₩50,000	₩210,000 ÷ 3년 = ₩70,000

- **"회사는 재고를 보유하지 않는다."**
  → 생산량과 판매량은 동일하다.

- **[물음 2] "각 대안별 유리한 연간 생산범위"**
  → PV도표를 이용하여 각 대안별 총원가를 최소화하는 범위를 찾는다.

- **[물음 3] "위 물음과 별도로 신발의 판매가격은 ₩100으로 동일"**
  → 판매가격과 감가상각비를 고려하여 각 대안별 세후 현금흐름함수를 계산할 수 있다.
  [(단위당 공헌이익 × 판매량) - (연간 현금영업비용 + 감가상각비)] × (1 - 40%) + 감가상각비
  또는, [(단위당 공헌이익 × 판매량) - 연간 현금영업비용] × (1 - 40%) + 감가상각비 × 40%

자료정리

(1) 각 대안별 연간 세후 원가함수

생산량을 Q라 하면 다음과 같다.

- 외부구입: ₩50Q × (1 - 40%) = ₩30Q
- A기계: [₩40Q + (₩10,000 + ₩50,000)] × (1 - 40%) = ₩24Q + ₩36,000
- B기계: [₩30Q + (₩70,000 + ₩70,000)] × (1 - 40%) = ₩18Q + ₩84,000

(2) 각 대안별 PV도표(세후 원가기준)

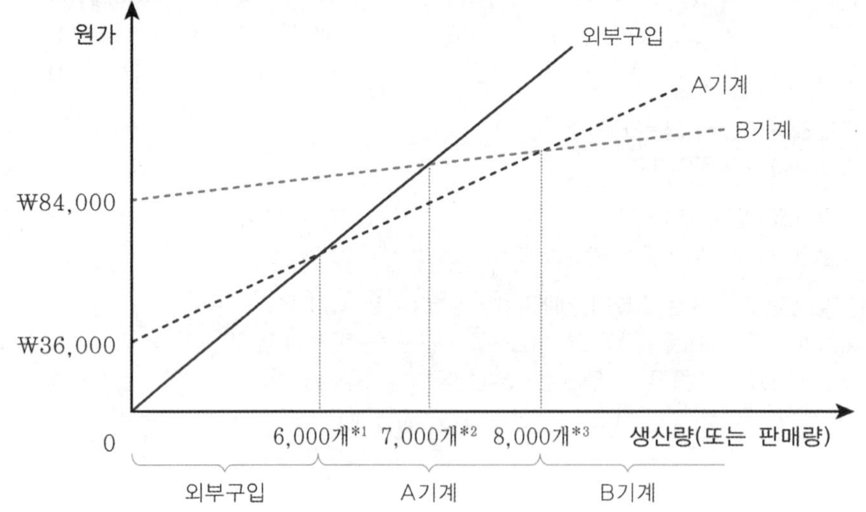

[*1] ₩30Q = ₩24Q + ₩36,000

[*2] ₩30Q = ₩18Q + ₩84,000

[*3] ₩24Q + ₩36,000 = ₩18Q + ₩84,000

(3) 각 대안별 연간 세후 현금흐름함수

생산(판매)량을 Q라 하면 다음과 같다.

- 외부구입: ₩50Q × (1 - 40%) = ₩30Q
- A기계: (₩60Q - ₩60,000) × (1 - 40%) + ₩50,000 = ₩36Q + ₩14,000
- B기계: (₩70Q - ₩140,000) × (1 - 40%) + ₩70,000 = ₩42Q - ₩14,000

(4) 각 대안별 연간 판매량

생산(판매)량을 Q라 하면 다음과 같다.

- 외부구입: ₩30Q × 2.486 = ₩74.58Q
- A기계: (₩36Q + ₩14,000) × 2.486 - ₩150,000 = ₩89.496Q - ₩115,196
- B기계: (₩42Q - ₩14,000) × 2.486 - ₩210,000 = ₩104.412Q - ₩244,804

모범답안

[물음 1] A기계와 B기계 총원가가 일치하는 예상생산량

생산량을 Q라 하면 다음과 같다.

₩24Q + ₩36,000 = ₩18Q + ₩84,000

∴ Q = 8,000단위

[물음 2] 각 대안별 유리한 연간 생산범위

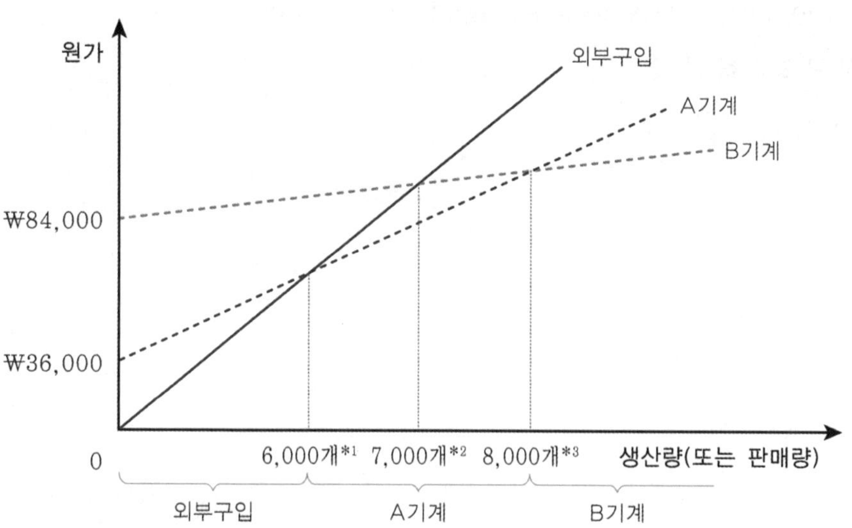

*1 ₩30Q = ₩24Q + ₩36,000

*2 ₩30Q = ₩18Q + ₩84,000

*3 ₩24Q + ₩36,000 = ₩18Q + ₩84,000

∴ 구간별 원가를 최소화하는 대안을 선택한다.

구간	최적대안
0개 ~ 6,000개	외부구입
6,001개 ~ 8,000개	A기계
8,001개 ~	B기계

[물음 3] 순현재가치기준으로 가장 유리한 대안

(1) 각 대안별 세후 현금흐름함수

① 외부구입: ₩50Q × (1 - 40%) = ₩30Q

② A기계: (₩60Q - ₩60,000) × (1 - 40%) + ₩50,000 = ₩36Q + ₩14,000

③ B기계: (₩70Q - ₩140,000) × (1 - 40%) + ₩70,000 = ₩42Q - ₩14,000

(2) 대안별 순현재가치

① 외부구입: (₩30 × 10,000개) × 2.486 = ₩745,800

② A기계: (₩36 × 10,000개 + ₩14,000) × 2.486 - ₩150,000 = ₩779,764

③ B기계: (₩42 × 10,000개 - ₩14,000) × 2.486 - ₩210,000 = ₩799,316

∴ 순현재가치가 가장 큰 B기계를 선택한다.

문제 04 불확실성하의 순현재가치법

(주)한국은 생산효율성을 높이기 위하여 과거에 취득한 설비를 대신하여 신설비를 구입하고자 한다. 신설비 취득가액은 ₩10,000, 잔존가치는 ₩1,000이며 내용연수는 5년이다. 새로운 설비를 도입할 경우 연간 증분현금흐름은 ₩2,500이다.

《자료 1》 구설비와 신설비에 대한 기타 자료

	구설비	신설비
취득원가	₩15,000	₩10,000
잔존가치	-	1,000
내용연수		
취득 당시	7년	5년
잔존	5년	5년
처분가치		
현재(투자시점)	₩1,200	₩10,000
내용연수 종료 후	-	1,000
운전자본	₩2,000	₩500

《자료 2》 현가계수와 연금현가계수

연도	현가계수	연도	연금현가계수
⋮	⋮	⋮	⋮
3	0.751	3	2.486
⋮	⋮	⋮	⋮
5	0.620	5	3.790

※ 각 물음은 서로 독립적이다. 각 물음에서 제시한 추가자료에 의해서 물음에 답하시오. 단, 소수점 첫째 자리에서 반올림하시오.

요구사항

[물음 1] 순현재가치법을 적용하여 설비대체 여부를 결정하시오.

[물음 2] 회사는 새로운 설비 도입으로 인한 증분현금흐름에 대해서 의문을 가지고 있다. 새로운 설비를 도입하기 위한 최소 증분현금흐름을 구하시오.

[물음 3] 회사는 미래 시장상황의 불확실성으로 인하여 구설비 잔존내용연수와 신설비 내용연수를 모두 3년으로 추정하고 3년 후 구설비 잔존가치는 ₩800, 신설비 잔존가치는 ₩1,500으로 추정하고 있다. 새로운 설비를 도입하기 위한 최소 증분현금흐름을 구하시오. (단, 투자시점 구설비 처분가치와 운전자본은 《자료 1》의 내용을 참조하시오)

해답

문제분석

- "연간 증분현금흐름은 ₩2,500"
  → 법인세가 없으므로 감가상각비는 고려할 필요가 없다.

- 《자료 1》 "운전자본 ₩2,000, ₩500"
  → 운전자본투자는 ₩1,500만큼 감소한다. 따라서 신설비 대체로 인하여 투자시점에 ₩1,500만큼 현금 유출이 감소하고 투자종료시점에 ₩1,500만큼 현금유입이 감소한다.

자료정리

(1) 투자시점별 현금흐름[물음 1]

• 구설비

	0	1	2	3	4	5
신설비 구입	-					
구설비 처분	-					
운전자본 투자	₩(2,000)					운전자본 회수 ₩2,000
증분 영업현금흐름		-	-	-	-	-

• 신설비

	0	1	2	3	4	5
신설비 구입	₩(10,000)					잔존가치 ₩1,000
구설비 처분	1,200					
운전자본 투자	₩(500)					운전자본 회수 ₩500
증분 영업현금흐름		₩2,500	₩2,500	₩2,500	₩2,500	₩2,500

• 구설비 대체

	0	1	2	3	4	5
신설비 구입	₩(10,000)					잔존가치 ₩1,000
구설비 처분	1,200					
운전자본 투자*1	₩1,500					운전자본 회수 ₩(1,500)
증분 영업현금흐름		₩2,500	₩2,500	₩2,500	₩2,500	₩2,500

*1 운전자본 투자액 감소

(2) 투자시점별 현금흐름[물음 2]

최소 증분현금흐름을 x라 하면 다음과 같다.

	0	1	2	3	4	5
신설비 구입	₩(10,000)					잔존가치 ₩1,000
구설비 처분	1,200					
운전자본 투자*2	₩1,500					운전자본 회수 ₩(1,500)
증분 영업현금흐름		x	x	x	x	x

*2 운전자본 투자액 감소

(3) 투자시점별 현금흐름[물음 3]

	0	1	2	3
신설비 구입	₩(10,000)			잔존가치 ₩1,500
구설비 처분	1,200			잔존가치 ₩(800)
운전자본 투자*3	₩1,500			운전자본 회수 ₩(1,500)
증분 영업현금흐름		x	x	x

*3 운전자본 투자액 감소

모범답안

[물음 1] 설비대체 순현재가치

(1) 총액접근법

① 구설비 순현재가치: ₩2,000 × 0.62 - ₩2,000 = ₩(760)

② 신설비 순현재가치: ₩2,500 × 3.79 + ₩1,500 × 0.62 - ₩9,300 = ₩1,105

∴ 신설비 대체 순현재가치: ₩1,105 - ₩(760) = ₩1,865

(2) 증분접근법

₩2,500 × 3.79 - ₩500 × 0.62 - ₩7,300 = ₩1,865

∴ 설비를 대체한다.

[물음 2] 최소 증분현금흐름(I)

최소 증분현금흐름을 x라 하면 다음과 같다.

x × 3.79 - ₩500 × 0.62 - ₩7,300 ≥ 0

∴ x = ₩2,008

[물음 3] 최소 증분현금흐름(II)

최소 증분현금흐름을 x라 하면 다음과 같다.

x × 2.486 - ₩800 × 0.751 - ₩7,300 ≥ 0

∴ x = ₩3,179

문제 05 사업성분석 종합

세무사 94

(주)한국은 갑제품을 생산·판매할 목적으로 기계를 구입하여 영업활동을 시작하였다. 기계의 취득원가는 ₩20,000,000, 내용연수는 10년이며 잔존가치는 없고 정액법으로 감가상각할 예정이다. 갑제품을 생산하여 판매하면 매년 법인세 차감 후 현금유입액이 ₩2,500,000씩 발생할 것으로 예상된다. 회사의 최저 기대수익률은 10%이다. 이자율 10%, 10년의 현가요소는 0.386, 연금현가요소는 6.145이다.

요구사항

[물음 1] 아래 물음에 답하시오.

(1) 회수기간법에 의한 회수기간은 얼마인가?

(2) 순현가법에 의한 투자안의 순현가는 얼마인가?

(3) 최초투자액을 기준으로 한 회계적이익률은 얼마인가?

(4) 내부수익률에 의한 연금현가계수는 얼마인가?

[물음 2] [물음 1]의 각 항의 투자안 평가방법의 장·단점을 간단하게 설명하시오.

해답

문제분석

■ "기계의 취득원가는 ₩20,000,000, 내용연수는 10년이며 잔존가치는 없고" 및 "매년 법인세 차감 후 현금유입액이 ₩2,500,000"

→ 투자에 대한 시점(투자초기, 투자기간, 투자종료) 현금흐름을 추정한다.

■ [물음 1] "(3) 회계적이익률"

→ 회계적이익률은 회계적이익을 기준으로 하며 현금유입액에서 감가상각비를 차감하여 계산한다.

자료정리

(1) 연간 감가상각비

$$\frac{₩20,000,000}{10년} = ₩2,000,000$$

(2) 회계적이익

현금유입액 - 감가상각비 = ₩2,500,000 - ₩2,000,000 = ₩500,000

모범답안

[물음 1]

(1) 회수기간

$$\frac{\text{투자액}}{\text{연간 현금유입액}} = \frac{₩20,000,000}{₩2,500,000} = 8\text{년}$$

(2) 투자안의 순현가

₩2,500,000 × 6.145 - ₩20,000,000 = ₩(4,637,500)

(3) 최초투자액을 기준으로 한 회계적이익률

$$\frac{\text{연평균회계적이익}}{\text{최초투자액}} = \frac{₩500,000}{₩20,000,000} = 2.5\%$$

(4) 내부수익률에 의한 연금현가계수(x)

₩20,000,000 = ₩2,500,000 × x

∴ x = 8

[물음 2] 투자안 평가방법의 장·단점

(1) 회수기간법

① 장점

- 간편하고 이해하기 쉽다.
- 회수기간은 위험지표로서의 정보를 제공한다.
- 현금유동성을 강조한다.

② 단점

- 회수기간 이후의 현금흐름은 고려하지 않는다.
- 투자안의 수익성을 고려하지 않는다.
- 화폐의 시간가치를 고려하지 않는다.

(2) 순현가법

① 장점

- 화폐의 시간가치를 고려한다.
- 내용연수 동안 모든 현금흐름을 고려하며 투자안의 위험을 할인율에 반영할 수 있다.
- 결과가 금액이므로 기업가치에 미치는 영향을 직접 평가할 수 있다.

② 단점

- 자본비용 계산이 어렵다.
- 투자규모가 큰 투자안이 유리하게 평가될 가능성이 있다.
- 금액으로 평가되어 투자규모가 다른 투자안의 경제성 비교가 어렵다.

(3) 회계적이익률법

① 장점

- 재무제표자료를 이용할 수 있다.
- 수익성을 고려하는 방법이다.
- 투자중심점 평가방법인 투자수익률과 계산구조가 동일하여 논리적 일관성을 유지할 수 있다.

② 단점

- 회계적이익 계산에 발생주의 등 회계상 문제점을 가지고 있다.
- 기준이익률 설정에 자의성이 개입할 수 있다.
- 화폐의 시간가치를 고려하지 않는다.

(4) 내부수익률법

① 장점

- 화폐의 시간가치를 고려한다.
- 내용연수 동안 모든 현금흐름을 고려한다.
- 투자규모가 다른 투자안의 경제성을 비교할 수 있다.

② 단점

- 계산과정이 복잡하다.
- 현금흐름의 양상에 따라 복수의 내부수익률이 나타날 수 있다.
- 내부수익률이 크다는 것과 현금흐름이 크다는 것은 별개의 문제이다.

문제 06 경제적 부가가치와 순현재가치법

회계사 16

(주)한국은 기업가치를 극대화하는 투자의사결정을 유인하기 위해 사내 사업부의 성과를 EVA(경제적 부가가치)로 평가하고 이에 비례하여 보너스를 지급하는 성과평가 및 보상시스템을 구축하여 실행하고 있다.

20×1년 초 (주)한국의 K사업부는 설비자산(취득원가 ₩5,400,000, 내용연수 3년, 잔존가치 ₩0)을 구입하여 가동하는 투자안을 검토하고 있다. 이 투자안의 실행을 통해 달성할 것으로 예상되는 연도별 EVA는 다음과 같다.

구분	20×1	20×2	20×3
EVA	₩464,000	₩446,000	₩388,000

《기타 자료》

- EVA는 연도별 영업이익에서 투자대상 설비자산의 기초장부금액에 요구수익률을 곱한 금액을 차감하여 계산한다.
- 20×1년 초 설비자산 구입 이외의 모든 현금흐름은 전액 연도 말에 발생한다고 가정하고 모든 세금효과는 무시한다.
- 연도 말 발생하는 순현금흐름과 영업이익의 차이는 투자 대상 설비자산에 대한 감가상각비 외에는 없다. 감가상각방법은 정액법에 의한다.
- 요구수익률은 9%이며 현가계수는 다음과 같다.

기간	1	2	3
현가계수	0.9174	0.8417	0.7722

요구사항

[물음 1] 설비자산에 투자할 때 향후 3년간 달성할 수 있는 EVA의 현재가치를 구하시오. 단, 십원 단위 미만은 절사한다. (예 ₩1,999은 ₩1,990으로 표시한다)

[물음 2] 주어진 자료에 의할 때 연도별 순현금흐름을 구하시오. 단, 20×1년 초 설비자산 취득에 따른 현금유출액은 해당 연도에 포함한다.

[물음 3] 설비자산 투자에 따른 현금흐름의 순현재가치(NPV)를 구하시오. 단, 십원 단위 미만은 절사한다.

[물음 4] 주어진 자료와 [물음 1] ~ [물음 3]의 결과를 이용하여 성과평가측정치로서 EVA의 장점 2가지를 제시하시오.

해답

문제분석

■ "취득원가 ₩5,400,000, 내용연수 3년, 잔존가치 ₩0" 및 "《기타 자료》 감가상각방법은 정액법"

→ 연간 감가상각비: $\frac{₩5,400,000}{3년}$ = ₩1,800,000

■ 《기타 자료》 "투자 대상 설비자산의 기초장부금액"

→ 취득원가에서 매년 감가상각비를 차감하여 계산한다.

■ [물음 2] "연도별 순현금흐름"

→ "영업이익 = EVA + 투하자본 × 9%"이므로, "순현금흐름 = (EVA + 투하자본 × 9%) + 감가상각비"이다.

자료정리

(1) 기초장부금액
- 1차 연도: ₩5,400,000
- 2차 연도: ₩5,400,000 - ₩1,800,000 × 1 = ₩3,600,000
- 3차 연도: ₩5,400,000 - ₩1,800,000 × 2 = ₩1,800,000

(2) 매년 영업이익

경제적 부가가치에 설비자산의 기초장부가액에 요구수익률을 곱한 금액을 가산한다.
- 1차 연도: ₩464,000 + ₩5,400,000 × 0.09 = ₩950,000
- 2차 연도: ₩446,000 + ₩3,600,000 × 0.09 = ₩770,000
- 3차 연도: ₩388,000 + ₩1,800,000 × 0.09 = ₩550,000

(3) 매년 현금흐름

영업이익에 감가상각비를 가산한다.
- 투자금액: ₩(5,400,000)
- 1차 연도: ₩950,000 + ₩1,800,000 = ₩2,750,000
- 2차 연도: ₩770,000 + ₩1,800,000 = ₩2,570,000
- 3차 연도: ₩550,000 + ₩1,800,000 = ₩2,350,000

모범답안

[물음 1] 3년간 달성할 수 있는 EVA의 현재가치

₩464,000 × 0.9174 + ₩446,000 × 0.8417 + ₩388,000 × 0.7722 = ₩1,100,680

[물음 2] 연도별 순현금흐름

(1) 매년 영업이익

① 1차 연도: ₩464,000 + ₩5,400,000 × 0.09 = ₩950,000

② 2차 연도: ₩446,000 + ₩3,600,000 × 0.09 = ₩770,000

③ 3차 연도: ₩388,000 + ₩1,800,000 × 0.09 = ₩550,000

(2) 연도별 순현금흐름

① 투자금액: ₩(5,400,000)

② 1차 연도: ₩950,000 + ₩1,800,000 = ₩2,750,000

③ 2차 연도: ₩770,000 + ₩1,800,000 = ₩2,570,000

④ 3차 연도: ₩550,000 + ₩1,800,000 = ₩2,350,000

[물음 3] 설비자산 투자에 따른 현금흐름의 순현재가치(NPV)

₩2,750,000 × 0.9174 + ₩2,570,000 × 0.8417 + ₩2,350,000 × 0.7722 - ₩5,400,000 = ₩1,100,680

[물음 4] 성과평가측정치로서 EVA의 장점

- 경제적 부가가치는 당기순이익이라는 전통적 회계개념의 이익이 아닌 기업의 본래 영업과 관련된 이익으로 경영성과를 판단한다.
- 경제적 부가가치는 투하자본에 대한 일종의 기회비용인 자본비용을 명시적으로 고려한다.
- 성과평가를 경제적 부가가치로 하는 경우, 경영자는 경제적 부가가치를 증가시키는 노력이 곧 주주의 부의 증가를 의미하므로 준최적화현상이 발생하지 않는다.

문제 07 제품라인 폐지 의사결정과 자본예산(순현재가치법) 회계사 22

(주)소망의 식품사업부는 소금, 후추 및 인공감미료를 생산하여 판매하고 있다. 기초 및 기말재고는 없으며, 제품별 수익과 원가자료는 다음과 같다.

(단위: 백만원)

구분	소금	후추	인공감미료	합계
매출액	200	300	500	1,000
매출원가				
직접재료원가	60	100	140	300
직접노무원가	40	60	100	200
제조간접원가	50	40	45	135
합계	150	200	285	635
매출총이익	50	100	215	365
판매관리비	68	90	142	300
영업이익(손실)	(18)	10	73	65

제조간접원가 중에서 ₩85,000,000은 작업준비원가이며, 나머지 ₩50,000,000은 공장 감가상각비이다. 작업준비원가는 뱃치(Batch)의 수에 따라 발생하며, 공장 감가상각비는 회피불가능원가로서 매출액을 기준으로 각 제품에 배부된다.

판매관리비 중에 45%는 변동원가이고 나머지는 회피불가능원가이다.

요구사항

[물음 1] 각 제품의 제조간접원가에 포함되어 있는 작업준비원가는 얼마인가?

(단위: 백만원)

구분	소금	후추	인공감미료
작업준비원가			

[물음 2] (주)소망의 경영진은 소금제품 부문의 지속적인 적자로 인하여 소금생산라인 폐지를 검토하고 있다. 손실이 발생하고 있는 소금생산라인을 폐지하면 인공감미료의 판매량이 35% 증가하며, 인공감미료 뱃치(Batch)의 수는 30% 증가한다고 한다. 소금생산라인을 폐지할지 판단하고, 그 계산근거를 제시하시오.

[물음 3] 소금 생산을 중단하는 경우, 경영진이 이익 변화 이외에 추가로 고려해야 할 사항은 무엇인지 3줄 이내로 서술하시오.

[물음 4] (주)소망의 연구개발부서는 신제품을 개발하고자 한다. 신제품 생산에 따른 경제성을 분석하기 위해 판매부서와 원가부서에서 수집한 관련 자료는 다음과 같다.

신제품을 생산하기 위해서는 기존 기계 이외에 새로운 기계가 필요하다. 신기계의 취득원가는 ₩30,000,000, 내용연수는 3년, 잔존가치는 취득원가의 10%이다. 신기계는 연수합계법으로 감가상각하며, 내용연수 종료시점에 잔존가치로 처분한다.

3년 동안의 연간 예상판매량은 다음과 같다.

연도	연간 예상판매량
1차년도	7,000개
2차년도	10,000개
3차년도	15,000개

신제품의 단위당 판매가격은 ₩6,000이며, 단위당 변동원가는 ₩2,000이다.

신제품을 생산하기 위한 연간 고정원가는 신기계의 감가상각비를 포함하여 ₩35,000,000이다.

(주)소망의 자본비용(최저요구수익률)은 10%이다. ₩1의 현가계수는 다음과 같다.

기간(년)	1	2	3
현가계수	0.9091	0.8264	0.7513

(1) 신제품 판매로부터 예상되는 공헌이익을 연도별로 계산하시오.

1차년도	2차년도	3차년도

(2) 순현재가치법(NPV)을 이용하여 (주)소망의 신제품 생산을 위한 제품라인의 증설 여부를 판단하고, 그 계산근거를 제시하시오. 다만, 법인세는 고려하지 않는다.

(3) 순현재가치법(NPV)을 이용하여 (주)소망의 신제품 생산을 위한 제품라인의 증설 여부를 판단하고, 그 계산근거를 제시하시오. 다만, 법인세율은 20%이다.

(4) 제품라인의 증설 여부와 관련한 의사결정 시 고려해야 할 비계량적 요인을 3가지 제시하시오.

해답

문제분석

- **"작업준비원가는 뱃치(Batch)의 수에 따라 발생하며, 공장 감가상각비는 회피불가능원가"**
  → 공장 감가상각비는 회피불가능원가이므로 작업준비원가는 회피가능한 것으로 추정할 수 있다.
- **"판매관리비 중에 45%는 변동원가이고 나머지는 회피불가능원가"**
  → 판매관리비를 변동원가(회피가능)와 고정원가(회피불능)로 구분한다.
- **[물음 2] "인공감미료의 판매량이 35% 증가하며, 인공감미료 뱃치(Batch)의 수는 30% 증가"**
  → 매출액, 직접재료원가, 직접노무원가 및 변동판매관리비는 35% 증가하며, 작업준비원가는 30%증가한다.

자료정리

(1) 제조간접원가 구분

	소금	후추	인공감미료	합계
작업준비원가	₩40,000,000[*2]	₩25,000,000	₩20,000,000	₩85,000,000
공장 감가상각비	10,000,000[*1]	15,000,000	25,000,000	50,000,000
	₩50,000,000	₩40,000,000	₩45,000,000	₩135,000,000

[*1] $₩50,000,000 \times \frac{200,000,000}{1,000,000,000} = ₩10,000,000$

[*2] ₩50,000,000 - ₩10,000,000 = ₩40,000,000

(2) 판매관리비 구분

	소금	후추	인공감미료	합계
변동원가	₩30,600,000[*3]	₩40,500,000	₩63,900,000	₩135,000,000
고정원가	37,400,000	49,500,000	78,100,000	165,000,000
	₩68,000,000	₩90,000,000	₩142,000,000	₩300,000,000

[*3] ₩68,000,000 × 45% = ₩30,600,000

(3) 제품별 가격과 원가구조

	소금	후추	인공감미료	합계
매출액	₩200,000,000	₩300,000,000	₩500,000,000	₩1,000,000,000
직접재료원가	60,000,000	100,000,000	140,000,000	300,000,000
직접노무원가	40,000,000	60,000,000	100,000,000	200,000,000
작업준비원가	40,000,000	25,000,000	20,000,000	85,000,000
변동판매관리비	30,600,000	40,500,000	63,900,000	135,000,000
공장 감가상각비	10,000,000	15,000,000	25,000,000	50,000,000
고정판매관리비	37,400,000	49,500,000	78,100,000	165,000,000
	₩(18,000,000)	₩10,000,000	₩73,000,000	₩65,000,000

(4) 매년 감가상각비

- 1차년도: $(₩30,000,000 - ₩3,000,000) \times \frac{3}{1+2+3} = ₩13,500,000$
- 2차년도: $(₩30,000,000 - ₩3,000,000) \times \frac{2}{1+2+3} = ₩9,000,000$
- 3차년도: $(₩30,000,000 - ₩3,000,000) \times \frac{1}{1+2+3} = ₩4,500,000$

(5) 매년 현금지출 고정원가

- 1차년도: ₩35,000,000 - ₩13,500,000 = ₩21,500,000
- 2차년도: ₩35,000,000 - ₩9,000,000 = ₩26,000,000
- 3차년도: ₩35,000,000 - ₩4,500,000 = ₩30,500,000

(6) 매년 영업현금흐름

- 1차년도: 7,000개 × (₩6,000 - ₩2,000) - ₩21,500,000 = ₩6,500,000
- 2차년도: 10,000개 × (₩6,000 - ₩2,000) - ₩26,000,000 = ₩14,000,000
- 3차년도: 15,000개 × (₩6,000 - ₩2,000) - ₩30,500,000 = ₩29,500,000

(7) 투자시점별 현금흐름

	투자시점	1차년도	2차년도	3차년도
투자금액	₩(30,000,000)	-	-	-
영업현금흐름	-	₩6,500,000	₩14,000,000	₩29,500,000
감가상각비	-	13,500,000	9,000,000	4,500,000
잔존가치	-	-	-	3,000,000

(8) 매년 세후영업현금흐름

- 1차년도: ₩6,500,000 × (1 - 20%) + ₩13,500,000 × 20% = ₩7,900,000
- 2차년도: ₩14,000,000 × (1 - 20%) + ₩9,000,000 × 20% = ₩13,000,000
- 3차년도: ₩29,500,000 × (1 - 20%) + ₩4,500,000 × 20% = ₩24,500,000

모범답안

[물음 1] 각 제품의 제조간접원가에 포함되어 있는 작업준비원가

(단위: 백만원)

구분	소금	후추	인공감미료
작업준비원가	40	25	20

[물음 2] 소금생산라인 폐지 의사결정

(1) 인공감미료 판매량 증가이익

매출액	₩500,000,000 × 35% =	₩175,000,000
직접재료원가	140,000,000 × 35% =	49,000,000
직접노무원가	100,000,000 × 35% =	35,000,000
작업준비원가	20,000,000 × 30% =	6,000,000
변동판매관리비	63,900,000 × 35% =	22,365,000
		₩62,635,000

(2) 소금생산라인 폐지 의사결정

증분수익	
소금라인 매출 감소	₩(200,000,000)
인공감미료 이익 증가	62,635,000
증분비용	
직접재료원가 감소	60,000,000
직접노무원가 감소	40,000,000
작업준비원가 감소	40,000,000
변동판매관리비 감소	30,600,000
증분이익	₩33,235,000

∴ 소금라인을 폐지하는 경우 ₩33,235,000만큼 이익이 증가하므로, 소금라인을 폐지한다.

[물음 3] 제품라인 폐지 시 질적 고려사항

제품 판매중단으로 인한 기업이미지 훼손과 소금 생산중단이 타제품에 미치는 영향을 추가로 고려해야 한다. 또한, 생산라인 감축으로 인한 노사갈등이 발생할 수 있다.

[물음 4]

(1) 연도별 공헌이익

1차년도	2차년도	3차년도
₩28,000,000	₩40,000,000	₩60,000,000

① 1차년도: 7,000개 × (₩6,000 - ₩2,000) = ₩28,000,000

② 2차년도: 10,000개 × (₩6,000 - ₩2,000) = ₩40,000,000

③ 3차년도: 15,000개 × (₩6,000 - ₩2,000) = ₩60,000,000

(2) 순현재가치법기준 제품라인 증설 여부(법인세 미고려)

₩6,500,000 × 0.9091 + ₩14,000,000 × 0.8264 + (₩29,500,000 + ₩3,000,000 × 0.7513) - ₩30,000,000 = ₩11,896,000

∴ 제품라인을 증설한다.

(3) 순현재가치법기준 제품라인 증설 여부(법인세 고려)

₩7,900,000 × 0.9091 + ₩13,000,000 × 0.8264 + (₩24,500,000 + ₩3,000,000 × 0.7513) - ₩30,000,000 = ₩8,585,840

∴ 제품라인을 증설한다.

(4) 비계량적 요인

① 과대투자 위험성

② 종업원 증원에 따른 노사관계

③ 경기변동에 따른 미래 판매량 감소

문제 08 순현재가치법과 회수기간법

회계사 23

(주)민국은 진부화가 빠른 제품을 생산하므로 판매량 예측의 정확도가 매우 중요하다. 이에 따라 경영진은 빅데이터를 이용한 머신러닝을 기반으로 판매량 예측의 정확도를 크게 향상시킬 수 있는 최신 설비를 도입할 계획이다.

설비를 도입하면 불필요한 원재료 구매와 재고자산 보유비용이 감소할 뿐만 아니라 생산관리의 효율성이 증가한다. 이에 따라 영업비용이 절감되어 세전영업현금흐름이 증가할 것으로 기대된다.

설비는 판매량 예측의 정확도를 기준으로 고급형 설비와 일반형 설비로 구분된다. 도입하는 설비 유형에 따라 세전영업현금흐름 증가액과 초기 투자금액이 다르며, 이에 대한 자료는 다음과 같다.

《세전영업현금흐름 증가액》

구분	고급형 설비 투자 시	일반형 설비 투자 시
1차 연도	₩17,000,000	₩9,000,000
2차 연도	15,000,000	8,000,000
3차 연도	13,000,000	5,300,000
4차 연도	9,500,000	4,500,000
5차 연도	9,000,000	2,500,000

《설비 투자 관련 자료》

구분	고급형 설비	일반형 설비
취득원가	₩50,000,000	₩20,000,000
잔존가치	10,000,000	2,000,000

각 설비는 동일하게 5년의 내용연수 동안 정액법으로 감가상각되며, 내용연수 종료시점에 잔존가치로 처분된다. 법인세율은 20%이다.

요구사항

[물음 1] 회사의 자본비용(최저요구수익률)은 연 8%이다. 아래에 제시된 현가계수표를 이용하여 고급형 설비 도입에 따른 순현재가치(NPV) 및 일반형 설비 도입에 따른 순현재가치를 계산하시오. 이를 이용하여 회사가 도입할 설비 유형을 판단하시오. 단, 계산과정에서 최초 설비 취득원가 이외의 모든 현금흐름은 연말에 발생한다고 가정한다.

<연 이자율 8%, ₩1의 현가계수>

기간(년)	1	2	3	4	5
현가계수	0.93	0.86	0.79	0.74	0.68

<답안양식>

고급형 설비 NPV	
일반형 설비 NPV	
도입할 설비	

[물음 2] 고급형 설비 도입에 따른 회수기간(Payback period) 및 일반형 설비 도입에 따른 회수기간을 계산하시오. 이를 이용하여 회사가 도입할 설비 유형을 판단하시오. 단, 계산과정에서 화폐의 시간가치는 고려하지 않는다.

<답안양식>

고급형 설비 회수기간(년)	
일반형 설비 회수기간(년)	
도입할 설비	

[물음 3] 투자의사결정에 사용되는 모형들이 가진 특성이 다르므로 회사는 다양한 지표를 동시에 고려한다. 순현재가치법과 회수기간법의 특성을 서로 비교하면서 4줄 이내로 서술하시오.

해답

문제분석

- "세전영업현금흐름 증가액과 초기 투자금액"
  → 세후현금흐름 = 세전영업현금흐름 × (1 - 20%) + 감가상각비 × 20%
- "내용연수 종료시점에 잔존가치로 처분"
  → 처분손익이 발생하지 않으므로 법인세효과는 고려하지 않는다.

자료정리

(1) 연간 감가상각비와 감가상각비 감세효과

	고급형	일반형
감가상각비	₩8,000,000*1	₩3,600,000*3
감세효과	₩1,600,000*2	₩720,000*4

*1 (₩50,000,000 - ₩10,000,000) ÷ 5년 = ₩8,000,000

*2 ₩8,000,000 × 20% = ₩1,600,000

*3 (₩20,000,000 - ₩2,000,000) ÷ 5년 = ₩3,600,000

*4 ₩3,600,000 × 20% = ₩720,000

(2) 연간 세후현금흐름

① 고급형

- 1차 연도: ₩17,000,000 × (1 - 20%) + ₩1,600,000 = ₩15,200,000
- 2차 연도: ₩15,000,000 × (1 - 20%) + ₩1,600,000 = ₩13,600,000
- 3차 연도: ₩13,000,000 × (1 - 20%) + ₩1,600,000 = ₩12,000,000
- 4차 연도: ₩9,500,000 × (1 - 20%) + ₩1,600,000 = ₩9,200,000
- 5차 연도: ₩9,000,000 × (1 - 20%) + ₩1,600,000 = ₩8,800,000
- 잔존가치: ₩10,000,000

② 일반형

- 1차 연도: ₩9,000,000 × (1 - 20%) + ₩720,000 = ₩7,920,000
- 2차 연도: ₩8,000,000 × (1 - 20%) + ₩720,000 = ₩7,120,000
- 3차 연도: ₩5,300,000 × (1 - 20%) + ₩720,000 = ₩4,960,000
- 4차 연도: ₩4,500,000 × (1 - 20%) + ₩720,000 = ₩4,320,000
- 5차 연도: ₩2,500,000 × (1 - 20%) + ₩720,000 = ₩2,720,000
- 잔존가치: ₩2,000,000

모범답안

[물음 1] 순현재가치와 의사결정

고급형 설비 NPV	₩4,904,000
일반형 설비 NPV	₩3,813,600
도입할 설비	고급형 설비

(1) 고급형 설비 NPV

미래현금흐름의 현재가치 - 투자금액

= ₩15,200,000 × 0.93 + ₩13,600,000 × 0.86 + ₩12,000,000 × 0.79 + ₩9,200,000 × 0.74
+ (₩8,800,000 + ₩10,000,000) × 0.68 - ₩50,000,000 = ₩4,904,000

(2) 일반형 설비 NPV

미래현금흐름의 현재가치 - 투자금액

= ₩7,920,000 × 0.93 + ₩7,120,000 × 0.86 + ₩4,960,000 × 0.79 + ₩4,320,000 × 0.74
+ (₩2,720,000 + ₩2,000,000) × 0.68 - ₩20,000,000 = ₩3,813,600

[물음 2] 회수기간과 의사결정

고급형 설비 회수기간(년)	4년
일반형 설비 회수기간(년)	3년
도입할 설비	일반형 설비

(1) 고급형 설비 회수기간

연도	현금흐름	미회수금액
1차 연도	₩15,200,000	₩(34,800,000)
2차 연도	13,600,000	(21,200,000)
3차 연도	12,000,000	(9,200,000)
4차 연도	9,200,000	-

(2) 일반형 설비 회수기간

연도	현금흐름	미회수금액
1차 연도	₩7,920,000	₩(12,080,000)
2차 연도	7,120,000	(4,960,000)
3차 연도	4,960,000	-

[물음 3] 순현재가치법과 회수기간법 비교

구분	순현재가치법	회수기간법
할인 여부	O	X
수익성 판단	현금으로 측정	투자위험성(유동성) 평가
의사결정	NPV > 0	실제회수기간 < 표회수기간

해커스 회계사 允원가관리회계연습

제13장

종합예산

핵심 이론 요약

01 예산의 종류

고정예산	연초 예상판매량을 기준으로 설정된 예산
변동예산	실제조업도를 기준으로 사후에 설정된 예산
참여예산	조직의 모든 구성원들이 참여하여 설정하는 예산
원점예산	과거 예산을 고려하지 않고 모든 항목을 원점에서부터 설정하는 예산
연속갱신예산	일정 기간이 경과함에 따라 새로운 기간의 예산을 추가하는 예산

02 종합예산의 종류

(1) 판매(매출액)예산

판매예산 = 예상판매량 × 예상판매가격

(2) 제조(생산량)예산

제조예산 = 목표판매량 + 기말제품재고[*1] - 기초제품재고[*1]

[*1] 목표재고 확인(예 다음 달 판매량의 일정 비율)

(3) 제조원가예산

① 직접재료원가예산

직접재료원가예산 = 목표생산량 × 단위당 직접재료원가

② 직접노무원가예산

직접노무원가예산 = 목표생산량 × 단위당 직접노무원가

③ 제조간접원가예산

제조간접원가예산 = 고정제조간접원가예산 + 변동제조간접원가예산[*2]

[*2] 목표생산량 × 단위당 변동제조간접원가예산

(4) 매출원가예산

매출원가예산 = 기초제품재고 + 당기제품제조원가 - 기말제품재고

(5) 판매관리비예산

판매관리비예산 = 고정판매관리비예산 + 변동판매관리비예산[*3]

[*3] 목표판매량 × 단위당 변동판매관리비예산

(6) 주요 현금예산

주요 현금유입항목	주요 현금유출항목
• 현금매출 • 매출채권 회수(회수일정 검토)	• 현금매입 • 매입채무 지급(지급일정 검토)

(7) 재료예산, 판매예산 및 현금예산의 관계

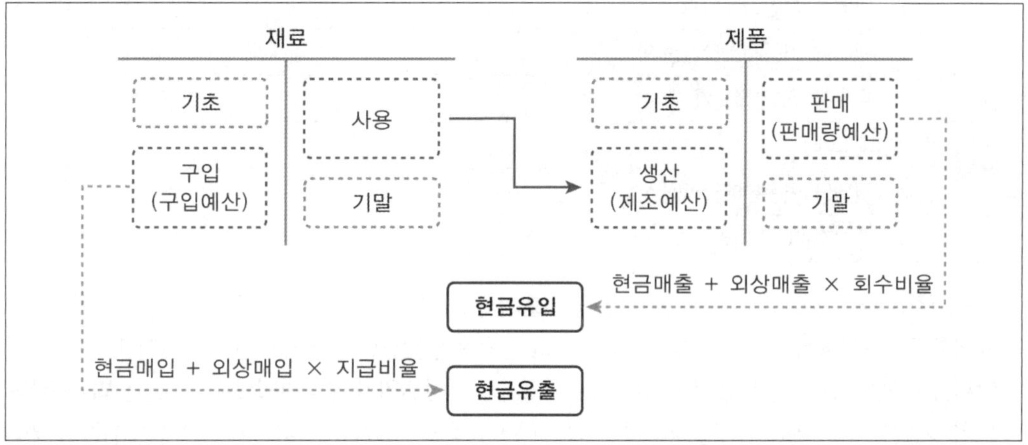

(8) 기타 고려사항

① 변동제조원가예산은 목표생산량에 비례하여 결정되며, 변동판매관리비예산은 목표판매량에 비례하여 결정됨

② 원재료, 재공품 및 제품의 경우 목표재고 여부를 확인함

예 다음 달 판매량의 일정 비율, 다음 달 생산량의 일정 비율

03 기타 예산

(1) 활동기준원가예산

활동기준원가함수와 예상 원가동인수량을 기준으로 설정한다.

(2) 제품수명주기예산

연구개발, 생산, 마케팅, 유통 및 고객서비스 전 단계에 걸쳐 예산을 설정한다.

문제 01 전부원가계산과 변동원가계산 이익비교 및 현금예산 세무사 15

20×1년 초에 설립된 (주)한국은 A제품만을 생산·판매하고 있다. 20×1년 중에 15,000단위를 생산하여 12,000단위를 판매하였는데, 이와 관련된 자료는 다음과 같다.

단위당 판매가격	₩1,500
제조원가	
단위당 직접재료원가	₩300
단위당 직접노무원가	350
단위당 변동제조간접원가	100
총고정제조간접원가	4,500,000
판매관리비	
단위당 변동판매관리비	₩130
총고정판매관리비	2,000,000

한편, (주)한국은 20×2년 중에 20,000단위를 생산하여 22,000단위를 판매하였는데, 직접재료원가를 제외한 다른 원가(비용)요소가격과 판매가격의 변동은 없었으나 직접재료원가는 원자재 가격의 폭등으로 단위당 ₩20 상승하였다. 또한 (주)한국은 재고자산의 단위원가 결정방법으로 선입선출법을 채택하고 있으며, 기말제품을 제외한 기말직접재료 및 기말재공품을 보유하지 않는 재고정책을 취하고 있다.

요구사항

[물음 1] 변동원가계산에 의한 20×2년도 영업이익을 측정하기 위한 손익계산서를 작성하시오.

[물음 2] 전부원가계산에 의한 20×2년도 영업이익과 기말재고자산(금액)을 각각 계산하시오.

[물음 3] 20×2년도의 단위당 판매가격 및 원가(비용), 총고정제조간접원가와 총고정판매관리비가 20×3년도에도 동일하게 유지될 것으로 예상되는 상황에서 (주)한국은 20×3년도에 A제품 23,000단위를 생산하여 18,000단위를 판매할 계획이다. (주)한국의 A제품은 모두 신용으로 판매되고 있는데, 신용매출의 75%는 판매한 연도에 현금으로 회수되고 25%는 다음 연도에 회수된다. 한편, (주)한국은 직접재료 구입액의 40%를 구입한 연도에 현금으로 지급하고 나머지 60%는 다음 연도에 지급하고 있으며, 직접재료원가를 제외한 모든 원가(비용)는 발생한 연도에 현금으로 지급하고 있다. 단, 총고정제조간접원가 중 ₩1,500,000은 감가상각비에 해당된다. 이러한 현금 회수 및 지급 정책이 영업 첫해인 20×1년도부터 일관되게 유지되고 있다면, 20×3년도 영업활동에 의한 순현금흐름을 계산하시오.

[물음 4] 전부원가계산, 변동원가계산과 비교하여 초변동원가계산의 유용성과 한계점을 간략하게 각각 기술하시오.

해답

문제분석

- "20×1년 초에 설립", "20×1년 중에 15,000단위를 생산하여 12,000단위를 판매", "20×2년 중에 20,000단위를 생산하여 22,000단위를 판매" 및 "[물음 3] 20×3년도에 A제품 23,000단위를 생산하여 18,000단위를 판매할 계획"
  → 20×1년부터 20×3년까지 제품계정을 정리할 수 있다.
- "직접재료원가는 원자재 가격의 폭등으로 단위당 ₩20 상승"
  → 20×1년 직접재료원가는 ₩300이며 20×2년 이후에는 ₩320이다. 따라서 20×2년 영업이익 계산 시 전기 이월분과 구분해야 하며 20×2년 이후 현금예산설정 시 주의해야 한다.
- "기말제품을 제외한 기말직접재료 및 기말재공품을 보유하지 않는 재고정책"
  → 직접재료의 재고를 보유하지 않으므로 직접재료의 매입과 사용은 동일하다.
- [물음 3] "신용매출의 75%는 판매한 연도에 현금으로 회수되고 25%는 다음 연도에 회수" 및 "직접재료 구입액의 40%를 구입한 연도에 현금으로 지급하고 나머지 60%는 다음 연도에 지급"
  → 매출채권 회수일정과 직접재료 매입채무 지급일정을 정리한다.
- [물음 3] "총고정제조간접원가 중 ₩1,500,000은 감가상각비"
  → 현금예산설정 시 총고정제조간접원가에서 차감한다.

자료정리

(1) 연도별 재고현황

20×1년

기초	-	판매	12,000
생산	15,000	기말	3,000
	15,000		15,000

20×2년

기초	3,000	판매	22,000
생산	20,000	기말	1,000
	23,000		23,000

20×3년

기초	1,000	판매	18,000
생산	23,000	기말	6,000
	24,000		24,000

(2) 연간 단위당 고정제조간접원가

- 20×1년: ₩4,500,000 ÷ 15,000단위 = ₩300
- 20×2년: ₩4,500,000 ÷ 20,000단위 = ₩225

(3) 매출채권 회수 및 매입채무 지급일정

- 매출채권 회수: 당해 연도 75%, 다음 연도 25%
- 매입채무 지급: 당해 연도 40%, 다음 연도 60%

모범답안

[물음 1] 변동원가계산에 의한 손익계산서

변동원가계산 손익계산서

매출액	22,000 × ₩1,500 =		₩33,000,000
변동원가			
전기 이월분	3,000 × ₩880 =	₩2,640,000	
당기 생산분	19,000 × ₩900 =	17,100,000	(19,740,000)
공헌이익			₩13,260,000
고정원가			
고정제조간접원가		₩4,500,000	
고정판매관리비		2,000,000	(6,500,000)
영업이익			₩6,760,000

[물음 2] 전부원가계산에 의한 영업이익과 기말재고자산(금액)

(1) 전부원가계산 영업이익

변동원가이익		₩6,760,000
(+) 기말재고 × 고정제조간접원가	1,000 × ₩225 =	225,000
(-) 기초재고 × 고정제조간접원가	3,000 × ₩300 =	(900,000)
(=) 전부원가이익		₩6,085,000

(2) 전부원가계산 기말재고자산

1,000단위 × (₩770 + ₩225) = ₩995,000

[물음 3] 20×3년도 영업활동에 의한 순현금흐름

(1) 매출채권 회수

20×3년 매출 × 75% + 20×2년 매출 × 25%

= 18,000 × ₩1,500 × 75% + 22,000 × ₩1,500 × 25% = ₩28,500,000

(2) 매입채무 지급

20×3년 매입 × 40% + 20×2년 매입 × 60%

= 23,000 × ₩320 × 40% + 20,000 × ₩320 × 60% = ₩6,784,000

(3) 기타 지급

직접노무원가	23,000 × ₩350 =	₩8,050,000
변동제조간접원가[*1]	23,000 × ₩100 =	2,300,000
고정제조간접원가	₩4,500,000 - ₩1,500,000 =	3,000,000
변동판매관리비[*2]	18,000 × ₩130 =	2,340,000
고정판매관리비		2,000,000
		₩17,690,000

[*1] 생산량을 기준으로 계산한다.

[*2] 판매량을 기준으로 계산한다.

(4) 영업활동에 의한 순현금흐름

₩28,500,000 - ₩6,784,000 - ₩17,690,000 = ₩4,026,000

[물음 4] 초변동원가계산의 유용성과 한계점

(1) 유용성

- 변동가공원가를 기간비용으로 처리하여 재고 증가를 방지한다.
- 직접재료원가만 제품원가로 처리하므로 변동원가와 고정원가의 구분이 필요하지 않다.

(2) 한계점

- 수요의 불확실성과 규모의 경제 등 재고의 긍정적인 효과를 과소평가한다.
- 재고자산금액이 작아 지나치게 낮은 가격으로 판매할 가능성이 있다.
- 회계원칙과 법인세계산에서 인정하지 않는다.

문제 02 전부원가계산과 변동원가계산 이익차이, 차이분석 종합, 복수제품 CVP분석 및 재료구입예산

세무사 22

다음 물음에 답하시오. 특별한 가정이 없는 한 각 물음은 상호 독립적이다.

《기본 자료》

(주)세무는 제품 A를 생산·판매하고 있다. (주)세무는 안정적인 시장환경을 가지고 있어 매년 4,500단위의 제품 A 생산·판매량을 기준으로 예산을 편성하고 있으며, 매 연도에 실제 생산된 제품 A는 각 연도에 모두 판매된다. 다음은 (주)세무의 20×1년 초 예산편성을 위한 기초자료이다.

단위당 판매가격	₩200
단위당 변동매출원가	
직접재료원가	40
직접노무원가	25
변동제조간접원가	15
단위당 변동판매비와 관리비	50
고정제조간접원가(총액)	135,000
고정판매비와 관리비(총액)	78,000

요구사항

[물음 1] 다음은 20×1년 변동원가계산을 기준으로 한 (주)세무의 실제 공헌이익손익계산서(일부)이며, 동 기간 동안 제품 A 4,200단위를 생산·판매하였다. (1) 매출조업도차이, (2) 변동예산차이는 각각 얼마인가? (단, 금액 뒤에 유리 또는 불리를 반드시 표시하시오)

매출액	₩924,000
변동원가	
변동매출원가	344,400
변동판매비와 관리비	201,600
공헌이익	₩378,000
고정원가	
고정제조간접원가	₩140,000
고정판매비와 관리비	80,000
	₩158,000

[물음 2] 《기본 자료》와 **[물음 1]**의 자료를 같이 이용했을 때, (1) (주)세무의 20×1년 변동원가계산과 전부원가계산에 의한 실제 영업이익의 차이금액은 얼마이며, (2) (주)세무에서 그러한 차이금액이 발생한 이유는 무엇인가? (단, 재공품은 없다)

[물음 3] 《기본 자료》와 **[물음 1]**의 자료를 이용한다. (주)세무는 표준원가를 이용하여 예산을 편성하며, 제조간접원가는 직접노무시간을 기준으로 배부한다. 20×1년 제품 A의 단위당 표준직접노무시간은 1시간이다. 20×1년 제조간접원가 능률차이는 ₩1,500(불리), 소비차이는 ₩3,500(불리)으로 나타났다. 20×1년 (1) 실제발생한 직접노무시간, (2) 변동제조간접원가 실제발생액은 각각 얼마인가?

[물음 4] 《기본 자료》와 같은 상황에서 20×1년 초 (주)세무는 기존 제품라인에 제품 B를 추가할 것을 고려하고 있다. 제품 B를 추가생산·판매하더라도 제품 A의 단위당 예산판매가격과 예산변동원가는 동일하게 유지될 것으로 예측된다. 제품 B의 단위당 예산공헌이익은 ₩80이며, 제품 A와 B의 예산판매량기준 배합비율은 7 : 3이다. 이 경우 제품 A의 예산상 손익분기점 수량은 4,067단위이다. 제품 B의 추가생산·판매로 인해 예산상 고정원가는 얼마나 증가하는가?

[물음 5] 《기본 자료》와 같은 상황에서 제품 A의 직접재료 수량표준은 2kg이다. 20×1년 초 직접재료의 기초재고는 700kg이며, 기말재고는 차기연도 예산판매량의 10%를 생산할 수 있는 직접재료 수량을 보유하고자 한다. 20×1년 초 (주)세무의 기초재공품은 150단위(가공원가 완성도 30%)이다. 기말재공품은 100단위(가공원가 완성도 20%)를 보유하고자 한다. 직접재료는 공정 초에 모두 투입되며, 가공원가는 전체 공정에 걸쳐 균등하게 발생한다. 20×1년 (주)세무의 직접재료구입예산(금액)은 얼마인가?

해답

문제분석

- 《기본 자료》 "매 연도에 실제 생산된 제품 A는 각 연도에 모두 판매"
  → 생산된 제품이 모두 판매되므로 제품재고는 없다.
- [물음 1] "동 기간 동안 제품 A 4,200단위를 생산·판매"
  → 변동예산을 설정하기 위한 조업도는 4,200단위이다.
- [물음 2] "변동원가계산과 전부원가계산에 의한 실제 영업이익의 차이"
  → 변동원가계산과 전부원가계산의 실제 영업이익의 차이는 고정제조간접원가의 당기발생금액 차이이다.
- [물음 3] "제조간접원가는 직접노무시간을 기준으로 배부", "[물음 3] 제품 A의 단위당 표준직접노무시간은 1시간" 및 "[물음 5] 제품 A의 직접재료 수량표준은 2kg"
  → 제조간접원가의 수량표준(SQ)을 직접노무시간으로 하여 표준원가표를 작성할 수 있다.
- [물음 3] "제조간접원가 능률차이는 ₩1,500(불리)"
  → 제조간접원가 능률차이를 이용하여 실제발생한 직접노무시간을 계산할 수 있다.
- [물음 3] "소비차이는 ₩3,500(불리)"
  → 제조간접원가 소비차이는 총제조간접원가 소비차이로서 실제발생한 총제조간접원가를 계산한 후 실제발생한 고정제조간접원가를 차감하여 계산할 수 있다.
- [물음 4] "제품 B의 단위당 예산공헌이익은 ₩80" 및 "제품 A와 B의 예산판매량기준 배합비율은 7 : 3"
  → 제품별 단위당 예산공헌이익과 판매량기준 배합비율을 이용하여 가중평균공헌이익을 계산할 수 있다.
- [물음 4] "제품 A와 B의 예산판매량기준 배합비율은 7 : 3" 및 "제품 A의 예산상 손익분기점 수량은 4,067단위"
  → 판매량기준 배합비율과 제품 A 손익분기점 수량을 이용하여 손익분기점 총수량을 계산할 수 있다.
- [물음 5] "기말재고는 차기연도 예산판매량의 10%를 생산할 수 있는 직접재료수량을 보유"
  → 매년 4,500단위의 제품을 생산·판매할 것으로 예상하므로 기말재고는 다음과 같다.
  4,500단위 × 2kg × 10% = 900kg
- [물음 5] "20×1년 초 (주)세무의 기초재공품은 150단위(가공원가 완성도 30%)이다. 기말재공품은 100단위(가공원가 완성도 20%)를 보유하고자 한다." 및 "직접재료는 공정 초에 모두 투입"
  → 당기 사용 재료수량은 4,500단위 완성수량을 위한 재료원가 완성품환산량을 기준으로 계산한다.

자료정리

(1) 제품 A의 가격과 원가구조

단위당 판매가격		₩200
단위당 변동원가	₩80 + ₩50 =	(130)
단위당 공헌이익		₩70
고정원가	₩135,000 + ₩78,000 =	₩213,000

(2) 성과보고서

	실제결과	변동예산	고정예산
판매량	4,200	4,200	4,500
매출액	₩924,000	₩840,000[*1]	₩900,000[*3]
변동원가	(546,000)	(546,000)[*2]	(585,000)[*4]
공헌이익	378,000	294,000	315,000
고정원가	(220,000)	(213,000)	(213,000)
영업이익	₩158,000	₩81,000	₩102,000

[*1] 4,200단위 × ₩200 = ₩840,000

[*2] 4,200단위 × ₩130 = ₩546,000

[*3] 4,500단위 × ₩200 = ₩900,000

[*4] 4,500단위 × ₩130 = ₩585,000

(3) 변동원가계산과 전부원가계산에 의한 고정제조간접원가 비용처리금액

① 변동원가계산: ₩140,000(당기발생금액)

② 전부원가계산

- 단위당 고정제조간접원가: ₩140,000 ÷ 4,200단위 = ₩33.33
- 당기발생금액: ₩33.33 × 4,200단위 = ₩140,000

(4) 표준원가표

	SQ	SP	표준원가
직접재료원가	2kg	₩20	₩40
직접노무원가	1시간	25	25
변동제조간접원가	1시간	15	15
고정제조간접원가	1시간	30	30[*5]
합계			₩110

[*5] 단위당 표준고정제조간접원가: ₩135,000 ÷ 4,500단위 = ₩30

(5) 가중평균공헌이익

$$\frac{₩70 \times 7 + ₩80 \times 3}{10} = ₩73$$

(6) 손익분기점 총판매수량

$$4{,}067\text{단위} \times \frac{10}{7} = 5{,}810\text{단위}$$

(7) 재료원가 완성품환산량

① 물량흐름 파악

재공품

기초	150(30%)	완성	150
			4,350
착수	4,450	기말	100(20%)
	4,600		4,600

② 완성품환산량

재료원가
-
4,350
100
4,450

모범답안

[물음 1] 매출조업도차이와 변동예산차이

(1) 매출조업도차이
고정예산과 변동예산의 공헌이익 차이
₩315,000 - ₩294,000 = ₩21,000 불리

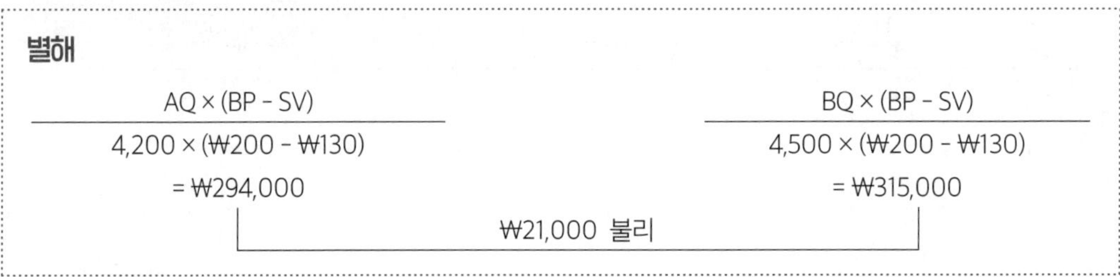

(2) 변동예산차이
실제와 변동예산의 영업이익 차이
₩158,000 - ₩81,000 = ₩77,000 유리

[물음 2] 변동원가계산과 전부원가계산에 의한 실제 영업이익의 차이와 이유

(1) 변동원가계산과 전부원가계산에 의한 실제 영업이익의 차이금액
고정제조간접원가 비용처리금액에 따라 영업이익이 달라진다.
① 변동원가계산: ₩140,000(당기발생금액)
② 전부원가계산: ₩33.33 × 4,200단위 = ₩140,000(당기발생금액)
∴ 실제 영업이익의 차이금액은 없다.

(2) 차이금액이 발생한 이유
당기 생산량이 모두 판매되어 당기비용처리된 고정제조간접원가가 동일하므로 두 방법의 영업이익 차이는 없다.

[물음 3] 실제발생한 직접노무시간과 변동제조간접원가 실제발생액

(1) 실제발생한 직접노무시간
변동제조간접원가 차이분석으로 실제발생한 직접노무시간을 구할 수 있다.

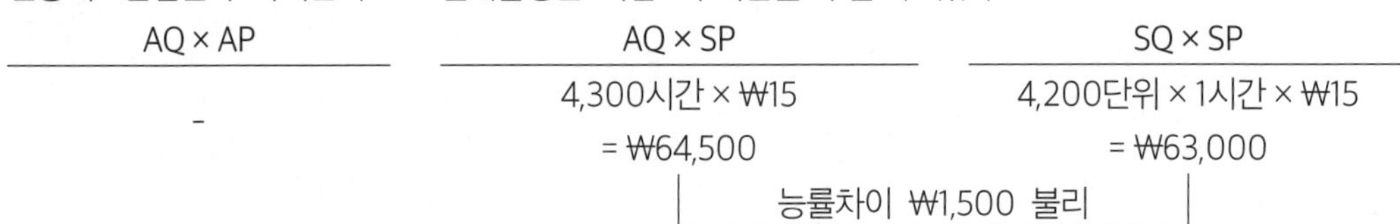

∴ 실제발생한 직접노무시간 = 4,300시간

(2) 변동제조간접원가 실제발생액

① 변동제조간접원가

AQ × AP	AQ × SP	SQ × SP
	4,300시간 × ₩15	4,200단위 × 1시간 × ₩15
₩63,000	= ₩64,500	= ₩63,000

② 고정제조간접원가

실제	예산	SQ × SP
	4,500단위 × 1시간 × ₩30	4,200단위 × 1시간 × ₩30
₩140,000	= ₩135,000	= ₩126,000
₩203,000	₩199,500	

소비차이 ₩3,500 불리

∴ 변동제조간접원가 실제발생액 = ₩63,000

[물음 4] 제품 B의 추가생산·판매로 인한 예산상 고정원가 증가액

(1) 손익분기점 총판매수량

4,067단위 × $\frac{10}{7}$ = 5,810단위

(2) 가중평균공헌이익

$\frac{₩70 \times 7 + ₩80 \times 3}{10}$ = ₩73

(3) 고정원가 증가액(x)

5,810단위 × ₩73 - (₩213,000 + x) = 0

∴ x = ₩211,130

[물음 5] 20×1년 (주)세무의 직접재료구입예산(금액)

(1) 기말재료수량

4,500단위 × 2kg × 10% = 900kg

(2) 당기 재료사용수량

4,450단위 × 2kg = 8,900kg

(3) 당기 재료구입수량

직접재료(kg)

기초	700	사용	8,900
구입	9,100	기말	900
	9,800		9,800

(4) 당기 재료구입금액

9,100kg × ₩20 = ₩182,000

문제 03 매입할인과 대손상각비를 고려한 종합예산, 경제적 부가가치(EVA) 및 도해법을 이용한 최적생산계획

회계사 05

(주)한국화공은 제품 A를 생산 · 판매하는 기업이며, 다음은 20×5년 3/4분기 회사의 예산편성을 위한 자료들이다.

(1) 정상조업도 1,000병을 기준으로 한 제품 A의 병당 변동표준원가는 다음과 같다.

- 직접재료원가(직접재료 2.5ℓ, @₩1,200) ₩3,000
- 직접노무원가(노무시간 2시간, @₩2,500) ₩5,000
- 변동제조간접원가 ₩1,800

(2) 회사의 연간 고정제조간접원가는 ₩14,400,000으로 예상되며, 매월 균등하게 발생한다. 월간 고정제조간접원가는 당월 생산량에 균등하게 배부한다. 대손상각비를 포함하지 않은 변동판매비와 관리비는 병당 ₩1,500이며, 고정판매비와 관리비는 매월 ₩4,500,000으로 예상된다.

(3) 직접재료원가와 변동가공원가는 가공의 과정에서 평균적으로 발생한다. 고정제조간접원가에는 월 ₩400,000의 감가상각비가 포함되어 있으며, 고정판매비와 관리비에는 판매촉진비 ₩120,000, 개발비상각비 ₩80,000, 임차료 ₩50,000 등이 포함되어 있다.

(4) 월말 제품재고는 다음 달 예산매출량의 10%를 유지하고 있으며, 월말 직접재료의 재고는 다음 달 예산소비량의 20% 수준을 유지하고 있다. 월말재공품은 없는 것으로 한다.

(5) 모든 재고자산의 매입과 매출은 외상거래로 이루어진다. 매출액의 50%는 판매한 달에 회수되고, 매출이 발생한 다음 달에 48%가 회수된다. 나머지는 매출 발생 다음 달에 대손상각비로 인식한다. 외상매입금은 매입한 달에 80%를 지급하며 이중 절반에 대하여 5%의 매입할인을 받는다. 나머지 20%는 다음 달에 지급한다.

(6) 제품 A의 병당 판매가격은 ₩20,000이며, 월별 예산매출량은 다음과 같다.

6월	7월	8월	9월
800병	900병	1,000병	1,200병

(7) 법인세율은 20%이며, 6월 말 현금잔액은 ₩254,000이다.

요구사항

[물음 1] 7월 중 직접재료의 예산매입액은 얼마인가?

[물음 2] 선입선출법을 이용하는 경우, 7월의 예산매출총이익과 예산영업이익은 각각 얼마인가?

[물음 3] 매년 3월에 일괄 납부하는 법인세를 제외하고 모든 비용은 발생한 달에 지급하는 것을 원칙으로 한다. 그러나 7월 중 미지급비용의 잔액은 월초에 비하여 ₩102,880 증가할 것으로 예상된다. 7월 말 예상 현금잔액은 얼마인가?

[물음 4] 참여예산제도는 관련 당사자들이 그들 부문의 예산편성에 공동으로 참여하는 공동의 의사결정과정으로 사적정보(Private information)를 활용할 수 있고 예산의 자기설정과정을 통하여 목표일치성을 높일 수 있다는 장점을 갖는다. 그러나 참여예산제도가 오히려 권위적 예산제도보다 성과가 높지 않다는 연구 결과도 있다. 참여예산제도 이용 시 나타날 수 있는 문제점들을 3가지만 6줄 정도로 설명하시오.

《추가 자료》

7월 초 회사는 연구개발의 결과로 고급품인 제품 B를 생산할 수 있게 되었다. 회사는 8월 중 총 ₩50,000,000을 투자하여 제품 B의 생산 · 판매를 담당할 사업부 B를 설치하였으며, 사업부 B와 관련한 자료는 다음과 같다.

(1) 제품 B의 병당 예상판매가격은 ₩40,000으로 설정하였으며, 월간 최대판매가능량은 500병으로 예상된다. 500병을 기준으로 한 제품 B의 병당 표준제조원가는 다음과 같다.

직접재료원가(직접재료 4ℓ, @₩1,200)	₩4,800
직접노무원가(노무시간 6시간, @₩2,500)	15,000
변동제조간접원가	2,500
고정제조간접원가(월간기준)	4,000
합계	₩26,300

(2) 제품 A와 B는 동일한 직접재료와 동일한 노무용역을 이용한다. 다만 회사 전체로 직접재료의 월간 총이용가능량은 3,400ℓ이고, 월간 총노무가능시간은 3,560시간이다.

(3) 사업부 B의 판매비와 관리비는 제품 B를 500개 판매하는 경우 ₩1,095,000, 300개 판매하는 경우에는 ₩795,000으로 예상된다.

(4) 사업부 B의 투자자본 중 20%는 연 이자율 12%인 은행장기차입금으로 조달하였으며, 나머지는 내부자금으로 충당하였다. 연간 자기자본비용은 15%로 가정한다. 또한 직접재료의 매입할인은 없는 것으로 가정한다.

[물음 5] 회사는 8월 중 제품 A를 우선적으로 예산매출량만큼만 생산한 후 제품 B를 생산하여 판매하고자 한다. 투자자본의 대부분은 생산설비 구축을 위하여 사용하였으며, 순운전자본은 무시한다. 사업부 B의 8월 중 경제적 부가가치(EVA)는 얼마로 예상되는가?

[물음 6] 회사는 8월의 예산을 편성하면서 제품 A와 B가 최대성과를 얻을 수 있도록 제품배합을 하려고 한다. 회사가 실현가능한 최대공헌이익은 얼마인가? (단, 직접재료와 제품 A와 B의 8월 초와 8월 말 재고는 없는 것으로 가정한다)

해답

문제분석

- "(1) 정상조업도 1,000병" 및 "(2) 고정제조간접원가는 당월 생산량에 균등하게 배부"
  → 고정제조간접원가를 정상조업도를 기준으로 계산한 표준원가를 사용하지 않고 월 예산생산량을 기준으로 배부한다. 따라서 본 문제에서 "정상조업도 1,000병"은 의미 없는 자료이다.
- "(2) 연간 고정제조간접원가는 ₩14,400,000으로 예상되며, 매월 균등하게 발생"
  → 월 고정제조간접원가(월기준 예산): $\frac{₩14,400,000}{12월}$ = ₩1,200,000
- "(2) 대손상각비를 포함하지 않은 변동판매비와 관리비는 병당 ₩1,500" 및 "(5) 나머지는 매출 발생 다음 달에 대손상각비로 인식"
  → 매출에 대한 대손율은 2%(= 1 - 50% - 48%)이며 다음 달에 대손상각비로 처리한다. 즉, 변동판매비와 관리비 이외에 추가로 전월 매출의 2%를 대손상각비로 처리한다.
  [물음 2] 7월 예산 영업이익 계산과정에서 6월 매출의 2%를 대손상각비로 반영해야 한다.
- "(3) 직접재료원가와 변동가공원가는 가공의 과정에서 평균적으로 발생"
  → 원가요소별 투입행태는 재공품이 존재하는 경우 필요하지만 본 문제는 재공품이 없어 의미 없는 자료이다.
- "(3) 고정제조간접원가에는 월 ₩400,000의 감가상각비가 포함" 및 "(3) 고정판매비와 관리비에는, 개발비상각비 ₩80,000"
  → 현금예산을 설정할 때 감가상각비와 개발비상각비는 비현금유출비용으로 처리한다.
- "(4) 월말 제품재고는 다음 달 예산매출량의 10%" 및 "(4) 월말 직접재료의 재고는 다음 달 예산소비량의 20%"
  → 제품재고는 다음 달 판매량의 10%이고 직접재료재고는 다음 달 생산소비량의 20%이다. 또한, 문제에서 당기에 영업을 개시하거나 기초재고에 대한 언급이 없으므로 6월 초 제품재고는 6월 판매량의 10%이고 6월 초 직접재료재고는 6월 생산소비량의 20%이다.
- "(5) 매출액의 50%는 판매한 달에 회수되고, 매출이 발생한 다음 달에 48%가 회수"
  → 매출로 인한 현금유입은 당월 매출의 50%와 전월 매출의 48%이다.

- **"(5) 외상매입금은 매입한 달에 80%를 지급하며 이중 절반에 대하여 5%의 매입할인" 및 "(5) 나머지 20%는 다음 달에 지급"**
  → 매입으로 인한 현금지출은 당월 매출의 78%(= 80% × 50% + 80% × 50% × 95%)와 전월 매입의 20%이다. 또한, 자료(1)의 변동표준원가에서 직접재료원가의 표준원가가 현금할인이 고려된 금액인지에 대해서 언급이 없다. 이러한 경우 답안 작성 시 "표준변동원가는 현금할인 전 금액으로 가정한다."고 표시하는 것도 하나의 방법이다.
- **"(7) 법인세율은 20%"**
  → [물음 5] 가중평균자본비용을 계산할 때 사용한다.
- **"(7) 6월 말 현금잔액은 ₩254,000"**
  → 7월 말 현금잔액은 6월 말 현금잔액에서 7월 순현금흐름을 반영하여 계산한다.
- **[물음 1] "7월 중 직접재료의 예산매입액"**
  → **매입할인을 고려한 ℓ당 가격:** ₩1,200 - ₩1,200 × 40% × 5% = ₩1,176
- **[물음 2] "선입선출법을 이용"**
  → 전월(6월)과 당월(7월) 생산량이 다르기 때문에 고정제조간접원가를 생산량으로 나누어 전월과 당월의 단위당 고정제조원가를 계산한 후 단위당 제조원가를 각각 계산한다.
- **[물음 3] "모든 비용은 발생한 달에 지급하는 것을 원칙" 및 "7월 중 미지급비용의 잔액은 월초에 비하여 ₩102,880 증가"**
  → 두 문장은 서로 모순되지만 답안은 작성해야 하기 때문에 직접재료 구입을 제외한 당월 발생한 모든 비용은 현금유출로 처리하고 ₩102,880만큼 현금유출을 감소시킨다. 또한, 현금예산설정 시 비현금 유출인 감가상각비와 개발비상각비는 제외함에 주의해야 한다.
- **《추가 자료》 "₩50,000,000을 투자하여 제품 B의 생산·판매"**
  → 투자금액 ₩50,000,000은 [물음 5] 경제적 부가가치 계산에 투하자본으로 처리한다.
- **《추가 자료》 "(1) 500병을 기준" 및 "(1) 고정제조간접원가(월간기준) ₩4,000"**
  → 제품 B의 고정제조간접원가는 ₩2,000,000(= 500병 × ₩4,000)이다.
- **《추가 자료》 "(2) 제품 A와 B는 동일한 직접재료와 동일한 노무용역을 이용" 및 "(2) 직접재료의 월간 총이용가능량은 3,400ℓ이고, 월간 총노무가능시간은 3,560시간"**
  → 제품 B의 "월간 최대판매가능량은 500병으로 예상"되어 제약조건은 직접재료, 노무인력 및 제품 B 500병으로 총 3가지이므로 도해법을 이용하여 제품별 최적생산량을 산출해야 한다. 또한, 자료 (4) "직접재료의 매입할인은 없는 것으로 가정"하므로 제품 A 변동원가 계산에 직접재료 매입할인은 고려하지 않고 대손상각비는 전월 판매량이 일정하지 않아 반영할 수 없다. 이러한 경우, 답안 작성 시 "제품 A의 대손상각비는 고려하지 않는다."고 표시하는 것도 하나의 방법이다.

■ 《추가 자료》 "(3) 제품 B를 500개 판매하는 경우 ₩1,095,000, 300개 판매하는 경우에는 ₩795,000"

→ 제품 B의 판매비와 관리비는 변동원가와 고정원가가 명시적으로 구분되어 있지 않아 고저점법을 이용하여 변동원가와 고정원가로 구분한다.

		총원가(Y)	=	고정원가	+	변동원가
최고 500개		₩1,095,000		a		b × 500개
최저 300개	(-)	795,000		a		b × 300개
		₩300,000				b × 200개

$b = \frac{₩300,000}{200개}$ = ₩1,500이므로, 이를 500개 자료에 대입하면 다음과 같다.

₩1,095,000 = a + ₩1,500 × 500 ⇒ a = ₩345,000

∴ 고정판매비와 관리비 = ₩345,000, 단위당 변동판매비와 관리비 = ₩1,500

제품별 공헌이익은 다음과 같다.

	제품 A	제품 B
단위당 판매가격	₩20,000	₩40,000
단위당 직접재료원가	(3,000)	(4,800)
단위당 직접노무원가	(5,000)	(15,000)
단위당 변동제조간접원가	(1,800)	(2,500)
단위당 변동판매비와 관리비	(1,500)	(1,500)
단위당 공헌이익	₩8,700	₩16,200

■ 《추가 자료》 "(4) 투자자본 중 20%는 연 이자율 12%인 은행장기차입금" 및 "(4) 나머지는 내부자금으로 충당하였다. 연간 자기자본비용은 15%"

→ 연간 가중평균자본비용을 계산한 후 12월로 나누어 월간 가중평균자본비용을 계산한다.

- **연간**: 80% × 15% + 20% × 12% × (1 - 20%) = 0.1392
- **월간**: 0.1392 ÷ 12월 = 0.0116

■ [물음 5] "8월 중 제품 A를 우선적으로 예산매출량만큼만 생산한 후 제품 B를 생산하여 판매"

→ 8월 예산매출량은 1,000병으로 1,000병에 해당하는 직접재료와 노무시간을 먼저 소비하고 남은 직접재료와 노무시간을 이용하여 제품 B 생산가능수량을 계산한다. 만약, 문제에서 "8월 중 제품 A를 우선적으로 예산생산량만큼"이라고 한다면, 기초자료의 8월 예산생산량 1,020병을 이용하여 계산해야 한다. 제품 B 생산가능수량은 다음과 같다.

① 제품 A 생산에 필요한 직접재료와 직접노무시간

- **직접재료**: 1,000병 × 2.5ℓ = 2,500ℓ
- **직접노무시간**: 1,000병 × 2시간 = 2,000시간

② 제품 B 생산가능수량

	사용가능자원	생산가능수량
직접재료	3,400ℓ - 2,500ℓ = 900ℓ	900ℓ ÷ 4ℓ = 225병
직접노무시간	3,560시간 - 2,000시간 = 1,560시간	1,560시간 ÷ 6시간 = 260병

∴ 제품 B를 225병 생산할 수 있다.

자료정리

(1) 제품 A의 원가요소별 단위당 원가

① 단위당 변동제조원가

직접재료원가*1	₩3,000 - ₩3,000 × 40% × 5% =	₩2,940
직접노무원가		5,000
변동제조간접원가		1,800
합계		₩9,740

*1 직접재료원가 총매입액의 40%는 5%의 매입할인을 받는다.

② 단위당 고정제조간접원가
- 6월: ₩1,200,000 ÷ 810병 = ₩1,481
- 7월: ₩1,200,000 ÷ 910병 = ₩1,319

③ 단위당 제조원가
- 6월: ₩9,740 + ₩1,481 = ₩11,221
- 7월: ₩9,740 + ₩1,319 = ₩11,059

④ 판매비와 관리비
- 변동판매비와 관리비: 병당 ₩1,500
- 고정판매비와 관리비: 매월 ₩4,500,000

(2) 제품 A의 6월과 7월의 제조예산

6월(병)

월초*2	80	판매	800
생산	810	월말*3	90
	890		890

↗

7월(병)

월초	90	판매	900
생산	910	월말*4	100
	1,000		1,000

*2 6월 초 제품재고(5월 말 제품재고): 6월 판매량 × 10% = 800병 × 10% = 80병

*3 6월 말 제품재고: 7월 판매량 × 10% = 900병 × 10% = 90병

*4 7월 말 제품재고: 8월 판매량 × 10% = 1,000병 × 10% = 100병

(3) 제품 A의 6월과 7월의 직접재료구입예산

6월(ℓ)

월초*6	405	사용*5	2,025
구입	2,075	월말*8	455
	2,480		2,480

↗

7월(ℓ)

월초	455	사용*7	2,275
구입	2,330	월말	510
	2,785		2,785

*5 6월 사용량: 6월 생산소비량 × 2.5ℓ = 810병 × 2.5ℓ = 2,025ℓ

*6 6월 초 직접재료재고(5월 말 직접재료재고): 6월 생산소비량 × 20% = 2,025ℓ × 20% = 405ℓ

*7 7월 사용량: 7월 생산소비량 × 2.5ℓ = 910병 × 2.5ℓ = 2,275ℓ

*8 6월 말 직접재료재고: 7월 생산소비량 × 20% = 2,275ℓ × 20% = 455ℓ

(4) 제품 A의 매출채권 회수 및 매입채무 지급일정

	판매한 달	다음 달	
• 매출채권 회수	50%	48%	(매출 2%는 판매한 다음 달 대손)

	구입한 달	다음 달	
• 매입채무 지급	40% + 40% × 0.95 = 78%	20%	(매입 40%는 구입한 달 5% 현금할인)

모범답안

[물음 1] 7월 중 직접재료의 예산매입액

7월 직접재료구입량 × ℓ당 가격 = 2,330ℓ × ₩1,176* = ₩2,740,080

* ₩1,200 - ₩1,200 × 40% × 5% = ₩1,176

[물음 2] 7월의 예산매출총이익과 예산영업이익

(1) 매출원가예산

7월

월초	90병 × ₩11,221 =	₩1,009,890	판매		₩9,967,680
생산	910병 × ₩11,059 =	10,063,690	월말	100병 × ₩11,059 =	1,105,900
		₩11,073,580			₩11,073,580

∴ 매출원가예산 = ₩9,967,680

(2) 7월의 예산매출총이익과 예산영업이익

손익계산서

매출액	900병 × ₩20,000 =	₩18,000,000
매출원가		(9,967,680)
매출총이익		₩8,032,320
변동판매비와 관리비	900병 × ₩1,500 =	(1,350,000)
고정판매비와 관리비		(4,500,000)
대손상각비(6월 매출분)	800병 × ₩20,000 × 2% =	(320,000)
영업이익		₩1,862,320

∴ 예산매출총이익 = ₩8,032,320, 예산영업이익 = ₩1,862,320

[물음 3] 7월 말 예상 현금잔액

(1) 매출채권 회수

7월 매출 × 50% + 6월 매출 × 48%

= ₩18,000,000 × 50% + 800병 × ₩20,000 × 48% = ₩16,680,000

(2) 매입채무 지급

7월 매입 × 40% + 7월 매입 × 40% × 0.95 + 6월 매입 × 20%

= 2,330ℓ × ₩1,200 × 40% + 2,330ℓ × ₩1,200 × 40% × 0.95 + 2,075ℓ × ₩1,200 × 20%

= ₩2,678,880

(3) 7월 말 예상현금잔액

월초현금		₩254,000
현금유입		
매출채권 회수		16,680,000
현금유출		
매입채무 지급		(2,678,880)
직접노무원가 지급	910병 × ₩5,000 =	(4,550,000)
제조간접원가 지급	910병 × ₩1,800 + (₩1,200,000 - ₩400,000) =	(2,438,000)
판매비와 관리비 지급	900병 × ₩1,500 + (₩4,500,000 - ₩80,000) =	(5,770,000)
미지급비용 증가		102,880
월말현금		₩1,600,000

[물음 4] 참여예산제도 이용 시 나타날 수 있는 문제점

- 예산참여자가 비교적 예산에 쉽게 도달하고자 수익예산은 과소편성하고 원가예산은 과대편성할 수 있는 예산 슬랙(Budgetary slack)이 발생할 수 있다.
- 예산편성에 많은 시간과 비용이 소요된다.
- 정치활동을 위하여 조직이 비대해질 가능성이 있다.

[물음 5] 사업부 B의 8월 중 경제적 부가가치(EVA)

(1) 사업부 B의 8월(225병) 영업이익

매출액	225병 × ₩40,000 =	₩9,000,000
변동원가	225병 × ₩23,800 =	(5,355,000)
공헌이익		₩3,645,000
고정제조간접원가		(2,000,000)
고정판매비와 관리비		(345,000)
영업이익		₩1,300,000

(2) 월간 가중평균자본비용

① 연간: 80% × 15% + 20% × 12% × (1 - 20%) = 0.1392

② 월간: 0.1392 ÷ 12월 = 0.0116

(3) 경제적 부가가치

₩1,300,000 × (1 - 20%) - ₩50,000,000 × 0.0116 = ₩460,000

[물음 6] 회사가 실현가능한 최대공헌이익

(1) 제품별 단위당 공헌이익

	제품 A	제품 B
단위당 판매가격	₩20,000	₩40,000
단위당 변동원가	(11,300)	(23,800)
단위당 공헌이익	₩8,700	₩16,200

(2) 최적생산량

① 목적함수

MAX: ₩8,700 × A + ₩16,200 × B

② 제약조건

- 직접재료: 2.5 × A + 4 × B ≤ 3,400ℓ
- 노무시간: 2 × A + 6 × B ≤ 3,560시간
- 제품 B: B ≤ 500병
- A, B ≥ 0

③ 실행가능영역

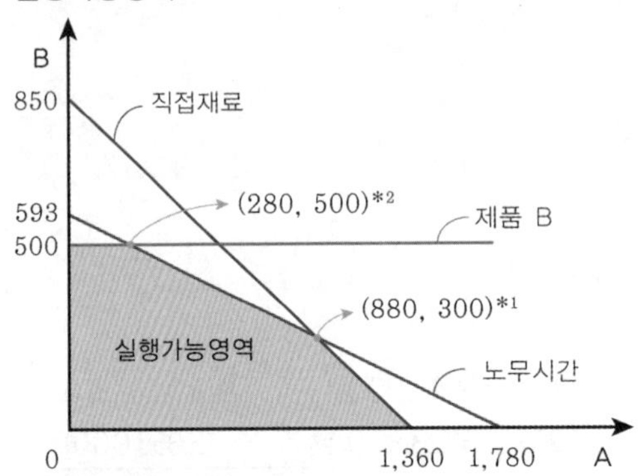

*1 노무시간 제약과 직접재료 제약

노무시간 제약 × 5		17,800 = 10A + 30B
직접재료 제약 × 4	(-)	13,600 = 10A + 16B
		4,200 = 14B

∴ A = 880, B = 300

*2 노무시간 제약과 제품 B 제약

노무시간 제약	3,560 = 2A + 6B
제품 B 제약	500 = B

∴ A = 280, B = 500

④ 최적생산량 및 최대공헌이익

좌표	공헌이익
(0, 0)	₩8,700 × 0 + ₩16,200 × 0 = ₩0
(1,360, 0)	₩8,700 × 1,360 + ₩16,200 × 0 = ₩11,832,000
(880, 300)	₩8,700 × 880 + ₩16,200 × 300 = ₩12,516,000(*)
(280, 500)	₩8,700 × 280 + ₩16,200 × 500 = ₩10,536,000
(0, 500)	₩8,700 × 0 + ₩16,200 × 500 = ₩8,100,000

∴ 최적생산량은 제품 A 880, 제품 B 300이며, 최대공헌이익은 ₩12,516,000이다.

문제 04 제조예산, 원재료 구입예산 및 매출차이분석

회계사 92

(주)한국은 제품 X와 Y를 생산하고 있다. 제품 X의 예산판매가격은 ₩400, 예산변동원가는 ₩160이고 제품 Y의 예산판매가격은 ₩200, 예산변동원가는 ₩100이며, 예산고정원가는 ₩600,000이다.

다음은 20×2년도의 매출에 대한 예산판매량이다.

제품	1분기	2분기	3분기	4분기
X	900개	900개	1,000개	1,200개
Y	1,200개	1,500개	1,300개	1,500개

제품 X와 Y는 모두 다음 분기에 판매할 수량의 30%를 기말재고로 보유한다. 20×1년 제품 X의 기말재고는 270개, 제품 Y의 기말재고는 360개였다. X와 Y를 만들기 위해서 X에는 5kg, Y에는 2kg의 원재료 A가 필요하며, 원재료 A는 다음 분기에 사용할 원재료수량의 20%를 분기 말 재고로 보유한다. 20×1년 말 원재료 A의 기말재고는 1,400kg이며 원재료 A의 가격은 ₩20/kg이다.

(주)한국의 20×2년도 상반기의 실제매출실적은 다음과 같으며 매출수량차이는 발생하지 않았으며 다음 비용 이외의 영업비용은 발생하지 않는다고 가정한다.

구분	20×2년도 상반기
제품 X의 실제판매량	2,000개
제품 X의 실제판매가격	₩410/개
제품 X의 실제 단위당 변동원가	₩180(원재료 A 원가 포함)
제품 Y의 실제 단위당 변동원가	₩120(원재료 A 원가 포함)
상반기의 실제발생고정원가	₩250,000
상반기의 실제영업이익(변동원가계산)	₩380,000

요구사항

[물음 1] 제품 X의 2분기 제조예산(수량)을 작성하시오.

[물음 2] 원재료 A의 2분기 구입예산(금액)을 작성하시오.

[물음 3] (주)한국의 20×2년 상반기 매출배합차이를 구하시오.

[물음 4] 제품 Y의 단위당 실제판매가격을 구하시오.

[물음 5] 회사의 임원은 매출수량차이가 없기 때문에 아무런 차이분석도 필요 없다고 주장하고 있다. 임원의 주장에 대해서 간단히 논평하시오.

해답

문제분석

- "제품 X의 예산판매가격은 ₩400, 예산변동원가는 ₩160이고 제품 Y의 예산판매가격은 ₩200, 예산변동원가는 ₩100"
  → 제품별 예산판매가격(BP)과 예산변동원가(SV)는 매출차이분석에 필요한 자료이다.
- "다음 분기에 판매할 수량의 30%를 기말재고로 보유" 및 "20×1년 제품 X의 기말재고는 270개, 제품 Y의 기말재고는 360개"
  → 분기별 제품계정을 정리할 수 있다.
- "X에는 5kg, Y에는 2kg의 원재료 A가 필요"
  → 제품 X와 Y는 모두 원재료 A가 필요하며 각 제품별 생산량에 필요 원재료를 곱하여 원재료예산을 설정할 수 있다.
- "원재료 A는 다음 분기에 사용할 원재료수량의 20%를 분기 말 재고로 보유" 및 "20×1년 말 원재료 A의 기말재고는 1,400kg"
  → 분기별 원재료계정을 정리할 수 있다.
- "매출수량차이는 발생하지 않았으며" 및 "제품 X의 실제판매량 2,000개"
  → 예산판매량과 실제판매량은 동일하다. 또한, 총판매량에서 제품 X 판매량을 차감하여 제품 Y 판매량을 계산할 수 있다.
- [물음 4] "제품 Y의 단위당 실제판매가격"
  → 제품별 실제판매량, 제품 X의 실제판매가격, 제품 X의 실제변동원가 및 제품 Y의 실제변동원가를 이용하여 제품 Y의 실제판매가격을 구할 수 있다.

자료정리

(1) 제품별 예산공헌이익

제품	예산판매가격(BP)	예산변동원가(SV)	예산공헌이익(BP - SV)
X	₩400	₩160	₩240
Y	₩200	₩100	₩100

(2) 제품별 제조예산

• 제품 X

20×2년 1분기

분기 초	270	판매	900	
생산	900	분기 말	270	(= 900 × 30%)
	1,170		1,170	

20×2년 2분기

분기 초	270	판매	900	
생산	930	분기 말	300	(= 1,000 × 30%)
	1,200		1,200	

20×2년 3분기

분기 초	300	판매	1,000	
생산	1,060	분기 말	360	(= 1,200 × 30%)
	1,360		1,360	

• 제품 Y

20×2년 1분기

분기 초	360	판매	1,200	
생산	1,290	분기 말	450	(= 1,500 × 30%)
	1,650		1,650	

20×2년 2분기

분기 초	450	판매	1,500	
생산	1,440	분기 말	390	(= 1,300 × 30%)
	1,890		1,890	

20×2년 3분기

분기 초	390	판매	1,300	
생산	1,360	분기 말	450	(= 1,500 × 30%)
	1,750		1,750	

(3) 상반기 예산 총판매량

제품	상반기판매량	예산배합비율
X	1,800단위	40%
Y	2,700단위	60%
합계	4,500단위	100%

모범답안

[물음 1] 제품 X의 2분기 제조예산(수량)

제품 X

분기 초[*1]	270	판매	900
생산	930	분기 말[*2]	300
	1,200		1,200

[*1] 900 × 30% = 270

[*2] 1,000 × 30% = 300

∴ 제품 X의 2분기 제조예산 = 930단위

[물음 2] 원재료 A의 2분기 구입예산(금액)

(1) 분기별 총사용량

• 2분기

	제조예산	A	총필요량
X	930단위	5kg/단위	4,650kg
Y	1,440단위	2kg/단위	2,880kg
합계			7,530kg

• 3분기

	제조예산	A	총필요량
X	1,060단위	5kg/단위	5,300kg
Y	1,360단위	2kg/단위	2,720kg
합계			8,020kg

(2) 2분기 구입예산

원재료 A

분기 초[*1]	1,506kg	사용	7,530kg
구입	7,628kg	분기 말[*2]	1,604kg
	9,134kg		9,134kg

[*1] 7,530kg × 20% = 1,506kg

[*2] 8,020kg × 20% = 1,604kg

∴ 원재료 A의 구입예산: 7,628kg × ₩20 = ₩152,560

[물음 3] 20×2년 상반기 매출배합차이

(1) 제품 Y 실제판매량

총판매량 - 제품 X 판매량 = 4,500단위 - 2,000단위 = 2,500단위

(2) 매출배합차이

	AQ × (BP - SV)		Total AQ × BM × (BP - SV)	
X	2,000 × ₩240 =	₩480,000	4,500 × 0.4 × ₩240 =	₩432,000
Y	2,500 × ₩100 =	₩250,000	4,500 × 0.6 × ₩100 =	₩270,000
		₩730,000		₩702,000
		₩28,000 F		

∴ 매출배합차이 = ₩28,000 유리

[물음 4] 제품 Y의 단위당 실제판매가격

제품 Y의 단위당 실제판매가격을 P라 하면 다음과 같다.

제품 X의 공헌이익 + 제품 Y의 공헌이익 - ₩250,000 = ₩380,000

2,000 × (₩410 - ₩180) + 2,500 × (P - ₩120) = ₩630,000

∴ P = ₩188

[물음 5] 매출수량차이의 의미

매출총차이는 예산매출액과 실제매출액과의 차이를 말한다. 이는 매출가격차이와 매출조업도차이로 구분할 수 있으며 매출조업도차이는 다시 매출배합차이와 매출수량차이로 구분할 수 있다. 매출수량은 예산판매량과 실제판매량의 차이만을 의미하는 것이므로 매출수량차이가 없다고 해서 예산매출액과 실제매출액이 일치하는 것은 아니다. 따라서 기타 가격이나 배합에 대한 차이를 추가로 분석해야 한다.

문제 05 종합예산, 외부구입 의사결정 및 원가차이분석

회계사 19

20×1년 초에 설립된 (주)청연은 성인용 스키와 어린이용 스키를 생산하여 판매한다. 성인용 스키는 나무를, 어린이용 스키는 플라스틱을 원재료로 사용하여 생산된다. 회사는 표준종합원가계산제도를 도입하고 있으며 플라스틱 단가 및 임률 상승에 따라 20×2년의 가격표준을 조정하였다. 20×2년의 표준원가는 성인용 스키의 경우 연간 기준조업도 6,000단위, 어린이용 스키의 경우 연간 기준조업도 10,000단위에 기준하여 산출되었다. 제조간접원가는 직접노무시간을 기준으로 배부한다. 재료원가와 전환원가는 공정 전반에 걸쳐 균등하게 발생하며 원가흐름은 선입선출법(FIFO)을 가정한다. 성인용 스키와 어린이용 스키의 단위당 표준원가에 관한 자료는 다음과 같다.

(1) 성인용 스키

구분	수량 표준	가격표준	
		20×1년	20×2년
원재료(나무)	50g	₩3/g	₩3/g
직접노무원가	3시간	₩100/시간	₩120/시간
변동제조간접원가	3시간	₩50/시간	₩50/시간
고정제조간접원가	3시간	₩40/시간	₩40/시간

(2) 어린이용 스키

구분	수량 표준	가격표준	
		20×1년	20×2년
원재료(플라스틱)	20g	₩1/g	₩2/g
직접노무원가	2시간	₩100/시간	₩120/시간
변동제조간접원가	2시간	₩40/시간	₩40/시간
고정제조간접원가	2시간	₩30/시간	₩30/시간

(3) 판매관리비(20×1년과 20×2년 동일)

구분	성인용 스키	어린이용 스키
단위당 변동판매관리비	₩150	₩120
고정판매관리비(총액)	₩840,000	₩840,000

요구사항

[물음 1] (주)청연은 20×1년 말에 20×2년의 종합예산을 편성하고 있다. 20×1년 이후에는 겨울스포츠 인구의 감소에 따라 성인용 스키는 매년 전년대비 10%씩, 어린이용 스키는 매년 전년대비 5%씩 판매량이 감소될 것으로 예상된다. 재고정책은 매년 동일하다. 제품 생산 및 판매에 관한 자료는 다음과 같다.

① 판매예측

구분	성인용 스키	어린이용 스키
20×1년 판매량	5,000단위	8,000단위
20×2년 판매량	?	?
20×3년 판매량	?	?
단위당 판매가격	₩1,200	₩600

② 재고정책

- 원재료: 나무와 플라스틱의 기말재고는 차기 예상판매량의 20%를 생산할 수 있는 수량을 확보한다.
- 재공품: 차기 예상판매량의 10%를 기말재고로 보유하며, 기말재공품의 완성도는 성인용 스키의 경우 40%, 어린이용 스키의 경우 50%이다.
- 제품: 차기 예상판매량의 10%를 기말재고로 보유한다.

위 자료를 바탕으로 다음 물음에 답하시오.

(1) 20×2년의 제품별 판매예산을 수립하시오.

구분	성인용 스키	어린이용 스키
예상판매량		
단위당 판매가격		
예산매출액		

(2) 20×2년의 원재료별 구매예산을 수립하시오.

구분	나무	플라스틱
당기투입량(g)		
기말재고		
계		
기초재고		
구매량		
구입단가(₩)		
원재료 구매예산		

(3) 20×2년의 제조원가예산을 제품별로 수립하시오.

구분		성인용 스키	어린이용 스키
직접재료 원가	나무		
	플라스틱		
직접노무원가			
변동제조간접원가			
고정제조간접원가			
합계			

(4) 20×2년 어린이용 스키에 대해 원가차이를 조정하기 전의 재공품과 제품의 기말재고예산 및 매출원가예산을 수립하시오.

구분	어린이용 스키
기말재공품	
기말제품	
매출원가	

[물음 2] ([물음 1]과 관계없이) 20×2년 성인용 스키의 생산량은 6,000단위이며 생산량은 전량 판매되고, 기초 및 기말재고자산은 없다고 가정한다.

(1) (주)청연의 경영자는 중국의 한 업체로부터 성인용 스키 6,000단위 전량을 주문자상표부착방식(OEM)으로 구입하여 판매할 것을 검토하고 있다. OEM방식으로 판매할 경우 변동판매관리비는 20% 감소하지만 고정판매관리비는 변하지 않는다. 또한 유휴생산능력을 감축함으로써 성인용 스키의 고정제조간접원가는 기존의 40%만 발생할 것으로 예상된다. 현재의 영업이익을 감소시키지 않고 지급할 수 있는 단위당 외부구입가격의 최대금액은 얼마인가?

(2) 외부구입 의사결정을 할 때 재무적 요인 이외에 고려해야 할 질적 요인을 두 가지 이상 서술하시오.

[물음 3] (주)청연은 20×4년 초, 여름스포츠 사업에 착수하여 보급형과 고급형 두 종류의 서핑보드를 생산 및 판매하며, 표준종합원가계산제도를 도입하였다. 보급형과 고급형 서핑보드는 모두 동일한 원재료(나무)를 사용한다. 원재료는 공정 초에 모두 투입되고, 전환원가는 공정 전반에 걸쳐 균등하게 발생한다. 제조간접원가 배부기준은 기계시간이고, 기준조업도는 매월 100,000기계시간이다. 20×4년 6월의 서핑보드 생산과 관련된 자료는 다음과 같다(괄호 안은 전환원가 완성도를 의미함).

구분	물량	
	보급형 서핑보드	고급형 서핑보드
기초재공품	2,000단위(70%)	1,000단위(80%)
당기완성량	10,000단위	21,000단위
기말재공품	3,000단위(80%)	800단위(50%)

6월에 실제발생한 직접노무시간은 38,000시간이고 실제기계시간은 89,000시간이며, 실제고정제조간접원가는 ₩2,050,000이었다. 당기 중에 공손이나 감손은 발생하지 않았다.

보급형 및 고급형 서핑보드의 표준원가로 평가된 기초재공품금액 중 제조간접원가는 다음과 같다.

구분	제조간접원가	
	완성도	금액
보급형 서핑보드	70%	₩70,000
고급형 서핑보드	80%	₩160,000

(주)청연은 20×4년 초에 서핑보드의 단위당 표준원가를 설정하였으며, 표준원가는 매월 동일하게 적용된다. 서핑보드의 부분적인 표준원가자료는 다음과 같다.

구분	보급형 서핑보드		고급형 서핑보드	
	수량표준	가격표준	수량표준	가격표준
직접재료원가	80g	₩3/g	60g	₩3/g
직접노무원가	1시간	₩100/시간	1.2시간	₩100/시간
변동제조간접원가	?	₩30/시간	?	₩30/시간
고정제조간접원가	?	₩20/시간	?	₩20/시간

(1) 보급형 서핑보드와 고급형 서핑보드의 제품 단위당 표준원가는 각각 얼마인가?

(2) 6월의 직접노무원가와 변동제조간접원가의 능률차이를 각각 구하시오(유리한 차이(F), 불리한 차이(U)를 표시할 것).

(3) 고정제조간접원가의 예산차이와 조업도차이를 구하시오(유리한 차이(F), 불리한 차이(U)를 표시할 것).

해답

문제분석

■ "20×2년의 표준원가는 성인용 스키의 경우 연간 기준조업도 6,000단위, 어린이용 스키의 경우 연간 기준조업도 10,000단위에 기준하여 산출"

→ 20×2년 제품별 고정제조간접원가 예산은 다음과 같다.

- 성인용 스키: 6,000단위 × 3시간 × ₩40 = ₩720,000
- 어린이용 스키: 10,000단위 × 2시간 × ₩30 = ₩600,000

■ "재료원가와 전환원가는 공정 전반에 걸쳐 균등하게 발생"

→ 재료원가는 공정 전반에 균등발생하며 당해 연도 투입된 직접재료원가는 완성품환산량에 단위당 원가를 곱하여 계산한다.

■ [물음 1] "20×1년 이후에는 겨울스포츠 인구의 감소에 따라 성인용 스키는 매년 전년대비 10%씩, 어린이용 스키는 매년 전년대비 5%씩 판매량이 감소"

→ 20×2년 예산판매량은 다음과 같다.

- 성인용 스키: 5,000단위 × 90% = 4,500단위
- 어린이용 스키: 8,000단위 × 95% = 7,600단위

■ [물음 1] "원재료: 나무와 플라스틱의 기말재고는 차기 예상판매량의 20%를 생산할 수 있는 수량"

→ 20×2년 기말원재료 재고수량은 20×3년 예상판매량 20%에 단위당 수량표준(g)을 곱하여 계산한다.

■ [물음 1] "재공품: 차기 예상판매량의 10%를 기말재고로 보유" 및 "제품: 차기 예상판매량의 10%를 기말재고로 보유"

→ 20×2년 기말제품 및 기말재공품 재고수량은 20×3년 예상판매량의 10%다.

■ [물음 1] "(3) 20×2년의 제조원가예산"

→ 제조원가예산은 재공품이 있는 경우 원가요소별 완성품환산량을 기준으로 계산한다. 또한, 직접재료원가는 당기투입금액을 말한다.

■ [물음 1] "(4) 20×2년 어린이용 스키에 대해 원가차이를 조정하기 전"

→ 원가차이를 조정하기 전 금액은 표준원가를 의미하므로 고정제조간접원가를 포함한 단위당 표준원가를 기준으로 계산하며, 선입선출법을 적용하므로 기초재공품과 기초제품은 20×1년 표준원가를 적용한다. 또한, 매출원가는 단위당 표준원가를 적용한 당기발생 제조원가에서 기초 및 기말재고 증감을 조정하여 계산할 수 있다.

① 단위당 표준원가

- 20×1년: 20g × ₩1 + 2시간 × ₩100 + 2시간 × ₩40 + 2시간 × ₩30 = ₩360
- 20×1년: 20g × ₩2 + 2시간 × ₩120 + 2시간 × ₩40 + 2시간 × ₩30 = ₩420

② 재고자산금액

	기초	기말
재공품	760단위 × 50% × ₩360 = ₩136,800	722단위 × 50% × ₩420 = ₩151,620
제품	760단위 × ₩360 = ₩273,600	722단위 × ₩420 = ₩303,240

■ [물음 3] "제조간접원가 배부기준은 기계시간이고, 기준조업도는 매월 100,000기계시간이다.", "기초재공품 2,000단위(70%), 1,000단위(80%)" 및 "표준원가로 평가된 기초재공품금액 중 제조간접원가"

→ 기초재공품원가를 완성품환산량으로 나누어 단위당 제조간접원가를 계산할 수 있다.

- 보급형 서핑보드: $\frac{₩70,000}{2,000단위 \times 70\%}$ = ₩50

- 고급형 서핑보드: $\frac{₩160,000}{1,000단위 \times 80\%}$ = ₩200

■ [물음 3] "서핑보드의 부분적인 표준원가자료"

→ 표준원가자료에서 기계시간당 가격표준을 이용하여 단위당 기계시간을 계산할 수 있다.

자료정리

(1) 20×2년 제품별 재고현황

① 성인용 스키

제품과 재공품재고는 차기 예상판매량의 10%이며, 재공품의 완성도는 40%이다. 또한, 원재료재고는 차기 예상판매량의 20%를 생산할 수 있는 수량이다.

• 재공품과 제품계정(단위)

재공품

기초[*5]	450(40%)	완성	4,455
착수	4,410	기말[*4]	405(40%)
	4,860		4,860

↖

제품

기초[*3]	450	판매[*1]	4,500
입고	4,455	기말[*2]	405
	4,905		4,905

[*1] 20×2년 판매량: 20×1년 판매량 × 90% = 5,000 × 90% = 4,500

[*2] 20×2년 기말제품재고: 20×3년 판매량 × 10% = (4,500 × 90%) × 10% = 405

[*3] 20×2년 기초제품재고(= 20×1년 기말제품재고): 20×2년 판매량 × 10% = 4,500 × 10% = 450

[*4] 20×2년 기말재공품재고: 20×3년 판매량 × 10% = (4,500 × 90%) × 10% = 405

[*5] 20×2년 기초재공품재고(= 20×1년 기말재공품재고): 20×2년 판매량 × 10% = 4,500 × 10% = 450

• 물량흐름도(재공품)와 완성품환산량

제조원가는 공정 전반에 걸쳐 균등하게 발생하므로 재료원가 완성품환산량을 계산하여 당기투입 원재료를 추정한다.

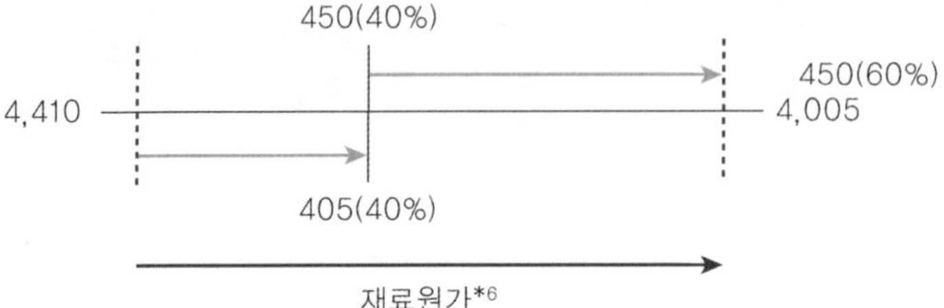

[*6] 완성품환산량: 450 × 60% + 4,005 + 405 × 40% = 4,437

• 원재료계정

원재료(g)

기초[*9]	45,000	투입[*7]	221,850
매입	217,350	기말[*8]	40,500
	262,350		262,350

[*7] 20×2년 원재료사용량: 재료원가 완성품환산량 × 50g = 4,437단위 × 50g = 221,850g

[*8] 20×2년 기말원재료재고: 20×3년 판매량 × 20% × 50g = (4,500 × 90%) × 20% × 50g = 40,500g

[*9] 20×2년 기초원재료재고(= 20×1년 기말원재료재고): 20×2년 판매량 × 20% × 50g
= 4,500 × 20% × 50g = 45,000g

② 어린이용 스키

제품과 재공품재고는 차기 예상판매량의 10%이며, 재공품의 완성도는 50%이다. 또한, 원재료재고는 차기 예상판매량의 20%를 생산할 수 있는 수량이다.

• 재공품과 제품계정(단위)

재공품			
기초[*14]	760(50%)	완성	7,562
착수	7,524	기말[*13]	722(50%)
	8,284		8,284

제품			
기초[*12]	760	판매[*10]	7,600
입고	7,562	기말[*11]	722
	8,322		8,322

[*10] 20×2년 판매량: 20×1년 판매량 × 95% = 8,000 × 95% = 7,600

[*11] 20×2년 기말제품재고: 20×3년 판매량 × 10% = (7,600 × 95%) × 10% = 722

[*12] 20×2년 기초제품재고(= 20×1년 기말제품재고): 20×2년 판매량 × 10% = 7,600 × 10% = 760

[*13] 20×2년 기말재공품재고: 20×3년 판매량 × 10% = (7,600 × 95%) × 10% = 722

[*14] 20×2년 기초재공품재고(= 20×1년 기말재공품재고): 20×2년 판매량 × 10% = 7,600 × 10% = 760

• 물량흐름도(재공품)와 완성품환산량

제조원가는 공정 전반에 걸쳐 균등하게 발생하므로 재료원가 완성품환산량을 계산하여 당기투입 원재료를 추정한다.

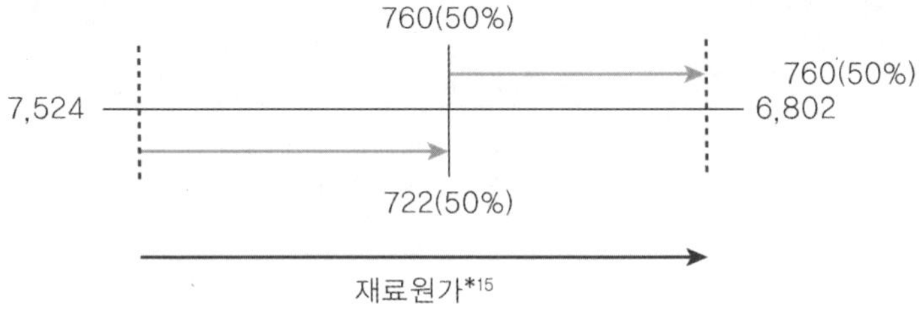

[*15] 완성품환산량: 760 × 50% + 6,802 + 722 × 50% = 7,543

• 원재료계정

원재료(g)			
기초[*18]	30,400	투입[*16]	150,860
매입	149,340	기말[*17]	28,880
	179,740		179,740

[*16] 20×2년 원재료사용량: 재료원가 완성품환산량 × 20g = 7,543단위 × 20g = 150,860g

[*17] 20×2년 기말원재료재고: 20×3년 판매량 × 20% × 20g = (7,600 × 95%) × 20% × 20g = 28,880g

[*18] 20×2년 기초원재료재고(= 20×1년 기말원재료재고): 20×2년 판매량 × 20% × 20g
= 7,600 × 20% × 20g = 30,400g

(2) 성인용 스키 가격과 원가구조[물음 2]

단위당 판매가격		₩1,200
단위당 변동원가	₩150 + ₩360 + ₩150 + ₩150 =	(810)
단위당 공헌이익		₩390
총고정원가	₩720,000 + ₩840,000 =	₩1,560,000

(3) 서핑보드 물량흐름도[물음 3]

• 보급형 서핑보드

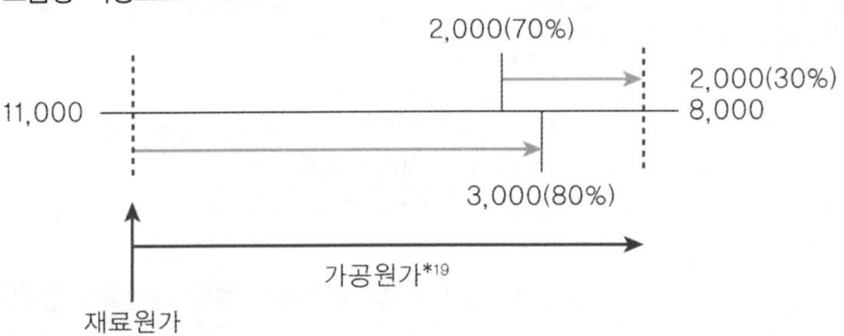

*19 가공원가 완성품환산량: 2,000 × 30% + 8,000 + 3,000 × 80% = 11,000

• 고급형 서핑보드

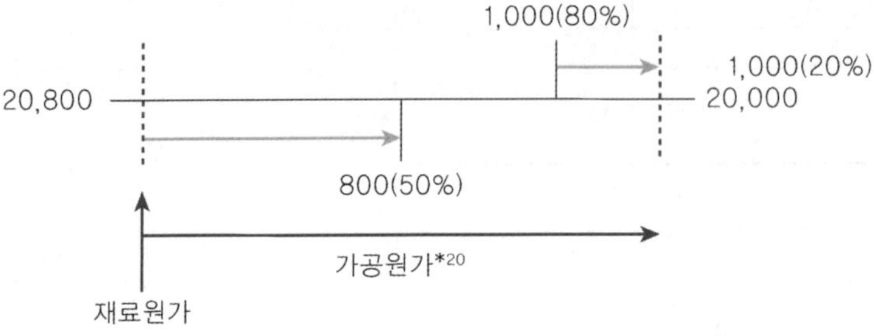

*20 가공원가 완성품환산량: 1,000 × 20% + 20,000 + 800 × 50% = 20,600

모범답안

[물음 1]

(1) 20×2년의 제품별 판매예산

구분	성인용 스키	어린이용 스키
예상판매량	5,000단위 × 90% = 4,500단위	8,000단위 × 95% = 7,600단위
단위당 판매가격	₩1,200	₩600
예산매출액	4,500단위 × ₩1,200 = ₩5,400,000	7,600단위 × ₩600 = ₩4,560,000

(2) 20×2년의 원재료별 구매예산

구분	나무	플라스틱
당기투입량(g)	4,437 × 50g = 221,850g	7,543 × 20g = 150,860g
기말재고	4,050 × 0.2 × 50g = 40,500g	7,220 × 0.2 × 20g = 28,880g
계	262,350g	179,740g
기초재고	4,500 × 0.2 × 50g = 45,000g	7,600 × 0.2 × 20g = 30,400g
구매량	217,350g	149,340g
구입단가(₩)	₩3	₩2
원재료 구매예산	₩652,050	₩298,680

(3) 20×2년의 제조원가예산

구분		성인용 스키	어린이용 스키
직접재료원가	나무	221,850g × ₩3 = ₩665,550	
	플라스틱		₩271,320[*1]
직접노무원가		4,437단위[*2] × 3시간 × ₩120 = ₩1,597,320	7,543단위[*2] × 2시간 × ₩120 = ₩1,810,320
변동제조간접원가		4,437단위[*2] × 3시간 × ₩50 = ₩665,550	7,543단위[*2] × 2시간 × ₩40 = ₩603,440
고정제조간접원가		₩720,000[*3]	₩600,000[*4]
합계		₩3,648,420	₩3,285,080

[*1] 직접재료 투입금액: 기초분 직접재료 투입금액 + 당기구입분 직접재료 투입금액
= 30,400g × ₩1 + 120,460g × ₩2 = ₩271,320

[*2] 완성품환산량

[*3] 성인용 스키 고정제조간접원가: 기준조업도 × 단위당 고정제조간접원가
= 6,000단위 × 3시간 × ₩40 = ₩720,000

[*4] 어린이용 스키 고정제조간접원가: 기준조업도 × 단위당 고정제조간접원가
= 10,000단위 × 2시간 × ₩30 = ₩600,000

(4) 20×2년 어린이용 스키에 대해 원가차이를 조정하기 전의 재공품과 제품의 기말재고예산 및 매출원가예산

구분	어린이용 스키
기말재공품	722단위 × 50% × ₩420 = ₩151,620
기말제품	722단위 × ₩420 = ₩303,240
매출원가	₩3,093,200

① 당기발생 제조원가

직접재료원가		₩271,320(위 답(3) 참조)
직접노무원가	7,543단위 × 2시간 × ₩120 =	1,810,320
변동제조간접원가	7,543단위 × 2시간 × ₩40 =	603,440
고정제조간접원가	7,543단위 × 2시간 × ₩30 =	452,580
		₩3,137,660

② 매출원가

당기발생 제조원가		₩3,137,660
재공품 변동	₩151,620 - ₩136,800 =	(14,820)
제품 변동	₩303,240 - ₩273,600 =	(29,640)
		₩3,093,200

[물음 2]

(1) 단위당 외부구입가격의 최대금액(P)

증분수익		
변동제조원가 절감	6,000단위 × ₩660 =	₩3,960,000
변동판매관리비 절감	6,000단위 × ₩150 × 0.2 =	180,000
고정제조원가 절감	₩720,000 × 0.6 =	432,000
증분비용		
외부구입비용		(6,000P)
증분이익		₩4,572,000 - 6,000P ≥ 0

∴ P = ₩762

(2) 재무적 요인 이외에 고려해야 할 질적 요인

① 공급업자의 공급능력이나 품질관리능력

② 종업원 감원으로 인한 노사갈등

[물음 3]

(1) 보급형 서핑보드와 고급형 서핑보드의 제품 단위당 표준원가

구분	보급형 서핑보드			고급형 서핑보드		
	수량표준	가격표준	표준원가	수량표준	가격표준	표준원가
직접재료원가	80g	₩3/g	₩240	60g	₩3/g	₩180
직접노무원가	1시간	₩100/시간	100	1.2시간	₩100/시간	120
변동제조간접원가	1시간	₩30/시간	30	4시간	₩30/시간	120
고정제조간접원가	1시간	₩20/시간	20	4시간	₩20/시간	80
단위당 원가			₩390			₩500

① 제품별 제조간접원가 배부율

- 보급형 서핑보드: ₩70,000 ÷ (2,000단위 × 70%) = ₩50
- 고급형 서핑보드: ₩160,000 ÷ (1,000단위 × 80%) = ₩200

② 제품별 단위당 기계시간

- 보급형 서핑보드: 50 ÷ (30 + 20) = 1시간
- 고급형 서핑보드: 200 ÷ (30 + 20) = 4시간

(2) 6월의 직접노무원가와 변동제조간접원가의 능률차이

① 완성품환산량

- 보급형 서핑보드: 2,000 × 30% + 8,000 + 3,000 × 80% = 11,000단위
- 고급형 서핑보드: 1,000 × 20% + 20,000 + 800 × 50% = 20,600단위

② 직접노무원가 능률차이

	AQ × SP		SQ × SP	
보급형	38,000시간 × ₩100 =	₩3,800,000	11,000 × 1시간 × ₩100 =	₩1,100,000
고급형			20,600 × 1.2시간 × ₩100 =	2,472,000
		₩3,800,000		3,572,000

₩228,000 U

③ 변동제조간접원가 능률차이

	AQ × SP		SQ × SP	
보급형	89,000시간 × ₩30 =	₩2,670,000	11,000 × 1시간 × ₩30 =	₩330,000
고급형			20,600 × 4시간 × ₩30 =	2,472,000
		₩2,670,000		2,802,000

₩132,000 F

(3) 고정제조간접원가의 예산차이와 조업도차이

실제	예산	SQ × SP	
₩2,050,000	100,000시간 × ₩20	11,000 × 1시간 × ₩20 =	₩220,000
	= ₩2,000,000	20,600 × 4시간 × ₩20 =	1,648,000
			₩1,868,000

예산차이 ₩50,000 U　　조업도차이 ₩132,000 U

해커스 회계사 允원가관리회계연습

회계사 · 세무사 · 경영지도사 단번에 합격!
해커스 경영아카데미 cpa.Hackers.com

제14장

책임회계제도

핵심 이론 요약

01 성과평가와 관련된 원가

부문 통제가능원가	평가대상 O
부문 통제불능원가	평가대상 X

02 책임중심점의 종류

(1) 책임대상과 성과분석

구분	책임대상	성과분석
원가중심점(Cost center)	표준원가(SQ × SP)	원가차이분석
수익중심점(Revenue center)	예산매출(BQ × BP)	매출차이분석
이익중심점(Profit center)	이익(수익 및 원가)	원가차이분석, 매출차이분석
투자중심점(Investment center)	이익 및 투자효율성	투자수익률(ROI), 잔여이익(RI), 경제적 부가가치(EVA)

(2) 원가중심점과 수익중심점 비교

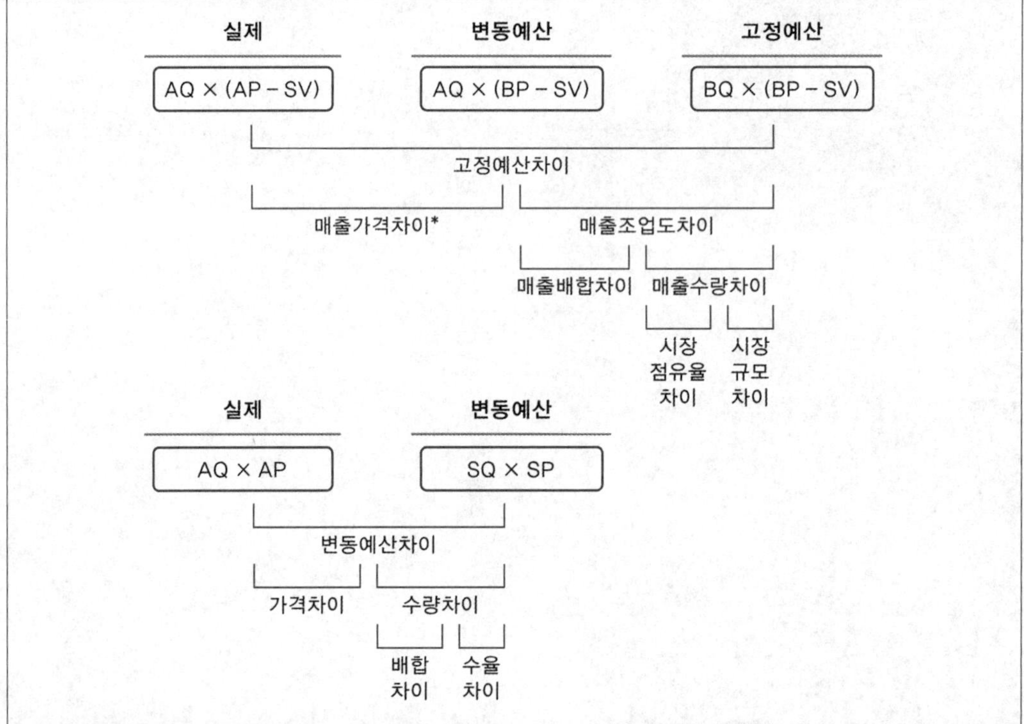

* 또는 AQ × AP와 AQ × BP의 차이

03 원가중심점의 총차이

(1) 변동제조원가

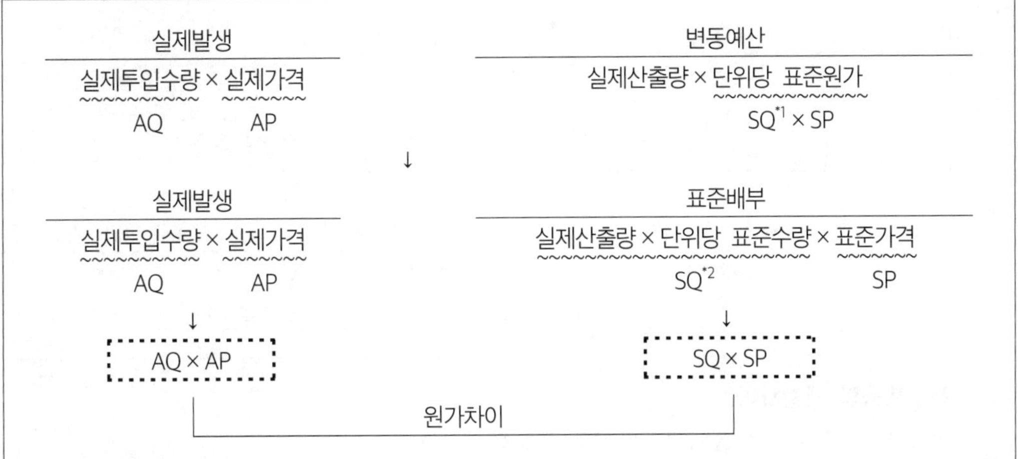

*1 단위당 표준수량

*2 실제산출량에 허용된 표준수량

(2) 고정제조간접원가

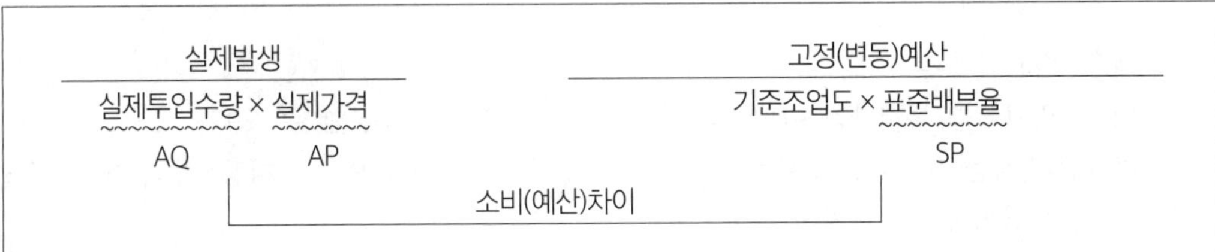

(3) 복수생산요소의 원가차이

수량(능률)차이를 다음의 두 가지로 구분할 수 있다.

① 배합차이(Mix variance): 실제배합과 표준배합의 차이

② 수율차이(Yield variance): 실제수율과 표준수율의 차이

04 수익중심점의 총차이

(1) 매출가격차이와 매출조업도차이

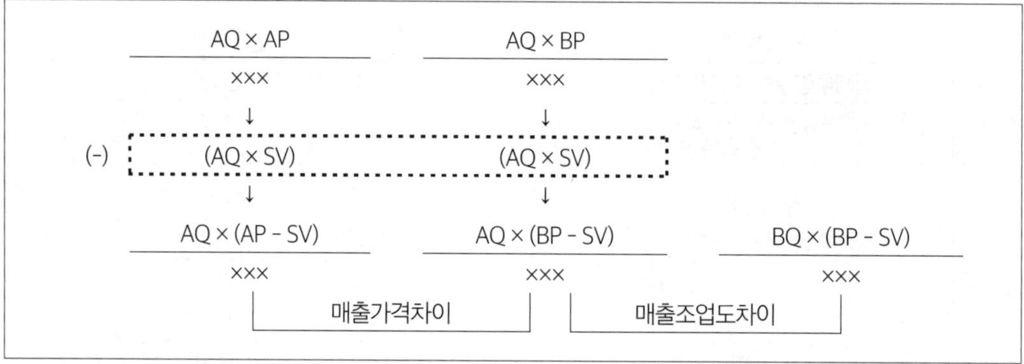

(2) 복수제품의 매출차이

매출조업도차이를 다음의 두 가지로 구분할 수 있다.

① 매출배합차이(Sales mix variance): 실제 총수량을 기준으로 실제배합과 예산배합의 차이가 공헌이익에 미치는 영향

② 매출수량차이(Sales quantity variance): 예산배합을 기준으로 실제수량과 예산수량의 차이가 공헌이익에 미치는 영향

(3) 매출수량차이의 통제가능성

매출수량차이를 통제가능 여부에 따라 다음의 두 가지로 구분할 수 있다.

① 시장점유율차이(Market share variance): 실제규모를 기준으로 실제점유율과 예산점유율의 차이가 공헌이익에 미치는 영향

② 시장규모차이(Market size variance): 예산점유율을 기준으로 실제규모와 예산규모의 차이가 공헌이익에 미치는 영향

05 투자중심점 성과평가

(1) 투자수익률(ROI)

$$\text{투자수익률} = \frac{\text{영업이익}}{\text{투자금액}}$$

$$\rightarrow \text{듀폰(DuPont)분석: 투자수익률} = \frac{\text{영업이익}}{\text{매출액}} \times \frac{\text{매출액}}{\text{투자금액}}$$

$$= \text{매출이익률} \times \text{자산회전율}$$

① 투자안 투자수익률 > 기존 투자수익률: 투자안 채택

② 투자안 투자수익률 < 기존 투자수익률: 투자안 기각

(2) 잔여이익(RI)

잔여이익 = 영업이익 - 투자금액 × 최저필수수익률[*1]

[*1] 최저필수수익률은 자본비용으로 해당 투자중심점의 위험을 추가로 고려하여 결정한다.

① 잔여이익 > 영(0): 투자안 채택

② 잔여이익 < 영(0): 투자안 기각

(3) 경제적 부가가치(EVA)

경제적 부가가치 = 세후영업이익[*2] - 투하자본[*3] × 가중평균자본비용[*4]

[*2] 조정 후 영업이익

[*3] 투자금액 중 자본비용이 발생하는 항목

[*4] 타인자본비용과 자기자본비용을 가중평균하여 결정한다.

① 경제적 부가가치 > 영(0): 투자안 채택

② 경제적 부가가치 < 영(0): 투자안 기각

문제 01 ROI, EVA 및 관련원가 의사결정

(주)한국은 고급와인을 소매상과 와인전문샵에 공급한다. 총발생비용은 와인구입비용과 판매지원비용으로 구성되어 있다.

《추가자료》 회사가 보고한 20×1년 2월의 판매지원비용

활동	원가동인	원가동인수	배부율
주문	주문횟수	40회	주문횟수당 ₩250
목록작성	와인종류	20종류	와인종류당 ₩100
배달	배달횟수	400회	배달횟수당 ₩15
대금회수	고객의 수	300명	고객당 ₩50

20×1년 2월 회사는 와인당 ₩15에 12,000단위의 와인을 구입하여 단위당 ₩22에 판매하였다.

요구사항

[물음 1] 20×1년 2월 회사의 월간 투자액이 ₩300,000일 경우 투자수익률(ROI)을 구하시오.

[물음 2] 와인시장이 점점 성숙해지고 있어 와인의 가격이 하락하기 시작하여 단위당 ₩12에 구입할 수 있다고 가정하자. 회사는 3월부터는 매월 12,000개의 와인을 단위당 ₩18에 판매할 수 있을 것으로 예측된다. 기타 다른 원가는 2월과 같다고 가정하면 회사는 15%의 목표 투자수익률을 얻을 수 있을 것인가?

※ 위 물음과 별도로 다음 자료를 읽고 물음에 답하시오.

회사의 소수의 직원들이 팀으로 모여 공정개선을 고려하였다. 그들은 관리는 많이 필요하나 별로 인기가 없는 와인종류를 포기할 것을 제안하였다. 몇 가지의 와인종류를 포기하면 4월의 원가구조는 다음과 같이 변경된다.

활동	원가동인	원가동인수	원가동인
주문	주문횟수	30회	주문횟수당 ₩200
목록작성	와인종류	15종류	와인종류당 ₩100
배달	배달횟수	450회	배달횟수당 ₩20
대금회수	고객의 수	300명	고객당 ₩50

[물음 3] 판매가격은 와인당 ₩18이고, 원가는 ₩12인 상황에서 회사는 4월에 15%의 투자수익률을 얻기 위해서 몇 개의 와인을 판매하여야 하는가?

[물음 4] 외부배달업체에서 고객에게 와인을 직접 배달해 주는 조건으로 와인당 ₩3의 수수료를 제안하였다. 만약, 외부배달업체의 조건에 수락한다면 주문 및 배달활동은 필요 없게 된다. 판매가격은 와인당 ₩18이고, 원가는 ₩12인 상황에서 4월에 15%의 투자수익률을 얻기 위해서 몇 개의 와인을 판매하여야 하는가?

[물음 5] 위 물음과는 별도로 아래 자료를 이용하여 20×1년 회사의 EVA를 계산하시오. (단, 투하자본은 장부가치를 기준으로 가중평균자본비용은 시장가치를 기준으로 각각 계산하시오)

구분	장부가치	시장가치
유동자산	₩5,000,000	₩7,250,000
비유동자산	7,500,000	9,500,000
유동부채	500,000	500,000
비유동부채	6,000,000	6,500,000
법인세율	40%	
자기자본요구수익률	20%	
타인자본요구수익률	10%	
20×1년 세전영업이익	₩2,640,000	

해답

문제분석

■ 《추가자료》 "2월의 판매지원비용"
→ 활동별 원가동인수와 배부율을 곱하여 총판매지원비용을 계산할 수 있다.

■ [물음 4] "직접 배달해 주는 조건으로 와인당 ₩3의 수수료를 제안하였다. 만약, 외부배달업체의 조건에 수락한다면 주문 및 배달활동은 필요 없게 된다."
→ 변동원가 단위당 ₩3이 추가되며, 활동원가 중 ₩6,000과 ₩9,000은 절감할 수 있다.

■ [물음 5] "투하자본은 장부가치를 기준으로 가중평균자본비용은 시장가치를 기준"
→ 투하자본은 장부가치를 기준으로 총자산에서 유동부채를 차감하여 계산하며, 가중평균자본비용은 요구수익률을 시장가치를 기준으로 가중평균하여 계산한다.

자료정리

(1) 2월의 판매지원비용

판매지원비용의 원가동인수는 2월에 발생한 총원가동인수이므로 배부율을 곱하여 총판매지원비용을 계산할 수 있다.

주문	40회 × ₩250 =	₩10,000
목록작성	20종류 × ₩100 =	2,000
배달	400회 × ₩15 =	6,000
대금회수	300명 × ₩50 =	15,000
계		₩33,000

(2) 4월의 판매지원비용

주문	30회 × ₩200 =	₩6,000
목록작성	15종류 × ₩100 =	1,500
배달	450회 × ₩20 =	9,000
대금회수	300명 × ₩50 =	15,000
계		₩31,500

(3) 투하자본(장부가치)

총자산 - 유동부채 = (유동자산 + 비유동자산) - 유동부채
= (₩5,000,000 + ₩7,500,000) - ₩500,000 = ₩12,000,000

(4) 투하자본(시장가치)

총자산 - 유동부채 = (유동자산 + 비유동자산) - 유동부채
= (₩7,250,000 + ₩9,500,000) - ₩500,000 = ₩16,250,000

(5) 자기자본(시장가치)

투하자본(시장가치) - 비유동부채 = ₩16,250,000 - ₩6,500,000 = ₩9,750,000

모범답안

[물음 1] 투자수익률(ROI)

(1) 영업이익

수익	12,000 × ₩22 =	₩264,000
재료원가	12,000 × ₩15 =	(180,000)
매출총이익		₩84,000
판매지원비용		(33,000)
영업이익		₩51,000

(2) 투자수익률(ROI)

$$\frac{\text{영업이익}}{\text{투자액}} = \frac{₩51,000}{₩300,000} = 17\%$$

[물음 2] 목표 투자수익률 달성 여부

(1) 영업이익

수익	12,000 × ₩18 =	₩216,000
재료원가	12,000 × ₩12 =	(144,000)
매출총이익		₩72,000
판매지원비용		(33,000)
영업이익		₩39,000

(2) 투자수익률(ROI)

$$\frac{\text{영업이익}}{\text{투자액}} = \frac{₩39,000}{₩300,000} = 13\%$$

∴ 15%의 목표 투자수익률을 달성할 수 없다.

[물음 3] 목표 투자수익률 판매량(I)

(1) 단위당 매출총이익

단위당 판매가격 - 단위당 구입비용 = ₩18 - ₩12 = ₩6

(2) 목표 투자수익률을 얻기 위한 최소판매수량(Q)

$$\frac{₩6 \times Q - ₩31,500}{₩300,000} \geq 15\%$$

∴ Q = 12,750단위

[물음 4] 목표 투자수익률 판매량(II)

(1) 단위당 매출총이익

단위당 판매가격 - 단위당 구입비용 - 단위당 배달비용 = ₩18 - ₩12 - ₩3 = ₩3

(2) 판매지원비용

총판매지원비용 - 주문활동비용 - 배달활동비용 = ₩31,500 - ₩6,000 - ₩9,000 = ₩16,500

(3) 목표 투자수익률을 얻기 위한 최소판매수량(Q)

$$\frac{₩3 \times Q - ₩16,500}{₩300,000} \geq 15\%$$

∴ Q = 20,500단위

[물음 5] 회사의 EVA

(1) 투하자본(장부가치)

(₩5,000,000 + ₩7,500,000) - ₩500,000 = ₩12,000,000

(2) 가중평균자본비용

① 총투하자본(시장가치): (₩7,250,000 + ₩9,500,000) - ₩500,000 = ₩16,250,000

② 자기자본과 타인자본비율

	금액	비율
타인자본	₩6,500,000	40%
자기자본	9,750,000	60
총자본	₩16,250,000	100%

③ 가중평균자본비용: 20% × 60% + 10% × 40% × (1 - 40%) = 0.144

(3) 경제적 부가가치(EVA)

₩2,640,000 × (1 - 40%) - ₩12,000,000 × 0.144 = ₩(144,000)

문제 02 원가중심점과 수익중심점 성과평가

(주)한국은 전자제품에 사용되는 배터리를 생산·판매하며 생산 1팀, 생산 2팀, 엔지니어링지원팀, 마케팅팀의 네 팀으로 조직되어 있다. 생산 1팀은 카메라용 배터리를, 생산 2팀은 핸드폰용 배터리를 각각 생산한다. 엔지니어링지원팀은 두 생산팀을 위해 기술·전산서비스 등을 지원하고 마케팅팀은 제품 홍보 및 판매활동을 수행한다.

생산 1팀이 생산하는 카메라용 배터리의 20×1년 1분기 생산·판매 관련 자료는 다음과 같다. 기중 생산량과 판매량은 같고 기초재고는 없었다고 가정한다. 고정원가는 주로 생산설비에 대한 감가상각비이고 생산설비는 회사차원에서 장기적인 수요예측에 기초해 투자가 이루어진다.

구분	실적	예산
판매량	4,200개	4,000개
단위당 판매가격	₩110	₩100
단위당 변동원가	₩65	₩60
총고정원가	₩100,000	₩100,000

요구사항

[물음] 실제공헌이익과 예산공헌이익의 차이를 구하고 그 차이를 판매가격, 판매량 그리고 변동원가로 인한 금액으로 각각 구분하여 유리한 차이인지 아니면 불리한 차이인지 답하시오.

해답

문제분석

■ "실적, 예산"

→ 제시된 예산은 고정예산이며 변동예산은 실적수량을 근거로 설정된다. 또한, 예산자료에서 판매량은 예산판매량(BQ), 단위당 판매가격은 예산판매가격(BP) 그리고 단위당 변동원가는 표준변동원가(SV)이다.

■ [물음] "판매가격, 판매량"

→ 매출가격차이와 매출조업도차이를 말하며 실적과 고정예산을 비교한다. 또한, 매출차이는 실제공헌이익과 고정예산상의 공헌이익과의 차이를 말하며, 원가차이 효과를 배제하기 위해서 실제공헌이익 계산 시 예산변동원가를 사용한다.

■ [물음] "변동원가"

→ 실제산출량에 대한 예산변동원가와 실제변동원가와의 차이를 말한다.

자료정리

AP	BP	AV	SV	AQ	BQ
₩110	₩100	₩65	₩60	4,200개	4,000개

모범답안

[물음]

(1) 실제공헌이익과 예산공헌이익의 차이

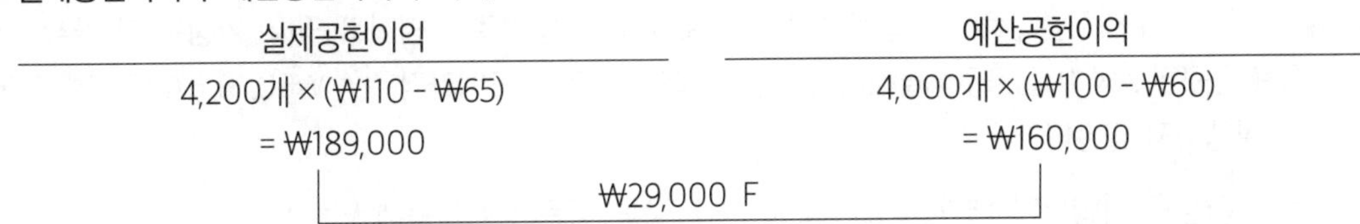

(2) 판매가격차이 및 판매량(매출조업도)차이

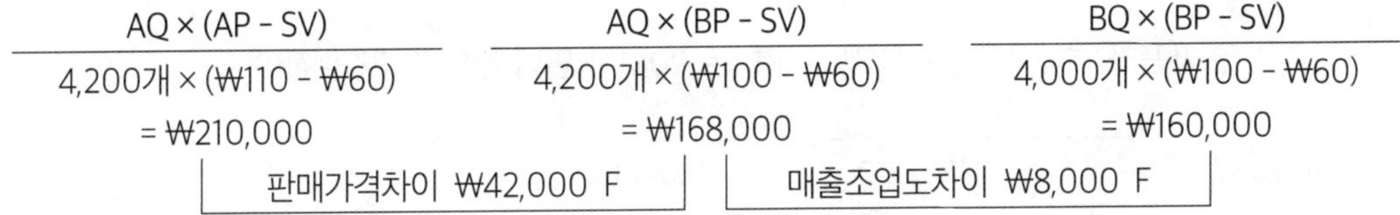

(3) 변동원가차이

실제변동원가	예산변동원가
4,200개 × ₩65 = ₩273,000	4,200개 × ₩60 = ₩252,000

₩21,000 U

문제 03 책임회계제도 종합

(주)국세는 공구제조업체로서 산업용과 가정용 두 개의 사업부로 운영되고 있다. 가정용 사업부는 2가지 가정용 공구인 A와 B를 공구상들에게 공급한다. 예상 단위당 도매가격은 A ₩60, B ₩120이며 판매관리비는 발생하지 않는다.

다음은 가정용 사업부에 대한 자료이다. 다음 자료를 이용하여 물음에 답하시오.

《자료 1》

다음은 두 제품의 추정 시장점유율에 근거를 둔 20×1년 말에 수립된 고정예산이다.

	A	B
판매량	120,000	80,000
매출	₩7,200,000	₩9,600,000
매출원가	7,000,000	7,900,000
이익	₩200,000	₩1,700,000

《자료 2》

다음은 20×2년 회계연도의 실제 및 변동예산이다.

	A		B	
	실제	변동예산	실제	변동예산
판매량	86,000	86,000	74,000	74,000
매출	₩5,074,000	₩5,160,000	₩8,510,000	₩8,880,000
매출원가	4,474,000	5,300,000	7,210,000	7,420,000
이익	₩600,000	₩(140,000)	₩1,300,000	₩1,460,000

《자료 3》

A와 B의 전체시장규모의 합계는 다음과 같다.

- 예산규모: 2,000,000단위
- 실제규모: 1,600,000단위

요구사항

[물음 1] 다음을 계산하시오.

(1) 매출가격차이 및 매출조업도차이

(2) 매출배합차이 및 매출수량차이

(3) 시장점유율차이 및 시장규모차이

[물음 2] 시장점유율차이와 시장규모차이에 대해서 통제가능성의 관점에 따라 간략하게 서술하시오.

[물음 3] 회사는 20×3년부터 각 사업부를 투자중심점으로 설정하여 성과평가를 하고자 한다. 올해 달성된 실적을 내년 성과평가의 기준으로 설정할 경우 내년의 목표 투자수익률, 목표 잔여이익을 각각 계산하시오. (단, 가정용 사업부에 대한 투하자본은 ₩9,500,000이며 회사의 최저필수수익률은 12%이다)

[물음 4] 가정용 사업부 투하자본의 구성은 자기자본비용이 12%로 총투하자본 중 55%를 차지하고 타인자본비용이 10%로 총투자자본 중 45%를 차지하고 있다. 법인세율이 40%일 경우 20×2년 실적기준 경제적 부가가치를 계산하시오. (단, 투하자본의 장부가액과 시장가치는 같다)

해답

문제분석

- **"예상 단위당 도매가격은 A ₩60, B ₩120"**
  → A와 B의 예산판매가격(BP)은 각각 ₩60, ₩120이다.
- **"예산은 20×1년 말에 수립" 및 "《자료 1》 20×1년 말에 수립된 고정예산"**
  → 20×1년 말 고정예산을 근거로 매출차이분석에 필요한 각 제품별 예산판매량(BQ) 및 단위당 예산판매가격(BP)을 계산한다. 단, 매출원가는 변동원가와 고정원가가 구분되어 있지 않아 단위당 표준변동원가(SV)는 계산할 수 없다.
- **《자료 2》 "20×2년 회계연도의 실제 및 변동예산"**
  → 실제자료를 근거로 각 제품별 실제판매량(AQ) 및 단위당 실제판매가격(AP)을 계산한다. 또한, 20×1년 말 고정예산과 20×2년 변동예산을 이용하여 고저점법을 적용하여 각 제품별 단위당 표준변동원가(SV)를 계산한다.
- **《자료 3》 "예산규모" 및 "실제규모"**
  → 예산판매량을 예산규모로 나누어 예산점유율을 계산할 수 있고, 실제판매량을 실제규모로 나누어 실제점유율을 계산할 수 있다.
- **[물음 3] "올해 달성된 실적을 내년 성과평가의 기준으로 설정"**
  → 20×2년 실적을 이용하여 목표 투자수익률과 목표 잔여이익을 계산한다.

자료정리

(1) 각 제품별 예산판매량(BQ) 및 단위당 예산판매가격(BP)

	BQ	BP
A	120,000단위	₩60
B	80,000단위	120
	200,000단위	

(2) 각 제품별 실제판매량(AQ) 및 단위당 실제판매가격(AP)

	AQ	AP
A	86,000단위	₩59[*1]
B	74,000단위	115[*2]
	160,000단위	

[*1] ₩5,074,000 ÷ 86,000단위 = ₩59

[*2] ₩8,510,000 ÷ 74,000단위 = ₩115

(3) 각 제품별 단위당 표준변동원가(SV)

- 제품 A의 단위당 변동제조원가를 b(SV)라 하고, 고정제조원가를 a라 하면 다음과 같다.

	매출원가(Y)	=	고정원가	+	변동원가
	₩7,000,000		a		b × 120,000단위
(-)	5,300,000		a		b × 86,000단위
	₩1,700,000				b × 34,000단위

∴ a = ₩1,000,000, b(SV) = ₩50

- 제품 B의 단위당 변동제조원가를 b(SV)라 하고, 고정제조원가를 a라 하면 다음과 같다.

	매출원가(Y)	=	고정원가	+	변동원가
	₩7,900,000		a		b × 80,000단위
(-)	7,420,000		a		b × 74,000단위
	₩480,000				b × 6,000단위

∴ a = ₩1,500,000, b(SV) = ₩80

(4) 매출차이분석을 위한 자료

	AQ	AP - SV	BP - SV	BQ
A	86,000단위	₩59 - ₩50 = ₩9	₩60 - ₩50 = ₩10	120,000단위(60%)
B	74,000단위	₩115 - ₩80 = ₩35	₩120 - ₩80 = ₩40	80,000단위(40%)
	160,000단위			200,000단위

(5) 예산평균공헌이익(BACM)

₩10 × 60% + ₩40 × 40% = ₩22

(6) 시장점유율

- 예산점유율: 200,000단위 ÷ 2,000,000단위 = 10%
- 실제점유율: 160,000단위 ÷ 1,600,000단위 = 10%

모범답안

[물음 1]

(1) 매출가격차이와 매출조업도차이

	AQ × (AP - SV)		AQ × (BP - SV)		BQ × (BP - SV)	
A	86,000 × ₩9 =	₩774,000	86,000 × ₩10 =	₩860,000	120,000 × ₩10 =	₩1,200,000
B	74,000 × ₩35 =	₩2,590,000	74,000 × ₩40 =	₩2,960,000	80,000 × ₩40 =	₩3,200,000
		₩3,364,000		₩3,820,000		₩4,400,000
		₩456,000 U			₩580,000 U	

∴ 매출가격차이 = ₩456,000 불리, 매출조업도차이 = ₩580,000 불리

(2) 매출배합차이와 매출수량차이

	AQ × (BP - SV)		AQ × BM × (BP - SV)		BQ × (BP - SV)	
A	86,000 × ₩10 =	₩860,000	160,000 × 0.6 × ₩10 =	₩960,000	120,000 × ₩10 =	₩1,200,000
B	74,000 × ₩40 =	₩2,960,000	160,000 × 0.4 × ₩40 =	₩2,560,000	80,000 × ₩40 =	₩3,200,000
		₩3,820,000		₩3,520,000		₩4,400,000
		₩300,000 F			₩880,000 U	

∴ 매출배합차이 = ₩300,000 유리, 매출수량차이 = ₩880,000 불리

(3) 시장점유율차이와 시장규모차이

실제규모 × 실제점유율 × BACM	실제규모 × 예산점유율 × BACM	예산규모 × 예산점유율 × BACM
1,600,000 × 10% × ₩22 = ₩3,520,000	1,600,000 × 10% × ₩22 = ₩3,520,000	2,000,000 × 10% × ₩22 = ₩4,400,000
₩0		₩880,000 U

∴ 시장점유율차이 = ₩0, 시장규모차이 = ₩880,000 불리

[물음 2] 시장점유율차이와 시장규모차이의 통제가능성

일반적으로 시장규모에 대한 회사의 영향력이 크지 않기 때문에 시장규모차이는 회사입장에서 통제불가능하며, 시장점유율차이는 통제가능하다.

[물음 3] 목표 투자수익률 및 목표 잔여이익

- 목표 투자수익률: $\frac{₩600,000 + ₩1,300,000}{₩9,500,000} = 20\%$
- 목표 잔여이익: (₩600,000 + ₩1,300,000) - ₩9,500,000 × 12% = ₩760,000

[물음 4] 20×2년 실적기준 경제적 부가가치

- 가중평균자본비용: 12% × 55% + 10% × 45% × (1 - 40%) = 9.3%
- 경제적 부가가치: ₩1,900,000 × (1 - 40%) - ₩9,500,000 × 9.3% = ₩256,500

문제 04 생산성분석

(주)한국은 단일 제품을 생산·판매하는 회사이다. 다음은 전기와 당기의 재무성과 일부자료이다.

	전기		당기	
매출	100단위 × ₩1,200 =	₩120,000	120단위 × ₩1,300 =	₩156,000
비용				
직접재료원가	2,000kg × ₩10 =	20,000	3,000kg × ₩12 =	36,000
직접노무원가	1,000시간 × ₩30 =	30,000	1,000시간 × ₩40 =	40,000
이익		₩70,000		₩80,000

요구사항

[물음 1] 전기와 당기의 원가요소별 부분생산성을 구하시오.

[물음 2] 전기와 당기의 총부분생산성을 구하시오.

[물음 3] 전기를 기준연도로 당기의 이익연계생산성을 구하시오.

해답

문제분석

- [물음 1] "원가요소별 부분생산성"
  → 단일요소의 생산성을 측정하는 것으로 산출량을 개별요소투입량으로 나누어 계산한다.
- [물음 2] "총부분생산성"
  → 여러 요소들의 전체 생산성을 말하며 산출량을 모든 생산요소의 원가로 나누어 계산한다.
- [물음 3] "이익연계생산성"
  → 가격의 효과를 배제하고 순수하게 생산성 변화가 이익에 미치는 영향을 측정하는 것으로 생산성중립수량과 실제투입량의 차이를 구하고 분석연도의 가격을 곱하여 계산한다.

자료정리

(1) 요소생산성

$$\frac{\text{산출량}}{\text{개별요소 투입량}}$$

(2) 총생산성

$$\frac{\text{산출량}}{\text{모든 생산요소의 원가}}$$

(3) 생산성중립수량(PNQ, Productivity Neutral Quantity)

비교연도의 산출량을 기준연도에 생산성을 유지하면서 생산할 경우 투입량을 말한다.

$$PNQ = \text{기준연도 투입량} \times \frac{\text{분석연도의 생산량}}{\text{기준연도의 생산량}}$$

- 직접재료원가 PNQ: $2{,}000kg \times \frac{120\text{단위}}{100\text{단위}} = 2{,}400kg$
- 직접노무원가 PNQ: $1{,}000\text{시간} \times \frac{120\text{단위}}{100\text{단위}} = 1{,}200\text{시간}$

모범답안

[물음 1] 원가요소별 부분생산성

	전기	당기
직접재료원가 생산성	$\frac{100단위}{2,000kg}$ = 0.05단위/kg	$\frac{120단위}{3,000kg}$ = 0.04단위/kg
직접노무원가 생산성	$\frac{100단위}{1,000시간}$ = 0.10단위/시간	$\frac{120단위}{1,000시간}$ = 0.12단위/시간

[물음 2] 총부분생산성

- 전기: $\frac{100단위}{₩50,000}$ = 0.0020
- 당기: $\frac{120단위}{₩76,000}$ = 0.0016

[물음 3] 이익연계생산성

	생산성중립원가	당기원가	이익연계생산성
직접재료원가	2,400kg × ₩12 = ₩28,800	3,000kg × ₩12 = ₩36,000	₩7,200U
직접노무원가	1,200시간 × ₩40 = 48,000	1,000시간 × ₩40 = 40,000	8,000F
계	₩76,800	₩76,000	800F

문제 05 영업이익의 전략적 분석

※ 각 물음은 별도의 언급이 없는 한 상호 독립적이고 각 물음에서 별도로 주어지는 가정은 해당 물음에만 적용된다.

(주)한국은 품질에 대한 경쟁력 우위를 활용한 차별화전략과 원가우위전략으로 경쟁사보다 다소 높은 가격의 청소기를 생산하고 있다. 청소기에 대한 전기와 당기의 자료는 다음과 같다.

		전기	당기
판매수량		5,000단위	5,300단위
단위당 판매가격		₩300	₩320
재료원가	원재료투입량	10,000kg	10,500kg
	kg당 단가	₩40	₩45
가공원가	연간 생산능력	6,000단위	6,000단위
	단위당 가공원가	₩90	₩95
고객관리원가	연간 고객관리능력	200명	190명
	고객당 고객관리원가	₩150	₩160

원가는 재료원가, 가공원가 및 고객관리원가이며 이 중 가공원가는 당기 연간 생산능력에 의해서 결정되고 고정활동원가인 고객관리원가는 당기 연간 고객관리능력에 의해서 결정된다.

요구사항

[물음 1] 전기와 당기의 매출액 변화를 세분화하여 수익을 분석하시오.

[물음 2] 전기와 당기의 원가 변화를 원가요소별로 세분화하여 분석하시오. (단, 가공원가와 고객관리원가 생산성중립수량은 전기 연간 생산능력과 연간 고객관리능력을 적용한다)

[물음 3] 전기와 당기의 영업이익 변화를 성장요소, 가격회복요소 및 생산성요소로 세분화하여 분석하시오.

[물음 4] 청소기 시장의 성장률은 전기대비하여 2%로 성장하였으며 시장점유율의 변화는 제품차별화에 의한 것으로 분석하고 있다. 전기와 당기의 영업이익의 변화를 시장규모의 변화, 제품차별화전략 및 원가우위전략으로 구분하고 전략의 성공 여부를 제시하시오.

[물음 5] 회사의 실제 고객수는 전기에는 160명, 당기에는 150명이었다. 가공원가와 고객관리원가의 당기 미사용원가를 구하시오. (단, 미사용원가는 당기원가를 적용한다)

해답

문제분석

■ [물음 1] "전기와 당기의 매출액 변화를 세분화"

→ 전기와 당기의 판매수량과 단위당 판매가격을 기준으로 성장요소와 가격회복요소로 인한 변화를 각각 구분한다.

■ [물음 2] "원가요소별로 세분화"

→ 전기와 당기의 투입수량과 단위당 투입가격을 기준으로 성장요소, 가격회복요소 및 생산성요소로 인한 변화를 각각 구분한다.

■ [물음 2] "가공원가와 고객관리원가 생산성중립수량은 전기 연간 생산능력과 연간 고객관리능력을 적용"

→ 원가요소별 생산성중립수량은 다음과 같다.

- **재료원가 생산성중립수량(PNQ)**: 기준연도 투입량 × $\frac{\text{분석연도의 생산량}}{\text{기준연도의 생산량}}$

$$= 10{,}000\text{kg} \times \frac{5{,}300\text{단위}}{5{,}000\text{단위}} = 10{,}600\text{kg}$$

- **가공원가, 고객관리원가 생산성중립수량(PNQ)**: 기준연도 생산능력

■ [물음 4] "청소기 시장의 성장률은 전기대비하여 2%로 성장하였으며 시장점유율의 변화는 제품차별화에 의한 것으로 분석"

→ 판매수량 증가를 시장규모 변화와 시장점유율 변화로 구분하며, 시장규모 변화로 인한 증가량은 100단위(= 5,000단위 × 2%)이다.

■ [물음 4] "시장규모의 변화, 제품차별화전략 및 원가우위전략으로 구분하고 전략의 성공 여부를 제시"

→ • 시장규모 확대는 성장요소에 반영되어 영업이익에 유리한 결과를 가져올 수 있다.
- 제품차별화전략은 성장요소와 가격회복요소로 반영되어 영업이익에 유리한 결과를 가져올 수 있다.
- 원가우위전략은 생산성요소로 반영되어 영업이익에 유리한 결과를 가져올 수 있다.

■ [물음 5] "당기 미사용원가"

→ 고정원가에서 발생하는 것으로 미리 확보한 생산능력 중에서 실제로 사용되지 못한 부분을 말한다.

자료정리

(1) 수익으로 인한 효과

기준연도성과	성장요소반영성과	가격요소반영성과	분석연도성과
전기판매량 × 전기판매가격	당기판매량 × 전기판매가격	당기판매량 × 당기판매가격	당기판매량 × 당기판매가격

성장요소	가격회복요소	생산성요소
판매량 변화	판매가격 변화	해당 없음

(2) 비용으로 인한 효과

기준연도성과	성장요소반영성과	가격요소반영성과	분석연도성과
전기투입량 × 전기투입가격	생산성중립수량 × 전기투입가격	생산성중립수량 × 당기투입가격	당기투입량 × 당기투입가격

성장요소	가격회복요소	생산성요소
투입량 변화	투입가격 변화	생산성 변화

모범답안

[물음 1] 수익 세분화 분석

기준연도성과	성장요소반영성과	가격요소반영성과	분석연도성과
5,000단위 × ₩300	5,300단위 × ₩300	5,300단위 × ₩320	5,300단위 × ₩320
= ₩1,500,000	= ₩1,590,000	= ₩1,696,000	= ₩1,696,000

구분	차이
기준연도성과 → 성장요소반영성과	₩90,000 F
성장요소반영성과 → 가격요소반영성과	₩106,000 F
가격요소반영성과 → 분석연도성과	-

[물음 2] 원가요소별 세분화 분석

(1) 재료원가

기준연도성과	성장요소반영성과	가격요소반영성과	분석연도성과
10,000kg × ₩40	10,600kg × ₩40	10,600kg × ₩45	10,500kg × ₩45
= ₩400,000	= ₩424,000	= ₩477,000	= ₩472,500

구분	차이
기준연도성과 → 성장요소반영성과	₩24,000 U
성장요소반영성과 → 가격요소반영성과	₩53,000 U
가격요소반영성과 → 분석연도성과	₩4,500 F

(2) 가공원가

기준연도성과	성장요소반영성과	가격요소반영성과	분석연도성과
6,000단위 × ₩90	6,000단위 × ₩90	6,000단위 × ₩95	6,000단위 × ₩95
= ₩540,000	= ₩540,000	= ₩570,000	= ₩570,000

구분	차이
기준연도성과 → 성장요소반영성과	-
성장요소반영성과 → 가격요소반영성과	₩30,000 U
가격요소반영성과 → 분석연도성과	-

(3) 고객관리원가

기준연도성과	성장요소반영성과	가격요소반영성과	분석연도성과
200명 × ₩150	200명 × ₩150	200명 × ₩160	190명 × ₩160
= ₩30,000	= ₩30,000	= ₩32,000	= ₩30,400

구분	차이
기준연도성과 → 성장요소반영성과	-
성장요소반영성과 → 가격요소반영성과	₩2,000 U
가격요소반영성과 → 분석연도성과	₩1,600 F

[물음 3] 영업이익 세분화 분석

	전기성과	성장요소반영성과	가격요소반영성과	당기성과
수익	₩1,500,000	₩1,590,000	₩1,696,000	₩1,696,000
비용	970,000	994,000	1,079,000	1,072,900
이익	₩530,000	₩596,000	₩617,000	₩623,100

구분	차이
성장요소	₩66,000 F
가격회복요소	₩21,000 F
생산성요소	₩6,100 F

[물음 4] 시장규모의 변화를 제품차별화전략 및 원가우위전략으로 구분 및 전략의 성공 여부

(1) 시장규모효과

• 성장요소: 5,000단위 × 2% = 100단위

(2) 제품차별화전략효과

• 성장요소: 300단위 - 100단위(시장규모효과) = 200단위

• 가격회복요소

(3) 원가우위전략효과

• 생산성요소

(4) 전략의 성공 여부

시장규모	성장요소	$₩66,000 \times \dfrac{100단위}{300단위} =$	₩22,000F	24%
제품차별화전략	성장요소	$₩66,000 \times \dfrac{200단위}{300단위} =$	44,000F	47%
	가격회복요소		21,000F	23%
원가우위전략	생산성요소		6,100F	6%
			₩93,100F	100%

영업이익의 증가를 분석한 결과 시장규모 확대로 인한 비중은 24%, 제품차별화전략으로 인한 비중은 70%(= 47% + 23%), 원가우위전략으로 인한 비중은 6%로 나타난다. 따라서 시장규모 확대와 원가우위전략도 영업이익 증가에 영향을 주었으나 제품차별화전략으로 인한 효과가 가장 높은 것으로 분석된다.

[물음 5] 미사용원가

구분	확보한 능력 ①	사용한 능력 ②	미사용능력 ③(= ① - ②)	가격 ④	미사용원가 ⑤(= ③ × ④)
가공원가	6,000단위	5,300단위	700단위	₩95	₩66,500
고객관리원가	190명	150명	40명	160	6,400
					₩72,900

문제 06 활동기준 판매비와 관리비 배분 및 서비스별 수익성평가

회계사 09 수정

(주)한국은 한 가지 종류의 복사기를 구매하여 개인이나 기업체 등에 판매하는 유통업체이다. 상품을 판매하기 위해서는 상품매입액 이외에 판매비와 관리비가 지출되며 작년에 지출된 판매비와 관리비는 다음과 같다.

물류관리비	₩2,500,000
일반택배비	270,000
특급배송비	360,000
주문처리비	840,000
기타	1,250,000

원가담당자는 작년 수익성분석을 위해서 다음의 자료를 수집하였다.

《자료 1》 상품가격 결정

- 일반택배: 상품 구입원가의 20% 가산
- 특급배송: 상품 구입원가의 30% 가산

《자료 2》 판매비와 관리비자료

- 물류관리비는 ₩2,500,000으로 작년에 총 100,000상자의 상품을 배송처리(일반택배 90,000상자, 특급배송 10,000상자)하였다. 물류센터가 보유하고 있는 인력과 공간으로 배송처리할 수 있는 상품은 연간 100,000상자이며 일반택배와 특급배송에 투입되는 시간과 비용은 동일하다.
- 일반택배비 ₩270,000은 일반택배를 위해 필요한 상자에 대한 비용이다.
- 회사는 특급배송 서비스를 제공하기 위해서 트럭 4대를 임차하였고 4명의 트럭운전사를 고용하였다. 특급배송비 ₩360,000에는 트럭운전사 4명의 인건비와 트럭 임차료로 구성되어 있으며 트럭운전사 1명당 배송시간은 연간 1,500시간이었으며 이는 각 트럭의 이용가능한 최대시간이다.
- 주문처리비는 ₩840,000으로 총 15명의 직원이 전화나 팩스로 접수된 주문을 배송시스템에 입력하거나 인터넷 주문정보를 확인한다. 판매주문처리를 담당하는 직원 1명당 실제작업시간은 연간 1,600시간이었다. 또한, 주문처리담당자가 전화나 팩스로 접수된 주문을 배송시스템에 입력하는 데 12분(0.2시간), 인터넷으로 입력된 주문정보 확인하는 데는 6분(0.1시간)이 소요되었다.

《자료 3》 작년에 접수된 주문 중 분석대상자료

구분		A	B
가격		?	?
매출원가(구입원가)		₩1,000	₩1,000
주문당 상자 수		1	1
일반택배로 배송된 상자 수		1	0
특급배송시간		0	4
주문처리	전화나 팩스주문	X	O
	인터넷 주문	O	X

요구사항

[물음 1] 주어진 자료를 토대로 다음을 계산하시오.

(1) 상품 1상자당 물류관리비

(2) 전화나 팩스주문과 인터넷주문을 각각 1건씩 처리(입력 및 확인)하는 데 소요되는 비용

(3) 상품 1상자당 일반택배비

(4) 특급배송시간당 비용

[물음 2] **[물음 1]**을 이용하여 각 주문의 이익을 계산하고 수익성을 평가하시오. 단, 기타의 판매비와 관리비의 배부율은 매출액의 2%이다.

[물음 3] **[물음 2]**의 경우 주문 B를 특급배송이 아닌 일반택배를 이용하였을 경우 이익을 계산하고 특급배송에 대한 의견을 제시하시오.

[물음 4] 특급배송비의 시간당 표준배부율을 ₩50으로 설정하였으며 올해의 실제 특급배송시간이 총 1,350시간이 발생하였을 경우 특급배송에 대한 미사용활동원가를 구하시오.

해답

문제분석

■ "상품매입액 이외에 판매비와 관리비"
→ 이익을 계산할 때 제시된 판매비와 관리비 이외 매입금액을 누락하면 안 된다.

■ "《자료 1》 일반택배: 상품 구입원가의 20% 가산", "《자료 1》 특급배송: 상품 구입원가의 30% 가산" 및 "《자료 3》 매출원가(구입원가) ₩1,000, ₩1,000"
→ • 일반택배 가격: ₩1,000 × (1 + 20%) = ₩1,200
• 특급배송 가격: ₩1,000 × (1 + 30%) = ₩1,300

■ 《자료 2》 "물류관리비는 ₩2,500,000" 및 "일반택배와 특급배송에 투입되는 시간과 비용은 동일"
→ 일반택배와 특급배송에 투입되는 시간과 비용이 동일하므로 총상자로 나누어 배부율을 계산한다.
₩2,500,000 ÷ (90,000상자 + 10,000상자) = ₩25/상자

■ 《자료 2》 "일반택배비 ₩270,000은 일반택배를 위해 필요한 상자에 대한 비용"
→ 일반택배를 위한 상자에 대한 비용이므로 일반택배 상자로 나누어 배부율을 계산한다.
₩270,000 ÷ 90,000상자(일반택배) = ₩3/상자(일반택배)

■ 《자료 2》 "특급배송비 ₩360,000", "트럭운전사 4명" 및 "트럭운전사 1명당 배송시간은 연간 1,500시간"
→ 특급배송을 위한 것으로 총 4명의 배송시간의 합으로 나누어 계산한다.
₩360,000 ÷ 6,000(= 4명 × 1,500시간) = ₩60/특급배송시간

■ 《자료 2》 "주문처리비는 ₩840,000", "총 15명의 직원", "직원 1명당 실제작업시간은 연간 1,600시간", "전화나 팩스로 접수된 주문을 배송시스템에 입력하는 데 12분(0.2시간)" 및 "인터넷으로 입력된 주문정보 확인하는 데는 6분(0.1시간)"
→ 총 15명의 작업시간의 합으로 나누어 계산하며 팩스주문과 인터넷주문의 소요시간은 각각 다르다.
① 시간당 배부율: ₩840,000 ÷ 24,000(= 15명 × 1,600시간) = ₩35/작업시간
② 주문별 작업시간
• 전화나 팩스: 0.2시간
• 인터넷: 0.1시간

■ [물음 2] "기타의 판매비와 관리비의 배부율은 매출액의 2%"
→ 각각의 매출액에 2%를 배부한다.

■ [물음 3] "주문 B를 특급배송이 아닌 일반택배를 이용하였을 경우 이익을 계산"
→ 가격이 낮아지면 기타 비용이 낮아지고, 특급배송비가 일반배송비로 낮아진다.

자료정리

(1) 가격

• A(일반배송): ₩1,000 × (1 + 20%) = ₩1,200

• B(특급배송): ₩1,000 × (1 + 30%) = ₩1,300

(2) 항목별 판매비와 관리비 배부율

• 물류관리비: ₩2,500,000 ÷ (90,000 + 10,000) = ₩25/상자

• 일반택배비: ₩270,000 ÷ 90,000(일반택배) = ₩3/상자(일반택배)

• 특급배송비: ₩360,000 ÷ 6,000(= 4명 × 1,500시간) = ₩60/특급배송시간

• 주문처리비: ₩840,000 ÷ 24,000(= 15명 × 1,600시간) = ₩35/작업시간

• 기타: 매출액의 2%

(3) 판매비와 관리비 배부율 종합

	일반택배	특급배송
물류관리비	상자당 ₩25	상자당 ₩25
일반택배비	상자당 ₩3	-
특급배송비	-	시간당 ₩60
주문처리비	시간당 ₩35	시간당 ₩35
전화나 팩스	0.2시간	0.2시간
인터넷	0.1시간	0.1시간
기타	매출액의 2%	매출액의 2%

모범답안

[물음 1]

(1) 상품 1상자당 물류관리비

₩2,500,000 ÷ 100,000상자 = ₩25/상자

(2) 전화나 팩스주문과 인터넷주문을 각각 1건씩 처리(입력 및 확인)하는 데 소요되는 비용

① 전화나 팩스: ₩35 × 0.2시간 = ₩7/건

② 인터넷: ₩35 × 0.1시간 = ₩3.5/건

(3) 상품 1상자당 일반택배비

₩270,000 ÷ 90,000상자 = ₩3/상자

(4) 특급배송시간당 비용

₩360,000 ÷ (4명 × 1,500시간) = ₩60/시간

[물음 2] 각 주문의 이익 및 수익성평가

	A		B	
가격		₩1,200		₩1,300
매출원가(구입원가)		1,000		1,000
판매비와 관리비				
물류관리비	₩25 × 1 =	25	₩25 × 1 =	25
일반택배비	₩3 × 1 =	3		-
특급배송비		-	₩60 × 4시간 =	240
주문처리비	₩35 × 0.1시간 =	3.5	₩35 × 0.2시간 =	7
기타	₩1,200 × 0.02 =	24	₩1,300 × 0.02 =	26
이익		₩144.5		₩2

주문 A 이익률은 12%(= ₩144.5 ÷ ₩1,200)이고 주문 B 이익률은 0.15%(= ₩2 ÷ ₩1,300)이므로, 주문 A의 수익성이 더 높다.

[물음 3] 주문 B를 특급배송이 아닌 일반택배를 이용하였을 경우 이익

(1) 가격 변화

₩1,300에서 ₩1,200으로 낮아진다.

(2) 배송비 변화

특급배송비 ₩240에서 일반배송비 ₩3으로 낮아진다.

(3) 기타판관비 변화

₩26(= ₩1,300 × 0.02)에서 ₩24(= ₩1,200 × 0.02)으로 낮아진다.

(4) 일반택배를 이용하였을 경우 이익

	B(특급)		B(일반)	
가격		₩1,300		₩1,200
매출원가(구입원가)		1,000		1,000
판매비와 관리비				
물류관리비	₩25 × 1 =	25	₩25 × 1 =	25
일반택배비		-	₩3 × 1 =	3
특급배송비	₩60 × 4시간 =	240		-
주문처리비	₩35 × 0.2시간 =	7	₩35 × 0.2시간 =	7
기타	₩1,300 × 0.02 =	26	₩1,200 × 0.02 =	24
이익		₩2		₩141

특급배송이 일반택배보다 매출액은 크지만 특급배송비의 지출이 상대적으로 더 증가하므로 수익성관점에서는 일반택배를 이용하는 편이 수익성이 더 높다.

[물음 4] 특급배송에 대한 미사용활동원가

(4명 × 1,500시간 - 1,350시간) × ₩50 = ₩232,500

문제 07 원가차이분석과 매출차이분석

회계사 90

(주)한국은 자동차 타이어를 생산·판매하고 있다. (주)한국은 20×1년도에 소형 12,000개, 대형 8,000개의 판매를 예상하였으나, 실제로는 소형 15,400개, 대형 6,600개를 판매하였다. 사장은 최근 자동차 경기불황에도 불구하고 총판매량이 증가한 것에 대해 담당자인 당신에게 상세한 분석정보를 제출할 것을 지시하였다. 다음의 물음에 답하시오.

요구사항

[물음 1] (주)한국의 예산 및 실제판매가와 원가에 대한 자료는 다음과 같다. 매출가격차이와 매출조업도차이를 구하시오.

> (1) 소형은 변동원가를 ₩900으로 예상하고 ₩1,400에 판매하려고 계획하였으나 경쟁사와의 가격인하 경쟁으로 인하여 ₩1,200에 판매되었으며 변동원가로 ₩1,000이 발생하였다.
>
> (2) 대형은 ₩3,500의 판매가격을 예상하였으나 원자재 인상으로 ₩3,600에 판매하였다. 변동원가는 ₩1,500을 예상하였고 실제로도 ₩1,500이 발생되었다.

[물음 2] 위의 자료를 이용하여 매출조업도차이를 매출배합차이와 매출수량차이로 세분하시오.

[물음 3] (주)한국은 연초에 전체시장규모가 200,000단위일 것으로 예측하였으나 실제 전체시장규모는 275,000단위로 판명되었다. 시장점유율차이와 시장규모차이를 구하시오.

[물음 4] (주)한국의 다른 계열사인 완성차 사업부의 20×1년도의 제조원가에 대한 예산과 실제가 다음과 같을 때 각 물음에 답하시오.

		실제(11,000단위)	예산(15,000단위)
직접재료원가	(75,000kg × ₩4,000)		₩300,000,000
	(56,000kg × ₩3,900)	₩218,400,000	
직접노무원가	(45,000시간 × ₩10,000)		450,000,000
	(31,000시간 × ₩10,500)	325,500,000	
변동제조간접원가	(45,000시간 × ₩5,000)		225,000,000
	(31,000시간 × ₩5,000)	155,000,000	
고정제조간접원가		290,000,000	300,000,000
		₩988,900,000	₩1,275,000,000

(1) 재료원가 가격차이, 수량차이

(2) 노무원가 임률차이, 능률차이

(3) 변동제조간접원가 소비차이, 능률차이

(4) 고정제조간접원가 예산차이, 조업도차이(단, 고정제조간접원가의 단위당 표준원가는 ₩20,000이며 4분법에 의한 차이분석을 하시오)

해답

문제분석

■ "소형 12,000개, 대형 8,000개의 판매를 예상" 및 "실제로는 소형 15,400개, 대형 6,600개"

→

	AQ	BQ	BM
소형	15,400개	12,000개	60%
대형	6,600개	8,000개	40%
	22,000개	20,000개	100%

■ [물음 1] "(1) 소형은 변동원가를 ₩900으로 예상하고 ₩1,400에 판매하려고 계획, ₩1,200에 판매" 및 "(2) 대형은 ₩3,500의 판매가격을 예상하였으나 원자재 인상으로 ₩3,600에 판매, 변동원가는 ₩1,500을 예상"

→

	AP	BP	SV
소형	₩1,200	₩1,400	₩900
대형	₩3,600	₩3,500	₩1,500

■ [물음 3] "전체시장규모가 200,000단위일 것으로 예측" 및 "실제 전체시장규모는 275,000단위"

→ 시장규모와 판매량을 이용하여 시장점유율을 계산할 수 있다.

- 예산점유율: 20,000단위 ÷ 200,000단위 = 10%
- 실제점유율: 22,000단위 ÷ 275,000단위 = 8%

■ [물음 4] "실제(11,000단위), 예산(15,000단위)"

→ 예산자료를 근거로 표준을 설정하고 재공품에 대한 언급이 없으므로 원가차이분석에서 실제 11,000단위가 실제산출량이다.

자료정리

(1) 매출차이분석을 위한 자료정리

	AQ	AP - SV	BP - SV	BQ
소형	15,400개	₩1,200 - ₩900 = ₩300	₩1,400 - ₩900 = ₩500	12,000개
대형	6,600개	₩3,600 - ₩1,500 = ₩2,100	₩3,500 - ₩1,500 = ₩2,000	8,000개
	22,000개			20,000개

(2) 원가차이분석을 위한 자료정리

	SQ	SP	표준원가
직접재료원가	5kg[*1]	₩4,000	₩20,000
직접노무원가	3시간[*2]	10,000	30,000
변동제조간접원가	3시간	5,000	15,000
고정제조간접원가	-	-	20,000[*3]
			₩85,000

[*1] 75,000kg ÷ 15,000단위 = 5kg

[*2] 45,000시간 ÷ 15,000단위 = 3시간

[*3] ₩300,000,000 ÷ 15,000단위 = ₩20,000

모범답안

[물음 1] 매출가격차이와 매출조업도차이

	AQ × (AP - SV)	AQ × (BP - SV)	BQ × (BP - SV)
소형	15,400 × ₩300 = ₩4,620,000	15,400 × ₩500 = ₩7,700,000	12,000 × ₩500 = ₩6,000,000
대형	6,600 × ₩2,100 = ₩13,860,000	6,600 × ₩2,000 = ₩13,200,000	8,000 × ₩2,000 = ₩16,000,000
	₩18,480,000	₩20,900,000	₩22,000,000

매출가격차이 ₩2,420,000 불리 | 매출조업도차이 ₩1,100,000 불리

매출총차이 ₩3,520,000 불리

[물음 2] 매출배합차이와 매출수량차이

	AQ × (BP - SV)	Total AQ × BM × (BP - SV)	BQ × (BP - SV)
소형	15,400 × ₩500 = ₩7,700,000	22,000 × 0.6 × ₩500 = ₩6,600,000	12,000 × ₩500 = ₩6,000,000
대형	6,600 × ₩2,000 = ₩13,200,000	22,000 × 0.4 × ₩2,000 = ₩17,600,000	8,000 × ₩2,000 = ₩16,000,000
	₩20,900,000	₩24,200,000	₩22,000,000

매출배합차이 ₩3,300,000 불리 | 매출수량차이 ₩2,200,000 유리

매출조업도차이 ₩1,100,000 불리

[물음 3] 시장점유율차이와 시장규모차이

(1) 예산평균공헌이익(BACM)

₩500 × 60% + ₩2,000 × 40% = ₩1,100

(2) 시장점유율차이와 시장규모차이

실제규모 × 실제점유율 × BACM	실제규모 × 예산점유율 × BACM	예산규모 × 예산점유율 × BACM
275,000단위 × 8% × ₩1,100 = ₩24,200,000	275,000단위 × 10% × ₩1,100 = ₩30,250,000	200,000단위 × 10% × ₩1,100 = ₩22,000,000

시장점유율차이 ₩6,050,000 불리 | 시장규모차이 ₩8,250,000 유리

[물음 4]

(1) 재료원가 가격차이, 수량차이

AQ × AP	AQ × SP	SQ × SP
56,000kg × ₩3,900 = ₩218,400,000	56,000kg × ₩4,000 = ₩224,000,000	11,000단위 × 5kg × ₩4,000 = ₩220,000,000

가격차이 ₩5,600,000 유리 | 수량차이 ₩4,000,000 불리

(2) 노무원가 임률차이, 능률차이

AQ × AP	AQ × SP	SQ × SP
31,000시간 × ₩10,500 = ₩325,500,000	31,000시간 × ₩10,000 = ₩310,000,000	11,000단위 × 3시간 × ₩10,000 = ₩330,000,000

임률차이 ₩15,500,000 불리 | 능률차이 ₩20,000,000 유리

(3) 변동제조간접원가 소비차이, 능률차이

AQ × AP	AQ × SP	SQ × SP
31,000시간 × ₩5,000 = ₩155,000,000	31,000시간 × ₩5,000 = ₩155,000,000	11,000단위 × 3시간 × ₩5,000 = ₩165,000,000

소비차이 ₩0 | 능률차이 ₩10,000,000 유리

(4) 고정제조간접원가 예산차이, 조업도차이

실제	예산	SQ × SP
₩290,000,000	₩300,000,000	11,000단위 × ₩20,000 = ₩220,000,000

예산차이 ₩10,000,000 유리 | 조업도차이 ₩80,000,000 불리

문제 08 표준종합원가계산, 원가중심점과 수익중심점 차이분석 및 원가차이 조정

회계사 21

(주)한국은 단일 공정을 통해 단일 제품 X를 생산하여 판매하고 있다. 회사는 전부원가계산에 의한 표준원가계산제도를 채택하고 있으며, 분리계산법을 적용하고 있다. 20×1년 제품 단위당 표준원가를 설정하기 위한 생산 및 판매활동예산자료는 다음 《자료 1》과 같다.

《자료 1》

<생산활동예산자료>

- 직접재료원가: 제품 1단위를 생산하기 위해서는 5kg의 직접재료가 공정의 50% 시점에서 전량 투입되어 가공된다. 직접재료 1kg당 표준가격은 ₩10이다. 제품에 대한 공손검사는 공정의 60% 시점에서 이루어지며, 검사를 통과한 합격품의 10%에 해당하는 공손수량은 정상적인 것으로 간주한다. 공손품은 발생 즉시 처분가치 없이 전량 폐기된다.
- 직접노무원가: 직접노무인력은 숙련공과 미숙련공으로 구분된다. 제품 1단위를 생산하는 데 숙련공 직접노무시간 2시간과 미숙련공 직접노무시간 2시간이 필요하다. 숙련공과 미숙련공의 표준임률은 각각 시간당 ₩12과 ₩8이다. 직접노무원가는 공정 전반에 걸쳐 균등하게 발생한다.
- 제조간접원가: 제조간접원가는 직접노무시간을 기준으로 배부한다. 변동제조간접원가 표준배부율은 직접노무원가 표준임률의 50%이다. 20×1년 고정제조간접원가예산은 ₩24,000이며, 연간 기준조업도는 2,400직접노무시간이다. 제조간접원가는 공정 전반에 걸쳐 균등하게 발생한다.

<판매활동예산자료>

- 20×1년 제품 X의 전체 시장규모는 2,000단위로 추정되며, 예산생산량을 전부 판매가능하다. 제품 단위당 판매가격은 ₩250이며, 변동판매관리비는 단위당 ₩30이다. 고정판매관리비는 ₩3,000이 발생할 것으로 예상된다.

요구사항

[물음 1] 《자료 1》을 이용하여 아래 양식을 완성하시오.

구분	표준수량	표준가격	표준원가
직접재료원가			
직접노무원가			
변동제조간접원가			
고정제조간접원가			
제품 단위당 표준원가			
제품 단위당 정상공손 허용액			
정상품 단위당 표준원가			

(주)한국의 20×1년 실제 생산 및 원가자료는 다음 《자료 2》와 같다.

《자료 2》

- 기초재공품: 100단위(전환원가 완성도 80%)
  완성품: 800단위
  공손수량: 100단위
  기말재공품: 100단위(전환원가 완성도 40%)
  판매량: 600단위
  기초제품재고는 없다.
- 실제직접재료구입원가는 ₩48,000(= 6,000kg × ₩8)이었으며, 당기에 실제사용직접재료원가는 ₩40,000이었다. 직접재료 가격차이는 구입시점에서 분리한다. 기초직접재료는 없으며, 직접재료는 외상으로 매입하였다.
- 직접노무인력별 실제직접노무시간과 실제직접노무원가는 다음과 같다.

구분	실제직접노무시간	실제직접노무원가
숙련공	2,100시간	₩23,100
미숙련공	1,900시간	₩17,100
합계	4,000시간	₩40,200

- 실제변동제조간접원가는 ₩21,000이었고, 실제고정제조간접원가는 ₩25,000이었다.

[물음 2] 《자료 1》과 《자료 2》를 이용하여 다음 물음에 답하시오. 전기와 당기의 단위당 표준원가는 동일하다. 단, 원가차이에 대해 유리한 차이는 F, 불리한 차이는 U로 표시하시오.

(1) 정상공손수량과 비정상공손수량을 각각 계산하시오.

(2) 기초재공품원가, 완성품원가, 기말재공품원가, 비정상공손원가를 각각 계산하시오.

(3) 다음 물음 ①과 ②에 답하시오.
① 직접재료원가의 구입가격차이와 수량차이를 각각 계산하시오.
② 위 ①에서 계산된 직접재료원가차이를 원가요소별 비례배분법을 통해 배분할 경우, 이를 조정하기 위한 분개를 각각 제시하시오.

(4) 직접노무원가의 임률차이, 배합차이, 수율차이를 각각 계산하시오.

(5) 변동제조간접원가의 소비차이와 능률차이, 고정제조간접원가의 예산차이와 조업도차이를 각각 계산하시오.

※ 위 물음과 관계없이, 다음 물음에 답하시오.

[물음 3] (주)한국의 단위당 표준원가는 다음과 같다.

<표준원가자료>

항목	단위당 표준원가
직접재료원가	₩100
직접노무원가	₩50
변동제조간접원가	₩50
고정제조간접원가	₩40
합계	₩240

판매활동예산은 《자료 1》에 주어진 판매활동예산자료를 이용한다. 20×1년 실제판매량은 500단위이었으며, 단위당 판매가격은 ₩300이었다. 판매활동과 관련하여 단위당 변동원가는 ₩20, 고정원가는 ₩2,000이 발생하였으며, 실제시장규모는 2,500단위이었다. (주)한국의 20×1년 시장점유율차이와 시장규모차이를 각각 계산하시오. 단, 원가차이에 대해 유리한 차이는 F, 불리한 차이는 U로 표시하시오.

※ 위 물음과 관계없이, 다음 물음에 답하시오.

[물음 4] (주)한국은 20×1년 초에 취임한 CEO의 성과평가목적으로 재무지표와 비재무지표를 고려하고 있다. CEO 취임 전·후의 관련 자료는 다음과 같다.

(단위: 억원)

구분	CEO 취임 전(20×0년)	CEO 취임 후(20×1년)
매출액	200	300
변동원가	120	180
공헌이익	80	120
고정원가	50	50
순이익	30	70
시장규모	600	1,200

(1) 20×1년 CEO의 성과를 재무지표만을 이용하여 평가하고, 그 근거를 제시하시오.

(2) 20×1년 CEO의 성과를 재무지표와 함께 비재무지표를 이용하여 평가하고, 그 근거를 제시하시오.

(3) (주)한국은 CEO의 성과를 평가하기 위해 위 (2)의 방법을 선택하였다. 그 이유에 대해 3줄 이내로 설명하시오.

해답

문제분석

■ "분리계산법을 적용"

→ 공손원가를 별도로 계산한다.

■ 《자료 1》 <생산활동예산자료> "직접재료가 공정의 50% 시점에서 전량 투입" 및 "공손검사는 공정의 60% 시점에서 이루어지며"

→ 직접재료 투입시점 이후 검사를 진행하므로 공손원가에는 직접재료가 100% 투입된다.

■ 《자료 1》 <생산활동예산자료> "직접노무인력은 숙련공과 미숙련공으로 구분", "제조간접원가는 직접노무시간을 기준으로 배부" 및 "변동제조간접원가 표준배부율은 직접노무원가 표준임률의 50%"

→ 직접노무원가는 숙련공과 미숙련공으로 구분할 수 있으며 직접노무원가 표준임률의 50%인 변동제조간접원가도 숙련공과 미숙련공으로 구분할 수 있다. 만약 숙련공과 미숙련공으로 구분하지 않는다면, 제품 한 단위당 직접노무시간은 4시간(= 2시간 + 2시간)이며, 시간당 표준배부율은 ₩5(= $\frac{2\text{시간} \times (₩12 \times 50\%) + 2\text{시간} \times (₩8 \times 50\%)}{4\text{시간}}$)이다.

■ 《자료 1》 <생산활동예산자료> "고정제조간접원가예산은 ₩24,000이며, 연간 기준조업도는 2,400직접노무시간"

→ 기준조업도가 숙련공과 미숙련공으로 구분되어 있지 않아 제품 한 단위당 직접노무시간은 4시간(= 2시간 + 2시간)이며, 시간당 표준배부율은 ₩10(= $\frac{₩24,000}{2,400\text{직접노무시간}}$)이다.

■ 《자료 1》 <판매활동예산자료> "제품 단위당 판매가격은 ₩250이며, 변동판매관리비는 단위당 ₩30이다. 고정판매관리비는 ₩3,000이 발생할 것으로 예상"

→ 변동제조원가는 직접재료원가, 직접노무원가 및 변동제조간접원가를 합한 ₩110이며, 고정제조간접원가는 ₩24,000으로 가격과 원가구조를 정리할 수 있다.

■ 《자료 2》 "당기에 실제사용직접재료원가는 ₩40,000이었다. 직접재료 가격차이는 구입시점에서 분리"

→ 실제원가 ₩40,000을 kg당 실제단가(₩8)로 나누어 실제사용량을 계산할 수 있다.
₩40,000 ÷ ₩8 = 5,000kg

■ [물음 2] "전기와 당기의 단위당 표준원가는 동일"

→ 당기 표준원가를 이용하여 기초재공품원가를 계산할 수 있다. 또한, 기초재공품은 전기에 검사를 통과한 물량으로 정상공손허용수량도 전기와 동일한 것으로 간주하여 정상공손원가를 기초재공품원가에 가산한다.

- [물음 2] "(3) ② 직접재료원가차이를 원가요소별 비례배분법을 통해 배분"
  → 가격차이는 SP를 AP로, 수량차이는 SQ를 AQ로 조정하는 것을 말한다. 따라서 구입가격차이 조정대상에는 기말원재료(= 기말원재료수량 × SP)와 수량차이(= (AQ - SQ) × SP)를 포함한다.
  구입가격차이 조정대상인 SP로 기록된 계정은 다음과 같다.
  - **기말원재료**: 기말원재료수량 × SP = 1,000kg × ₩10 = ₩10,000
  - **수량차이**: (AQ - 실제산출량에 허용된 표준수량) × SP
    = (5,000kg - 800단위 × 5kg) × ₩10 = ₩10,000 U
  - **비정상공손**: 30단위 × SQ × SP = 30단위 × 5kg × ₩10 = ₩1,500
  - **기말제품(정상공손원가 10% 가산)**: 200단위 × SQ × SP × 110%
    = 200단위 × 5kg × ₩10 × 110% = ₩11,000
  - **매출원가(정상공손원가 10% 가산)**: 500단위 × SQ × SP × 110%
    = 500단위 × 5kg × ₩10 × 110% = ₩27,500
- [물음 3] "(주)한국의 단위당 표준원가"
  → • **단위당 표준변동원가**: ₩100 + ₩50 + ₩50 = ₩200
  • **단위당 예산변동판매비**: <판매활동예산자료>에서 단위당 ₩30임을 확인할 수 있다.
- [물음 4] "(1) 재무지표만을 이용하여 평가"
  → 수익에 대한 매출총차이와 원가에 대한 원가총차이를 각각 계산한다.
- [물음 4] "(2) 비재무지표를 이용하여 평가"
  → 제시된 시장규모를 이용하여 매출조업도차이를 시장점유율차이와 시장규모차이로 구분하여 평가한다.

자료정리

(1) 표준원가표

		표준수량(SQ)	표준가격(SP)	표준원가
직접재료원가		5kg	₩10/kg	₩50/단위
직접노무원가	숙련공	2h	12/h	24
	미숙련공	2h	8/h	16
변동제조간접원가	숙련공	2h	6/h	12
	미숙련공	2h	4/h	8
고정제조간접원가		4h	10/h	40
				₩150/단위

(2) 단위당 표준정상공손원가

₩50 × 100% + ₩100 × 60% = ₩110

(3) 가격과 원가구조(제품 X)

단위당 판매가격		₩250
단위당 변동원가	₩110 + ₩30 =	(140)
단위당 공헌이익		₩110
총고정원가	₩24,000 + ₩3,000 =	₩27,000

(4) 물량흐름도(재공품과 제품)

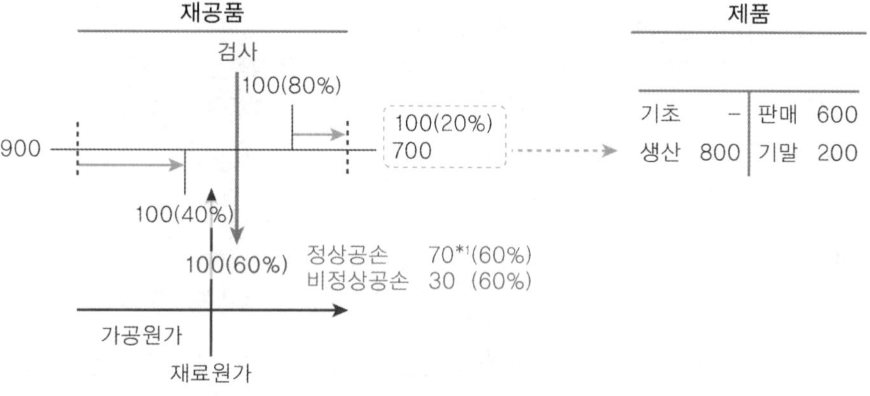

*1 정상공손수량: 700단위 × 10% = 70단위

(5) 원가요소별 완성품환산량

① 물량흐름 파악 / ② 완성품환산량

재공품				재료원가	가공원가
기초	100(0.8)	완성	100(0.2)	-	20
			700	700	700
		정상공손	70(0.6)	70	42
		비정상공손	30(0.6)	30	18
착수	900	기말	100(0.4)	-	40
	1,000		1,000	800	820

(6) 기초재공품원가

100단위 × ₩50 + 100단위 × 80% × ₩100 + 100단위 × ₩11[*2] = ₩14,100

[*2] 정상공손원가 × 10%

(7) 비정상공손, 기말제품 및 매출원가의 표준직접재료원가

재공품

기초	100(0.8)	완성	100(0.2)	
			700	₩35,000
SQ × SP		정상공손	70(0.6)	₩3,500
800 × 5kg × ₩10 = ₩40,000		비정상공손	30(0.6)	₩1,500
		기말	100(0.4)	

제품

기초	-	판매	100	
			500	₩27,500[*3]
입고	100			
	700	기말	200	₩11,000
₩38,500				

[*3] 당기착수완성량 중 판매량에 해당하는 표준직접재료원가: $₩38,500 \times \frac{500}{700} = ₩27,500$

또한, 다음과 같이 계산할 수 있다.

- 비정상공손: 30단위 × SQ × SP = 30단위 × 5kg × ₩10 = ₩1,500
- 기말제품(정상공손원가 10% 가산): 200단위 × SQ × SP × 110%
  = 200단위 × 5kg × ₩10 × 110% = ₩11,000
- 매출원가(정상공손원가 10% 가산): 500단위 × SQ × SP × 110%
  = 500단위 × 5kg × ₩10 × 110% = ₩27,500

결과적으로, 당기투입된 직접재료 표준배부액 ₩40,000은 비정상공손 ₩1,500, 기말제품 ₩11,000, 매출원가 ₩27,500으로 구성되어 있다.

(8) 직접재료원가 원가차이 조정(원가요소기준 비례배분법)

	구입가격차이	원재료	수량차이	비정상공손	제품	매출원가
조정 전 원가	₩(12,000)F	₩10,000[*4]	₩10,000[*5]U	₩1,500	₩11,000	₩27,500
구입가격차이	12,000	(2,000)	(2,000)	(300)	(2,200)	(5,500)
(비율)		16.67%	16.67%	2.5%	18.33%	45.83%
수량차이			(8,000)	300	2,200	5,500
(비율)				3.75%	27.5%	68.75%
조정 후 원가	-	₩8,000	-	₩1,500	₩11,000	₩27,500

[*4] 기말원재료: 1,000kg × ₩10 = ₩10,000

[*5] 수량차이: (5,000kg - 800단위 × 5kg) × ₩10 = ₩10,000 불리

(9) 매출차이분석자료

AQ	AP - SV	BP - SV	BQ
500단위	₩300 - ₩230 = ₩70	₩250 - ₩230 = ₩20	600단위

- 실제시장점유율: $\frac{500단위}{2,500단위} = 20\%$
- 예산시장점유율: $\frac{600단위}{2,000단위} = 30\%$

(10) 성과보고서

수량과 가격에 대한 자료가 구분되어 있지 않아 매출액을 기준으로 성과보고서를 작성한다.

	취임 후		변동예산		취임 전
매출액	₩300	매출가격차이	₩300		₩200
변동원가	₩180	변동원가차이	₩180[*6]		₩120 (0.6)
공헌이익	₩120		₩120[*7]	매출조업도차이	₩80 (0.4)
고정원가	₩50	고정원가차이	₩50		₩50
순이익	₩70		₩70		₩30

[*6] 실제매출액 × 취임 전 변동비율 = ₩300 × 0.6 = ₩180

[*7] 실제매출액 × 취임 전 공헌이익률 = ₩300 × 0.4 = ₩120

∴ 매출가격차이, 변동원가차이, 고정원가차이는 발생하지 않으며, 매출조업도차이는 ₩40억 유리한 차이이다.

모범답안

[물음 1] 표준원가표

		표준수량(SQ)	표준가격(SP)	표준원가
직접재료원가		5kg	₩10/kg	₩50/단위
직접노무원가	숙련공	2h	12/h	24
	미숙련공	2h	8/h	16
변동제조간접원가	숙련공	2h	6/h	12
	미숙련공	2h	4/h	8
고정제조간접원가		4h	10/h	40
제품 단위당 표준원가				₩150/단위
제품 단위당 정상공손허용액*				11
정상품 단위당 표준원가				₩161/단위

* (₩50 + ₩100 × 60%) × 10% = ₩11

[물음 2]

(1) 정상공손수량과 비정상공손수량

① 정상공손수량: 합격품 × 10% = 당기착수완성품 × 10% = 700단위 × 10% = 70단위

② 비정상공손수량: 총공손수량 - 정상공손수량 = 100단위 - 70단위 = 30단위

(2) 기초재공품원가, 완성품원가, 기말재공품원가, 비정상공손원가

① 1차 배분

완성품	₩14,100 + 700 × ₩50 + 720 × ₩100 =	₩121,100
정상공손	70 × ₩50 + 70 × 60% × ₩100 =	7,700
비정상공손	30 × ₩50 + 30 × 60% × ₩100 =	3,300
기말재공품	100 × 40% × ₩100 =	4,000
		₩136,100

② 2차 배분

	배분 전 원가	공손원가 배분	배분 후 원가
완성품	₩121,100	₩7,700[*1]	₩128,800
정상공손	7,700	(7,700)	-
비정상공손	3,300	-	3,300
기말재공품	4,000	-	4,000
	₩136,100		₩136,100

[*1] 완성품만 검사시점을 통과하여 정상공손원가는 완성품에 배부한다.

별해

전기와 당기 표준원가가 동일하므로 완성품원가는 다음과 같이 계산할 수 있다.

800단위 × ₩150 + 800단위 × ₩11[1)] = ₩128,800

[1)] 정상공손원가 × 10%

(3) 직접재료원가 차이분석 및 분개

① 구입가격차이와 수량차이

AQ' ×AP	AQ' × SP
6,000kg × ₩8 = ₩48,000	6,000kg × ₩10 = ₩60,000
구입가격차이 ₩12,000 F	

AQ × SP	SQ × SP
5,000kg × ₩10 = ₩50,000	800단위[*2] × 5kg × ₩10 = ₩40,000
수량차이 ₩10,000 U	

*2 재료원가 완성품환산량

② 분개

• 구입가격차이

(차) 구입가격차이	12,000	(대) 원재료	2,000
		수량차이	2,000
		비정상공손	300
		제품	2,200
		매출원가	5,500

• 수량차이

(차) 비정상공손	300	(대) 수량차이	8,000
제품	2,200		
매출원가	5,500		

(4) 직접노무원가 차이분석

① 임률차이와 능률차이

	AQ × AP	AQ × SP	SQ × SP
숙련공	2,100 × ₩11 = ₩23,100	2,100 × ₩12 = ₩25,200	820[*3] × 2h × ₩12 = ₩19,680
미숙련공	1,900 × ₩9 = 17,100	1,900 × ₩8 = 15,200	820[*3] × 2h × ₩8 = 13,120
	₩40,200	₩40,400	₩32,800
	임률차이 ₩200 F	능률차이 ₩7,600 U	

*3 가공원가 완성품환산량

② 배합차이와 수율차이

	AQ × SP	Total AQ × BM × SP	SQ × SP
숙련공	2,100 × ₩12 = ₩25,200	4,000 × 0.5 × ₩12 = ₩24,000	820 × 2h × ₩12 = ₩19,680
미숙련공	1,900 × ₩8 = 15,200	4,000 × 0.5 × ₩8 = 16,000	820 × 2h × ₩8 = 13,120
	₩40,400	₩40,000	₩32,800
	배합차이 ₩400 U	수율차이 ₩7,200 U	

(5) 제조간접원가 차이분석

① 변동제조간접원가

	실제	AQ × SP	SQ × SP
숙련공	?	2,100 × ₩6 = ₩12,600	820[*4] × 2h × ₩6 = ₩9,840
미숙련공	?	1,900 × ₩4 = 7,600	820[*4] × 2h × ₩4 = 6,560
	₩21,000	₩20,200	₩16,400
	소비차이 ₩800 U		능률차이 ₩3,800 U

[*4] 가공원가의 완성품환산량

또한, 숙련공과 미숙련공으로 구분하지 않는다면 원가차이는 다음과 같다.

실제	AQ × SP	SQ × SP
	4,000 × ₩5[*5]	820 × 4h × ₩5[*5]
₩21,000	= ₩20,000	= ₩16,400
소비차이 ₩1,000 U		능률차이 ₩3,600 U

[*5] 직접노무시간당 배부율: $\frac{2\text{시간} \times (₩12 \times 50\%) + 2\text{시간} \times (₩8 \times 50\%)}{4\text{시간}} = ₩5$

② 고정제조간접원가

실제	예산	SQ × SP
	2,400 × ₩10	820 × 4h × ₩10
₩25,000	= ₩24,000	= ₩32,800
예산차이 ₩1,000 U		조업도차이 ₩8,800 F

[물음 3] 시장점유율차이와 시장규모차이

실제규모 × 실제점유율 × 예산평균공헌이익	실제규모 × 예산점유율 × 예산평균공헌이익	예산규모 × 예산점유율 × 예산평균공헌이익
2,500단위 × 20%[*1] × ₩20[*3]	2,500단위 × 30%[*2] × ₩20[*3]	2,000단위 × 30%[*2] × ₩20[*3]
= ₩10,000	= ₩15,000	= ₩12,000
시장점유율차이 ₩5,000 U		시장규모차이 ₩3,000 F

[*1] 실제점유율: $\frac{500\text{단위}}{2{,}500\text{단위}} = 20\%$

[*2] 예산점유율: $\frac{600\text{단위}}{2{,}000\text{단위}} = 30\%$

[*3] 예산평균공헌이익: ₩250 - (₩100 + ₩50 + ₩50 + ₩30) = ₩20

[물음 4]

(1) 재무지표 평가

	취임 후		변동예산		취임 전
매출액	₩300	매출가격차이 없음	₩300		₩200
변동원가	₩180	변동원가차이 없음	₩180		₩120(0.6)
공헌이익	₩120		₩120	매출조업도차이 ₩40 F	₩80(0.4)
고정원가	₩50	고정원가차이 없음	₩50		₩50
순이익	₩70		₩70		₩30

경영자 노력에 의하여 매출이 증가했다면 ₩40억 유리한 매출조업도 차이를 경영자 평가에 반영한다.

(2) 비재무지표 평가

취임 후 규모 × 취임 후 점유율 × 취임 전 공헌이익률	취임 후 규모 × 취임 전 점유율 × 취임 전 공헌이익률	취임 전 규모 × 취임 전 점유율 × 취임 전 공헌이익률
₩1,200 × 0.25[*1] × 0.4 = ₩120	₩1,200 × 0.33[*2] × 0.4 = ₩160	₩600 × 0.33[*2] × 0.4 = ₩80

점유율차이 ₩40 U / 규모차이 ₩80 F

[*1] 취임 후 점유율: $\frac{300억}{1{,}200억}$ = 0.25

[*2] 취임 전 점유율: $\frac{200억}{600억}$ = 0.33

유리한 매출조업도차이 ₩40에는 시장규모와 시장점유율에 대한 차이로 구성되어 있으며, 시장규모차이는 유리한 차이지만 시장점유율차이는 불리한 차이를 보이고 있다. 경영자가 시장규모를 통제할 수 없다면 유리한 매출조업도차이는 경영자의 노력에 기인한 것으로 볼 수 없다.

(3) 경영자 성과평가

공정한 평가를 위해서는 재무지표뿐만 아니라 비재무지표도 동시에 고려해야 한다. 또한, 평가를 위해서는 여러 요소들에 대한 경영자의 통제가능성을 고려하여 통제가능요소를 평가에 반영해야 경영자에게 적절한 동기부여를 제공할 수 있고 기업 전체 이익을 극대화할 수 있다.

해커스 회계사 允원가관리회계연습

회계사 · 세무사 · 경영지도사 단번에 합격!
해커스 경영아카데미 cpa.Hackers.com

제15장

불확실성하의 의사결정

핵심 이론 요약

01 불확실성하의 의사결정

(1) 성과표 작성

대안 \ 상황	S_1 (P)	S_2 (1 - P)
A_1	성과	성과
A_2	성과	성과

① S(State of nature): 발생가능한 상황

② A(Alternatives): 선택가능한 대안

③ P(Probability): 확률

(2) 최적행동대안 선택기준

① 기대가치기준

기대가치 = Σ(각 상황별 성과 × 해당 상황별 확률)

② 기대효용기준: 기대가치에 위험에 대한 태도(위험회피형, 위험중립형, 위험선호형)를 고려한 의사결정으로, 위험중립형의 경우 기대가치기준과 결과가 동일함

기대효용 = Σ(각 상황별 효용 × 해당 상황별 확률)

③ 기대비용 극소화: 기회손실표, 차이조사결정

(3) 정보를 활용한 의사결정

① 완전정보의 기대가치: 완전정보를 얻기 위한 최대지불가능금액으로 예측오차원가의 기대가치와 같음

완전정보의 기대가치 = 완전정보하의 기대성과 - 기존정보하의 기대가치

② 불완전정보의 기대가치: 불완전정보를 얻기 위한 최대지불가능금액

불완전정보의 기대가치 = 불완전정보하의 기대성과 - 기존정보하의 기대가치

02 차이조사결정: 기대비용극소화

대안 \ 상황	장상공정 (P)	비정상공정 (1 - P)
조사 O	조사비용	조사비용 + 개선비용
조사 X	-*	공정이상손실

* 조사를 하지 않았으나 공정이 정상이므로 비용이 발생하지 않는다.

03 확률분포를 이용한 CVP분석

(1) 확률분포

① 이산확률분포(Discrete probability distribution)

② 연속확률분포(Continuous probability distribution): 정규분포, 균일분포

(2) 표준정규분포(Z분포)

평균(μ)을 0으로 표준편차(σ)는 1이 되도록 표준화한 것으로, Z값은 다음과 같이 계산한다.

$$Z = \frac{X - \mu}{\sigma}$$

04 재고관리비용

(1) 경제적 1회 주문량(EOQ)

재고주문비용과 재고유지비용을 최소화할 수 있는 1회 주문수량을 말한다.

$$EOQ = \sqrt{\frac{2 \times \text{총수요량(D)} \times \text{1회 주문비용(O)}}{\text{단위당 유지비용(H)}}}$$

(2) 경제적 1회 생산량(EPQ)

작업준비비용과 재고유지비용을 최소화할 수 있는 1회 생산량을 말한다.

$$EPQ = \sqrt{\frac{2 \times \text{총수요량(D)} \times \text{1회 작업준비비용(S)}}{\text{단위당 유지비용(H)}}}$$

(3) 재주문점(ROP)

재고를 재주문해야 할 현재의 재고수준을 말한다.

$$ROP = \text{1일 사용량} \times \text{조달기간} + \text{안전재고}$$

05 적시생산시스템(JIT)

(1) 의의

필요한 부품을 필요한 수량만큼 원하는 시점에 공급받는 생산방식을 말한다.

(2) 목적

재고 최소화(과다재고, 과다인력 방지)를 목적으로 한다.

(3) JIT의 기본개념

① 무재고시스템

② 수요견인시스템

③ 칸반시스템

④ 도요타시스템

⑤ 셀생산시스템(다기능 작업자, 업무표준화)

(4) JIT가 관리회계에 미친 영향

① 원가흐름의 가정이 필요 없음

② 원가의 추적가능성 향상

③ 회계처리의 단순화(역류원가계산)

(5) 역류원가계산(Backflush costing)

재고가 거의 없고 회계처리를 단순화한 원가계산으로, JIT에서 사용할 수 있다.

문제 01 특별주문수락 의사결정과 정보의 가치 및 원가차이분석

(주)한국은 자동차 타이어를 생산·판매하고 있다. 20×1년 국내 생산·판매량은 20,000대이며 연간 최대 생산능력은 25,000대이다. 생산·판매와 관련된 사항에 대한 손익계산서는 다음과 같다.

(1) 손익계산서자료

구분	대당	합계
I. 매출액	₩100	₩2,000,000
II. 변동원가		
제조원가	₩60	1,200,000
판관비	₩10	200,000
III. 공헌이익		₩600,000
IV. 고정원가		300,000
V. 영업이익		₩300,000

(2) 특별주문 관련 자료
내년에도 동일한 국내 판매량, 가격과 원가는 계속 유지될 것으로 보인다. 그런데 20×1년 말에 이 제품에 대하여 외국 수입업자로부터 제품 단위당 ₩75에 4,000대를 구입하겠다는 특별주문을 받았다. 이 주문으로 인하여 국내 판매에는 아무런 영향을 받지 않으리라 예상된다. 그리고 특별주문수락 시 변동판관비는 발생하지 않는다.

(3) 불확실성 관련 자료
특별주문품 생산은 기존설비를 활용하거나 신설비를 임차하는 두 가지 방법이 있다. 국내용과 기술적인 차이로 인하여 기존설비를 활용할 경우 추가 인건비가 대당 ₩5만큼 발생한다. 이러한 기술적인 문제를 해결할 수 있는 신설비를 임차할 경우 추가 인건비 없이 기계에 대한 임차료가 ₩80,000 발생한다. 생산부서는 이러한 상황에 대하여 기존설비를 활용할 경우 예상되는 확률을 70%, 신설비를 임차할 예상 확률을 30%로 설정하였다.

요구사항

[물음 1] 특별주문에 대한 수락 또는 거절 의사결정을 하시오.

[물음 2] 회사의 최고경영자는 기존설비 활용 여부에 대한 정보를 얻기 위하여 전문기관에 조사를 의뢰하여 검토하려고 한다. 전문기관에서 기존설비 활용 여부를 정확히 예측한다면 전문기관에 지급할 수 있는 최대금액을 구하시오.

[물음 3] 위 물음과 별도로 회사는 특별주문을 수락하지 않는 경우 기존설비를 임대하여 ₩10,000의 임대수익을 얻을 수 있고, 기존설비를 활용할 경우 예상되는 확률을 60%, 신설비를 임차할 예상 확률을 40%로 수정하였다. 다음에 물음에 답하시오.

(1) 특별주문에 대한 수락 또는 거절 의사결정을 하시오.

(2) 전문기관에 조사를 의뢰하는 경우 기존설비를 활용할 경우 80%, 신설비를 임차할 경우 70%의 정확도로 예측한다고 할 때 전문기관에 지급할 수 있는 최대금액을 구하시오.

해답

문제분석

■ "국내 생산·판매량은 20,000대이며 연간 최대생산능력은 25,000대"

→

최대생산능력	25,000대
예상판매수량	20,000대
여유조업도	5,000대

특별주문 4,000단위는 여유조업도 이내이므로 기회비용 없이 생산가능하다.

■ "(2) 제품 단위당 ₩75에 4,000대" 및 "(2) 변동판관비는 발생하지 않는다."

→ 여유조업도 이내 수량으로 기회원가는 없으며, 주문품에 대해서 변동판관비는 발생하지 않는다.

■ "(3) 기존설비를 활용할 경우 추가 인건비가 대당 ₩5만큼 발생" 및 "(3) 신설비를 임차할 경우 추가 인건비 없이 기계에 대한 임차료가 ₩80,000 발생"

→ 4,000단위 주문에 대한 각 상황별 성과는 다음과 같다.

- 기존설비 활용: (₩75 - ₩60 - ₩5) × 4,000단위 = ₩40,000
- 신설비 임차: (₩75 - ₩60) × 4,000단위 - ₩80,000 = ₩(20,000)

■ "(3) 기존설비를 활용할 경우 예상되는 확률을 70%, 신설비를 임차할 예상 확률을 30%"

→ 성과표 작성 시 선택할 수 있는 대안은 특별주문에 대한 수락과 거절이며 거절의 경우 성과는 ₩0이다.

■ [물음 3] "특별주문을 수락하지 않는 경우 기존설비를 임대하여 ₩10,000의 임대수익"

→ 성과표 작성 시 선택할 수 있는 대안은 특별주문에 대한 수락과 거절이며 거절의 경우 성과는 임대수익 ₩10,000이다.

자료정리

(1) 성과표[물음 1]

	기존설비 활용(0.7)	신설비 임차(0.3)
수락	₩40,000	₩(20,000)
거절	-	-

(2) 성과표[물음 3]

	기존설비 활용(0.6)	신설비 임차(0.4)
수락	₩40,000	₩(20,000)
거절	10,000	10,000

모범답안

[물음 1] 특별주문 의사결정

(1) 성과표

	기존설비 활용(0.7)	신설비 임차(0.3)
수락	₩40,000	₩(20,000)
거절	-	-

(2) 기대가치

① 수락: ₩40,000 × 0.7 + ₩(20,000) × 0.3 = ₩22,000

② 거절: ₩0 × 0.7 + ₩0 × 0.3 = ₩0

∴ 특별주문을 수락한다.

[물음 2] 전문기관에 지급할 수 있는 최대금액

(1) 완전정보하의 기대가치

₩40,000 × 0.7 + ₩0 × 0.3 = ₩28,000

(2) 완전정보의 기대가치

완전정보하의 기대가치 - 기존정보하의 기대가치(정보가 없는 경우 기대가치)

= ₩28,000 - ₩22,000 = ₩6,000

∴ 지급할 수 있는 최대금액 = ₩6,000

[물음 3]

(1) 특별주문 의사결정

① 성과표

	기존설비 활용(0.6)	신설비 임차(0.4)
수락	₩40,000	₩(20,000)
거절	10,000	10,000

② 기대가치

- 수락: ₩40,000 × 0.6 + ₩(20,000) × 0.4 = ₩16,000
- 거절: ₩10,000 × 0.6 + ₩10,000 × 0.4 = ₩10,000

∴ 특별주문을 수락한다.

(2) 전문기관에 지급할 수 있는 최대금액

① 결합확률표

	기존설비 활용(0.6)	신설비 임차(0.4)	결합확률
기존설비 활용	0.8 × 0.6 = 0.48	0.3 × 0.4 = 0.12	0.6
신설비 임차	0.2 × 0.6 = 0.12	0.7 × 0.4 = 0.28	0.4

② 정보별 기대가치

㉠ 기존설비 활용(0.6)

- 수락: ₩40,000 × 0.8 + ₩(20,000) × 0.2 = ₩28,000
- 거절: ₩10,000 × 0.8 + ₩10,000 × 0.2 = ₩10,000

㉡ 신설비 임차(0.4)

- 수락: ₩40,000 × 0.3 + ₩(20,000) × 0.7 = ₩(2,000)
- 거절: ₩10,000 × 0.3 + ₩10,000 × 0.7 = ₩10,000

㉢ 불완전정보하의 기대가치: ₩28,000 × 0.6 + ₩10,000 × 0.4 = ₩20,800

㉣ 불완전정보의 기대가치: 불완전정보하의 기대가치 - 기존정보하의 기대가치(정보가 없는 경우 기대가치)
= ₩20,800 - ₩16,000 = ₩4,800

∴ 지급할 수 있는 최대금액 = ₩4,800

문제 02 기대효용기준 정보의 가치

(주)한국은 신제품을 생산·판매하기 위하여 새로운 설비를 도입하고자 한다. 새로운 설비는 A와 B 두 가지 모델이 있으며 관련 자료는 다음과 같다.

(1) 각 모델의 수익과 원가자료는 다음과 같다.

	A모델	B모델
단위당 판매가격	₩100	₩160
단위당 변동원가	70	120
단위당 공헌이익	₩30	₩40
총고정원가	₩20,000	₩35,000

(2) 신제품의 예상판매량과 확률은 다음과 같다.

수요량	확률
1,000단위	0.4
2,000단위	0.6

(3) 성과에 대한 효용함수

$$U(\pi) = \sqrt{성과}$$

요구사항

[물음 1] 기대효용을 기준으로 최적대안을 선택하시오.

[물음 2] 외부기관으로부터 제품의 수요량 변동을 정확히 예측할 수 있는 완전정보를 ₩1,000에 구입할 수 있다. 정보구입 여부에 대해서 선택하시오.

[물음 3] 외부기관으로부터 제품의 수요량 변동을 80% 예측할 수 있는 불완전한 정보를 ₩1,000에 구입할 수 있다. 정보구입 여부에 대해서 선택하시오.

해답

문제분석

■ [물음 1] "기대효용을 기준"
→ 대안별 영업이익을 계산한 후 효용함수를 이용하여 성과표를 작성한다.

■ [물음 2] "외부기관으로부터 제품의 수요량 변동을 정확히 예측할 수 있는 완전정보를 ₩1,000에 구입"
→ 정보의 대가를 차감한 기대효용과 기존 기대효용의 비교를 통하여 취득 여부를 결정한다.

	1,000단위(0.4)	2,000단위(0.6)
A모델	$\sqrt{10,000 - 1,000}$	$\sqrt{40,000 - 1,000}$
B모델	$\sqrt{5,000 - 1,000}$	$\sqrt{45,000 - 1,000}$

∴ 정보의 대가를 차감한 기대효용: $\sqrt{10,000 - 1,000} \times 0.4 + \sqrt{45,000 - 1,000} \times 0.6 = 163.8$

자료정리

(1) 대안별 이익함수
- A모델: ₩30 × Q - ₩20,000
- B모델: ₩40 × Q - ₩35,000

(2) 대안별 영업이익

대안 \ 상황	1,000단위 (0.4)	2,000단위 (0.6)
A모델	₩10,000[*1]	₩40,000
B모델	5,000[*2]	45,000

[*1] ₩30 × 1,000단위 - ₩20,000 = ₩10,000
[*2] ₩40 × 1,000단위 - ₩35,000 = ₩5,000

(3) 성과표(효용기준)

대안 \ 상황	1,000단위 (0.4)	2,000단위 (0.6)
A모델	100.00[*3]	200.00
B모델	70.71[*4]	212.13

[*3] $\sqrt{10,000} = 100.00$
[*4] $\sqrt{5,000} = 70.71$

모범답안

[물음 1] 기대효용기준 최적대안 선택

(1) 성과표(효용기준)

대안 \ 상황	1,000단위 (0.4)	2,000단위 (0.6)
A모델	100.00	200.00
B모델	70.71	212.13

(2) 각 대안별 기대효용

① A모델: 100.00 × 0.4 + 200.00 × 0.6 = 160

② B모델: 70.71 × 0.4 + 212.13 × 0.6 = 155.56

∴ A모델을 선택한다.

[물음 2] 완전정보 취득 의사결정

(1) 정보의 대가를 차감한 기대효용

대안 \ 상황	1,000단위 (0.4)	2,000단위 (0.6)
A모델	$\sqrt{10,000 - 1,000}$	$\sqrt{40,000 - 1,000}$
B모델	$\sqrt{5,000 - 1,000}$	$\sqrt{45,000 - 1,000}$

∴ 정보의 대가를 차감한 기대효용: $\sqrt{10,000 - 1,000} \times 0.4 + \sqrt{45,000 - 1,000} \times 0.6 = 163.8$

(2) 정보 취득 의사결정

정보의 대가를 차감한 기대효용 163.8이 기존 기대효용 160보다 높으므로, 정보를 취득하는 것이 유리하다. 따라서 정보를 구입한다.

[물음 3] 불완전정보 취득 의사결정

(1) 정보의 대가를 차감한 기대효용

① 결합확률표

	수요량		결합확률
	1,000단위(40%)	2,000단위(60%)	
1,000단위(80%)	0.8 × 0.4 = 0.32	0.2 × 0.6 = 0.12	0.44
2,000단위(80%)	0.2 × 0.4 = 0.08	0.8 × 0.6 = 0.48	0.56

② 정보별 기대효용

• 1,000단위(44%)

	수요량		기대효용
	1,000단위(0.32/0.44)	2,000단위(0.12/0.44)	
A모델	$\sqrt{10,000 - 1,000}$	$\sqrt{40,000 - 1,000}$	122.85
B모델	$\sqrt{5,000 - 1,000}$	$\sqrt{45,000 - 1,000}$	103.20

• 2,000단위(56%)

	수요량		기대효용
	1,000단위(0.08/0.56)	2,000단위(0.48/0.56)	
A모델	$\sqrt{10,000 - 1,000}$	$\sqrt{40,000 - 1,000}$	182.82
B모델	$\sqrt{5,000 - 1,000}$	$\sqrt{45,000 - 1,000}$	188.83

∴ 정보의 대가를 차감한 기대효용: 122.85 × 0.44 + 188.83 × 0.56 = 159.80

(2) 정보 취득 의사결정

정보의 대가를 차감한 기대효용 159.80이 기존 기대효용 160보다 낮으므로, 정보를 취득하는 것이 불리하다. 따라서 정보를 구입하지 않는다.

문제 03 경제적 주문량(EOQ), 재주문점(ROP), 안전재고 및 경제적 생산량(EPQ)과 예측오차의 원가

(주)한국의 재고관리정책은 다음과 같다.

- 연간 수요량: 10,000단위
- 1회 주문비용: ₩1,000
- 단위당 연간 유지비용: ₩2,000

요구사항

[물음 1] 경제적 1회 주문량(EOQ)을 구하시오.

[물음 2] 1회 주문량이 다음과 같을 경우 각각의 재고 관련 총비용을 구하시오.

(1) 50단위

(2) 100단위

(3) 200단위

[물음 3] 위 물음과 별도로 회사의 연간 조업일수는 250일이고 조달기간은 5일이다. 또한, 회사는 안전재고를 20단위로 유지하고자 한다. 재주문점(ROP)을 구하시오.

[물음 4] 위 물음과 별도로 회사의 연간 조업일수는 250일이고 조달기간은 5일이다. 또한, 안전재고의 수준을 결정하기 위하여 과거 조달기간 동안의 사용량에 대한 내용을 검토한 결과 다음과 같은 자료를 도출하였다. 회사는 주문비용과 유지비용을 최소화하도록 1회 주문량을 결정한다. 최적의 안전재고수준과 재주문점(ROP)을 구하시오. (단, 단위당 재고부족비용은 ₩50으로 추정되며 주문은 한 묶음에 10단위인 묶음단위로 주문한다)

조달기간 동안의 사용량	확률
190단위	20%
200	30
210	40
220	10
	100%

※ 위 물음과 별도로 다음 자료를 이용하여 물음에 답하시오.

(주)한국의 자동차 사업부는 자동차 타이어를 생산·판매하고 있다. 타이어의 연간 수요량은 100,000단위이며 단위당 변동제조원가는 ₩30이다. 타이어를 생산하기 위한 작업준비비용은 1회당 ₩1,500이다. 연간 단위당 재고유지비용은 변동제조원가의 10%로 추정하고 있다.

[물음 5] 경제적 생산량을 계산하고 작업준비비용과 재고유지비용을 각각 구하시오.

[물음 6] (주)한국의 실제 재고유지비용은 변동제조원가의 40%로 확인되었다. (주)한국이 **[물음 5]**에서 계산한 수량을 기준으로 생산한 경우 기회손실(예측오차의 원가)을 구하시오.

해답

문제분석

■ [물음 3] "연간 조업일수는 250일이고 조달기간은 5일"

→ • 1일 사용량: $\frac{10,000단위}{250일}$ = 40단위

• 조달기간 사용량: 5일 × 40단위 = 200단위

■ [물음 4] "회사는 주문비용과 유지비용을 최소화하도록 1회 주문량을 결정"

→ [물음 2]에서 계산한 100단위이다.

■ [물음 4] "위 물음과 별도로 회사의 연간 조업일수는 250일이고 조달기간은 5일" 및 "주문은 한 묶음에 10단위인 묶음단위로 주문"

→ 조달기간 동안 사용량은 200단위(= 40단위 × 5일)이므로 실제 조달기간 동안 사용량이 200단위를 초과하는 경우 부족비용이 발생한다.

조달기간 동안의 사용량	확률
190단위	20%
200	30
210	40
220	10
	100%

회사가 생각하고 있는 조달기간 동안의 사용량은 200단위이므로 재고가 부족한 상황은 위 확률표에서 사용량이 210단위, 220단위인 두 가지이며, 회사가 고려해야 할 안전재고수준은 0단위, 10단위, 20단위이다.

■ "연간 단위당 재고유지비용은 변동제조원가의 10%로 추정"

→ 추정 재고유지비용은 ₩3(= ₩30 × 10%)이다.

■ [물음 6] "(주)한국의 실제 재고유지비용은 변동제조원가의 40%"

→ 실제 재고유지비용은 ₩12(= ₩30 × 40%)이다.

■ [물음 6] "기회손실(예측오차의 원가)"

→ 실제 재고유지비용을 적용한 경제적 생산량을 기준으로 한 총비용과 잘못 추정한 재고유지비용을 적용한 경제적 생산량을 기준으로 한 총비용의 차이를 말한다.

자료정리

(1) 경제적 1회 주문량(EOQ)을 계산하기 위한 자료
- 주문횟수: 총수요량 ÷ 1회 주문량
- 주문비용: 주문횟수 × 1회 주문비용
- 평균재고: 1회 주문량 ÷ 2
- 유지비용: 평균재고 × 단위당 유지비용
- 경제적 1회 주문량으로 주문할 경우 주문비용과 재고유지비용은 동일하다.

(2) 최적의 안전재고수준
안전재고수준에 따른 기대부족수량을 계산한 후 부족비용과 유지비용의 합이 가장 작은 재고수준을 선택한다.

(3) 성과표
- 안전재고수준에 따른 부족수량

안전재고	사용량			
	190단위(20%)	200단위(30%)	210단위(40%)	220단위(10%)
0단위	-	-	10단위	20단위
10단위	-	-	-	10단위
20단위	-	-	-	-

- 안전재고수준에 따른 비용(유지비용 + 부족비용)

안전재고	사용량			
	190단위(20%)	200단위(30%)	210단위(40%)	220단위(10%)
0단위	-	-	₩50,000[*1]	₩100,000[*2]
10단위	₩20,000	₩20,000	20,000[*3]	70,000[*4]
20단위	40,000	40,000	40,000	40,000[*5]

[*1] 안전재고 0단위, 부족수량 10단위: ₩0 + 10단위 × 100회 × ₩50 = ₩50,000
[*2] 안전재고 0단위, 부족수량 20단위: ₩0 + 20단위 × 100회 × ₩50 = ₩100,000
[*3] 안전재고 10단위, 부족수량 0단위: 10단위 × ₩2,000 + ₩0 = ₩20,000
[*4] 안전재고 10단위, 부족수량 10단위: 10단위 × ₩2,000 + 10단위 × 100회 × ₩50 = ₩70,000
[*5] 안전재고 20단위, 부족수량 0단위: 20단위 × ₩2,000 + ₩0 = ₩40,000

(4) 추정 재고유지비용(₩3)을 적용한 경제적 생산량(EPQ)

$$\sqrt{\frac{2 \times \text{총수요량} \times \text{1회 작업준비비용}}{\text{단위당 재고유지비용}}} = \sqrt{\frac{2 \times 100{,}000 \times ₩1{,}500}{₩3}} = 10{,}000\text{단위}$$

(5) 실제 재고유지비용(₩12)을 적용한 경제적 생산량(EPQ)

$$\sqrt{\frac{2 \times \text{총수요량} \times \text{1회 작업준비비용}}{\text{단위당 재고유지비용}}} = \sqrt{\frac{2 \times 100{,}000 \times ₩1{,}500}{₩12}} = 5{,}000\text{단위}$$

모범답안

[물음 1] 경제적 1회 주문량(EOQ)

$$\sqrt{\frac{2 \times \text{연간 수요량} \times \text{1회 주문비용}}{\text{단위당 유지비용}}} = \sqrt{\frac{2 \times 10{,}000\text{단위} \times ₩1{,}000}{₩2{,}000}} = 100\text{단위}$$

[물음 2] 재고 관련 총비용

	(1) 50단위		(2) 100단위		(3) 200단위	
주문횟수	10,000 ÷ 50 =	200회	10,000 ÷ 100 =	100회	10,000 ÷ 200 =	50회
주문비용	200회 × ₩1,000 =	₩200,000	100회 × ₩1,000 =	₩100,000	50회 × ₩1,000 =	₩50,000
평균재고	50 ÷ 2 =	25단위	100 ÷ 2 =	50단위	200 ÷ 2 =	100단위
유지비용	25단위 × ₩2,000 =	₩50,000	50단위 × ₩2,000 =	₩100,000	100단위 × ₩2,000 =	₩200,000
합계		₩250,000		₩200,000		₩250,000

[물음 3] 재주문점(ROP)

$$\text{1일 사용량} \times \text{조달기간} + \text{안전재고}^{*} = \frac{10{,}000\text{단위}}{250\text{일}} \times 5\text{일} + 20\text{단위} = 220\text{단위}$$

* 유지비용과 부족비용을 최소화하는 20단위이다.

[물음 4] 안전재고수준과 재주문점(ROP)

(1) 조달기간 동안의 사용량

[물음 3]에서 계산한 200단위(= $\frac{10{,}000\text{단위}}{250\text{일}} \times 5\text{일}$)이다.

(2) 주문횟수

경제적 1회 주문량이 100단위이므로, 주문횟수는 100회(= 10,000단위 ÷ 100단위)이다.

(3) 안전재고수준에 따른 부족수량

안전재고	사용량			
	190단위(20%)	200단위(30%)	210단위(40%)	220단위(10%)
0단위	-	-	10단위	20단위
10단위	-	-	-	10단위
20단위	-	-	-	-

(4) 안전재고수준에 따른 비용(유지비용 + 부족비용)

안전재고	사용량			
	190단위(20%)	200단위(30%)	210단위(40%)	220단위(10%)
0단위	-	-	₩50,000	₩100,000
10단위	₩20,000	₩20,000	20,000	70,000
20단위	40,000	40,000	40,000	40,000

(5) 안전재고수준에 따른 기대비용 및 최적의 안전재고수준

① 0단위: ₩50,000 × 40% + ₩100,000 × 10% = ₩30,000

② 10단위: ₩20,000 × 20% + ₩20,000 × 30% + ₩20,000 × 40% + ₩70,000 × 10% = ₩25,000

③ 20단위: ₩40,000 × 20% + ₩40,000 × 30% + ₩40,000 × 40% + ₩40,000 × 10% = ₩40,000

∴ 안전재고를 10단위 보유할 때 기대비용이 가장 작으므로, 최적의 안전재고수준은 10단위이다.

(6) 재주문점(ROP)

$$1일\ 사용량 \times 조달기간 + 안전재고 = \frac{10{,}000단위}{250일} \times 5일 + 10단위 = 210단위$$

[물음 5] 경제적 생산량과 작업준비비용 및 재고유지비용

(1) 추정 재고유지비용(₩3)을 적용한 경제적 생산량(EPQ)

$$\sqrt{\frac{2 \times 총수요량 \times 1회\ 작업준비비용}{단위당\ 재고유지비용}} = \sqrt{\frac{2 \times 100{,}000단위 \times ₩1{,}500}{₩3}} = 10{,}000단위$$

(2) 작업준비비용과 재고유지비용

① 작업준비비용: $\frac{100{,}000}{10{,}000} \times ₩1{,}500 = ₩15{,}000$

② 재고유지비용: $\frac{10{,}000}{2} \times ₩3 = ₩15{,}000$

[물음 6] 기회손실

(1) 실제 재고유지비용(₩12)을 적용한 경제적 생산량(EPQ)

$$\sqrt{\frac{2 \times 총수요량 \times 1회\ 작업준비비용}{단위당\ 재고유지비용}} = \sqrt{\frac{2 \times 100{,}000단위 \times ₩1{,}500}{₩12}} = 5{,}000단위$$

(2) 기회손실

① 주어진 상황하에서의 최대성과: $\frac{100{,}000}{5{,}000}회 \times ₩1{,}500 + \frac{5{,}000}{2} \times ₩12 = ₩60{,}000$

② 선택한 대안의 실제성과: $\frac{100{,}000}{10{,}000^{*}}회 \times ₩1{,}500 + \frac{10{,}000^{*}}{2} \times ₩12 = ₩75{,}000$

* 실제 재고유지비용에 근거한 경제적 생산량은 5,000단위이나 잘못된 추정으로 인하여 10,000단위를 적용하여 생산하였다.

∴ 기회손실: ₩75,000 - ₩60,000 = ₩15,000

문제 04 역류원가계산

당해 연도에 영업을 개시한 (주)한국은 단일 제품을 생산·판매하고 있으며 재공품재고는 보유하지 않는다. 회사는 적시생산시스템(JIT)을 사용하며 회계처리를 단순화하는 역류원가계산(Backflush costing)을 사용하고 있다.

《자료 1》 제품 단위당 표준원가

	표준수량(SQ)	표준가격(SP)	표준원가
직접재료원가	2kg	₩25kg	₩50/단위
직접노무원가	3h	5h	15
변동제조간접원가	3h	3h	9
고정제조간접원가	3h	2h	6
			₩80/단위

《자료 2》 당기발생원가

재료원가 구입액	₩60,000
가공원가 발생액	35,000
	₩95,000

《자료 3》 당기 생산·판매량

생산량	1,000단위
판매량	800단위

회사의 당해 연도 원재료 투입금액은 ₩50,000이다. 또한, 재료원가의 원가차이는 발생하지 않았으며 나머지 원가차이는 모두 매출원가에서 조정한다. (단, 모든 거래는 현금거래를 가정한다)

요구사항

[물음 1] 원재료 구입, 제품의 완성 및 판매시점에 회계처리를 하는 경우 기말재고와 원가차이 조정 후 매출원가를 각각 구하시오.

[물음 2] 원재료 구입 및 판매시점에 회계처리를 하는 경우 기말재고와 원가차이 조정 후 매출원가를 각각 구하시오.

[물음 3] 제품의 완성 및 판매시점에 회계처리를 하는 경우 기말재고와 원가차이 조정 후 매출원가를 각각 구하시오. (단, 재료원가 구입액은 ₩50,000으로 가정한다)

해답

문제분석

- "《자료 2》 가공원가 발생액 ₩35,000" 및 "재료원가의 원가차이는 발생하지 않았으며 나머지 원가차이는 모두 매출원가에서 조정"
  → 가공원가 원가차이는 다음과 같다.

AQ × AP	SQ × SP
	1,000단위 × (₩15 + ₩9 + ₩6)
₩35,000	= ₩30,000
가공원가 총차이 ₩5,000 불리	

- [물음 1] "원재료 구입, 제품의 완성 및 판매시점에 회계처리"
  → 원재료는 표준단가로 기록하고 제품의 완성과 판매시점에는 단위당 표준원가로 기록한다.

자료정리

(1) 원재료 구입, 제품의 완성 및 판매시점에 회계처리하는 경우(단, 차이 조정은 모두 매출원가에 반영)

	차변		대변	
① 원재료 구입	재공원료	₩60,000	현금	₩60,000
② 가공원가	가공원가	₩35,000	현금	₩35,000
③ 생산 완료	제품	₩80,000	재공원료	₩50,000
			가공원가	30,000
④ 판매	매출원가	₩64,000	제품	₩64,000
⑤ 차이 조정				
• 차이 계산	가공원가	₩30,000	가공원가	₩35,000
	총원가차이	5,000		
• 차이 조정	매출원가	₩5,000	총원가차이	₩5,000

(2) 원재료 구입 및 판매시점에 회계처리하는 경우(단, 차이 조정은 모두 매출원가에 반영)

	차변		대변	
① 원재료 구입	재고자산	₩60,000	현금	₩60,000
② 가공원가	가공원가	₩35,000	현금	₩35,000
③ 생산 완료		N/A		
④ 판매	매출원가	₩64,000	재공원료	₩40,000
			가공원가	24,000
⑤ 차이 조정				
• 차이 계산	가공원가	₩24,000	가공원가(현금)	₩35,000
	총원가차이	11,000*		
• 차이 조정	매출원가	₩11,000	총원가차이	₩11,000

* 제품재고를 인식하지 않으므로 당기 발생한 가공원가 중 제품재고로 처리할 ₩6,000(= ₩30,000 × $\frac{200단위}{1,000단위}$)은 원가차이에 가산하여 매출원가에 조정한다. 결과적으로 가공원가의 일부는 매출원가로 처리되고, 나머지는 기간비용처리된다.

(3) 제품의 완성 및 판매시점에 회계처리하는 경우(단, 차이 조정은 모두 매출원가에 반영)

	차변		대변	
① 원재료 구입		N/A		
② 가공원가	가공원가	₩35,000	현금	₩35,000
③ 생산 완료	제품	₩80,000	매입채무	₩50,000
			가공원가	30,000
④ 판매	매출원가	₩64,000	제품	₩64,000
⑤ 차이 조정				
• 차이 계산	가공원가	₩30,000	가공원가(현금)	₩35,000
	총원가차이	5,000		
• 차이 조정	매출원가	₩5,000	총원가차이	₩5,000

모범답안

[물음 1] 원재료 구입, 제품의 완성 및 판매시점에 회계처리를 하는 경우

(1) 기말재고

요약재무상태표

자산			
		⋮	
재고자산	재공원료	₩10,000[*1]	
	제품	16,000[*2]	
		⋮	

[*1] 기말원재료: 구입금액 - 사용금액 = ₩60,000 - ₩50,000 = ₩10,000

[*2] 기말재고수량 × 단위당 표준원가 = 200단위 × ₩80 = ₩16,000

∴ 기말재고: ₩10,000 + ₩16,000 = ₩26,000

(2) 원가차이 조정 후 매출원가

요약포괄손익계산서

		⋮
표준매출원가	800단위 × ₩80 =	₩64,000
원가차이		5,000
		⋮

∴ 원가차이 조정 후 매출원가: ₩64,000 + ₩5,000 = ₩69,000

[물음 2] 원재료 구입 및 판매시점에 회계처리를 하는 경우

(1) 기말재고

요약재무상태표

자산		
	⋮	
재고자산	₩20,000[*]	
	⋮	

[*] 구입금액 - 투입금액 중 판매분 = ₩60,000 - ₩50,000 × $\frac{800단위}{1,000단위}$ = ₩20,000

재고자산 ₩20,000에는 기말원재료 ₩10,000과 제품에 포함된 원재료분 ₩10,000이 포함되어 있다.

∴ 기말재고 = ₩20,000

(2) 원가차이 조정 후 매출원가

요약포괄손익계산서

		⋮
표준매출원가	800단위 × ₩80 =	₩64,000
원가차이		11,000
		⋮

∴ 원가차이 조정 후 매출원가: ₩64,000 + ₩11,000 = ₩75,000

[물음 3] 제품의 완성 및 판매시점에 회계처리를 하는 경우

(1) 기말재고

요약재무상태표

자산			
		⋮	
재고자산	제품	₩16,000*	
		⋮	

* 기말재고수량 × 단위당 표준원가 = 200단위 × ₩80 = ₩16,000

∴ 기말재고 = ₩16,000

(2) 원가차이 조정 후 매출원가

요약포괄손익계산서

		⋮
표준매출원가	800단위 × ₩80 =	₩64,000
원가차이		5,000
		⋮

∴ 원가차이 조정 후 매출원가: ₩64,000 + ₩5,000 = ₩69,000

문제 05 적시재고시스템(JIT) 도입 여부 의사결정

다음을 읽고 물음에 답하시오.

(주)한국의 서울사업부에서는 부품 X를 생산·판매하고 있다. 이 부품의 연간 수요량은 60,000개이며, 단위당 변동제조원가는 ₩50이다. 이 부품을 생산하기 위해서는 작업준비가 필요하며 작업준비 1회당 소요되는 작업준비비용은 ₩900이다. 또한, 연간 재고유지비용은 단위당 ₩12인데 서울사업부 CEO는 최근 재고비용을 줄이기 위하여 적시재고시스템(JIT)의 도입을 고려하고 있다. 이 회사는 분권화된 사업부제로 운영되기 때문에 적시재고시스템의 도입에 관한 의사결정은 각 사업부 CEO에 의해서 결정된다. (단, 단위당 연간 재고유지비용은 연간 재고투자에 대한 요구수익률 14%에 해당하는 ₩7(= ₩50 × 14%)과 보험료, 보관료 등 ₩5을 합한 것이다)

서울사업부에서 적시재고시스템(JIT)을 도입할 경우의 효과는 다음과 같이 파악되었다.

(1) JIT를 도입할 경우 이와 관련된 업무를 담당할 직원을 고용해야 하므로 이 직원의 연간 급여 ₩55,000이 지출되지만 작업준비 및 작업준비비용은 발생하지 않게 된다.

(2) 1회 생산규모는 JIT 도입 이전 생산규모의 1/5로 축소되고 생산횟수는 이전의 5배로 증가될 것이다.

(3) JIT로 인하여 품질이 향상되면 부품 X의 단위당 판매가격을 ₩0.5만큼 높일 수 있다. 사업부의 성과평가는 영업이익에 기초하여 이루어지며 사업부 영업이익을 계산할 때에는 사업부 투자액에 대한 자본비용은 제외한다.

요구사항

[물음 1] 적시재고시스템(JIT) 도입 이전의 경제적 1회 생산량(EPQ)을 계산하고, 그때의 연간 작업준비비용과 재고유지비용을 구하시오.

[물음 2] 회사 전체의 적시재고시스템(JIT)의 도입 여부를 결정하시오.

[물음 3] 서울사업부 CEO의 적시재고시스템(JIT)의 도입 여부를 결정하시오.

[물음 4] 각 사업부의 성과평가와 관련하여 개선할 점을 제시하시오.

해답

문제분석

- "이 부품의 연간 수요량은 60,000개", "작업준비 1회당 소요되는 작업준비비용은 ₩900" 및 "연간 재고유지비용은 단위당 ₩12"
  → 경제적 1회 생산량을 계산할 수 있다.
- "(2) 1회 생산규모는 JIT 도입 이전 생산규모의 1/5로 축소"
  → 생산규모 축소로 평균재고량은 $\frac{3,000개}{2}$에서 $\frac{3,000개 \times 80\%}{2}$만큼 감소한다.
- "(2) 생산횟수는 이전의 5배로 증가" 및 "(1) 이 직원의 연간 급여 ₩55,000이 지출되지만 작업준비 및 작업준비비용은 발생하지 않게 된다."
  → 생산 횟수는 증가하지만, 직원고용으로 작업준비비용은 발생하지 않는다.
- "단위당 연간 재고유지비용은 연간 재고투자에 대한 요구수익률 14%에 해당하는 ₩7(= ₩50 × 14%)과 보험료, 보관료 등 ₩5을 합한 것" 및 "(3) 사업부 영업이익을 계산할 때에는 사업부 투자액에 대한 자본비용은 제외"
  → 사업부 평가 시 재고유지비용은 자본비용을 제외한 ₩5이다.

자료정리

(1) 경제적 1회 생산량(EPQ)

$$\sqrt{\frac{2 \times 총수요량 \times 1회\ 작업준비비용}{단위당\ 재고유지비용}} = \sqrt{\frac{2 \times 60,000개 \times ₩900}{₩12}} = 3,000개$$

(2) 재고유지비용 절감액

- 회사 전체 입장: $\frac{3,000개 \times 80\%}{2} \times ₩12 = ₩14,400$
- 서울사업부 입장: $\frac{3,000개 \times 80\%}{2} \times ₩5^{*} = ₩6,000$

* 사업부 영업이익을 계산할 때 사업부 투자액에 대한 자본비용은 고려하지 않는다.

모범답안

[물음 1] 경제적 1회 생산량(EPQ)과 재고 관련 비용

(1) 경제적 1회 생산량(EPQ)

$$\sqrt{\frac{2 \times \text{총수요량} \times \text{1회 작업준비비용}}{\text{단위당 재고유지비용}}} = \sqrt{\frac{2 \times 60{,}000\text{개} \times ₩900}{₩12}} = 3{,}000\text{개}$$

(2) 재고 관련 비용

① 작업준비비용: 작업준비횟수 × 1회 작업준비비용 = $\frac{60{,}000\text{개}}{3{,}000\text{개}} \times ₩900 = ₩18{,}000$

② 재고유지비용: 평균재고량 × 단위당 유지비용 = $\frac{3{,}000\text{개}}{2} \times ₩12 = ₩18{,}000$

[물음 2] 회사 전체의 적시재고시스템(JIT) 도입 여부 결정

증분수익		
매출 증가	60,000개 × ₩0.5 =	₩30,000
증분비용		
작업준비비용 감소		18,000
재고유지비용 감소	$\frac{3{,}000\text{개} \times 80\%}{2} \times ₩12 =$	14,400
직원급여 증가		(55,000)
증분이익		₩7,400

∴ 회사는 적시재고시스템을 도입해야 한다.

[물음 3] 서울사업부 CEO의 적시재고시스템(JIT) 도입 여부 결정

증분수익		
매출 증가	60,000개 × ₩0.5 =	₩30,000
증분비용		
작업준비비용 감소		18,000
재고유지비용 감소	$\frac{3{,}000\text{개} \times 80\%}{2} \times ₩5 =$	6,000
직원급여 증가		(55,000)
증분이익		₩(1,000)

∴ 서울사업부 CEO는 적시재고시스템을 도입하지 않을 것이다.

[물음 4] 성과평가 개선방안

이러한 상황을 준최적화(Sub-optimization)현상이라 하며, 회사 전체 의사결정과 각 사업부 의사결정이 일치하도록 하기 위해서는 재고투자에 대한 자본비용을 성과평가에 포함해야 한다.

문제 06 사후확률과 차이조사결정

회계사 87

어떤 생산공정의 상태를 단순히 정상적인 상태와 비정상적인 상태로 구분할 수 있다고 가정하자. 공정이 정상적인 상태에 있으면 비정상적인 상태에 있을 때보다 평균생산원가는 낮아진다. 각 상태에서의 평균생산원가의 확률분포는 다음과 같다.

평균생산원가	평균생산원가의 확률분포	
	정상상태	비정상상태
₩2,000	10%	-
4,000	20	-
6,000	40	10%
8,000	20	20
10,000	10	40
12,000	-	20
14000	-	10
	100%	100%

요구사항

[물음 1] 생산착수 직전에 예상한 바에 의하면, 공정이 정상적인 상태에 있을 사전확률은 80%였다. 그런데 생산활동을 펼친 결과 평균생산원가는 ₩10,000으로 보고되었다면 이때 공정이 정상적인 상태에 있을 사후확률은 얼마이겠는가?

[물음 2] 일정금액의 조사비를 투입하여 공정상태에 관한 조사를 실시하면 공정이 어떤 상태에 처해 있는지를 정확히 파악할 수 있다고 가정하자. 또한 조사를 실시한 결과 비정상적인 상태에 있는 것이 확인되면 ₩2,000,000의 비용을 절감시킬 수 있다고 가정하자. 공정이 정상적인 상태에 있을 사전확률은 역시 80%였는데, 생산활동의 결과 평균생산원가는 ₩10,000으로 보고되었다. 회사가 취할 수 있는 행동은 조사를 실시하거나 또는 조사를 포기하는 것인데, 경영자가 경제적 이유로 조사를 포기하기로 결정하였다면 추정조사비는 최소 얼마이었겠는가?

해답

문제분석

- "평균생산원가 ₩10,000, 10%, 40%"
  → 사전확률과 평균생산원가 ₩10,000이 나타내는 확률을 결합하여 결합확률표를 작성할 수 있다.
- [물음 2] "조사를 실시한 결과 비정상적인 상태에 있는 것이 확인되면 ₩2,000,000의 비용을 절감"
  → 조사를 실시한 후 공정이 비정상인 경우 비용은 "조사비 – ₩2,000,000"이다.

자료정리

결합확률표

	정상상태(0.8)	비정상상태(0.2)	계
₩10,000(정보)	0.1	0.4	
사후확률	0.1 × 0.8 = 0.08	0.4 × 0.2 = 0.08	0.16
	50%	50%	100%

모범답안

[물음 1] 공정이 정상상태에 있을 사후확률

평균생산원가가 ₩10,000으로 보고된 상황에서 공정이 정상상태에 있을 사후확률은 50%이다.

[물음 2] 추정조사비

추정조사비를 x라 하면 다음과 같다.

(1) 성과표

	정상상태(0.5)	비정상상태(0.5)
조사 O	x	x - ₩2,000,000
조사 X	-	-

(2) 기대비용

- 조사 O: x × 0.5 + (x - ₩2,000,000) × 0.5 = x - ₩1,000,000
- 조사 X: ₩0 × 0.5 + ₩0 × 0.5 = ₩0

(3) 최소추정조사비

조사를 포기하였으므로, x - ₩1,000,000 ≥ ₩0이다.

∴ 최소추정조사비 = ₩1,000,000

문제 07 비선형과 불확실성하의 CVP분석

회계사 98

(주)한국의 20×1년도의 단위당 판매가격 및 원가자료는 다음과 같다.

kg당 판매가격	₩500
kg당 변동제조원가	250
kg당 변동판매관리비	50
총고정제조간접원가	50,000
총고정판매관리비	25,000
법인세율	40%

다음의 물음은 각각 독립적이다.

요구사항

[물음 1] 세후목표순이익 ₩72,000을 달성하기 위한 판매량과 그 판매량에서의 영업레버리지도를 구하시오.

[물음 2] 20×2년의 시장상황을 예측한 결과 판매가격이 상승할 것으로 예측되었는데 판매가격이 10% 상승할 확률은 70%이고 30%까지 상승할 확률은 30%이다. 변동제조원가 또한 상승할 것으로 예상되는데 20% 상승할 확률이 40%이고 50% 상승할 확률이 60%이다. 반면, 고정판매비는 ₩10,000이 감소할 것으로 예상된다. 세후목표이익 ₩72,000을 달성하기 위한 판매량을 구하시오.

[물음 3] 국내판매시장은 300kg으로 한정되어 있다. 그런데 회사가 해외시장을 개척하여 국내판매량 300kg을 초과하여 해외에 kg당 ₩350에 수출하고 있다. 한편, 생산량이 400kg을 초과하는 경우에는 규모의 경제로 인해 모든 생산량에 대해 단위당 변동제조원가가 ₩200으로 감소하며, 생산시설의 확충으로 고정제조간접원가가 ₩30,000 증가한다. 이때 손익분기점 판매량을 구하시오.

해답

문제분석

- [물음 2] "판매가격이 10% 상승할 확률은 70%이고 30%까지 상승할 확률은 30%" 및 "변동제조원가 또한 상승할 것으로 예상되는데 20% 상승할 확률이 40%이고 50% 상승할 확률이 60%"
  → 판매가격과 변동제조원가의 확률을 이용하여 기대판매가격과 기대변동제조원가를 계산한다.
- [물음 3] "국내판매량 300kg을 초과하여 해외에 kg당 ₩350에 수출" 및 "생산량이 400kg을 초과하는 경우에는 규모의 경제로 인해 모든 생산량에 대해 단위당 변동제조원가가 ₩200으로 감소하며, 생산시설의 확충으로 고정제조간접원가가 ₩30,000 증가"
  → 조업도 300kg을 초과하면 판매가격이 달라지며 400kg을 초과하면 단위당 변동제조원가와 고정제조간접원가가 달라지므로 비선형 CVP분석을 해결하기 위한 조업도구간별 수익과 원가를 정리한다.

자료정리

(1) 가격과 원가구조

단위당 판매가격		₩500
단위당 변동원가	₩250 + ₩50 =	(300)
단위당 공헌이익		₩200
총고정원가	₩50,000 + ₩25,000 =	₩75,000
법인세율		40%

(2) 조업도구간별 가격과 원가구조

	0 < Q ≤ 300	300 < Q ≤ 400	400 < Q[*2]
단위당 판매가격	₩500	₩350[*1]	₩350[*1]
단위당 변동원가	(300)	(300)	(250)[*3]
단위당 공헌이익	₩200	₩50	₩100
총고정원가	₩75,000	₩75,000	₩105,000

[*1] 300kg을 초과하는 경우 kg당 ₩350에 수출한다.

[*2] 400kg을 초과하는 경우 단위당 변동제조원가 ₩200으로 감소, 고정제조간접원가 ₩30,000 증가한다.

[*3] 400kg을 초과하는 경우 모든 생산량에 대한 단위당 변동제조원가가 ₩200으로 감소하므로, 변동원가는 변동제조원가 ₩200에 변동판매관리비 ₩50을 합한 ₩250이다.

모범답안

[물음 1] 세후목표순이익 ₩72,000 달성 위한 판매량 및 영업레버리지도

(1) 세후목표이익 판매량(Q)

(₩200 × Q - ₩75,000) × (1 - 0.4) = ₩72,000

∴ Q = 975kg

(2) 영업레버리지도

$$\frac{\text{공헌이익}}{\text{영업이익}} = \frac{₩200 \times 975}{₩200 \times 975 - ₩75,000} = 1.625$$

[물음 2] 세후목표이익 ₩72,000 기대목표판매량

(1) 기대판매가격

₩500 × (1 + 10%) × 70% + ₩500 × (1 + 30%) × 30% = ₩580

(2) 기대변동제조원가

₩250 × (1 + 20%) × 40% + ₩250 × (1 + 50%) × 60% = ₩345

(3) 가격과 원가구조

단위당 기대판매가격		₩580
단위당 기대변동원가	₩345 + ₩50 =	(395)
단위당 기대공헌이익		₩185
총고정원가	₩50,000 + ₩25,000 - ₩10,000 =	₩65,000
법인세율		40%

(4) 세후목표이익 기대판매량(Q)

(₩185 × Q - ₩65,000) × (1 - 0.4) = ₩72,000

∴ Q = 1,000kg

[물음 3] 비선형 손익분기점 판매량(Q)

(1) 가격과 원가구조

	$0 < Q \leq 300$	$300 < Q \leq 400$	$400 < Q$
단위당 판매가격	₩500	₩350	₩350
단위당 변동원가	(300)	(300)	(250)
단위당 공헌이익	₩200	₩50	₩100
총고정원가	₩75,000	₩75,000	₩105,000

(2) 구간별 분석

① $0 < Q \leq 300$: (₩500 - ₩300) × Q - ₩75,000 = ₩0

⇒ Q = 375kg(X)

② $300 < Q \leq 400$: (₩500 - ₩300) × 300kg + (₩350 - ₩300) × (Q - 300kg) - ₩75,000 = ₩0

⇒ Q = 600kg(X)

③ $400 < Q$: 모든 변동제조원가는 ₩200으로 감소한다.

(₩500 - ₩250*) × 300kg + (₩350 - ₩250*) × 100kg + (₩350 - ₩250*) × (Q - 400kg) - ₩105,000 = ₩0

* 변동원가: 변동제조원가 + 변동판매관리비 = ₩200 + ₩50 = ₩250

⇒ Q = 600kg(O)

∴ Q = 600kg

문제 08 복수제약자원과 불확실성하의 의사결정

회계사 93

(주)한국이 생산하고 있는 제품 A와 제품 B에 관련된 자료는 다음과 같다.

	제품 A		제품 B
단위당 판매가격	₩15,000		₩30,000
단위당 변동제조원가	₩4,000		₩10,000
단위당 변동판매관리비	₩1,000		₩5,000
고정제조간접원가		₩40,000,000	
고정판매관리비		₩10,000,000	

다음의 물음은 각각 독립적이다.

요구사항

[물음 1] 제품 A와 제품 B의 매출수량비율이 1 : 2일 때 이익이 매출액의 20%가 될 수 있도록 하기 위해서는 제품 A와 제품 B를 각각 몇 단위 판매해야 하는가?

[물음 2] 제품 A와 제품 B를 생산하기 위해서는 갑공정과 을공정을 거쳐야 한다. 제품 A와 제품 B를 생산하기 위한 각 공정별 소요시간은 다음과 같다.

구분	제품 A	제품 B
갑공정	2시간	4시간
을공정	2시간	1시간

갑공정의 총사용가능시간은 30,000시간이며, 을공정의 총사용가능시간은 15,000시간이다. 이익을 극대화시키는 제품 A와 제품 B의 매출배합은 무엇이며 그때의 이익은 얼마인가?

[물음 3] 제품 B의 가격이 변동될 가능성이 큰 경우 **[물음 2]**에서 제품 B의 가격이 얼마나 변화해야 최적매출배합이 달라지게 되는지 설명하시오.

[물음 4] 최근 환경문제로 인하여 회사는 더 이상 제품 B를 생산할 수 없게 되었다. 따라서 제품 A의 새로운 판매처를 찾고 있던 중 (주)대한과 새로운 판매계약을 체결할 수 있는 가능성을 발견하였다. 현재 제품 A의 판매량은 9,000단위이나 (주)대한과의 계약이 성공할 경우 21,000단위를 추가로 판매할 수 있으며 계약에 성공할 확률은 30%이다. 이러한 상황에서 기술담당이사는 주력제품이 된 제품 A의 생산을 위해서 설비대체를 주장하고 있다. 설비를 대체할 경우 단위당 변동제조간접원가는 ₩1,000이 감소하는 반면, 고정제조간접원가는 ₩10,000,000 증가할 것이다. 설비대체를 주장하는 기술이사의 의견에 대하여 설명하시오.

[물음 5] 외부경영자문회사는 (주)한국에게 **[물음 4]**의 상황에서 (주)대한과의 계약체결 성공 여부에 대한 완전한 정보를 제공할 수 있다고 한다. (주)한국이 완전한 정보에 대해 경영자문회사에 지급할 수 있는 최대금액은 얼마인가?

[물음 6] 기획이사는 원가-조업도-이익분석은 회사 경영관리의 모든 업무분야에 관련되어 있으므로 장기경영전략 계획수립에도 활용되어야 한다고 주장하고 있다. 이에 대해서 서술하시오.

| 해답 |

문제분석

■ [물음 1] "매출수량비율이 1 : 2일 때 이익이 매출액의 20%"

→ 복수제품 CVP분석에서 목표이익이 매출액의 일정 비율인 경우 가중평균공헌이익률을 이용하여 계산할 수 있으며 가중평균공헌이익률은 제품별 공헌이익률을 매출액구성비를 이용하여 계산한다.

■ [물음 3] "제품 B의 가격이 얼마나 변화해야 최적매출배합이 달라지게 되는지 설명"

→ 제약조건의 기울기와 등이익선의 기울기를 비교하여 최적매출배합이 달라질 수 있는 제품 B의 가격을 산출한다.

■ [물음 4] "성공할 경우 21,000단위를 추가로 판매할 수 있으며 계약에 성공할 확률은 30%"

→ 미래 불확실한 상황은 성공할 경우 총 30,000단위에 확률은 30%이며, 실패할 경우 총 9,000단위에 확률은 70%이다.

■ [물음 4] "설비를 대체할 경우 단위당 변동제조간접원가는 ₩1,000이 감소하는 반면, 고정제조간접원가는 ₩10,000,000 증가"

→ 선택할 수 있는 대안은 설비를 대체하는 것과 대체하지 않는 것 두 가지가 있다. 또한, 설비를 대체할 경우 단위당 공헌이익과 총고정원가는 다음과 같다.

- **단위당 공헌이익:** ₩15,000 - (₩5,000 - ₩1,000) = ₩11,000
- **총고정원가:** ₩50,000,000 + ₩10,000,000 = ₩60,000,000

자료정리

(1) 배합비율

	제품 A		제품 B
수량배합	1	:	2
	×		×
판매가격	₩15,000		₩30,000
	=		=
금액배합	₩15,000		₩60,000
	1	:	4

(2) 가격과 원가구조 및 제약상황

	제품 A	제품 B
단위당 판매가격	₩15,000	₩30,000
단위당 변동원가	(5,000)	(15,000)
단위당 공헌이익	₩10,000	₩15,000
공헌이익률	2/3	1/2
갑공정	2시간	4시간 ≤ 30,000시간
을공정	2시간	1시간 ≤ 15,000시간

(3) 대안별 이익함수

- 유지: ₩10,000 × Q - ₩50,000,000
- 대체: ₩11,000 × Q - ₩60,000,000

(4) 성과표

	9,000단위(0.7)	30,000단위(0.3)
유지	₩40,000,000	₩250,000,000
대체	₩39,000,000	₩270,000,000

모범답안

[물음 1] 목표이익매출액 달성 위한 제품별 판매수량

(1) 가중평균공헌이익률

$$\frac{2}{3} \times 0.2 + \frac{1}{2} \times 0.8 = 0.5\dot{3}$$

(2) 목표이익 달성 매출액(S)

$0.5\dot{3} \times S$ - ₩50,000,000 = $0.2 \times S$

∴ S = ₩150,000,000

(3) 제품별 판매수량

	금액비율	매출액	÷	판매가격	=	판매수량
제품 A	0.2	₩30,000,000		₩15,000		2,000
제품 B	0.8	₩120,000,000		₩30,000		4,000

별해

묶음법(꾸러미법)

(1) 묶음당 공헌이익

₩10,000 × 1 + ₩15,000 × 2 = ₩40,000

(2) 묶음당 목표이익

묶음당 매출 × 20% = (₩15,000 × 1 + ₩30,000 × 2) × 20% = ₩15,000

(3) 목표이익 달성 묶음수(Q)

₩40,000 × Q - ₩50,000,000 = ₩15,000 × Q

∴ Q = 2,000단위

(4) 제품별 판매수량

	비율	판매수량
제품 A	1	2,000
제품 B	2	4,000

[물음 2] 제약자원하 최적생산 결정

(1) 목적함수

MAX: ₩10,000 × A + ₩15,000 × B

(2) 제약조건

- 갑공정: 2·A + 4·B ≤ 30,000
- 을공정: 2·A + 1·B ≤ 15,000
- A, B ≥ 0

(3) 실행가능영역

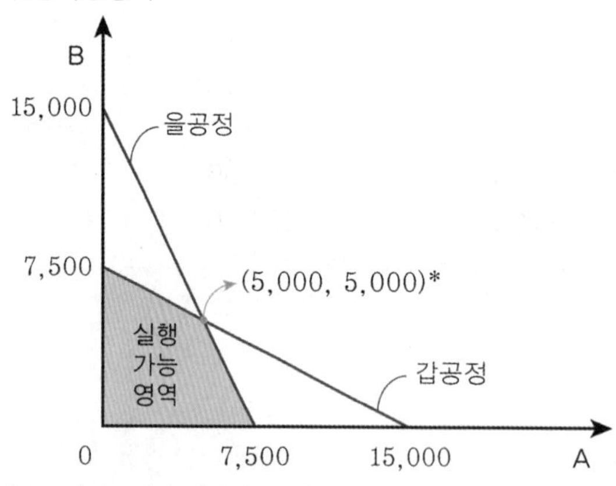

* 두 제약조건이 일치하는 생산수량

갑공정		30,000 = 2·A + 4·B
을공정	(-)	15,000 = 2·A + 1·B
		15,000 = 3·B

∴ A = 5,000, B = 5,000

(4) 최적매출배합

좌표	공헌이익
(0, 0)	₩10,000 × 0 + ₩15,000 × 0 = ₩0
(7,500, 0)	₩10,000 × 7,500 + ₩15,000 × 0 = ₩75,000,000
(5,000, 5,000)	₩10,000 × 5,000 + ₩15,000 × 5,000 = ₩125,000,000
(0, 7,500)	₩10,000 × 0 + ₩15,000 × 7,500 = ₩112,500,000

∴ 최적매출배합은 (5,000, 5,000)이다.

(5) 영업이익

₩125,000,000 - ₩50,000,000 = ₩75,000,000

[물음 3] 최적매출배합이 변경되는 가격 변화

(1) 등이익선 기울기

제품 B의 가격을 P라 하면 다음과 같다.

CM = ₩10,000 × A + (P - ₩15,000) × B

$$\Rightarrow B = -\frac{₩10,000}{(P - ₩15,000)} \times A + \frac{CM}{(P - ₩15,000)}$$

(2) 제약조건의 기울기 절댓값

① 갑공정: $\frac{7,500}{15,000} = \frac{1}{2}$

② 을공정: $\frac{15,000}{7,500} = 2$

(3) 제품 B의 가격

최적생산배합이 달라지려면 등이익선의 기울기가 갑공정의 기울기보다 작거나 을공정의 기울기보다 커야 한다.

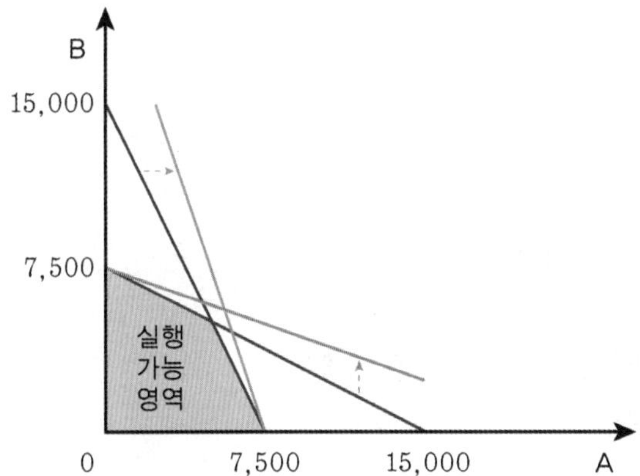

① $\frac{₩10,000}{(P - ₩15,000)} < \frac{1}{2}$의 경우: P > ₩35,000

② $\frac{₩10,000}{(P - ₩15,000)} > 2$의 경우: P < ₩20,000

∴ 최적매출배합이 변화하려면 제품 B의 가격이 ₩5,000을 초과하여 상승하거나 ₩10,000을 초과하여 하락해야 한다.

[물음 4] 설비대체 의사결정

(1) 대안별 이익함수

① 유지: ₩10,000 × Q - ₩50,000,000

② 대체: ₩11,000[*1] × Q - ₩60,000,000[*2]

[*1] ₩15,000 - ₩4,000 = ₩11,000

[*2] ₩50,000,000 + ₩10,000,000 = ₩60,000,000

(2) 성과표

	9,000단위(0.7)	30,000단위(0.3)
유지	₩40,000,000	₩250,000,000
대체	₩39,000,000	₩270,000,000

(3) 기대가치

① 유지: ₩40,000,000 × 0.7 + ₩250,000,000 × 0.3 = ₩103,000,000

② 대체: ₩39,000,000 × 0.7 + ₩270,000,000 × 0.3 = ₩108,300,000

∴ 설비를 대체한다.

[물음 5] 지급할 수 있는 최대금액

(1) 완전정보하의 기대가치

₩40,000,000 × 0.7 + ₩270,000,000 × 0.3 = ₩109,000,000

(2) 완전정보의 기대가치

완전정보하의 기대가치 - 기존정보하의 기대가치(정보가 없는 경우 기대가치)

= ₩109,000,000 - ₩108,300,000 = ₩700,000

∴ 지급할 수 있는 최대금액 = ₩700,000

[물음 6] 단기의사결정과 장기의사결정

일반적인 CVP분석은 총원가를 변동원가와 고정원가로 구분하여 선형성이 유지되는 관련범위 내에서 분석하는 단기의사결정이므로 장기경영전략에는 적합하지 않다. 만약, 장기적인 관점에서 활용하려면 투자금액을 별도로 구분해야 하며 투자기간을 사전에 설정해야 한다. 또한, 영업활동과 관련된 수익과 비용도 회계적이익이 아닌 현금기준으로 변경해야 한다.

문제 09 원가차이분석, 고저점법 및 불확실성 의사결정 정보의 가치

회계사 18

다음의 자료는 아래 **[물음 1]**과 **[물음 2]**에 모두 적용되는 자료이다. 단일 제품을 생산하는 (주)금감은 표준종합원가계산제도를 채택하고 있다. (주)금감은 직접재료원가에 대해 표준원가와 실제원가의 차이를 신속하게 규명하여 빠른 대처를 하기 위한 차이분석을 실시하고 있다. 다음의 자료는 20×6년도 (주)금감의 제품 단위당 표준원가표이다.

<20×6년 표준원가표>

	표준투입량	표준가격
직접재료원가	6kg	5원/kg
직접노무원가		
- 숙련공	2시간	40원/시간
- 미숙련공	3시간	30원/시간

20×6년 (주)금감은 직접재료 36,000kg을 198,000원에 구입하여 30,000kg을 사용하였다. 직접재료는 공정 초기에 전량투입되며, 가공원가는 공정 전체에 걸쳐 균등하게 투입된다. 당기 중 제조에 착수한 물량은 4,000개이며, 이 중 3,600개가 완성되었다. 당기에 판매한 제품은 2,800개이다. 재공품의 가공원가 완성도는 40%이다.

물음의 모든 차이(Variance)에 대해 유리(F) 또는 불리(U)를 표시하시오.

요구사항

[물음 1] 기초재고가 존재하지 않는다고 가정한다.

(1) (주)금감의 20×6년도 직접재료원가의 가격차이와 수량차이를 구하시오.

(2) 20×6년 말 (주)금감의 재공품, 제품 및 매출원가에 포함된 직접재료원가의 표준원가와 실제원가를 구하시오.

<답안작성양식>

구분	재공품	제품	매출원가
직접재료원가(표준원가)			
직접재료원가(실제원가)			

(3) 20×6년도 (주)금감의 실제노동시간은 아래와 같다. 아래의 자료를 이용하여 배합차이와 수율차이를 구하시오.

	실제노동시간
총투입시간	17,000시간
- 숙련공	7,000시간
- 미숙련공	10,000시간

[물음 2] (1) **[물음 1]**과 관련 없이, 20×6년에 완성품 3,950개를 생산하였다고 가정하자. (주)금감은 과거 6개 년도의 자료를 바탕으로 고저점법을 이용하여 표준제조간접원가를 추정한다. 과거 6개 년도 생산량과 제조간접원가자료는 다음과 같다.

연도	생산량	제조간접원가
20×0	3,800개	910,430원
20×1	4,200개	1,000,000원
20×2	3,700개	882,250원
20×3	4,300개	907,750원
20×4	4,100개	897,530원
20×5	3,900개	905,000원

고정제조간접원가의 제품 단위당 표준배부율이 200원일 경우, 고정제조간접원가의 조업도차이를 구하시오. (단, 기초재고가 존재하지 않는다고 가정한다)

(2) **[물음 2]**의 (1)과 관련 없이, 20×6년 초에 설정한 (주)금감의 표준변동제조간접원가는 단위당 40원이며, 고정제조간접원가예산은 총 1,000,000원으로 가정한다. 직접재료원가와 직접노무원가의 표준원가는 **[물음 1]**의 자료를 사용한다.

20×6년도 제품의 판매가격은 단위당 620원으로 책정하였다. (주)금감의 경영자는 이 표준원가정보를 이용하여 목표판매량을 산정하고자 한다. 판매관리비는 회귀분석을 통하여 다음과 같이 예측되었다.

$$\hat{Y} = 80{,}000\text{원} + 60\text{원} \times \text{판매량}$$

고정판매관리비는 회귀분석의 절편을 사용하여 80,000원이 될 것으로 예측하였다. 표준원가에 근거하여 손익분기점을 달성하기 위해 필요한 최소판매량을 구하시오.

(3) 회귀분석과 고저점법의 특징 및 장·단점에 대해 서술하시오. (단, 5줄 이내로 답하시오)

[물음 3] (1) [물음 1], [물음 2]와 관련 없이, 20×8년 (주)금감의 경영자는 인건비의 상승으로 인해 공장을 자동화설비로 교체할 예정이다. 경영자는 교체할 기계로 甲과 乙 중 하나를 선택할 수 있다. 두 기계는 동일한 제품을 생산하지만, 생산용량과 구입가격 및 변동제조간접원가에서 차이가 난다. 다음은 甲과 乙에 관한 자료이다. 두 기계의 내용연수는 1년이며, 잔존가치는 없다.

구분	甲	乙
최대생산용량	3,000개	2,000개
구입가격	580,000원	180,000원
직접재료원가	단위당 180원	단위당 180원
변동제조간접원가	단위당 300원	단위당 400원
고정제조간접원가 (구입가격제외)	170,000원	170,000원
변동판매관리비	단위당 60원	단위당 60원
고정판매관리비	50,000원	50,000원

제품의 예상판매가격은 개당 940원이다. 호황기에는 생산된 모든 제품이 판매될 것으로 예측되지만 불황기에는 2,200개가 판매될 것으로 추정된다. 재무분석가는 20×8년에 호황이 될 확률이 30%, 불황이 될 확률이 70%로 예측하였다. 20×8년 기준으로 甲을 선택하는 경우가 乙을 선택하는 경우에 비해 기대가치가 얼마나 더 큰(작은)지를 구하시오.

(2) (1)의 자료를 이용하여 다음 문제에 답을 하시오.

(주)금감은 기계도입의 효과를 극대화하기 위해 20×8년의 경기상황이 호황 또는 불황인지를 예측하고자 한다. 대형컨설팅업체에 의뢰 시 50,000원의 가격으로 경기상황에 대한 정보를 제공받을 수 있으며 제공받은 정보는 100% 정확하다. 소형컨설팅업체에 의뢰 시 35,000원의 가격으로 경기상황에 대한 정보를 제공받지만 80%만 일치한다. 컨설팅업체 선정은 컨설팅비용 및 기대가치에 의해서만 결정된다. 컨설팅을 받는 것이 유리한지 불리한지를 설명하시오. 만약 컨설팅을 받는 것이 유리하다면 대형컨설팅업체와 소형컨설팅업체 중 어느 업체를 선정하는 것이 유리한지 설명하시오. (단, 소수점 셋째 자리에서 반올림하시오)

해답

문제분석

- "직접재료원가에 대해 표준원가와 실제원가의 차이를 신속하게 규명하여 빠른 대처를 하기 위한 차이분석"
  → 직접재료원가 가격차이는 구입가격차이이다.
- [물음 2] "(1) 20×2, 20×3"
  → 최대조업도와 최저조업도는 20×3과 20×2이며, 조업도는 생산량이다. 고저점법을 이용한 단위당 변동제조간접원가(b)와 총고정제조간접원가(a)는 다음과 같다.
  - **최대조업도**: ₩907,750 = a + b × 4,300개
  - **최저조업도**: ₩882,250 = a + b × 3,700개

  ∴ b = ₩42.5, a = ₩725,000
- [물음 2] "(2) 표준변동제조간접원가는 단위당 40원이며, 고정제조간접원가예산은 총 1,000,000원으로 가정", "(2) 제품의 판매가격은 단위당 620원으로 책정" 및 "(2) $\hat{Y}$ = 80,000원 + 60원 × 판매량"
  → 원가와 가격구조는 다음과 같다.

단위당 판매가격		₩620
단위당 변동원가	₩30 + ₩80 + ₩90 + ₩40 + ₩60 =	(300)
단위당 공헌이익		₩320
고정원가		
고정제조간접원가		₩1,000,000
고정판관비		80,000
합계		₩1,080,000

- [물음 3] "(1) 두 기계의 내용연수는 1년이며, 잔존가치는 없다." 및 "(1) 구입가격 580,000원 18,000원"
  → 구입가격 전액을 고정원가에 반영한다.
- [물음 3] "(1) 호황기에는 생산된 모든 제품이 판매될 것으로 예측되지만 불황기에는 2,200개가 판매될 것으로 추정"
  → 상황별 판매량은 다음과 같다.

	시장상황	
	호황(30%)	불황(70%)
甲(갑)	3,000개	2,200개
乙(을)	2,000개	2,000개*

* 최대생산용량이 2,000개로 판매가능수량은 2,000개이다.

- [물음 3] "(2) 대형컨설팅업체에 의뢰 시 50,000원의 가격으로 경기상황에 대한 정보를 제공받을 수 있으며 제공받은 정보는 100% 정확, 소형컨설팅업체에 의뢰 시 35,000원의 가격으로 경기상황에 대한 정보를 제공받지만 80%만 일치"
  → 대형컨설팅업체 수수료는 완전정보의 기대가치와 비교하고, 소형컨설팅업체 수수료는 불완전정보의 기대가치와 비교한다.

자료정리

(1) 물량흐름도[물음 1]

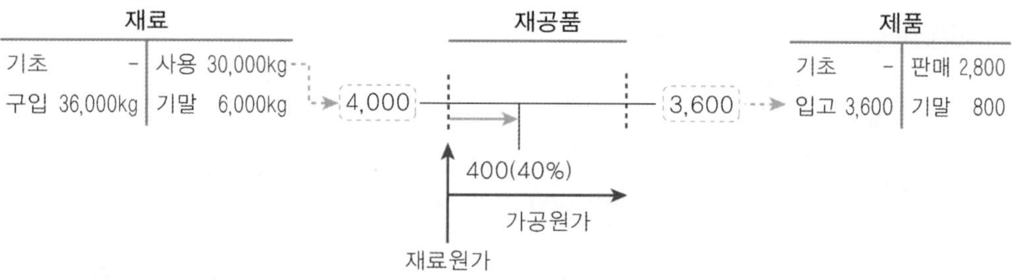

(2) 완성품환산량

① 물량흐름 파악

재공품			
기초	-	완성	3,600
착수	4,000	기말	400(0.4)
	4,000		4,000

② 완성품환산량

재료원가	가공원가
3,600	3,600
400	160
4,000	3,760

(3) 甲과 乙 가격과 원가구조[물음 3]

	甲	乙
단위당 판매가격	₩940	₩940
단위당 변동원가	(540)[*1]	(640)[*2]
단위당 공헌이익	₩400	₩300
고정원가		
구입가격	₩580,000	₩180,000
고정제조간접원가	170,000	170,000
고정판매관리비	50,000	50,000
합계	₩800,000	₩400,000

[*1] 甲 단위당 변동원가: ₩180 + ₩300 + ₩60 = ₩540

[*2] 乙 단위당 변동원가: ₩180 + ₩400 + ₩60 = ₩640

(4) 성과표[물음 3]

	시장상황	
	호황(30%)	불황(70%)
甲(갑)	₩400,000[*3]	₩80,000[*4]
乙(을)	200,000[*5]	200,000[*6]

[*3] 3,000개 × (₩940 - ₩540) - ₩800,000 = ₩400,000

[*4] 2,200개 × (₩940 - ₩540) - ₩800,000 = ₩80,000

[*5] 2,000개 × (₩940 - ₩640) - ₩400,000 = ₩200,000

[*6] 2,000개 × (₩940 - ₩640) - ₩400,000 = ₩200,000

모범답안

[물음 1]

(1) 직접재료원가의 가격차이와 수량차이

AQ' × AP	AQ' × SP	
36,000kg × ₩5.5 = ₩198,000	36,000kg × ₩5 = ₩180,000	

구입가격차이 ₩18,000 불리

AQ × SP	SQ × SP
30,000kg × ₩5 = ₩150,000	4,000개* × 6kg × ₩5 = ₩120,000

수량차이 ₩30,000 불리

* 직접재료원가 완성품환산량

(2) 재공품, 제품 및 매출원가에 포함된 직접재료원가의 표준원가와 실제원가

구분	재공품	제품	매출원가
직접재료원가(표준원가)	400개 × ₩30 = ₩12,000	800개 × ₩30 = ₩24,000	2,800개 × ₩30 = ₩84,000
직접재료원가(실제원가)	400개 × ₩41.25* = ₩16,500	800개 × ₩41.25* = ₩33,000	2,800개 × ₩41.25* = ₩115,500

* 단위당 직접재료원가: $\frac{30,000kg \times ₩5.5}{4,000개}$ = ₩41.25

(3) 배합차이와 수율차이

	AQ × SP	Total AQ × BM × SP	SQ × SP
숙련공	7,000h × ₩40 = ₩280,000	17,000h × 0.4 × ₩40 = ₩272,000	3,760개 × 2h × ₩40 = ₩300,800
미숙련공	10,000h × ₩30 = 300,000	17,000h × 0.6 × ₩30 = 306,000	3,760개 × 3h × ₩30 = 338,400
	₩580,000	₩578,000	₩639,200

배합차이 ₩2,000 불리 / 수율차이 ₩61,200 유리

[물음 2]

(1) 고정제조간접원가의 조업도차이

변동제조간접원가를 b라 하고, 총고정제조간접원가를 a라 하면 다음과 같다.

- 최대조업도: ₩907,750 = a + b × 4,300개
- 최저조업도: ₩882,250 = a + b × 3,700개

∴ b = ₩42.5, a = ₩725,000

실제	예산	SQ × SP
₩?	3,625개 × ₩200 = ₩725,000	3,970개* × ₩200 = ₩794,000

조업도차이 ₩69,000 유리

* 가공원가 완성품환산량: 3,950개 + 50개 × 0.4 = 3,970개

(2) 손익분기점을 달성하기 위해 필요한 최소판매량

① 가격과 원가구조

단위당 판매가격		₩620
단위당 변동원가	₩30 + ₩80 + ₩90 + ₩40 + ₩60 =	(300)
단위당 공헌이익		₩320

고정원가	
고정제조간접원가	₩1,000,000
고정판관비	80,000
합계	₩1,080,000

② 손익분기점 판매량: $\frac{₩1,080,000}{₩320}$ = 3,375개

(3) 회귀분석과 고저점법의 특징 및 장·단점

① 회귀분석법

모든 자료를 통계적 방법으로 분석하여 체계적이고 이론적으로 우수하며, 독립변수가 2개 이상일 경우에도 사용할 수 있다. 회귀분석법을 적용하기 위해서는 몇 가지 가정이 요구되며, 가정이 충족되지 않을 경우 무의미한 추정이 될 수 있다. 또한 추정과정에 많은 시간과 비용이 요구된다.

② 고저점법

계산과정이 간편하고 객관적이며, 두 개의 자료만을 이용하여 추정할 수 있다. 그러나 최고 및 최저조업도가 정상적인 상황이 아니라면 객관성이 떨어지고, 두 개의 자료 이외의 다른 정보는 무시된다.

[물음 3]

(1) 甲을 선택하는 경우와 乙을 선택하는 경우 기대가치

① 성과표

	시장상황	
	호황(30%)	불황(70%)
甲(갑)	₩400,000[*1]	₩80,000[*2]
乙(을)	200,000[*3]	200,000[*4]

[*1] 3,000개 × (₩940 - ₩540) - ₩800,000 = ₩400,000

[*2] 2,200개 × (₩940 - ₩540) - ₩800,000 = ₩80,000

[*3] 2,000개 × (₩940 - ₩640) - ₩400,000 = ₩200,000

[*4] 2,000개 × (₩940 - ₩640) - ₩400,000 = ₩200,000

② 기대가치

- 甲(갑): ₩400,000 × 30% + ₩80,000 × 70% = ₩176,000
- 乙(을): ₩200,000 × 30% + ₩200,000 × 70% = ₩200,000

∴ 甲(갑)을 선택하는 경우 乙(을)을 선택하는 경우에 비하여 기대가치가 ₩24,000(= ₩200,000 - ₩176,000)만큼 작아진다.

(2) 컨설팅업체 선정

① 대형컨설팅업체

완전정보하의 기대성과	₩400,000 × 30% + ₩200,000 × 70% =	₩260,000
기존정보하의 기대가치		(200,000)
완전정보의 기대가치		₩60,000

∴ 완전정보의 기대가치 ₩60,000이 대형컨설팅업체 수수료 ₩50,000보다 크므로, 컨설팅을 받는 것이 유리하다.

② 소형컨설팅업체

㉠ 결합확률표

	시장상황		결합확률
	호황(30%)	불황(70%)	
호황(80%)	0.8 × 0.3 = 0.24	0.2 × 0.7 = 0.14	0.38
불황(80%)	0.2 × 0.3 = 0.06	0.8 × 0.7 = 0.56	0.62

㉡ 정보별 기대가치

• 호황(38%)

	수요량		기댓값
	1,000단위(0.24/0.38)	2,000단위(0.14/0.38)	
甲(갑)	₩400,000	₩80,000	₩282,105
乙(을)	200,000	200,000	200,000

• 불황(62%)

	수요량		기댓값
	1,000단위(0.06/0.62)	2,000단위(0.56/0.62)	
甲(갑)	₩400,000	₩80,000	₩110,968
乙(을)	200,000	200,000	200,000

㉢ 불완전정보의 기대가치

불완전정보하의 기대성과	₩282,105 × 38% + ₩200,000 × 62% =	₩231,200
기존정보하의 기대가치		(200,000)
불완전정보의 기대가치		₩31,200

∴ 불완전정보 기대가치 ₩31,200이 소형컨설팅업체 수수료 ₩35,000보다 작으므로, 컨설팅을 받는 것이 불리하다.

③ 컨설팅업체 선정

결론적으로, 완전정보의 기대가치가 정보취득금액보다 큰 대형컨설팅업체를 선정하는 것이 유리하다.

문제 10 전부원가계산과 변동원가계산 이익차이 및 기대이익과 기대효용극대화

회계사 19

(주)대한은 반도체부문과 휴대폰부문으로 구성되어 있다. 반도체부문은 휴대폰 생산에 사용되는 마이크로칩을 생산하고, 휴대폰부문은 마이크로칩을 이용하여 완제품을 생산한다. (주)대한은 예산편성 및 제품원가계산 목적으로 표준원가계산제도를 적용한다.

《자료 1》

(1) 반도체부문

반도체부문의 20×1년도 재공품 및 완성품은 다음과 같다.

구분	물량	전환원가 완성도
기초재공품	300단위	40%
기말재공품	800단위	60%
완성품	7,000단위	100%

반도체부문의 연간 최대생산능력은 10,000단위이다. 기초제품은 없으며, 당기에 완성된 마이크로칩 7,000단위 중 외부수요가 있는 2,000단위는 단위당 ₩120에 거래처에 판매되고, 나머지 5,000단위는 단위당 ₩80의 가격으로 휴대폰부문에 대체된다.

(2) 휴대폰부문

휴대폰부문의 20×1년도 생산 활동은 다음과 같다.

구분		물량	전환원가 완성도
기초재공품		0단위	-
기말재공품		500단위	20%
당기투입 마이크로칩	반도체부문에서 대체 투입	5,000단위	
	외부구입	3,000단위	

휴대폰부문의 기초제품은 없다. 당기에 반도체부문에서 5,000단위, 외부거래처에서 3,000단위의 마이크로칩을 구입하여 완제품 생산에 투입하였다. 완제품 1단위에는 마이크로칩 1단위가 필요하다. 기말재공품 500단위에 포함되어 있는 마이크로칩은 모두 반도체부문에서 대체된 것이다. 휴대폰부문의 연간 최대생산능력은 8,000단위이고, 생산된 완제품은 전량 외부시장에 단위당 ₩300에 판매된다.

(3) 표준원가

20×1년도 부문별 제품 단위당 표준원가는 다음과 같다. 최근 3년간 표준원가는 동일하였으며, 생산능력의 변화도 없었다.

구분	제품 단위당 표준원가	
	반도체부문	휴대폰부문
직접재료원가	₩20	₩100
마이크로칩 원가	-	80
직접노무원가	5	10
변동제조간접원가	5	15
고정제조간접원가	40	75
합계	₩70	₩280

반도체부문의 직접재료원가는 마이크로칩을 생산하기 위한 것이다. 단위당 고정제조간접원가는 각 부문의 연간 최대생산능력을 기준으로 산출된다.

(4) 두 부문에서 모든 재료는 공정 초에 전량 투입되고, 전환원가는 공정 전반에 걸쳐 균등하게 발생한다. 생산과정에서 공손은 발생하지 않으며, 판매관리비는 고려하지 않는다.

(5) 20×1년에 고정제조간접원가 조업도차이 이외에는 원가차이가 발생하지 않았다.

요구사항

※ 《자료 1》을 이용하여 **[물음 1] ~ [물음 3]**에 답하시오.

[물음 1] 전부원가계산을 적용하여 회사 전체 영업이익을 구하시오. 단, 원가차이는 매출원가에 가감조정한다.

[물음 2] 변동원가계산을 적용하여 회사 전체 영업이익을 구하시오.

[물음 3] **[물음 1]**과 **[물음 2]**에서 회사 전체 영업이익의 차이가 발생한 원인을 설명하시오.

※《자료 1》과《자료 2》를 이용하여 [물음 4]와 [물음 5]에 답하시오.

《자료 2》

20×1년 말에 (주)대한의 최고경영자는 재고자산을 줄이기 위해 각 부문에 다음과 같이 지시하였다.

(1) 반도체부문은 기말재공품 800단위를 완성하여 휴대폰부문에 단위당 ₩80의 가격으로 대체한다. 반도체부문의 재공품을 추가가공하는 과정에서 고정제조간접원가 조업도차이 이외의 원가차이는 발생하지 않는다.

(2) 휴대폰부문은 반도체부문에서 대체받은 물량 800단위와 기말재공품 500단위를 추가로 완성하여 기존 거래처에 단위당 ₩300에 판매한다. 휴대폰부문은 필요한 경우 임차료 ₩100,000을 지출하고 기계를 일시적으로 임차할 수 있다. 기계 임차로 인해 휴대폰부문의 연간 생산능력은 1,000단위 증가하나 기준조업도는 변하지 않는다. 휴대폰부문에서 재고자산에 대해 위와 같은 추가적인 조치를 하는 과정에서 고정제조간접원가 예산차이 및 조업도차이 이외의 원가차이는 발생하지 않는다.

[물음 4] 재고자산에 대한 추가적인 조치로 20×1년도 회사 전체 영업이익은 얼마나 증가(또는 감소)하는가? (1) 전부원가계산과 (2) 변동원가계산을 각각 적용했을 경우로 나누어 답하시오. 단, 원가차이는 매출원가에 가감 조정한다.

<답안작성양식>

구분	전부원가계산	변동원가계산
회사 전체 영업이익 증가(또는 감소)액		

[물음 5] 재고자산에 대한 추가적인 조치로 20×1년도 회사 전체 현금흐름은 얼마나 증가(또는 감소)하는가? 단, 추가되는 매출은 현금매출액이고 원가는 발생 즉시 현금으로 지출된다.

※《자료 3》을 이용하여 [물음 6] ~ [물음 9]에 답하시오.

《자료 3》

반도체부문과 휴대폰부문의 제조원가가 확정적이지 않고, 다음과 같은 확률분포를 갖는 것으로 가정한다.

구분	단위당 제조원가	확률
반도체부문	₩50	1/2
	110	1/2
휴대폰부문	₩140	1/2
	260	1/2

휴대폰부문의 단위당 제조원가에는 마이크로칩의 원가가 포함되어 있지 않다. (주)대한은 마이크로칩의 대체가격을 단위당 ₩80으로 결정하였으며, 외부거래처로부터 휴대폰부문의 완제품 20단위를 단위당 ₩290에 공급해 달라는 주문을 받았다. 상기 주문 이외에 각 부문의 다른 판매기회는 고려하지 않는다.

[물음 6] (주)대한은 기대이익을 극대화하고자 한다. 외부거래처 주문의 단위당 기대이익은 얼마인가?

[물음 7] 반도체부문과 휴대폰부문의 경영자는 위험회피적이고 효용함수는 (2,000 + 부문이익)1/2과 같다. 부문 경영자는 자신의 기대효용을 극대화하고자 한다. (1) 휴대폰부문 경영자가 대체거래를 이용하여 외부거래처의 주문을 수락할 것인지의 여부와 (2) 반도체부문 경영자가 대체거래를 수락할 것인지의 여부를 결정하시오. 단, 기대효용은 소수점 아래 셋째 자리에서 반올림하여 둘째 자리까지 표시한다.

[물음 8] (주)대한은 부문 경영자의 제조원가에 대한 위험을 분담하기 위해 회사 전체 이익의 1/2씩을 부문 경영자에게 분배하는 파트너십(Partnership)을 도입하고자 한다. 이 경우 부문 경영자의 효용함수는 (2,000 + 0.5 × 회사 전체 이익)1/2이며, 회사 전체의 완제품 제조원가에 대한 확률분포는 다음과 같다.

구분	단위당 제조원가	확률
회사 전체	₩190	1/4
	280	1/2
	370	1/4

(1) 휴대폰부문 경영자가 외부거래처의 주문을 수락할 것인지의 여부와 (2) 반도체부문 경영자가 대체거래를 수락할 것인지의 여부를 결정하시오. 단, 기대효용은 소수점 아래 셋째 자리에서 반올림하여 둘째 자리까지 표시한다.

[물음 9] [물음 8]과 같은 파트너십의 장점과 단점을 각각 두 줄 이내로 서술하시오.

해답

문제분석

■ 《자료 1》 "(1) 반도체부문, 기초제품은 없으며, 당기에 완성된 마이크로칩 7,000단위 중 외부수요가 있는 2,000단위는 단위당 ₩120에 거래처에 판매되고, 나머지 5,000단위는 단위당 ₩80의 가격으로 휴대폰 부문에 대체" 및 "(2) 휴대폰부문의 기초제품은 없다. 생산된 완제품은 전량 외부시장에 단위당 ₩300에 판매"

→ 두 부문 모두 기초제품이 없고 생산된 제품 모두 판매되어 기말제품도 없다.

■ 《자료 1》 "(1) 반도체부문의 연간 최대생산능력은 10,000단위" 및 "(2) 휴대폰부문의 연간 최대생산능력은 8,000단위"

→ 고정제조간접원가 표준배부율을 곱하여 부문별 고정제조간접원가예산을 계산할 수 있다.

- **반도체부문**: 10,000단위 × ₩40 = ₩400,000
- **휴대폰부문**: 8,000단위 × ₩75 = ₩600,000

■ 《자료 1》 "(5) 20×1년에 고정제조간접원가 조업도차이 이외에는 원가차이가 발생하지 않았다."

→ 부문별 가공원가 완성품환산량과 고정제조간접원가예산을 이용하여 부문별 조업도차이를 계산할 수 있다.

■ [물음 3] "[물음 1]과 [물음 2]에서 회사 전체 영업이익의 차이가 발생한 원인"

→ 영업이익차이는 재고에 포함되어 있는 고정제조간접원가이다. 또한, 반도체부문으로부터 대체된 휴대폰부문 기말재고에는 반도체부문에서 발생한 고정제조간접원가를 추가로 고려해야 한다. 즉, 휴대폰부문 500단위에 포함되어 있는 고정제조간접원가는 다음과 같다.

반도체부문 고정제조간접원가	500단위 × ₩40 =	₩20,000
휴대폰부문 고정제조간접원가	500단위 × 0.2 × ₩75 =	7,500
		₩27,500

■ 《자료 2》 "(2) 추가적인 조치를 하는 과정에서 고정제조간접원가 예산차이 및 조업도차이 이외의 원가차이는 발생하지 않는다."

→ 휴대폰부문 생산능력 증가를 위한 임차료 ₩100,000으로 인하여 실제 고정제조간접원가는 ₩1,100,000(= ₩1,000,000 + ₩100,000)이다. 따라서 고정제조간접원가의 불리한 예산차이는 ₩100,000이다.

자료정리

(1) 부문별 물량흐름과 완성품환산량[물음 1]

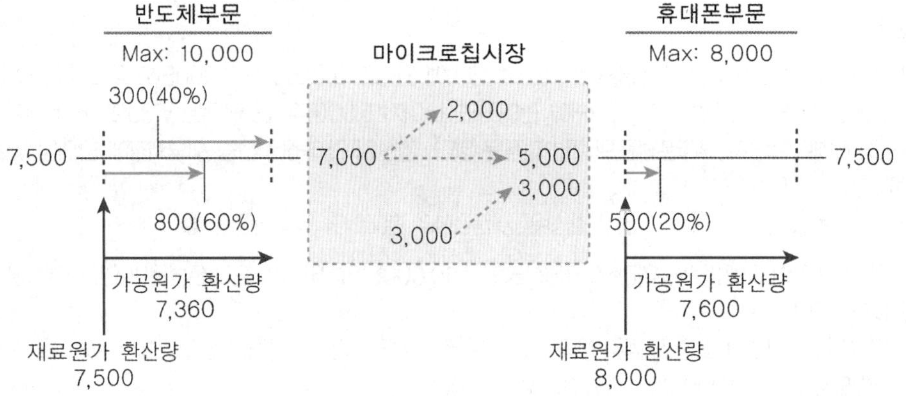

(2) 부문별 단위당 표준원가

	반도체부문	휴대폰부문
직접재료원가	₩20	₩100
마이크로칩 원가	-	80
변동가공원가	10	25
변동제조원가	₩30	₩205
고정제조간접원가	40	75
전부제조원가	₩70	₩280

(3) 부문별 조업도차이[물음 1]

조업도차이 이외에 차이가 없으므로, 예산과 실제발생은 동일하다.

• 반도체부문

실제발생	예산	SQ × SP
	10,000단위 × ₩40	7,360단위 × ₩40
₩400,000	= ₩400,000	= ₩294,400
	₩105,600 불리	

• 휴대폰부문

실제발생	예산	SQ × SP
	8,000단위 × ₩75	7,600단위 × ₩75
₩600,000	= ₩600,000	= ₩570,000
	₩30,000 불리	

(4) 회사 전체 매출원가[물음 1]

• 기초재공품

반도체부문	300단위 × ₩20 + 300단위 × 0.4 × ₩50 =	₩12,000
휴대폰부문		-
		₩12,000

• 기말재공품

반도체부문	800단위 × ₩20 + 800단위 × 0.6 × ₩50 =	₩40,000
휴대폰부문	500단위 × ₩100 + 500단위 × ₩70[*1] + 500단위 × 0.2 × ₩100 =	95,000
		₩135,000

[*1] 기말재공품 500단위에 포함되어 있는 마이크로칩은 모두 반도체부문에서 대체된 것이다.

• 회사 전체 총제조원가

반도체부문	재료원가	7,500단위 × ₩20 =	₩150,000
	가공원가	7,360단위 × ₩50 =	368,000
휴대폰부문	재료원가	8,000단위 × ₩100 =	800,000
	마이크로칩	3,000단위[*2] × ₩80 =	240,000
	가공원가	7,600단위 × ₩100 =	760,000
			₩2,318,000

[*2] 총 8,000단위 중 내부대체수량은 5,000단위이므로, 외부구입수량은 3,000단위이다.

(5) 회사 전체 변동매출원가[물음 2]

• 기초재공품

반도체부문	300단위 × ₩20 + 300단위 × 0.4 × ₩10 =	₩7,200
휴대폰부문		-
		₩7,200

• 기말재공품

반도체부문	800단위 × ₩20 + 800단위 × 0.6 × ₩10 =	₩20,800
휴대폰부문	500단위 × ₩30[*3] + 500단위 × ₩100 + 500단위 × 0.2 × ₩25 =	67,500
		₩88,300

[*3] 기말재공품 500단위에 포함되어 있는 마이크로칩은 모두 반도체부문에서 대체된 것이다. 반도체부문의 변동제조원가는 ₩30(= ₩20 + ₩5 + ₩5)이다.

• 회사 전체 총변동제조원가

반도체부문	재료원가	7,500단위 × ₩20 =	₩150,000
	가공원가	7,360단위 × ₩10 =	73,600
휴대폰부문	재료원가	8,000단위 × ₩100 =	800,000
	마이크로칩	3,000단위[*4] × ₩80 =	240,000
	가공원가	7,600단위 × ₩25 =	190,000
			₩1,453,600

[*4] 총 8,000단위 중 내부대체수량은 5,000단위이므로, 외부구입수량은 3,000단위이다.

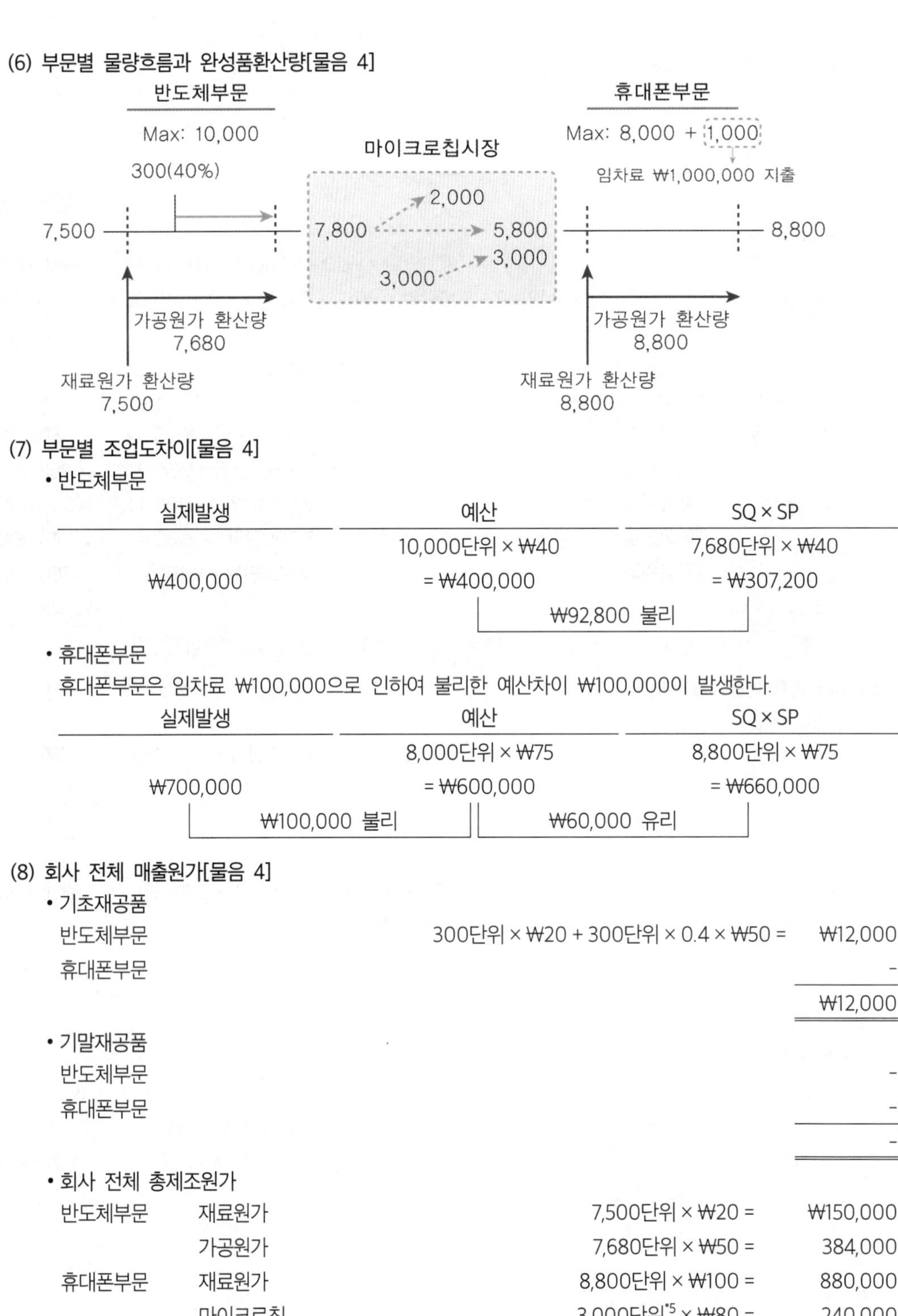

(6) 부문별 물량흐름과 완성품환산량[물음 4]

(7) 부문별 조업도차이[물음 4]

• 반도체부문

실제발생	예산	SQ × SP
	10,000단위 × ₩40	7,680단위 × ₩40
₩400,000	= ₩400,000	= ₩307,200
	₩92,800 불리	

• 휴대폰부문

휴대폰부문은 임차료 ₩100,000으로 인하여 불리한 예산차이 ₩100,000이 발생한다.

실제발생	예산	SQ × SP
	8,000단위 × ₩75	8,800단위 × ₩75
₩700,000	= ₩600,000	= ₩660,000
₩100,000 불리		₩60,000 유리

(8) 회사 전체 매출원가[물음 4]

• 기초재공품

반도체부문	300단위 × ₩20 + 300단위 × 0.4 × ₩50 =	₩12,000
휴대폰부문		-
		₩12,000

• 기말재공품

반도체부문	-
휴대폰부문	-
	-

• 회사 전체 총제조원가

반도체부문	재료원가	7,500단위 × ₩20 =	₩150,000
	가공원가	7,680단위 × ₩50 =	384,000
휴대폰부문	재료원가	8,800단위 × ₩100 =	880,000
	마이크로칩	3,000단위*5 × ₩80 =	240,000
	가공원가	8,800단위 × ₩100 =	880,000
			₩2,534,000

*5 총 8,000단위 중 내부대체수량은 5,000단위이므로 외부구입수량은 3,000단위이다.

(9) 회사 전체 변동매출원가[물음 4]

• 기초재공품

반도체부문	300단위 × ₩20 + 300단위 × 0.4 × ₩10 =	₩7,200
휴대폰부문		-
		₩7,200

• 기말재공품

반도체부문	-
휴대폰부문	-
	-

• 회사 전체 총변동제조원가

반도체부문	재료원가	7,500단위 × ₩20 =	₩150,000
	가공원가	7,680단위 × ₩10 =	76,800
휴대폰부문	재료원가	8,800단위 × ₩100 =	880,000
	마이크로칩	3,000단위[*6] × ₩80 =	240,000
	가공원가	8,800단위 × ₩25 =	220,000
			₩1,566,800

[*6] 총 8,000단위 중 내부대체수량은 5,000단위이므로, 외부구입수량은 3,000단위이다.

모범답안

[물음 1] 전부원가계산 회사 전체 영업이익

매출액	반도체부문	2,000단위 × ₩120 =	₩240,000	₩2,490,000
	휴대폰부문	7,500단위 × ₩300 =	2,250,000	
매출원가	총제조원가		₩2,318,000	(2,195,000)
	재공품 변동	₩135,000 - ₩12,000 =	(123,000)	
	조업도차이	₩105,600 + ₩30,000 =		(135,600)
영업이익				₩159,400

[물음 2] 변동원가계산 회사 전체 영업이익

매출액	반도체부문	2,000단위 × ₩120 =	₩240,000	₩2,490,000
	휴대폰부문	7,500단위 × ₩300 =	2,250,000	
변동매출원가	총변동제조원가		₩1,453,600	(1,372,500)
	재공품 변동	₩88,300 - ₩7,200 =	(81,100)	
공헌이익				₩1,117,500
고정원가		₩400,000 + ₩600,000 =		(1,000,000)
영업이익				₩117,500

[물음 3] 영업이익의 차이가 발생한 원인

전부원가계산과 변동원가계산의 이익차이는 해당 기간에 비용처리되는 고정제조간접원가의 차이로 인해 발생한다.

	변동원가이익		₩117,500
(+)	기말재고 × 고정제조간접원가	800단위 × 0.6 × ₩40 + ₩27,500* =	46,700
(-)	기초재고 × 고정제조간접원가	300단위 × 0.4 × ₩40 =	(4,800)
(=)	전부원가이익		₩159,400

* 휴대폰부문 500단위에 포함되어 있는 고정제조간접원가

반도체부문 고정제조간접원가	500단위 × ₩40 =	₩20,000
휴대폰부문 고정제조간접원가	500단위 × 0.2 × ₩75 =	7,500
		₩27,500

[물음 4] 재고자산 추가조치로 인한 영업이익 증감액

구분	전부원가계산	변동원가계산
회사 전체 영업이익 증가 (또는 감소)액	₩201,200 - ₩159,400 = ₩41,800	₩206,000 - ₩117,500 = ₩88,500

(1) 전부원가계산 영업이익

매출액	반도체부문	2,000단위 × ₩120 =	₩240,000	₩2,880,000
	휴대폰부문	8,800단위 × ₩300 =	2,640,000	
매출원가	총제조원가		₩2,534,000	(2,546,000)
	재공품 변동	₩0 - ₩12,000 =	12,000	
	조업도차이	₩92,800 + ₩40,000 =		(132,800)
영업이익				₩201,200

(2) 변동원가계산 영업이익

매출액	반도체부문	2,000단위 × ₩120 =	₩240,000	₩2,880,000
	휴대폰부문	8,800단위 × ₩300 =	2,640,000	
변동매출원가	총변동제조원가		₩1,566,800	(1,574,000)
	재공품 변동	₩0 - ₩7,200 =	7,200	
공헌이익				₩1,306,000
고정원가		₩400,000 + ₩700,000 =		(1,100,000)
영업이익				₩206,000

[물음 5] 재고자산 추가조치로 인한 현금흐름 증감액

		추가조치 전	추가조치 후	차이
매출액	반도체부문	₩240,000	₩240,000	-
	휴대폰부문	2,250,000	2,640,000	₩390,000
변동제조원가	반도체부문			
	재료원가	₩150,000	₩150,000	-
	가공원가	73,600	76,800	(3,200)
	휴대폰부문			
	재료원가	₩800,000	₩880,000	(80,000)
	마이크로칩 원가	240,000	240,000	-
	가공원가	190,000	220,000	(30,000)
고정제조간접원가		₩1,000,000	₩1,100,000	(100,000)
현금흐름 증감액				₩176,800

[물음 6] 외부거래처 주문의 단위당 기대이익

원가			판매가격	단위당 이익	확률	기대이익
반도체부문	휴대폰부문	계				
50(1/2)	140(1/2)	190	290	100	1/4	₩25
	260(1/2)	310	290	(20)	1/4	(5)
110(1/2)	140(1/2)	250	290	40	1/4	10
	260(1/2)	370	290	(80)	1/4	(20)
					1	₩10

∴ 단위당 기대이익 = ₩10

[물음 7]

(1) 휴대폰부문 외부거래처 주문수락 의사결정

	단위당 제조원가(마이크로칩 제외)		기대효용
	₩140(1/2)	₩260(1/2)	
수락	58.31[*1]	31.62[*2]	44.97[*4]
거절	44.72[*3]	44.72	44.72

[*1] $\sqrt{2{,}000 + \text{부문이익}} = \sqrt{2{,}000 + (290 - 80 - 140) \times 20\text{단위}} = 58.31$

[*2] $\sqrt{2{,}000 + \text{부문이익}} = \sqrt{2{,}000 + (290 - 80 - 260) \times 20\text{단위}} = 31.62$

[*3] $\sqrt{2{,}000 + \text{부문이익}} = \sqrt{2{,}000 + 0} = 44.72$

[*4] 기대효용: $58.31 \times 1/2 + 31.62 \times 1/2 = 44.97$

∴ 주문을 수락한다.

(2) 반도체부문 대체거래 의사결정

	단위당 제조원가		기대효용
	₩50(1/2)	₩110(1/2)	
수락	50.99[*5]	37.42[*6]	44.21[*8]
거절	44.72[*7]	44.72	44.72

[*5] $\sqrt{2{,}000 + \text{부문이익}} = \sqrt{2{,}000 + (80 - 50) \times 20\text{단위}} = 50.99$

[*6] $\sqrt{2{,}000 + \text{부문이익}} = \sqrt{2{,}000 + (80 - 110) \times 20\text{단위}} = 37.42$

[*7] $\sqrt{2{,}000 + \text{부문이익}} = \sqrt{2{,}000 + 0} = 44.72$

[*8] 기대효용: $50.99 \times 1/2 + 37.42 \times 1/2 = 44.21$

∴ 주문을 거절한다.

[물음 8]

	단위당 제조원가			기대효용
	₩190(1/4)	₩280(1/2)	₩370(1/4)	
수락	54.77[*1]	45.83[*2]	34.64[*3]	45.27[*4]
거절	44.72	44.72	44.72	44.72

[*1] $\sqrt{2{,}000 + 0.5 \times \text{회사 전체 이익}} = \sqrt{2{,}000 + 0.5 \times (290 - 190) \times 20\text{단위}} = 54.77$

[*2] $\sqrt{2{,}000 + \text{부문이익}} = \sqrt{2{,}000 + 0.5 \times (290 - 280) \times 20\text{단위}} = 45.83$

[*3] $\sqrt{2{,}000 + \text{부문이익}} = \sqrt{2{,}000 + 0.5 \times (290 - 370) \times 20\text{단위}} = 34.64$

[*4] 기대효용: 54.77 × 1/4 + 45.83 × 1/2 + 34.64 × 1/4 = 45.27

(1) 휴대폰부문 외부거래처 주문수락 의사결정

수락하는 경우 기대효용이 거절하는 경우 기대효용보다 크므로 주문을 수락한다.

(2) 반도체부문 대체거래 의사결정

수락하는 경우 기대효용이 거절하는 경우 기대효용보다 크므로 주문을 수락한다.

[물음 9] 파트너십의 장점과 단점

(1) 장점

반도체부문의 경우 부문별 이익기준 의사결정은 거부하지만 파트너십 의사결정은 수락하여 준최적화현상을 방지할 수 있다. 따라서 회사 전체 목표를 위한 의사결정을 유도할 수 있다.

(2) 단점

각 부문에서 통제할 수 없는 요소들이 성과에 반영될 수 있다.

문제 11 표준정규분포표를 이용한 불확실성 의사결정과 재고관리

회계사 17

(주)여의도의 2018년도 신제품 'Y'의 예상판매가격 및 원가자료는 다음과 같다.

개당 판매가격	₩5,000
개당 변동제조원가	₩2,500
개당 변동판매관리비	₩500
총고정제조간접원가	₩500,000
총고정판매관리비	₩250,000
법인세율	30%

요구사항

[물음 1] (주)여의도의 연간 예상평균판매량은 400개이고 판매량 표준편차가 25개라면 연간 세후이익이 ₩70,000에서 ₩105,000 사이가 될 확률은 얼마인가? 단, 표준정규분포의 Z와 확률값은 다음과 같다.

Z	P(0 ≤ x ≤ Z)
0.5	0.1915
1	0.3413
1.5	0.4332
2	0.4772
2.5	0.4938
3	0.4987

[물음 2] (주)여의도는 연중 제품제조공정에 필요한 소모품 12,000개를 구매할 예정이다. (주)여의도는 매월 1,000개의 소모품이 필요할 것으로 추정하고 있다. 한 외부공급업체가 소모품 1개당 ₩10의 납품가격을 제시하였다. 또한 그 외부공급업체는 만약 연초에 12,000개의 소모품을 일괄 구매하면 ₩10의 가격에서 5%를 할인해 주겠다는 특별한 할인옵션을 제안하였다. 주문 1회당 주문비용은 ₩20이다. 소모품 개당 재고유지비용은 연간 ₩1이다. 소모품에 대한 수요는 연중 일정하게 발생한다. (주)여의도는 연초에 12,000개를 일괄 구매해야 하는가? 아니면 매달 초에 1,000개씩 12번 구매해야 하는가?

해답

문제분석

■ [물음 1] "(주)여의도의 연간 예상평균판매량은 400개이고 판매량 표준편차가 25개"

→ 연간 예상평균판매량이 400개이고 판매량 표준편차가 25개인 정규분포표는 다음과 같다.

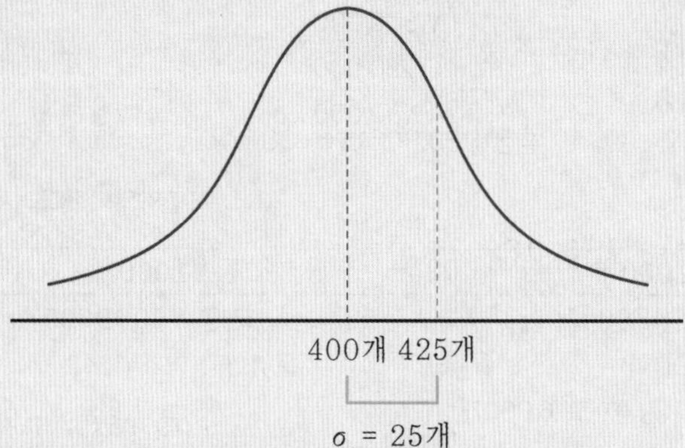

■ [물음 1] "(주)여의도의 연간 예상평균판매량은 400개이고 판매량 표준편차가 25개라면 연간 세후이익이 ₩70,000에서 ₩105,000 사이가 될 확률"

→ 연간 세후이익이 ₩70,000, ₩105,000인 목표판매량을 계산한 후 Z값을 이용하여 확률을 계산한다.

① 목표판매량(Q)

- 세후이익 ₩70,000: (₩2,000Q - ₩750,000) × (1 - 0.3) = ₩70,000, ∴ Q = 425단위
- 세후이익 ₩105,000: (₩2,000Q - ₩750,000) × (1 - 0.3) = ₩105,000, ∴ Q = 450단위

② Z값

- Q(425단위): $\frac{425단위 - 400단위}{25단위} = 1$
- Q(450단위): $\frac{450단위 - 400단위}{25단위} = 2$

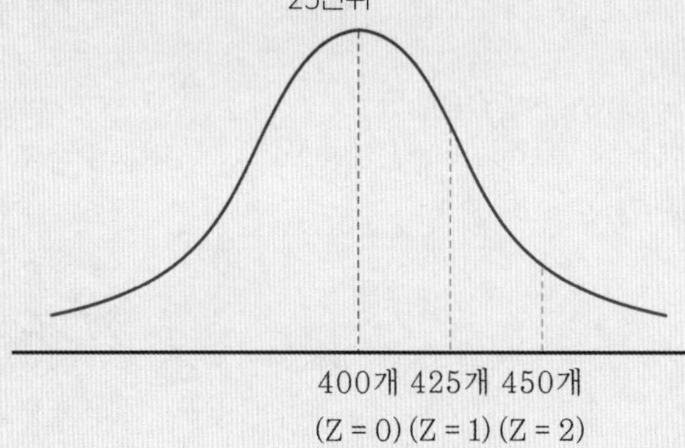

■ [물음 2] "소모품 1개당 ₩10의 납품가격을 제시, 주문 1회당 주문비용은 ₩200이다. 소모품 개당 재고유지비용은 연간 ₩1"

→ 재고 관련 비용은 구입가격, 주문비용 및 재고유지비용이다.

자료정리

(1) 가격과 원가구조

단위당 판매가격		₩5,000
단위당 변동원가	₩2,500 + ₩500 =	(3,000)
단위당 공헌이익		₩2,000
총고정제조간접원가		₩500,000
총고정판매관리비		250,000
		₩750,000

(2) 재고 관련 비용

	1회 주문수량	
	12,000개	1,000개
구입비용	1개당 ₩9.5(12,000개)	1개당 ₩10(12,000개)
주문비용	주문 1회당 ₩20(1회)	주문 1회당 ₩20(12회)
유지비용	개당 ₩1(평균재고 6,000개)	개당 ₩1(평균재고 500개)

모범답안

[물음 1] 연간 세후이익이 ₩70,000에서 ₩105,000 사이가 될 확률

(1) Z값

① Q(425단위): $\frac{425단위 - 400단위}{25단위} = 1$

② Q(450단위): $\frac{450단위 - 400단위}{25단위} = 2$

(2) 확률

Z(2) - Z(1) = 0.4772 - 0.3413 = 0.1359

[물음 2] 최적구매수량

	1회 주문수량				차이
	12,000개		1,000개		
구입비용	12,000개 × ₩9.5 =	₩114,000	12,000개 × ₩10 =	₩120,000	₩(6,000)
주문비용	1회 × ₩20 =	20	12회 × ₩20 =	240	(220)
유지비용	$\frac{12,000개}{2}$ × ₩1 =	6,000	$\frac{1,000개}{2}$ × ₩1 =	500	5,500
		₩120,020		₩120,740	₩(720)

∴ 12,000개 일괄 구매 시 ₩720만큼 절감가능하므로, 일괄 구매해야 한다.

해커스 회계사 允원가관리회계연습

제16장

전략적 원가관리

핵심 이론 요약

01 전략적 원가관리 등장배경

전통적 원가관리의 문제점	해결방안	전략적 원가관리
조업도기준방식으로 인하여 원가계산에 왜곡이 발생	원가발생원인 파악	활동기준원가계산, 활동기준경영
재고자산의 평가에 초점을 맞춤	원가절감 및 품질향상	적시생산시스템, 카이젠원가계산, 품질원가계산
재무보고를 위한 방식으로 적절한 원가관리를 할 수 없음	원가범위 확대	목표원가계산, 제품수명주기원가계산
활동과 기업운영과정에 대한 정보가 없음	핵심역량 강화 및 효율적 운영	가치사슬, 균형성과표, 제약이론

02 제품수명주기원가계산

(1) 의의

제품수명주기 동안 발생한 모든 원가를 집계하고 상호연관성을 분석하는 원가관리기법이다.

(2) 고착원가(Locked-in cost)

제품수명주기 동안 발생하는 총원가의 80% 정도가 연구·개발단계에서 결정된다.

(3) 제품수명주기 손익계산서

제품수명주기매출액		×××
제품수명주기원가		(×××)
연구·개발	×××	
생산	×××	
마케팅	×××	
유통	×××	
고객서비스	×××	
제품수명주기이익		×××

03 가치사슬

상류원가	제조 이전에 발생한 활동과 관련된 원가
하류원가	제조 이후에 발생한 활동과 관련된 원가

04 균형성과표

(1) 전통적 성과제도의 문제점

① 기업의 비전 및 전략과 연결되어 있지 않음

② 회계상 과거자료에 근거하여 평가함

③ 재무적인 수치에 의존함

④ 지속적인 피드백이 부족함

⑤ 무형자산에 대한 가치를 인식하지 못함

(2) 네 가지 관점

구분		성과측정지표
재무적 관점		영업이익률, 투자수익률, 잔여이익, 경제적 부가가치
고객관점		고객만족도, 시장점유율(기존고객유지율, 신규고객확보율), 고객수익성
내부프로세스 관점	혁신	신제품의 수, 신제품 수익률, 독점제품 수익률, 신제품 개발기간
	운영	① 시간: 고객대응시간, 정시납품성과, 제조주기효율성 ② 품질: 불량률, 수율, 반품률 ③ 원가: 활동기준원가계산을 이용하여 계산된 원가
	판매 후 서비스	현장도달시간, 수선요청건수, 불량건수, 하자보증원가
학습과 성장관점		① 인적자원: 종업원의 교육수준·만족도·이직률 ② 정보시스템: 정보시스템 활용도, 종업원당 PC수 ③ 조직의 절차: 종업원당 제안채택률·보상 정도

(3) 고객대응시간

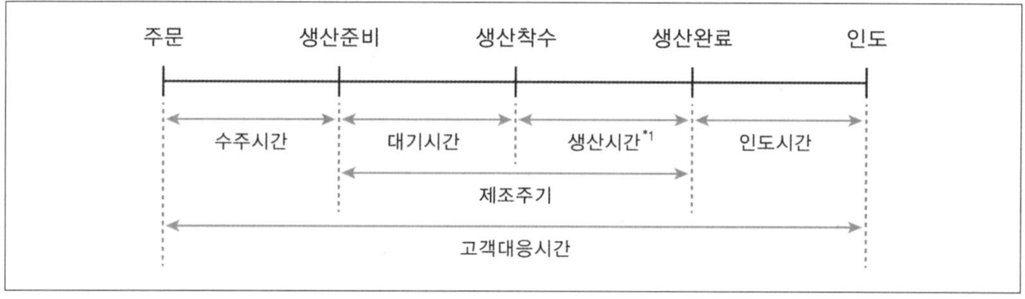

*1 생산시간 = 가공 + 검사 + 이동 + 저장

(4) 제조주기효율성(MCE, Manufacturing Cycle Efficiency)

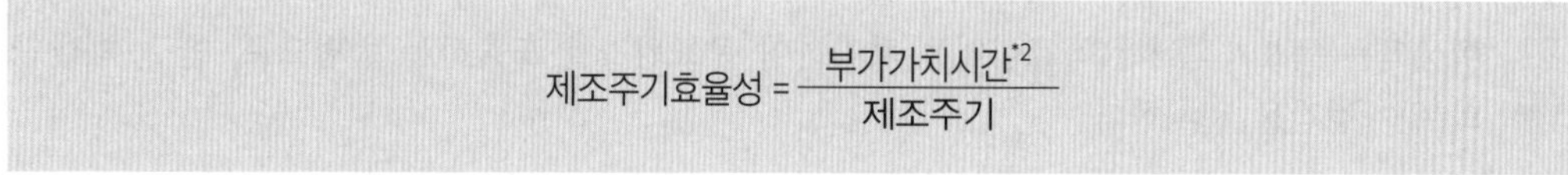

$$제조주기효율성 = \frac{부가가치시간^{*2}}{제조주기}$$

*2 가공(공정)시간

(5) **유용성**

① 단순한 결과지표가 아닌 전략과 성과보상의 연결을 통한 관리적 성과평가를 추구함

② 성과지표를 통해 전략을 구체화하고 재무성과까지 인과관계를 확인할 수 있음

③ 비전과 전략에 대한 공유, 참여, 학습을 통하여 원활한 의사소통이 가능함

④ 조직의 행동과 프로세스 개선을 통하여 구성원의 역량을 강화할 수 있음

(6) **한계점**

① 비재무적 성과지표의 계량화가 어려움

② 비재무적 성과지표가 재무적 성과로 나타나는 과정에 많은 시간이 소요됨

③ 비재무적 성과지표가 재무적 성과에 미치는 정도를 정량화하기 어려움

④ 제도를 운영하는 데에 많은 시간과 비용이 요구됨

05 활동기준경영

(1) **부가가치원가와 비부가가치원가**

① 부가가치원가

부가가치원가 = 부가가치표준수량 × 단위당 표준원가

② 비부가가치원가

비부가가치원가 = (실제활동수량 - 부가가치표준수량) × 단위당 표준원가

(2) **미사용활동수량차이**

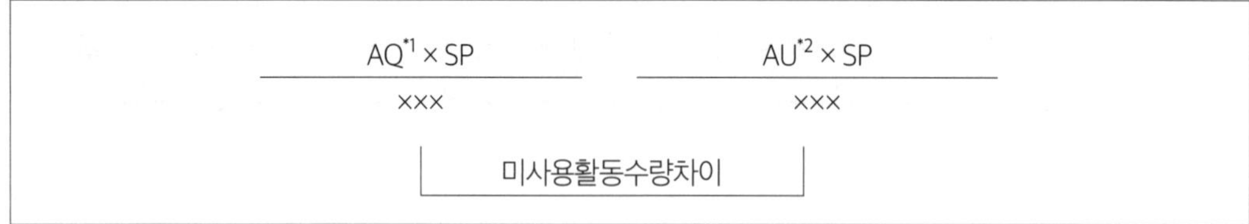

*1 AQ: 획득한 활동수

*2 AU: 실제사용활동수

06 목표원가계산

(1) **의의**

예상되는 목표가격에서 목표이익을 차감하여 목표원가를 도출하는 방법으로, 연구·개발단계에서의 원가절감을 중시한다.

(2) **원가기획**

연구, 개발 및 설계단계에서 원가를 조정하고 관리하는 활동을 말한다.

예 가치공학, 동시설계, 게스트엔지니어링

(3) 문제점

① 전사적 참여유도로 인한 담당자들의 마찰이 우려됨

② 원가절감을 위한 개발 지연으로 제품출시가 지연됨

③ 과도한 원가절감목표로 인한 구성원들의 불만이 커질 수 있음

07 카이젠원가계산

(1) 의의

생산단계에서의 지속적이고 점진적인 공정개선을 통한 원가절감을 모색하는 방법으로, 생산단계에서의 점진적인 원가절감을 중시한다.

(2) 표준원가계산과의 비교

구분	표준원가계산	카이젠원가계산
기능	원가통제기능	원가절감기능
지식보유자	관리자나 엔지니어	작업자
공정에 대한 관점	안정적	지속적 개선

(3) 목표원가계산과의 비교

목표원가계산	제조 이전단계에서의 설계 및 기획단계에서 획기적인 원가절감 모색
카이젠원가계산	제조단계에서의 점진적인 원가절감 모색

08 품질원가계산

(1) 의의

적정 수준의 품질을 달성하기 위한 비용을 측정 및 평가하는 것을 말한다.

(2) 분류

통제원가	예방원가	제품설계비용, 공급자 선정비용, 작업자 교육·훈련비용, 예방적 생산설비 유지·보수비용
	평가원가	원재료 검사비용, 재공품 및 제품 검사비용, 생산공정 검사비용
실패원가	내부실패원가	불량품 재작업원가, 불량품 폐기원가, 공손원가, 불량으로 인한 공정중단비용
	외부실패원가	보증수리비용, 고객서비스센터 운영비용, 불량품 교환비용, 손해배상비용, 기업이미지 훼손에 의한 기회비용(판매기회 상실)

(3) 품질원가에 대한 두 가지 관점

① 허용품질수준관점(최적품질수준관점)

② 무결점수준관점

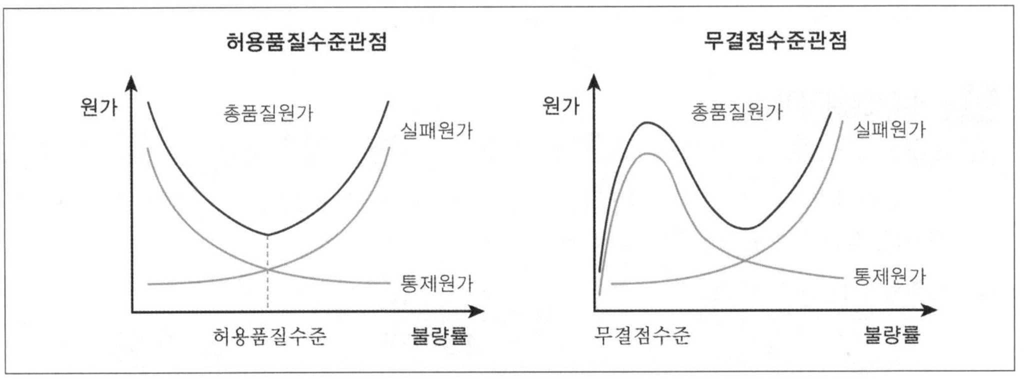

09 영업이익의 전략적 분석

(1) 영업이익 분석의 세분화

성장요소 (Growth component)	산출량이나 생산요소 투입량의 변화에 대한 영업이익의 변화
가격회복요소 (Price recovery component)	산출량이나 생산요소 투입량의 가격 변화에 대한 영업이익의 변화
생산성요소 (Productivity component)	생산성의 변화에 대한 영업이익의 변화

(2) 분석모형

① 수익으로 인한 효과

기준연도성과	성장요소반영성과	가격요소반영성과	분석연도성과
전기판매량 × 전기판매가격	당기판매량 × 전기판매가격	당기판매량 × 당기판매가격	당기판매량 × 당기판매가격

성장요소	가격회복요소	생산성요소
판매량 변화	판매가격 변화	해당 없음

② 비용으로 인한 효과

기준연도성과	성장요소반영성과	가격요소반영성과	분석연도성과
전기투입량 × 전기투입가격	생산성중립수량* × 전기투입가격	생산성중립수량* × 당기투입가격	당기투입량 × 당기투입가격

성장요소	가격회복요소	생산성요소
투입량 변화	투입가격 변화	생산성 변화

* 생산성중립수량(PNQ, Productivity Neutral Quantity) = 기준연도 투입량 × $\frac{\text{분석연도의 생산량}}{\text{기준연도의 생산량}}$

10 대리이론(Agency theory)

분권화된 경영환경에서 위임자와 대리인 사이에 자신의 효용만을 추구하는 과정에서 발생하는 문제를 분석하는 것을 말한다.

(1) 대리비용

감시비용(Monitoring costs)	대리인이 자신의 효용에 반하는지 위임자가 감시하는 데 소요되는 비용 예 사외이사제도 등
보증비용(Bonding costs)	대리인이 위임자의 효용에 반하지 않다는 것을 위임자에게 보증하는 데 소요되는 비용 예 외부회계감사 등
잔여손실(Residual costs)	위임자와 대리인 간 의사결정의 차이로 인하여 발생하는 부의 감소

(2) 정보불균형 문제

도덕적해이(Moral hazard)	위임자가 대리인의 행동을 잘 파악할 수 없을 때 대리인이 자신의 효용을 추구하여 위임자의 효용에 반하는 행동을 하는 현상
역선택(Adverse selection)	대리인이 위임자가 획득할 수 없는 정보를 가지고 있을 때 대리인이 위임자에게 잘못된 정보를 제공하면서 발생하는 현상

11 기타

(1) 역류원가계산(Backflush costing)

전통적 표준원가계산에 비하여 일부 재고계정을 사용하지 않는 보다 단순한 표준원가계산방법으로 적시생산시스템(JIT)에서 사용할 수 있다.

장점	단순화된 회계처리로 관리비용이 절감됨
단점	• 재공품을 인식하지 않아 회계기준에 위배될 수 있음 • 단순화로 인하여 원가계산에 대한 근거자료 제시에 어려움이 있음

(2) 환경원가(Environment costs)

경영활동에서 발생하는 환경문제를 처리하거나 예방하는 과정에서 지출되는 원가를 말하며, 이를 수집·정리·분석하는 절차를 환경원가계산이라 한다.

(3) 다운사이징(Downsizing)

조직의 효율성을 향상시키기 위하여 조직의 인력, 직무, 부서 등의 축소를 통하여 비효율적인 조직을 바꾸는 경영혁신기법이다.

문제 01 목표원가계산과 손익분기점분석

(주)한국은 도시락 포장용기를 생산·판매하고 있다. 현재 시장가격은 단위당 ₩2,000이다. 최근 치열한 가격경쟁으로 단위당 평균가격은 ₩1,800에 거래되어 있어 가격을 낮추지 않으면 판매량은 크게 감소할 것으로 예측하고 있다. 또한, 회사는 현재의 이익수준을 유지하고자 한다. (단, 실제원가와 표준원가는 동일하다)

다음은 회사가 분석한 올해 발생한 원가 관련 자료이다

구분	실제원가	원가동인	실제활동수	부가가치표준활동수
직접재료원가	₩15,000,000	생산량	100,000단위	100,000단위
직접노무원가	25,000,000	생산량	100,000단위	100,000단위
작업준비활동	50,000,000	준비횟수	200회	150회
수선유지활동	45,000,000	처리횟수	150회	120회
품질관리활동	10,000,000	검사횟수	100회	-
	₩145,000,000			

요구사항

[물음 1] 목표원가를 구하시오.

[물음 2] 비부가가치원가를 모두 제거한다면 목표원가를 달성할 수 있는지 그 근거를 제시하시오.

[물음 3] 목표원가를 달성하기 위한 단위당 비부가가치 목표 절감액을 구하시오.

[물음 4] 현재가격에서의 손익분기점 판매수량과 비부가가치원가를 모두 제거한 후 목표가격을 기준으로 한 손익분기점 판매수량을 각각 구하시오.

해답

문제분석

■ "단위당 평균가격은 ₩1,800에 거래되어 있어 가격을 낮추지 않으면 판매량은 크게 감소할 것으로 예측" 및 "회사는 현재의 이익수준을 유지"
→ 목표가격은 ₩1,800이고, 현재 이익수준이 목표이익이다.

■ "실제활동수" 및 "부가가치표준활동수"
→ 실제활동수에서 부가가치표준활동수를 차감하여 비부가가치활동수를 계산한 후 원가동인당 가격을 곱하여 계산한다.

■ [물음 4] "손익분기점 판매수량"
→ 손익분기점분석에서 활동기준원가의 비단위수준 활동원가는 고정원가(계단원가)로 분류한다.

자료정리

(1) 활동별 단위당 원가

	실제원가	실제활동수	단가
직접재료원가	₩15,000,000	100,000단위	₩150
직접노무원가	25,000,000	100,000단위	250
작업준비활동	50,000,000	200회	250,000
수선유지활동	45,000,000	150회	300,000
품질관리활동	10,000,000	100회	100,000
	₩145,000,000		
생산량	÷100,000단위		
단위당 원가	₩1,450		

(2) 활동별 부가가치원가와 비부가가치원가

	단가	부가가치활동	부가가치원가	비부가가치활동	비부가가치원가
직접재료원가	₩150	100,000단위	₩15,000,000	-	-
직접노무원가	250	100,000단위	25,000,000	-	-
작업준비활동	250,000	150회	37,500,000	50회	₩12,500,000
수선유지활동	300,000	120회	36,000,000	30회	9,000,000
품질관리활동	100,000	-		100회	10,000,000
			₩113,500,000		₩31,500,000
생산량					÷100,000단위
					₩315

(3) 현재이익

₩2,000 - ₩1,450 = ₩550

(4) 현재가격과 목표가격의 자료정리

	현재가격	목표가격
단위당 판매가격	₩2,000	₩1,800
단위당 변동원가	(400)	(400)(직접재료원가와 직접노무원가)
단위당 공헌이익	₩1,600	₩1,400
총고정원가*	₩105,000,000	₩73,500,000(활동원가)

* 손익분기점분석에서 활동기준원가의 비단위수준 활동원가는 고정원가(계단원가)로 분류한다.

모범답안

[물음 1] 목표원가

목표가격 - 현재이익 = ₩1,800 - ₩550 = ₩1,250

[물음 2] 비부가가치원가를 모두 제거하는 경우 목표원가 달성 여부

달성원가 = 현재원가 - 절감액 = ₩1,450 - ₩315 = ₩1,135

∴ 비부가가치원가를 모두 제거하면 목표원가를 달성할 수 있다.

[물음 3] 목표원가를 달성하기 위한 단위당 비부가가치 목표 절감액

현재원가 - 목표원가 = ₩1,450 - ₩1,250 = ₩200

[물음 4] 현재가격에서의 손익분기점 판매수량과 목표가격에서의 손익분기점 판매수량

(1) 현재가격에서의 손익분기점 판매수량

$$\frac{\text{고정원가}}{\text{단위당 공헌이익}} = \frac{₩105,000,000}{₩1,600} = 65,625\text{단위}$$

(2) 목표가격에서의 손익분기점 판매수량

$$\frac{\text{고정원가}}{\text{단위당 공헌이익}} = \frac{₩73,500,000}{₩1,400} = 52,500\text{단위}$$

문제 02 다운사이징

(주)한국은 직원들에게 저렴하고 좋은 품질의 음료를 제공하기 위하여 회사 내에 커피하우스를 운영하고 있다. 연간 운영일수는 250일이며 커피하우스에서 발생한 손실분에 대해서는 회사에서 보조금을 지급하고 있다. 최근 회사의 전반적인 원가절감 정책으로 인하여 커피하우스 운영방안에 대해서 몇 가지 방안을 검토하고 있다.

지난해 커피하우스 운영상황은 다음과 같다.

(1) 판매품목

구분	가격	일판매량	일매출
아메리카노	₩1,000	150개	₩150,000
카페라떼	1,200	100	120,000
케이크 등	-	-	100,000
			₩370,000

(2) 운영비

- 원료비율: 60%
- 연간 급여: ₩15,000,000(복리후생비 30% 별도)
- 연간 시설운영비용: ₩30,000,000

회사는 커피하우스 다운사이징(인력감축)을 검토하고 있다. 다운사이징의 효과는 다음과 같을 것으로 기대하고 있다.

(1) 판매품목

원료비율을 낮추기 위해서 음료는 아메리카노 하나만 판매한다.

구분	가격	일판매량	일매출
아메리카노	₩1,000	180개	₩180,000
케이크 등	-	-	100,000
			₩280,000

(2) 운영비

원료비율은 50%로 낮아지며 인력감축으로 인하여 연간 급여도 낮아진다.

- 원료비율: 50%
- 연간 급여: ₩10,000,000(복리후생비 30% 별도)
- 연간 고정운영비용: ₩30,000,000

요구사항

[물음 1] 지난해 커피하우스에 지급한 보조금을 구하시오.

[물음 2] 다운사이징으로 인하여 줄일 수 있는 보조금을 구하시오.

[물음 3] 회사는 다운사이징 후 외부업체로부터 다음과 같은 제안을 받았다.

(1) 외부업체는 커피하우스 시설을 이용하는 대가로 회사에 매월 시설임차료 ₩2,000,000을 지급한다.

(2) 외부업체는 손익분기점을 초과하는 매출액의 5%를 추가로 지급한다.

(3) 외부업체가 제시한 판매계획은 다음과 같다.

구분	가격	일판매량	일매출
아메리카노	₩1,200	150개	₩180,000
카페라떼	1,500	120	180,000
케이크 등	-	-	120,000
			₩480,000

또한, 외부업체의 원료비율은 75%로 예상하고 있다. 외부업체 제안에 대한 수락 여부를 제시하시오. (단, 제안을 수락하는 경우 모든 인력을 감축할 수 있고 외부업체가 제시한 판매계획은 달성가능한 것으로 가정한다)

[물음 4] 다운사이징(Downsizing)의 기대효과와 한계점에 대해서 간략하게 서술하시오.

해답

문제분석

- "연간 운영일수는 250일"
  → 1일 매출액에 연간 운영일수를 곱하여 연간 매출액을 계산할 수 있다.
- "커피하우스에서 발생한 손실분에 대해서는 회사에서 보조금을 지급"
  → 연간 매출액에서 연간 총비용을 차감하여 손실을 계산할 수 있다.
- [물음 3] "(2) 손익분기점을 초과하는 매출액의 5%를 추가로 지급"
  → 외부업체의 손익분기점 매출을 계산한 후 판매계획과 비교하여 손익분기점을 초과하는 매출액을 계산할 수 있다.

자료정리

(1) 커피하우스의 비용
- 원료비율 60%
- 연간 급여
- 연간 복리후생비(= 연간 급여 × 30%)
- 연간 운영비용

(2) 다운사이징 전 연간 총손익

수익		
매출	₩370,000 × 250일 =	₩92,500,000
비용		
원료	₩92,500,000 × 60% =	(55,500,000)
급여		(15,000,000)
복리후생비	₩15,000,000 × 30% =	(4,500,000)
운영비용		(30,000,000)
이익(손실)		₩(12,500,000)

(3) 다운사이징 후 연간 총손익

수익		
매출	₩280,000 × 250일 =	₩70,000,000
비용		
원료	₩70,000,000 × 50% =	(35,000,000)
급여		(10,000,000)
복리후생비	₩10,000,000 × 30% =	(3,000,000)
운영비용		(30,000,000)
이익(손실)		₩(8,000,000)

(4) 외부업체의 공헌이익률과 고정원가

원료비율이 75%이므로 공헌이익률은 25%이며, 고정원가는 회사에 지급하는 임차료 ₩24,000,000(= ₩2,000,000 × 12개월)이다.

모범답안

[물음 1] 지난해 보조금 지급액

다운사이징 전 보조금은 다음과 같다.

수익		
매출	₩370,000 × 250일 =	₩92,500,000
비용		
원료	₩92,500,000 × 60% =	(55,500,000)
급여		(15,000,000)
복리후생비	₩15,000,000 × 30% =	(4,500,000)
운영비용		(30,000,000)
이익(손실)		₩(12,500,000)

∴ 지난해 보조금 지급액 = ₩12,500,000

[물음 2] 보조금 절감액

다운사이징 후 보조금은 다음과 같다.

수익		
매출	₩280,000 × 250일 =	₩70,000,000
비용		
원료	₩70,000,000 × 50% =	(35,000,000)
급여		(10,000,000)
복리후생비	₩10,000,000 × 30% =	(3,000,000)
운영비용		(30,000,000)
이익(손실)		₩(8,000,000)

∴ 다운사이징 후 보조금은 ₩8,000,000으로 예상되므로, 보조금 절감액은 ₩4,500,000(= ₩12,500,000 - ₩8,000,000)이다.

[물음 3] 외부업체 제안 수락 여부 결정

(1) 외부업체 손익분기점 매출액

$$\frac{\text{고정원가}}{\text{공헌이익률}} = \frac{₩24,000,000}{25\%} = ₩96,000,000$$

(2) 손익분기점 매출액 초과금액

① 예상매출액: ₩480,000 × 250일 = ₩120,000,000

② 손익분기점 매출액 초과금액: ₩120,000,000 - ₩96,000,000 = ₩24,000,000

(3) 의사결정

증분수익		
임대수익	₩2,000,000 × 12개월 =	₩24,000,000
초과수익	₩24,000,000 × 5% =	1,200,000
증분비용		
운영비용		(30,000,000)
증분이익		₩(4,800,000)

∴ 외부업체의 제안에 수락할 경우 손실 ₩4,800,000은 다운사이징 후 손실(보조금) ₩8,000,000보다 작으므로 제안에 수락한다.

[물음 4] 다운사이징 기대효과와 한계점

(1) 기대효과

① 비생산적인 조직을 축소하여 원가절감

② 적극적인 참여유도로 생산성과 효율성 향상

③ 조직개편으로 인한 의사소통 활성화

④ 탄력적인 조직운영으로 의사결정의 신속화

(2) 한계점

① 직원들의 사기저하

② 직무만족, 조직몰입도에 부정적인 영향

③ 동기부여 감소로 생산성이 떨어지는 등 부작용 발생

문제 03 ROI와 대리이론

(주)한국은 분권화된 여러 사업부로 구성되어 있고 투자수익률(ROI)에 의하여 각 사업부의 책임자를 평가하고 있다. 이 중 어느 한 사업부 책임자인 A씨는 지난 연초에 본인 사무실을 확장공사하여 다음과 같은 비용을 지출하였다.

비품 등 구입비용	₩350,000
기타 지출비용	150,000

비품 등 구입비용은 내용연수 5년에 정액상각법으로 1년분의 감가상각비를 인식하고, 기타 지출비용은 지난해 전액 비용처리하였다. 지난해 A씨는 평균투자액기준으로 9%의 투자수익률(ROI)을 달성하였다. (단, 지난해 평균투자액은 ₩2,500,000이었다)

요구사항

[물음 1] 사무실 확장공사가 해당 사업부의 투자수익률(ROI)에 미친 영향을 제시하시오.

[물음 2] 투자수익률(ROI)이 낮아짐에도 불구하고 사무실을 확장공사하는 이유를 대리이론(Agency theory)에 근거하여 제시하시오.

[물음 3] 지난해 비품 등 구입비용이 ₩100,000이었다면 지난해 달성한 투자수익률(ROI)을 구하시오.

[물음 4] 위임자와 대리인 사이에 정보의 불균형으로 인하여 발생할 수 있는 문제점에 대해서 서술하시오.

[물음 5] 위임자와 대리인 사이에 자신의 효용만을 추구하는 과정에서 발생하는 비용에 대해서 서술하시오.

해답

문제분석

■ "비품 등 구입비용 ₩350,000" 및 "비품 등 구입비용은 내용연수 5년에 정액상각법으로 1년분의 감가상각비를 인식"

→ 사무실 확장공사의 평균투자액: $\frac{\text{기초투자액 + 잔존가치(1년 후 장부가액)}}{2}$

$= \frac{₩350,000 + (₩350,000 - ₩350,000 \times 1/5)}{2} = ₩315,000$

■ "기타 지출비용 ₩150,000"

→ 사무실 확장공사의 비용은 감가상각비와 기타 지출비용으로 ₩220,000(= ₩70,000 + ₩150,000)이다.

■ "평균투자액기준으로 9%의 투자수익률(ROI)을 달성하였다. (단, 지난해 평균투자액은 ₩2,500,000이었다)"

→ 지난해 영업이익은 ₩225,000(= ₩2,500,000 × 9%)이다.

■ [물음 1] "사무실 확장공사가 해당 사업부의 투자수익률(ROI)에 미친 영향"

→ 공사 전 투자수익률(ROI)을 계산할 때 사무실 확장으로 인한 평균투자액은 차감하고 관련 비용은 가산한다.

■ [물음 3] "지난해 비품 등 구입비용이 ₩100,000이었다면 지난해 달성한 투자수익률(ROI)"

→ 비품 등 구입비용이 ₩100,000인 경우 평균투자액은 다음과 같다.

$\frac{\text{기초투자액 + 잔존가치}}{2} = \frac{₩100,000 + ₩80,000}{2} = ₩90,000$

또한, 새로운 투자수익률(ROI)은 공사 전 평균투자액에 사무실 확장으로 인한 평균투자액을 가산하고 공사 전 영업이익에 공사 후 비용을 차감하여 계산한다.

자료정리

(1) 지난해 영업이익

평균투자액 × 투자수익률(ROI) = ₩2,500,000 × 9% = ₩225,000

(2) 사무실 확장의 평균투자액과 비용

• 평균투자액: $\frac{\text{기초투자액 + 잔존가치}}{2} = \frac{₩350,000 + ₩280,000}{2} = ₩315,000$

• 비용: 감가상각비 + 기타 지출비용 = ₩70,000 + ₩150,000 = ₩220,000

(3) 비품 등 구입비용이 ₩100,000인 경우 평균투자액과 비용

• 평균투자액: $\frac{\text{기초투자액 + 잔존가치}}{2} = \frac{₩100,000 + ₩80,000}{2} = ₩90,000$

• 비용: 감가상각비 + 기타 지출비용 = ₩20,000 + ₩150,000 = ₩170,000

모범답안

[물음 1] 투자수익률(ROI)의 변화

$$투자수익률(ROI) = \frac{영업이익}{투자액} = \frac{₩225,000 + ₩220,000}{₩2,500,000 - ₩315,000} = 20.37\%$$

∴ 공사 전 투자수익률은 20.37%이고 공사 후 투자수익률은 9%이므로, 사무실 확장공사로 인해 투자수익률이 11.37% 감소하였다.

[물음 2] 대리이론

대리인은 자신의 효용을 극대화하는 방향으로 행동하기 때문에 A씨는 투자수익률(ROI)의 증가보다는 사무실 확장공사로 인하여 더 큰 효용을 얻는다.

[물음 3] 새로운 투자수익률(ROI)

공사 전 평균투자액에 사무실 확장으로 인한 평균투자액을 가산하고, 공사 전 영업이익에 공사 후 비용을 차감하여 계산한다.

$$투자수익률(ROI) = \frac{영업이익}{투자액} = \frac{₩445,000 - (₩20,000 + ₩150,000)}{₩2,185,000 + ₩90,000} = 12.09\%$$

[물음 4] 위임자와 대리인 사이의 정보의 불균형으로 인한 문제

(1) 도덕적해이(Moral hazard)

위임자가 대리인의 행동을 잘 파악할 수 없을 때 대리인이 자신의 효용을 추구하여 위임자의 효용에 반하는 행동을 하는 현상을 말한다.

(2) 역선택(Adverse selection)

대리인이 위임자가 획득할 수 없는 정보를 가지고 있을 때 대리인이 위임자에게 잘못된 정보를 제공하면서 발생하는 현상을 말한다.

[물음 5] 대리비용

(1) 감시비용(Monitoring costs)

대리인이 자신의 효용에 반하는지 위임자가 감시하는 데 소요되는 비용

(2) 보증비용(Bonding costs)

대리인이 위임자의 효용에 반하지 않다는 것을 위임자에게 보증하는 데 소요되는 비용

(3) 잔여손실(Residual costs)

위임자와 대리인의 의사결정의 차이로 인하여 발생하는 부의 감소

문제 04 효용함수와 대리이론

회계사 06

(주)코리아는 전자부품을 생산 · 판매하는 회사이다. (주)코리아는 소유지분이 분산되어 지배주주는 없으며 전문경영인을 고용하여 운영되고 있다. 전문경영인이 경영활동에 투입하는 노력은 높은 수준의 노력 H와 낮은 수준의 노력 L 두 가지만 가능하다.

(주)코리아의 최종성과(Outcome)는 전문경영인의 노력 여하에 따라 ₩10 혹은 ₩30 둘 중 하나로만 나타난다. 전문경영인이 높은 수준의 노력 H를 기울일 경우 최종성과가 ₩10이 될 확률은 0.1, ₩30이 될 확률은 0.9이다. 그리고 전문경영인이 낮은 수준의 노력 L을 기울일 경우 최종성과가 ₩10이 될 확률은 0.8, ₩30이 될 확률은 0.2이다.

(주)코리아의 위험행태는 위험중립적이며, 전문경영인은 위험회피적이다. 전문경영인의 효용은 급여와 노력의 함수이다. 그 구체적인 내용은 아래의 효용함수 u(w, e)와 같다. 효용함수의 첫째 항은 급여에 대한 효용, 둘째 항은 노력으로 인한 비효용을 나타낸다.

$$u(w, e) = \sqrt{w} - v(e)$$

여기에서, w = 회사가 전문경영인에게 지급하는 급여,
e = 전문경영인의 노력 H 혹은 L,
v(·) = 노력으로 인한 비효용함수로서, v(L)=1, v(H)=2라고 가정한다.

※ 전문경영인이 외부 노동시장에서 받을 수 있는 기회임금의 효용은 1이라고 가정한다.

요구사항

[물음 1] 전문경영인의 노력수준 H 또는 L이 객관적으로 관찰가능하다고 가정하자.

(1) (주)코리아는 전문경영인의 도덕적해이를 완화하는 데 있어서 '전문경영인의 노력' 또는 '최종성과' 중 어느 변수를 기초로 전문경영인과 고용계약을 체결하는 것이 보다 효과적인가?

(2) 전문경영인이 높은 수준의 노력(H)을 투입했을 때 회사가 일정액의 고정급을 지급하기로 하는 고용계약을 체결하고자 한다면, (주)코리아는 최소 얼마 이상의 고정급을 지급해야 하는가? (주)코리아는 최소한 전문경영인이 외부 노동시장에서 받을 수 있는 기회임금의 효용 이상을 보장하는 금액을 지급해야 한다.

[물음 2] 전문경영인의 노력수준에 대해서는 객관적인 관찰이 불가능하지만, 최종성과는 객관적으로 관찰가능하다고 가정하자. (주)코리아는 최종성과에 기초해 성과급을 지급하는 고용계약을 전문경영인과 체결하려고 한다. 전문경영인으로 하여금 높은 수준의 노력(H)을 투입하도록 동기부여하기 위해서는 최종성과가 ₩10일 경우에는 성과급 ₩3을, 그리고 최종성과가 ₩30일 경우에는 성과급 ₩10을 지급하는 것이 최적으로 분석되었다고 하자.

(1) 이때 전문경영인이 높은 수준의 노력(H)을 투입했을 때의 기대급여가 **[물음 1]**의 (2)에서 계산한 고정급보다 큰 이유를 4줄 이내로 간략히 설명하시오.

(2) 회사가 전문경영인으로 하여금 높은 수준의 노력(H)을 투입하도록 성과급을 지급하는 것이 최소 고정급을 지급함으로써 전문경영인이 낮은 수준의 노력(L)을 투입했을 경우에 비해 기대이익(최종성과 - 급여)이 증가하는가? 그렇다면, 그 증가금액은 얼마인가?

해답

문제분석

- "전문경영인은 위험회피적", "첫째 항은 급여에 대한 효용, 둘째 항은 노력으로 인한 비효용" 및 "u(w, e) = $\sqrt{w}$ - v(e)"
  → 전문경영인의 효용은 급여에 대한 $\sqrt{w}$에서 노력에 대한 일정액을 차감하여 계산한다.
- "전문경영인이 외부 노동시장에서 받을 수 있는 기회임금의 효용은 1이라고 가정"
  → 노력수준에 따라 "u(w, e) = $\sqrt{w}$ - v(e)"을 이용하여 기대효용이 1인 최소고정급여를 계산할 수 있다.
  - 높은 수준의 노력 H: 1 = $\sqrt{w}$ - 2, ∴ w = ₩9
  - 낮은 수준의 노력 L: 1 = $\sqrt{w}$ - 1, ∴ w = ₩4
- [물음 1] "(2) 전문경영인이 높은 수준의 노력(H)을 투입했을 때", "(2) 최소 얼마 이상의 고정급을 지급" 및 "(2) 외부 노동시장에서 받을 수 있는 기회임금의 효용 이상을 보장하는 금액을 지급해야 한다."
  → 전문경영인의 효용함수는 "u(w, e) = $\sqrt{w}$ - v(e)"이며, 외부 노동시장에서 받을 수 있는 기회임금의 효용은 1이다. 따라서 최소한의 고정급은 다음과 같다.
  $\sqrt{w}$ - v(e) ≥ 1
- [물음 2] "최종성과에 기초해 성과급을 지급" 및 "높은 수준의 노력(H)을 투입하도록 동기부여하기 위해서는 최종성과가 ₩10일 경우에는 성과급 ₩3을, 그리고 최종성과가 ₩30일 경우에는 성과급 ₩10을 지급"
  → 높은 수준의 노력(H)의 확률을 이용하여 기대성과급을 계산할 수 있다.
  기대성과급: ₩3 × 0.1 + ₩10 × 0.9 = ₩9.3

자료정리

경영자의 노력과 성과 간의 관계

	성과	
	₩10	₩30
높은 수준의 노력 H	0.1	0.9
낮은 수준의 노력 L	0.8	0.2

모범답안

[물음 1]

(1) 효과적인 고용계약 체결변수

전문경영인의 노력은 객관적으로 관찰가능하고 최종성과는 전문경영인의 노력과 통제불가능한 변수가 포함되어 있어, 도덕적해이를 완화하기 위해서는 전문경영인의 노력을 기초로 체결하는 것이 효과적이다.

(2) 높은 수준의 노력(H)을 투입했을 때 최소고정급(w)

$\sqrt{w}$ - v(e) ≥ 1

$\sqrt{w}$ - 2 ≥ 1이므로, ω는 ₩9이다.

[물음 2]

(1) 기대급여가 고정급보다 큰 이유

① 높은 수준의 노력을 투입하는 경우 기대성과급: ₩3 × 0.1 + ₩10 × 0.9 = ₩9.3

② [물음 1]의 (2)에서 계산한 고정급: ₩9

전문경영인은 위험회피적이며 최종성과는 통제가능한 노력 이외에 통제불가능한 외부변수가 영향을 미치므로 위험에 대한 프리미엄으로 인하여 기대성과급(₩9.3)이 고정급(₩9)보다 크다.

(2) 기대이익(최종성과 - 급여)의 증가 여부

① 높은 수준의 노력

기대성과	₩10 × 0.1 + ₩30 × 0.9 =	₩28
기대성과급	₩3 × 0.1 + ₩10 × 0.9 =	(9.3)
기대이익		₩18.7

② 낮은 수준의 노력

기대성과	₩10 × 0.8 + ₩30 × 0.2 =	₩14
최소고정급		(4)*
기대이익		₩10

* 낮은 수준의 노력에서의 최소고정급: $\sqrt{w}$ - v(e) ≥ 1

$\sqrt{w}$ - 1 ≥ 1이므로, ω는 ₩4이다.

∴ ₩8.7(= ₩18.7 - ₩10)만큼 기대이익이 증가한다.

문제 05 활동기준원가계산과 의사결정

세무사 11

다음을 읽고 물음에 답하시오.

(주)한국은 20×1년 1월 초에 창업한 회사로 제품 A와 제품 B를 생산·판매한다. 20×1년 12월 말까지 발생된 제조간접원가는 ₩4,000,000이었다. (주)한국은 활동기준원가계산을 적용하기 위하여 제조활동을 4가지로 구분하고 활동별로 제조간접원가를 집계하였다. (주)한국은 무재고 정책을 시행하고 있으며, 전수조사를 통해 품질검사를 실시한다. 제품 A는 1회 생산에 1,000단위씩 생산하며, 제품 B는 1회 생산에 500단위씩 생산한다. 또한, 각 제품은 1회 생산을 위하여 1회의 작업준비를 실시한다.

《자료 1》 생산량, 판매가격 및 직접원가 내역

구분	제품 A	제품 B
생산량	10,000단위	5,000단위
판매가격	₩1,000/단위	₩1,500/단위
직접재료원가	₩3,000,000	₩4,000,000
직접노무원가	₩1,000,000	₩1,000,000

《자료 2》 활동원가 및 원가동인 내역

활동	활동원가	원가동인	원가동인 소비량	
			제품 A	제품 B
작업준비	₩1,500,000	작업준비시간	15분/작업준비 1회	10분/작업준비 1회
품질검사	1,200,000	검사시간	2분/제품 1단위	4분/제품 1단위
공정수리	700,000	수리횟수	5회	2회
포장	?	생산량	?	?

《자료 3》 제품 A 시장의 경쟁이 심화되어, 20×2년도에 (주)한국은 제품 A의 대체품인 제품 C를 10,000단위 생산하고자 한다. (주)한국은 가격경쟁력을 확보하기 위하여 제품 C의 판매가격을 제품 A보다 낮출 것을 고려하고 있다. 제품 C는 1회 생산에 1,000단위씩 생산하며, 제품 C를 생산할 경우 제품 A보다 절감되는 원가 및 원가동인은 다음과 같다. 각 활동별 원가동인당 활동원가는 20×2년에도 20×1년과 동일할 것으로 예상된다.

항목	절감되는 원가 및 원가동인
직접재료원가	제품 1단위당 ₩20 감소
직접노무원가	제품 1단위당 ₩10 감소
작업준비시간	작업준비 1회당 5분 감소
품질검사시간	제품 1단위당 1분 감소
공정수리횟수	1회 감소

요구사항

[물음 1] 20×1년도에 활동기준원가계산을 적용하여 각 제품의 단위당 제조원가와 매출총이익률을 구하시오.

[물음 2] 20×2년도에 제품 C를 생산하면서 달성할 수 있는 단위당 최대 원가절감액을 구하시오.

[물음 3] 제품 C의 목표 매출총이익률을 제품 A의 20×1년도 매출총이익률의 1.2배가 되도록 설정한 경우, 제품 C의 단위당 제조원가를 구하시오. 단, 제품 C의 판매가격은 제품 A 판매가격의 80%로 책정된다.

해답

문제분석

- "제조간접원가는 ₩4,000,000" 및 "《자료 2》 활동원가"
  → 제시된 총제조간접원가와 활동별 원가합계는 일치해야 한다.
- "제품 A는 1회 생산에 1,000단위씩 생산하며, 제품 B는 1회 생산에 500단위씩 생산" 및 "《자료 1》 생산량 10,000단위, 5,000단위"
  → 총생산량과 1회 생산크기를 이용하여 생산횟수(작업준비횟수)를 계산할 수 있다.
- 《자료 3》 "제품 A의 대체품인 제품 C를 10,000단위 생산" 및 "제품 C는 1회 생산에 1,000단위씩 생산"
  → 제품 C의 생산횟수(작업준비횟수)를 계산할 수 있다.
- 《자료 3》 "절감되는 원가 및 원가동인"
  → 포장활동에 대한 언급이 없으므로 포장활동에 대한 원가는 절감되지 않는다.

자료정리

(1) 활동별 배부율

활동	활동원가	원가동인 소비량			활동별 배부율
		제품 A	제품 B	합계	
작업준비	₩1,500,000	150분*1	100분	250분	₩6,000/분
품질검사	1,200,000	20,000분*2	20,000분	40,000분	₩30/분
공정수리	700,000	5회	2회	7회	₩100,000/회
포장	600,000	10,000단위	5,000단위	15,000단위	₩40/단위
계	₩4,000,000				

*1 10,000단위/1,000단위 × 15분 = 150분

*2 10,000단위 × 2분 = 20,000분

(2) 제품별 제조간접원가

활동	제품 A		제품 B	
작업준비	₩6,000 × 150분 =	₩900,000	₩6,000 × 100분 =	₩600,000
품질검사	₩30 × 20,000분 =	600,000	₩30 × 20,000분 =	600,000
공정수리	₩100,000 × 5회 =	500,000	₩100,000 × 2회 =	200,000
포장	₩40 × 10,000단위 =	400,000	₩40 × 5,000단위 =	200,000
계		₩2,400,000		₩1,600,000

모범답안

[물음 1] 단위당 제조원가와 매출총이익률

(1) 제품별 단위당 원가

	제품 A	제품 B
직접재료원가	₩3,000,000	₩4,000,000
직접노무원가	1,000,000	1,000,000
제조간접원가	2,400,000	1,600,000
계	₩6,400,000	₩6,600,000
생산량	÷10,000단위	÷5,000단위
단위당 원가	₩640	₩1,320

(2) 제품별 매출총이익률

	제품 A	제품 B
단위당 판매가격	₩1,000	₩1,500
단위당 원가	(640)	(1,320)
단위당 매출총이익	₩360	₩180
매출총이익률	36%	12%

[물음 2] 제품 C의 단위당 원가절감액

직접재료원가	₩20 × 10,000단위 =	₩200,000
직접노무원가	₩10 × 10,000단위 =	100,000
작업준비활동	₩6,000 × 10뱃치 × 5분 =	300,000
품질검사활동	₩30 × 10,000단위 × 1분 =	300,000
공정수리활동	₩100,000 × 1회 =	100,000
계		₩1,000,000
생산량		÷10,000단위
단위당 절감액		₩100

[물음 3] 제품 C의 단위당 제조원가

(1) 제품 C의 단위당 판매가격

₩1,000 × 80% = ₩800

(2) 매출총이익률

36% × 1.2 = 43.2%

(3) 매출총이익

₩800 × 43.2% = ₩345.6

(4) 제품 C의 단위당 제조원가(x)

₩800 - x = ₩345.6

∴ x = ₩454.4

문제 06 활동기준원가계산, 목표원가계산 및 관련원가분석 세무사 16

(주)한국은 주문생산방식에 의해서 제품 X와 제품 Y를 생산하고 있다. 제품생산은 전월에 주문을 받아 당월에 이루어진다. 20×1년 3월에는 제품 X 1,800단위와 제품 Y 1,200단위를 주문받았으며, 모두 4월에 생산·판매되었다. (주)한국은 활동기준원가계산을 사용하고 있으며, 20×1년 4월의 생산·판매자료는 다음과 같다.

《자료 1》 제품별 판매가격과 기초원가

구분	제품 X	제품 Y
판매가격(단위당)	₩220	₩250
기초원가(총액)	81,420	58,180

《자료 2》 활동과 활동원가

활동중심점	원가동인	활동원가	원가동인수		
			제품 X	제품 Y	합계
기계작업준비	준비시간	₩84,000	?	?	?
절삭작업	기계시간	60,000	80	120	200
조립작업	노무시간	80,000	140	60	200
품질검사	검사시간	28,800	?	?	?
동력지원	kwh	42,000	800	400	1,200

(주)한국은 생산의 효율성을 제고하기 위하여 제품 X를 400단위씩 묶음으로 생산하며, 제품 Y는 200단위씩 묶음생산하고 있다. 기계작업준비를 위해 제품 X는 1회당 2시간, 제품 Y는 1회당 1시간이 소요된다. 품질검사는 각 제품을 100단위 생산할 때마다 1단위를 추출하여 30분씩 이루어진다. 절삭작업과 조립작업, 동력지원은 각 원가동인에 비례하여 발생하는 단위수준활동이다.

요구사항

[물음 1] 각 제품에 배부되는 각 활동별 원가를 제시하고 제품별 단위당 제품원가를 계산하시오.

[물음 2] 최근 발간된 전문보고서에 의하면 제품 Y의 시장규모는 확대되고 있지만 신규 경쟁자들의 시장진입에 따라 가격경쟁이 치열할 것으로 예상된다. 이에 따라 (주)한국의 최고경영자는 자사가 생산 중인 제품 Y의 생산·판매량이 향후에도 1,200단위를 유지하겠지만 단위당 판매가격은 ₩210으로 인하해야 할 것으로 전망하였다. 최고경영자는 제품 Y의 매출총이익을 현재 수준(20×1년 4월 기준) 이상으로 유지하면서 원가절감을 할 수 있는 방법을 생산활동에서 찾고 있다. 제품 Y의 단위당 제품원가가 얼마나 절감되어야 하는지 최소금액을 계산하시오. (단, [물음 1]과 관계없이 20×1년 4월 제품 Y의 단위당 제품원가는 ₩100으로 가정한다)

[물음 3] (주)한국의 최고경영자는 기존제품 X를 완전히 대체할 수 있는 고성능 제품 Q의 생산을 고려하고 있다. 제품 X는 동력지원과 더불어 절삭작업과 조립작업, 품질검사의 순서를 거쳐 생산되고 있다. 품질검사를 마친 제품 X 1단위마다 연마작업을 추가하면 제품 Q 1단위를 생산할 수 있다. 연마작업에는 제품 단위당 10분이 소요되며, 월간 동력지원활동 180kwh가 추가로 필요하고, 기타 제조활동(동력지원활동 제외)으로 연마작업시간당 ₩300이 추가로 발생한다. 또한 연마작업 후에도 품질검사가 이루어지는데 제품 Q를 50단위 생산할 때마다 1단위를 추출하여 20분씩 정밀검사하며, 1회당 ₩1,400이 발생한다. 제품 Q의 단위당 판매가격은 ₩310이다. 만약에 20×1년 4월에 제품 X를 모두 제품 Q로 대체 생산·판매하였다면 증분이익(손실)이 얼마인지 계산하시오.

해답

문제분석

■ "제품 X 1,800단위와 제품 Y 1,200단위를 주문받았으며, 모두 4월에 생산·판매"
→ 제품 X 1,800단위와 제품 Y 1,200단위에 대한 원가동인 소비량을 각각 정리한다.

■ 《자료 1》 "판매가격(단위당)" 및 "기초원가(총액)"
→ 판매가격은 단위기준이고 기초원가는 총액이므로 주의해야 한다.

■ 《자료 2》 "기계작업준비" 및 "품질검사"
→ 추가자료를 이용하여 원가동인수를 계산한다.

■ 《자료 2》 "제품 X를 400단위씩 묶음", "제품 Y는 200단위씩 묶음" 및 "기계작업준비를 위해 제품 X는 1회당 2시간, 제품 Y는 1회당 1시간"
→ 기계작업준비활동에 대한 원가동인수를 각각 계산할 수 있다.

■ 《자료 2》 "품질검사는 각 제품을 100단위 생산할 때마다 1단위를 추출하여 30분씩 이루어진다."
→ 묶음의 크기를 이용하여 품질검사횟수를 계산한 후 회당 30분을 곱하여 총품질검사시간을 계산한다.

■ [물음 2] "제품 Y의 매출총이익을 현재 수준(20×1년 4월 기준) 이상으로 유지" 및 "제품 Y의 단위당 제품원가는 ₩100으로 가정"
→ 현재 매출총이익은 ₩180,000[= 1,200단위 × (₩250 − ₩100)]이다.

■ [물음 3] "연마작업에는 제품 단위당 10분, 연마작업시간당 ₩300이 추가", "동력지원활동 180kwh가 추가" 및 "품질검사가 이루어지는데 제품 Q를 50단위 생산할 때마다 1단위를 추출, 1회당 ₩1,400"
→ 추가가공에 대한 추가비용은 세 가지로 다음과 같다.
- 연마작업: [(1,800단위 × 10분) ÷ 60분] × ₩300 = ₩90,000
- 동력지원: 180kwh × ₩35 = ₩6,300
- 정밀검사: (1,800단위 ÷ 50단위) × ₩1,400 = ₩50,400

자료정리

(1) 제품별 자료정리

	제품 X		제품 Y	
생산횟수	1,800단위 ÷ 400단위 =	5회*	1,200단위 ÷ 200단위 =	6회
기계작업준비시간	5회 × 2시간 =	10시간	6회 × 1시간 =	6시간
품질검사횟수	1,800단위 ÷ 100단위 =	18회	1,200단위 ÷ 100단위 =	12회
품질검사시간	(18회 × 30분) ÷ 60분 =	9시간	(12회 × 30분) ÷ 60분 =	6시간

* 4.5회이므로 실제 생산횟수는 5회이다.

(2) 활동별 배부율

- 기계작업준비: ₩84,000 ÷ (10시간 + 6시간) = ₩5,250/준비시간
- 절삭작업: ₩60,000 ÷ (80시간 + 120시간) = ₩300/기계시간
- 조립작업: ₩80,000 ÷ (140시간 + 60시간) = ₩400/노무시간
- 품질검사: ₩28,800 ÷ (9시간 + 6시간) = ₩1,920/검사시간
- 동력지원: ₩42,000 ÷ (800kwh + 400kwh) = ₩35/kwh

(3) 제품별 활동원가

	제품 X		제품 Y	
기계작업준비	₩5,250 × 10시간 =	₩52,500	₩5,250 × 6시간 =	₩31,500
절삭작업	₩300 × 80시간 =	24,000	₩300 × 120시간 =	36,000
조립작업	₩400 × 140시간 =	56,000	₩400 × 60시간 =	24,000
품질검사	₩1,920 × 9시간 =	17,280	₩1,920 × 6시간 =	11,520
동력지원	₩35 × 800kwh =	28,000	₩35 × 400kwh =	14,000
		₩177,780		₩117,020

모범답안

[물음 1] 제품별 단위당 제품원가

	제품 X	제품 Y
기초원가	₩81,420	₩58,180
제조간접원가	177,780	117,020
합계	₩259,200	₩175,200
생산량	÷ 1,800단위	÷ 1,200단위
단위당 원가	₩144	₩146

[물음 2] 최소 절감액

절감 후 단위당 제품원가를 x라 하면 다음과 같다.

- 절감 전 매출총이익: 1,200단위 × (₩250 - ₩100) = ₩180,000
- 절감 후 매출총이익: 1,200단위 × (₩210 - x) = ₩180,000

∴ x = ₩60이므로, 최소 절감액은 ₩40(= ₩100 - ₩60)이다.

[물음 3] 제품대체 시 증분손익

증분수익		
매출 증가	1,800단위 × (₩310 - ₩220) =	₩162,000
증분비용		
연마작업	[(1,800단위 × 10분) ÷ 60분] × ₩300 =	(90,000)
동력지원	180kwh × ₩35 =	(6,300)
정밀검사	(1,800단위 ÷ 50단위) × ₩1,400 =	(50,400)
증분이익		₩15,300

문제 07 제조주기와 제품추가 의사결정

회계사 10 수정

(주)한국은 고성능컴퓨터 A를 제조하여 판매하고 있다. 모든 생산은 lot단위로 이루어지며 500개가 1lot가 된다. A의 예상판매량은 연간 25,000개이다. A를 생산하는 데 소요되는 제조시간은 lot당 150시간이며, 대기시간은 lot당 100시간이 소요된다. 당사는 최근 소비자 욕구의 변화와 컴퓨터 판매시장의 변화로 기능이 향상된 차세대 컴퓨터 B의 개발을 고려하고 있다. 회사가 A와 함께 B를 생산할 경우 대기시간은 두 제품 모두 lot당 250시간이 걸린다. B는 15,000개의 판매가 예상되며 제조시간은 lot당 250시간이다. B의 판매는 A의 판매량에 전혀 영향을 미치지 않는다.

회사의 고정제조간접원가 예산액은 총 ₩200,000이며, 변동제조간접원가는 두 제품 모두 lot당 ₩4,000 및 A는 누적제조주기당 ₩40, B는 누적제조주기당 ₩30이 발생될 것으로 보인다. (누적제조주기란 총생산량의 대기시간과 제조시간의 합을 말한다. 예를 들어 제품 lot당 생산 시 대기시간이 200시간, 제조시간이 200시간 소요되고 총생산량이 2lot라면 누적제조주기는 800시간이 된다) 또한, lot당 제조주기가 증가하게 되면 소비자 수요에 영향을 주게 되어 단위당 판매가격이 다음과 같이 하락한다.

《제품 단위당 판매가격과 기초원가》

제품명	lot당 제조주기 300시간 이하일 때	lot당 제조주기 300시간 초과할 때	제품 단위당 기초원가
A	₩85	₩80	₩20
B	70	65	22

요구사항

[물음 1] A만 생산할 때에 비해서 두 제품을 동시에 생산하는 경우 회사의 매출액은 얼마나 증가 또는 감소하는가?

[물음 2] A만 생산할 때에 비해서 두 제품을 동시에 생산하는 경우 원가는 얼마나 증가 또는 감소하는가? (판매량만큼 생산한다고 가정한다)

[물음 3] 위의 결과에 의할 경우 회사는 B를 생산해야 하는가?

해답

문제분석

- "모든 생산은 lot단위로 이루어지며 500개가 1lot", "A의 예상판매량은 연간 25,000개" 및 "B는 15,000개의 판매가 예상"
  - → A와 B 모두 lot크기는 500개이며, 제품별 lot수는 다음과 같다.
    - A: 25,000개 ÷ 500개 = 50lot
    - B: 15,000개 ÷ 500개 = 30lot
- "A를 생산하는 데 소요되는 제조시간은 lot당 150시간이며, 대기시간은 lot당 100시간" 및 "누적제조주기란 총생산량의 대기시간과 제조시간의 합"
  - → A의 제조주기는 다음과 같다.

제조시간	150시간/lot
대기시간	100시간/lot
누적제조주기	250시간/lot

- "A와 함께 B를 생산할 경우 대기시간은 두 제품 모두 lot당 250시간" 및 "B는 15,000개의 판매가 예상되며 제조시간은 lot당 250시간"
  - → A와 B를 함께 생산할 경우 제조주기는 다음과 같다.

	A	B
제조시간	150시간/lot	250시간/lot
대기시간	250시간/lot	250시간/lot
누적제조주기	400시간/lot	500시간/lot

- "변동제조간접원가는 두 제품 모두 lot당 ₩4,000 및 A는 누적제조주기당 ₩40, B는 누적제조주기당 ₩30"
  - → lot당 발생하는 변동제조간접원가와 누적제조주기당 발생하는 변동제조간접원가 두 가지가 있다.
- [물음 1] "A만 생산할 때에 비해서 두 제품을 동시에 생산하는 경우 회사의 매출액"
  - → 두 제품을 함께 생산하는 경우 A의 판매가격은 ₩85에서 ₩80으로 낮아진다.
- [물음 2] "A만 생산할 때에 비해서 두 제품을 동시에 생산하는 경우 원가"
  - → 두 제품을 함께 생산하는 경우 A의 누적제조주기는 250시간/lot에서 400시간/lot으로 증가하여 제조주기에 비례하여 발생하는 변동제조간접원가가 증가한다.

자료정리

(1) 제조주기

	A		B
	A만 생산	B와 함께 생산	
제조시간	150시간/lot	150시간/lot	250시간/lot
대기시간	100시간/lot	250시간/lot	250시간/lot
누적제조주기	250시간/lot	400시간/lot	500시간/lot

(2) 단위당 판매가격

	A		B
	A만 생산	B와 함께 생산	
누적제조주기	250시간/lot	400시간/lot	500시간/lot
단위당 판매가격	₩85	₩80	₩65
단위당 기초원가	20	20	22

(3) 변동제조간접원가

- 공통: lot당 ₩4,000
- 개별: 누적제조주기당 A는 ₩40, B는 ₩30

모범답안

[물음 1] 두 제품을 동시에 생산하는 경우 회사의 매출액 증감

(1) A만 생산하는 경우

lot당 제조주기가 300시간 이하

25,000개 × ₩85 = ₩2,125,000

(2) 두 제품을 동시에 생산하는 경우

lot당 제조주기가 모두 300시간을 초과하는 경우 A의 판매가격이 달라진다.

A	25,000개 × ₩80 =	₩2,000,000
B	15,000개 × ₩65 =	975,000
		₩2,975,000

∴ 두 제품을 동시에 생산하는 경우 회사의 매출액은 ₩850,000(= ₩2,975,000 - ₩2,125,000)만큼 증가한다.

[물음 2] 두 제품을 동시에 생산하는 경우 원가 증감

(1) A만 생산하는 경우

기초원가	25,000개 × ₩20 =	₩500,000
변동제조간접원가	50lot × ₩4,000 + 50lot × 250시간 × ₩40 =	700,000
		₩1,200,000

(2) 두 제품을 동시에 생산하는 경우

A의 누적제조주기가 달라진다.

① A 원가

기초원가	25,000개 × ₩20 =	₩500,000
변동제조간접원가	50lot × ₩4,000 + 50lot × 400시간 × ₩40 =	1,000,000
		₩1,500,000

② B 원가

기초원가	15,000개 × ₩22 =	₩330,000
변동제조간접원가	30lot × ₩4,000 + 30lot × 500시간 × ₩30 =	570,000
		₩900,000

∴ 두 제품을 동시에 생산하는 경우 원가는 ₩1,200,000[= (₩1,500,000 + ₩900,000) - ₩1,200,000]만큼 증가한다.

[물음 3] 제품 B 생산 의사결정

증분수익	
매출 증가	₩850,000
증분비용	
원가 증가	(1,200,000)
증분이익	₩(350,000)

∴ B를 생산하지 않아야 한다.

문제 08 수명주기예산과 책임회계제도

회계사 03

(주)한국은 카메라를 생산·판매하고 있다. (주)한국의 경영자는 기존 카메라에 새로운 디지털 기능이 포함된 A제품의 개발을 고려하고 있다. 경영자는 20×1년도에 연구개발을 시작하여 20×5년도에 시장에서 쇠퇴하는 A제품의 수명주기예산자료를 다음과 같이 작성하였다.

A제품의 수명주기예산자료

	20×1년	20×2년	20×3년	20×4년	20×5년
생산·판매량	-	5,000단위	15,000단위	25,000단위	10,000단위
단위당 판매가격	-	₩150	₩120	₩100	₩80
연구개발/설계원가	₩200,000	-	-	-	-
단위당 제조원가	-	60	45	30	20
단위당 마케팅 및 고객서비스원가	-	65	60	50	30

모든 현금유입과 유출은 연중 계속하여 발생하지만 분석의 편의를 위해 매년 기말시점에 발생하는 것으로 가정한다. 또한 위의 모든 수익과 비용은 현금수익과 현금비용이며 화폐의 시간가치, 세금 및 인플레이션 효과는 무시한다.

요구사항

[물음 1] (주)한국의 A제품에 대한 20×5년까지 연도별 예산누적현금흐름을 계산하라.

[물음 2] (주)한국에서는 A제품 이외에 또 다른 방안으로 B제품의 개발도 함께 고려하고 있다. B제품의 요약된 수명주기예산자료가 다음과 같다고 하자.

B제품의 수명주기예산자료

	20×1년	20×2년	20×3년	20×4년	20×5년
현금유입	-	₩500,000	₩1,500,000	₩3,250,000	₩1,000,000
현금유출	₩250,000	300,000	1,400,000	2,500,000	600,000

(1) (주)한국의 대주주와 경영자의 고용계약 만기는 20×3년 말이며, 20×1년 말 현재로서는 계약연장계획이 없다. 경영자의 성과보상은 매년 순현금흐름(현금수입 - 현금비용)의 일정 비율에 의해 결정된다. 이러한 상황에서 자신의 성과보상을 극대화하려는 경영자는 두 가지 대안 중에서 어떤 제품을 개발해야 한다고 주장하겠는가?

(2) (주)한국의 대주주는 투자자문사에게 어떤 투자안이 (주)한국입장에서 보다 유리한지에 대해서 의뢰하였다. 투자자문사의 선택이 (주)한국의 경영자의 선택과 일치하는지 여부를 나타내시오.

(3) 만일 두 사람의 의견이 일치한다면 그 원인은 무엇이며 서로 의견이 다르다면 그 원인은 무엇인가?

해답

문제분석

- "A제품의 수명주기예산자료" 및 "모든 수익과 비용은 현금수익과 현금비용"
  → 주어진 자료를 이용하여 A제품의 매년 증분현금흐름과 누적현금흐름을 계산할 수 있다.
- [물음 2] "(1) 경영자의 고용계약 만기는 20×3년 말이며, 20×1년 말 현재로서는 계약연장계획이 없다."
  → 경영자의 고용계약 만기는 20×3년 말이므로 경영자는 20×3년 말까지 누적현금흐름이 높은 투자안을 선택할 것이다.
- [물음 2] "(2) (주)한국입장"
  → (주)한국입장에서는 20×5년 말까지 누적현금흐름이 높은 투자안을 선택해야 한다.

자료정리

(1) A제품 연도별 증분현금흐름과 누적현금흐름

A제품의 수명주기예산자료

	20×1년	20×2년	20×3년	20×4년	20×5년
현금유입	-	₩750,000[*1]	₩1,800,000	₩2,500,000	₩800,000
현금유출	₩200,000	625,000[*2]	1,575,000	2,000,000	500,000
연도별 증분현금흐름	₩(200,000)	₩125,000	₩225,000	₩500,000	₩300,000
연도별 누적현금흐름	₩(200,000)	₩(75,000)	₩150,000	₩650,000	₩950,000

[*1] 현금수익: ₩150 × 5,000단위 = ₩750,000

[*2] 현금비용: (₩60 + ₩65) × 5,000단위 = ₩625,000

(2) B제품 연도별 증분현금흐름과 누적현금흐름

B제품의 수명주기예산자료

	20×1년	20×2년	20×3년	20×4년	20×5년
현금유입	-	₩500,000	₩1,500,000	₩3,250,000	₩1,000,000
현금유출	₩250,000	300,000	1,400,000	2,500,000	600,000
연도별 증분현금흐름	₩(250,000)	₩200,000	₩100,000	₩750,000	₩400,000
연도별 누적현금흐름	₩(250,000)	₩(50,000)	₩50,000	₩800,000	₩1,200,000

모범답안

[물음 1] A제품 연도별 예산누적현금흐름

A제품의 수명주기예산자료

	20×1년	20×2년	20×3년	20×4년	20×5년
현금유입	-	₩750,000	₩1,800,000	₩2,500,000	₩800,000
현금유출	₩200,000	625,000	1,575,000	2,000,000	500,000
연도별 증분현금흐름	₩(200,000)	₩125,000	₩225,000	₩500,000	₩300,000
연도별 누적현금흐름	₩(200,000)	₩(75,000)	₩150,000	₩650,000	₩950,000

[물음 2]

(1) 경영자의 선택

경영자입장에서는 고용계약 만기가 20×3년 말이므로 20×3년 말 누적현금흐름이 상대적으로 높은 A제품을 선택할 것이다.

- A제품: ₩150,000
- B제품: ₩50,000

(2) 투자자문사의 선택

회사입장에서는 제품수명주기 전체인 20×5년 말 누적현금흐름이 상대적으로 높은 B제품을 선택할 것이다. 따라서 경영자와 투자자문사의 선택은 일치하지 않는다.

- A제품: ₩950,000
- B제품: ₩1,200,000

(3) 일치하지 않는 원인

경영자의 고용만기는 20×3년 말이며 이후 재계약하지 않기 때문에 경영자는 수명주기 전체의 성과가 아닌 20×3년 말까지의 성과만으로 보상받으므로 경영자와 회사 전체 목표가 일치하지 않는다.

문제 09 품질원가계산

회계사 20

(주)대한과 (주)민국은 자동차를 제조하여 판매하고 있다. 두 회사는 모두 단일 제품을 생산하고 있으며, 오래 전부터 품질의 중요성을 인식하고 품질향상을 위한 노력을 지속해오고 있다. 또한 각 사는 자체개발한 품질원가계산 프로그램을 가동하고 있다. 다음은 두 회사의 20×1년과 20×2년의 품질과 관련한 활동 내역에 대한 자료이다. 두 회사 모두 품질교육훈련의 시간당 원가는 ₩300이고, 검사활동의 시간당 임률은 ₩80으로 동일하다.

품질 관련 활동	(주)대한		(주)민국	
	20×1년	20×2년	20×1년	20×2년
품질교육 훈련시간	6,000시간	9,400시간	2,100시간	4,400시간
단위당 검사시간	0.8시간	1.4시간	1시간	0.8시간
완성품 재작업비율	8%	5%	9%	6%
단위당 재작업원가	₩1,000	₩1,000	₩800	₩1,600
사후수리(A/S)비율	9%	4%	8%	5%
단위당 사후수리(A/S)원가	₩1,400	₩1,050	₩1,300	₩1,400

20×1년과 20×2년 각각에 대한 회사별 생산량, 제품 단위당 판매가격 및 변동원가는 동일하며 아래와 같다.

원가 관련 정보	(주)대한	(주)민국
생산량(또는 판매량)	20,000대	16,000대
단위당 판매가격	₩4,000	₩2,500
단위당 변동원가	₩2,400	₩1,600

요구사항

[물음 1] (주)대한과 (주)민국의 20×2년 품질원가보고서를 품질원가의 범주별로 금액과 매출액 대비 비율을 포함하여 작성하시오. 단, 비율은 백분율(%)로 표시하되 소수점 셋째 자리에서 반올림하시오.

<답안작성양식>

품질원가 범주	금액		매출액 대비 비율	
	(주)대한	(주)민국	(주)대한	(주)민국
예방원가				
평가원가				
내부실패원가				
외부실패원가				
계				

[물음 2] (주)대한과 (주)민국의 20×2년 품질경영활동을 평가하고자 한다. 다음 물음에 답하되 주어진 정보하에서는 알 수 없는 경우 "판단불가"라고 답하고 그 이유를 간단히 서술하시오.

(1) 설계품질(Quality of design)이 우수하다 판단되는 회사는 어디인지 답하고, 그 이유를 간단히 설명하시오.

(2) 적합품질(Quality of conformance)을 높이기 위해 더 노력하고 있다고 판단되는 회사는 어디인지 답하고, 그 이유를 간단히 설명하시오.

[물음 3] (주)대한과 (주)민국의 품질원가와 관련된 아래의 물음에 답하시오.

(1) 20×2년 적합품질을 개선하기 위한 원가의 상대적 지출비율 측면에서 바람직한 회사는 어디인지 답하고, 그 이유를 간단히 설명하시오.

(2) 20×1년 대비 20×2년의 품질원가를 종합적으로 고려하였을 때 (주)대한과 (주)민국 중 어느 회사의 품질활동 성과가 개선되었는지 답하고, 그 이유를 간단히 설명하시오.

[물음 4] 다음의 각 사항은 품질원가에 어떻게 영향을 미치는지 답하시오.

(1) 20×2년 현재 (주)민국은 높은 불량률 발생에 의한 기업이미지 실추로 인해 다음 해에 판매대수가 600대 줄어들 것을 예상하고 있다. 이러한 사항을 알게 된 담당자는 이를 품질원가보고서에 반영할 필요가 있는가? 없다면 그 이유를 설명하고, 있다면 이를 반영했을 때 매출액 대비 총품질원가의 비율은 몇 %포인트 증가하는지 구하시오.

(2) (주)대한에서 예상치 못한 일이 발생했다. 자동차 판매 시 회사가 제작하여 경품으로 제공한 장난감의 불량으로 「제조물책임법」에 따른 손해배상금 500만원을 지급했다. 동 사건은 품질원가보고서에 반영해야 될 사항인가? 그렇다면 어느 범주 품질원가에 영향을 미치는가를 밝히고, 아니라면 간단히 그 이유를 설명하시오.

[물음 5] (주)민국의 원가담당자는 20×2년 통제원가에 사용된 자원의 30%를 추가로 투자하는 경우 실패원가를 50% 절감할 수 있다고 분석하였다. 이를 20×2년에 적용한다면 연간 이익은 얼마나 증가(또는 감소)하는지 구하시오.

[물음 6] (주)대한은 조사를 해 본 결과 그 밖에도 많은 품질관리활동이 있었다는 것을 알게 되었다. 다음은 그 활동 내역이다. 이와 관련하여 발생이 예상되는 원가를 품질원가의 범주별로 분류하시오.

(1) 제품 리콜사태가 발생하여 신차로 교환해주었다.
(2) 원자재 단가는 좀 올랐지만 공급처를 변경하여 원자재와 부품의 질을 높였다.
(3) 제조공정에 사용되는 검사장비를 최신식으로 교체하여 검사의 성능을 대폭 향상시켰다.
(4) 비정상공손원가가 전년보다 소폭 증가했다.
(5) 고객서비스센터의 운영비를 증가시켰다.
(6) 소비자들이 품질 불만으로 인한 불매운동에 나서는 바람에 매출이 감소했다.
(7) 불량품을 폐기처분하였다.
(8) 완성품의 품질검사 인력을 대폭 보강했다.
(9) 우수협력업체를 선정하기 위해 다수의 회의를 거친 후 여러 회사를 방문하였다.

<답안작성양식>: 해당 란에 √체크 표시

품질원가 범주	(1)	(2)	(3)	(4)	(5)	(6)	(7)	(8)	(9)
예방원가									
평가원가									
내부실패원가									
외부실패원가									

해답

문제분석

- "품질 관련 활동"
  → 총품질원가는 품질교육원가, 검사원가, 재작업원가, 사후수리원가 총 4가지이다.
- [물음 2] "설계품질(Quality of design)" 및 "적합품질(Quality of conformance)"
  → 설계품질은 시장에서 요구하는 기능과 디자인이 잘 반영되는지 여부를 말하며, 소비자품질이라고도 한다. 또한, 적합품질은 설계된 대로 적합하게 생산되는지 여부를 말하며, 생산자품질이라고도 한다.
- [물음 3] "(1) 20×2년 적합품질을 개선하기 위한 원가의 상대적 지출비율 측면에서 바람직한 회사"
  → 회사별 매출액 대비 통제원가(예방원가, 평가원가)와 실패원가(내부실패원가, 외부실패원가)의 상대적 비율을 근거로 적합품질 개선에 대한 노력을 평가할 수 있다.
- [물음 3] "(2) 품질원가를 종합적으로 고려하였을 때 (주)대한과 (주)민국 중 어느 회사의 품질활동 성과가 개선"
  → 회사별 전년 대비 통제원가(예방원가, 평가원가)와 실패원가(내부실패원가, 외부실패원가) 비율을 비교하여 품질활동 성과를 평가할 수 있다.
- [물음 4] "(1) 높은 불량률 발생에 의한 기업이미지 실추로 인해 다음 해에 판매대수가 600대 줄어들 것을 예상"
  → 미래 판매기회 상실로 인한 손실은 수량에 단위당 공헌이익을 곱하여 계산한다.

자료정리

(1) 품질원가표

• (주)대한

	20×1년		20×2년	
품질교육	₩300 × 6,000시간 =	₩1,800,000	₩300 × 9,400시간 =	₩2,820,000
검사	₩80 × 20,000대 × 0.8시간 =	1,280,000	₩80 × 20,000대 × 1.4시간 =	2,240,000
재작업	₩1,000 × 20,000대 × 8% =	1,600,000	₩1,000 × 20,000대 × 5% =	1,000,000
사후수리	₩1,400 × 20,000대 × 9% =	2,520,000	₩1,050 × 20,000대 × 4% =	840,000
		₩7,200,000		₩6,900,000

• (주)민국

	20×1년		20×2년	
품질교육	₩300 × 2,100시간 =	₩630,000	₩300 × 4,400시간 =	₩1,320,000
검사	₩80 × 16,000대 × 1시간 =	1,280,000	₩80 × 16,000대 × 0.8시간 =	1,024,000
재작업	₩800 × 16,000대 × 9% =	1,152,000	₩1,600 × 16,000대 × 6% =	1,536,000
사후수리	₩1,300 × 16,000대 × 8% =	1,664,000	₩1,400 × 16,000대 × 5% =	1,120,000
		₩4,726,000		₩5,000,000

(2) 회사별 매출액 대비 통제원가와 실패원가비율[물음 3]

	(주)대한		(주)민국	
	금액	비율	금액	비율
품질교육	₩2,820,000	3.53%	₩1,320,000	3.30%
검사	2,240,000	2.80%	1,024,000	2.56%
소계	₩5,060,000	6.33%	₩2,344,000	5.86%
재작업	₩1,000,000	1.25%	₩1,536,000	3.84%
사후수리	840,000	1.05%	1,120,000	2.8%
소계	₩1,840,000	2.30%	₩2,656,000	6.64%
합계	₩6,900,000	8.63%	₩5,000,000	12.50%

(3) 회사별 전년 대비 품질원가 비교[물음 3]

	(주)대한				(주)민국			
	20×1년		20×2년		20×1년		20×2년	
	금액	비율	금액	비율	금액	비율	금액	비율
품질교육	₩1,800,000	2.25%	₩2,820,000	3.53%	₩630,000	1.58%	₩1,320,000	3.30%
검사	1,280,000	1.60%	2,240,000	2.80%	1,280,000	3.20%	1,024,000	2.56%
소계	₩3,080,000	3.85%	₩5,060,000	6.33%	₩1,910,000	4.78%	₩2,344,000	5.86%
재작업	₩1,600,000	2.00%	₩1,000,000	1.25%	₩1,152,000	2.88%	₩1,536,000	3.84%
사후수리	2,520,000	3.15%	840,000	1.05%	1,664,000	4.16%	1,120,000	2.8%
소계	₩4,120,000	5.15%	₩1,840,000	2.30%	₩2,816,000	7.04%	₩2,656,000	6.64%
합계	₩7,200,000	9.00%	₩6,900,000	8.63%	₩4,726,000	11.82%	₩5,000,000	12.50%

모범답안

[물음 1] 품질원가보고서

품질원가 범주	금액		매출액 대비 비율	
	(주)대한	(주)민국	(주)대한	(주)민국
예방원가	₩2,820,000	₩1,320,000	3.53%[*1]	3.30%[*2]
평가원가	2,240,000	1,024,000	2.80%	2.56%
내부실패원가	1,000,000	1,536,000	1.25%	3.84%
외부실패원가	840,000	1,120,000	1.05%	2.80%
계	₩6,900,000	₩5,000,000	8.63%	12.50%

[*1] (주)대한 예방원가비율: $\frac{₩2,820,000}{20,000대 \times ₩4,000} = 3.53\%$

[*2] (주)민국 예방원가비율: $\frac{₩1,320,000}{16,000대 \times ₩2,500} = 3.30\%$

[물음 2]

(1) 설계품질(Quality of design)

설계품질은 시장에서 요구하는 기능과 디자인이 잘 반영되는지 여부를 말하며, 본 자료에 관련 내용이 제시되어 있지 않아 "판단불가"하다. 만약 설계품질의 결과를 공헌이익으로 측정할 수 있다면, 단위당 공헌이익이 상대적으로 높은 (주)대한의 설계품질이 우수하다고 할 수 있다.

(2) 적합품질(Quality of conformance)

적합품질은 설계된 대로 적합하게 생산되는지 여부를 말하며, 적합품질을 높이기 위한 통제원가(예방원가 및 평가원가) 지출을 살펴보면 (주)대한이 (주)민국에 비하여 금액과 매출액 대비 비율 모두 높아 상대적으로 더 많은 노력을 하는 것으로 볼 수 있다.

[물음 3]

(1) 20×2년 적합품질을 개선하기 위한 원가의 상대적 지출비율 측면에서 바람직한 회사

	(주)대한		(주)민국	
	금액	비율	금액	비율
품질교육	₩2,820,000	3.53%	₩1,320,000	3.30%
검사	2,240,000	2.80%	1,024,000	2.56%
소계	₩5,060,000	6.33%	₩2,344,000	5.86%
재작업	₩1,000,000	1.25%	₩1,536,000	3.84%
사후수리	840,000	1.05%	1,120,000	2.8%
소계	₩1,840,000	2.30%	₩2,656,000	6.64%
합계	₩6,900,000	8.63%	₩5,000,000	12.50%

(주)대한이 (주)민국에 비하여 통제원가비율을 높여 실패원가를 낮춘 것을 확인할 수 있다. 따라서 (주)대한이 적합품질 개선에 더 많은 노력을 한 것으로 평가할 수 있다.

(2) 20×1년 대비 20×2년의 품질활동 성과 개선

	(주)대한				(주)민국			
	20×1년		20×2년		20×1년		20×2년	
	금액	비율	금액	비율	금액	비율	금액	비율
품질교육	₩1,800,000	2.25%	₩2,820,000	3.53%	₩630,000	1.58%	₩1,320,000	3.30%
검사	1,280,000	1.60%	2,240,000	2.80%	1,280,000	3.20%	1,024,000	2.56%
소계	₩3,080,000	3.85%	₩5,060,000	6.33%	₩1,910,000	4.78%	₩2,344,000	5.86%
재작업	₩1,600,000	2.00%	₩1,000,000	1.25%	₩1,152,000	2.88%	₩1,536,000	3.84%
사후수리	2,520,000	3.15%	840,000	1.05%	1,664,000	4.16%	1,120,000	2.8%
소계	₩4,120,000	5.15%	₩1,840,000	2.30%	₩2,816,000	7.04%	₩2,656,000	6.64%
합계	₩7,200,000	9.00%	₩6,900,000	8.63%	₩4,726,000	11.82%	₩5,000,000	12.50%
	₩300,000 감소				₩274,000 증가			

(주)대한은 전년 대비 통제원가비율 증가로 인하여 실패원가비율은 큰 폭으로 감소하여 총품질원가는 감소하였다. 그러나 (주)민국은 통제원가비율 증가로 인한 실패원가비율의 감소 폭이 작아 총품질원가는 오히려 증가하였다. 따라서 (주)대한의 품질활동 성과가 상대적으로 개선되었다고 볼 수 있다.

[물음 4]

(1) 매출액 대비 총품질원가의 비율 증감

① 미래 판매기회 감소손실: 600대 × (₩2,500 - ₩1,600) = ₩540,000

② 매출액 대비 비율: $\frac{₩540,000}{₩40,000,000}$ = 1.35%

∴ 기업이미지 실추로 인한 미래 판매기회 감소는 외부실패원가로 처리하며 총품질원가비율은 1.35%만큼 증가한다.

(2) 품질원가에 미치는 영향

손해배상금은 고객에게 제품을 인도한 후 품질이 규격이 미달하여 발생하는 비용으로 외부실패원가에 반영한다.

[물음 5] 연간 이익 증감액

증분수익		
실패원가 감소	₩2,656,000 × 50% =	₩1,328,000
증분비용		
통제원가 증가	₩2,344,000 × 30% =	(703,200)
증분이익		₩624,800

[물음 6] 품질원가의 범주별 분류

품질원가 범주	(1)	(2)	(3)	(4)	(5)	(6)	(7)	(8)	(9)
예방원가		✓							✓
평가원가			✓					✓	
내부실패원가				✓			✓		
외부실패원가	✓				✓	✓			

문제 10 성과보고서, 생산성효과분석 및 관련원가분석

회계사 17

(주)알파는 단일 품목의 제품을 생산·판매하고 있다. 20×2년도 영업활동에 관한 자료는 다음과 같다.

- 생산량은 전량 판매되고, 기초 및 기말재고자산은 없다.
- 생산용량은 생산량으로 정의되며, 4,000단위씩 증가하거나 감소한다.
- 원가항목은 직접재료원가, 전환원가, 판매유통원가로 구분되며, 각각의 원가총액은 직접재료 사용량, 생산용량, 판매유통용량과 인과관계가 있다.
- 20×2년의 실제 영업활동 결과와 20×2년 초의 예산자료는 다음과 같다. 영업이익의 기간별 차이를 분석하기 위해 20×2년 초의 예산자료는 20×1년도 실제자료를 이용한다.

항목	20×2년의 영업활동 결과	20×2년 초의 예산자료
단위당 판매가격	₩85	₩75
판매량	10,000단위	8,000단위
직접재료 사용량	92,000kg	80,000kg
kg당 직접재료원가	₩3	₩2
생산용량	12,000단위	8,000단위
전환원가 총액	₩312,000	₩200,000
생산용량당 전환원가	₩26	₩25
판매유통용량(고객수)	45명	50명
판매유통원가 총액	₩58,500	₩60,000
고객당 판매유통원가	₩1,300	₩1,200
실제고객수	40명	50명

* 용량(Capacity)은 생산 및 판매유통활동에 사용할 수 있는 자원을 말함

요구사항

※ 물음의 모든 차이(Variance)에 대해 유리 또는 불리 여부를 밝히시오.

[물음 1] 20×2년도 실제영업이익, 변동예산 영업이익, 기초에 편성된 고정예산 영업이익을 비교하는 손익계산서를 작성하시오. (단, 손익계산서는 다음의 양식을 이용할 것)

항목	실제결과	변동예산	고정예산
매출액			
직접재료원가			
전환원가			
판매유통원가			
영업이익			

[물음 2] 실제 매출액과 고정예산 매출액의 차이를 가격요인에 의한 차이(즉, 가격효과)와 수량요인에 의한 차이(즉, 판매량효과)로 분리하시오.

[물음 3] 원가항목에 대해서 실제원가와 변동예산의 차이는 '실제투입량기준 예산(= 실제투입량 × 단위당 예산원가)'을 이용하여 세분할 수 있다. 이 경우, '실제원가와 실제투입량기준 예산의 차이'는 가격효과, '실제투입량기준 예산과 변동예산의 차이'는 효율성효과, '변동예산과 고정예산의 차이'는 판매량효과라고 하자. 20×2년에 실제영업이익과 고정예산 영업이익의 차이가 발생한 원인을 설명하기 위해 아래의 표를 완성하시오. (단, 매출액 차이는 [물음 2]의 결과를 이용할 것)

항목	실제결과	가격효과	효율성효과	판매량효과	고정예산
매출액					
직접재료원가					
전환원가					
판매유통원가					
영업이익					

[물음 4] [물음 3]에서 원가항목의 가격효과와 효율성효과는 각각 투입요소의 가격변화와 효율성변화가 영업이익 차이에 미치는 영향을 적절하게 측정한다고 볼 수 있는가? 그 이유는? (2줄 이내로 답하시오)

※ [물음 3]과 독립적으로 [물음 5]에 답하시오.

[물음 5] 회사의 경영자는 실제영업이익과 고정예산 영업이익의 차이가 발생한 원인을 조사하기 위해 원가담당자에게 다음과 같은 지시를 하였다.

직접재료원가에 대해서는 고정예산에 반영된 투입 - 산출의 관계가 유지된다는 가정하에서 투입물의 가격변화가 영업이익 차이에 미치는 영향을 측정하고, 20×2년의 실제가격하에서 생산성변화로 인한 이익 증감효과를 분석하시오. 또한 생산용량과 판매유통량 각각에 대해서 용량변동이 영업이익 차이에 미친 영향도 분석하시오.

원가담당자는 경영자에게 제출할 보고서를 작성하기 위해 다음과 같은 분석을 수행하였다.

① 20×2년도 변동예산을 작성할 때 전환원가와 판매유통원가의 투입량은 각각 당기의 판매량과 실제고객수를 이용하였다.

② 실제원가와 상기 ①에 따라 작성된 변동예산의 차이는 '변동예산 투입량기준 실제원가(= 변동예산 투입량 × 단위당 실제원가)'를 이용하여 세분화하고, 원가항목별로 계산된 차이에 대해서 다음과 같이 정의하였다.

항목	실제원가와 변동예산 투입량기준 실제원가의 차이	변동예산 투입량기준 실제원가와 변동예산의 차이
직접재료원가	생산성효과	가격효과
전환원가	용량효과	가격효과
판매유통원가	용량효과	가격효과

③ 변동예산과 고정예산의 차이는 판매량효과로 분석하였다.

(1) 20×2년도 실제영업이익과 고정예산 영업이익의 차이가 발생한 원인을 설명하기 위해 아래의 표를 완성하시오. (단, 매출액 차이는 [물음 2]의 결과를 이용할 것)

항목	실제결과	용량효과	생산성효과	가격효과	판매량효과	고정예산
매출액						
직접재료원가						
전환원가						
판매유통원가						
영업이익						

(2) (1)의 영업이익 차이분석 결과를 이용하여 (주)알파가 수행한 20×2년도 영업활동을 평가하시오. (2줄 이내로 답하시오)

(3) (1)에서 전환원가와 판매유통원가의 용량효과를 다음과 같은 세 가지 항목으로 구분하여 측정하고자 한다.

항목	측정방법
미사용 용량의 가격변동효과	당기의 미사용 용량 × (용량 단위당 실제원가 - 용량 단위당 예산원가)
가용용량변동의 원가효과	(당기의 총용량 - 예산 총용량) × 용량 단위당 예산원가
사용된 용량변동의 원가효과	(당기의 사용된 용량 - 예산 사용용량) × 용량 단위당 예산원가

상기의 측정방법을 참고하여, 아래의 표를 완성하시오.

항목	미사용 용량의 가격변동효과(A)	가용용량변동의 원가효과(B)	사용된 용량변동의 원가효과(C)	용량효과 (A + B + C)
전환원가				
판매유통원가				
합계				

(4) 회사의 경영자는 20×2년 말에 20×3년도 예산을 다음과 같이 설정하였다.

항목	20×3년도 예산
단위당 판매가격	₩85
판매량	12,000단위
단위당 직접재료원가	₩30
생산용량	12,000단위
전환원가 총액	₩300,000
판매유통용량(고객수)	40명
판매유통원가 총액	₩52,000
예상 고객수	40명

예산편성 직후에 신규 거래처인 (주)베타로부터 20×3년 한 해 동안 2,500단위의 제품을 단위당 ₩80에 구매하겠다는 주문을 접수하였다. (주)알파가 상기 주문을 수락할 경우, 20×3년도 예상판매량의 5%가 감소하며, 전담 판매사원에게 판매가격의 2%를 수당으로 지급해야 한다. (주)베타에 판매할 제품은 부품 일부를 투입하지 않아도 되므로 직접재료원가의 20%를 절감할 수 있으며, 판매유통원가는 추가로 발생하지 않는다. (주)알파가 특별주문을 수락할 경우 20×3년도 예산영업이익은 얼마나 증가(또는 감소)하는가?

해답

문제분석

■ "원가항목은 직접재료원가, 전환원가, 판매유통원가로 구분되며, 각각의 원가총액은 직접재료 사용량, 생산용량, 판매유통용량과 인과관계"

→ 제시된 자료를 이용하여 실제원가와 예산원가를 계산할 수 있다. 또한, 단위당 예산 직접재료 사용량은 10kg(= 80,000kg ÷ 8,000단위)이다.

■ [물음 3] "'실제원가와 실제투입량기준 예산의 차이'는 가격효과, '실제투입량기준 예산과 변동예산의 차이'는 효율성효과"

→ 변동예산차이를 다시 가격효과와 효율성효과로 구분한다.

실제원가	투입량기준 변동예산	산출량기준 변동예산
×××	×××	×××
가격효과	효율성효과	

■ [물음 5] "① 20×2년도 변동예산을 작성할 때 전환원가와 판매유통원가의 투입량은 각각 당기의 판매량과 실제고객수를 이용, ② 실제원가와 상기 ①에 따라 작성된 변동예산의 차이는 '변동예산 투입량기준 실제원가(= 변동예산 투입량 × 단위당 실제원가)'를 이용"

→ 변동예산을 설정할 때 전환원가는 10,000단위, 판매유통원가는 40명을 이용한다. 또한, 실제원가와 변동예산에 '변동예산 투입량기준 실제원가(= 변동예산 투입량 × 단위당 실제원가)'를 추가하여 세분화한다.

실제원가	투입량기준 실제원가[*2]	변동예산[*1]
×××	×××	×××
가격효과	효율성효과	

[*1] 변동예산 중 전환원가와 판매유통원가 투입량: 각각 당기 판매량 10,000단위와 실제 고객수 40명을 이용

[*2] 투입량기준 실제원가: 변동예산 투입량 × 단위당 실제원가

■ [물음 5] "(3) (1)에서 전환원가와 판매유통원가의 용량효과"

→ 효과를 분석하기 위한 자료는 다음과 같다.

	당기 총용량	당기 사용된 용량	당기 미사용 용량	예산 총용량	예상 사용용량	용량 단위당 실제원가	용량 단위당 예산원가
전환원가	12,000단위	10,000단위	2,000단위	8,000단위	8,000단위	₩26	₩25
판매유통원가	45명	40명	5명	50명	50명	₩1,300	₩1,200

■ "생산용량은 생산량으로 정의되며, 4,000단위씩 증가하거나 감소" 및 "[물음 5] (4) 판매량 12,000단위, 생산용량 12,000단위, 20×3년 한 해 동안 2,500단위의 제품을 단위당 ₩80에 구매하겠다는 주문"

→ 특별주문을 수락하기 위해서 전환원가는 4,000단위만큼 발생한다.

해커스 회계사 允원가관리회계연습 제16장 전략적 원가관리

자료정리

20×2년의 영업활동 결과와 20×2년 초의 예산자료

항목	20×2년의 영업활동 결과	20×2년 초의 예산자료
직접재료 사용량	92,000kg	80,000kg
kg당 직접재료원가	₩3	₩2
생산용량	12,000단위	8,000단위
전환원가 총액	₩312,000	₩200,000
생산용량당 전환원가	₩26	₩25
판매유통용량(고객수)	45명	50명
판매유통원가 총액	₩58,500	₩60,000
고객당 판매유통원가	₩1,300	₩1,200

모범답안

[물음 1] 비교 손익계산서

항목	실제결과	변동예산	고정예산
매출액	10,000 × ₩85 = ₩850,000	10,000 × ₩75 = ₩750,000	8,000 × ₩75 = ₩600,000
직접재료원가	92,000kg × ₩3 = (276,000)	10,000 × 10kg × ₩2 = (200,000)	80,000kg × ₩2 = (160,000)
전환원가	12,000 × ₩26 = (312,000)	12,000 × ₩25 = (300,000)	8,000 × ₩25 = (200,000)
판매유통원가	45 × ₩1,300 = (58,500)	45 × ₩1,200 = (54,000)	50 × ₩1,200 = (60,000)
영업이익	₩203,500	₩196,000	₩180,000

[물음 2] 실제 매출액과 고정예산 매출액의 차이분석

AQ × AP	AQ × BP	BQ × BP
10,000단위 × ₩85 = ₩850,000	10,000단위 × ₩75 = ₩750,000	8,000단위 × ₩75 = ₩600,000

가격효과 ₩100,000 유리 / 판매량효과 ₩150,000 유리

해커스 회계사 允원가관리회계연습 제16장 전략적 원가관리

[물음 3] 실제영업이익과 고정예산 영업이익의 차이분석

항목	실제결과	가격효과	효율성효과	판매량효과	고정예산
매출액	₩850,000	₩100,000 유리	-	₩150,000 유리	₩600,000
직접재료원가	₩276,000	₩92,000 불리	₩16,000 유리	₩40,000 불리	₩160,000
전환원가	₩312,000	₩12,000 불리	-	₩100,000 불리	₩200,000
판매유통원가	₩58,500	₩4,500 불리	-	₩6,000 유리	₩60,000
영업이익	₩203,500	₩8,500 불리	₩16,000 유리	₩16,000 유리	₩180,000

	실제결과	투입량기준 변동예산	산출량기준 변동예산	고정예산
매출액	10,000단위 × ₩85 = ₩850,000	10,000단위 × ₩75 = ₩750,000	10,000단위 × ₩75 = ₩750,000	8,000단위 × ₩75 = ₩600,000
		₩100,000 유리	-	₩150,000 유리
직접재료원가	92,000kg × ₩3 = ₩276,000	92,000kg × ₩2 = ₩184,000	10,000단위 × 10kg × ₩2 = ₩200,000	8,000단위 × 10kg × ₩2 = ₩160,000
		₩92,000 불리	₩16,000 유리	₩40,000 불리
전환원가	12,000단위 × ₩26 = ₩312,000	12,000단위 × ₩25 = ₩300,000	12,000단위 × ₩25 = ₩300,000	8,000단위 × ₩25 = ₩200,000
		₩12,000 불리	-	₩100,000 불리
판매유통원가	45명 × ₩1,300 = ₩58,500	45명 × ₩1,200 = ₩54,000	45명 × ₩1,200 = ₩54,000	50명 × ₩1,200 = ₩60,000
		₩4,500 불리	-	₩6,000 유리
영업이익	₩203,500	₩212,000	₩196,000	₩180,000
		₩8,500 불리	₩16,000 유리	₩16,000 유리

[물음 4] 투입요소의 가격변화와 효율성변화가 영업이익에 미치는 영향 측정가능한지 여부

직접재료원가의 경우 kg당 예산가격과 단위당 예산투입수량이 구분되어 가격효과와 투입수량에 대한 효율성을 각각 측정할 수 있으나, 전환원가와 판매유통원가는 단위당 예산 원가동인 투입수량이 설정되어 있지 않아 효율성은 측정할 수 없다.

[물음 5]

(1) 실제영업이익과 고정예산 영업이익의 차이분석

항목	실제결과	용량효과	생산성효과	가격효과	판매량효과	고정예산
매출액	₩850,000	-	-	₩100,000 유리	₩150,000 유리	₩600,000
직접재료원가	₩276,000	-	₩24,000 유리	₩100,000 불리	₩40,000 불리	₩160,000
전환원가	₩312,000	₩52,000 불리	-	₩10,000 불리	₩50,000 불리	₩200,000
판매유통원가	₩58,500	₩6,500 불리	-	₩4,000 불리	₩12,000 유리	₩60,000
영업이익	₩203,500	₩58,500 불리	₩24,000 유리	₩14,000 불리	₩72,000 유리	₩180,000

	실제결과	투입량기준 실제원가 변동예산	변동예산	고정예산
매출액	10,000단위 × ₩85 = ₩850,000	10,000단위 × ₩85 = ₩850,000	10,000단위 × ₩75 = ₩750,000	8,000단위 × ₩75 = ₩600,000
		-	₩100,000 유리 (가격효과)	₩150,000 유리 (판매량효과)
직접재료원가	92,000kg × ₩3 = ₩276,000	100,000kg[*1] × ₩3 = ₩300,000	100,000kg × ₩2 = ₩200,000	8,000단위 × 10kg × ₩2 = ₩160,000
		₩24,000 유리 (생산성효과)	₩100,000 불리 (가격효과)	₩40,000 불리 (판매량효과)
전환원가	12,000단위 × ₩26 = ₩312,000	10,000단위 × ₩26 = ₩260,000	10,000단위[*2] × ₩25 = ₩250,000	8,000단위 × ₩25 = ₩200,000
		₩52,000 불리 (용량효과)	₩10,000 불리 (가격효과)	₩50,000 불리 (판매량효과)
판매유통원가	45명 × ₩1,300 = ₩58,500	40명 × ₩1,300 = ₩52,000	40명[*2] × ₩1,200 = ₩48,000	50명 × ₩1,200 = ₩60,000
		₩6,500 불리 (용량효과)	₩4,000 불리 (가격효과)	₩12,000 유리 (판매량효과)
영업이익	₩203,500	₩238,000	₩252,000	₩180,000
		₩34,500 불리 (생산성효과, 용량효과)	₩14,000 불리 (가격효과)	₩72,000 유리 (판매량효과)

[*1] 생산성중립수량(PNQ): $\frac{\text{분석연도의 생산량}}{\text{기준연도의 생산성지수}}$ = 기준연도 투입량 × $\frac{\text{분석연도의 생산량}}{\text{기준연도의 생산량}}$

= 80,000kg × $\frac{10,000\text{단위}}{8,000\text{단위}}$ = 100,000kg

[*2] 전환원가와 판매유통원가의 투입량은 각각 당기의 판매량과 실제고객수를 이용한다.

(2) 20×2년도 영업활동 평가

	실제결과	변동예산 (투입량 × 실제원가)	변동예산	고정예산
수익	₩850,000	₩850,000	₩750,000	₩600,000
비용	(646,500)	(612,000)	(498,000)	(420,000)
이익	₩203,500	₩238,000	₩252,000	₩180,000

₩34,500 불리 효율성(용량)효과	₩14,000 불리 가격효과	₩72,000 유리 판매량효과
₩23,500 유리		

판매량효과로 ₩72,000 유리한 차이가 발생하였지만, 효율성(용량)효과 ₩34,500 불리와 가격효과 ₩14,000 불리한 차이로 인하여 영업활동으로 인한 총차이는 ₩23,500 유리한 차이로 나타난다.

(3) 전환원가와 판매유통원가의 용량효과

항목	미사용 용량의 가격변동효과(A)	가용용량변동의 원가효과(B)	사용된 용량변동의 원가효과(C)	용량효과 (A + B + C)
전환원가	₩2,000 불리	₩100,000 불리	₩50,000 불리	₩152,000 불리
판매유통원가	₩500 불리	₩6,000 유리	₩12,000 유리	₩17,500 유리
합계	₩2,500 불리	₩94,000 불리	₩38,000 불리	₩134,500 불리

① 미사용 용량의 가격변동효과(A)
- 전환원가: (12,000단위 - 10,000단위) × (₩26 - ₩25) = ₩2,000 불리
- 판매유통원가: (45명 - 40명) × (₩1,300 - ₩1,200) = ₩500 불리

② 가용용량변동의 원가효과(B)
- 전환원가: (12,000단위 - 8,000단위) × ₩25 = ₩100,000 불리
- 판매유통원가: (45명 - 50명) × ₩1,200 = ₩6,000 유리

③ 사용된 용량변동의 원가효과(C)
- 전환원가: (10,000단위 - 8,000단위) × ₩25 = ₩50,000 불리
- 판매유통원가: (40명 - 50명) × ₩1,200 = ₩12,000 유리

(4) 특별주문수락 시 영업이익 증감액

증분수익		
매출 증가	2,500단위 × ₩80 =	₩200,000
증분비용		
직접재료원가 증가	2,500단위 × ₩30 × 80% =	(60,000)
판매사원 수당	2,500단위 × ₩80 × 2% =	(4,000)
전환원가 증가	4,000단위 × ₩25[*3] =	(100,000)
판매량 감소	12,000단위 × (₩85 - ₩30) × 5% =	(33,000)
증분이익		₩3,000

[*3] 생산용량당 예산원가: $\frac{₩300,000}{12,000단위}$ = ₩25

cpa.Hackers.com

해커스 회계사 允원가관리회계연습

부록

원가관리회계 논리를 완성하는

약술형 필수 200제

✍ 원가관리회계 핵심 내용을 체계적으로 정리하여 약술형 문제를 확실히 대비할 수 있습니다.

제1장 제조원가의 흐름

001 원가(Cost), 비용(Expense), 손실(Loss)에 대해서 서술하시오.

원가는 다음과 같이 미소멸원가와 소멸원가로 구분된다.

(1) 미소멸원가(Unexpired cost)

미래에 경제적 효익을 제공할 수 있는 원가로서 자산(Assets)으로 측정된다.

(2) 소멸원가(Expired cost)

용역잠재력이 소멸되어 더 이상의 경제적 효익을 제공할 수 없는 원가로서 비용과 손실로 구분할 수 있다.

① **비용**: 수익창출에 기여 O

② **손실**: 수익창출에 기여 X

002 원가는 자산화 여부에 따라 재고가능원가와 기간원가로 구분된다. 이들 관계에 대해서 서술하시오.

(1) 재고가능원가(Inventoriable costs)

판매목적으로 제조하거나 취득한 제품 또는 상품에 대한 원가로서 원가의 발생시점이 아닌 판매시점에 매출원가로 소멸된다.

(2) 기간원가(Period costs)

재고가능원가 이외의 모든 원가로서 발생한 해당 기간에 비용으로 소멸된다. 대표적인 예로 판매비와 일반관리비가 있다.

003 원가회계의 목적에 대해서 대표적인 세 가지만 서술하시오.

① 재무제표 작성(재고자산과 매출원가)을 위한 제조원가의 집계 및 계산

② 경영의사결정과 성과평가에 필요한 원가정보 제공

③ 제품판매가격 결정을 위한 기초자료 제공

004 노무원가를 추적가능성에 따라 직접노무원가와 간접노무원가로 구분하는 이유를 서술하시오.

(1) 원가계산목적

원가대상별 직접노무원가를 구분하여 직접 부과함으로써 원가계산의 정확도를 높일 수 있다.

(2) 원가통제목적

직접노무원가는 조업도에 비례하여 발생하고, 간접노무원가는 일반적으로 관련범위 내에서 일정하게 발생하므로 각각 구분함으로써 예산과 실적비교를 통한 적절한 원가통제가 가능하다.

(3) 예산수립목적

목표생산량이 결정되면 단위당 직접노무원가를 곱하여 총직접노무원가를 산출하고, 이에 간접노무원가를 반영하여 총노무원가예산을 산출할 수 있다.

005 재무회계와 관리회계를 비교하시오.

구분	재무회계	관리회계
목적	외부이해관계자에게 유용한 정보 제공	내부이해관계자에게 유용한 정보 제공
정보의 범위	넓고 전체적	좁고 특수적
정보의 특성	과거정보(신뢰성)	미래정보(목적적합성)
준거기준	일반적으로 인정된 회계원칙	없음
보고수단	일반목적보고서(재무제표)	특수목적보고서

006 "초과근무수당을 제조간접원가로 처리한다."에 대해서 논평하시오.

초과근무수당은 일반적으로 특정 작업이 아닌 공장 전체 총생산계획을 바탕으로 발생되는 항목이므로, 제조간접원가(간접노무원가)로 분류되어 전체 작업에 배분되는 것이 바람직하다. 단, 특정 작업에 대해 불가피하게 발생한 경우라면 해당 작업에 대한 직접노무원가로 처리하는 것이 타당하다.

007 효율적인 작업을 위해 필요한 유휴시간에 대한 노무원가는 제조원가로 처리하여 제품원가에 반영해야 한다. 만약 당초 계획된 유휴시간보다 과다하게 발생하였다면, 그에 해당하는 노무원가의 처리방법과 발생할 수 있는 문제점에 대해서 서술하시오.

정상적인 시간을 초과한 유휴시간에 대한 노무원가를 제조원가로 처리할 경우, 재고자산과 매출원가는 과대계상되기 때문에 제조원가가 아니라 발생한 기간에 비용으로 처리하는 것이 타당하다. 만약 비효율적으로 발생한 원가를 제조원가에 포함시킨다면, 가격경쟁력이 약화되거나 미래 제품원가에 대해 잘못된 예측을 할 수 있다.

008 고정원가는 기초고정원가와 재량고정원가로 구분할 수 있다. 이들 관계에 대해서 서술하시오.

(1) 기초고정원가(Committed fixed costs)
현재의 생산능력을 유지하기 위해 필요한 원가로서 장기적인 생산계획을 바탕으로 수립되며, 단기적으로 경영자가 임의로 조정할 수 없는 원가이다. 공장, 기계설비 및 조직구조와 관련된 원가로서 설비원가(Capacity costs)라고도 한다.

(2) 재량고정원가(Discretionary fixed costs)
현재의 생산능력의 유지와 관계없는 원가로서 광고선전비, 연구개발비 및 교육훈련비 등 단기적으로 경영자의 의사결정에 따라 조정할 수 있는 원가이다.

009 고정원가는 매몰원가(Sunk cost)이므로 그 자체로는 의사결정과 무관하지만, 미래 의사결정에 있어서 고려대상에 포함되는 이유에 대해서 서술하시오.

① 재무제표에는 관련원가뿐만 아니라 과거에 지출된 역사적 원가도 기록되며, 미래에 유출될 법인세는 재무제표를 기초로 산출된다.

② 미래상황이 과거와 유사하다면 과거원가를 기초로 표준원가 설정과 예산수립이 가능하며, 여러 가지 경영의 사결정에 이용할 수 있다.

010 "제조간접원가에는 어떠한 재료원가도 포함되지 않는다."에 대해서 간단하게 논평하시오.

> 재료원가는 직접재료원가와 간접재료원가로 구분할 수 있으며, 간접재료원가는 제조간접원가에 해당한다. 따라서 잘못된 문장이다.

011 원가계산의 정확도를 높일 수 있는 방안을 세 가지 이상 제시하시오.

> ① 직접원가의 비중을 높인다.
> ② 인과관계가 타당한 배부기준을 설정한다.
> ③ 동질적인 원가집합으로 구분한다.

제2장 개별원가계산

012 원가배분의 목적을 세 가지 이상 열거하시오.

> ① 외부공표용 재무제표 작성
> ② 경영의사결정에 활용
> ③ 각 부문이나 종업원에 대한 평가 및 동기부여
> ④ 입찰가격이나 원가보상계약을 위한 계약금액 결정

013 전통적 원가시스템하에서 제조간접원가를 배분할 경우 사용되는 배부기준에 대해 세 가지 이상 예를 제시하고, 각 기준별 장 · 단점을 서술하시오.

(1) 직접노무원가기준

① 장점
- 사용하기가 간단하다.
- 추가적인 자료 없이 임금대장만으로 사용가능하다.

② 단점
- 직접노무원가 이외의 요소를 무시한다.
- 동일한 작업이라 하더라도 고임금 작업자에 의해 수행된 작업에 더 많은 원가가 배부된다.

(2) 직접노동시간기준

① 장점
- 노동집약적 생산환경의 제조간접원가 배부기준으로 적합하다.

② 단점
- 작업별 노동시간을 산출해야 하는 번거로움이 있다.
- 노동시간 이외의 요소를 무시한다.

(3) 직접재료원가기준

① 장점
- 사용하기가 간단하다.
- 재료의 비중이 큰 제품원가의 배부기준으로 적합하다.

② 단점

- 기계집약적 생산환경의 경우 제조간접원가는 직접재료원가와 상관관계가 적으므로 적절히 배분되기 어렵다.
- 생산과정의 시간적인 요소를 무시한다.
- 동일한 작업이라 하더라도 고가의 재료가 사용되는 작업에 더 많은 원가가 배부된다.

(4) 기계시간기준

① 장점

- 기계집약적 생산환경의 제조간접원가 배부기준으로 적합하다.

② 단점

- 작업별 기계시간을 산출해야 하는 번거로움이 있다.

014 원가관리시스템에서 제조간접원가 배부율의 역할에 대해서 서술하시오.

(1) 제품원가 및 가격할인 결정

가격결정을 위해서는 고정제조간접원가를 포함한 전체 제조간접원가 배부율이 필요하며, 단기적인 가격할인 폭을 결정하기 위해서는 변동제조간접원가와 고정제조간접원가의 구분이 필요하다.

(2) 원가통제

제조간접원가 배부율을 결정하기 위해서 고정제조간접원가와 조업도 단위당 변동제조간접원가를 추정해야 하며, 이는 각각 향후에 실제발생한 원가와의 비교를 통해서 제조간접원가의 효율성을 측정할 수 있다.

(3) 예산수립

고정제조간접원가와 단위당 변동제조간접원가에 대한 예측치는 예산수립에 용이하게 사용되므로, 조업도의 변화에 따라 제조간접원가변동예산을 수립할 수 있다.

015 사전에 설정한 제조간접원가 예정배부율을 사용할 경우 유용성에 대해서 서술하시오.

(1) 적시성

원하는 시점에 시의적절한 원가정보를 제공할 수 있다.

(2) 안정성

비정상적, 계절적 또는 조업도 변화에 따른 원가 변동성을 방지할 수 있다.

016 제조간접원가를 배부함에 있어 단일의 제조간접원가집합을 사용하는 경우 발생할 수 있는 문제점과 해결방안에 대해서 서술하시오.

단일의 원가집합에서는 모든 원가는 하나의 원가배부기준과 동일 혹은 유사한 인과관계에 있다고 가정하여 원가계산이 이루어지므로 원가배분의 왜곡이 발생할 수 있다. 따라서 원가집합 내의 원가발생이 서로 다른 인과관계에 의해 발생하는 경우 이를 인과관계에 따라 구분하여 각각의 배부기준으로 원가배분을 한다면 좀 더 정확한 원가배분이 가능해진다. 활동기준원가계산시스템은 제조원가의 발생원인을 각 활동별 원가동인으로 파악하고 제품별로 소비한 원가동인의 수준에 따라 원가를 배분하는 방법으로, 단일의 제조간접원가집합을 사용하는 경우 발생할 수 있는 문제점인 원가배분의 왜곡을 해결할 수 있다.

017 정상원가계산의 한계점을 서술하시오.

① 회계연도 초에 추정한 제조간접원가예산과 예정조업도를 이용하여 예정배부율을 확정해야 한다.
② 외부공표용 재무제표 작성을 위해 회계연도 종료시점에 실제원가와 예정배부금액의 차이를 조정해야 하는 번거로움이 있다.

018 제조환경이 노동집약적 환경에서 기계집약적 환경으로 변화함에도 불구하고 아직도 많은 기업들은 직접노무원가기준 제조간접원가 배부방식을 적용하고 있다. 이러한 경우 나타날 수 있는 문제점에 대해서 서술하시오.

① 직접노무원가의 비중이 큰 부품의 경우 회사입장에서 자가제조보다 외부로부터의 구입을 선호하는 경향이 있다.
② 경영자들로 하여금 원가의 비중이 큰 재료원가나 설비원가보다는 직접노동시간을 통제하는 데에 더 많은 노력을 투입하게 한다.

019 고정제조간접원가 배부차이가 발생하는 원인에 대해서 서술하시오.

고정제조간접원가 배부차이가 발생하는 원인에는 고정제조간접원가의 예산과 실제발생금액 간 차이와 예정조업도와 실제조업도 간 차이 두 가지가 있다. 고정제조간접원가의 예산과 실제발생금액 간 차이가 발생하는 원인으로는 물가 변동, 공정설계 변경 등이 있고, 예정조업도와 실제조업도 간 차이가 발생하는 원인으로는 잘못된 예측, 공정 중단, 설비고장, 생산계획 변경 등이 있다.

020 보조부문원가 배분방법 중 단계배분법 적용 시 보조부문 간의 우선순위를 결정하는 일반적인 기준을 세 가지 이상 나열하시오.

① 다른 보조부문에 대한 용역제공비율이 큰 부문부터 배분
② 다른 보조부문에 용역을 제공하는 수가 많은 부문부터 배분
③ 다른 보조부문에 배부할 원가가 큰 부문부터 배분

021 "직접배분법보다 단계배분법을 적용할 경우 원가배분의 정확성은 더 높아진다."에 대해서 논평하시오.

단계배분법은 보조부문의 우선순위에 따라 원가배분 결과가 달라지므로, 우선순위를 잘못 결정할 경우 직접배분법보다 오히려 정확성이 더 떨어질 수 있다. 따라서 잘못된 문장이다.

022 보조부문의 원가를 제조부문에 배분할 때 실제조업도에 따라 실제발생원가를 배분할 경우 발생할 수 있는 문제점과 해결방안에 대해서 서술하시오.

(1) 문제점
① 보조부문의 비능률이 제조부문에 전가될 수 있다.
② 고정원가는 최대사용가능조업도와 인과관계가 있으므로, 실제조업도를 기준으로 배분할 경우 미사용능력원가를 제조부문에 배분하여 원가왜곡이 발생할 수 있다.

(2) 해결방안

① 예산 또는 표준배부율을 이용하여 배분한다.

② 고정원가는 최대사용가능조업도를 기준으로 배분하고, 변동원가는 실제조업도 또는 예상조업도를 기준으로 배분한다.

023 "단일조업도기준 배분방식이 소품종 대량생산보다는 다품종 소량생산에서의 원가왜곡이 더 크다."에 대해서 논평하시오.

다품종 소량생산의 경우 제품별로 다양한 원가동인이 존재하며, 제품생산과정도 제품별로 상이하고 복잡하다. 이러한 상황에서 단일조업도기준 배분방식에 따른 획일적인 원가배분은 제품별 원가왜곡을 발생시킬 가능성이 상대적으로 더 크므로 옳은 문장이다.

024 실제조업도가 정상조업도에 미치지 못한 상황에서 실제조업도를 기준으로 배부하였을 경우 발생할 수 있는 문제점과 해결방안을 미사용원가의 관점에서 서술하시오.

(1) 문제점

실제조업도가 정상조업도에 미치지 못할 경우 미사용원가를 제품원가에 가산하여 가격에 전가시킬 수 있으며, 소비자도 미사용능력에 대해 가격을 지불하려 하지 않기 때문에 가격경쟁력이 악화될 수 있다.

(2) 해결방안

미사용원가를 제품원가에 반영하지 않으려면 실제조업도가 아닌 장기수요예측에 따른 정상조업도를 기준으로 원가를 배부해야 한다.

025 최근 노동집약적인 생산환경에서 기계집약적인 생산환경으로의 변화가 제조원가 배분에 미친 영향에 대해서 서술하시오.

① 노무원가 비중의 감소로 직접노동시간을 기준으로 배부하는 방식의 논리적 근거가 점차 약해진다.

② 간접원가 비중이 높아져 간접원가 배분의 중요성이 점차 증가한다.

③ 정확한 원가배분을 위해서 다양한 원가동인 분석이 요구되고 있다.

026 직접노무원가 비중은 낮아지고 재료원가 및 제조간접원가 비중이 높아지고 있는 상황에서, 직접노무원가를 제조간접원가의 배부기준으로 사용하는 경우 각 부문 책임자가 유리한 평가를 받기 위하여 취할 수 있는 행동을 자가생산 및 외부구입 의사결정과 원가통제의 두 가지 관점에서 서술하시오.

(1) 자가생산 및 외부구입 의사결정

제조간접원가 배부금액을 낮추기 위하여 직접노무원가 비중이 높은 작업은 아웃소싱을 통한 외부구입을 선호할 것이다.

(2) 원가통제

상대적으로 많이 발생하는 재료원가 및 제조간접원가의 절감을 위하여 노력하기보다는 제조간접원가 배부금액을 낮추기 위하여 직접노무원가를 통제하려고 할 것이다.

027 보조부문원가를 제조부문에 배부하는 과정에서 발생할 수 있는 문제점에 대해서 서술하시오.

> ① 보조부문과 제조부문 간의 용역제공 인과관계를 명확하게 파악할 수 없어 원가배분이 잘못될 수 있다.
> ② 보조부문의 비능률적인 요소가 제조부문과 제조원가에 전가될 수 있다.

028 고정인력 및 설비 등 미사용능력을 개선하기 위하여 실제배부율 대신 사용할 수 있는 방안을 제시하시오.

> 실제적 최대조업도(획득된 능력)를 기준으로 계산한 배부율을 사용하여 총원가를 제품원가와 미사용능력에 배부한 후, 미사용능력에 대해서는 축소, 대체 등 다른 활용방안을 모색할 수 있다.

제3장 활동기준원가계산

029 전통적 제조간접원가 배부방식이 활동기준원가시스템기준 배부방식에 비하여 원가배분이 부정확하게 이루어지는 이유를 원가계층(Cost hierarchy)개념을 이용하여 서술하시오.

> 전통적 제조간접원가 배부방식은 주로 조업도기준을 사용하므로 조업도 이외의 원인으로 발생하는 원가의 배분이 적절하지 않아 원가계산의 왜곡이 발생할 수 있다. 반면에, 활동기준원가시스템은 비단위수준원가를 다양한 활동(묶음수준, 뱃치수준 및 설비수준)으로 구분하기 때문에, 전통적 원가계산방식에 비하여 좀 더 정확한 원가배분이 가능하다.

030 활동기준원가시스템에서 원가동인의 수준이 정교할수록 원가배분의 정확도는 높아진다. 원가동인의 유형과 정확도에 대해서 서술하시오.

> (1) 거래건수동인(Transaction driver)
> 수행되는 활동의 수를 원가동인으로 하며, 정확도가 낮다.
> (2) 기간동인(Duration driver)
> 활동수행에 소요되는 시간을 원가동인으로 하며, 정확도가 보통이다.
> (3) 직접동인(Intensity driver)
> 활동수행에 소요되는 자원을 직접 측정하며, 정확도가 높다.
> 거래건수동인은 측정비용이 가장 적으나 부정확하며, 직접동인은 가장 정확하지만 측정비용이 많이 소요된다. 따라서 비용과 효익관점에서 적절한 선택이 이루어져야 한다.

031 활동기준원가계산의 개발배경에 대해서 서술하시오.

> ① 소품종 대량생산에서 품종의 다양화로 제품별 정확한 수익성분석 필요
> ② 총제조원가에서 제조간접원가(공통원가)의 비중이 증가함에 따라 정확한 배부방법 필요
> ③ 제조 이전 및 이후 단계에서 발생하는 원가 증가로 인한 원가개념의 확대
> ④ 정보수집기술 발달로 인한 원가측정비용 감소

032 네 가지 활동의 종류(원가계층, Cost hierarchy)에 대해서 서술하시오.

(1) 단위수준활동
제품 한 단위별로 수행되는 활동(예 가동활동, 조립활동, 전수검사활동)

(2) 묶음수준활동
처리된 묶음별로 수행되는 활동(예 이동활동, 선적활동, 표본검사활동)

(3) 제품수준활동
제품 종류별로 수행되는 활동(예 개발활동, 개량활동)

(4) 설비수준활동
현재조업도를 유지하고 관리하기 위한 활동(예 환경미화활동, 교육활동)

033 활동기준원가계산을 적용하기 위한 공정가치 분석을 원가통제와 원가절감관점에서 서술하시오.

공정가치 분석을 통해서 부가가치활동과 비부가가치활동을 파악할 수 있다. 따라서 부가가치활동의 효율적인 운영으로 원가를 통제할 수 있으며, 비부가가치활동의 축소, 제거 등을 통해서 원가절감을 모색할 수 있다.

034 활동기준원가계산을 도입할 경우 상대적으로 효익이 큰 기업의 유형을 세 가지 이상 열거하시오.

① 제조간접원가의 비중이 큰 기업
② 제품별로 제조공정에서 필요한 활동이 차이가 큰 기업
③ 복잡한 생산공정을 통해 여러 제품을 생산하는 기업
④ 제조공정이 기존의 생산방식에서 급격히 변하거나 제품의 종류가 다양한 기업

035 제품원가의 상호보조(Product cost subsidization)현상에 대해서 서술하시오.

전통적 원가계산에서는 제조간접원가 중 비단위수준활동의 원가동인을 무시하고 단위수준활동과 관련된 노동시간, 기계시간 등 조업도기준으로 제조간접원가를 배부한다. 이러한 경우 동일한 생산수준에서 비단위수준활동이 많이 발생되는 제품의 원가는 상대적으로 과소배부된다. 즉, 제품원가의 상호보조현상은 제품원가의 다양성을 무시한 획일적인 원가배분으로 인하여 모든 제품에 균등하게 배부되는 원가평준화(Cost smoothing)현상을 말하며, 피넛버터 원가계산(Peanut-butter costing)을 그 예로 들 수 있다.

036 전통적 원가시스템에서 발생할 수 있는 원가왜곡형태를 생산량과 수익성관점에서 서술하시오.

① 생산량이 많으나 공정이 단순한 제품의 원가는 과대계상되고, 생산량이 적으나 공정이 복잡한 제품의 원가는 과소계상된다.
② 경쟁력이 있다고 생각되는 제품의 수익성이 상대적으로 낮고, 경쟁력이 없다고 생각되는 제품의 수익성이 상대적으로 높다.

037 활동기준원가계산의 유용성과 한계점에 대해서 서술하시오.

(1) 유용성

① 전통적 원가계산에 비하여 원가발생원인을 다양하게 분석하므로 정확한 원가계산이 가능하다.

② 제품구성이 변하더라도 신축적인 원가계산이 가능하다.

③ 활동분석을 통하여 비부가가치활동을 제거하거나 축소할 수 있다.

④ 비재무적인 원가동인을 사용하여 담당자로 하여금 쉽게 이해할 수 있어 성과평가방법을 개선할 수 있다.

(2) 한계점

① 활동에 대한 명확한 기준이 없다.

② 활동기준원가계산을 적용하기 위한 시간과 비용이 많이 소비된다.

③ 설비수준활동원가는 적정한 원가동인을 찾을 수 없어 자의적인 배분이 불가피하다.

④ 뱃치수준활동의 경우 원가동인수 절감을 위하여 뱃치당 묶음수 증가로 인한 생산과잉문제가 발생할 수 있다.

038 "활동기준원가계산은 제품원가계산의 경제성과 정확성을 동시에 충족시켜준다."에 대해서 간략하게 논평하시오.

활동기준원가계산은 전통적 원가계산에 비하여 비교적 정확한 원가계산이 가능하지만 원가측정과정에서 많은 시간과 비용이 투입되어 경제성은 낮다. 따라서 일부만 맞는 문장이다.

039 활동기준원가계산의 효익을 (1) 원가계산 (2) 원가통제 (3) 의사결정의 세 가지 관점에서 서술하시오.

(1) 원가계산관점

배분대상 원가와 좀 더 인과관계 있는 원가동인을 사용함으로써 원가계산의 정확도를 높일 수 있다.

(2) 원가통제관점

활동분석을 통하여 부가가치활동과 비부가가치활동을 구분할 수 있어 비부가가치활동을 통제함으로써 원가절감이 가능하다.

(3) 의사결정관점

활동기준원가계산에 의한 정확한 원가정보와 원가동인을 분석함으로써 가격결정, 손익분석 등 다양한 경영의사결정에 활용할 수 있다.

040 전통적 원가배분에 의한 원가왜곡현상이 가격과 수익성에 미치는 영향을 조업도와 작업복잡성관점에서 서술하시오.

조업도는 낮으나 작업이 복잡한 제품의 경우 제품원가가 과소계상되어 매출규모는 확대되지만 실제 수익성은 낮아질 수 있으며, 조업도는 높으나 작업이 단순한 제품의 경우 제품원가가 상대적으로 과대계상되어 가격경쟁력이 악화될 수 있다.

041 자동화된 생산환경에서 전통적 원가계산을 사용할 경우 발생할 수 있는 원가왜곡에 대해 서술하시오.

자동화된 생산환경에서는 조업도수준의 원가보다 뱃치수준이나 설비수준의 원가비중이 높아진다. 이러한 경우 전통적 원가계산을 사용하면 뱃치수준원가와 설비수준원가가 생산량과 관련한 조업도기준에 의해 배부되므로 잘못된 원가계산을 유발할 수 있다.

제4장 종합원가계산

042 종합원가계산에 대한 장·단점을 서술하시오.

(1) 장점
① 적용하기 용이하다.
② 공정별로 원가차이가 집계되므로 원가통제 및 성과평가에 유용하다.

(2) 단점
① 제품원가가 비교적 부정확하다.
② 작업별, 제품별 손익비교가 어렵다.

043 평균법의 장점과 평균법을 적용하였을 때 원가왜곡의 발생가능성이 높아지는 상황에 대해서 서술하시오.

(1) 장점
평균법은 기초재공품을 당기에 착수한 것처럼 가정하고 기초재공품의 진행률은 고려하지 않으므로, 선입선출법에 비하여 원가계산절차가 간편하다.

(2) 원가왜곡이 발생할 수 있는 상황
원재료의 가격과 노무원가의 임률이 전기와 당기에 차이가 많이 나는 경우와 기초재공품수량과 기말재공품수량의 차이가 큰 경우에는 평균법을 적용하였을 때 원가왜곡이 발생할 가능성이 상대적으로 크다.

044 완성품환산량을 원가요소별로 계산하는 이유에 대해서 서술하시오.

완성품환산량은 물리적 수량이 아닌 완성품 한 단위를 기준으로 진척도를 반영하여 측정한 원가계산을 위한 산출량을 말한다. 원가요소별로 원가투입시점과 행태가 상이하므로 완성품환산량을 원가요소별로 계산하여야 한다. 일반적으로 재료원가는 공정의 일정 시점에 전량 투입되므로 해당 시점을 통과한 물량에 동일하게 배부하며, 가공원가는 공정 전반에 걸쳐 균등하게 투입되므로 물량에 진척도를 반영하여 배부한다.

045 종합원가계산절차 진행 시 보조부문의 원가가 있을 경우 보조부문의 원가처리절차에 대해서 간략하게 서술하시오.

보조부문의 원가는 보조부문 간 상호용역수수관계를 고려해서 제조부문(공정)에 각각 배부하여야 한다. 제조부문(공정)에 배부된 보조부문의 원가는 제조부문(공정)의 개별가공원가와 합하여 제조부문(공정)별 가공원가 완성품환산량으로 나누어 완성품환산량 단위당 원가를 산출할 수 있다.

046 공손품원가계산은 인식법과 무인식법으로 구분할 수 있다. 공손품을 무인식법으로 처리할 경우 완성품환산량 단위당 원가에 미치는 영향과 장·단점을 서술하시오.

(1) 완성품환산량 단위당 원가에 미치는 영향
공손품수량만큼 완성품환산량이 줄어들어 완성품환산량 단위당 원가는 높아진다.

(2) 장·단점

① 장점

- 원가계산이 간편하다.

② 단점

- 검사시점을 통과하지 않은 기말재공품에 공손원가가 배분되어 재공품금액이 과대계상된다.
- 정상공손과 비정상공손을 구분하지 않으므로 비정상공손원가가 제품원가에 포함된다.
- 전기에 공손원가를 배부받고 이월된 기초재공품에 당기 공손원가가 이중으로 배부된다.

047 정상공손물량을 측정하는 기준으로는 일반적으로 검사통과기준과 검사시점도달기준이 사용된다. 이 두 기준 간의 관계를 서술하시오.

정상공손은 합격품을 얻기 위해서 불가피하게 발생한 것으로 합격품과 관련성이 있다. 따라서 검사를 통과한 합격품을 기준으로 정상공손수량을 산출하는 것이 적절하다. 검사시점도달기준을 적용할 경우 검사물량에는 비정상공손까지 포함되어, 비정상공손을 기준으로 정상공손을 산출하는 결과를 가져오기 때문에 비논리적이다.

048 기말재공품이 검사시점을 통과한 경우 정상공손의 원가는 완성품과 기말재공품에 물량기준으로 배분한다. 기말재공품의 완성도를 고려하지 않고 물량으로 배분하는 이유에 대해서 서술하시오.

정상공손원가는 검사시점까지 발생한 원가이므로 검사시점 이후의 추가가공 여부는 정상공손 여부와 관계없기 때문이다. 즉, 당기 검사시점을 통과한 완성품과 기말재공품은 검사시점 이후 추가가공 여부와 무관하게 정상공손원가 배분에 있어서 동등한 자격을 가진다.

049 공손을 처리하는 방법에 있어서 선입선출법과 평균법의 차이점에 대해서 간략하게 서술하시오.

기초재공품이 당기에 검사를 받는 경우 총공손수량 중 기초재공품에서 발생한 공손수량을 별도로 구분하기 힘들다. 선입선출법을 적용하는 경우 편의상 당기발생한 공손을 모두 당기착수물량에서 발생한다고 가정하며, 이를 수정된 선입선출법이라 한다. 평균법의 경우 기초재공품을 당기에 착수한 것으로 가정하여, 기초재공품의 원가를 당기발생원가에 가산하므로 당기 공손원가에 기초재공품의 원가도 일부 반영된다. 따라서 공손을 처리하는 방법에 있어서는 평균법이 선입선출법에 비하여 우수한 방법이라고 할 수 있다.

050 공손을 별도로 인식하지 않을 경우 나타날 수 있는 문제점에 대해서 서술하시오.

① 비정상공손이 당기손실로 처리되지 않고 제품원가에 포함된다.

② 검사시점에 도달하지 않은 기말재공품에 공손원가가 배분된다.

051 "기초재공품이 존재할 경우 평균법에 의한 완성품환산량은 선입선출법에 의한 완성품환산량보다 항상 크거나 같다."라는 것에 대해 논평하시오.

평균법은 기초재공품을 당기에 착수한 것으로 가정하여 완성품환산량을 계산하기 때문에 기초재공품의 완성도는 불필요하며 선입선출법에 비하여 원가요소별로 다음과 같이 항상 크거나 같다(단, 재료원가는 공정 초기에 투입되고 가공원가는 공정 전반에 걸쳐 발생한다고 가정한다).

① **재료원가**: 기초재공품수량

② **가공원가**: 기초재공품수량 × 기초진행률

052 공손을 폐기처분할 경우 발생하는 폐기비용의 처리에 대해서 서술하시오.

> 정상공손의 폐기비용은 정상공손원가에 가산하여 합격품에 배분하고, 비정상공손의 폐기비용은 비정상공손원가에 가산하여 당기손실로 처리한다.

053 적시생산시스템(JIT시스템)이 정상공손의 허용한도에 미치는 영향에 대해서 서술하시오.

> JIT시스템은 생산시간을 단축하고 재고를 최소화하여 낭비를 제거하는 시스템이다. 과잉생산, 대기, 운반, 불필요한 생산과정, 불필요한 재고, 불필요한 행동, 불량품의 생산 등의 낭비요소가 제거되면 불량률이 최소화될 것이며, 공손은 모두 비정상공손으로 분류될 것이다.

054 공정의 검사시점이 복수일 경우 첫 번째 검사시점에서 발생한 정상공손원가 처리방법에 대해서 서술하시오.

> 정상공손원가는 검사를 통과한 합격품의 원가에 가산하여야 한다. 따라서 첫 번째 검사시점에 발생한 정상공손원가는 완성품, 검사시점을 통과한 재공품뿐만 아니라, 첫 번째 검사시점을 통과하고 두 번째 검사시점에서 발생한 정상공손수량과 비정상공손수량에도 배부되어야 한다.

055 공손원가를 품질원가(Cost of quality)관점에서 서술하시오.

> 공손원가는 실패원가 중 내부실패원가에 속하며, 통제원가(예방원가, 평가원가)와 실패원가의 상충관계를 고려하여 통제원가를 증가시킴으로써 감소시킬 수 있다.

056 물가상승 시 당기완성품원가와 기말재공품의 원가를 선입선출법과 평균법을 비교하여 서술하시오.

> 일반적으로 물가상승 시 평균법에 비하여 선입선출법의 당기완성품원가는 과소평가되고 기말재공품원가는 과대평가된다. 왜냐하면 선입선출법을 적용할 경우 기초재공품의 낮은 원가는 당기완성품원가로 귀속되고, 당기발생한 원가는 기말재공품에 배분되기 때문이다.

057 "공손이 모두 정상공손일 경우 무인식법으로 처리하는 것이 바람직하다."는 주장에 대해서 논평하시오.

> 무인식법은 완성품환산량 계산 시 공손물량을 무시하여 결과적으로 공손원가를 포함한 총원가를 완성품과 기말재공품에만 배분하는 방법이다. 비정상공손이 없기 때문에 당기손실처리해야 할 원가는 없지만, 기말재공품이 검사시점을 통과하지 않은 경우 공손원가로 인하여 완성품원가는 과소계상되고 기말재공품원가는 과대계상될 수 있다.

058 공손의 순실현가치가 (-)인 경우 처리방법에 대해서 서술하시오.

> 공손의 순실현가치가 (-)인 경우 결과적으로 공손원가 증가와 효과가 동일하다. 따라서 정상공손이라면 합격품원가에 가산하고 비정상공손이라면 당기손실처리하는 것이 타당하다. 단, 여러 제품에 공통으로 발생하는 정상공손은 제조간접원가로 처리하여 해당 제품에 배부하는 것이 타당하다.

059 공손에 대해서 비분리법을 적용하는 경우 문제점에 대해서 서술하시오.

> ① 정상공손과 비정상공손을 구분하지 않아 허용가능한 공손수량을 통제할 수 없다.
> ② 검사시점을 통과하지 않은 재공품에도 정상공손원가가 배분된다.
> ③ 정상공손원가는 완성품과 검사를 통과한 재공품에 물량이 아닌 완성도에 비례하여 배분된다.
> ④ 정상공손원가뿐만 아니라 기간비용으로 처리해야 할 비정상공손원가 모두 제품원가에 반영되어 재고자산금액이 과대평가된다.

제5장 결합원가계산

060 결합원가는 물량기준법, 판매가치기준법, 균등매출총이익률법 등 몇 가지 인위적인 배분방식에 따라 배분될 수 있다. 결합원가 배분방법의 변경으로 회사 전체의 매출총이익을 증가시킬 수 있는지 여부에 대해서 서술하시오.

> 회사 전체의 매출총이익은 개별제품의 분리원가, 결합원가 및 총매출액에 의해서 결정되므로 결합원가 배분방식과는 무관하다. 즉, 결합원가 배분방식의 변경으로 회사 전체의 매출총이익을 증가시킬 수 없다.

061 결합제품에 투입되는 결합원가는 각 제품별로 합리적인 인과관계를 찾아내기 어렵기 때문에 인위적인 배부기준을 이용한다. 물량기준법과 순실현가치법의 한계점을 각각 간략하게 서술하시오.

> **(1) 물량기준법의 한계점**
> 분리점에서의 각 제품의 수량, 중량, 부피, 길이 등 물리적 단위를 기준으로 결합원가를 배분하기 때문에 물리적 단위와 판매가치 사이에 상관관계가 없다면 잘못된 원가배부로 인하여 제품별 수익성분석이 왜곡되어 잘못된 의사결정이 이루어질 수 있다.
>
> **(2) 순실현가치법의 한계점**
> 분리점에서의 각 제품별 순실현가치를 기준으로 결합원가를 배분하기 때문에 개별제품의 분리원가가 큰 제품일수록 이익률은 낮아지므로, 개별제품의 분리원가는 이익창출에 기여하지 못하는 결과를 가져온다.

062 "각 연산품에 배분된 결합원가를 기초로 제품별 수익성분석 등 경영의사결정에 활용해서는 안 된다." 라는 것에 대한 논평하시오.

> 결합원가를 합리적으로 배분하는 기준을 찾기가 어렵기 때문에 부득이하게 물량기준법, 판매가치기준법 등 인위적인 배부방법을 활용한다. 만약, 이러한 인위적인 배부기준에 의해서 배부된 결합원가를 개별제품의 수익성분석 등 경영의사결정에 반영할 경우 의사결정이 왜곡될 가능성이 크다.

063 순실현가치법을 적용하여 결합원가를 배분하는 경우 (-)순실현가치를 가지는 연산품의 처리방법에 대해서 서술하시오.

> (-)순실현가치를 갖는 연산품을 제외하고 (+)순실현가치를 갖는 연산품에만 결합원가를 배분한다. 단, (-)순실현가치를 갖는 연산품이 기타 연산품을 생산하기 위해서 불가피하게 발생한다면 결합원가에 가산하여 기타 연산품에 배분하는 것이 타당하다.

064 "균등매출총이익률법을 적용할 경우 추가가공원가가 발생하는 연산품에 결합원가가 비교적 덜 배분된다."에 대해서 논평하시오.

> 균등매출총이익률법은 회사 전체 매출총이익률과 개별작업의 매출총이익률이 동일하도록 결합원가를 배분하는 방식이므로, 다른 조건이 동등하다면 추가가공원가가 존재하는 연산품에 결합원가가 덜 배분된다. 따라서 균등매출총이익률법을 적용할 경우 추가가공원가의 크기에 따라 특정 연산품에 (-)의 결합원가가 배분될 수도 있다.

065 결합공정에서 발생한 작업폐물에 대한 폐기비용 처리방법에 대해서 서술하시오.

> 정상적인 생산과정에서 발생한 작업폐물의 폐기비용은 결합원가에 가산하여 결과적으로 연산품에 배부하지만, 비정상적으로 발생한 작업폐물의 폐기비용은 원가에 가산하지 않고 손실처리하는 것이 이론적으로 타당하다.

066 "순실현가치를 기준으로 결합원가를 배분하는 경우 추가가공 후 모든 연산품의 매출총이익률은 동일하다."에 대해서 논평하시오.

> 순실현가치기준에서는 각 연산품의 분리점에서의 순실현가치를 기준으로 결합원가를 배분한다. 따라서 추가가공하는 연산품의 경우 추가가공원가로 인하여 매출총이익률은 낮아지므로, 추가가공하는 연산품이 존재하는 경우 모든 연산품의 매출총이익률은 동일하지 않다.

067 각 결합제품이 독립된 사업부로 운영되고 있는 상황에서 결합제품의 순실현가치를 기준으로 결합원가를 배분하고 있다. 사업부 성과평가를 매출총이익률로 하는 경우 결합원가 배분방법이 결합제품 추가가공 의사결정에 미치는 영향에 대해서 서술하시오.

> (1) 회사 전체 입장
> 결합제품 추가가공 의사결정에 있어 기발생원가(매몰원가)인 결합원가와 결합원가 배분방법은 고려하지 않는다.
>
> (2) 각 사업부 입장
> 결합원가를 순실현가치를 기준으로 배분하는 경우 추가가공하는 제품의 매출총이익률이 낮아질 수 있으므로, 해당 사업부 책임자는 추가가공을 기각할 것이다.

제6장 정상원가계산과 표준원가계산

068 표준원가계산제도의 유용성과 한계점에 대해서 각각 서술하시오.

> (1) 유용성
> ① 신속한 원가계산과 조업도의 변동에 대한 원가 변동을 방지할 수 있다.
> ② 예산수립을 위한 기초자료로 활용할 수 있다.
> ③ 원가통제를 위한 성과평가의 기준으로 사용할 수 있다.
>
> (2) 한계점
> ① 다품종 소량생산체제에서 표준원가의 설정이 어렵고 비효율적이다.
> ② 공장자동화로 인하여 노무원가의 통제에 주된 목적을 두었던 표준원가계산제도의 유용성이 감소하고 있다.
> ③ 경영환경의 변화에 따라 표준원가의 변경이 요구되지만 빈번한 변경은 기간별 분석을 어렵게 한다.
> ④ 유리한 조업도차이를 위한 생산량 증가로 인해 재고를 불필요하게 증가시킬 수 있다.

069 표준을 설정할 때 구매담당자, 생산담당자 및 원가계산담당자들의 역할에 대해서 서술하시오.

(1) 구매담당자
① 표준구입가격으로 구매
② 구입처별 또는 재료별 가격할인, 수량할인 등 활용
③ 새로운 거래처 탐색
(2) 생산담당자
① 재료별 수율, 공손율, 작업폐물 관리
② 공정가치 분석을 통한 시간연구, 동작연구
(3) 원가계산담당자
① 원가요소별 표준가격 산정
② 제조간접원가 표준배부율 산정
③ 제품 단위당 표준원가 산정

070 표준원가를 설정할 경우 제조원가별 고려사항에 대해서 서술하시오.

(1) 원재료
① **가격**: 산업전망, 시장상황, 원재료 총수요량
② **수량**: 수율, 작업폐물, 공손율
(2) 노무원가
① **임률**: 과거임률, 종업원 숙련도, 직무적합성, 산업동향, 물가상승률
② **능률**: 시간연구, 동작연구, 작업환경
(3) 제조간접원가
① 발생가능한 간접원가 예상
② 원가행태
③ 적절한 배부기준 결정

071 "재료의 수량차이에 대해서는 전적으로 생산현장에서의 재료를 취급한 현장작업자의 책임대상이다."에 대해서 논평하시오.

표준원가계산제도의 차이분석에서 가장 중요한 요인은 원가의 통제가능성이므로 통제할 수 있는 것만 평가대상이 되어야 한다. 원재료를 통제할 수 있는 주체는 현장작업자이므로 제시된 문장은 옳은 표현이다. 그러나 구매담당자가 저급한 원재료를 구매할 경우 낮은 수율과 높은 공손율로 인하여 불리한 수량차이가 발생할 수 있으므로 서로 책임을 공유해야 하는 경우가 있음에 주의해야 하며, 이를 "원가차이의 상호의존성"이라 한다.

072 표준은 이상적 표준과 달성가능한 표준으로 구분할 수 있다. 동기부여 측면에서의 적절한 표준은 무엇이며 추가적으로 고려할 사항에 대해서 서술하시오.

달성하기 어려운 이상적 표준을 설정하면 종업원들의 표준에 대한 달성의지가 좌절될 수 있으므로 정상적인 상황에서 달성가능한 표준을 설정하는 것이 바람직하다. 또한, 최고경영진에 의해서 일방적으로 결정된 표준은 종업원들로 하여금 부정적인 시각을 야기할 수 있으므로 동기부여 측면에서 종업원들의 참여에 의한 표준설정이 좀 더 효과적이다.

073 고정제조간접원가 조업도차이의 통제가능성에 대해서 서술하시오.

> 고정제조간접원가 조업도차이는 생산계획, 인적자원계획 등 사용가능한 생산설비를 효율적으로 활용하였는지 여부를 나타내는 것으로, 주로 단기적으로 통제불가능한 경영진의 의사결정에 따라 발생하기 때문에 제조부문 입장에서 통제불가능한 요소이다.

074 외부보고목적 재무제표를 작성하기 위하여 표준배부된 금액에서 원가차이를 합리적인 방법에 따라 조정해야 한다. 원가차이 조정방법 중 매출원가조정법과 비례배분법의 논리적 근거를 서술하시오.

> **(1) 매출원가조정법**
> 원가차이는 당기 제조활동의 효율성을 평가하는 것으로, 재고자산에 배부되면 당기의 효율성이 차기로 이전되는 효과가 발생한다. 따라서 당기발생한 모든 원가차이는 매출원가에 반영하여 당기손익으로 처리해야 한다.
> **(2) 비례배분법**
> 외부보고목적상 재고자산가액은 실제원가로 기록되어야 회계정보의 신뢰성을 유지할 수 있다. 따라서 원가차이를 당기 생산된 모든 재고자산과 매출원가에서 조정하여 실제원가나 실제원가의 근사치로 보고해야 한다.

075 매출원가를 근거로 제조부서 책임자를 평가하는 데 있어서 원가차이 조정방법으로 매출원가조정법을 적용했을 때 발생할 수 있는 문제점에 대해서 서술하시오.

> 제조부서 책임자의 평가가 매출원가에 의해 결정되고 고정제조간접원가 생산조업도차이를 매출원가로 조정한다면 제조부서 책임자에 의해 성과가 조작될 가능성이 있다. 즉, 매출원가를 줄이기 위해서 생산조업도차이를 유리하게 하는 표준을 설정할 수 있다. 예를 들어, 실제조업도가 기준조업도보다 크다면 유리한 생산조업도차이가 발생하여 매출원가를 감소시킬 수 있고, 결과적으로 재고가 증가하는 문제가 발생할 수 있다.

076 "미사용생산능력이 존재할 때 고정제조간접원가 배부율 산정에 있어서 최대조업도를 사용하지 않고 수요를 고려한 정상조업도나 연간 기대조업도를 사용할 경우 미사용생산능력의 원가를 사용분에 전가하여 결국 수요는 점차 줄어들 수 있다."에 대해서 논평하시오.

> 수요를 고려한 정상조업도나 실제조업도가 최대조업도에 미달하는 경우 미사용생산능력이 발생하게 된다. 수요를 감안한 기준조업도로 단위당 고정제조간접원가 배부율을 산출할 경우, 최대조업도를 기준으로 산출한 경우에 비하여 배부율이 더 커진다. 배부율이 커지면 제품원가가 상승하며, 이에 따라 가격경쟁력 약화로 수요는 감소하고, 이는 다시 생산량 하락으로 이어져 고정제조간접원가 배부율이 더 커진다. 즉, 원가 상승으로 인한 수요 감소의 악순환을 가져올 수 있으며, 이를 "수요의 하향악순환"이라고 한다.

077 직접재료원가 표준설정 시 수량표준(SQ)과 가격표준(SP)을 구분하여 설정하는 이유에 대해서 서술하시오.

> 표준을 설정할 때 수량표준과 가격표준을 구분하는 이유는 원가통제를 위한 책임대상이 다르기 때문이다. 일반적으로 가격차이는 구매담당자가 책임을 지고, 수량차이는 생산담당자가 책임을 진다.

078 직접재료원가의 가격차이를 구입시점에서 분석할 경우의 유용성에 대해서 서술하시오.

① 가격차이를 구입시점에서 분리할 경우 구매담당자로 하여금 차이를 조기에 인식하여 필요한 조치를 신속하게 할 수 있다.
② 원재료계정을 표준단가로 기록하므로 회계처리가 간편하다.
③ 가격차이와 수량(능률)차이가 결합된 결합차이가 발생하지 않는다.

079 원가차이분석을 가치사슬의 관점에서 서술하시오.

원가차이의 상호의존성으로 인하여 평가대상 당사자 간에 상충관계가 나타날 수 있다. 예를 들어, 저품질 원재료를 구입하면 유리한 가격차이가 발생하지만 수율 감소로 인하여 불리한 수량차이가 발생할 수 있으며, 공정의 효율적인 진행을 위한 원재료의 긴급구매는 불리한 가격차이로 나타날 수 있다. 이와 마찬가지로 설계단계에서의 문제가 제조단계에서 불리한 직접재료 수량차이로 나타날 수 있다.

080 고정제조간접원가의 차이 발생원인에 대해서 서술하시오.

① 제조부문의 비효율적인 운영 → 소비(예산)차이 발생
② 판매부문의 매출조업도차이 → 생산조업도차이 발생
③ 비현실적인 기준조업도 선택 → 생산조업도차이 발생

081 자동화된 생산공정에서 전통적인 표준원가차이분석의 중요성이 점차 감소하고 있다. 이에 대한 원인에 대해서 서술하시오.

① 노무원가 통제에 주된 관심을 둔 표준원가는 노무원가의 감소와 제조간접원가의 비중이 증가하면서 그 중요성이 점차 감소하고 있다.
② 제조공정의 생산성과 효율성 증대로 인하여 원가차이가 점차 줄어들고 있다.
③ 최근에는 제품원가의 절감보다는 품질향상을 통한 고객가치 증대가 더 중요해지고 있다.

082 원가차이가 발생하는 원인에 대해서 세 가지 이상 서술하시오.

① 부적절한 표준
② 작업상 오류
③ 원가자료 집계에 대한 측정오차
④ 효율적인 작업하에서의 불가피한 변동사항

083 표준원가계산제도에서 정상공손원가와 비정상공손원가의 처리방법에 대해서 서술하시오.

정상공손은 양품을 생산하기 위해서 발생하는 정상적인 상황에서의 공손을 의미하므로 정상공손원가는 허용한도만큼 표준원가에 반영한다. 비정상공손원가는 실제공손원가와 정상공손원가와의 차이이므로, 기말에 원가차이 계산 시 총공손수량이 정상공손을 초과하는 (+)비정상공손은 불리한 차이로 처리하고, 총공손수량이 정상공손에 미달하는 (-)비정상공손은 유리한 차이로 처리하는 것이 이론적으로 타당하다.

084 표준종합원가계산에서 공손원가를 별도로 집계하지 않는다면 공손원가는 어떤 원가차이에 영향을 미치게 되는지 서술하시오.

> 공손원가를 별도로 집계하지 않는다면 실제산출량이 과소평가되어 변동제조원가의 능률차이와 고정제조간접원가 조업도차이에 영향을 미친다.

085 직접재료원가의 가격차이와 수량차이가 발생하는 원인에 대해서 세 가지 이상 각각 서술하시오.

> (1) 직접재료원가 가격차이 발생원인
> ① 유리 또는 불리한 가격협상
> ② 긴급구매
> ③ 재료시장의 가격 변동상황
> ④ 저품질 또는 고품질 구매
> (2) 직접재료원가 수량차이 발생원인
> ① 비효율적인 재료 사용
> ② 제조기술의 변화
> ③ 저품질 재료 사용

086 직접노무원가의 임률차이와 능률차이가 발생하는 원인에 대해서 세 가지 이상 각각 서술하시오.

> (1) 직접노무원가 임률차이 발생원인
> ① 숙련공 또는 미숙련공 고용
> ② 노사 간의 임금협상
> ③ 초과작업
> (2) 직접노무원가 능률차이 발생원인
> ① 비효율적인 작업방식
> ② 감독자 업무태만
> ③ 작업방법의 변경

087 자동화된 생산환경에서 표준원가의 유용성이 감소하는 이유에 대해서 서술하시오.

> ① 고정원가 증가와 노무원가 감소로 인한 노무시간 통제효과의 감소
> ② 생산공정의 안정화로 인한 원가차이 감소
> ③ 원가통제보다는 품질향상 추구

제7장 전부/변동/초변동원가계산

088 변동원가계산의 유용성과 한계점을 서술하시오.

(1) 유용성

① 변동원가계산은 순이익이 판매량에 의해서만 영향을 받기 때문에 생산량의 증감을 통한 이익조작을 방지할 수 있다.

② 원가를 행태별로 분석하기 때문에 손익분기점분석, 가격결정 및 기타 의사결정에 유용하게 활용할 수 있다.

③ 고정제조간접원가를 당기비용처리하기 때문에 고정제조간접원가의 배부문제가 발생하지 않는다.

(2) 한계점

① 모든 원가를 변동원가와 고정원가로 구분하기 어렵다.

② 고정제조간접원가가 제품원가를 구성하지 않으므로 기말재고금액이 전부원가계산에 비하여 과소평가된다.

③ 장기적 관점에서는 고정제조간접원가를 제품원가에 가산해야 정확한 가격을 결정할 수 있으므로 경영의사결정이 왜곡될 수 있다.

④ 외부보고용 재무제표 작성 시에는 인정되지 않는다.

089 기초 및 기말재고자산의 변화가 없을 경우 전부원가계산과 변동원가계산의 영업이익의 차이에 대해서 서술하시오.

전기와 당기의 단위당 제조원가가 동일하다면, 재고의 변화가 없는 경우 전부원가계산과 변동원가계산의 영업이익은 같다. 만약 전기에 비하여 당기에 생산량이 감소하여 단위당 고정제조간접원가가 증가한 경우, 기말재고가액이 상대적으로 증가하므로 재고수량의 변화가 없더라도 전부원가계산의 영업이익이 변동원가계산의 영업이익보다 크다.

090 전부원가계산에 의하면 생산량을 증가시킴으로써 단위당 고정제조원가가 감소하여 단위당 제조원가가 낮아지므로, 전부원가계산은 생산량 증가로 인하여 상대적으로 재고생산을 증가시키는 유인을 제공한다. 이러한 문제점을 해결할 수 있는 방안을 서술하시오.

① 회계시스템을 변동원가계산이나 초변동원가계산으로 변경한다.

② 재고수준을 성과평가에 반영한다.

③ 성과평가기간을 장기로 설정한다.

④ 경영성과를 평가할 때 재무적 측정치뿐만 아니라 비재무적 측정치도 포함한다.

091 변동원가계산을 직접원가계산이라고도 한다. 그렇다면, "직접원가는 모두 변동원가인가?"라는 질문에 대해서 간략하게 답하시오.

특정 제품만을 감독하는 감독자 급여는 직접원가이지만 고정원가이므로, 직접원가가 모두 변동원가는 아니다.

092 초변동원가계산은 직접재료원가만 제품원가에 포함시키고, 그 이외 제조원가는 발생기간에 비용처리하는 원가계산방법이다. 판매량이 일정한 상태에서 생산량 변동이 초변동원가계산하의 영업이익에 미치는 효과에 대해서 서술하시오.

> 판매량이 일정한 상태라면 생산량이 증가할수록 당기 생산량에 포함되어 있는 변동가공원가(직접노무원가, 변동제조간접원가)는 당기에 비용처리되므로 초변동원가계산하의 영업이익은 감소한다.

093 초변동원가계산의 유용성과 한계점을 서술하시오.

> (1) 유용성
> 당기 발생한 가공원가를 기간비용처리하므로 바람직하지 못한 재고 증가를 방지할 수 있으며, 가공원가를 변동원가와 고정원가로 구분할 필요가 없다.
> (2) 한계점
> ① 수요의 불확실성이 크거나 규모의 경제가 존재하는 경우 등 재고의 긍정적인 측면을 간과한다.
> ② 재고를 회피하기 위해서 지나치게 낮은 가격으로 판매할 가능성이 있다.
> ③ 일반적으로 인정된 회계원칙에서 인정하지 않는다.

094 적시생산시스템(JIT시스템)하에서 전부원가계산과 변동원가계산의 이익차이에 대해 간략하게 서술하시오.

> JIT시스템은 무재고를 추구하여 재고가 거의 없으므로, 재고 변동에 의한 전부원가계산과 변동원가계산의 이익차이는 미미하다. 그러나 여전히 전부원가계산과 변동원가계산에서의 재고자산금액은 단위당 고정제조간접원가만큼 차이가 발생한다.

095 변동원가계산은 고정원가를 제품원가에 포함시키지 않는다. 이에 대한 이론적 근거를 서술하시오

> ① 투자된 설비원가는 기 발생된 매몰원가이므로 제품원가에 배부해서는 안 된다.
> ② 생산량을 증가시키기 위해서는 오로지 변동제조원가만 필요하며, 재고자산은 미래에 발생하는 원가를 회피할 수 있을 때만 가치를 갖는다.

096 변동원가계산의 유용성과 한계점에 대해서 의사결정과 성과평가 측면에서 비교설명하시오.

> (1) 의사결정 측면
> ① **유용성**: 변동원가와 고정원가로 구분하여 공헌이익개념을 이용함으로써 가격결정, 수익성분석 등 경영의사결정에 효과적으로 활용할 수 있다.
> ② **한계점**: 고정원가를 의사결정과정에서 배제함으로써 장기가격결정, 설비투자결정 등 장기의사결정에 적합하지 않다.
> (2) 성과평가 측면
> ① **유용성**: 고정제조원가를 제품원가에서 배제하여 판매량만 이익에 영향을 미치므로, 이익 증가를 위한 생산량 증가를 방지할 수 있다.
> ② **한계점**: 고정제조원가를 기간비용으로 처리하여 재고자산이 과소평가되고 당기비용은 과대계상되므로, 당기 경영성과가 과소평가될 수 있다.

097 전부원가계산은 생산량이 이익에 영향을 미치므로 이익을 높이기 위하여 불필요한 재고를 유발할 수 있다는 단점이 있어 평가보상에 적합하지 않다. 이를 보완할 수 있는 방안을 세 가지 이상 제시하시오.

① 재고수준을 성과평가에 반영한다.
② 재고자산에 대한 자본비용 등 기회원가를 평가에 반영한다.
③ 변동원가계산을 활용한다.
④ 단기성과보다는 장기성과를 평가할 수 있는 측정치를 도입한다.

098 초변동원가계산에서 직접재료원가만을 변동원가로 보는 이유에 대해서 서술하시오.

① 노동집약적 생산환경이 자본집약적 생산환경으로 변화하여 직접재료원가를 제외한 직접노무원가와 제조간접원가는 고정원가의 성격을 지니게 되었다.
② 보다 짧은 기간을 가정하면 직접재료원가만이 변동원가의 성격을 지닌다.

099 전부원가계산의 장·단점에 대해서 서술하시오.

(1) 장점
① 장기적인 의사결정에 적합한 정보를 제공한다.
② 모든 제조원가를 제품원가에 포함시키므로 변동원가와 고정원가를 구분할 필요가 없다.
③ 수익·비용 대응의 원칙에 부합하는 방법이다.

(2) 단점
① 생산량 변동이 단위당 원가에 영향을 미친다.
② 판매량뿐만 아니라 생산량도 이익에 영향을 미친다.
③ 이익을 높이기 위하여 경영자로 하여금 과잉생산을 유도한다.

제8장 원가함수추정

100 최근 생산현장에서 과거에 비하여 학습효과가 감소하고 있다면 그 이유에 대해서 서술하시오.

① 다품종 소량생산으로 인하여 학습효과가 발생할 정도로 반복작업이 이루어지지 않는다.
② 공장자동화로 인하여 직접노동시간과 관련된 원가의 비중이 낮아지고 있다.
③ 종업원들의 업무 변동으로 인하여 동일 작업에 대한 학습효과가 발생하기 어렵다.

101 학습효과가 발생하는 원인에 대해서 세 가지 이상 서술하시오.

① 반복작업으로 인한 효율성 증대
② 규모의 경제
③ 생산공정 표준화(시간연구, 동작연구)
④ 제조기술 발달과 제조방법 개선

102 산업공학적 방법의 장·단점에 대해서 서술하시오.

(1) 장점
① 과거자료를 이용할 수 없는 경우에 사용할 수 있다.
② 공학적 방법을 이용하므로 비교적 정확한 추정이 가능하다.
(2) 단점
① 투입과 산출관계가 명확하지 않은 원가를 추정하기 어렵다.
② 다른 방법에 비하여 많은 시간과 비용이 요구된다.

103 계정분석법의 장·단점에 대해서 서술하시오.

(1) 장점
① 자료를 쉽게 얻을 수 있어 신속한 추정이 가능하다.
② 한 회계자료만으로 분석이 가능하여 다른 방법에 비하여 비교적 적은 시간과 비용이 요구된다.
(2) 단점
① 분석대상 자료가 비정상적이고, 비효율적인 상황이 포함된다면 신뢰성을 확보하기 어렵다.
② 전문가의 주관적 판단이 개입될 수 있어 객관성이 낮아진다.

104 산포도법의 장·단점에 대해서 서술하시오.

(1) 장점
① 모든 과거자료를 이용할 수 있다.
② 이해하기 쉽고, 비교적 적은 시간과 비용이 요구된다.
(2) 단점
① 분석자에 따라 서로 다른 원가함수가 도출될 수 있다.
② 분석자의 주관적 판단이 개입될 수 있어 객관성이 낮아진다.

105 회귀분석법의 장·단점에 대해서 서술하시오.

(1) 장점
① 모든 자료를 통계적 방법으로 분석하여 체계적이고, 이론적으로 우수하다.
② 독립변수가 2개 이상일 경우에도 사용할 수 있다.
(2) 단점
① 몇 가지 가정이 요구되며, 가정이 충족되지 않을 경우 무의미한 추정이 될 수 있다.
② 추정과정에 많은 시간과 비용이 요구된다.

106 고저점법의 장·단점에 대해서 서술하시오.

(1) 장점
① 계산과정이 간편하고 객관적이다.
② 두 개의 자료만을 이용하여 추정할 수 있다.

(2) 단점
① 최고 및 최저조업도가 정상적인 상황이 아니라면 객관성이 떨어진다.
② 두 개의 자료 이외의 다른 정보는 무시된다.

107 학습곡선의 장·단점에 대해서 서술하시오.

(1) 장점
① 학습효과로 인한 원가절감액을 입찰 등 가격결정에 반영할 수 있다.
② 표준원가에 반영하여 좀 더 의미 있는 차이분석을 할 수 있다.

(2) 단점
① 공장자동화로 인하여 노동시간과 관련된 원가의 비중이 낮아져 효용성이 떨어진다.
② 다품종 소량생산으로 인하여 작업이 반복적이지 않아 학습효과가 크지 않다.

제9장 CVP분석

108 회귀분석법을 적용할 경우 산출되는 다음의 용어에 대해서 서술하시오.

- 결정계수(Coefficient of determination)
- 추정의 표준오차(Standard error of estimate)
- 상관계수(Coefficient of correlation)

(1) 결정계수
총변동 중에서 회귀선에 의해 설명되는 비율을 의미한다. 결정계수의 값이 크다는 것은 회귀선에 의해 설명되는 변동이 크다는 것을 말하므로, 결정계수는 회귀분석에 있어서 회귀선의 적합도를 측정하는 지표이다.

(2) 추정의 표준오차
관측치가 회귀선 주변에 얼마나 분포되어 있는가를 나타내는 지표로서, 추정의 표준오차가 작다는 것은 표본자료들이 회귀선 주변에 밀집되어 있음을 의미한다.

(3) 상관계수
두 변수 간 선형관계의 정도를 나타내는 척도이다. 상관계수는 -1 이상 +1 이하의 값을 가질 수 있는데, 상관계수가 +1이라면 완전한 양의 상관관계라는 의미이며, -1이라면 완전한 음의 상관관계라는 의미이다. 또한 상관계수가 0이라면 두 변수는 아무런 관계가 없음을 의미한다.

109 다음의 원가추정방법의 장·단점에 대해서 서술하시오.

• 산포도법(Scatter graph method)
• 고저점법(High-low point method)
• 회귀분석법(Regression method)

(1) **산포도법**

조업도를 독립변수로 하고, 추정하고자 하는 원가를 종속변수로 하는 좌표에 과거자료를 나타낸 후, 눈대중으로 이들 자료를 잘 나타내는 직선을 찾아 고정원가와 단위당 변동원가를 찾아내는 방법이다.

① **장점**

• 산포도를 이용하여 원가구조의 특성을 간편하게 파악할 수 있다.

② **단점**

• 관찰자의 주관적인 판단에 따라 결과가 달라질 수 있으므로 신뢰성이 떨어진다.
• 독립변수가 2개 이상이면 산포도를 도시하기 어렵다.

(2) **고저점법**

과거자료 중 가장 높은 조업도에서의 원가와 가장 낮은 조업도에서의 원가 두 점을 연결하는 직선을 통해서 고정원가와 단위당 변동원가를 찾아내는 방법이다.

① **장점**

• 과거자료가 2개 이상이라면 원가함수를 추정할 수 있다.

② **단점**

• 최고조업도와 최저조업도의 원가 이외의 자료를 무시한다.
• 최고조업도와 최저조업도가 비정상적인 상황일 경우 추정된 원가함수는 대표성이 부족할 수 있다.
• 독립변수가 2개 이상이면 적용하기 어렵다.

(3) **회귀분석법**

과거 실제원가와 회귀선상 값의 차이를 제곱하여 합한 값(잔차의 제곱의 합)이 최소가 되도록 통계적 방법을 이용하여 변동원가와 고정원가를 추정하는 방법이다.

① **장점**

• 이용가능한 자료를 모두 이용하여 원가함수를 추정할 수 있다.
• 독립변수가 2개 이상인 경우의 원가함수를 추정할 수 있다(다중회귀분석).

② **단점**

• 추정방법이 복잡하다.
• 회귀분석법의 기본가정이 모두 다 적용되는 것은 아니다.

110 회귀분석법의 기본가정에 대해서 서술하시오.

① 선형성(Linearity)
② 잔차의 평균은 0(Zero mean)
③ 잔차들의 분산은 모두 동일(Homoscedasticity)
④ 잔차의 정규분포성(Normality)
⑤ 잔차들의 독립성(Nonautocorrelation)
⑥ 독립변수 X의 확정성(Nonstochastic)
⑦ 독립변수들 간의 독립성(Nonmulticollinearity)

111 감가상각비의 원가행태에 대해서 서술하시오.

감가상각비의 원가행태는 감가상각방법에 따라 달라진다.

(1) **기간개념의 상각방법**: 고정원가

예 정액법, 정률법, 연수합계법, 이중체감법

(2) **조업도개념의 상각방법**: 변동원가

예 작업시간비례법, 생산량비례법

112 원가행태분석에 있어서 관련범위(Relevant range)의 필요성을 서술하시오.

조업도의 전 구간을 분석대상으로 하면 수익 및 원가는 경제학적 한계개념으로 인하여 곡선으로 표현되어 분석이 복잡해지며, 장기관점에서는 모든 원가는 변동원가로 측정된다. 따라서 분석범위를 전 범위가 아닌 현실적으로 달성가능한 범위로 한정하면, 수익과 원가는 직선에 가까워져 CVP분석 및 기타 의사결정과정이 좀 더 간편해진다.

113 영업레버리지와 기업위험과의 관계를 서술하시오.

영업레버리지는 매출액의 변화율에 대한 영업이익의 변화율이 확대되는 효과를 의미한다. 고정원가의 비중이 커질수록 영업레버리지효과는 더 커지므로, 영업레버리지효과가 커질수록 기업위험은 더 커진다고 볼 수 있다.

114 복수제품의 경우 제품배합이 필요한 이유에 대해서 서술하시오.

동일한 판매량이라 할지라도 제품배합이 변하면 손익분기점 및 영업이익이 변하기 때문에, 배합비율에 따라 수개의 손익분기점이 산출될 수 있다. 따라서 손익분기점분석을 위해서는 일정한 제품배합이 필요하며, 이때 제품배합은 수량배합과 금액배합으로 구분할 수 있다.

115 회계학적 CVP모형과 경제학적 CVP모형의 차이점을 비교하시오.

구분	회계학적 모형	경제학적 모형
범위	관련범위(선형)	전 범위(한계개념)
손익분기점	1개	2개 이상(장기모형의 경우 3개)
이익극대화 조업도	없음	한계수익과 한계비용이 일치하는 조업도

116 복수제품의 경우 제품배합이 일정하다는 전제하에 손익분기점분석이 이루어진다. 만약 제품배합이 변동될 경우 제품별 공헌이익(공헌이익률)의 크기에 따라 손익분기점에 미치는 영향에 대해서 서술하시오.

복수제품의 경우 손익분기점은 제품배합에 의해서 영향을 받는다. 만약 상대적으로 공헌이익(공헌이익률)이 큰 제품의 비율이 커지면 손익분기점 판매량(매출액)은 작아지고, 공헌이익(공헌이익률)이 작은 제품의 비율이 커지면 손익분기점 판매량(매출액)은 커진다.

117 학습곡선은 학습효과를 고려한 원가함수를 말하며, 학습효과란 동일한 작업을 반복수행하면 투입되는 노동시간이 점차 감소하는 것을 의미한다. 학습효과의 발생원인에 대해서 서술하시오.

> ① 반복실행에 따른 노동효율성 증대
> ② 제품표준화에 따른 노동시간 감소
> ③ 제조기술 증진으로 인한 효율성 증대

118 학습효과의 한계점에 대해서 서술하시오.

> ① 다품종소량생산의 경우 의사결정에 영향을 미칠 정도의 학습효과가 크게 발생하지 않는다.
> ② 공장자동화로 인하여 노무원가의 비중이 점차 감소하고 있다.
> ③ CIM, JIT, FMS 등 새로운 생산시스템의 도입으로 한 사람의 작업자가 다양한 업무를 수행하므로 학습효과가 점차 감소하고 있다.

119 불황이 예상될 경우 고려할 수 있는 인력수급계획에 대해 원가구조 측면에서 서술하시오.

> 불황이 예상되면 레버리지를 낮추기 위해서 단기고용계약을 체결하여 단기적으로 인력을 탄력적으로 운용한다.

120 관리회계에서 선형성을 주장하는 근거를 서술하시오.

> ① 한계개념을 이용하는 것보다 원가측정비용이 감소한다.
> ② 중요성의 관점에서 볼 때 실제원가함수와 큰 차이가 없다.

121 학습곡선이 원가·관리회계에 미치는 영향에 대해서 서술하시오.

> **(1) 제품원가계산**
> 정상원가계산과 표준원가계산을 적용할 경우 학습효과를 고려하지 않는다면, 예정조업도 또는 기준조업도를 과대추정함으로써 예정배부율 또는 표준배부율이 낮아져 제조간접원가가 과소배부될 수 있다.
> **(2) 의사결정**
> 미래에 발생하는 제조원가 중 노동시간과 관련된 원가를 과대추정할 수 있다.
> **(3) 성과평가**
> 학습효과로 인하여 시간이 지날수록 목표달성이 용이하며, 원가차이분석 시 유리한 능률차이가 발생할 가능성이 크다.

122 영업레버리지도(DOL, Degree of Operating Leverage), 재무레버리지도(DFL, Degree of Financial Leverage) 및 결합레버리지도(DCL, Degree of Combined Leverage)의 차이점에 대해서 서술하시오.

> **(1) 영업레버리지도(DOL)**
> 고정원가로 인한 매출액의 변화에 대한 영업이익의 변화를 의미한다. 고정원가의 비중이 커질수록 영업레버리지도는 커진다.

(2) 재무레버리지도(DFL)
이자비용으로 인한 영업이익의 변화에 대한 주당순이익의 변화를 의미한다. 이자비용의 비중이 커질수록 재무레버리지도는 커진다.

(3) 결합레버리지도(DCL)
매출액의 변화에 대한 주당순이익의 변화를 의미한다. 결합레버리지도는 영업레버리지도와 재무레버리지도의 곱으로 표시된다.

123 전통적 CVP분석에 비하여 활동기준원가계산 CVP분석이 왜 더 유용한 방법인지 그 이유에 대해서 서술하시오.

전통적 원가계산에서는 원가를 변동원가와 고정원가로 구분하고 조업도와 무관한 원가는 모두 고정원가로 처리하므로, 조업도와 관련 없는 공정 변화 등은 원가에 적절하게 반영하기 어렵다. 반면, 활동기준원가계산은 고정원가를 다시 묶음수준, 제품수준 등 여러 행태로 구분하므로, 생산공정이 달라지거나 품목이 달라질 경우 변화하는 원가를 적절하게 반영할 수 있어 보다 정확한 분석이 가능하다. 즉, 전통적 CVP분석에서 고정원가로 간주하는 비단위수준활동을 추가로 고려하여, 비단위수준활동의 원가동인 수준의 변동이 손익분기점 등에 미치는 영향을 분석할 수 있다.

124 단위당 공헌이익과 공헌이익률이 서로 다른 복수제품의 손익분기점을 계산할 때 매출배합차이와 손익분기점의 관계에 대해서 간략하게 서술하시오.

공헌이익이 상대적으로 큰 제품의 비중이 클수록 유리한 매출배합차이가 발생하며, 손익분기점 수량도 낮아질 것이다.

125 활동기준원가계산을 이용한 CVP분석의 장점에 대해서 서술하시오.

원가 발생원인을 조업도 이외의 다양한 원가동인으로 분석하여 원가동인의 변화가 손익분기점에 미치는 영향을 분석할 수 있다.

제10장 관련원가분석

126 공헌이익접근법에 대해서 특별주문의 수락 여부 관점과 가격결정 관점에서 각각 서술하시오.

(1) 특별주문 수락 여부 관점
변동원가를 별도로 구분하여 특별주문으로 인한 증분손익을 즉시 파악할 수 있다는 장점이 있다.

(2) 가격결정 관점
기업이 존속하기 위해서는 적정한 이익이 보장되어야 하므로, 가격결정에 있어서 변동원가뿐만 아니라 고정원가도 추가로 반영되어야 한다.

127 최종의사결정 시에는 재무적 요소 이외에 비재무적인 질적 요소를 추가로 고려하여야 한다. 부품의 자가제조 의사결정에 있어 자가제조 시 학습효과의 존재 여부가 의사결정에 미치는 영향에 대해서 서술하시오.

> 학습효과가 존재한다면 자가제조 시 생산량이 증가할수록 단위당 원가는 낮아진다. 따라서 외부에서의 구입단가가 일정한 경우, 단기적으로는 자가제조 시 원가가 높더라도 장기적으로는 학습효과로 인하여 원가가 낮아질 수 있으므로 장기적인 관점에서 의사결정해야 한다.

128 부가원가(Imputed cost)에 대해서 서술하시오.

> 부가원가는 현금지출과 무관하기 때문에 장부에 기록되지 않으나, 경영의사결정에 있어 대단히 중요한 요소이며 일반적으로 기회원가와 동일한 의미로 사용된다. 부가원가의 예로 자가소유 부동산의 임차료, 자기자본비용, 소유경영주의 임금 등이 있다.

129 고객수익성분석에서 고려해야 할 질적 요인에 대해서 서술하시오.

> ① 고객과의 장기적인 유대관계
> ② 고객과의 시너지효과
> ③ 고객의 잠재적인 성장가능성
> ④ 거래중단으로 인한 타 고객과의 파생효과

130 제약공정을 완화하기 위한 방안에 대해서 서술하시오.

> ① 산출량 증대를 위한 초과작업 또는 교대작업
> ② 외주가공(Outsourcing)
> ③ 장기적인 수요예측에 따른 설비 도입
> ④ 타 공정의 여유조업도 대체활용

131 제약이론의 유용성과 한계점에 대해서 서술하시오.

> **(1) 유용성**
> ① 조직 전체의 효과성을 강조한다.
> ② 바람직하지 못한 재고를 방지한다.
>
> **(2) 한계점**
> ① 직접재료원가 이외의 원가를 고정원가로 처리하므로 장기적인 관점에서 적합하지 않다.
> ② 재고의 긍정적인 효과를 고려하지 않는다.

132 특별주문수락 의사결정 시 고려해야 할 질적 요인에 대해서 서술하시오.

> ① 정규시장에서의 가격 인하 압력
> ② 기존고객 이탈가능성

133 자가제조하는 경우 고려해야 할 질적 요인에 대해서 서술하시오.

> ① 공급업자와의 유대관계 상실 및 과대투자위험성
> ② 종업원 증원으로 인한 노사관계

134 부품을 외부구입할 경우 고려해야 할 질적 요인에 대해서 서술하시오.

> ① 추가적인 운전자본 조달능력
> ② 종업원 감원에 따른 노동조합의 반발가능성
> ③ 회사의 기술유출가능성
> ④ 생산중단으로 인한 유휴설비 활용가능성
> ⑤ 외부공급업자의 기술수준, 자금능력, 안정적인 공급가능성 및 품질관리능력

135 제품라인을 폐지할 경우 고려해야 할 질적 요인에 대해서 서술하시오.

> ① 특정제품의 생산 중단으로 인한 타제품의 판매량 변동가능성(예 보완재의 경우 판매 감소가능성 O)
> ② 생산 중단으로 인한 기업이미지 하락가능성
> ③ 종업원 감원에 따른 노동조합의 반발가능성
> ④ 생산 중단으로 인한 유휴설비 활용가능성

제11장 대체가격결정

136 대체가격결정기준으로 일반적으로 전부원가기준(Full-cost bases) 또는 전부원가이익가산기준을 사용한다. 그러나 이로 인해 준최적화현상이 발생할 수 있으며 고정제조간접원가의 배부방법에 따라 원가계산이 왜곡될 수 있다. 이러한 문제점을 극복할 수 있는 방안에 대해서 서술하시오.

> ① 활동기준원가시스템 활용
> ② 예산생산량을 기초로 한 예산배부율 사용

137 대체가격결정 시 고려사항에 대해서 서술하시오.

> ① 목표일치성
> ② 성과평가
> ③ 자율성
> ④ 공기관에 대한 재정관리

138 대체되는 재화나 용역의 예산변동원가를 기준으로 대체가격을 설정하였을 경우 나타날 수 있는 문제점과 해결방안에 대해서 서술하시오.

(1) 문제점
공급사업부는 투입된 변동원가만큼만 보상받기 때문에 대체로 인하여 발생하는 추가이익은 모두 구매사업부로 이전된다.
(2) 해결방안
원가에 일정 이익을 보상해주는 원가가산기준을 적용한다.

139 공급사업부의 최소대체가격이 구매사업부의 최대대체가격을 초과할 경우 자율성기준에 따르면 대체하지 않는 것이 바람직하지만 회사 전체 입장에서 대체를 해야 할 경우 고려할 수 있는 방법과 그에 따른 문제점에 대해서 서술하시오.

부문관리자들이 각자의 이익극대화를 위하여 행동하는 경우 발생할 수 있는 준최적화현상을 극복하기 위한 방법으로 이중가격제(Dual pricing)가 있다. 그러나 공급부문의 원가통제가 어려우며, 다국적 기업의 경우 국제조세 문제를 야기시키는 문제점이 있다.

140 다국적 기업의 경우 국가 간 대체가격결정 시 목표일치성 등 일반지침 이외에 추가로 고려할 사항에 대해서 세 가지 이상 열거하시오.

① 수입관세
② 환율
③ 법인세
④ 국가 간 자금이전 규제
⑤ 과실송금 가능 여부

141 변동원가를 대체가격으로 결정하는 경우 장·단점에 대해서 서술하시오.

(1) 장점
① 회계자료를 활용할 수 있어 쉽게 적용할 수 있다.
② 이해하기 쉽고 비용이 적게 소비된다.
(2) 단점
① 공급사업부 입장에서 여유조업도가 없는 경우 적용하기 힘들다.
② 공급사업부 입장에서 대체로 인하여 고정원가만큼의 손실이 발생한다.

142 전부원가를 대체가격으로 결정하는 경우 장·단점에 대해서 서술하시오.

(1) 장점
① 적용이 간편하다.
② 이해하기 쉽다.
③ 장기적으로 고정원가를 회수할 수 있다.

(2) 단점

① 준최적화현상이 발생할 수 있다.

② 실제전부원가인 경우 공급부문의 비능률적 요소가 구매부문으로 전가된다.

③ 공급사업부 입장에서 이익이 발생하지 않는다.

제12장 자본예산

143 현금흐름의 추정에서 감가상각비를 제외하는 이유에 대해서 서술하시오.

감가상각비는 최초투자액을 내용연수기간 동안 배분하는 비용배분과정이다. 투자안의 경제성분석 시 투자시점에서의 지출과 투자기간 동안의 감가상각비를 모두 고려한다면 최초투자액이 이중으로 계상되는 결과가 된다. 따라서 현금흐름의 추정 시 감가상각비를 제외해야 한다. 단, 법인세가 있을 경우 감가상각비는 법인세를 절감하는 효과가 있으므로 법인세감세효과는 추가로 고려해야 한다.

144 현금흐름의 추정에 있어 자본비용(이자, 배당)을 제외하는 이유에 대해서 서술하시오.

자본비용은 할인율에 반영되므로 추가로 현금흐름에서 차감할 경우 이중차감되는 결과를 가져오기 때문이다.

145 감가상각비가 명목현금흐름인 이유에 대해서 서술하시오.

감가상각비는 유형자산에 투자하는 시점에 투자액을 기준으로 계산되므로, 감가상각비의 감세효과는 해당 연도의 명목화폐가치로 측정된다.

146 회수기간법(Payback period method)의 장·단점에 대해서 서술하시오.

(1) 장점

① 간편하고 이해하기 쉽다.

② 회수기간은 위험지표로서의 정보를 제공한다.

③ 현금유동성을 강조한다.

(2) 단점

① 회수기간 이후의 현금흐름은 고려하지 않는다.

② 투자안의 수익성을 고려하지 않는다.

147 회계적이익률법(ARR, Accounting Rate of Return method)의 장·단점에 대해서 서술하시오.

(1) 장점

① 재무제표 자료를 이용할 수 있다.

② 수익성을 고려하는 방법이다.

③ 투자중심점 평가방법인 투자수익률과 계산구조가 동일하여 논리적 일관성을 유지할 수 있다.

(2) 단점

① 회계적이익 계산에 발생주의 등 회계상 문제점을 가지고 있다.

② 기준이익률 설정에 자의성이 개입될 수 있다.

③ 화폐의 시간가치를 고려하지 않는다.

148 순현재가치법(NPV, Net Present Value method)의 장·단점에 대해서 서술하시오.

(1) 장점
① 화폐의 시간가치를 고려한다.
② 내용연수 동안 모든 현금흐름을 고려하며 투자안의 위험을 할인율에 반영할 수 있다.
③ 금액으로 평가되므로 기업가치에 미치는 영향을 직접적으로 평가할 수 있다.

(2) 단점
① 자본비용의 계산이 어렵다.
② 투자규모가 큰 투자안이 유리하게 평가될 가능성이 있다.
③ 금액으로 평가되므로, 투자규모가 다른 투자안 간의 경제성 비교가 어렵다.

149 내부수익률법(IRR, Internal Rate of Return method)의 장·단점에 대해서 서술하시오.

(1) 장점
① 화폐의 시간가치를 고려한다.
② 내용연수 동안 모든 현금흐름을 고려한다.
③ 투자규모가 다른 투자안 간의 경제성을 비교할 수 있다.

(2) 단점
① 계산과정이 복잡하다.
② 현금흐름의 양상에 따라 복수의 내부수익률이 나타날 수 있다.
③ 내부수익률이 크다는 것이 현금흐름이 크다는 것을 의미하지는 않는다.

150 순현재가치법과 내부수익률법은 모두 화폐의 시간가치를 고려하는 방법으로, 단일투자안의 경우 일반적으로 동일한 결과를 가져오지만 상호배타적인 다수의 투자안 중 하나를 선택하는 경우 다른 결론을 제시할 수 있다. 서로 다른 결론이 제시되는 경우 순현재가치법이 내부수익률에 비하여 가지고 있는 장점에 대해서 서술하시오.

(1) 재투자수익률의 가정
내부수익률법은 내부수익률로 재투자한다고 가정하는 반면 순현재가치법은 자본비용으로 재투자한다고 가정한다. 즉, 좋은 투자안이 항상 존재하는 것이 아니므로 순현재가치법의 가정이 보다 합리적이다.

(2) 가치합산원칙
순현재가치는 기업가치에 미치는 영향을 금액으로 직접 확인할 수 있고 서로 다른 투자안의 순현재가치를 합산하면 투자안 전체 순현재가치가 된다.

(3) 복수의 내부수익률
투자안의 현금흐름의 양상에 따라 복수의 내부수익률이 제시되어 의사결정에 왜곡이 발생할 수 있다.

제13장 종합예산

151 참여예산의 장·단점에 대해서 서술하시오.

(1) 장점
① 관련 당사자들이 예산편성에 공동으로 참여하여 목표일치성을 높일 수 있다.
② 종업원들의 사적인 정보와 다양한 의견을 활용할 수 있다.
③ 종업원들에게 동기부여할 수 있다.

(2) 단점
① 예산설정과정에서 피참여자들이 좀 더 쉽게 달성할 수 있는 예산을 설정하고자 하는 예산슬랙(Budgetary slack)현상이 발생할 수 있다.
② 예산편성과정에 많은 시간과 비용이 소요된다.

152 예산(Budget)의 장·단점에 대해서 서술하시오.

(1) 장점
① 계획수립과 함께 성과평가의 기준을 제공한다.
② 조직구성원들 간 의사소통으로 인하여 조직 전체를 활성화한다.
③ 조직구성원들에게 동기부여 역할을 한다.

(2) 단점
① 예산 자체가 구성원들에게 심적 부담감을 줄 수 있다.
② 단기목표를 강조하다보면 단기성과에 집착할 수 있다.
③ 자신에게 유리한 성과를 유도하도록 예산을 이용할 수 있다.

153 참여예산(Participative budgeting)의 유용성과 한계에 대해서 서술하시오.

(1) 유용성
① 종업원의 사적 정보를 이용할 수 있다.
② 목표일치성을 높일 수 있다.
③ 예산에 대한 거부감을 없앨 수 있으며 목표달성에 대해 동기부여할 수 있다.

(2) 한계
① 시간과 비용이 많이 소요된다.
② 형식적으로 참여할 경우 오히려 부정적인 영향을 미친다.
③ 예산슬랙이 발생할 수 있다.

제14장 책임회계제도

154 이익중심점의 성과평가에 있어서 간접비용을 배분하면 안 되는 근거에 대해서 서술하시오.

(1) 이익중심점의 성과평가에 있어서 간접비용을 배분하면 안 되는 근거
① 각 부문의 책임자 입장에서 통제불가능한 요소이므로, 각 부문의 책임자는 간접비용과 추적불가능한 비용이 배분된 성과보고서를 신뢰하지 않을 것이다.
② 배분으로 얻는 효익보다 비용이 더 크다.
(2) 간접비용을 배분하는 것이 더 합리적인 경우
① 합리적인 배분기준이 존재할 때
② 부담해야 할 공통원가를 각 부문의 책임자가 인지할 필요가 있을 때
③ 배분비용보다 배분으로 인한 효익이 더 클 때

155 책임회계제도를 효과적으로 운영하기 위한 조건에 대해서 열거하시오.

① 각 책임중심점별로 책임과 권한이 명확히 구분되어야 한다.
② 예외에 의한 관리가 이루어지도록 예외적인 수준을 사전에 미리 설정하여야 한다.
③ 최고경영자는 책임회계제도의 활용방법을 사전에 정확히 인지하여야 한다.

156 책임회계제도의 효익에 대해서 열거하시오.

① 예외에 의한 관리가 가능하다.
② 각 부문의 성과를 보다 객관적으로 평가할 수 있다.
③ 분권화를 촉진시켜 각 부문 책임자의 전문지식을 활용할 수 있다.
④ 권한위양을 통하여 동기부여할 수 있다.

157 종합예산의 순기능과 역기능에 대해서 서술하시오.

(1) 순기능
① 미래에 대한 계획수립
② 최고경영자의 의사전달기능
③ 각 부문 책임자에게 권한위양
④ 각 부문의 성과평가기준 제공
(2) 역기능
① 각 부문 책임자들의 심적 부담
② 단기목표와 장기목표의 불일치가능성
③ 비합리적인 예산으로 인한 성과평가왜곡

158 원점예산(ZBB, Zero-Based Budgeting)에 대해서 전통적 예산편성과의 차이점과 유용성 및 한계점에 대해서 서술하시오.

> **(1) 전통적 예산편성과의 차이점**
> 전통적 예산편성은 전기예산자료를 기초로 차기 상황을 고려하여 전기예산의 조정과정을 거쳐 편성하는 것이지만, 원점예산은 각 부문의 모든 활동이 처음부터 수행되는 것을 가정하여 각 활동별 중요성 관점에서 새로운 예산을 설정하는 것으로서 모든 활동들에 대해서 예산설정시점마다 독립적으로 분석하여 편성하는 방법이다.
>
> **(2) 유용성 및 한계점**
> **① 유용성**
> - 모든 활동을 분석하고 평가한다.
> - 모든 활동을 중요성의 관점에서 분석하므로 보다 효율적이다.
>
> **② 한계**
> - 시간과 비용이 많이 소요된다.
> - 활동들 간의 중요성을 평가하기 어렵다.

159 매출총이익률법과 투자수익률법 중에서 어떤 방법이 의사결정이 있어서 더 목적적합한지에 대해서 서술하시오.

> 매출총이익률법은 매출액과 매출원가만을 대상으로 수익성을 판단하지만, 투자수익률법은 수익성뿐만 아니라 투자된 자산의 효율성을 추가로 고려하므로 매출총이익률법에 비하여 좀 더 의사결정에 목적적합한 방법이라 할 수 있다.

160 분권화의 효익에 대해서 몇 가지 열거하시오.

> ① 전문화
> ② 시장 변화에 대한 유연성
> ③ 예외에 의한 관리 가능
> ④ 하위경영자에 대한 동기부여

161 판매부문을 수익중심점으로 설정하는 경우의 문제점에 대해서 서술하시오.

> ① 고객에 대한 사후관리 부족으로 재판매기회를 상실할 수 있다.
> ② 매출 증대를 위해서 과다한 판매촉진활동이 이루어질 수 있다.
> ③ 긴급배송활동으로 인하여 비용이 과다발생할 수 있다.
> ④ 소량구매고객을 등한시할 수 있다.
> ⑤ 이익률이 높은 제품보다는 판매량(매출액)이 높은 제품을 선호한다.

162 순현금흐름을 기준으로 사업부를 평가할 경우 장·단점을 서술하시오.

(1) 장점

회계적이익을 구하는 과정에서 주관적인 판단이 개입될 수 있는 단점을 보완할 수 있다.

(2) 단점

① 순현금흐름과 회계적이익은 항상 같은 방향으로 움직이지 않는다. 즉, 현금흐름이 당기성과를 정확히 반영하는 것은 아니다.

② 현금흐름은 영업활동뿐만 아니라 재무활동과 투자활동에 의해서도 영향을 받는다.

163 예산설정 시 전통적 원가기준 예산보다 활동기준원가기준 예산설정이 필요한 이유에 대해서 서술하시오.

전통적 원가함수는 조업도에 따라 변하는 변동원가 이외에는 모두 고정원가로 간주한다. 따라서 간접원가는 조업도라는 하나의 기준에 의해서 영향을 받는다고 가정하지만 현실적으로 그렇지 않다. 활동기준원가계산을 적용하면 원가계층별로 여러 가지 원가동인을 사용하므로 좀 더 정확한 예산설정이 가능하며 다음과 같은 효익이 있다.

① 활동별 자원필요량의 산출

② 활동별 성과평가 가능

③ 예산슬랙분석

164 원가중심점의 성과평가에 있어서 실제발생액과의 평가를 위해서 변동예산의 개념이 필요한 이유에 대해서 서술하시오.

성과평가의 기본전제는 해당 책임중심점의 통제가능성이다. 고정예산하의 목표생산량은 실질적으로 판매부문의 통제하에 있으므로 생산부문 입장에서는 통제불능요소이다. 따라서 원가중심점의 좀 더 의미 있는 성과평가를 위해서는 실제생산량을 기준으로 사후에 설정되는 변동예산의 개념이 필요하다.

165 예산설정 시 성과 조작을 위해서 예산게임(Budget game)을 시도하거나 성과정보를 왜곡하는 예산슬랙(Budget slack)이 발생할 수 있다. 이러한 예산의 역기능을 해결하기 위한 방안에 대해서 몇 가지 열거하시오.

① 조직 전체 목표가 명확히 제시되어야 하며, 하위목표로 세분화되어야 한다.

② 하위목표는 조직 전체 목표와 일치하여야 한다.

③ 조직구성원들로 하여금 예산수용이 이루어져야 한다.

④ 예산이 성과평가와 연결되어야 한다.

166 판매부문을 수익중심점으로 설정할 경우 매출수익의 증대에는 집중적인 노력을 기울이는 반면에, 판매관리비에 대한 관리는 소홀하거나 무관심하게 되는 준최적화현상이 발생할 가능성이 있다. 이러한 문제점을 해결하기 위한 방안에 대해서 서술하시오.

판매부문을 이익중심점으로 설정하여 수익과 원가 모두 책임대상으로 한다. 단, 판매부문 입장에서 제조원가는 통제불능원가이므로 통제가능원가는 판매비 및 해당 판매부문의 관리비뿐이다.

167 잔여이익(RI)과 경제적 부가가치(EVA)의 차이점에 대해서 세 가지 이상 제시하시오.

① 투자액의 측정치로서 잔여이익은 투자액을 사용하지만, 경제적 부가가치는 투하자본(자본비용을 발생시키는 항목)을 사용한다.
② 잔여이익은 손익계산서상의 회계적이익을 사용하지만, 경제적 부가가치는 조정된 세후영업이익을 사용한다.
③ 잔여이익에서는 자본비용을 구체적으로 나타내지는 않지만, 경제적 부가가치는 위험을 고려한 자기자본비용과 타인자본비용을 명시적으로 나타낸다.

168 효과(Effectiveness)와 능률(Efficiency)의 차이점과 원가중심점과 수익중심점 평가에 어떻게 적용되는지 서술하시오.

효과는 실제산출량과 목표산출량의 관계로서 목적달성정도를 말하며, 능률은 투입량에 대한 산출량의 관계로 얼마나 효율적으로 운용되었는가를 나타내는 것이다. 원가중심점은 효율성을 측정하는 반면에, 수익중심점은 목표매출액을 달성했는지 여부를 판단하는 효과성을 측정한다.

169 어떠한 경우에 유리한 매출배합차이가 발생할 수 있는지 서술하시오.

평균공헌이익보다 높은 공헌이익의 제품을 예산보다 많이 팔고, 평균공헌이익보다 낮은 공헌이익의 제품을 예산보다 적게 팔면 유리한 매출배합차이가 발생한다.

170 원가중심점을 노력과 성과 간의 관계에 따라서 구분하고, 통제방법에 대해서 서술하시오.

구분	내용	관련 부문	통제방법
표준원가중심점 (Standard cost center)	노력과 성과 간의 관계가 명확하게 정의될 수 있는 원가중심점	제조부문	표준원가제도
재량원가중심점 (Discretionary cost center)	노력과 성과 간의 관계가 명확하게 정의되기 어려운 원가중심점	연구개발부서, 광고부서 및 일반관리부서	주관적인 판단

171 고정제조간접원가의 조업도차이를 원가중심점 성과평가대상에 포함하지 않는 이유에 대해서 서술하시오.

고정제조간접원가의 조업도차이는 전부원가계산제도하에서 고정제조간접원가를 제품원가에 배부하기 때문에 발생하는 것으로, 생산부문은 판매부문의 하위개념으로 판매가능수량만큼만 생산하므로 기준조업도와 실제조업도의 차이는 생산부문의 성과보고서에는 별도로 표시되지 않는다.

172 복수생산요소의 원가차이분석에는 가격차이, 능률차이 이외에 배합차이와 수율차이를 추가로 분석할 수 있다. 만약 어떤 제약회사에서 배합차이가 존재하지 않았다면 그 이유에 대해서 추론하시오.

배합차이는 복수의 생산요소가 서로 대체가능하기 때문에 발생한다. 제약회사의 경우 배합비율이 달라질 경우 약품의 성분이 달라지기 때문에 배합비율은 항상 유지되어야 하므로 배합차이는 존재하지 않는다.

173 매출조업도차이는 예산매출수량과 실제매출수량의 차이에 예산공헌이익을 곱하여 산출할 수 있다. 수량차이에 예산판매가격이 아닌 예산공헌이익을 곱하는 이유에 대해서 서술하시오.

> 매출조업도차이는 수익중심점의 매출차이분석이므로 제조원가의 차이가 반영되어서는 안 되기 때문에 수량차이에 연초에 설정된 예산공헌이익을 곱하여 산출한다.

174 각 부문을 투자수익률(ROI)로 평가할 경우 추가로 고려해야 할 질적 요소를 제시하시오.

> ① 각 부문의 회계원칙의 통일성
> ② 각 부문의 고유영업위험

175 예산슬랙(Budgetary slack)에 대해서 서술하시오.

> 목표판매량 과소설정이나 예산원가의 과대설정 등 예산편성을 고의적으로 유리하게 설정하는 것을 말한다. 특히, 임의적으로 편성되는 재량고정원가의 비중이 큰 부문은 차기의 예산감축을 우려하여 가급적 기말에 잔여예산을 모두 사용하려는 경향이 있다.

176 재료가격차이와 재료수량차이가 결합된 결합차이가 가지는 의미를 서술하시오.

> 결합차이는 원가차이분석 측면에서는 의미가 없고, 단지 계산식을 통하여 산출되는 개념으로 볼 수 있다. 예를 들어 순수가격차이와 순수수량차이가 모두 유리한 차이일 경우 결합차이는 불리한 차이가 도출된다.

177 보조부문의 원가를 제조부문에 배분하는 근거를 원가통제관점에서 서술하시오.

> 보조부문은 제조부문에 서비스를 제공하며, 제조부문의 책임자가 보조부문의 원가를 과도하게 소비하는 것을 방지하기 위해서 보조부문으로부터 배분받은 금액을 성과보고서에 반영해야 한다. 또한, 보조부문의 실제원가를 제조부문에 배분할 경우 보조부문의 낭비요소를 제조부문이 부담하게 되므로 사전에 설정된 예정배부율에 의해서 배부되어야 한다.

178 통제불능원가를 성과보고서에 포함시키는 경우 유용성에 대해서 서술하시오.

> 경우에 따라서 통제불능원가를 성과보고서에 포함시키기도 한다. 이로 인하여 각 부문의 책임자는 부문의 총원가를 파악할 수 있다. 단, 평가대상원가는 통제가능원가이므로 성과보고서에는 통제가능원가와 통제불능원가를 명확히 구분표시하여야 한다.

179 재량원가중심점의 원가차이에 대해서 서술하시오.

> 재량원가중심점은 노력과 성과 간의 관계가 명확하지 않아 소비차이와 능률차이로 구분할 수 없으므로, 실제발생금액과 예산금액의 예산차이로 분석한다.

180 분권화의 장·단점에 대해서 서술하시오.

(1) 장점
① 각 부문의 전문가에게 의사결정 권한을 위임한다.
② 환경 변화에 탄력적으로 대응할 수 있다.
③ 부문 책임자에게 재량권을 부여함으로써 동기부여할 수 있다.

(2) 단점
① 유능한 부문관리자를 확보하여야 한다.
② 각 부문의 성과측정이 어렵다.
③ 조직 전체와 각 부문의 목표가 일치하여야 한다.

181 ROI를 증가시킬 수 있는 방법에 대해서 서술하시오.

① 매출액이익률을 유지한 상태에서 매출액 증가 또는 비용 감소
② 투자금액 감소

182 물가 변동이 ROI와 RI에 미치는 영향에 대해서 서술하시오.

고정자산은 명목화폐금액으로 측정되므로 물가 상승으로 인하여 과소계상되기 때문에, 물가 상승 시 ROI와 RI는 과대계상될 수 있다. 이를 해결할 수 있는 방안으로는 현행 자산을 모두 대체원가로 평가하는 방법이 있으나 대체원가의 측정이 어렵기 때문에 적용하기는 쉽지 않다.

183 감가상각방법이 ROI(투자수익률)에 미치는 영향에 대해서 서술하시오.

감가상각 이외에 변동사항이 없다면, 가속상각법을 적용할 경우 정액법에 비하여 초기 ROI는 IRR보다 상대적으로 낮으며 후기 ROI는 IRR보다 상대적으로 높게 계상된다.

184 예산매출수량과 실제매출수량 차이에 예산공헌이익을 곱하여 매출조업도차이를 계산하는 이유에 대해서 서술하시오.

매출조업도차이는 예산매출수량과 실제매출수량의 차이가 이익에 미치는 영향을 보여주는 것으로 매출가격차이와 제조원가 등 원가차이가 반영되는 것을 배제하기 위하여 예산공헌이익을 사용한다.

185 판매부문을 이익중심점으로 설정하는 이유에 대해서 서술하시오.

매출액에 대해서만 예산을 설정하는 경우 판매과정에서 발생하는 비용에 대해서는 주의를 기울이지 않게 된다. 따라서 이익중심점으로 설정하여 판매부문 관리자가 통제할 수 있는 판매와 관련된 비용에 대해서도 권한과 책임을 부여하면 매출뿐만 아니라 관련 비용까지 통제할 수 있다.

186 판매부문을 수익중심점으로 설정하는 경우 발생하는 단점을 준최적화현상 관점에서 서술하시오.

판매부문을 수익중심점으로 설정하면 매출 증대를 위한 비용을 과도하게 지출하여 결과적으로 회사 전체 입장에서 손실을 초래할 수 있다.

187 각 부문을 투자수익률(ROI)로 비교평가하는 경우 의미 있는 평가를 위한 전제조건에 대해서 서술하시오.

각 부문의 회계원칙과 위험요소가 동일해야 한다.

188 투자수익률의 장·단점에 대해서 서술하시오.

(1) 장점
① 계산이 간편하며 투자자산의 효율성을 평가할 수 있다.
② 비율로 제시되어 상대적인 수익성평가에 유용하다.
③ 투자규모가 다르거나 동일 산업의 다른 기업과 비교하는 데 유용하다.

(2) 단점
① 회사 전체적으로 유리한 투자안을 부당하게 기각하는 준최적화현상이 발생할 수 있다.
② 투자중심점이 보유하고 있는 위험을 고려하지 않는다.
③ 회계적이익을 사용하며 화폐의 시간가치를 고려하지 않아 투자의사결정과 일관성이 결여된다.

189 잔여이익의 장·단점에 대해서 서술하시오.

(1) 장점
① 금액으로 평가하여 준최적화현상을 방지할 수 있다.
② 투자중심점이 위험을 최저필수수익률에 반영할 수 있다.

(2) 단점
① 규모가 큰 경우 상대적으로 잔여이익이 높게 나타나 규모가 다른 경우 비교하기 어렵다.
② 회계적이익을 사용하며 화폐의 시간가치를 고려하지 않아 투자의사결정과 일관성이 결여된다.

190 경제적 부가가치의 장·단점에 대해서 서술하시오.

(1) 장점
① 타인자본비용과 자기자본비용을 명시적으로 고려한다.
② 다른 측정치보다 기업가치와 좀 더 밀접한 관계가 있어 투자의사결정에 이용할 수 있다.
③ 기업가치의 증가는 주주의 부의 증가를 의미하여 경영자와 주주의 목표가 일치하게 된다.

(2) 단점
① 영업이익과 투하자본을 결정하는 데에 많은 수정사항이 있으며 계산과정이 복잡하다.
② 자기자본비용 계산과정이 어렵다.
③ 회계처리방법에 따라 세후영업이익이 달라질 수 있다.

제15장 불확실성하의 의사결정

191 수량할인이 재고 관련 비용(재고주문비용과 재고유지비용)에 미치는 영향에 대해서 서술하시오.

① 할인폭을 높이기 위해서 대량주문하여 재고주문비용을 감소시킬 수 있다.
② 대량구매로 인하여 재고유지비용이 증가할 수 있다.

192 기대가치기준보다 기대효용기준이 더 타당한 이유에 대해서 서술하시오.

기대효용기준은 특정 대안의 성과뿐만 아니라 주관적인 만족(효용)을 추가로 고려하여 최적대안을 선택하는 방법을 말한다. 효용은 위험에 대한 태도에 따라 위험회피형, 위험중립형, 위험선호형의 세 가지로 나눌 수 있으며, 위험중립형의 경우 기대가치기준에 의한 의사결정과 동일한 결과를 나타낸다. 기대효용기준은 대안의 성과뿐만 아니라 위험에 대한 태도까지 반영하였기 때문에 기대가치기준보다 훨씬 더 타당한 방법이다.

193 재고와 관련된 비용에 대해서 세 가지 이상 답하시오.

① 재고주문비용
② 재고유지비용
③ 재고부족비용
④ 작업준비비용

194 경제적 주문량(EOQ)은 재고주문비용과 재고유지비용을 최소화할 수 있는 1회 주문수량을 말한다. 경제적 주문량(EOQ)의 기본가정에 대해서 서술하시오.

① 재고주문비용은 주문량의 크기와 관계없이 일정하다.
② 재고유지비용은 주문량의 크기에 비례하여 발생한다.
③ 구입원가는 주문량의 크기와 관계없이 일정하다.
④ 재고의 사용률이 일정하다.
⑤ 재고부족원가는 없다.

195 적시생산시스템(JIT)의 장·단점에 대해서 서술하시오.

(1) 장점
① 소로트생산과 작업준비시간 단축으로 인해 생산시간이 단축된다.
② 재고 감소로 인해 재고유지비용이 감소한다.
③ 철저한 품질관리로 불량률이 감소한다.
④ 제조주기를 줄이고 재고회전율을 높여 생산성이 향상된다.

(2) 단점
① 공급자와의 마찰은 공급사슬에 문제를 야기시킨다.
② 불량이 발생하거나 적시에 공급되지 않는다면 고객의 신뢰가 낮아진다.
③ 시스템 도입 및 적용에 많은 시간과 비용이 필요하다.

제16장 전략적 원가관리

196 관리회계담당자의 주요 책임에 대해서 서술하시오.

(1) 계획수립책임
① 미래 재무적 정보 제공
② 목표 설정과정에 참여
③ 목표와 실적의 차이 보고

(2) 평가
① 실제자료를 분석하여 의사결정에 필요한 자료 산출
② 과거 또는 미래의 사건을 분석하여 최적대안을 산출하는 과정에 참여

(3) 통제책임
① 각 부문의 재무적 정보 취득
② 각 부문의 행동을 바람직한 방향으로 유도
③ 각 부문의 성과를 정확히 산출하고 동기부여

(4) 자원에 대한 수탁책임
① 자원의 효과적 통제와 효율적인 사용
② 목표일치성을 유지하면서 각 부문의 명확한 목표 제공
③ 경영자에게 각 부문의 재무적 정보 수집 및 보고

(5) 외부보고책임
① 일반적으로 인정된 회계원칙이나 기타 회계규정에 따른 회계정보 산출
② 외부보고를 위한 회계원칙의 개발 참여

197 현재 1,000단위를 생산할 수 있는 노동력으로 900단위만 생산하고 있다. 단기적으로 이러한 노무원가가 고정원가라면 미사용노동력을 어떻게 관리하여야 하는지 서술하시오.

노무원가가 단기적으로 고정되어 있다면 장기적으로 1,000단위를 생산할 수 있도록 조업도수준을 증가시켜야 하며, 조업도수준을 증가시킬 수 없다면 다른 부문으로의 전용을 고려하여야 한다. 만약, 인원 감축과 같은 다운사이징 의사결정이 이루어질 경우 종업원의 사기 저하와 고급인력의 이탈이 발생할 수 있으므로 주의해야 한다.

198 적시생산시스템(JIT시스템) 도입 시 고려해야 할 비재무적 및 질적 요인을 제시하시오.

① 원활한 생산과정을 위해서 원재료를 즉시 조달할 수 있는 공급자 확보
② 표준화된 부품 사용 및 생산시간을 단축시킬 수 있는 제품설계능력
③ 정시납품능력
④ 품질관리능력을 향상시킬 수 있는 근로자의 기술수준

199 비부가가치활동과 그와 관련된 원가는 관리를 통하여 원가절감을 모색할 수 있는데 그 구체적인 방안들에 대해서 서술하시오.

> ① **활동 제거:** 비부가가치활동의 제거
> ② **활동 선택:** 여러 대안 중 원가를 최소화할 수 있는 활동 선택
> ③ **활동 감소:** 활동수행에 필요한 시간과 자원의 감소
> ④ **활동 공유:** 규모의 경제를 이용하여 필요한 활동의 효율적 공유

200 최근에는 품질원가에 대한 관점이 무결점수준관점으로 널리 인식되고 있다. 무결점수준관점의 기본전제와 관련된 품질관리시스템에 대해서 서술하시오.

> (1) 기본 전제
> ① 통제원가는 무한정 증가하는 것이 아니고 일정수준이 지나면 감소한다.
> ② 실패원가는 0이 될 수 있다.
> (2) 품질관리시스템
> ① 100ppm
> ② 6시그마

201 제조효율성 증대와 공장자동화로 인하여 제조단계에서의 획기적인 원가절감은 달성하기 어렵다. 이러한 상황에서 원가절감을 모색할 수 있는 방안에 대해서 제품수명주기원가계산관점에서 서술하시오.

> 제품수명주기원가계산은 제품의 연구단계에서부터 폐기시점까지의 제품수명주기상 모든 발생원가를 집계·분석하여 단계별 발생원가의 상호관계와 단계별 원가관리를 모색하는 기법을 말한다. 연구 및 개발단계에서 미래 발생할 원가의 80% ~ 90% 정도가 이미 결정되므로 획기적인 원가절감을 위해서는 연구 및 개발단계에서부터 전사적인 원가기획이 이루어져야 한다.

202 적시생산시스템(JIT시스템)이 원가·관리회계에 미친 영향을 몇 가지 나열하시오.

> ① 재고가 없으므로 원가흐름의 가정이 필요 없다.
> ② 공급업체와의 장기계약으로 매입가격이 낮아질 가능성이 있다.
> ③ 셀생산방식으로 원가의 추적가능성이 향상된다.
> ④ 회계처리가 단순화된다(역류원가계산).

203 공손원가를 감소시키는 노력을 품질원가관리관점에서 설명하시오.

> 통제원가와 실패원가의 상충관계로 인하여 불량률이 감소하면 실패원가는 감소하지만 그만큼 통제원가는 증가한다. 허용품질수준관점에서는 총품질원가를 최소화하는 불량률이 존재하지만 무결점수준관점에서는 통제원가를 증가시키면 실패원가는 감소하고 이로 인하여 점차 통제원가에 지출되는 자원이 줄어들어 결국 무결점수준이 가능하다.

204 대리이론(Agency theory)의 기본가정에 대해서 서술하시오.

① 경영자는 자신의 효용을 극대화하고자 한다.
② 부문경영자의 행동을 감시하거나 감사하는 데 비용이 발생한다.

205 대리이론을 책임회계제도와 관련하여 서술하시오.

대리이론은 부문 책임자가 조직의 전체적 이익을 극대화하는 방향으로 의사결정을 하지 않는 준최적화현상을 설명한다. 즉, 부문 책임자를 ROI로 평가할 경우 부문 책임자가 자기의 효용을 증가시키기 위해서 불필요한 비용을 지출할 수 있다.

206 균형성과표의 네 가지 관점과 관련된 성과측정지표를 세 가지 이상 나열하시오.

(1) 재무적 관점
영업이익률, 투자수익률, 잔여이익, 경제적 부가가치

(2) 고객관점
고객만족도, 시장점유율, 신규고객확보율

(3) 내부프로세스관점
신제품의 수, 불량률, 고객대응시간

(4) 학습과 성장관점
종업원의 교육수준, 정보시스템 활용도, 보상정도

207 바람직한 균형성과표가 되기 위한 조건에 대해서 서술하시오.

① 명확한 전략적 목표 설정과 네 가지 관점의 성과측정치 간 유기적인 인과관계가 있어야 한다.
② 성과측정치는 조직구성원들이 쉽게 이해하고 달성할 수 있어야 한다.
③ 각 부문의 목표와 기업 전체의 목표가 일치하여야 한다.
④ 너무 많은 성과측정치보다는 부문 담당자가 집중할 수 있는 핵심적인 사항 위주로 설정되어야 한다.

208 적시생산시스템(JIT시스템) 도입이 원가 측면에 미치는 영향을 원가의 증가와 감소로 구분하여 간략하게 서술하시오.

(1) 원가의 증가
① 주문횟수 증가와 긴급주문으로 인한 주문비용 증가
② 재고부족비용과 긴급생산비용의 증가
③ 종업원 교육 및 원재료 검사 등 통제원가 증가

(2) 원가의 감소
① 재고량 감소로 인한 재고유지비용 감소
② 불량품, 반품 감소로 인한 실패원가 감소

209 제약이론의 유용성과 한계점에 대해서 서술하시오.

(1) 유용성

① 각 부분의 효율성보다는 조직 전체의 효과성을 중요시한다.

② 판매로 인한 이익은 재료처리량공헌이익으로 측정하므로 생산량은 성과평가에 영향을 미치지 않는다.

③ 불필요한 재고 증가를 억제한다.

(2) 한계점

① 직접재료원가 이외의 모든 원가는 고정원가로 간주하므로 장기적인 관점에서는 의사결정의 왜곡이 발생할 수 있다.

② 안전재고, 규모의 경제 등 재고의 긍정적인 측면을 간과한다.

210 제품설계단계에서의 원가절감노력이 더 효과적인 이유에 대해서 서술하시오.

최근에는 제품수명주기상 제조 이전단계인 연구·설계단계에서 대부분(80% ~ 90%)의 원가가 확정되므로 제조단계에서의 제조효율성을 통한 원가절감은 점차 어려워지고 있다. 따라서 획기적인 원가절감을 위해서는 연구·설계단계에서부터 전사적인 원가절감방법을 모색하여야 한다. 또한, 제품설계단계에서 목표가격과 목표이익을 고려한 목표원가를 설정하여 원가절감하는 것이 더욱 효과적이다.

211 비부가가치활동의 예를 다섯 가지 이상 열거하시오.

계획, 작업준비, 이동, 대기, 검사, 저장, 재작업, 긴급생산, 수선, A/S, 반품, 고객불만처리

212 미사용활동원가를 감소시킬 경우 추가로 고려해야 할 질적 요인을 서술하시오.

① 장기적 관점에서 미래 수요예측에 기초한 적정활동능력 유지

② 활동 감소로 인한 종업원 감축에 따른 노사갈등과 사기 저하 가능성

213 균형성과표(Balanced scorecard)에서 균형(Balance)이 의미하는 바를 서술하시오.

① 장기적 목표와 단기적 목표의 균형

② 재무적 측정치와 비재무적 측정치의 균형

③ 선행지표와 후행지표의 균형

④ 내부프로세스의 개선 및 학습과 성장의 내부적인 측정치와 주주와 고객을 위한 외부적인 측정치의 균형

214 적시생산시스템(JIT시스템) 도입이 원가계산제도에 미치는 영향을 간략하게 서술하시오.

적시생산시스템은 재고 최소화를 추구하기 때문에 선입선출법과 평균법에 의한 원가계산의 차이가 없고, 셀생산으로 인하여 생산공정이 단순화되고 대량생산이 가능하므로 개별원가계산에서 종합원가계산으로의 전환이 가능하다.

215 적시생산시스템(JIT)에서 활용하는 역류원가계산(Backflush costing)을 사용할 수 있는 환경에 대해서 세 가지 이상 서술하시오.

> ① 사전에 표준원가 설정
> ② 재고가 감소하거나 거의 없는 상황
> ③ 회계처리를 단순화하려는 의도

216 카이젠원가계산의 단점과 이에 대한 해결방안에 대해서 서술하시오.

> (1) 단점
> ① 지속적인 개선과 원가절감에 대한 부담
> ② 혁신보다는 점진적 절감을 목표로 하는 원가절감에 대한 근시안적 시각
> (2) 해결방안
> 신제품이 개발되어 양산되기까지 종업원들이 새로운 작업에 적응하도록 기회를 제공하는 원가유지기간이라는 유예기간을 설정할 수 있다.

217 다운사이징(Downsizing)이란 조직의 효율성을 향상시키기 위하여 조직의 인력, 직무, 부서 등의 축소를 통하여 비효율적인 조직을 바꾸는 경영혁신기법 중 하나를 말한다. 다운사이징으로 기대할 수 있는 효과를 서술하시오.

> ① 비생산적인 조직을 축소하여 원가절감
> ② 적극적인 참여유도로 생산성과 효율성 향상
> ③ 조직개편으로 인한 의사소통 활성화
> ④ 탄력적인 조직운영으로 의사결정의 신속화

218 대리비용(Agency costs)은 위임자가 대리인이 충실하게 대리계약을 이행하는지 여부를 감시하는 데 소요되는 비용으로, '감시비용(Monitoring costs)', '보증비용(Bonding costs)' 및 '잔여손실(Residual costs)'이 있다. 이에 대해서 설명하시오.

> (1) 감시비용
> 대리인이 자신의 효용에 반하는지 위임자가 감시하는 데 소요되는 비용(예 사외이사제도 등)
> (2) 보증비용
> 대리인이 위임자의 효용에 반하지 않다는 것을 위임자에게 보증하는 데 소요되는 비용(예 외부회계감사 등)
> (3) 잔여손실
> 위임자와 대리인의 의사결정의 차이로 인하여 발생하는 부의 감소

219 위임자와 대리인의 관계에 있어 정보의 불균형 문제로 발생할 수 있는 현상에 대해서 서술하시오.

(1) 도덕적 해이
위임자가 대리인의 행동을 잘 파악할 수 없을 때, 대리인이 자신의 효용을 추구하여 위임자의 효용에 반하는 행동을 하는 현상을 말한다.

(2) 역선택(Adverse selection)
대리인이 위임자가 획득할 수 없는 정보를 가지고 있을 때, 대리인이 위임자에게 잘못된 정보를 제공하면서 발생하는 현상을 말한다.

220 역류원가계산(Backflush costing)의 장·단점에 대해서 서술하시오.

(1) 장점
단순화된 회계처리로 관리비용이 절감된다.

(2) 단점
① 재공품을 인식하지 않아 회계기준에 위배될 수 있다.
② 단순화로 인하여 원가계산에 대한 근거자료 제시에 어려움이 있다.

221 환경원가(Environment costs)란 경영활동에서 발생하는 환경문제를 처리하거나 예방하는 과정에서 지출되는 원가를 말한다. 환경원가계산의 필요성에 대해서 서술하시오.

① 환경에 대한 관심과 환경 관련 원가가 점차 증가하고 있다.
② 총원가 중 환경 관련 원가가 큰 비중을 차지한다.
③ 환경에 대한 기업의 사회적 책임이 점차 증가하고 있다.

222 전통적 원가관리의 문제점에 대해서 서술하시오.

① 조업도기준방식으로 인하여 원가계산에 왜곡이 발생하였다.
② 재고자산의 평가에 초점이 맞춰져 있었다.
③ 재무보고를 위한 방식으로 원가의 발생원인을 파악할 수 없었다.
④ 활동과 기업운영과정에 대해서는 정보가 없었다.

223 제품수명주기원가계산(Products life cycle costing)의 유용성에 대해서 서술하시오.

① 제품수명주기 전 과정 원가를 집계하여 장기적인 수익성분석과 가격결정이 가능하다.
② 제품수명주기 단계별 원가의 상호관련성을 파악할 수 있다.
③ 제조 이전단계에서부터 혁신적인 원가절감을 모색할 수 있다.

224 가치사슬(Value chain)의 유용성에 대해서 서술하시오.

가치사슬 전 과정을 분석하면 각 단계별 원가관리가 가능하다. 또한, 각 단계별 활동을 경쟁사와의 비교를 통하여 효과적인 전략수립이 가능하며, 각 단계별 원가의 상호관련성을 파악할 수 있다.

225 본원적 경쟁전략(Generic competitive strategy)은 경쟁기업에 비하여 우위에 있는 기업의 고유핵심역량으로 '원가우위전략(Cost leadership strategy)', '차별화전략(Differentiation strategy)' 및 '집중화전략(Focus strategy)'이 있다. 이에 대해서 서술하시오.

> (1) 원가우위전략
> 경쟁사보다 낮은 원가로 제품을 생산하는 것을 말하며, 가격 측면에서 경쟁우위를 확보하는 전략이다. 규모의 경제, 저가격의 원자재, 학습효과 및 효율적인 프로세스로 낮은 원가를 유지하여 시장점유율 확대로 인한 매출극대화를 추구한다.
>
> (2) 차별화전략
> 경쟁사에서 가지고 있지 못한 특별한 디자인, 기능, 서비스 제공에서 경쟁우위를 확보하는 전략이다. 경쟁사의 모방이 어렵기 때문에 가격프리미엄으로 다소 높은 가격과 고객충성도 확보가 가능하다.
>
> (3) 집중화전략
> 산업 내 세분화된 시장에서 원가우위 또는 차별화우위로 경쟁우위를 확보하는 전략이다. 원가집중화는 세분화된 시장에서 원가절감을 추구하고, 차별화집중화는 세분화된 시장에서 차별화된 제품으로 경쟁우위를 확보하여 특정 고객을 만족시키는 전략을 말한다.

226 균형성과표가 대두된 배경인 과거평가제도의 문제점에 대해서 서술하시오.

> ① 기업의 비전 및 전략과 연결되어 있지 않다.
> ② 회계상 과거자료에 근거하여 평가한다.
> ③ 재무적인 수치에 의존한다.
> ④ 지속적인 피드백이 부족하다.
> ⑤ 무형자산에 대한 가치를 인식하지 못한다.

227 균형성과표의 유용성과 한계점에 대해서 서술하시오.

> (1) 유용성
> ① 단순한 결과지표가 아닌 전략과 성과보상의 연결을 통한 관리적 성과평가를 추구한다.
> ② 성과지표를 통해 전략을 구체화하고 각 성과지표들 간의 관계를 명확하게 하여 성과지표로부터 재무성과까지 인과관계를 확인할 수 있다.
> ③ 비전과 전략에 대한 공유, 참여, 학습을 통하여 원활한 의사소통이 가능하다.
> ④ 조직의 행동과 프로세스 개선을 통하여 구성원의 역량을 강화할 수 있다.
>
> (2) 한계점
> ① 비재무적 성과지표의 계량화가 어렵다.
> ② 비재무적 성과지표가 재무적 성과로 나타나는 과정에 많은 시간이 소요된다.
> ③ 비재무적 성과지표가 재무적 성과에 미치는 정도를 정량화하기 어렵다.
> ④ 제도를 운영하는 데에 많은 시간과 비용이 요구된다.

228 목표원가계산(Target costing)의 문제점에 대해서 서술하시오.

> ① 전사적 참여유도로 인한 담당자들의 마찰 우려
> ② 원가절감을 위한 개발 지연으로 제품출시 지연
> ③ 과도한 원가절감목표로 인한 구성원들의 불만 야기

229 품질은 '설계품질(Quality of design)', '적합품질(Quality of conformation)' 및 '사용품질(Quality of use)'로 구분할 수 있다. 각각의 품질에 대해서 서술하시오.

> **(1) 설계품질**
> 시장에서 요구하는 기능과 디자인이 잘 반영되는지 여부(소비자품질)
>
> **(2) 적합품질**
> 설계된 대로 적합하게 생산되는지 여부(생산자품질)
>
> **(3) 사용품질**
> 고객이 얼마나 만족하는지 여부

230 품질원가계산의 한계점에 대해서 서술하시오.

> ① 품질원가의 세부적인 원가요소를 구분하기 어렵다.
> ② 품질개선에 대한 효과가 나타나기까지 많은 시간이 소요된다.
> ③ 기업이미지 훼손 등 질적인 효과는 측정하기 어렵다.

231 공급사슬관리(Supply chain management)란 공급사슬 각 단계의 경쟁력을 분석하여 핵심역량에 집중할 수 있도록 전체흐름을 설계하고 관리하는 것을 말한다. 이 중 구매관리와 물류관리에 대한 사례를 제시하시오.

> **(1) 구매관리 사례**
> ① 아웃소싱
> ② 오프쇼어링과 리쇼어링
>
> **(2) 물류관리 사례**
> ① 수송방식의 선택
> ② 재고의 배치

해커스
회계사
允원가관리회계
연습

초판 1쇄 발행 2023년 11월 20일

지은이	엄윤
펴낸곳	해커스패스
펴낸이	해커스 경영아카데미 출판팀

주소	서울특별시 강남구 강남대로 428 해커스 경영아카데미
고객센터	02-537-5000
교재 관련 문의	publishing@hackers.com
학원 강의 및 동영상강의	cpa.Hackers.com

ISBN	979-11-6999-579-5 (13320)
Serial Number	01-01-01